T. Kaiser · H. Kaiser · J. Kaiser | Materielles Zivilrecht im Assessorexamen

Materielles Zivilrecht im Assessorexamen

Von

Torsten Kaiser

Rechtsanwalt
Wirtschaftsjurist (Univ. Bayreuth)
Seminarleiter bei den Kaiserseminaren

Horst Kaiser

Vorsitzender Richter am Landgericht Lübeck a.D.
Ehem. Arbeitsgemeinschaftsleiter für Referendare
Ehem. Mitglied des Gemeinsamen Prüfungsamtes Nord für das Assessorexamen
Seminarleiter bei den Kaiserseminaren

Jan Kaiser

Richter am Landgericht Lüneburg
Wirtschaftsjurist (Univ. Bayreuth)
Seminarleiter bei den Kaiserseminaren

4., überarbeitete Auflage

 Luchterhand 2010

Bibliografische Information der Deutschen Nationalbibliothek
Die Deutsche Nationalbibliothek verzeichnet diese Publikation in der Deutschen Nationalbibliografie; detaillierte bibliografische Daten sind im Internet unter http://dnb.d-nb.de abrufbar.

ISBN 978-3-472-07602-5

www.wolterskluwer.de
www.luchterhand-fachverlag.de

Alle Rechte vorbehalten.
© 2010 Wolters Kluwer Deutschland GmbH, Luxemburger Straße 449, 50939 Köln.
Luchterhand – eine Marke von Wolters Kluwer Deutschland GmbH.

Das Werk einschließlich aller seiner Teile ist urheberrechtlich geschützt.
Jede Verwertung außerhalb der engen Grenzen des Urheberrechtsgesetzes ist ohne Zustimmung des Verlages unzulässig und strafbar. Das gilt insbesondere für Vervielfältigungen, Übersetzungen, Mikroverfilmungen und die Einspeicherung und Verarbeitung in elektronischen Systemen.

Verlag und Autoren übernehmen keine Haftung für inhaltliche oder drucktechnische Fehler.

Umschlagkonzeption: Martina Busch, Grafikdesign, Fürstenfeldbruck
Satz: Satz-Offizin Hümmer GmbH, Waldbüttelbrunn
Druck und Verarbeitung: Wilhelm & Adam OHG, Heusenstamm

⊗ Gedruckt auf säurefreiem, alterungsbeständigem und chlorfreiem Papier.

Vorwort und Gebrauchsanweisung

Das materielle Zivilrecht ist im Vergleich zum Strafrecht und Verwaltungsrecht nicht nur das umfangreichste und schwierigste Rechtsgebiet, es ist auch in der Form von Zivilgerichts-, Zwangsvollstreckungs- und Rechtsanwaltsklausur Gegenstand der meisten Klausuren im Assessorexamen. Jede Referendarin und jeden Referendaren beschleicht Angst bei dem Gedanken an die Menge des Stoffs, der bis dahin zu bewältigen ist. In den Ausbildungsstationen hat man genug damit zu tun, die Praxis kennen zu lernen und sich das prozessuale Wissen anzueignen, so dass das materielle Recht meistens auf der Strecke bleibt. Das vorliegende Buch soll Ihnen aus dieser Klemme helfen.

Dieses Buch richtet sich in erster Linie an die Teilnehmer des entsprechenden Kaiserseminars »Materielles Zivilrecht im Assessorexamen« und dient v.a. der Nachbereitung unseres Wochenendkurses, in dem wir die häufigsten Examensprobleme des materiellen Zivilrechts und die in der letzten Zeit gelaufenen Examensklausuren besprechen.

Wer dieses Buch zur Vorbereitung auf die zivilrechtlichen Assessorklausuren zur Hand nimmt, sollte bereits Grundkenntnisse vom materiellen Zivilrecht besitzen. Denn das vorliegende Werk richtet sich an Referendare und will gerade nicht das »kleine Einmaleins« des Zivilrechts wiederholen oder alle bestehenden Meinungsstreitigkeiten aufzeigen und dadurch unnötig an Seitenzahl zunehmen. Auf den vorhandenen Grundkenntnissen aufbauend wollen wir vielmehr diejenigen Probleme darstellen, die regelmäßig in den zivilrechtlichen Assessorklausuren vorkommen. Die Verfasser erheben dabei weder den Anspruch auf Vollständigkeit noch auf wissenschaftliche Darstellung der Materie. Derartige Lehrbücher gibt es in Hülle und Fülle. Wir wollen Sie auf Ihr Examen vorbereiten und nicht Ihre Zeit stehlen!

Im Assessorexamen ist ein anderes materiell-rechtliches Wissen gefragt als im Referendarexamen. Während im Referendarexamen in der stetig gleichen Form des erschöpfenden Gutachtens akademische Lehrstreitigkeiten eine Rolle spielen, wo auch die vierte Ansicht zur gestörten Gesamtschuld oder der Meinungsstand zum gutgläubigen Zweiterwerb einer Auflassungsvormerkung präsent sein müssen, geht es in den Assessorklausuren i.d.R. darum, einen materiellrechtlich überschaubaren Sachverhalt in der zur Verfügung stehenden Zeit prozessual zutreffend in der verlangten Form (Urteil, Beschluss, Gutachten und Schriftsatzentwurf) einer an der Rspr. orientierten praxistauglichen Lösung zuzuführen. Da in den meisten Bundesländern der Palandt in der Klausur benutzt werden darf, ist es für das Gelingen der Klausur viel wichtiger, die Klausurschwerpunkte aus den verschiedenen Themengebieten zu kennen, weniger die Problemlösungen, die man schnell nachschlagen kann. Verabschieden Sie sich trotzdem von der Vorstellung, alle Rechtsfragen bis in die kleinsten Verästelungen kennen zu müssen. Das ist bei der immensen Fülle des materiellen Rechts nicht nur unmöglich, sondern auch unsinnig, da es den Blick für das Wesentliche versperrt und Sie sich bei Bedarf stets im Palandt schlau machen können. In den Klausuren kommen ohnehin neben den regelmäßig auftretenden Standardfällen immer wieder derart abseitige Themen vor, auf die man sich beim besten Willen nicht vorbereiten kann und die auch z.T. nicht im Palandt erwähnt sind. Bei diesen »Urwaldklausuren« heißt es nur: Ruhe bewahren, das Gesetz nutzen sowie die Grundregeln der Klausurtechnik bzw. des materiellen Rechts beachten (Anspruchsvoraussetzungen, Subsumtion, vertretbare Argumentation, Auseinandersetzen mit dem Klausursachverhalt etc.).

Die Verfasser, allesamt erfahrene Referendarausbilder und/oder AG-Leiter und Prüfer im Assessorexamen, haben eine Vielzahl von Original-Examensklausuren aus verschiedenen Bundesländern analysiert, um die Themen herauszufiltern, die immer wieder vorkommen. Sie sollten dieses Buch mit geöffnetem Gesetzestext und griffbereitem Palandt durcharbeiten, denn die Verfasser stellen die Examensprobleme bewusst »eng am Palandt« dar, um so den Anforderungen der Referendare noch besser entgegenzukommen.

Zur gezielten Vorbereitung auf die verschiedenen zivilrechtlichen Klausurtypen haben die Verfasser dieses Buches bereits die Lehrbücher »Die Zivilgerichtsklausur im Assessorexamen«, »Die Zwangsvollstreckungsklausur im Assessorexamen« und »Die Anwaltklausur Zivilrecht« geschrieben, welche bei Luchterhand in derselben Reihe erschienen sind. Deren Lektüre und den Besuch der entsprechenden Seminare legen wir Ihnen wärmstens ans Herz!

In der vorliegenden vierten Auflage dieses Lehrbuches haben die Verfasser wieder die in der Zwischenzeit ergangene examensrelevante Rechtsprechung aufgenommen und den Inhalt des Buches mit den seitdem gelaufenen Examensklausuren abgeglichen. Zudem wurde das Buch gründlich überarbeitet. An einigen Stellen sind notwendige Kürzungen vorgenommen worden, so z.B. wurde Fließtext gestrafft, mittlerweile im Palandt aufgenommene neue Entscheidungen entfernt und überflüssige Verweise auf die alte Rechtslage vor der Schuldrechtsreform gestrichen.

Die Verfasser sind erfahrene Referendarausbilder. Torsten Kaiser, federführend im Autorenteam dieses Buches, hat zunächst als Anwalt bei Clifford Chance in Düsseldorf gearbeitet. Seit Anfang 2005 ist er Rechtsanwalt in Lübeck. Er betreut zudem bundesweit die Vorbereitung der bei den internationalen Großkanzleien Clifford Chance und Sidley Austin LLP beschäftigten Referendarinnen und Referendare auf das Assessorexamen. Horst Kaiser ist Vorsitzender Richter einer Berufungszivilkammer am Landgericht Lübeck a.D. und leitete über 15 Jahre Zivilrechtsarbeitsgemeinschaften. Zudem war er jahrelang Mitglied des Gemeinsamen Prüfungsamtes Nord für das Assessorexamen. Jan Kaiser ist Richter am Landgericht in Lüneburg.

Die Verfasser veranstalten Wochenendseminare zur Vorbereitung auf die Examensklausuren.

Lübeck, im Januar 2010   Die Verfasser

Inhalt

Vorwort	V
Abkürzungs- und Literaturverzeichnis	XI

1. Teil. Die Prüfungsreihenfolge im Zivilrecht 1

§ 1 Die Rangfolge der Anspruchsgrundlagen 1

§ 2 Vertragliche Primäransprüche 3
- A. Entstehen eines vertraglichen Primäranspruchs 3
- B. Einwendungen und Einreden gegen den Anspruch 16

§ 3 Vertragliche Sekundäransprüche 32
- A. Allgemeines zum Leistungsstörungsrecht 32
- B. Die einzelnen Leistungsstörungen 34
- C. Das Wichtigste zu den Leistungsstörungen im Kauf- und Werkvertragsrecht 42

§ 4 Vertragsähnliche Ansprüche 57
- A. Culpa in contrahendo (c.i.c.) und positive Vertragsverletzung (pVV) 57
- B. Geschäftsführung ohne Auftrag (GoA) 58

§ 5 Dingliche Ansprüche 63
- A. Eigentumserwerb 63
- B. Ansprüche aus dem Eigentümer-Besitzer-Verhältnis (EBV) 77
- C. Grundpfandrechte 83

§ 6 Deliktische Ansprüche 91
- A. Die Haftung nach dem StVG 91
- B. Die Haftung nach § 823 I BGB 95
- C. Sonstige deliktische Anspruchsgrundlagen 102
- D. Der Umfang der Haftung, §§ 249 ff. BGB 108

§ 7 Ansprüche aus ungerechtfertigter Bereicherung 115
- A. Allgemeines zu §§ 812 ff. BGB 115
- B. Examensrelevante Probleme 115

§ 8 Sonstige Ansprüche 123
- A. Der Vertrag zugunsten Dritter (VzD) 123
- B. Der Vertrag mit Schutzwirkung zugunsten Dritter (VSD) 124
- C. Die Drittschadensliquidation (DSL) 125
- D. Die wichtigsten Regressvorschriften 127

2. Teil. Die wichtigsten Vertragstypen 129

§ 1 Der Bürgschaftsvertrag, §§ 765 ff. BGB 129
- A. Einstieg 129
- B. Der Anspruch des Gläubigers gegen den Bürgen, § 765 BGB 129
- C. Die Übertragung der Hauptforderung und Bürgschaft auf einen Dritten 133
- D. Der Rückgriff des Bürgen nach der Inanspruchnahme durch den Gläubiger 133

§ 2 Der Darlehensvertrag 135
    A. Einstieg 135
    B. Das Wichtigste zum Gelddarlehensvertrag in Kürze 135

§ 3 Das Factoring 137

§ 4 Der Mäklervertrag, §§ 652 ff. BGB 138
    A. Einstieg 138
    B. Der Provisionsanspruch des Mäklers, § 652 I 1 BGB 138
    C. Sonstige Ansprüche 142
    D. Besondere Arten des Mäklervertrags 143

§ 5 Der Reisevertrag, §§ 651a ff. BGB 145
    A. Einstieg 145
    B. Das Zustandekommen des Reisevertrags 145
    C. Die mangelhafte Reise 146

§ 6 Der Mietvertrag, §§ 535 ff. BGB 150
    A. Einstieg 150
    B. Das Zustandekommen und der Inhalt des Mietvertrags 150
    C. Die Hauptpflichten des Vermieters und Mieters 151
    D. Die Rechte der Parteien bei Nichterfüllung der Hauptpflichten
       aus dem Mietvertrag 152
    E. Die Nebenpflichten und deren Verletzung 155
    F. Die Verjährung der mietrechtlichen Ansprüche 156
    G. Dritte im Mietverhältnis 156
    H. Das Vermieterpfandrecht, §§ 562 ff. BGB 158
    J. Die Beendigung des Mietverhältnisses 159

§ 7 Der Leasingvertrag 163
    A. Einstieg 163
    B. Das Wichtigste zum Finanzierungsleasing 163

§ 8 Das Schuldversprechen/Schuldanerkenntnis, §§ 780, 781 BGB 168
    A. Einstieg 168
    B. Das Wichtigste in Kürze 168

§ 9 Der Dienstvertrag, §§ 611 ff. BGB 170
    A. Einstieg 170
    B. Das Wichtigste in Kürze 170

§ 10 Der Schenkungsvertrag, §§ 516 ff. BGB 173
    A. Einstieg 173
    B. Das Zustandekommen der Schenkung 173
    C. Das Wichtigste in Kürze 173

§ 11 Exkurs: Die Anfechtung nach dem AnfG 178
    A. Einstieg 178
    B. Das Anfechtungsrecht nach dem AnfG in der Assessorklausur 178

§ 12 Der Prozessvergleich 181
    A. Einstieg 181
    B. Wirksamkeitsvoraussetzungen des Prozessvergleichs 181
    C. Fehlerfolgen beim Prozessvergleich 182

3. Teil.	**Die wichtigsten zivilrechtlichen Nebengebiete**	183
§ 1	**Das Familienrecht, §§ 1297 ff. BGB**	183
	A. Einstieg	183
	B. Das Wichtigste in Kürze	183
§ 2	**Das Erbrecht, §§ 1922 ff. BGB**	195
	A. Einstieg	195
	B. Das Wichtigste in Kürze	195
§ 3	**Das Handelsrecht**	205
	A. Einstieg	205
	B. Das Wichtigste in Kürze	205
§ 4	**Das Gesellschaftsrecht**	212
	A. Einstieg	212
	B. Das Wichtigste in Kürze	212
§ 5	**Das Arbeitsrecht**	222
	A. Einstieg	222
	B. Das Wichtigste in Kürze	222
Stichwortverzeichnis		239

Abkürzungs- und Literaturverzeichnis

a.A.	anderer Ansicht
a.a.O.	am angegebenen Ort
AB	Anscheinsbeweis
Abs.	Absatz
a.E.	am Ende
a.F.	alte Fassung
AG	Amtsgericht oder Aktiengesellschaft, je nach Zusammenhang
AGB	Allgemeine Geschäftsbedingung(en)
AGBG	Gesetz zur Regelung des Rechts der Allgemeinen Geschäftsbedingungen
AGG	Allgemeines Gleichstellungsgesetz
AK/*Bearbeiter*	Anwaltskommentar BGB, 2004 und 2005
AKB	Allgemeine Bedingungen für die Kraftfahrtversicherung
AktG	Aktiengesetz
Alt.	Alternative
AnfG	Gesetz betr. die Anfechtung von Rechtshandlungen außerhalb des Insolvenzverfahrens
AnwBl.	Anwaltsblatt
APR	Allgemeines Persönlichkeitsrecht
ArbGG	Arbeitsgerichtsgesetz
ARGE	Arbeitsgemeinschaft als Gesellschaftsform
Art.	Artikel
AWR	Anwartschaftsrecht
AZ	Aktenzeichen
BAG	Bundesarbeitsgericht
Baumgärtel	Baumgärtel, Handbuch der Beweislast im Privatrecht, Band 1 und 2, 2. Aufl. 1991 und 1999
BauR	Zeitschrift für das gesamte öffentliche und private Baurecht
BayObLG	Bayerisches Oberstes Landesgericht
BB	Betriebsberater
BDSG	Bundesdatenschutzgesetz
BerBG	Berufsbildungsgesetz
betr.	betreffend
BeurkG	Beurkundungsgesetz
BGB	Bürgerliches Gesetzbuch
BGB-InfoV	BGB-Informationspflichten-Verordnung
BGH	Bundesgerichtshof
BGHReport	Schnelldienst der Zivil-Rspr. des BGH
BGHZ	Amtliche Sammlung des Bundesgerichtshofs in Zivilsachen
BMV	Besitzmittlungsverhältnis
BNatSchG	Bundesnaturschutzgesetz
BORA	Berufsordnung für Rechtsanwälte
BRAO	Bundesrechtsanwaltsordnung
BRAGO	Bundesrechtsanwaltsgebührenordnung
BRRG	Beamtenrechtsrahmengesetz
BUrlG	Bundesurlaubgesetz
BVerfG	Bundesverfassungsgericht
BVerfGG	Bundesverfassungsgerichtsgesetz
bzgl.	bezüglich
bzw.	beziehungsweise

c.i.c.	culpa in contrahendo
DAR	Deutsches Autorecht
DB	Der Betrieb
d.h.	das heißt
DSL	Drittschadensliquidation
e.A.	einer Ansicht
eaG	eingerichteter und ausgeübter Gewerbebetrieb
EBV	Eigentümer-Besitzer-Verhältnis
EFZG	Entgeltfortzahlungsgesetz
EGBGB	Einführungsgesetz zum Bürgerlichen Gesetzbuch
EGMR	Europäischer Gerichtshof für Menschenrechte
Einf v	Einführung vor
Einl v	Einleitung vor
EMRK	Europäische Menschenrechtskonvention
Erman/*Bearbeiter*	Erman, Bürgerliches Gesetzbuch, 12. Aufl. 2008
EStG	Einkommensteuergesetz
etc.	et cetera
EV	Eigentumsvorbehalt
evtl.	eventuell
f./ff.	folgende/fortfolgende
FamFG	Gesetz über das Verfahren in Familiensachen und in den Angelegenheiten der freiwilligen Gerichtsbarkeit
FamRZ	Zeitschrift für das gesamte Familienrecht
FernUSG	Fernunterrichtsschutzgesetz
FGW	Fremdgeschäftsführungswillen
GbR	Gesellschaft bürgerlichen Rechts
gem.	gemäß
GG	Grundgesetz
ggf.	gegebenenfalls
GH	Geschäftsherr
GKG	Gerichtskostengesetz
GmbH	Gesellschaft mit beschränkter Haftung
GmbHG	Gesetz betreffend die Gesellschaften mit beschränkter Haftung
GoA	Geschäftsführung ohne Auftrag
GPA	Gemeinsames Prüfungsamt Nord
GPSG	Geräte- u. Produktsicherheitsgesetz
grds.	grundsätzlich
GVG	Gerichtsverfassungsgesetz
h.	herrschende
HausratsVO	Hausratsverordnung
HeimG	Heimgesetz
HGB	Handelsgesetzbuch
HinterlO	Hinterlegungsordnung
HK/*Bearbeiter*	Nomos Handkommentar zum BGB, 4. Aufl. 2005
h.L.	herrschende Literatur
h.M.	herrschende Meinung
HOAI	Verordnung über die Honorare für Leistungen der Architekten und Ingenieure
Holbeck/Schwindl	Holbeck/Schwindl, Arbeitsrecht, 8. Aufl. 2008
Baumbach/Hopt/*Bearbeiter*	Baumbach/Hopt, Handelsgesetzbuch, 33. Aufl. 2008
Hs.	Halbsatz
i.d.R.	in der Regel
i.H.d.	in Höhe der/des
i.H.v.	in Höhe von
insb.	insbesondere

InsO	Insolvenzordnung
i.R.d.	im Rahmen der/des
i.R.e.	im Rahmen einer/eines
i.R.v.	im Rahmen von
i.S.d.	im Sinne der/des
i.S.v.	im Sinne von
i.Ü.	im Übrigen
i.V.m.	in Verbindung mit
JA	Juristische Arbeitsblätter
Jauernig/*Bearbeiter*	Jauernig, Kommentar zum BGB, 12. Aufl. 2007
JR	Juristische Rundschau
JURA	Juristische Ausbildung
jurisPK/*Bearbeiter*	Juris Praxiskommentar zum BGB, Band 2.1., 2004
JuS	Juristische Schulung
JZ	Juristenzeitung
Kaiser Anwaltsklausur	Kaiser, Die Anwaltsklausur Zivilrecht, 3. Aufl. 2010
Kaiser Zivilgerichtsklausur I	Kaiser, Die Zivilgerichtsklausur im Assessorexamen Band I, 4. Aufl. 2010
Kaiser Zwangsvollstreckungsklausur	Kaiser, Die Zwangsvollstreckungsklausur im Assessorexamen, 3. Aufl. 2010
KGR Berlin	KG-Report Berlin
KBS	Kaufmännisches Bestätigungsschreiben
KG	Kammergericht oder Kommanditgesellschaft, je nach Zusammenhang
KO	Konkursordnung
KunstUrhG	Kunsturhebergesetz
LAG	Landesarbeitsgericht
LG	Landgericht
Lit.	Literatur
LK	Leistungskondiktion
LNatSchG	Landesnaturschutzgesetz
Looschelders	Dirk Looschelders, Schuldrecht Besonderer Teil, 3. Aufl. 2009
LPartG	Lebenspartnerschaftsgesetz
MaBV	Makler- u. Bauträgerverordnung
MarkenG	Markengesetz
M.	Meinung
MDR	Monatsschrift für Deutsches Recht
Medicus	Medicus/Petersen, Bürgerliches Recht, 22. Aufl. 2009
MM	Mietrechtliche Mitteilungen (Beilage zum Mieter Magazin)
MüKo-BGB/*Bearbeiter*	Münchener Kommentar zum BGB, 3. und 4. Aufl. 1993 bis 2005
MüKo-HGB/*Bearbeiter*	Münchener Kommentar zum HGB, 2002
Muscheler	Muscheler, Familienrecht, 2006
MuSchG	Mutterschutzgesetz
m.w.N.	mit weiteren Nachweisen
neLG	nichteheliche Lebensgemeinschaft
n.F.	neue Fassung
NJOZ	Neue Juristische Online Zeitschrift
NJW	Neue Juristische Wochenschrift
NJW-RR	Neue Juristische Wochenschrift – Rechtsprechungs-Report
NLK	Nichtleistungskondiktion
NotBZ	Zeitschrift für die notarielle Beratungs- u. Beurkundungspraxis

Nr.	Nummer
NVwZ	Neue Zeitschrift für Verwaltungsrecht
NZA	Neue Zeitschrift für Arbeitsrecht
NZA-RR	Neue Zeitschrift für Arbeitsrecht – Rechtsprechungs-Report
NZBau	Neue Zeitschrift für Baurecht und Vergaberecht
NZM	Neue Zeitschrift für Miet- u. Wohnungsrecht
NZV	Neue Zeitschrift für Verkehrsrecht
obj.	objektiv
o.g.	oben genannt(e)
OHG	Offene Handelsgesellschaft
OLG	Oberlandesgericht
OLGReport	OLG-Report (getrennt für jedes OLG)
Palandt/*Bearbeiter*	Palandt, Kommentar zum Bürgerlichen Gesetzbuch, 69. Aufl. 2010
PflVG	Gesetz über die Pflichtversicherung für Kraftfahrzeughalter
Pkw	Personenkraftwagen
ProdHaftG	Produkthaftungsgesetz
ProstG	Gesetz zur Regelung der Rechtsverhältnisse der Prostituierten
pVV	positive Vertragsverletzung/Forderungsverletzung
PWW/*Bearbeiter*	Prütting/Wegen/Weinreich, BGB Kommentar, 4. Aufl. 2009
RBerG	Rechtsberatungsgesetz
RBW	Rechtsbindungswillen
RG	Reichsgericht
RGZ	Amtliche Sammlung in Zivilsachen/Strafsachen des Reichsgerichts
RiStBV	Richtlinien für das Strafverfahren und das Bußgeldverfahren
Rn.	Randnummer
Rpfleger	Der deutsche Rechtspfleger
RRa	Reiserecht aktuell
Rspr.	Rechtsprechung
RuS	Recht und Schaden
RVG	Gesetz über die Vergütung von Rechtsanwältinnen und Rechtsanwälten
RVGreport	RVG-Report
RVO	Rechtsverordnung(en)
RzB	Recht zum Besitz
S.	Seite/Satz/Siehe
s.	siehe
SchwarzArbG	Gesetz zur Bekämpfung der Schwarzarbeit
SGB	Sozialgesetzbuch
s.o.	siehe oben
sog.	sogenannt(e/er)
SprengstoffG	Sprengstoffgesetz
st.	ständige(r)
s.u.	siehe unten
Staudinger/*Bearbeiter*	Staudinger, Kommentar zum BGB, Aufl. 2004/2006
StGB	Strafgesetzbuch
StBerG	Steuerberatungsgesetz
StVG	Straßenverkehrsgesetz
StVO	Straßenverkehrsordnung
TAN	Transaktionsnummer

Tempel	Tempel/Graßnack/Kosziol/Seyderhelm, Materielles Recht im Zivilprozess, 5. Aufl. 2009
Thomas/Putzo/*Bearbeiter*	Thomas/Putzo, Kommentar zur ZPO, 30. Aufl. 2009
TVG	Tarifvertragsgesetz
u.a.	unter anderem
u.E.	unseres Erachtens
u.U.	unter Umständen
UWG	Gesetz gegen den unlauteren Wettbewerb
v.a.	vor allem
v.A.w.	von Amts wegen
VerbrKrG	Verbraucherkreditgesetz
VersR	Versicherungsrecht
vgl.	vergleiche
VOB	Vergabe- u. Vertragsordnung für Bauleistungen
Vor/Vorb	Vorbemerkung
VSD	Vertrag mit Schutzwirkung zugunsten Dritter
VSP	Verkehrssicherungspflicht
v.u.g.	vorgelesen und genehmigt
VV	Vergütungsverzeichnis
VVG	Versicherungsvertragsgesetz
VZD	Vertrag zugunsten Dritter
WE	Willenserklärung(en)
WEG	Wohnungseigentumsgesetz oder Wohnungseigentümergemeinschaft, je nach Zusammenhang
wg.	wegen
WM	Wertpapiermitteilungen
WoVermG	Gesetz zur Regelung der Wohnungsvermittlung
WuB	Wirtschafts- u. Bankrecht
WuM	Wohnungswirtschaft und Mietrecht
Wussow/*Bearbeiter*	Wussow, Unfallhaftpflichtrecht, 15. Aufl. 2002
z.B.	zum Beispiel
ZBR	Zurückbehaltungsrecht
ZEV	Zeitschrift für Erbrecht und Vermögensnachfolge
ZfIR	Zeitschrift für Immobilienrecht
ZfS	Zeitschrift für Schadensrecht
ZGS	Zeitschrift für das gesamte Schuldrecht
ZIP	Zeitschrift für Wirtschaftsrecht und Insolvenzpraxis
ZMR	Zeitschrift für Miet- u. Raumrecht
Zöller/*Bearbeiter*	Zöller, Kommentar zur ZPO, 27. Aufl. 2008
ZPO	Zivilprozessordnung
z.T.	zum Teil
ZVG	Zwangsversteigerungsgesetz
ZVS	Zwangsvollstreckung

Die Autoren dieses Lehrbuches bieten auch Crash-Kurse zu allen Klausurtypen des Assessorexamens an.

Nähere Informationen unter

www.kaiserseminare.com

1. Teil. Die Prüfungsreihenfolge im Zivilrecht

§ 1 Die Rangfolge der Anspruchsgrundlagen

Bei der Suche nach den in Betracht kommenden Anspruchsgrundlagen sollten Sie stets nach dem folgenden Schema vorgehen:

- **Vertragliche Ansprüche**
  Primäransprüche: Das sind Ansprüche auf die geschuldete Leistung, die sich unmittelbar aus dem geschlossenen Vertrag ergeben.
  Sekundäransprüche: Das sind Ansprüche, die sich aus der Verletzung vertraglicher Pflichten ergeben.
- **Vertragsähnliche Ansprüche**
  Zu den vertragsähnlichen Ansprüchen zählen solche aus c.i.c., pVV und aus GoA.
- **Dingliche Ansprüche**
  Hier sind insb. §§ 985 ff., 861 ff., 1004, 1007 BGB sowie die Ansprüche aus den Grundpfandrechten
  Hypothek und Grundschuld von Bedeutung.
- **Ansprüche aus unerlaubter Handlung**
  Wichtig sind hier v.a. §§ 823 I, II, 831, 833 f. BGB und Ansprüche aus dem StVG relevant.
- **Ansprüche aus ungerechtfertigter Bereicherung, §§ 812 ff. BGB**
- **Sonstige Ansprüche**

Hierzu zählen vor allem die Ansprüche, die bisweilen sehr versteckt in der Klausur vorkommen. Relevant sind v.a. der Vertrag mit Schutzwirkung zugunsten Dritter, die Drittschadensliquidation und Regressansprüche.

Die Beachtung dieses Schemas ist von grundlegender Bedeutung für das Gelingen Ihrer Klausur. Vor allem in den Fällen, in denen Sie nach dem ersten Lesen des Klausurtextes überhaupt nicht wissen, wo die Lösung liegen könnte, hilft die systematische Suche dabei, die Anspruchsgrundlage zu finden und die Klausur in den Griff zu bekommen. Die aufgeführte Reihenfolge ist zudem zwingend, da zwischen den einzelnen Anspruchsgrundlagen ein Konkurrenzverhältnis bestehen kann.

Wenn Sie eine Anspruchsgrundlage gefunden haben, sollten Sie die weitere Prüfung streng nach dem sog. »juristischen Dreiklang« ordnen: **Anspruch entstanden, nicht untergegangen, durchsetzbar?**

> **1. Anspruch entstanden?**
> Sind die positiven Anspruchsvoraussetzungen erfüllt, z.B. wirksamer Vertragsschluss?
> Bestehen rechtshindernde Einwendungen? Hier sind z.B. §§ 116 ff., 125, 134, 138, 164 ff. BGB examensrelevant.
>
> **2. Anspruch nicht untergegangen?**
> Bestehen rechtsvernichtende Einwendungen? Hier müssen Sie v.a. an Anfechtung, Widerruf, Kündigung, Rücktritt, Erfüllung und Erfüllungssurrogate sowie Gewährleistungsrechte denken.
>
> **3. Anspruch durchsetzbar?**
> Bestehen rechtshemmende Einwendungen/Einreden? Hier sind v.a. §§ 320, 273 I BGB, Verjährung und § 242 BGB bedeutsam.

Beachten Sie, dass sich der Beklagte auf Einreden berufen muss (Eselsbrücke: »Bei Einreden muss man reden!«), während rechtshindernde und rechtsvernichtende Einwendungen stets von Amts wegen geprüft werden. Wenn die Einwendung jedoch auf einem Gestaltungsrecht beruht, ist zuvor natürlich die Ausübung dieses Rechts erforderlich. Denken Sie daran, dass die Einrede des § 242 BGB – eigentlich systemwidrig – v.A.w. zu berücksichtigen ist.

§ 2 Vertragliche Primäransprüche

Im Folgenden werden die examensrelevanten Probleme aus dem Bereich der Primäransprüche abgehandelt, die losgelöst von der rechtlichen Einordnung des Vertrags zum erforderlichen Standardwissen für die Assessorklausuren gehören.

A. Entstehen eines vertraglichen Primäranspruchs

I. Die Vertragsarten

Neben den sog. typischen Verträgen wie Kaufvertrag oder Dienstvertrag gibt es sog. **atypische oder typengemischte Verträge**. Das sind Verträge, bei denen der Vertragscharakter nicht ausschließlich einem der klassischen Vertragstypen zugeordnet werden kann, da er Elemente verschiedener Vertragstypen aufweist. V.a. wenn bei der Abwicklung des Vertrags Schwierigkeiten auftauchen, wird im Rahmen der Gewährleistung relevant, wie Sie den Vertrag behandeln. Nach h.M. sind die Vorschriften heranzuziehen, die kennzeichnend für den jeweils gestörten Vertragsteil sind (Kombinationstheorie). Kommen danach mehrere in Frage, ist auf den Schwerpunkt abzustellen. Wenn die gestörte Leistung nach diesem Maßstab keinem typisierten Vertragstyp zuzuordnen ist, so gilt das allgemeine Schuldrecht, bei Leistungsstörungen also v.a. §§ 280 ff., 323 ff. BGB und die pVV.

> **Klausurtipp:** So kamen in Examensdurchgängen z.B. vor: Konzertbesuchsvertrag (i.d.R. Werkrecht und Mietrecht), Bauträgervertrag (i.d.R. Werkvertragsrecht), Saunavertrag und Fitnessstudiovertrag (i.d.R. Miet- u. Dienstrecht), Arbeitnehmerleihvertrag (i.d.R. Dienstrecht), Hundepensionsvertrag (i.d.R. Verwahrungsrecht), Unterrichtsvertrag (i.d.R. Dienstrecht), Post-/Paketbeförderungsvertrag (i.d.R. Werkrecht, sowie §§ 407 ff. HGB), Stutendeckvertrag (umstr. ob Dienst- o. Werkrecht hinsichtlich des Befruchtungsvorganges), Pferdeeinstellungsvertrag (i.d.R. Verwahrungsrecht), Vertag über die Ausstellung von Bildern (i.d.R. Mietrecht), Beherbergungsvertrag (i.d.R. Mischung aus Mietrecht, Kaufrecht und Dienstrecht, vgl. Teilregelung in §§ 701 ff. BGB), Bewirtungsvertrag (bei Mängeln der Speise Kaufrecht und nicht Werkrecht, vgl. BGH NJW 2006, 2262 f.; bei Mängeln im Bereich des Services Dienstrecht, vgl. AG Garmisch-Partenkirchen NJW 1969, 608 ff.; bei Abhandenkommen der Garderobe des Gastes Haftung nach §§ 688, 280, 283 BGB und aus pVV des Bewirtungsvertrages nur bei entsprechender Überwachungsverpflichtung), der Wohnungsverwaltungsvertrag (i.d.R. Dienstrecht), Vertrag über den Aufbau eines Messestandes (i.d.R. Miet- u. Werkvertragsrecht), Kinderbetreuungsvertrag (i.d.R. Dienstrecht) und der Beratervertrag (i.d.R. Dienstrecht). Lesen Sie zudem unseren Aufsatz **in JA 2007, 291 ff.** zu in Klausuren vorgekommenen atypischen Verträgen.

Beachten Sie jedoch, dass nicht jeder Ihnen »untypisch« vorkommende Vertrag als atypischer Vertrag eingestuft werden kann. Lesen Sie erst einmal im Inhaltsverzeichnis des Palandt nach, ob zu dem Vertrag nicht eine Sonderregel im BGB enthalten ist, bevor Sie die Grundsätze des atypischen Vertrags anwenden. So wird z.B. der **Zeitschriftenabonnementvertrag** i.d.R. als Ratenlieferungsvertrag nach § 505 BGB eingestuft. Auch der **Geschäftsbesorgungsvertrag** ist in § 675 BGB spezialgesetzlich geregelt (z.B. Bankvertrag, Steuerberatvertrag, Treuhandvertrag, Anwaltsvertrag).

> **Klausurtipp:** In einigen Klausuren ging es beim **Unterrichtsvertrag** um die Wirksamkeit bestimmter AGB. Die Wirksamkeit von Laufzeitregelungen bestimmt sich nach § 309 Nr. 9 BGB.
>
> Ähnliche Probleme werden auch in Klausuren abgeprüft, in denen die Parteien einen **Fitnessstudiovertrag** geschlossen haben. Laufzeitvereinbarungen sind an § 307 I BGB i.V.m. § 309 Nr. 9 BGB analog zu messen (Palandt/*Grüneberg* § 309 Rn. 81; *Blattner* ZGS 2008, 293 ff.). Das Recht zur außerordentlichen Kündigung aus § 626 BGB (nach a.A. gilt § 314 oder § 543 BGB) kann nicht ausgeschlossen werden. Verlangt der Kunde des Fitnessstudios Schadensersatz, so sollten Sie neben § 823 I BGB an die mietvertragliche Vorschrift des § 536a BGB bei Mängeln der Mietsache denken (z.B. Körperverletzung durch mangelhafte Geräte), §§ 280, 241 II BGB/pVV sind bei sonstigen Nebenpflichtverletzungen einschlägig. Nach der Rspr. ist der Kunde für die Zeit, in der er z.B. infolge Krankheit nicht in der Lage ist, die

1. Teil. Die Prüfungsreihenfolge im Zivilrecht

> im Studio vorgehaltenen Geräte zu nutzen, von seiner Leistungspflicht frei, da die mietvertragliche Regelung in § 537 I BGB für diese Fälle aufgrund der Besonderheiten dieses Vertragstypes nicht interessengerecht ist (BGH NJW 1997, 193 f.; LG München MDR 2007, 260 f.). Preisanpassungsklauseln zugunsten des Unternehmers sind an §§ 309 Nr. 1, 307 BGB zu messen (vgl. dazu Palandt/*Grüneberg* § 309 Rn. 3 ff.).

Hin und wieder werden auch Klausuren gestellt, bei denen sich die Parteien um die Pflichten aus einem **Vorvertrag** streiten. Der Vorvertrag zu einem formbedürftigen Rechtsgeschäft unterliegt i.d.R. dem Formzwang des Hauptgeschäftes (Beachte: Auf den Vorvertrag zu einem unter § 550 BGB fallenden Mietvertrag wird § 550 BGB nach h.M. allerdings nicht angewendet.). Bei Leistungsstörungen gelten die allgemeinen Regeln der §§ 280 ff, 323 ff. BGB.

II. Der Vertragsschluss

1. Allgemeines

3   Ein Vertrag kommt i.d.R. durch **zwei übereinstimmende Willenserklärungen** (WE) zustande, d.h. durch ein Angebot und dessen Annahme, §§ 145 ff. BGB. Eine Sonderregel enthält § 151 BGB, wonach der ansonsten erforderliche Zugang der Annahmeerklärung beim Anbietenden ggf. entfallen kann. Die Einigung über einen Vertragsschluss setzt voraus, dass zumindest die wesentlichen Punkte des Vertrages (sog. »**essentialia negotii**«) zwischen den Parteien feststehen, da ansonsten § 154 BGB (offener Einigungsmangel) greift. Nur wenn sich die Parteien erkennbar trotz der noch offenen Punkte binden wollen und sich diese Punkten im Wege der ergänzenden Vertragsauslegung ausfüllen lassen, kann ein Vertragsschluss bejaht werden.

> **Klausurtipp:** In manchen Examensklausuren liegt bereits bei der Frage, wie der Vertrag zustande gekommen ist, ein Schwerpunkt der Klausurleistung, v.a. wenn die Parteien sich mehrfach getroffen oder telefoniert haben und/oder eine Auftragsbestätigung oder ein KBS vorliegt. Hier müssen Sie dann sauber darstellen, worin das Angebot und die Annahme liegen.

Examensrelevante Probleme in diesem Bereich sind:

Problem: Vertragsschluss per Internet, sog. »eBay-Fälle«

- Der Vertragsschluss ist über die **allgemeinen Regeln der §§ 145 ff. BGB** zu lösen und nicht nach § 156 S. 1 BGB. Angebot und Annahme erfolgen nämlich i.d.R. durch entsprechende E-Mails (Vertragsschluss daher nicht durch Zuschlag). Lesen Sie bei Bedarf den guten Aufsatz zur sog. »Vertragsfalle« im Internet in NJW 2009, 3189 ff.

- Freischalten der Angebotsseite ist i.d.R. lediglich invitatio ad offerendum. Das Angebot kommt daher grds. vom Besteller, die Lieferung der Ware stellt dann spätestens die Annahme dar. Anders i.d.R. bei Vertragsschlüssen über »Auktionsplattformen« wie eBay und andere Anbieter. Dort ist grds. von einem Rechtsbindungswillen des einstellenden Anbieters auszugehen (BGH NJW 2005, 53 ff.).

- Beim Vertragsabschluss im Internet liegt die **Beweislast** dafür, dass der in Anspruch genommene Käufer tatsächlich/persönlich die Email abgesendet hat, beim Verkäufer. Wenn ein Dritter unter der Kennung/dem Mitgliedsnamen eines anderen agiert, handelt er i.d.R. nicht »in fremdem Namen« i.S.d. §§ 164 ff. BGB (weil er nicht nach außen seine Nichtidentität mit dem Namensträger deutlich macht), sondern »**unter fremdem Namen**«. §§ 164 ff. BGB werden dann analog angewendet. Auf einen auf die Verwendung des Passworts/der Email-Adresse gegründeten Anscheinsbeweis für das Bestehen einer Vertretungsmacht kann sich der Verkäufer dabei grds. nicht stützen (Argument: Fehlender Sicherheitsstandard im Internet). Die Vertretungsmacht kann sich aus einer erteilten Zustimmung oder über die Grundsätze der Duldungs- oder Anscheinsvollmacht ergeben. Für die Duldungsvollmacht fehlt aber i.d.R. der Nachweis des wissentlichen Duldens, für die Anscheinsvollmacht die nachzuweisende Sorgfaltspflichtverletzung (vgl. Rn. 6 und OLG Hamm NJW 2007, 611 f.; LG Aachen NJW-RR 2007, 565 f.).

§ 2 Vertragliche Primäransprüche

- Nach der Rspr. gelten die AGB und §§ 305 ff. BGB grds. nicht, da die AGB von keiner Vertragspartei »gestellt« werden. Als Auslegungsgrundlage für Fragen des Vertragsinhaltes können sie jedoch herangezogen werden (BGH NJW 2002, 363 ff.). »Durch die Hintertür« können Sie daher die AGB doch anwenden.
- Dem Käufer steht ein Widerrufsrecht nach §§ 312d I 1, 355 BGB zu, wenn er Verbraucher und der Verkäufer Unternehmer ist (BGH NJW 2005, 53 ff.). Dieses Widerrufsrecht ist mangels Anwendbarkeit des § 156 BGB auch nicht nach § 312d IV Nr. 5 BGB ausgeschlossen.
- Die Besonderheiten einer Internetauktion und die Schutzwürdigkeit der Käufer verbieten die jederzeitige Widerruflichkeit der Vertragsangebote, es gelten vielmehr die **allgemeinen Regeln der** §§ 104 ff., 119 ff., 130, 138 BGB (LG Berlin NJW-RR 2009, 132 ff. lesen!). Achten Sie aber auch hier auf den ggf. bestehenden **Vorrang von §§ 434 ff. BGB** (vgl. Rn. 13, 25).

Klausurtipp: Denken Sie bei Verträgen von Unternehmern mit Verbrauchern, die z.B. durch Briefe, per Telefon oder Internet geschlossen wurden, an die Regelungen des **Fernabsatzes**, §§ 312b ff. BGB. Dem Verbraucher steht insb. gem. § 312d I 1 BGB ein **Widerrufsrecht nach § 355 BGB** zu (Rechtsfolge: Rückabwicklung nach §§ 357, 346 ff. BGB; dies sogar dann, wenn der Vertrag sittenwidrig ist: BGH Urt.v. 25.11.2009, AZ: VIII ZR 318/08 → Vorteil der Anwendung von §§ 357, 346 BGB: Rückzahlung des Kaufpreises nach § 812 BGB würde an § 817 S. 2 BGB scheitern!). Achten Sie bei der Frage des Fristbeginns auf die teilweise Modifizierung des § 355 II 1 BGB durch §§ 312d II, 312c II BGB und durch § 312e I, III 2 BGB. Problematisch ist, ob bei ins Internet (z.B. Homepage) gestellten Widerrufsbelehrungen die Textform i.S.v. § 126b BGB gewahrt ist, wenn der Empfänger nicht z.B. über Email gleichzeitig den Text übermittelt bekommt. Hier ist nach h.M. die Textform nur gewahrt, wenn es tatsächlich zur Perpetuierung der Erklärung beim abrufendem Empfänger durch Download oder Ausdruck der Seite kommt (Palandt/*Ellenberger* § 126b Rn. 3 m.w.N.). Hinsichtlich des Inhalts der Widerrufsbelehrung genügte bislang die Verwendung des richtig ausgefüllten Musters aus **§ 14 BGB-InfoV Anlage 2** (umstr., vgl. Palandt/*Grüneberg* § 14 BGB-InfoV Rn. 3 ff.). Ob die z.T. bemängelten Unzulänglichkeiten des Musters durch dessen Neufassung mit Wirkung ab April 2008 wirklich behoben wurden, bleibt abzuwarten.

Problem: Vertragsschluss durch konkludente Erklärung

- Ein Vertragsschluss kann auch konkludent erfolgen, so z.B. bei der Abnahme einer Leistung im Rahmen der Daseinsvorsorge (z.B. Strom, Gas, Wasser), bei der tatsächlichen Inanspruchnahme der Leistung (z.B. Besucher fährt auf kostenpflichtigen Parkplatz) oder durch Vollzug der Hauptleistungen. Gerade in den ersten beiden Fällen werden Klausuren z.T. durch einen ausdrücklichen Protest desjenigen angedickt, der die Leistung in Anspruch nimmt (»Ich nehme die Leistung in Anspruch, will aber keinen Vertrag schließen«). Eine solche sog. »**protestatio facto contraria**« ist grds. nach Treu und Glauben unbeachtlich (BGHZ 21, 319 ff.; *Fritzsche* JA 2006, 674 ff.).

2. Die Willenserklärung

Die Willenserklärung (WE) besteht aus dem objektiven und dem subjektiven Tatbestand.   4

a) Der objektive Tatbestand

Der objektive Tatbestand der WE besteht aus der Erklärung, die aus Sicht eines objektiven Empfängers gem. §§ 133, 157 BGB auf einen **Rechtsbindungswillen** (RBW) schließen lässt. Schweigen ist grds. keine WE, Besonderheiten gelten allerdings beim KBS (vgl. Rn. 105) und bei § 613a VI BGB.

Problem: Die »invitatio ad offerendum«

- WE (–), lediglich Aufforderung zur Abgabe eines eigenen Angebots durch den Empfänger.
- Beispiele (vgl. *Fritzsche* JA 2006, 674 ff.): Zeitungsanzeigen, Werbekataloge, Speisekarten im Restaurant, Auslagen im Schaufenster, Warenauslage in Selbstbedienungsläden, i.d.R. auch Internetangebote mit Ausnahme der o.g. Versteigerungsfälle.

5

1. Teil. Die Prüfungsreihenfolge im Zivilrecht

Problem: Die »offerta ad incertas personas«

- WE (+), da sich das Angebot an einen unbestimmten, aber bestimmbaren Personenkreis richtet, Beispiel: Warenautomat, Fahrkartenautomat.

Problem: Haftung bei Schädigungen im Rahmen von Gefälligkeitsverhältnissen

- Hier geht es um die Frage, ob ein **RBW für den Abschluss eines Vertrags** besteht oder ob nur die gesetzliche Haftung greift (vgl. dazu Palandt/*Grüneberg* Einl v § 241 Rn. 7 ff.). Die Abgrenzung ist wegen der unterschiedlichen Beweislast bzgl. des Verschuldens wichtig. Bei vertraglicher Haftung muss sich der Schuldner gem. § 280 I 2 BGB entlasten, bei § 823 BGB hat der Gläubiger i.d.R. die volle Beweislast.

    – Abzustellen ist darauf, wie sich das Verhalten der Beteiligten bei Würdigung aller Umstände einem objektiven Betrachter darstellt (objektive Indizien: z.B. Entgeltlichkeit, wirtschaftliche Bedeutung der Gefälligkeit, Risiko für Gefälligen und für das anvertraute Rechtsgut). Im Einzelnen gilt folgende Dreiteilung:

    – Besteht ein Rechtsbindungswille (RBW), kommen die **typisierten (Gefälligkeits)Verträge** des BGB wie Auftrag, Schenkung, Werkvertrag, Verwahrung oder Leihe in Frage. Denkbar ist auch der **konkludente Abschluss einer GbR** (z.B. bei Fahrgemeinschaften), wobei dann § 708 BGB jedoch zumindest im Straßenverkehr nicht anwendbar ist. Liegt kein typisierter Vertrag vor, so kommt der Abschluss eines **atypischen Gefälligkeitsvertrages** in Betracht (z.B. OLG München NJW-RR 1991, 420 f.: Mitnahme in einem Fesselballon; BGH NJW-RR 2007, 1660 ff.: Konkludenter Abschluss eines Beratervertrages zwischen Verkäufer und Käufer z.B. durch Erstellen einer Rentabilitätsberechnung für den Käufer). Bei Vertragsverletzungen kann dann v.a. aus §§ 280 ff. BGB Schadensersatz verlangt werden.

    – Die in der **Literatur** z.T. angenommene **Haftung aus c.i.c.** (sog. »Gefälligkeit mit rechtsgeschäftlichem Charakter«, z.B. Mitnahme durch den gefälligen Taxifahrer, Unternehmer überlässt einem befreundeten Unternehmer einen Lkw-Fahrer aus Gefälligkeit), ist wg. des klaren Wortlautes von § 311 II Nr. 3, III BGB n.F. nunmehr abzulehnen. Die c.i.c. kommt nach h.M. aber in Fällen der Beschädigung eines Pkw bei einer **Probefahrt** in Betracht, wenn es sich um den Pkw eines gewerblichen Kfz-Händlers handelt. Denken Sie in diesen Fällen an § 606 BGB analog (Palandt/*Weidenkaff* § 606 Rn. 3). Auch die unten dargestellte Haftungsbeschränkung wird dann von der h.M. angenommen (vgl. Palandt/*Grüneberg* § 276 Rn. 38).

    – In den sonstigen Fällen (sog. »**Gefälligkeiten des täglichen Lebens**«) greifen i.d.R. nur § 823 BGB und ggf. §§ 7, 18 StVG. Eine Haftung etwa aus pVV der berechtigten GoA scheidet aus (umstr., vgl. Palandt/*Sprau* Einf v § 677 Rn. 2, Argument: Kein Geschäftsübernahmewillen bei Gefälligkeit; Anwendung der Beweisregel von § 280 I 2 BGB wäre unbillig). Etwaige gesetzliche Haftungsmilderung z.B. aus §§ 599, 690, 521 BGB sind in diesen Fällen nach der Rspr. nicht auf § 823 BGB übertragbar, da sonst der Gefälligkeitsempfänger unangemessen benachteiligt würde.

- Für die Haftung des Gefälligen bei reinen Gefälligkeiten des täglichen Lebens ist zugunsten des Gefälligen im Wege der ergänzenden Vertragsauslegung von einer **konkludenten Haftungsbeschränkung** auf Vorsatz und grobe Fahrlässigkeit auszugehen, wenn dies den »wohlverstandenen Interessen der Beteiligten« entspricht. Für die Annahme eines Haftungsverzichts genügen für sich genommen die bloße Gefälligkeitsfahrt, enge persönliche Beziehungen zwischen den Beteiligten oder das Bestehen eines ungewöhnlichen Haftungsrisikos nicht. Erforderlich ist vielmehr grundsätzlich, dass für den Schädiger ein nicht hinzunehmendes Haftungsrisiko bestehen würde und darüber hinaus besondere Umstände vorliegen, die im konkreten Fall einen Haftungsverzicht als besonders nahe liegend erscheinen lassen (BGH NJW 2009, 1482 ff., lesen!). Die Rspr. bejaht je nach Interessenlage die Haftungsbeschränkung dann auch für etwaige vertragliche Ansprüche gegen den Gefälligen (vgl. BGH a.a.O.). Ob Sie die Haftungsbeschränkung bejahen oder nicht, hängt dann vom konkreten Klausursachverhalt ab.

§ 2 Vertragliche Primäransprüche

> **Systematik bei Haftung in Gefälligkeitsverhältnissen**
>
> 1. Haftung aus typisierten Verträgen
>   z.B. Auftrag, Werkvertrag, Leihe, GbR
>   → Rechtsbindungswille?
> 2. Haftung aus atypischem Gefälligkeitsvertrag
>   z.B. §§ 280, 241 II BGB i.V.m. geschlossener Vereinbarung
>   → Rechtsbindungswille?
> 3. Haftung aus Delikt, v.a. § 823 I BGB
>
> Stets zu prüfen → Konkludente Haftungsbeschränkung?

Eine Haftungsbeschränkung wird aber **nicht** angenommen, wenn für den Schaden **Versicherungsschutz** besteht, da dann letztlich nur die Versicherung des gefälligen Schädigers profitieren würde (vgl. Palandt/*Grüneberg* § 276 Rn. 37; Ausnahme mgl. nach OLG Frankfurt NJW 2006, 1004 ff.: Sog. »Maifeier-Fall«).

- Die entsprechenden Erwägungen gelten auch für einen **Kostenvoranschlag**. Dieser hat ohne weitere Vereinbarungen nur den Charakter einer Gefälligkeit mit der Folge, dass sich der Besteller bei Überschreiten der veranschlagten Summe grds. nicht auf den Kostenvoranschlag berufen kann. Wenn die Sonderregelung des § 650 BGB aus dem Werkvertragsrecht nicht greift, kommt ggf. die Störung der Geschäftsgrundlage nach § 313 BGB in Betracht.
- Eine vergleichbare Problematik stellt die **unentgeltliche Pflege eines Erblassers** durch einen Dritten (z.B. Angehörigen) dar. Hier kommen je nach RBW (konkludente) vertragliche Ansprüche, Ansprüche aus § 812 I 2 Alt. 2 BGB oder ein Anspruch aus § 2057a BGB in Betracht.

Beachte: Übernimmt ein Architekt aus Gefälligkeit bauplanende und -überwachende Architektenleistungen, haftet er nach denselben Maßstäben für eine sorgfältige Bauplanung und -überwachung, wie ein Architekt, mit dem der Bauherr einen Werkvertrag geschlossen hat (sog. »**Haftung kraft faktischer Übernahme**«, OLG Köln NZBau 2006, 183 f. m.w.N.). Der Grund dafür liegt in der überragenden wirtschaftlichen Bedeutung einer sorgfältigen Bauplanung und -überwachung. Ähnliches gilt, wenn der Gefällige Aufgaben eines Wohnungsverwalters wahrgenommen hat (vgl. OLG Hamm WuM 2008, 46 f.: Haftung aus Auftragsrecht) oder bei der Hilfe eines zufällig am Unfallort anwesenden Arztes (OLG München NJW 2006, 1883 ff.: Haftung aus Auftragsrecht und aus § 823 BGB).

Problem: Zusendung unbestellter Waren

- I.d.R. kein Vertragsschluss, da keine WE des Empfängers durch die Entgegennahme der Ware
- Lesen Sie **Palandt/*Grüneberg* § 241a Rn. 6 ff.** zu den weiteren Ansprüchen zwischen Unternehmer und Verbraucher, insb. aus §§ 985 ff., 812 ff. BGB.

b) Der subjektive Tatbestand

Der innere Tatbestand der WE setzt sich aus dem Handlungswillen, dem Erklärungsbewusstsein und dem (konkreten) Geschäftswillen zusammen. Im Assessorexamen kann v.a. das **Fehlen des Erklärungsbewusstseins** relevant werden, wenn dieser nach außen (vgl. oben zum RBW) als bestehend erachtet wird. Die WE ist dann nach § 119 I BGB (analog) anfechtbar.

c) Die Auslegung von Willenserklärungen

Die Auslegung von empfangsbedürftigen WE erfolgt grds. nach Maßgabe der §§ 133, 157 BGB. **Der Grundsatz der objektiven Auslegung** empfangsbedürftiger WE führt dazu, dass i.d.R. die objektive Bedeutung der WE entscheidet (Ausnahme: Bei der Auslegung von Testamenten ist nach § 133 BGB nur der Wille des Verfügenden für die Auslegung relevant.). Wenn eine Partei etwas anderes gemeint, als die WE objektiv bedeutet hat, so bleibt der Partei die Anfechtung nach § 119 BGB. Wenn die WE der Parteien weder nach dem tatsächlichen Willen noch nach der objektiven Bedeutung übereinstimmen, so liegt ein sog. Dissens vor, vgl. §§ 154 f. BGB.

Besonderheiten im Rahmen der Auslegung von Willenserklärungen/Verträgen sind:

- »**Falsa demonstratio non nocet**«, d.h. die übereinstimmende, aber versehentlich falsche Bezeichnung des Gewollten schadet nicht. Es gilt nicht das Gesagte, sondern das Gewollte. Relevant wird dies z.B. bei der Parzellenverwechslung (Beispiel: Die Parteien sind sich über die Veräußerung von Parzelle 4711 einig, benennen aber im Kaufvertrag irrtümlich Parzelle 4712.). Veräußert ist in diesen Fällen die wirklich gewollte Parzelle, auch die notarielle Beurkundung der falschen Parzelle schadet dann nicht, da der Zweck von § 311b BGB erfüllt ist (vgl. *Medicus* Rn. 124; BGH NJW 2008, 1658 ff. zum Grundstückskauf). Auch das Fehlen der Andeutung des tatsächlich Gewollten im Beurkundeten schadet dann nicht, da nach der Rspr. bei der versehentlichen Falschbezeichnung die für die Auslegung von formbedürftigen Rechtsgeschäften entwickelte sog. Andeutungstheorie nicht gilt (vgl. BGH NJW 2008, 1658 ff. Rn. 97 zur Andeutungstheorie im Erbrecht).

- Wenn ein Vertrag eine unbewusste Regelungslücke aufweist, dient die sog. **ergänzende Vertragsauslegung** dazu, diese Lücke zu füllen. Die Lücke wird dann nach Maßgabe des hypothetischen Parteiwillens geschlossen, der insbesondere aus dem Zweck des Vertrages zu ermitteln ist.

> **Beachte:** Es gibt Klausuren, bei denen die Parteien nur um Ansprüche aus geschlossenen Vereinbarungen streiten und es dann Ihre Aufgabe ist, einzelne Klauseln dieser Verträge sauber auszulegen und anzuwenden (oder gerade nicht anzuwenden). So ging es z.B. in einer Examensklausur vom Juni 2009 um die Auslegung einer Vertragsübernahme zwischen zwei GmbHs, im Septemberdurchgang 2009 um die Auslegung einer Kündigungsklausel in einem Darlehens- u. Bierlieferungsvertrag. Im Novemberdurchgang 2009 musste untersucht werden, ob die Parteien überhaupt einen Werkvertrag geschlossen haben oder ob es sich um eine kostenfreie Nebenleistung zu einem Kaufvertrag handelt (dort: Schneiderarbeiten am gekauften Brautkleid).

d) Das Wirksamwerden von Willenserklärungen

Eine empfangsbedürftige WE wird durch **Abgabe** und **Zugang** nach Maßgabe der §§ 130 ff. BGB wirksam. Die Abgabe ist die willentliche Entäußerung der WE in den Rechtsverkehr. Bei der sog. abhanden gekommenen Willenserklärung fehlt es daher an der Wirksamkeit der WE, der »Erklärende« haftet aber u.U. nach § 122 I BGB analog (Palandt/*Ellenberger* § 122 Rn. 2). Der Zugang der WE gegenüber Abwesenden ist in § 130 I BGB geregelt. Schriftlich abgegebene WE gelten als zugegangen, wenn sie so in den Machtbereich des Empfängers gelangt sind, dass unter gewöhnlichen Umständen mit der Kenntnisnahme gerechnet werden kann (z.B. Einwurf eines Briefes im Briefkasten oder Übergabe eines Briefes an Familienmitglied; Zeitpunkt des Zugangs → übliche Leerung des Briefkastens/üblicher Zeitpunkt der Weitergabe).

Klausurproblem: Zugang einer Willenserklärung

1. **Liegt ein Zugang vor?**
   → Ist WE in Machtbereich des Empfängers gelangt?
   z.B. Brief, Fax, Email

2. **Wenn kein Zugang vorliegt:**
   → Arglistige Zugangsvereitelung?

3. **Wenn Zugang bestritten wird:**
   → Hat Beweisbelasteter den Zugang bewiesen?
   z.B. Postzustellungsvarianten, Übermittlung durch Boten
   z.B. Gerichtsvollzieherzustellung

Emails gehen zu, wenn die Willenserklärung in der Mailbox oder bei dem Provider des Empfängers gespeichert ist. Der BGH hat für Schriftsätze im Prozess entschieden, dass dort für den Fax-Zugang ausreicht, dass die gesendeten Signale vom Telefaxgerät des Gerichts vollständig empfangen werden (vgl. BGH NJW 2006, 2263 ff.). Nach neuer Rspr. soll daher auch außerhalb von Prozessen entgegen der bislang h.M. der Anscheinsbeweis für den Zugang eines Faxes sprechen, wenn der Sendebericht eine erfolgreiche Übermittlung bestätigt hat (vgl. AG Schleiden NJW-RR 2009, 858 f. m.w.N.).

Nicht in § 130 BGB ist der Zugang gegenüber Anwesenden (z.B. telefonische Erklärungen) geregelt. Der Zugang ist zu bejahen, wenn der Absender nach den Umständen davon ausgehen durfte, dass der Empfänger die Erklärung wahrgenommen hat.

Beachten Sie, dass sich der Empfänger auf **Hindernisse** aus seinem Bereich grds. nicht berufen kann, da er diesen durch geeignete Vorkehrungen begegnen muss. Ist der Empfänger also wegen Urlaubs, Krankheit oder sonstiger Ortsabwesenheit nicht in der Lage, vom Inhalt der ihm übermittelten Erklärung Kenntnis zu erlangen, steht das dem Zugang nicht entgegen.

> **Beachte:** Auch der bloße Zugang einer Erklärung kann ausnahmsweise ein gesetzliches Schuldverhältnis begründen, so z.B. beim Zugang einer **Gewinnzusage** nach § 661a BGB. In Klausuren aus diesem Bereich wird es oft um die Frage gehen, wer als »Sender« der Gewinnzusage anzusehen ist. Dies ist grds. derjenige, der aus Sicht des Verbrauchers nach außen als Erklärender/Gewinnversprechende in Erscheinung tritt, auch wenn er unter fremder, falscher oder erfundener Bezeichnung auftritt. Dabei sind die allgemeinen Zurechnungsgrundsätze inklusive der Vertretungsregeln anzuwenden.

In diesem Zusammenhang kann auch die **Zugangsvereitelung** durch den Empfänger problematisch sein: Bei der arglistigen Zugangsvereitelung (d.h. der Empfänger erwartet die WE und verhindert willentlich den Zugang, indem er bei einem Umzug bewusst keinen Nachsendeauftrag stellt oder eine Anschrift angibt, unter der er nicht zu erreichen ist) wird der rechtzeitige Zugang der WE nach dem Rechtsgedanken der §§ 162 I, 242 BGB fingiert. Bei fahrlässiger Zugangsvereitelung (z.B. Empfänger vergisst, aufgrund eines Benachrichtigungszettels das Übergabe-Einschreiben bei der Post abzuholen; fehlendes Namensschild am Briefkasten) muss der Absender weitere Zustellungsversuche unternehmen, bis die WE zugegangen ist. Bezüglich etwaiger Fristen muss sich der Empfänger dann so behandeln lassen, als wäre die WE beim ersten Versuch tatsächlich zugegangen.

Zum Teil kommt es in Klausuren zu der Frage der **Beweismöglichkeit des Zugangs**. Hier kommt es darauf an, wie die Sendung verschickt wurde (Standard-Brief, Übergabe-Einschreiben, Einwurf-Einschreiben), vgl. Palandt/*Ellenberger* § 130 Rn. 21.

3. Die Geschäftsfähigkeit, §§ 104 ff. BGB

Anders als im ersten Examen tauchen im Assessorexamen selten Probleme aus diesem Bereich auf. Wenn in der Klausur z.B. ein beschränkt Geschäftsfähiger vorkommen sollte, lassen sich die daraus erwachsenen Probleme i.d.R. mit einem Blick in §§ 106 ff. BGB und die entsprechende Kommentierung im Palandt lösen.

> **Exkurs zum Insolvenzrecht:** Außerhalb von Bayern und Hessen kommt es nur ganz selten zu insolvenzrechtlichen Fragestellungen in Klausuren. Hierzu Folgendes: In einigen Klausuren wendet der Schuldner ein, der Vertrag sei deshalb unwirksam, weil im Zeitpunkt des Vertragsschlusses bereits das **Insolvenzverfahren über ihn eröffnet** war. Dieser Einwand geht ins Leere, denn durch die Beschlagnahme i.S.v. § 80 InsO verliert der Schuldner weder seine Geschäfts- noch Rechtsfähigkeit. §§ 21 II Nr. 2, 81 InsO schränken lediglich seine Verfügungsbefugnis über Gegenstände der Insolvenzmasse i.S.v. §§ 35 f. InsO ein. Diese Verfügungsbeschränkungen sind aber nur für das dingliche Rechtsgeschäft relevant (vgl. Rn. 39), auf die schuldrechtliche Ebene haben sie keinen Einfluss.
>
> Ganz selten kommt es in der Klausur zu einem Vertragsschluss und der anschließenden Eröffnung des Insolvenzverfahrens (durch Erlass des Eröffnungsbeschluss nach §§ 30 ff. InsO). Dies hat – anders als die oben dargestellte Situation – erheblichen Einfluss auf die schuldrechtlichen Verhältnisse. Die

maßgeblichen Aspekte ergeben sich hier aus den §§ 80, 103 ff. InsO (und § 240 ZPO in prozessualer Hinsicht). Keine Angst, im Examen werden dann nur die nachfolgend dargestellten Grundzüge abgefragt! Bei **Eröffnung des Insolvenzverfahrens nach Vertragsschluss** gilt Folgendes:

- Nach § 80 InsO tritt der Insolvenzverwalter mit Erlass des Eröffnungsbeschlusses in die Rechte und Pflichten des Insolvenzschuldners ein. Der Insolvenzverwalter ist Partei kraft Amtes, der im eigenen Namen mit unmittelbarer Wirkung für den Nachlass handeln kann (Beachte: Im Fall der Verbraucherinsolvenz nimmt der sog. Treuhänder die Aufgaben des Insolvenzverwalters wahr, vgl. § 313 InsO.). Der Insolvenzschuldner bleibt Schuldner, er verliert aber seine Verfügungsbefugnis.

- Bei im Zeitpunkt der Insolvenzeröffnung nicht vollständig erfüllten gegenseitigen Verträgen (z.B. Kaufvertrag, Werkvertrag, Mietvertrag über bewegliche Sachen etc.) gilt § 103 InsO: Der Insolvenzverwalter kann wählen, ob er anstelle des Schuldners erfüllen und Erfüllung vom Vertragspartner verlangen will oder ob er eine Erfüllung ablehnt. Im letzteren Fall wandelt sich der Anspruch des Vertragspartners in einen Schadensersatzanspruch um, der vom Vertragspartner nach §§ 38, 87, 174 ff. InsO zur Tabelle angemeldet werden muss, vgl. § 103 II InsO.

- Bei durch eine Vormerkung gesicherten Ansprüchen muss sich der Vertragspartner nicht auf die Tabelle verweisen lassen. Der Anspruch ist vom Insolvenzverwalter zu erfüllen, vgl. § 106 InsO.

- Wenn der Vertragspartner des Insolvenzschuldners im Zeitpunkt der Eröffnung des Insolvenzverfahrens bereits geleistet hat (z.B. Lieferung der Ware, Übergabe der Mietsache), so kann er seine Forderung nicht mehr ggü. dem Schuldner geltend machen sondern muss diese zur Tabelle anmelden, vgl. §§ 38, 87, 174 ff. InsO.

- Bei Miet- u. Pachtverhältnissen über unbewegliche Gegenstände (z.B. Grundstücke), bei denen der Insolvenzschuldner Mieter/Pächter ist, gewährt § 109 InsO spezielle Loslösungsrechte für den Insolvenzverwalter. Ersatzansprüche des Vermieters (z.B. rückständige Miete, Kündigungsschaden) sind im Falle der Kündigung/des Rücktritts zur Tabelle anzumelden, vgl. §§ 38, 87, 174 ff. InsO.

- Bei Miet- u. Pachtverhältnissen über unbewegliche Gegenstände (z.B. Grundstücke), bei denen der Insolvenzschuldner Vermieter/Verpächter ist, regelt § 108 I InsO (als lex specialis zu § 103 InsO) den Fortbestand des Vertragsverhältnisses. Nach h.M. ist es egal, ob der Vertrag bereits in Vollzug gesetzt wurde oder nicht, der BGH dagegen wendet § 108 I BGB nur an, wenn die Mietsache im Zeitpunkt der Insolvenzeröffnung dem Mieter bereits überlassen wurde (vgl. BGH NJW 2007, 3715; Anm. von *Schmidt* in JuS 2008, 185 f.). § 108 I InsO gilt unter den Voraussetzungen von § 108 II InsO auch für Darlehensverträge, wenn der Insolvenzschuldner Darlehensgeber ist.

- § 112 InsO normiert für Miet- u. Pachtverhältnisse über bewegliche als auch über unbewegliche Gegenstände, bei denen der Insolvenzschuldner Mieter/Pächter ist, eine eingeschränkte Kündigungssperre zu Lasten des Vertragspartners ab dem Antrag auf Eröffnung des Insolvenzverfahrens. § 112 InsO gilt analog für Leasing- u. Kaufverträge.

- Wenn der Insolvenzschuldner seine Leistung an den Vertragspartner im Zeitpunkt der Eröffnung des Insolvenzverfahrens bereits erbracht hat, so muss der Vertragspartner seine Leistung zur Insolvenzmasse erbringen (was nötigenfalls vom Insolvenzverwalter einzuklagen ist).

Die Stellung des vorläufigen Insolvenzverwalters ergibt sich aus §§ 21, 22 InsO.

4. Die Stellvertretung, §§ 164 ff. BGB

6 Probleme der Stellvertretung tauchen häufiger in Examensklausuren auf. Die Willenserklärung des Vertreters wirkt gem. § 164 I 1 BGB für und gegen den Vertretenen, wenn der Vertreter

- eine eigene Willenserklärung
- mit Vertretungsmacht
- im fremden Namen (Offenkundigkeitsprinzip) abgegeben hat.

In § 164 III BGB ist die sog. passive Stellvertretung geregelt (Vertreter nimmt Willenserklärung entgegen).

Beachte: Der Bote übermittelt im Gegensatz zum Stellvertreter eine fremde Willenserklärung. Das Auftreten eines Boten ist im 2. Examen nicht besonders häufig anzutreffen. In einigen Klausuren sollte erkannt werden, dass der Empfänger die falsche oder nicht erfolgte Übermittlung einer WE durch seinen Empfangsboten (z.B. Ehegatte, Haushaltsmitglieder, Putzfrau) gegen sich gelten lassen muss (vgl. Palandt/*Ellenberger* § 130 Rn. 9). Zudem spielten ab und zu § 120 BGB (unbewusste Falschübermittlung des Erklärungsboten/der Übermittlungseinrichtung) und die analoge Anwendung der §§ 177 ff. BGB auf den Boten ohne Botenmacht eine Rolle (vgl. Rn. 65).

Einen Sonderfall stellt das **Auftreten eines Betreuers** dar. Das hierzu notwendige Wissen entnehmen Sie im Examen der Lektüre des Gesetzes zu §§ 1896 ff. BGB und der Kommentierung im Palandt.

Wichtig ist, dass Sie bei allen Fällen, in denen ein Vertreter ein einseitiges Rechtsgeschäft für den Vertretenen vornimmt, an die Regelung in § 174 BGB (Zurückweisungsrecht) denken. Beachten Sie, dass auch die Zurückweisung i.S.v. § 174 BGB selbst ein einseitiges Rechtsgeschäft ist, welches unter § 174 BGB fällt.

Examensrelevante Probleme aus dem Bereich der Stellvertretung sind:

Problem: Vertretungsmacht des Handelnden

- Aus Rechtsgeschäft, sog. Vollmacht: §§ 167 ff. BGB (Beachten Sie den häufigen Klausurfall, dass die Vollmachtserteilung **auch schlüssig** erfolgen kann!), §§ 48 ff., 54 HGB (Prokura und Handlungsvollmacht).
- Aus Gesetz: v.a. §§ 1629 I, 1687 BGB (Eltern), § 1357 I BGB (Ehegatten).
- Organschaftliche Vertretungsmacht: z.B. § 26 II 1, Hs. 1 BGB (Vorstand des Vereins), §§ 714, 709 BGB (Gesellschafter der GbR), § 125 I HGB (Gesellschafter der OHG), §§ 161 II, 125 I HGB (Komplementäre der KG), § 35 I GmbHG (Geschäftsführer der GmbH), § 78 I AktG (Vorstand der AG); vgl. auch Rn. 111.
- Die Wirksamkeit der Vollmacht ist vom zugrunde liegenden Rechtsverhältnis (z.B. Auftrag) abstrakt. Die Vollmachtserteilung kann gem. § 168 S. 2 BGB vom Vollmachtgeber widerrufen werden. Der **Tod des Vollmachtgebers** führt aber nicht automatisch zum Erlöschen der Vollmacht, weil auch der Auftrag nicht erlischt, vgl. §§ 168 S. 1, 672 BGB. Allerdings kann der **Erbe** des Vollmachtgebers den Auftrag nach dem Tod des Vollmachtgebers **widerrufen**, so dass nach §§ 671, 168 S. 1 BGB auch die Vollmacht erlischt.

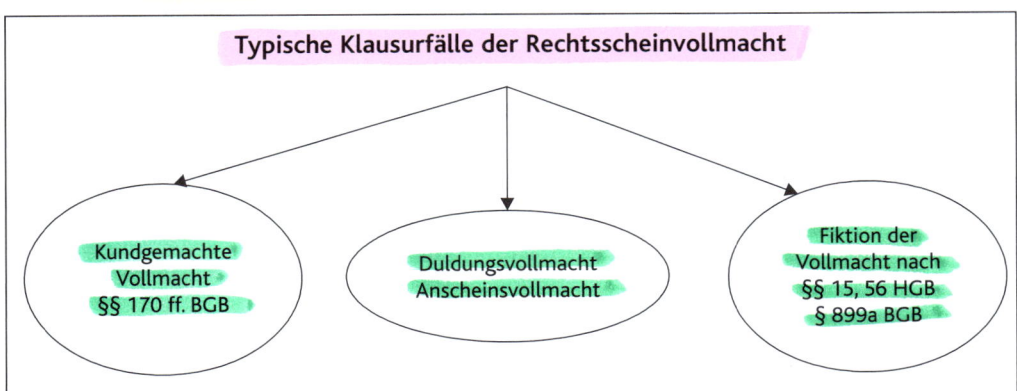

Problem: Vertretungsmacht kraft Rechtsscheins

- In §§ 170 ff. BGB ist die Rechtsscheinvollmacht geregelt. Die §§ 170 ff. BGB werden nach der Rspr. nicht auf die sog. **Prozessvollmacht** angewendet. Die Prozessvollmacht ist z.B. eine Vollmacht zum Abschluss einer notariellen Unterwerfungserklärung zu Lasten des Vertretenen oder die dem Anwalt erteilte Vollmacht zur Führung eines Prozesses. Diese unterliegt nur den Regeln von §§ 78 ff. ZPO.

- Auch aus dem HGB kann sich eine Rechtsscheinvollmacht ergeben, §§ 15 I, 52 HGB (vgl. Rn. 103 f.).

- Greifen §§ 170 ff. BGB nicht, prüfen Sie die **Duldungs- und Anscheinsvollmacht**. Bei der Duldungsvollmacht weiß der Vertretene, dass er von einem Dritten ohne wirksame Vollmacht vertreten wird und dass der Geschäftsgegner auf die Erteilung einer Vollmacht vertraut, er unternimmt aber dennoch nichts. Bei der Anscheinsvollmacht weiß der Vertretene nicht, dass er vertreten wird und dass der Geschäftsgegner auf die Erteilung einer Vollmacht vertraut. Bei pflichtgemäßer Sorgfalt hätte er dies aber erkennen können. Zudem muss das Auftreten von einer gewissen Häufigkeit und Dauer sein. In beiden Fällen liegt nach h.M. eine wirksame Stellvertretung vor (anders z.T. die Literatur, die bei der Anscheinsvollmacht nur eine Haftung des Vertretenen aus c.i.c. bejaht, vgl. *Medicus* Rn. 100 f. m.w.N.).

- Ein Sonderfall regelt **§ 899a BGB n.F.:** Wenn diejenigen, die im Grundbuch als Gesellschafter der GbR eingetragen sind, über das Grundstück der GbR im Namen der GbR verfügen, wird nicht nur die Existenz der GbR sondern auch die ordnungsgemäße Vertretung der GbR vermutet (vgl. Palandt/*Bassenge* § 899a Rn. 6).

Problem: Ausnahmen vom Offenkundigkeitsprinzip

- Der Name des Vertretenen braucht nicht benannt zu werden, wenn dieser bestimmbar ist. Bei unterlassener Nachbenennung kommt dann eine Haftung nach §§ 177 ff. BGB analog in Betracht.

- Bei **unternehmensbezogenen Geschäften** muss das Handeln im fremden Namen nicht offenkundig sein, vgl. § 164 I 2 BGB. Hier wird im Zweifel der Inhaber des Unternehmens Vertragspartei (z.B. Bestellung von mit dem Geschäftsbetrieb zusammenhängenden Gegenständen auf Geschäftspapier, Anmietung von Geschäftsräumen, Mietvertrag durch Hausverwalter). Dabei ist es egal, wen die andere Partei für den Geschäftsinhaber hält. Wenn der Vertreter in zurechenbarer Weise den Rechtsschein geweckt hat, er selbst sei ggf. zusammen mit anderen der Unternehmensinhaber oder der von ihm verschiedene Geschäftsinhaber hafte persönlich, trifft ihn eine eigene Haftung kraft Rechtsscheins analog § 179 BGB (vgl. Palandt/*Ellenberger* § 164 Rn. 3). Dann kommt es ggf. zur gesamtschuldnerischen Haftung von Geschäftsinhaber und Vertreter.

- Offenkundigkeit ist analog § 164 I 2 BGB ebenso beim sog. **»Geschäft für den, den es angeht«** nicht erforderlich. Ein solches Geschäft liegt vor, wenn es dem Vertragspartner gleichgültig ist, ob der andere Teil für sich oder für einen anderen handelt (Beispiel: Bargeschäfte des täglichen Lebens wie Kauf eines Gebrauchsgutes). Hat der Handelnde in diesen Fällen Vertretungsmacht und Vertretungswillen, kommt das Geschäft mit dem zustande, den es angeht, hier also mit dem Vertretenen. Dies gilt auch für die Vertretung bei der Einigung i.S.v. § 929 BGB auf dinglicher Ebene (sog. **»Übereignung an den, den es angeht«** → derjenige erwirbt Eigentum, den es angeht). Die für den Eigentumsübergang nach §§ 929 ff. BGB erforderliche Besitzerlangung des Vertretenen erfolgt i.d.R. in Form des Mitbesitzes oder mittelbaren Besitzes (durch die Übergabe an den Handelnden als Besitzmittler, nämlich weil vorher mit ihm ein Besitzmittlungsverhältnis vereinbart wurde oder weil dieses durch erlaubtes Selbstkontrahieren i.S.v. § 181 BGB entsteht), vgl. BGHZ 114, 74 ff.; Palandt/*Bassenge* § 929 Rn. 23 ff.

- Auch bei Geschäften nach § 1357 I BGB (sog. Schlüsselgewalt der Ehegatten) tritt automatisch eine Bindungswirkung für den anderen Ehegatten ein. Gleiches gilt nach § 8 II LPartG für Lebenspartner.

- Liegt keine der Ausnahmen vor, so wird der für einen anderen Handelnden selbst aus dem Geschäft berechtigt und verpflichtet, wenn er seinen Vertreterwillen nicht erkennbar macht, vgl. § 164 II BGB.

Problem: Formbedürftigkeit der Vollmacht

- Nach § 167 II BGB ist die Vollmachtserteilung grds. nicht formbedürftig.

- Wichtige Ausnahmen: § 492 IV BGB, Ausfüllungsermächtigung bei der Blankobürgschaft (§ 766 BGB) und die unwiderrufliche Vollmacht bei einem Grundstückskaufvertrag (§ 311b I BGB).

Problem: Anfechtung des Vertretergeschäfts

- Unproblematisch möglich nach §§ 166 I, 164, 119 ff. BGB, wenn sich der Vertreter irrt oder er bedroht bzw. getäuscht wird.

Problem: Anfechtung der Vollmachterteilung

- Vor der Ausübung der Vollmacht durch den Vertreter: Anfechtung möglich aber unnötig, da Widerruf möglich, vgl. § 168 S. 2 BGB.
- Nach der Ausübung: Anfechtung (z.B. bei Irrtum, Täuschung) möglich, da die Vollmachtserteilung eine WE ist. Die Anfechtung ist aber dennoch problematisch, da der Vertreter nachträglich zum falsus procurator wird. Daher Frage nach dem »Wie?« der Anfechtung:
  - Ausgeübte Außenvollmacht: Anfechtung ggü. dem Vertragspartner, § 143 II BGB.
  - **Ausgeübte Innenvollmacht:** Anfechtung ggü. dem Vertreter (umstr.), bei Anfechtung nach § 119 BGB hat der Vertragspartner aus Wertungsgesichtspunkten analog § 122 BGB einen Anspruch gegen den Vertretenen. Der Vertreter haftet daneben nach § 179 BGB (PWW/*Frensch* § 167 Rn. 18).
- Nach mittlerweile h.M. ist eine Anfechtbarkeit der Duldungs- und Anscheinsvollmacht zu bejahen, da die Rechtsscheinvollmacht nicht strenger binden kann als eine tatsächliche Bevollmächtigung (vgl. Palandt/*Ellenberger* § 172 Rn. 16).

Problem: Grenzen der Stellvertretung

- Mehrfachvertretung und »Insichgeschäft« verboten, vgl. § 181 BGB (ungeschriebene Ausnahme: Lediglich rechtlicher Vorteil für Vertretenen).
- Grenzen der Vertretungsmacht der Eltern: §§ 1629 II 1, 1795 BGB sowie §§ 1643 I, 1821 f. BGB.

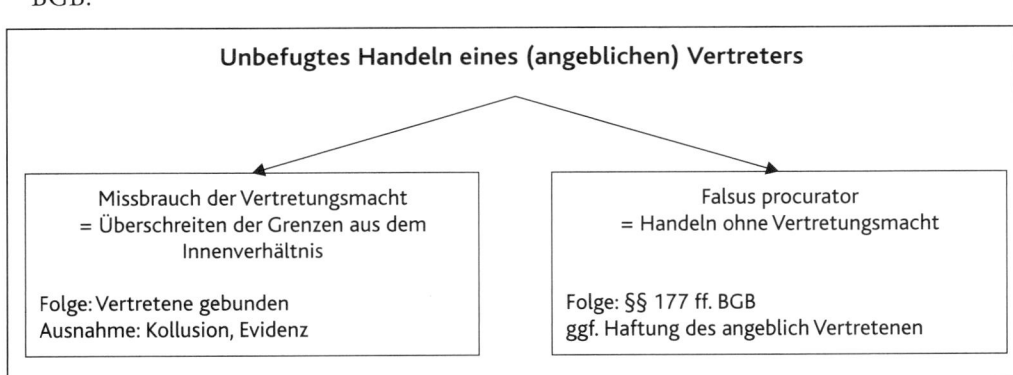

Problem: Vertreter ohne Vertretungsmacht (falsus procurator)

- Kurzformel: »Überschreitung des rechtlichen Könnens« ohne Genehmigung des Vertretenen
- Folge: Der Vertretene wird durch das Geschäft nicht gebunden, das Geschäft ist schwebend unwirksam, §§ 177 ff. BGB. Achten Sie hier auf die schlüssige Genehmigung durch den Vertretenen (§ 177 I BGB) und/oder auf das Vorliegen einer Duldungs- oder Anscheinsvollmacht.
- Haftung des falsus procurators nach Maßgabe des **§ 179 I, II BGB** und ggf. § 823 II BGB i.V.m. § 263 StGB, achten Sie auf den Ausschlusstatbestand von § 179 III BGB. Dem falsus procurator stehen bei § 179 BGB dann auch die Einwendung des eigentlichen Vertragspartners zu.
- Ggf. Haftung des Vertretenen nach § 831 I 1 BGB und c.i.c. möglich

- Kein falsus procurator liegt vor, wenn der Vollmachtgeber stirbt. Hier bestimmten §§ 168 S. 1, 672 BGB die Fortgeltung der Vollmacht. Beachten Sie zudem die analoge Anwendung von § 179 BGB bei Handeln im Namen nicht existierender Rechtsträger (BGH NJW 2009, 215 ff.).

Problem: Missbrauch der Vertretungsmacht

- Kurzformel: »Überschreitung des rechtlichen Dürfens im Rahmen des rechtlichen Könnens«
- Abgrenzung zum falsus procurator: Beim Missbrauch der Vertretungsmacht besteht nach außen eine Vollmacht, der Verstoß liegt nur im Innenverhältnis. Dies kommt v.a. in den Fällen vor, in denen das Gesetz die umfassende Vollmacht im Außenverhältnis normiert (z.B. § 1902 BGB bei Betreuer, §§ 48 ff. HGB bei Prokurist, §§ 126 II, 161 HGB bei Gesellschafter/Komplementär der OHG/KG, § 37 II GmbHG bei GmbH-Geschäftsführer), weil hier interne Beschränkungen der Vertretungsmacht (z.B. durch Weisungen, Beschlüsse) nicht auf das Außenverhältnis ausstrahlen.
- Folge: Bindung des Vertretenen, da er Missbrauchsrisiko trägt
- Ausnahmen von der Bindung an den Missbrauch der Vertretungsmacht:
  - **Kollusives Zusammenwirken** von Vertreter und Vertragspartner, oder
  - **Evidenz** des Missbrauchs aus Sicht des Vertragspartners (bei kraft Gesetzes unbeschränkbarer Vertretungsmacht muss der Vertreter nicht zusätzlich bewusst zum Nachteil des Vertretenen handeln, vgl. BGH NJW 2006, 2776).
  - Folge in beiden Fällen: Nach der h.L. gelten §§ 177 ff. BGB analog, nach der Rspr. bei Kollusion § 138 BGB und bei Evidenz § 242 BGB i.V.m. §§ 177 ff. BGB analog (vgl. Palandt/*Ellenberger* § 164 Rn. 13 ff.). Hat der Vertretene den Missbrauch (teilweise) zu vertreten und genehmigt das Geschäfts nicht, wird er nach §§ 242, 254 BGB in angemessener Höhe an den für den Vertragspartner nachteiligen Folgen beteiligt.

Klausurtipp: Wenn im Gesellschaftsvertrag nichts zur Vertretungsmacht geregelt ist, wird **bei der GbR** nach § 714 BGB die Vertretungsmacht an die gesellschaftsvertragliche Geschäftsführungsbefugnis (§ 709 BGB) geknüpft. Handelt in diesen Fällen ein Gesellschafter unter Verstoß gg. interne Geschäftsführungsregelungen, so liegt kein Missbrauch der Vertretungsmacht vor. Die Beschränkung im Innenverhältnis hat dann nämlich stets auch die Beschränkung im Außenverhältnis zur Folge, so dass §§ 177 ff. BGB gelten, wenn nicht eine Anscheins- o. Duldungsvollmacht vorliegen (Palandt/*Sprau* § 714 Rn. 3, 5). Anders ist dies, wenn der Gesellschaftsvertrag klar zwischen Geschäftsführungsbefugnis (»dürfen« im Innenverhältnis) und Vertretungsmacht (»können« im Außenverhältnis) unterscheidet (vgl. BGH NJW-RR 2008, 1484 ff.). Hier haben Beschränkungen im Innenverhältnis und dessen Missbrauch grds. keine Auswirkung auf das Außenverhältnis (Ausnahmen s.o.: Kollusion, Evidenz).

Bei Unklarheiten über die Wirksamkeit einer Stellvertretung wird der Sachverhalt in den Examensklausuren oft um Probleme der **Streitverkündung nach §§ 72 ff. ZPO** angereichert. I.d.R. wird der Geschäftsgegner erst gegen den vermeintlich Vertretenen geklagt und dabei dem vermeintlichen Vertreter den Streit verkündet haben. Bei Misserfolg im Vorprozess wird dieser sich dann in einem Folgeprozess an den vermeintlichen Vertreter halten und diesen nach § 179 I BGB in Anspruch nehmen. Denken Sie in diesen Fällen an die Interventionswirkung der §§ 74 III, 68 ZPO.

Beachte: Die Voraussetzungen von §§ 164 ff. BGB sind stets von dem zu **beweisen**, der sich darauf beruft, dass §§ 164 ff. BGB eingreifen. Wenn also der (angeblich) Vertretene in Anspruch genommen wird, so obliegt es dem Anspruchsteller, die wirksame Vertretung zu beweisen. Wird dagegen der Verhandelnde als (angeblicher) Vertragspartner in Anspruch genommen, so muss dieser beweisen, dass er wegen Vorliegens von §§ 164 ff. BGB nicht Vertragspartner geworden ist, sofern er sich darauf beruft.

5. Die Einbeziehung von AGB in den Vertrag

In einigen Examensklausuren sind mitunter seitenlange AGB abgedruckt. Im Einzelnen gehen Sie folgendermaßen vor:

> 1. Lesen Sie die Klauseln sorgfältig durch und unterstreichen Sie diejenigen Klauseln, die Ihnen relevant oder merkwürdig vorkommen. I.d.R. wird es sich dabei um Haftungs-, Gewährleistungs- und Verjährungsklauseln handeln.
> 2. Prüfen Sie, welche Klauseln für die Klausurlösung überhaupt eine Rolle spielen.
> 3. Dann müssen Sie prüfen, ob die einzelne relevante Klausel gem. §§ 305 ff. BGB wirksam in den Vertrag einbezogen wurde.
> a) Sind die §§ 305 ff. BGB sachlich überhaupt anwendbar? Beachten Sie hierzu den Ausschlusstatbestand in § 310 IV BGB.
> b) Ist die Klausel eine AGB i.S.d. §§ 305 ff. BGB? Die Legaldefinition der AGB ist in § 305 I 1 BGB enthalten. Beachten Sie die Sonderregelung in § 310 III Nr. 1 und Nr. 2 BGB.
> c) Ist die Klausel gem. § 305 II BGB überhaupt Bestandteil des Vertrags? Erforderlich sind ein Hinweis und die Möglichkeit der Kenntnisnahme. Wichtig sind die Sonderregelungen in § 305c I BGB (überraschende Klauseln) sowie § 310 I BGB.
> d) Ist die Klausel wirksam? Hier prüfen Sie in dieser Reihenfolge die §§ 309, 308, 307 BGB, wobei, wie stets, auf die Sonderregelung des § 310 I, II, III BGB zu achten ist. Beachten Sie, dass die Unwirksamkeit einer Klausel sich auch aus § 134 BGB ergeben kann. Hier ist Arbeit mit dem Palandt gefragt!

Beruft sich eine Partei auf den Schutz der §§ 305 ff. BGB, so trägt sie die Beweislast dafür, dass die Klauseln AGB sind. Allerdings werden Erleichterungen durch Anscheinsbeweis zugelassen, v.a. wenn ein gedruckter oder sonst vervielfältigter Text des Verwenders benutzt wird (vgl. Palandt/*Grüneberg* § 305 Rn. 24).

Beachte: Die AGB im Verkehr zwischen Unternehmen müssen nicht gestellt werden, zudem ist eine Einbeziehung leichter möglich, vgl. § 310 BGB. Die Einbeziehung erfolgt nach der allgemeinen Rechtsgeschäftslehre, also durch Angebot und Annahme (Beachte: Eine Annahme ist auch möglich durch schlüssiges Verhalten oder Schweigen auf eine Auftragsbestätigung/auf ein KBS, vgl. Palandt/*Grüneberg* § 305 Rn. 50 ff.). Bei dauernden Geschäftsbeziehungen hat es die Rspr. bislang ausreichen lassen, dass der Verwender die andere Partei mehrfach auf seine AGB hingewiesen und die andere Partei daraufhin geschwiegen hat (vgl. BGH NJW-RR 2003, 754 f.). Beachten Sie zudem, dass nach § 310 I BGB für die Inhaltskontrolle §§ 308, 309 BGB nicht direkt angewendet werden dürfen, maßgeblich ist allein § 307 I, II BGB. Der Verstoß gegen §§ 308, 309 BGB hat jedoch zumeist Indizwirkung für die Unwirksamkeit der AGB auch gegenüber Unternehmern (vgl. BGH NJW 2007, 3774 ff.).

Problem: Vorliegen einer AGB nach § 305 I BGB

- Die vom Verwender gestellte Klausel muss **vorformuliert** sein. Dies ist zu bejahen, wenn sie vor Abschluss des Vertrages schriftlich (oder als Text im Computer) in der Absicht fixiert wurde, in künftigen Fällen Verwendung zu finden. Es kommt in Klausuren immer wieder vor, dass einzelne Klauseln **handschriftlich** in den Vertrag eingefügt sind, ohne dass die Klausel vorher bereits schriftlich aufgezeichnet war. Es ist in der Rspr. anerkannt, dass auch in diesem Fall eine vorformulierte Klausel vorliegt, wenn diese »im Kopf« des Verwenders oder seiner Abschlussgehilfen »gespeichert« war (vgl. BGH NJW 2005, 2543 f.).

- Die Verwendung für eine **Vielzahl von Verträgen** i.S.d. § 305 I 1 BGB wird bereits dann bejaht, wenn der Verwender die Absicht hat, die Klausel mehrfach zu verwenden (mindestens 3 Mal, vgl. BGH NJW 2002, 138). Daher kann auch schon bei der ersten Verwendung eine AGB vorliegen. Es genügt, wenn ein Dritter (Verband, Verfasser eines Formularbuches, Notar für den Verkäufer) die Klausel für eine Vielzahl von Verwendungsfällen vorformuliert hat, auch wenn der Verwender sie nur in einem Fall benutzen will.

- Oft wird die Frage des »**Aushandelns**« i.S.d. § 305 I 3 BGB relevant. Aushandeln setzt nach der Rspr. voraus, dass der Verwender den in seinen AGB enthaltenen gesetzesfremden Kerngehalt inhaltlich ernsthaft zur Disposition stellt und dem Verhandlungspartner Gestaltungsfreiheit zur Wahrung eigener Interessen einräumt. Dies setzt auch voraus, dass der Verwender die andere Vertragspartei über den Inhalt und die Tragweite der Klausel(n) im Einzelnen belehrt hat (BGH NJW 2005, 2543 f.).

Die Rechtsfolge unwirksamer Klauseln ergibt sich aus **§ 306 II BGB**. Grds. wird Gesamtnichtigkeit der Klausel angenommen. Nur wenn die Klausel teilbar ist, so kann der trennbare wirksame übrige Teil der Klausel aufrecht erhalten werden (sog. »blue pencil-Test«, vgl. Palandt/*Grüneberg* Vorb v § 307 Rn. 11 f. mit Beispielen). Fehlen passende gesetzliche Vorschriften i.S.v. § 306 II BGB, so ist die Lücke durch ergänzende Vertragsauslegung zu füllen. Beachten Sie in diesem Zusammenhang das **Verbot geltungserhaltender Reduktion:** Unwirksame Klauseln dürfen nicht so ausgelegt oder umgedeutet werden, dass sie gerade noch zulässig sind (Beispiel: Der Ausschluss der Gewährleistung durch die Klausel »Die Gewährleistung ist ausgeschlossen« verstößt gegen § 309 I Nr. 7a, b BGB. Sie darf nicht so ausgelegt/umgedeutet werden, dass zumindest Schadensersatzansprüche aufgrund grob fahrlässiger oder vorsätzlicher Pflichtverletzungen sowie Ansprüche wegen der Verletzung von Körper, Gesundheit und Leben nicht ausgeschlossen sind, vgl. AG Frankfurt NJW-RR 2009, 1573 ff.). Wichtig ist auch, dass nach § 305b BGB **Individualabreden** Vorrang vor AGB genießen, selbst wenn in den AGB eine Schriftformklausel enthalten ist (vgl. Rn. 9). Unklarheiten bei der Auslegung von AGB gehen nach Maßgabe des § 305c II BGB stets zu Lasten des Verwenders.

Lesen Sie bitte auch die sehr examensrelevanten Entscheidungen des BGH zur Wirksamkeit von AGB eines Baumarktes in NJW 2006, 47 ff. und zu AGB eines Küchenkaufvertrages (BGH NJW 2007, 1198 ff.). Diese Entscheidungen eignen sich z.B. sehr gut zum Einbau in eine Kautelarklausur (vgl. dazu *Kaiser* Anwaltsklausur, Rn. 122 ff.).

> **Klausurtipp:** Zudem sollten Sie auch die sog. **Kardinalpflichten-Rspr.** des BGH kennen, die gut im Palandt bei § 307 Rn. 35 ff. und § 309 Rn. 48 f. kommentiert ist. Auch die Kommentierung im Palandt zu §§ 308 Nr. 3, 5 und 309 Nr. 3, 5, 7 und 9 BGB sollten Sie einmal in Ruhe durchlesen. Zu den dort geregelten Themen wurden in den letzten Jahren immer wieder Klausuren gestellt.

B. Einwendungen und Einreden gegen den Anspruch

I. Rechtshindernde Einwendungen

1. Das Scheingeschäft, § 117 BGB

8 Ein Scheingeschäft liegt vor, wenn die Parteien einverständlich nur den äußeren Schein eines Rechtsgeschäftes hervorrufen, die Rechtsfolgen des Geschäfts aber nicht eintreten lassen wollen. Wenn die Parteien die Wirksamkeit des nicht in allen Konsequenzen gewollten Rechtsgeschäfts für ihre Ziele brauchen, liegt aber kein Fall von § 117 I BGB vor (z.B. Strohmanngeschäfte). **§ 118 BGB** erfasst v.a. solche Fälle, in denen die andere Partei den vom Erklärenden beabsichtigten Scheincharakter nicht durchschaut, sog. misslungenes Scheingeschäft (Palandt/*Ellenberger* § 118 Rn. 2).

> **Klausurtipp:** Häufiger Examensgegenstand in diesem Zusammenhang ist der sog. **Schwarzkauf.** Dabei wird vor dem Notar im Rahmen des Grundstückskaufvertrags ein geringerer als der vereinbarte Kaufpreis angegeben, um Steuern und Notargebühren zu »sparen«. Die Differenz zum wirklich gewollten Preis wird dem Verkäufer i.d.R. bar – auch »schwarz« genannt – übergeben. Lösung: Der vor dem Notar abgeschlossene Vertrag ist als Scheingeschäft nach § 117 I BGB nichtig. Der dissimulierte/verdeckte/unterverbriefte Vertrag ist zwar grundsätzlich nach § 117 II BGB wirksam, wegen § 311b I 1 BGB aber mangels Einhaltung der Form nach § 125 S. 2 BGB nichtig. Die Auflassung und Eintragung des Erwerbers in das Grundbuch heilt jedoch nach § 311b I 2 BGB den Mangel. Beachten Sie, dass

der Vertrag nur dann nach § 117 I BGB unwirksam ist, wenn der Vertrag mit dem beurkundeten Inhalt nicht gewollt ist. Geben die Parteien vor dem Notar einen geringeren Kaufpreis an, weil ein Teil des ursprünglichen Kaufpreises durch vorherige Aufrechnung/Anrechnung mit anderen Forderungen bereits getilgt ist, so greift § 117 I BGB i.d.R. nicht. Der geringere Kaufpreis entspricht dem Willen der Parteien. Hier kann es aber ggf. zum Problem der Formbedürftigkeit der Nebenabrede und zur Frage der Gesamtnichtigkeit nach § 139 BGB kommen, wenn keine Heilung nach § 311b I 2 BGB eintritt (vgl. Rn. 9).

Beachten Sie auch die Einschlägigkeit von § 117 BGB im Rahmen der Klage nach **§ 771 ZPO** (vgl. *Kaiser* Zwangsvollstreckungsklausur, Rn. 45).

Steht auf einer Seite ein **Vertreter**, so ist nach § 166 I BGB auf dessen Wissen und Wollen abzustellen.

2. Nichtbeachtung der Form, § 125 BGB

§ 125 BGB erfasst vor allem Geschäfte, die eine gesetzliche Formvorschrift verletzen. Die wichtigsten Formvorschriften sind §§ 311b I 1, 128, 152 BGB (Grundstückskaufvertrag), § 550 BGB (Mietvertrag), § 766 BGB (Bürgschaft), § 518 I BGB (Schenkung), § 2247 BGB (Testament), § 2301 BGB (Schenkungsversprechen von Todes wegen) und § 15 III, IV GmbHG (Abtretung von Gesellschaftsanteilen). Die Zwecke der Formvorschriften aus dem BGB sind die Warn-, Beweis- und Belehrungsfunktion der beteiligten Parteien.

9

Klausurtipp: Das Formerfordernis von § 311b BGB erstreckt sich nach der Rspr. auf alle **(Neben-)Abreden**, aus denen sich nach dem Parteiwillen der Vertragsinhalt zusammensetzen soll (Palandt/*Ellenberger* § 125 Rn. 9). Abreden, von denen anzunehmen ist, dass die Parteien auch ohne sie den Vertrag abgeschlossen hätten, sind analog § 139 BGB formfrei. Gleiches gilt für Änderungen und Ergänzungen des Vertrags. Beachten Sie, dass die **Aufhebung** eines formbedürftigen Rechtsgeschäftes (Rechtsfolge bei bereits stattgefundenem Vollzug: Rückaustausch, Anspruchsgrundlage ist nicht § 812 BGB sondern der Aufhebungsvertrag selber; wenn dieser keine Regelungen dazu enthält, kann ergänzend auf §§ 346 ff. BGB zurückgegriffen werden) dagegen grds. **formlos möglich** ist (Ausnahmen: §§ 623, 2290 IV, 2351 BGB und § 311b BGB bei Aufhebung eines Grundstückskaufvertrages, wenn der Käufer bereits ein AWR erworben hat oder bereits im Grundbuch als neuer Eigentümer eingetragen ist.). In einigen Klausuren stellt sich bei der Formnichtigkeit von Nebenabreden dann das Problem, ob der Vertrag wegen **§ 139 BGB** im Ganzen nichtig ist. Denken Sie dann an die **Heilung nach § 311b I 2 BGB.** In diesen Fällen kann die Frage des § 139 BGB nämlich dahinstehen. Achtung: Vertragsänderungen **nach der Auflassung/Eintragung** sind grds. nicht formbedürftig (vgl. Palandt/*Grüneberg* § 311b Rn. 44).

Bei Nichtbeachtung einer rechtsgeschäftlich vereinbarten Form (sog. »einfache Schriftformklausel«) dürfen Sie nicht gleich die Nichtigkeit des Geschäftes nach § 125 S. 2 BGB annehmen. Denn nach der Rspr. ist die **Aufhebung des vereinbarten Formzwanges** jederzeit formlos (auch konkludent) möglich. Dabei schadet es nach dem BGH auch nicht, wenn die Parteien an die vereinbarte Form gar nicht gedacht haben (BGH NJW 2006, 138 ff.). Anders entscheidet die Rspr. bei der sog. **»doppelten Schriftformklausel«:** Wenn die Parteien vereinbart haben, dass Änderungen der Schriftform bedürfen und diese Schriftformklausel ihrerseits nur schriftlich aufgehoben werden kann (deshalb doppelt!), gelten mündliche Abreden grds. nicht. Dies würde – so die Argumentation – § 125 S. 2 BGB weitgehend sinnlos machen. Einfache und doppelte Schriftformklauseln können nach h.M. nicht durch AGB wirksam vereinbart werden, die entsprechende Klausel ist nach §§ 305b, 307 I 1, II Nr. 1 BGB unwirksam (vgl. *Ostermeier* ZGS 2007, 260 ff. m.w.N.; OLG Rostock NJW 2009, 3376 f.).

Wenn ein gesetzliches Formerfordernis nicht beachtet wurde, prüfen Sie nach folgender Systematik:

1. Gibt es eine Heilungsvorschrift, z.B. **§§ 311b I 2, 518, 766 S. 3 II BGB, 15 IV 2 GmbHG** oder ist die Nichtbeachtung der Form aus sonstigen Gründen unbeachtlich, z.B. bei **§ 550 BGB**?
2. Kann die Rechtsfolge des § 125 S. 1 BGB durch Anwendung des § 242 BGB überwunden werden?

Über die genannten Heilungsvorschriften hinaus gibt es allerdings keine allgemeine Regel, dass formunwirksame Verträge durch Erfüllung/Vollzug geheilt werden.

Nach der Rspr. kann § 125 BGB dann von § 242 BGB überlagert werden, wenn die Nichtigkeitsfolge zu einer Existenzvernichtung führen würde oder eine besonders schwere Treuepflichtverletzung einer Partei vorliegt (vgl. *Armbrüster* NJW 2007, 3317 ff. m.w.N.). Liegen die strengen Voraussetzungen von § 242 BGB nicht vor und ist das Rechtsgeschäft nach § 125 BGB unwirksam, kann ggf. ein Schadensersatzanspruch aus **c.i.c.** bestehen (vgl. Rn. 33).

3. Verstoß gegen ein gesetzliches Verbot, § 134 BGB

10 Hier ist stets zu prüfen, ob nach **Sinn und Zweck des Verbotsgesetzes** gerade die Nichtigkeit des Rechtsgeschäfts gewollt ist. Dabei ist der Inhalt des Rechtsgeschäfts maßgeblich, nicht die Art und Weise des Zustandekommens (für Letzteres kann aber § 138 I BGB greifen). Examensrelevante Beispiele sind der Verstoß gegen das SchwarzArbG bei »**Ohne-Rechnung-Abreden**« (bzgl. der Gewährleistungsansprüche kann sich der Schwarzarbeiter bei Bauverträgen nach neuer Rspr. wegen § 242 BGB nicht auf die nach § 139 BGB i.d.R. anzunehmende Gesamtnichtigkeit des Werkvertrages berufen), gegen § 203 I Nr. 1, 3 StGB (z.B. Abtretung von Honorarforderung durch Rechtsanwalt ohne Einwilligung des Mandanten, Ausnahme: § 49b IV BRAO), gegen das BUrlG oder gegen § 43a IV BRAO (Interessenkollision beim Anwalt). Keine Verbotsgesetze sind z.B. das Ladenschlussgesetz, das BDSG oder das Bankgeheimnis (vgl. dazu BGH BB 2007, 793 f.; a.A. OLG Frankfurt NJW 2004, 3266 ff.). Letzteres fällt auch nicht unter § 203 II 1 Nr. 1 StGB (vgl. dazu BGH Urt. v. 27.10.2009, Az. XI ZR 225/08).

Ein weiterer wichtiger Anwendungsfall von § 134 BGB in den Examensklausuren war bislang der Verstoß gegen das RBerG in den sog. **Treuhandfällen** (vgl. BGH WM 2007, 731 ff.; BGH NJW 2007, 1130 f.). Diese Rspr. wird wohl angesichts der Neuregelung des Rechtsdienstleistungsgesetzes (**RDG**), welches zum 01.07.2008 in Kraft getreten und das RBerG abgelöst hat, zukünftig nicht mehr anwendbar sein, da die Tätigkeit des Treuhänders keine Rechtsdienstleistung i.S.d. § 2 I RDG darstellen und daher erlaubnisfrei sein dürfte. Nur wenn die in fremden Angelegenheiten vorzunehmende Tätigkeit eine rechtliche Prüfung im Einzelfall darstellt, handelt es sich um eine erlaubnispflichtige Rechtsdienstleistung. Da es bei den Treuhandkonstellationen i.d.R. um reine Rechtsanwendung geht, wird dies aber grds. nicht vorliegen. Die Entwicklung der Rspr. bleibt abzuwarten.

Auch Verstöße gegen § 3 MaBV führen bei **Bauträgerverträgen** zur Unwirksamkeit der Abschlagszahlungsvereinbarung nach § 134 BGB. Dieses Problem wird häufig in Zwangsvollstreckungsklausuren bei der Vollstreckungsgegenklage oder der prozessualen Gestaltungsklage sui generis relevant (vgl. *Kaiser*, Zwangsvollstreckungsklausur, Rn. 9).

4. Sittenwidrigkeit, § 138 BGB

11 Klausuren, in denen Wucher nach § 138 II BGB eine Rolle spielt, sind eher selten. Häufiger wird es auf die Prüfung der Sittenwidrigkeit nach Maßgabe des § 138 I BGB hinauslaufen. Rechtsfolge ist die Gesamtunwirksamkeit des Rechtsgeschäfts, nach § 139 BGB ist aber ein teilweises Aufrechterhalten auch möglich.

> Die systematische Reihenfolge für die Prüfung der Sittenwidrigkeit eines Rechtsgeschäfts lautet:
>
> 1. Objektives Element der Sittenwidrigkeit
>
>   - Das Rechtsgeschäft muss objektiv gegen das Anstandsgefühl aller gerecht und billig Denkenden verstoßen.
>
> 2. Subjektives Element der Sittenwidrigkeit
>
>   - Ausreichend ist die Kenntnis oder das Kennenmüssen der die Sittenwidrigkeit begründenden Umstände. Nicht erforderlich ist eine Schädigungsabsicht oder der rechtliche Schluss auf die Sittenwidrigkeit des Handelns.

Merke: Nach allgemeinen Beweislastregeln ist grds. der Kläger auch für das subjektive Merkmal der Sittenwidrigkeit beweispflichtig. I.d.R. kann aber eine tatsächliche Vermutung für die Kenntnis der zugrunde liegenden Umstände angenommen werden.

Beachten Sie, dass es für die Frage der Sittenwidrigkeit grds. auf den **Zeitpunkt des Vertragsschlusses** ankommt. Ändern sich später die die Sittenwidrigkeit begründenden Umstände, so bleibt das Rechtsgeschäft unwirksam. Allenfalls kann die Wirksamkeit hier nach § 242 BGB oder durch eine Bestätigung des Geschäftes durch Parteihandlung i.S.v. § 141 BGB konstruiert werden.

Für die Ausfüllung des objektiven Elements der Sittenwidrigkeit hat die Rspr. u.a. die im Folgenden aufgezeigten Konstellationen entwickelt. In der Klausur wird es regelmäßig um eine der hier aufgezeigten Konstellationen gehen. Wenn dies nicht der Fall sein sollte, so ist i.d.R. die saubere Arbeit mit dem Sachverhalt gefragt (verstößt der Vertrag gegen das Anstandsgefühl aller gerecht und billig Denkenden?) oder es handelt sich um eine neue Gerichtsentscheidung, dessen Kenntnis abgeprüft werden soll.

Fallgruppe: Übersicherung einer Partei

- Die Übersicherung spielt v.a. bei revolvierenden Sicherungsübereignungen eine Rolle: Bei der **anfänglichen Übersicherung** (einen festen Richtwert gibt es nicht, es kommt auf den Einzelfall an) sind nach der Rspr. die Sicherungsabrede und das Verfügungsgeschäft nach § 307 BGB und nach § 138 I BGB insgesamt (nicht nur teilweise) nichtig. Bei der **nachträglichen Übersicherung** (Richtwert: Realisierbare Wert der Sicherungsgegenstände beträgt mehr als 110% der gesicherten Forderung; dies wird vermutet, wenn Sicherungswert 150% der gesicherten Forderung übersteigt) bleiben die Sicherungsabrede und die Bestellung der Sicherheit wirksam, nur die entsprechende Klausel in den AGB ist unwirksam. Daneben besteht ein immanenter Freigabeanspruch bzgl. der nicht mehr erforderlichen Sicherheiten, der sich im Wege der ergänzenden Vertragsauslegung aus der Sicherungsabrede ergibt.

Fallgruppe: Wucherähnliches Rechtsgeschäft

- Diese von der Rspr. entwickelte Rechtsfigur spielt v.a. bei Darlehensverträgen oder sonstigen Austauschverträgen eine Rolle. Der objektive Tatbestand von § 138 I BGB ist v.a. bei einem auffälligen Missverhältnis zwischen den Leistungen (z.B. Zinsen doppelt so hoch wie der Marktzinssatz) zu bejahen.

- Auf subjektiver Seite muss zusätzlich noch eine verwerfliche Gesinnung des Begünstigten hinzukommen. Die verwerfliche Gesinnung wird z.B. dann bejaht, wenn der Darlehensgeber die schwächere Lage des Darlehensnehmers bewusst ausnutzt oder sich der finanziellen Zwangslage zumindest leichtfertig verschließt (was beim Verbraucherdarlehen vermutet wird).

Fallgruppe: Finanzielle Überforderung einer Partei

- Die Hauptanwendungsfälle im Examen sind die Bürgschaft und der Schuldbeitritt eines nahen Angehörigen (vgl. Rn. 69).

Fallgruppe: Verleitung zum Vertragsbruch/Vertragsbruchtheorie

- Diese Fallgruppe wird v.a. bei der Kollision von Globalzession und verlängertem Eigentumsvorbehalt relevant (vgl. Rn. 64).

Klausurtipp: Hin und wieder macht eine Partei Ansprüche aus einem **Vertragsstrafenversprechen nach §§ 339 ff. BGB** geltend (vgl. *Palandt* § 339 Rn. 5 zur Abgrenzung zum Reuegeld i.S.v. § 353 BGB und § 276 Rn. 26 zur Abgrenzung zur Schadenspauschalierung). Bei solchen Klausuren geht es oft um die Frage der Fälligkeit des Anspruchs (i.d.R. nur bei Verschulden!), um die Sittenwidrigkeit, um die Herabsetzung nach § 343 BGB (§ 348 HGB beachten!) oder nach § 242 BGB und um einen etwaigen Anspruchsausschluss (v.a. bei provoziertem Verstoß gegen das Vertragsstrafenversprechen wg. § 242 BGB). Weitere Schranken ergeben sich aus §§ 309 Nr. 6, 307 BGB und bei der Wohnraummiete aus § 555 BGB. Lesen Sie zudem § 309 Nr. 5 BGB zur Schadenspauschalisierung. Die Vertragsstrafe wird nur bei Interessenidentität auf einen ggf. parallel bestehenden Schadensersatzanspruch angerechnet (BGH NJW 2008, 2849 f.).

Beachten Sie, dass die Sittenwidrigkeit i.d.R. nur das Verpflichtungsgeschäft betrifft. Nur wenn der Sittenverstoß gerade in der Änderung der Güterzuordnung liegt, ist auch das dingliche Geschäft sittenwidrig.

5. Bedingungen, §§ 158 ff. BGB

12 Auch der Nichteintritt/Eintritt einer zwischen den Parteien vereinbarten Bedingung ist eine mögliche Einwendung. Zwei Klausurprobleme treten hier öfter auf: Sie sollten zum einen wissen, dass die Ausübung von Gestaltungsrechten grds. **bedingungsfeindlich** ist, weil dem Erklärungsgegner der dadurch eintretende Schwebezustand nicht zugemutet werden kann. Zulässig sind aber sog. innerprozessuale Bedingungen/Rechtsbedingungen (vgl. Rn. 13 zur Anfechtung, Rn. 14 zur Aufrechnung). Zum anderen erfreut sich **§ 162 BGB** einer gewissen Beliebtheit in Klausuren (treuwidrige Verhinderung/Herbeiführung der Bedingung), diese Vorschrift sollten Sie daher kennen.

II. Rechtsvernichtende Einwendungen

1. Anfechtung, §§ 119 ff. BGB

13 Anfechtungsprobleme treten in Examensklausuren relativ häufig auf. Ggf. müssen Sie durch Auslegung des Parteivortrags herausfinden, ob eine Anfechtung gewollt ist. Überhaupt ist zu beachten, dass der Vortrag einer Partei stets **umfassend auszulegen** ist. So kann sich eine Partei bei einer Loslösung vom Vertrag z.B. mit den Worten »*sehe ich mich wegen ... zukünftig nicht mehr an den Vertrag gebunden*« sowohl (konkludent) auf eine Anfechtung, auf die Geltendmachung von Gewährleistungsrechten (v.a. Rücktritt), auf ein Kündigungsrecht, auf ein Widerrufsrecht oder auf §§ 313, 314 BGB stützen. Dann ist zu prüfen, welche dieser Einwendungen im Ergebnis durchgreift.

Ist eine Anfechtung überhaupt möglich?

Eine Anfechtung scheidet aus, wenn keine WE, sondern ein Realakt vorliegt, bei erfolgter Bestätigung des Rechtsgeschäftes nach § 144 BGB (dies ist auch schlüssig möglich) oder wenn Sonderregelungen wie z.B. § 1314 II Nr. 2 BGB bei der Ehe, § 1298 BGB beim Verlöbnis, §§ 2078, 2080 ff. BGB bei letztwilligen Verfügungen oder z.B. das **Gewährleistungsrecht vorrangig** sind (vgl. unten). Eine Anfechtung scheidet auch aus, wenn bereits durch eine Auslegung der WE diese dem Willen des Erklärenden angepasst werden kann, so dass eine Anfechtung z.B. wegen Irrtums ausscheidet, sog. »**Primat der Auslegung**« (vgl. *Medicus* Rn. 123). §§ 119 ff., 130 BGB sind analog auf rechtsgeschäftsähnliche Handlungen (z.B. Mahnung, Fristsetzung, Rüge i.S.v. § 377 HGB) anwendbar.

Problem: Anfechtbarkeit des Schweigens als WE?

- Wird dem Schweigen ausnahmsweise die Erklärungswirkung einer Zustimmung zugemessen, sind nach der h.M. auch die Regeln der §§ 119 ff. BGB entsprechend anwendbar.

- Ein Irrtum über die Rechtsfolgen des Schweigens ist nach ganz h.M. kein Anfechtungsgrund, sondern ein unbeachtlicher Rechtsfolgenirrtum. Dies bedeutet, dass der Schweigende nicht mit dem Argument gehört wird, er habe nicht gewusst, dass sein Schweigen rechtliche Konsequenzen hat. Er kann aber anfechten, wenn er sich über den Inhalt der Erklärung geirrt hat, der er nicht widersprochen hat (Ausnahme: KBS, vgl. Rn. 105).

Liegt ein Anfechtungsgrund vor?

Lesen Sie zu den möglichen Anfechtungsgründen die Ihnen noch aus dem ersten Semester bekannten §§ 119 BGB (Abs. 1: Inhaltsirrtum, Erklärungsirrtum, Abs. 2: Eigenschaftsirrtum) und § 123 BGB (Täuschung und Drohung). Wenn sich ein Bote irrt, gilt § 120 BGB. **Motivirrtümer** sind grds. unbeachtlich (Ausnahme: §§ 119 II, 123 BGB).

Problem: Rechtsfolgenirrtum als relevanter Irrtum i.S.d. §§ 119 ff. BGB

- Nur bei einem Irrtum über die vertraglich vereinbarten Folgen der WE ist eine Anfechtung möglich, i.d.R. hingegen nicht bei einem Irrtum über die gesetzlichen Folgen, da dann nur ein unbeachtlicher Motivirrtum vorliegt. Ein Rechtsirrtum berechtigt im letzteren Fall aber dann zur Anfechtung, wenn das vorgenommene Rechtsgeschäft wesentlich andere **unmittelbare** Rechtswirkungen als die beabsichtigten Wirkungen erzeugt. Dagegen ist der nicht erkannte Eintritt zusätzlicher oder **mittelbarer** Rechtswirkungen, die zu den gewollten und eingetretenen Rechtsfolgen hinzutreten, lediglich ein unbeachtlicher Motivirrtum (vgl. **BGH NJW 2006, 3353 ff.** zum Irrtum über § 2306 I 2 BGB; diese Entscheidung unbedingt lesen!).

Problem: Unterschriftsirrtum als relevanter Irrtum i.S.d. §§ 119 ff. BGB

- Wer ein Schriftstück ungelesen unterzeichnet, kann eine darin enthaltene WE gem. § 119 I 1 Alt. 1 BGB nur anfechten, wenn er eine falsche Vorstellung vom Inhalt des Schriftstücks hatte. Wer sich aber keine Gedanken bei der Unterzeichnung gemacht hat, kann sich nicht irren und folglich auch nicht anfechten.

Problem: Kalkulationsirrtum als relevanter Irrtum i.S.d. §§ 119 ff. BGB

- Kalkulationsirrtum = Der Erklärende verrechnet sich aufgrund eines Irrtums
- Nach der Rspr. ist ein Kalkulationsirrtum als Motivirrtum grds. unbeachtlich (vgl. BGHZ 139, 177 ff.; a.A. RGZ 64, 266 ff. für § 119 I BGB beim offenen Irrtum), auch § 313 BGB greift i.d.R. nicht (Misskalkulation ist i.d.R. einseitiges Risiko). In Ausnahmefällen kann aber der Missbrauchseinwand nach § 242 BGB oder ein Gegenanspruch aus c.i.c. möglich sein (vgl. Palandt/*Ellenberger* § 119 Rn. 18 ff.).

Problem: Anfechtung nach § 119 II BGB bei Eigenschaftsirrtum

- Als »Eigenschaften« der Sache i.S.v. § 119 II BGB werden nur dauerhafte Faktoren angesehen, die den Wert der Sache unmittelbar zu bestimmten pflegen (vgl. *Medicus* Rn. 138). Daher sind z.B. der Wert einer Sache selbst oder die Höhe der Mieterträge bei einem gekauften Grundstück keine Eigenschaften i.S.d. § 119 II BGB.
- Besonders klausurrelevant ist das **Verhältnis von § 119 II BGB zu §§ 434 ff. BGB**. Nach der Rspr. wird eine Anfechtung nach § 119 II BGB **durch den Käufer** nach Gefahrübergang (d.h. Übergabe) durch §§ 434 ff. BGB verdrängt, wenn sich der Irrtum auf die Sachmängeleigenschaft der Kaufsache bezieht (BGHZ 34, 32 ff.; Palandt/*Weidenkaff* § 437 Rn. 53). Umstritten ist auch, ob § 119 II BGB bereits vor Übergabe ausgeschlossen ist, wenn ausnahmsweise §§ 434 ff. BGB auch schon vor Übergabe der Kaufsache greifen (vgl. Rn. 25). Der BGH lässt eine Anfechtung nach § 119 II BGB zu Recht zu, weil die Befugnis, die Gewährleistungsansprüche ausnahmsweise vor Übergabe der Sache geltend machen zu können, im Interesse des Käufers erfolge, so dass ihm hieraus bzgl. einer Anfechtung nach § 119 II BGB keine Nachteile entstehen können (BGHZ 34, 32 ff.; a.A. OLG Hamm NJW-RR 1993, 1366 f.).
- **Für den Verkäufer** scheidet eine Anfechtung i.S.v. § 119 II BGB nach § 242 BGB nur aus, wenn er sich durch die Anfechtung den Gewährleistungsansprüchen des Käufers entziehen würde.

Problem: Anfechtung nach § 119 II BGB bei beidseitigem Irrtum

- In diesen Fällen ist die Anwendung des § 313 BGB ist interessengerechter, da dann eine Anpassung an die wirklichen Umstände möglich ist (Palandt/*Ellenberger* § 119 Rn. 30; a.A. *Medicus* Rn. 162).

Problem: Anfechtung nach § 123 BGB

- Eine arglistige Täuschung durch Unterlassen ist möglich, wenn nach Treu und Glauben und der maßgeblichen Verkehrsanschauung eine **Aufklärungspflicht** besteht (z.B. Unfallschaden beim Autoverkauf, Ausnahme: Reiner Bagatellschaden).

- Arglistig handelt der Täuschende, wenn er weiß, dass seine Täuschung zu einem Irrtum führt. Bezüglich der Arglist genügt es nach st. Rspr., wenn der Handelnde ins Blaue hinein falsche Angaben macht, obwohl er die Unrichtigkeit der Erklärung kennt oder zumindest damit rechnen muss (vgl. BGH NJW 2006, 2839 ff.).
- Nach der Rspr. ist **Dritter i.S.d. § 123 II BGB** nur derjenige, der nicht Vertrauensperson des Anfechtungsgegners ist. Dritter i.S.v. § 123 II BGB ist daher z.B. der Schuldner für das Verhältnis Bürge – Bank, der Hersteller des geleasten Pkw für das Verhältnis Leasingnehmer – Leasinggeber oder der Mäkler für das Verhältnis Käufer – Verkäufer. Tritt der Dritte allerdings als Hilfsperson oder Erfüllungsgehilfe des Anfechtungsgegners auf, so muss sich Letzterer dessen Täuschung als eigene i.S.v. § 123 I BGB zurechnen lassen (Argument: §§ 166, 278 BGB analog). Eine Zurechnung der Täuschung zur darlehensgebenden Bank ist nach der Rspr. daher z.B. auch zu bejahen, wenn der Verkäufer/Vermittler einer (»Schrott-«)Immobilie bei Vorliegen eines verbundenen Geschäftes nach § 358 BGB zwischen Kaufvertrag und Darlehensvertrag den Käufer/Darlehensnehmer über das Anlageobjekt arglistig täuscht (vgl. BGH WM 2007, 1456 ff.). Beachte: Häufig sind neben § 123 BGB auch Ansprüche des Getäuschten aus c.i.c. und § 823 II BGB i.V.m. § 263 StGB möglich.

Ist die Anfechtungserklärung dem Richtigen gegenüber abgegeben worden, § 143 II BGB?

Bedenken Sie, dass die Anfechtungserklärung als Gestaltungsrecht grds. bedingungsfeindlich ist. Jedoch wird eine **Eventualanfechtung** dann für zulässig erachtet, wenn die Partei die Anfechtung für den Fall erklärt, dass die primär vorgetragene Rechtsansicht nicht durchgreift (BGH NJW 1968, 2099; Argument: Dann liegt keine echte Bedingung, sondern eine zulässige sog. innerprozessuale Bedingung/Rechtsbedingung vor.).

Ist die Anfechtungsfrist eingehalten worden?

Bzgl. der Fristen beachten Sie § 121 II BGB (unverzüglich) und § 124 I BGB (binnen Jahresfrist).

Was sind die Rechtsfolgen der Anfechtung?

Die erfolgreiche Anfechtung der WE führt nach § 142 I BGB grds. zur anfänglichen Unwirksamkeit der WE bzw. des Rechtsgeschäfts, bei einem Teilirrtum nur des betroffenen Teils. Anders ist dies wegen § 242 BGB, wenn sich der Anfechtungsgegner bereit erklärt, die Erklärung so gelten zu lassen, wie sie der Anfechtende gemeint hatte. Der Irrende muss sich dann an dem festhalten lassen, was er gewollt hatte (vgl. LG Berlin NJW-RR 2009, 132 ff.). Im Arbeits- und Gesellschaftsrecht wirkt die Anfechtung nach dem Grundsatz des fehlerhaften Arbeits-/oder Gesellschaftsverhältnisses ex nunc, wenn bereits mit dem Leistungsaustausch begonnen wurde. Ist durch eine erfolgreiche Anfechtung das Grundgeschäft zerstört, werden bereits ausgetauschte Leistungen nach §§ 812 ff. BGB wieder rückabgewickelt. Nur wenn die Anfechtung auch das abstrakte Erfüllungsgeschäft betrifft (nur bei Fehleridentität: I.d.R. zu bejahen bei §§ 119 II, 123 BGB), gelten die §§ 985 ff. BGB vorrangig. Wurde vom Anfechtungsgegner bereits über die Sache verfügt, handelt es sich im letzteren Fall um die Verfügung eines Nichtberechtigten (Folge: §§ 932 ff., 816 I BGB gelten). Die Anfechtung nach §§ 119, 120 BGB führt zu einer **Schadensersatzpflicht aus § 122 I BGB (beachte § 122 II BGB!).**

2. Erfüllung und Erfüllungssurrogate

14 Das Schuldverhältnis erlischt im Normalfall, wenn der Gläubiger die geschuldete Leistung bewirkt, § 362 I BGB. Die Übergabe einer mangelhaften Sache durch den Verkäufer ist daher keine Erfüllung. Nach h.M. stellt auch die Banküberweisung Erfüllung i.S.v. § 362 BGB dar. Bei einer **Leistung unter Vorbehalt** kommt es auf die Art des Vorbehaltes an, unter die der Schuldner die Leistung stellt: Will der Schuldner lediglich die Wirkung des § 814 BGB ausschließen und sich die Rückforderung vorbehalten, so liegt Erfüllung vor. Anders ist dies, wenn der Schuldner nur unter der Bedingung des Bestehens der Forderung zahlt und dem Gläubiger weiterhin die Beweislast des Bestehens auferlegt (Palandt/*Grüneberg* § 362 Rn. 14). Die Zahlung des Schuldners zur Abwendung der Zwangsvollstreckung hat ebenso keine Erfüllungswirkung. Beachten Sie auch die Regelung von § 270 I BGB bei der Erfüllung von Geldschulden (Schuldner trägt

§ 2 Vertragliche Primäransprüche

die Transport- u. Übermittlungsgefahr, vgl. AG Köln NJW 2006, 1600: Einwurf von Bargeld in Briefkasten reicht nicht aus). Die Leistung kann auch **durch einen Dritten** erfolgen, vgl. § 267 BGB (Folge: Rückgriff beim Schuldner möglich, vgl. Rn. 64).

Klausurtipp: Wenn auf Anspruchstellerseite eine **Gläubigermehrheit** besteht, so hängt die Erfüllungswirkung der Leistung (oder z.B. der Aufrechnung) davon ab, ob eine Teil-, Gesamt- oder Mitgläubigerschaft vorliegt. Wann was vorliegt können Sie dann bei Bedarf der Kommentierung im Palandt bei §§ 420 ff. BGB entnehmen.

Problem: Zahlung bei mehreren Forderungen

- Es kommt auf Tilgungsbestimmung an, vgl. § 366 BGB. Nachträgliche Tilgungsbestimmung nur dann zulässig, wenn im Zahlungszeitpunkt die Voraussetzungen des § 366 I BGB tatsächlich vorliegen (vgl. BGH NJW 2008, 985 f.).
- **Nachträgliche Änderung** einer Tilgungsbestimmung ist nach h.M. zulässig, wegen § 242 BGB aber nicht, wenn dadurch die Stellung des wirklichen Schuldners verschlechtert würde (Palandt/*Heinrichs* § 267 Rn. 3).

Beachte: Beachten Sie, dass grds. derjenige, der sich auf die Erfüllung beruft, auch die **Beweislast** für die tatsächlich erfolgte Erfüllung trägt. In einigen Klausuren geht es dann um die Frage, ob durch die Vorlage einer **Quittung** i.S.v. § 368 BGB der Beweis angetreten ist. Lesen Sie hierzu einmal die §§ 415 f., 419, 440 ZPO (prozessuale Fragen der Beweiskraft) und §§ 126, 368 BGB (materielle Frage des Vorliegens einer Quittung: Erfordernis der Namensunterschrift, vgl. BGH NJW-RR 2007, 351 f.).

Problem: Leistungsbefreiung bei Leistung an Dritte, die nicht Gläubiger sind

- Erfüllungswirkung z.B. dann (+), wenn ein VzD vorliegt, eine Einwilligung/Genehmigung des Gläubigers vorliegt (§§ 362 II, 185 BGB), wenn Schuldnerschutzvorschriften i.R.d. Abtretung (v.a. § 407 BGB) oder § 354a I S. 2 HGB oder §§ 829, 835 ZPO (Pfändung des Anspruches durch einen Dritten) greifen. Auch § 808 BGB kann zur Befreiung führen. Lesen Sie zur Erfüllungswirkung über § 56 HGB unbedingt OLG Düsseldorf NJW-RR 2009, 1043 ff.
- Erfüllungssperre von §§ 80, 82 InsO: Erfüllungswirkung nur (+) bei §§ 362 II, 185 BGB (Einwilligung/Genehmigung durch den Insolvenzverwalter) und § 82 InsO (Gutgläubigkeit des Leistenden). Der Inanspruchnahme durch den Insolvenzverwalter nach § 103 I InsO kann der Leistende aber ggf. § 242 BGB entgegenhalten, wenn der Insolvenzverwalter die unwirksam an den Insolvenzschuldner geflossene Leistung von diesem ohne weiteres herausverlangen könnte (der Insolvenzschuldner ist zur Herausgabe analog §§ 82, 97 II InsO verpflichtet).

Klausurtipp: Die Erfüllung durch den Beklagten bietet den Klausurerstellern die Möglichkeit, prozessuale Stolpersteine einzubauen. Bei der **Erfüllung zwischen An- und Rechtshängigkeit** müssen Sie an den »neuen« § 269 III 3 ZPO denken. Nimmt der Kläger die Klage zurück, ergeht ein Beschluss nach § 269 III 3 ZPO, der sich im Wesentlichen an dem Ihnen bekannten § 91a ZPO-Beschluss orientiert (vgl. *Kaiser* Zivilgerichtsklausur I, Rn. 442 ff.). Die **Erfüllung nach Rechtshängigkeit** führt zu der ganzen Bandbreite der möglichen Erledigungserklärungen (teilweise oder vollständige, einseitige oder übereinstimmende). Lesen Sie zu den sich daraus ergebenden prozessualen Problemen: *Kaiser* Zivilgerichtsklausur I, Rn. 430 ff. Die **Erfüllung nach Beendigung des Prozesses** während der Zwangsvollstreckung spielt bei Vollstreckungsgegenklagen nach § 767 ZPO eine Rolle (vgl. *Kaiser* Zwangsvollstreckungsklausur, Rn. 15).

Problem: Hinterlegung, §§ 372 ff. BGB i.V.m. HinterlO

- Die Erfüllungswirkung greift nur, wenn der Schuldner nach § 372 BGB zur Hinterlegung befugt ist und nach Maßgabe der §§ 376 ff. BGB auf die Rücknahme der hinterlegten Sache verzichtet hat. Anderseits hat die Hinterlegung bei einem Notar gem. § 54a BeurkG keine Erfüllungswirkung.

Problem: Leistung an Erfüllungs statt, § 364 I BGB

- Die Forderung erlischt in Höhe des hingegebenen Gegenstandes bzw. der Forderung. Über § 365 BGB haftet der Schuldner für den hingegebenen Gegenstand wie ein Verkäufer.

- Nach der Rspr. besteht bei der **Inzahlungnahme eines Gebrauchtwagens** i.d.R. eine sog. Ersetzungsbefugnis des Käufers im Rahmen eines einheitlichen Gesamtkaufvertrages (selbst wenn zwei getrennte Vertragsurkunden unterzeichnet werden), die nach **§ 364 I BGB** behandelt wird (Palandt/*Weidenkaff* § 480 Rn. 6 ff.; OLG Hamm NJW-RR 2009, 1505 ff.). Wenn der Neuwagen mangelhaft ist, beziehen sich die Rechte des Käufers auf den gesamten Vertrag. Im Fall des Rücktritts nach §§ 437, 323, 346 ff. BGB erhält er dann den gezahlten Kaufpreis und den hingegebenen Altwagen zurück, nicht aber den für seinen Altwagen angerechneten Geldbetrag. Muss der Verkäufer wegen Unmöglichkeit der Rückgabe nach § 346 II 1 Nr. 2 BGB Wertersatz leisten, richtet sich dieser nach dem Verkehrswert des Gebrauchtwagens im Zeitpunkt der Inzahlungnahme, § 346 II 2 Hs. 1 BGB ist nicht anwendbar (vgl. OLG Hamm NJW-RR 2009, 1505 ff.). Bei Mängeln des Gebrauchtwagens beziehen sich die Rechte des Verkäufers aus §§ 365, 434 ff. BGB nur auf den hingegebenen Altwagen, allerdings nimmt die Rspr. i.d.R. zugunsten des Käufers eine Haftungsbeschränkung an (vgl. Palandt/*Grüneberg* § 365 Rn. 2). Erklärt der Verkäufer hinsichtlich des Altwagens den Rücktritt, erhöht sich der Kaufpreis des Neuwagens um den angerechneten Betrag (vgl. BGHZ 46, 338 f.). Möglich ist aber auch die Konstruktion als **Agenturgeschäft**, dann gelten §§ 364 f. BGB nicht (vgl. Rn. 30).

Problem: Leistung erfüllungshalber, § 364 II BGB

- Hier erlischt die Forderung nicht, solange sich der Gläubiger nicht aus dem Geleisteten befriedigt hat. Beispiele: Hingabe eines Schecks, sicherungshalber vorgenommene Abtretung einer Forderung, i.d.R. Pfändungs- und Überweisungsbeschluss in der Zwangsvollstreckung.

> **Klausurtipp:** Die sicherungshalber vorgenommene Abtretung von Forderungen erfolgt häufig schon, bevor die Forderung entsteht (sog. **Vorauszession**). Die Abtretung einer zukünftigen Forderung ist zulässig, wenn die Entstehung der Forderung möglich und die abgetretene Forderung zumindest bestimmbar ist.

Problem: Aufrechnung, §§ 387 ff. BGB

- Die Aufrechnung ist ein Standardproblem im Assessorexamen (i.d.R. prozessual als Primär- oder Hilfsaufrechnung; vgl. *Kaiser* Zivilgerichtsklausur I, Rn. 32 ff., 203 ff., 263 f. zu den Auswirkungen einer Aufrechnung auf das Rubrum, den Tatbestand und die Entscheidungsgründe eines Urteils.). Beachten Sie **§ 215 BGB**, der die Aufrechnung (und die Einreden nach §§ 273, 320 BGB) mit verjährten Forderungen zulässt. Die Forderung, gegen die aufgerechnet wird, nennt man Hauptforderung, die Forderung, mit der aufgerechnet wird, nennt man Aufrechnungsforderung, Gegenforderung oder Aktivforderung.

- Die Aufrechnung setzt nicht Konnexität der Forderungen voraus (anders § 273 BGB), wohl aber die Gleichartigkeit der Leistungen. Dies ist bei Gegenüberstehen zweier Geldforderungen unproblematisch. Eine Besonderheiten ist hier zuweilen Gegenstand von Examensklausuren: Mit Geldforderungen gleichartig i.S.v. § 387 BGB wird auch der Anspruch auf Einwilligung in die Auszahlung von hinterlegten Geld angesehen (vgl. Palandt/*Grüneberg* § 387 Rn. 9).

- Die Aufrechnung mit einem Anspruch, der absichtlich nur zum Zweck der Aufrechnung von einem Dritten erworben wurde, ist zulässig und verstößt grds. nicht gegen § 138 BGB oder § 242 BGB.

- Eine Aufrechnung **gegenüber dem Zessionar**/neuen Gläubiger mit Ansprüchen gegen den Zedenten/ehemaligen Gläubiger ist nach Abtretung der Forderung unter den Voraussetzungen von § 406 BGB möglich. Eine Aufrechnung mit Ansprüchen gegen den neuen Gläubiger ist stets möglich, ohne dass es auf die Voraussetzungen von § 406 BGB ankommt.

- Eine Aufrechnung mit Ansprüchen gegen den materiellen Rechtsinhaber ist bei einer Klage eines **gewillkürten Prozessstandschafters** möglich, da dieser die Forderung des Rechtsinhabers geltend macht. Mit Forderungen gegen den Prozessstandschafter kann i.d.R. nicht aufgerechnet werden, da es diesbezüglich an der Gegenseitigkeit i.S.v. § 387 BGB fehlt. Liegt der Prozessstandschaft allerdings eine vorherige Abtretung zwischen Prozessstandschafter/Zedent und Zessionar zugrunde, könnte bei einer Klage des Zessionars diesem ggü. nach § 406 BGB eine Aufrechnung mit Ansprüchen gg. den Prozessstandschafter/Zedenten erfolgen. Da der Schuldner durch die Prozessstandschaft nicht schlechter stehen darf als bei einer direkten Klage des Zessionars, dürfte ihm auch bei einer Klage des Prozessstandschafters der Einwand nach § 406 BGB zuzubilligen sein, so dass in diesen Fällen über den Umweg von § 406 BGB eine Aufrechnung mit Ansprüchen gg. den Prozessstandschafter unter den Voraussetzungen von § 406 BGB möglich ist (vgl. BGH NJW 1990, 2544 ff.).

- Die Aufrechnung nach Beschlagnahme der Forderung (z.B. durch einen Pfändungs- u. Überweisungsbeschluss i.S.v. §§ 828 ff. ZPO; z.B. durch Zwangsverwaltung des Grundstücks nach §§ 148 I, 21 II ZVG bzgl. Mietforderungen → dann gilt zusätzlich § 1125 BGB) ist in **§ 392 BGB** geregelt. Weitere wichtige Aufrechnungsbeschränkungen finden sich in §§ 390, 393 f. BGB. Zu § 393 BGB hat der BGH entschieden, dass dieser auch gilt, wenn sich zwei Forderungen aus vorsätzlicher unerlaubter Handlung gegenüber stehen (BGH NJW 2009, 3508). Auch aus der InsO ergeben sich nach Eröffnung des Insolvenzverfahrens Aufrechnungsbeschränkungen, vgl. § 96 InsO.

- Die Zurückweisung der Aufrechnungserklärung nach § 296 ZPO als **präkludiert** führt nicht zur rechtskräftigen Aberkennung der Aufrechnungsforderung i.S.v. § 322 II ZPO. Anders aber, wenn nicht die Aufrechnungserklärung selbst, sondern die für die Rechtfertigung der Aufrechnung vorgebrachten Anspruchstatsachen nach § 296 ZPO zurückgewiesen werden (vgl. Zöller/*Greger* § 145 Rn. 15 f.).

- Achten Sie auf **§ 309 Nr. 3 BGB**, wenn AGB ein Aufrechnungsverbot enthalten. Bei der Wohnraummiete gilt § 556b II 2 BGB. **Abtretungsverbote** sind dagegen auch in AGB grds. zulässig (Palandt/*Grüneberg* § 399 Rn. 10).

- Die Ausübung eines ZBR ist bei gegenüberstehenden Geldforderungen als eine Aufrechnungserklärung auszulegen oder umzudeuten, weil die Aufrechnung gegenüber dem ZBR vorrangig ist.

> **Klausurtipp:** Der Einwand des Klägers, er **rechne seinerseits** gegen die vom Beklagten erklärte Aufrechnung **auf**, geht ins Leere. Kommt es zu einer Entscheidung über die Aufrechnungsforderung, so erlischt diese bei Erfolg der Aufrechnung nach § 389 BGB. Die Gegenaufrechnung des Klägers geht dann ins Leere (KG KGR Berlin 2006, 500 f.).

Eine ähnliche Wirkung wie die Erfüllung hat der **Erlass nach § 397 BGB**. In Klausuren geht es dann häufig um allgemeine Fragen (z.B. wirksame Vertretung, RBW, § 158 BGB etc.). Denken Sie daran, dass die widerspruchslose Einlösung eines Schecks über einen Teilbetrag der Forderung, der mit dem Vorschlag eines Teilerlasses vom Schuldner an den Gläubiger geschickt wurde, ggf. die konkludente Annahme dieses Angebots bedeuten kann, welche nach § 151 S. 2 BGB nicht zugehen muss. Beachten Sie auch § 423 BGB, der die Wirkung eines Erlasses bei Gesamtschuldnern zum Gegenstand hat.

1. Teil. Die Prüfungsreihenfolge im Zivilrecht

3. Rücktritt und Störung der Geschäftsgrundlage

15 **Klausurproblem Rücktritt und Störung der Geschäftsgrundlage**

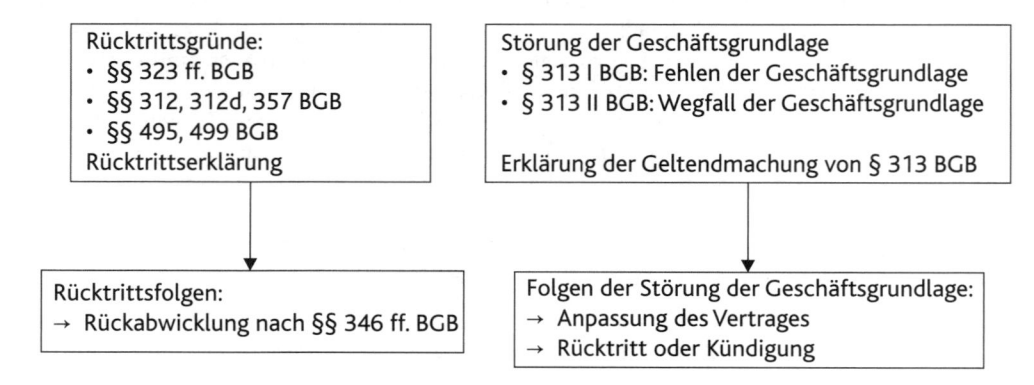

```
Rücktrittsgründe:                    Störung der Geschäftsgrundlage
• §§ 323 ff. BGB                     • § 313 I BGB: Fehlen der Geschäftsgrundlage
• §§ 312, 312d, 357 BGB              • § 313 II BGB: Wegfall der Geschäftsgrundlage
• §§ 495, 499 BGB
Rücktrittserklärung                  Erklärung der Geltendmachung von § 313 BGB
            │                                        │
            ▼                                        ▼
Rücktrittsfolgen:                    Folgen der Störung der Geschäftsgrundlage:
→ Rückabwicklung nach §§ 346 ff. BGB → Anpassung des Vertrages
                                     → Rücktritt oder Kündigung
```

Die wichtigsten gesetzlichen Rücktrittsgründe finden Sie in §§ 323 ff. BGB. Auch bei wirksamer Ausübung der Verbraucherwiderrufsrechte sieht das Gesetz nach § 357 BGB die Rückabwicklung nach §§ 346 ff. BGB vor, so z.B. in den Fällen von § 312 BGB (Haustürgeschäfte), von § 312d BGB (Fernabsatzverträge) und bei §§ 495, 499 BGB (Verbraucherdarlehen und Finanzierungshilfen). Da der Verweis von § 357 I, III BGB auf die Nutzungsersatzregelung in § 346 BGB gegen die Richtlinie 97/7/EG verstößt (vgl. EuGH NJW 2009, 3015 f.), ist diesbezüglich eine gesetzgeberische Änderung zu erwarten.

> **Beachte:** Das Widerrufsrecht nach **§ 312 BGB (Haustürwiderruf)** greift nicht nur, wenn eine klassische Haustürsituation ursächlich für einen Vertragsschluss ist. § 312 I Nr. 1 bis 3 BGB sehen ausdrücklich vor, dass sozusagen auch eine »Arbeitsplatzsituation«, eine »Freizeitveranstaltungssituation« (z.B. Kaffeefahrt, kostenloses Probetraining im Fitnessstudio) und eine »öffentliche Verkehrsmittel-/Verkehrsflächensituation« (z.B. Straße, Bahnhof, Einkaufszentrum) ausreichend sind (vgl. *Rohlfing* MDR 2008, 304 ff. m.w.N.). Häufig ist in Klausuren zu problematisieren, ob der Ausschluss nach **§ 312 III Nr. 1 BGB** greift (»vorhergehende Bestellung«). Der Ausschlussgrund wird eng ausgelegt; es reicht nicht aus, wenn sich der Verbraucher lediglich mit dem Besuch des Unternehmers einverstanden erklärt oder er um eine Warenrepräsentation bittet. Auch zu § 312 BGB ist umstritten, ob für die ordnungsgemäße Widerrufsbelehrung nach § 312 II BGB die Benutzung des Musters aus Anlage 2 zu § 14 BGB-InfoV genügt (vgl. *Rohlfing* MDR 2008, 304 ff.; oben Rn. 3). Lässt der Unternehmer einen Vertreter/Vermittler für sich handeln, so muss er sich dessen Verhandlung in einer der o.g. Situationen **zurechnen** lassen, ohne dass es auf die strengen Voraussetzungen der Analogie von § 123 II BGB ankommt (Palandt/*Grüneberg* § 312 Rn. 6).

Die Rechtsfolgen eines gesetzlich normierten oder vertraglich vereinbarten **Rücktritts** sind in §§ 346 ff. BGB geregelt (Umwandlung des Vertrages in ein Rückgewährschuldverhältnis). Lesen Sie v.a. § 346 II, III BGB.

Problem: Umfang des Rückgewähranspruches

- Die Wertersatzpflichten nach **§ 346 II 1 Nr. 1 bis 3 BGB** setzen als ungeschriebenes Tatbestandsmerkmal voraus, dass die Rückgewähr der empfangenen Leistung unmöglich ist (i.d.R. zu verneinen bei bloß erfolgter dinglicher Belastung des zurückzugewährenden Grundstücks, vgl. BGH NJW 2009, 63 ff.).

- **§ 346 II 2 BGB** gilt auch, wenn der Wert der (Geld-)Gegenleistung geringer ist als der Wert der Leistung (BGH NJW 2009, 1068 ff.: Wallach »Locarno«; Argument: Wortlaut). Die Höhe des Wertersatzes kann sich auch durch die Mangelhaftigkeit der ursprünglich empfangenen Leistung verringern (Rechtsgedanke der Minderung).

- Ausschluss des Wertersatzes nach **§ 346 III 1 Nr. 2 BGB** auch (+), wenn sich bei Untergang der Sache der Rücktrittsgläubiger/-gegner im Annahmeverzug befand und Rückgewährschuldner nicht vorsätzlich/grob fahrlässig gehandelt hat, vgl. § 300 I BGB (vgl. PWW/*Medicus* § 346 Rn. 13; Palandt/*Grüneberg* § 300 Rn. 2).

- **§ 346 III 1 Nr. 3 BGB** ist nach h.M. auch in den Fällen, in denen der Rücktrittsgegner (also regelmäßig der Verkäufer) den Rücktritt nicht durch eine Pflichtverletzung (z.B. mangelhafte Leistung) veranlasst bzw. verschuldet hat oder in denen der Zurücktretende vom Rücktrittsgrund Kenntnis hatte oder haben musste, anzuwenden (vgl. Palandt/*Grüneberg* § 346 Rn. 13 m.w.N.; Argument: Klarer Wortlaut von § 346 III Nr. 3 BGB).

- Der Verschuldensmaßstab der eigenüblichen Sorgfalt ist in **§ 277 BGB** geregelt.

- Rückgewährschuldner (z.B. Käufer) hat **Anspruch auf Abholung/Rücknahme** der Kaufsache aus §§ 346, 1004 BGB, wenn berechtigtes Interesse besteht (was bis auf »Kleinteile« praktisch immer der Fall sein wird), vgl. Palandt/*Grüneberg* § 346 Rn. 5. Der örtliche Gerichtsstand für diesen Anspruch ergibt sich aus § 29 ZPO i.V.m. § 269 I BGB und ist der **Ort, an dem sich die zurückzugewährende Sache zur Zeit des Rücktritts vertragsgemäß befindet**, also i.d.R. der Wohnort des Rücktrittsgläubigers (Palandt/*Grüneberg* § 269 Rn. 16). Dieser Gerichtsstand gilt nach h.M. auch für den Rückzahlungsanspruch (Argument: Notwendigkeit eines einheitlichen Erfüllungsortes; a.A. Thomas/Putzo/*Hüßtege* § 29 Rn. 6).

- Der Verkäufer ist in diesen Fällen bei eingebauten Sachen auch zur **Demontage** verpflichtet (vgl. jurisPK/*Faust* § 346 Rn. 25 m.w.N.; Argument: Gleichlauf von Nachbesserung und Rücktritt), es sei denn es liegt ein Fall von § 346 II BGB vor (z.B. Einbau der Sache in ein Grundstück).

Auch die **Störung der Geschäftsgrundlage** normiert ein Rücktrittsrecht, wenn eine Anpassung des Vertrags nicht möglich oder unzumutbar ist, vgl. §§ 313 III, 346 ff. BGB. Beachten Sie die **Subsidiarität** von § 313 BGB z.B. zum Gewährleistungsrecht, zur Anfechtung, zur Unmöglichkeit oder zu §§ 812 ff. BGB. Bei Dauerschuldverhältnissen sieht § 313 III 2 BGB als Rechtsfolge ein Kündigungsrecht vor, wenn eine Anpassung des Vertrages scheitert (**Beachte:** Neben § 313 BGB bleibt § 314 BGB anwendbar, v.a. wenn kein Fall des Wegfalls der Geschäftsgrundlage vorliegt.).

Merke: § 313 BGB unterscheidet zwischen dem anfänglichem Fehlen der Geschäftsgrundlage (§ 313 II BGB) und dem nachträglichem Wegfall der Geschäftsgrundlage (§ 313 I BGB).

> Bei § 313 I, II BGB prüfen Sie:
>
> 1. Ist betroffener Umstand **Geschäftsgrundlage** des Vertrages geworden?
>   - Jeder gemeinsam vorgestellte außervertragliche Umstand, der für die Parteien hinsichtlich des Vertrages kausal und so wichtig war, dass die Parteien bei Kenntnis des Fehlens/Wegfalls den Vertrag nicht/anders abgeschlossen hätten
>   - Einseitige Erwartungen nur, wenn diese erkennbar waren, die andere Partei diese nicht zurückgewiesen hat und die Maßgeblichkeit der Erwartung Treu und Glauben entspricht
> 2. Schwerwiegende **Veränderung oder anfängliches Fehlen der Geschäftsgrundlage**?
> 3. Ist das Festhalten am Vertrag **unzumutbar**?
>   Hier **Interessenabwägung** → Kriterien: Risikoverteilung, Vorhersehbarkeit, Zurechenbarkeit

Bei § 313 BGB kommt es weniger auf das Ergebnis an. Die Punkte bekommen Sie für die saubere juristische Argumentation v.a. bezüglich der Unzumutbarkeit. Beachten Sie, dass Sie die Regelungen der Störung der Geschäftsgrundlage restriktiv anwenden, denn es gilt immer noch der Grundsatz »pacta sunt servanda«.

Anerkannte Fallgruppen sind z.B.:

- **Zweckstörung**, d.h., der Leistungserfolg ist noch möglich, der Gläubiger hat aber daran kein Interesse mehr: Grundsätzlich fällt die **Verwendbarkeit des Vertragsgegenstandes** in den Risikobereich des Empfängers. Anders ist es nur, wenn sich der andere Teil die geplante Verwendung soweit zu Eigen gemacht hat, dass das Vertragserfüllungsverlangen treuwidrig wäre (bereits häufig Klausurgegenstand: BGH NJW 2000, 1714 ff. zu Vertragsstörungen bei Miete von Räumen in Einkaufszentren, die nach der Eröffnung nicht in der erhofften Weise von den Kunden angenommen wurden.). Dies wird von der Rspr. **tendenziell restriktiv** gehandhabt!

- **Äquivalenzstörung:** Erhebliche Störung der Gleichwertigkeit von Leistung und Gegenleistung. Klausurrelevant sind Störungen der Gleichwertigkeit bei Verträgen mit Versorgungszweck (z.B. Ruhegeldvereinbarungen, Schadensersatzrenten etc.).
- **Wirtschaftliche Unmöglichkeit**, d.h. Überschreitung der wirtschaftlichen Zumutbarkeitsgrenze für den Schuldner (nach h.M. geht dann § 313 BGB dem § 275 II BGB vor, vgl. Palandt/*Grüneberg* § 275 Rn. 29)
- **Doppelirrtum** beider Parteien bei Vertragsschluss
- **Leasingrecht** bei Rücktritt vom Kaufvertrag ggü. dem Hersteller der Leasingsache (vgl. dazu ausführlich Rn. 87).

4. Sonstige rechtsvernichtende Einwendungen

16 Die Unmöglichkeit der eigenen Leistung nach **§ 275 BGB** befreit von der Leistungspflicht; § 275 I BGB ist dabei eine rechtsvernichtende Einwendung des Schuldners, § 275 II, III BGB sind Einreden. Handelt es sich bei der behaupteten unmöglichen Leistung um eine solche, die der Schuldner bei Mitwirkung eines Dritten erbringen könnte, muss er auch darlegen und beweisen, dass der Dritte die erforderliche Mitwirkung verweigert oder von grob unverhältnismäßigen Forderungen abhängig macht (vgl. Palandt/*Grüneberg* § 275 Rn. 34). Die Geltendmachung einiger Gewährleistungsrechte stellt ebenso eine rechtsvernichtende Einwendung dar, so z.B. die Geltendmachung des großen Schadensersatzes nach §§ 280, 281 I 3 BGB, der Rücktritt oder die Minderung.

In einigen Klausuren geht es um die Frage, ob die Parteien einen **Aufhebungsvertrag** geschlossen haben, welcher ebenfalls rechtsvernichtenden Charakter hat. Dieser nicht explizit im BGB geregelte Vertrag ist aufgrund der Privatautonomie möglich (vgl. § 311 I BGB) und unterscheidet sich vom Erlassvertrag i.S.d. § 397 BGB, dass die Aufhebung nicht nur eine Forderung, sondern das gesamte Schuldverhältnis betrifft. Die Parteien streiten sich dann oft darum, ob überhaupt ein solcher Aufhebungsvertrag geschlossen wurde (Auslegung, Zugangsprobleme, Stellvertretung etc.) und/oder ob dieser formbedürftig ist (vgl. dazu Rn. 9).

III. Rechtshemmende Einwendungen

17 Für Ihr Examen sind folgende rechtshemmenden Einwendungen – auch Einreden genannt – am wichtigsten:

- Einrede der Verjährung nach § 214 BGB
- Stundung (Hinausschieben des Verjährungsbeginns der Forderung)
- Einreden aus Treu und Glauben, § 242 BGB
- Pactum de non petendo (Abrede, die fällige Forderung zeitweise nicht geltend zu machen): Sie gibt dem Schuldner nach § 242 BGB ein Leistungsverweigerungsrecht und hemmt nach § 205 BGB die Verjährung.
- Bereicherungseinrede nach § 821 BGB
- Einreden des Bürgen nach §§ 768 ff. BGB
- Einreden nach §§ 320, 273 BGB (Zurückbehaltungsrecht bei einem Gegenanspruch)
- Einreden nach §§ 438 IV 2, 634a IV 2 BGB (Leistungsverweigerungsrecht nach Verjährung des Gewährleistungsanspruchs)

§ 273 BGB ist die allgemeine **Einrede des Zurückbehaltungsrechts** und setzt Konnexität voraus, § 320 BGB ist eine Sonderregel des Zurückbehaltungsrechts bei gegenseitigen Verträgen. Bei Klausuren, in denen § 273 BGB relevant wurde, kam es oft auf die Prüfung von Ausschlussgründen (z.B. vereinbarter Ausschluss, Ausschlussgrund aus der Natur des Gegenstandes wie z.B. bei Hunden, Ausschluss nach § 242 BGB), auf die Prüfung der Konnexität und die saubere Darstellung des Gegenanspruches an. § 320 BGB spielt v.a. in Gewährleistungsklausuren eine Rolle, bei denen der Käufer/Besteller die Einrede des § 320 BGB wegen Mängeln der Sache dem Kaufpreis- bzw. Werklohnanspruch entgegenhält (vgl. Rn. 25, 32).

Im Folgenden soll der Blick auf §§ 214 und 242 BGB gelenkt werden:

1. Die Einrede der Verjährung, § 214 BGB

Die regelmäßige Verjährungsfrist beträgt nach § 195 BGB drei Jahre, bei Rechten an einem Grundstück zehn Jahre, § 196 BGB. Sonderregeln sind in § 197 BGB und in den Gewährleistungsregeln (z.B. § 438 BGB für den Kaufvertrag und § 634a BGB für Werkverträge) enthalten. Beachten Sie, dass der Gesetzgeber die 30-jährige Sonderverjährung von erbrechtlichen Ansprüchen aus § 197 BGB gestrichen hat. Der **Beginn der Verjährung** ist »für den Normalfall« in § 199 I BGB geregelt (sog. »Silvesterverjährung«). Die absoluten Fristen der Verjährung sind in § 199 II, III BGB enthalten. Die **Beweislast** für die Frist und den Fristbeginn trägt grds. der Schuldner, für eine Hemmung/Unterbrechung trägt sie der Gläubiger des Anspruches.

§ 202 BGB erfasst Vereinbarungen über die Verjährung. Die **Hemmung** der Verjährung ist in §§ 203 ff. BGB geregelt und bedeutet den Stillstand der Verjährung (Merksatz: »Die Uhr wird angehalten«). § 203 BGB wird von der Rspr. weit ausgelegt: Es genügt jeder Meinungsaustausch über den Schadensfall (z.B. Reparaturuntersuchung des Verkäufers/Werkunternehmers). Bei der **Unterbrechung** i.S.v. § 212 BGB wird eine neue Verjährung in Gang gesetzt (Merksatz: »Die Uhr wird wieder auf Null zurück gestellt«). Nach der Rspr. soll eine **Nacherfüllung** nur dann ein Anerkenntnis i.S.d. § 212 I Nr. 1 BGB sein, wenn der Verkäufer/Werkunternehmer aus Sicht des Käufers/Bestellers nicht aus Kulanz o.ä. nachbessert, sondern in dem Bewusstsein, zur Nachbesserung verpflichtet zu sein, was allerdings bei der Nachlieferung einer Ersatzsache der Regelfall ist (BGH ZGS 2006, 26 ff.).

> **Klausurtipp:** In Verkehrsunfallklausuren kann auch der Hemmungstatbestand von § 115 II 2, 3 VVG n.F. (lesen!) relevant werden, wenn der Geschädigte seine Ansprüche beim Kfz-Haftpflichtversicherer anmeldet. § 115 II 4 VVG n.F. ordnet entgegen § 425 BGB Gesamtwirkung der Hemmung an.

Besondere Aufmerksamkeit ist geboten, wenn besondere **zivilprozessuale Ereignisse** eine Auswirkung auf die Verjährung haben. Insbesondere kommen hier das Mahnverfahren, die Aufrechnung im Prozess und die Streitverkündung in Klausuren vor, vgl. § 691 II ZPO, § 204 I Nr. 3, 5, 6, II BGB.

2. Die Einreden aus § 242 BGB

Die Einrede aus Treu und Glauben gem. § 242 BGB spielt in Assessorklausuren eine größere Rolle als im Referendarexamen. Relevant sind hier vor allem:

- Der Missbrauchseinwand (»venire contra factum proprium«), d.h., die Geltendmachung des Anspruchs im Prozess, verstößt gegen Treu und Glauben.
- Der dolo-agit-Einwand, d.h., es besteht die Pflicht des Klägers zur alsbaldigen Rückgewähr des eingeklagten Gegenstandes, z.B. als Schadensersatz oder aus §§ 812 ff. BGB.
- Der Einwand der Verwirkung.

> **Klausurtipp:** Im Klausursachverhalt wird ggf. eine Partei vorbringen, »*das Ergebnis könne so schlechthin nicht bestehen bleiben...*« oder »*es dürfe nicht angehen, dass...*«. Die **Auslegung** eines solchen Vortrages ergibt, dass sich die Partei ggf. auf § 242 BGB beruft. Dann müssen Sie dazu Stellung nehmen.

Das sog. »**Handeln auf eigene Gefahr**« führt i.d.R. nur zu einer Mitverschuldensberücksichtigung nach § 254 BGB (z.B. Beifahrer fährt bei alkoholisiertem Fahrer mit, »Rempeltanz«). Allerdings hat die Rspr. bei der Teilnahme an sportlichen Wettbewerben mit nicht unerheblichem Gefahrenpotential und festen Regeln (z.B. Fußball, Boxen, Autorennen) über den Missbrauchseinwand nach § 242 BGB einen Haftungsausschluss bejaht, wenn dem Schädiger kein vorsätzlicher/grob fahrlässiger/gewichtiger Regelverstoß vorzuwerfen und das Schadensereignis nicht versichert ist (vgl. BGH NJW 2008, 1591 ff.; Palandt/*Sprau* § 823 Rn. 214 ff. auch mit weiteren Bsp.).

> **Beachte:** Achten Sie darauf, dass die Haftungsbeschränkung grds. **nur zwischen den Teilnehmern** gilt, nicht aber z.B. im Verhältnis Teilnehmer- Betreiber der Gokartbahn oder verletzter Zuschauer – Betreiber. Der Betreiber haftet dem verletzten Teilnehmer/verletzten Zuschauer bei Verletzung seiner Verkehrssicherungspflichten nach allgemeinen Vorschriften (z.B. pVV, § 823 BGB). Die in den entsprechenden Verträgen oft enthaltenen Haftungsausschlüsse zugunsten des Betreibers sind an § 309 Nr. 7a, b BGB zu messen.

Ein weiterer wichtiger Anwendungsbereich des Missbrauchseinwandes ist die Frage der Mithaftung des Klägers einer **Drittwiderspruchsklage nach § 771 ZPO** für den titulierten Anspruch (vgl. *Kaiser* Zwangsvollstreckungsklausur, Rn. 44).

§ 242 BGB spielt auch als echte Anspruchsgrundlage in Assessorklausuren eine Rolle, z.B. wenn Auskunft verlangt wird. Echte Auskunftsansprüche lassen sich verstreut im gesamten BGB finden, so § 402 BGB (Zedent), § 666 BGB (Auftrag), § 675 BGB (Geschäftsbesorgung), § 681 BGB (Geschäftsführung ohne Auftrag), § 713 BGB (GbR), § 2027 BGB (Erbschaftsbesitzer), § 2057 BGB (Miterben) und § 2314 BGB (Pflichtteilsberechtigter). Der Auskunftsanspruch aus § 242 BGB ist subsidiär.

> Der subsidiäre Auskunftsanspruch aus § 242 BGB hat nach h.M. folgende Voraussetzungen:
> 1. Es besteht eine rechtliche Sonderverbindung zwischen den Beteiligten.
> 2. Der Anspruchsberechtigte ist in entschuldbarer Weise über das Bestehen und/oder den Umfang seines Rechts im Ungewissen.
> 3. Der Anspruchsgegner kann unschwer Auskunft erteilen.

Vier wichtige Anwendungsfälle sind (vgl. Palandt/*Grüneberg* § 260 Rn. 10 ff.):

- Auskunftsanspruch des **Mäklers gegen seinen Vertragspartner** hinsichtlich des von ihm vermittelten Geschäfts
- Auskunftsanspruch des **Geschädigten gegen den Schädiger** zur Durchsetzung deliktischer Ansprüche
- Auskunftsanspruch des **Handelsvertreters/Vertragshändlers** gegen den Unternehmer zur Bemessung seines Ausgleichspruches aus § 89b HGB direkt bzw. analog
- Auskunftsanspruch des **Nacherben** gegen den nicht befreiten Vorerben.

Die dolo-agit-Einrede spielt oft im Rahmen von **Schenkungen des Erblassers** an Dritte (z.B. Bezugsberechtigung für Lebensversicherung, Sparbuch) eine Rolle, wenn sich Erbe und Dritter streiten (vgl. Rn. 65, 90).

Zum **Einwand der Verwirkung** beachten Sie die folgenden Voraussetzungen: 1.) Zeitmoment = Untätigbleiben des Berechtigten für eine längere Zeitspanne und 2.) Umstandsmoment = Hervorrufen von schutzwürdigem Vertrauen der Gegenpartei darauf, dass der Anspruch oder das Recht nicht mehr geltend gemacht werde (vgl. BGH NJW 2005, 2775).

Häufig fehlt es an dem »Umstandsmoment«. Verwirkung kommt nämlich nur in Betracht, wenn ein über die bloße Untätigkeit hinausgehendes Verhalten des Klägers vorliegt, das das Vertrauen rechtfertigt, das Recht werde nicht mehr geltend gemacht. Beachten Sie zum Zeitmoment, dass nach der Rspr. bei wiederholt gleichartigen Störungen, die zeitlich unterbrochen auftreten, jede neue Einwirkung einen neuen Anspruch auslöst. Die i.R.d. Verwirkung für die Beurteilung des Zeitmoments maßgebliche Frist beginnt daher jeweils neu zu laufen (BGH NJW-RR 2006, 235 ff.).

§ 3 Vertragliche Sekundäransprüche

Vertragliche Sekundäransprüche entstehen als Folge von Leistungsstörungen.

A. Allgemeines zum Leistungsstörungsrecht

20 Das Leistungsstörungsrecht **gilt grds. für alle Vertragsverhältnisse**, es sei denn, dass vorrangige Sonderregeln existieren. So sehen das Reise- und Mietrecht in §§ 651c ff., 536 ff. BGB abschließende Gewährleistungsregeln vor, wohingegen im Kauf- und Werkvertragsrecht zum Teil eigene Vorschriften existieren und im Übrigen auf §§ 280 ff., 323 ff. BGB verwiesen wird, vgl. §§ 437, 634 BGB.

> **Klausurtipp:** Achten Sie auch auf den Grundsatz, dass die **eigene Vertragstreue** Voraussetzung für die Geltendmachung von vertraglichen Sekundäransprüchen ist. Dies folgt aus Treu und Glauben gem. § 242 BGB.

Bei der Herangehensweise an das Recht der Leistungsstörungen müssen Sie zunächst einmal folgende **drei Weichenstellungen** beachten:

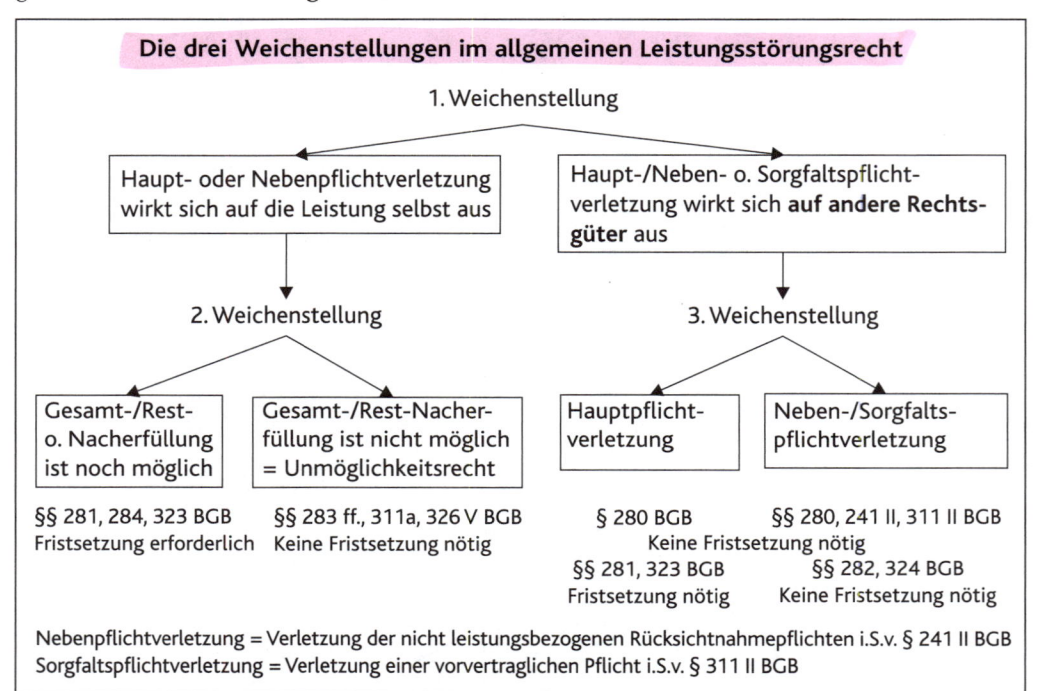

Die drei Weichenstellungen im allgemeinen Leistungsstörungsrecht

1. Weichenstellung

- Haupt- oder Nebenpflichtverletzung wirkt sich auf die Leistung selbst aus
- Haupt-/Neben- o. Sorgfaltspflichtverletzung wirkt sich **auf andere Rechtsgüter** aus

2. Weichenstellung

- Gesamt-/Rest- o. Nacherfüllung ist noch möglich
  §§ 281, 284, 323 BGB
  Fristsetzung erforderlich
- Gesamt-/Rest-Nacherfüllung ist nicht möglich
  = Unmöglichkeitsrecht
  §§ 283 ff., 311a, 326 V BGB
  Keine Fristsetzung nötig

3. Weichenstellung

- Hauptpflichtverletzung
  § 280 BGB
  Keine Fristsetzung nötig
  §§ 281, 323 BGB
  Fristsetzung nötig
- Neben-/Sorgfaltspflichtverletzung
  §§ 280, 241 II, 311 II BGB
  §§ 282, 324 BGB
  Keine Fristsetzung nötig

Nebenpflichtverletzung = Verletzung der nicht leistungsbezogenen Rücksichtnahmepflichten i.S.v. § 241 II BGB
Sorgfaltspflichtverletzung = Verletzung einer vorvertraglichen Pflicht i.S.v. § 311 II BGB

I. Die erste Weichenstellung

Im Rahmen der ersten Weichenstellung müssen Sie sich folgende Frage stellen: Wirkt sich die Pflichtverletzung auf die Leistung selbst oder auf andere Rechtsgüter als die Leistung aus? Im ersten Fall kommen Sie zur zweiten, andernfalls zur dritten Weichenstellung. Die Pflichtverletzung, die sich auf die Leistung selbst auswirkt, wird i.d.R. eine Hauptpflichtverletzung sein, nämlich die Nichtleistung, Teilleistung oder Schlechtleistung.

II. Die zweite Weichenstellung

Wenn Sie bei der ersten Weichenstellung zu dem Ergebnis gelangt sind, dass sich die Pflichtverletzung auf die Leistung selbst auswirkt, so müssen Sie zur Auffindung der einschlägigen Anspruchsgrundlagen folgende weitere Frage stellen: Ist die Leistung des Schuldners unmöglich oder nicht?

§ 3 Vertragliche Sekundäransprüche

Nichtleistung
- Erfüllung ist möglich
- Erfüllung ist nicht möglich (Unmöglichkeitsrecht)

Teilleistung
- Resterfüllung ist möglich
- Resterfüllung ist nicht möglich (Unmöglichkeitsrecht)

Schlechtleistung
- Nacherfüllung ist möglich
- Nacherfüllung ist nicht möglich (Unmöglichkeitsrecht)

---

1. Leistung ist möglich

Wenn die Leistung/Pflichterfüllung des Schuldners weiter möglich ist, ergibt sich folgendes Anspruchsschema:

- Vertraglicher Erfüllungsanspruch
- Fristsetzung und fruchtloser Fristablauf
- Erfüllungsanspruch besteht fort + (unabhängig von Fristsetzung) Anspruch auf Ersatz des Verzögerungsschadens
- Wahlrecht: Schadensersatz statt der Leistung (§ 281 BGB), Aufwendungsersatz (§ 284 BGB), Rücktritt (§ 323 BGB), zusätzlich Minderung im Kauf- und Werkvertragsrecht sowie Selbstvornahme im Werkvertragsrecht (§§ 441, 637 f. BGB)

Um weitere Ansprüche geltend machen zu können, muss der Gläubiger dem Schuldner also eine angemessene Frist setzen und ihren fruchtlosen Ablauf abwarten (sog. »Recht zur zweiten Andienung«). Eine Fristsetzung ist in folgenden Fällen **entbehrlich:**

- Unmöglichkeit der Erfüllung, §§ 283, 326 V BGB
- Ernsthafte u. endgültige Erfüllungsverweigerung, §§ 281 II Alt. 1, 323 II Nr. 1 BGB
- Besondere Umstände, §§ 281 II Alt. 2, 323 II Nr. 3 BGB
- Relatives Fixgeschäft beim Rücktritt, § 323 II Nr. 2 BGB (→ Fixschuldabrede?)
- Besondere Entbehrlichkeitsgründe im Kauf- und Werkvertragsrecht, §§ 440, 636 BGB.

Beachten Sie, dass die Fristsetzung so bestimmt sein muss, dass die gerügte Pflichtverletzung klar ist. Dabei reicht es aus, wenn der Käufer den Verkäufer zur »umgehenden« Mängelbeseitigung auffordert, weil dadurch eine zeitliche Grenze gesetzt wird, die aufgrund der jeweiligen Umstände des Einzelfalls bestimmbar ist (BGH NJW 2009, 3153 ff. zu § 281 BGB).

Klausurtipp: Nach einer Entscheidung des BGH zur Schlechtleistung im Kaufrecht muss die ernsthafte und endgültige Erfüllungsverweigerung grds. **vor der Mängelbeseitigung** vorliegen (BGH NJW-RR 2009, 667 f.).

Beachten Sie, dass sich nach **§ 325 BGB** Schadensersatz und Rücktritt nicht mehr gegenseitig ausschließen, sondern nebeneinander geltend gemacht werden können. Ein Ausschlussverhältnis im Rahmen des Wahlrechts besteht daher nur zwischen Rücktritt und Minderung sowie zwischen Schadensersatz und Aufwendungsersatz.

Der Gläubiger kann nach Fristablauf wählen, ob er den Erfüllungsanspruch oder die o.g. Rechte geltend macht. Wählt der Gläubiger Schadensersatz statt der ganzen Leistung/Rücktritt, erlischt sein Anspruch auf die ursprüngliche Leistung, §§ 281 IV, 323, 346 ff. BGB. Die Regelungen in §§ 281 IV, 323, 346 ff. BGB gelten aber nicht für den umgekehrten Fall der zunächst geltend gemachten Erfüllung. Verlangt der Gläubiger also nach Fristablauf zunächst weiterhin Erfüllung, so gehen seine Sekundäransprüche (Rücktritt, Schadensersatz) dadurch nicht unter. Wechselt der Gläubiger sodann von der zunächst verlangten Erfüllung auf den Rücktritt, so bedarf es keiner erneuten Fristsetzung. Es liegt nämlich eine sog. »elektive Konkurrenz« vor, die Vorschriften der Wahlschuld nach §§ 262 ff. BGB finden keine Anwendung (BGH NJW 2006, 1198 ff.).

2. Leistung ist nicht möglich (Unmöglichkeitsrecht)

Wenn die Leistung/Pflichterfüllung dem Schuldner nicht möglich ist, ergibt sich folgende Systematik:

- Vertraglicher Erfüllungsanspruch geht unter, §§ 275 I, 311a I BGB
- Fristsetzung entbehrlich, §§ 283, 326 V BGB
- Sogleich Wahlrecht: Schadensersatz statt der Leistung (§§ 283, 311a II BGB, ggf. zusätzlich Herausgabe des Surrogates, § 285 BGB), Aufwendungsersatz (§§ 284, 311a II BGB), Rücktritt (§§ 326 V, 323 BGB), zusätzlich Minderung im Kauf- und Werkvertragsrecht, §§ 441, 638 BGB

Wenn die Erfüllung bzw. Resterfüllung oder Nacherfüllung unmöglich ist, besteht wegen der rechtsvernichtenden Einwendung aus §§ 275 I, 311a I BGB kein Erfüllungsanspruch. Folglich ist auch eine Fristsetzung sinnlos und daher entbehrlich. Der Gläubiger kann **sofort das Wahlrecht ausüben**. Im Falle der anfänglichen Unmöglichkeit ergeben sich die Rechte hierbei aus der Verweisungsnorm des § 311a II BGB, bei nachträglicher Unmöglichkeit unmittelbar aus §§ 283, 284, 326 V BGB.

§§ 283 S. 1, 311a II 2, 323 VI BGB **schützen den Schuldner** vor einer unbilligen Inanspruchnahme. Dem Käufer als Gläubiger kann allerdings nicht entgegengehalten werden, sein erklärter Rücktritt wäre nach § 323 VI BGB dadurch ausgeschlossen, dass er die vom Hersteller empfohlenen Wartungsintervalle nicht eingehalten habe, da dies lediglich eine Obliegenheitsverletzung darstellt (vgl. Palandt/*Grüneberg* § 323 Rn. 29). Der Ausschlussgrund von § 323 VI BGB wird allerdings dann angewendet, wenn der Gläubiger für den Grund der Unmöglichkeit der Nacherfüllung verantwortlich ist (z.B. fahrlässiger Unfall mit mangelhaftem Wagen, vgl. OLG München OLGReport München 2006, 811; *Looschelders* Rn. 112 m.w.N.; a.A. Palandt/*Grüneberg* § 323 Rn. 29).

III. Die dritte Weichenstellung

Wenn Sie bei der ersten Weichenstellung hingegen zu dem Ergebnis gelangt sind, dass sich die Pflichtverletzung auf andere Rechtsgüter als auf die Leistung auswirkt (z.B. auf sonstiges Vermögen/Gesundheit → Mangelfolgeschaden), so müssen Sie weiter wie folgt differenzieren: Handelt es sich bei der Pflichtverletzung um eine Hauptpflichtverletzung oder um eine Neben- bzw. Sorgfaltspflichtverletzung? Denn hiervon hängen die Rechtsfolgen ab, vgl. Einzelheiten dazu bei Rn. 24.

B. Die einzelnen Leistungsstörungen

I. Pflichtverletzungen mit Auswirkung auf die Leistung

1. Die Nichtleistung als Pflichtverletzung

21 Eine Nichtleistung liegt vor, wenn die Leistung des Schuldners ausbleibt. Die gesteigerte Form ist der Verzug, also die schuldhafte Nichtleistung trotz Möglichkeit, Fälligkeit und Mahnung, vgl. § 286 BGB.

§ 3 Vertragliche Sekundäransprüche

Nach der obligatorischen Fristsetzung und Fristablauf hat der Gläubiger der Leistung folgende Rechte:

- Erfüllungsanspruch besteht fort
- (vom Fristablauf unabhängigen) Ersatz des Verzögerungsschadens, §§ 280 II, 286 BGB
- Schadensersatz statt der Leistung, § 281 I 1 BGB
- Aufwendungsersatz anstelle von »Schadensersatz statt der Leistung«, § 284 BGB
- Rücktritt (Verschulden nicht erforderlich), § 323 BGB

Ist die Leistung unmöglich, ist eine Fristsetzung nicht erforderlich, §§ 283, 326 V BGB.

Die Rechtsfolgen bei Nichtleistung wegen Unmöglichkeit der Leistung sind:

- Erfüllungsanspruch entfällt, § 275 I BGB
- Schadensersatz statt der Leistung, § 283 BGB, bei anfänglicher Unmöglichkeit nach § 311a II BGB.
- Aufwendungsersatz anstelle von Schadensersatz, §§ 284, 311a II BGB
- Herausgabe des Ersatzes, den der Schuldner durch die Unmöglichkeit erlangt hat, jedoch anzurechnen auf Schadensersatz, § 285 BGB
- Rücktritt (Verschulden nicht erforderlich), §§ 326 V, 323 BGB

In § 275 BGB sind, wie bereits ausgeführt, die Fälle der **Unmöglichkeit** geregelt. Beachten Sie, dass bei Gattungsschulden nur dann Unmöglichkeit i.S.d. § 275 BGB in Frage kommt, wenn die gesamte Gattung untergeht (z.B. bei der Vorratsschuld), bei Untergang nach Konkretisierung i.S.d. § 243 II BGB oder im Annahmeverzug nach § 300 II BGB.

Das Schicksal des Gegenanspruchs des Schuldners richtet sich nach § 326 BGB. Grundsätzlich erlischt der Anspruch auf die Gegenleistung bei beiderseits nicht zu vertretender Unmöglichkeit, **§ 326 I BGB**. Anders ist es, wenn § 326 II BGB (lesen!) greift oder wenn die Sonderregelungen der Preisgefahr (v.a. §§ 446 f., 615 f., 644 f. BGB) greifen. Hier kann ggf. die **Versendungskaufproblematik** des § 447 BGB eine Rolle spielen (Verkäufer versendet auf Verlangen des Käufers die Ware zum Käufer: Gefahrübergang auf den Käufer mit Übergabe an Transportperson). Umstritten ist, ob § 447 BGB auch beim Transport durch eigene Leute des Verkäufers gilt. Die besseren Argumente sprechen dagegen, da sich bei derartigen Transporten die Sache noch im Machtbereich des Verkäufers befindet. Beachten Sie schließlich **§ 474 II BGB**. Hat der Gläubiger trotz Wegfalls seiner Gegenleistungspflicht (§ 326 I BGB) bereits gezahlt, besteht nach **§ 326 I, IV BGB** i.V.m. §§ 346 ff. BGB ein Rückforderungsanspruch. Lesen Sie bei Interesse die gute Übungsklausur zu §§ 275, 326 BGB in **JA 2009, 849 ff.**

> **Klausurtipp:** In § 326 I, II BGB nicht geregelt ist die **beidseitig zu vertretende Unmöglichkeit** (vgl. hierzu Palandt/*Grüneberg* § 326 Rn. 15). Nach h.M. bleibt es dann bei der Rechtsfolge von § 326 I BGB, der Schuldner hat aber ein Schadensersatzanspruch aus §§ 280, 241 II BGB/pVV gegen den Gläubiger. Der Schaden besteht in der Höhe des untergegangenen (i.d.R. Lohn-)Anspruches abzgl. ersparter Aufwendungen, zusätzlich nach § 254 I BGB gekürzt um den eigenen Mitverschuldensanteil. Auch der Gläubiger hat bei eigenen Schäden gegen den Schuldner ein Anspruch aus §§ 280, 283, 311a II BGB, der ebenfalls nach § 254 I BGB um den eigenen Mitverschuldensanteil zu kürzen ist.

Der **Verzögerungsschaden** nach §§ 280 II, 286 BGB ist derjenige Schaden, der neben dem fortbestehenden Primäranspruch wegen der Verzögerung der Leistung verlangt wird. Die Verzugsvorschriften sind grds. auch auf dingliche Ansprüche anwendbar (so z.B. auf § 1004 BGB). Hier einige wichtige Anmerkungen:

- Nachdem bislang z.B. der Eingang des Überweisungsauftrages bei der eigenen Bank dafür genügt hat, muss nunmehr nach Maßgabe eines EuGH-Urteils zur Vermeidung eines Verzuges die Zahlung innerhalb der Frist **beim Gläubiger eingegangen** sein (vgl. Palandt/*Grüneberg* § 270 Rn. 5).

- Schon das **Bestehen einer Einrede** wirkt verzugshindernd, wenn die Einrede – spätestens am Schluss der letzten mündlichen Verhandlung – geltend gemacht wird (Ausnahme: Die Einrede aus § 273 BGB wirkt ab Geltendmachung nur ex nunc, gleiches gilt nach BGH NJW 2007, 1269 ff. ausnahmsweise für die Einrede aus § 410 I 1 BGB, Argument: Wortlaut § 410 I 1, 2 BGB).

- Die **Mahnung** muss grds. nach Fälligkeit der Forderung erfolgen. Sie kann aber auch mit der die Fälligkeit begründenden Handlung (z.B. Rechnung) verbunden werden. Stets muss es sich um eine eindeutige Aufforderung zur Leistungserbringung handeln (vom BGH verneint für eine Rechnung mit Angabe eines Zahlungsziels »*Der Rechnungsbetrag ist bis zum ... auf das Konto ... einzuzahlen*«, vgl. BGH NJW 2008, 50 ff.).

- Eine Mahnung gegenüber einem Gesamtschuldner wirkt nur gegenüber dem gemahnten Gesamtschuldner, vgl. § 425 BGB. Anders ist dies bei der Mahnung gegenüber der Kfz-Haftpflichtversicherung, die nach § 10 IV AKB Gesamtwirkung hat.

- Die **Entbehrlichkeit der Mahnung** ist jetzt ausdrücklich in § 286 II, III BGB geregelt. Achten Sie darauf, dass für die Anwendung von § 286 II Nr. 1 BGB (Bestimmbarkeit nach dem Kalender) die einseitige Bestimmung durch den Gläubiger (z.B. folgende Angabe in Rechnung: »*Der Rechnungsbetrag ist bis zum ... auf das Konto ... einzuzahlen*«) nicht genügt, erforderlich ist stets eine Vereinbarung zwischen den Parteien.

- Bei Entgeltforderungen ist § 286 III BGB zu beachten (30-Tage-Regelung), wobei bei Verbrauchern das Augenmerk auf die besondere Hinweispflicht des § 286 III 1 a.E. BGB zu richten ist. Auch hier kann aber über eine entsprechende Mahnung bereits vorher Verzug herbeigeführt werden.

- In einigen Klausuren ging es um die Rechtsfolgen einer **Zuvielforderung** im Rahmen der Mahnung. Sie ist dann eine wirksame Mahnung, wenn der Schuldner die Erklärung nach dem Umständen des Einzelfalls als Aufforderung zur Bewirkung der tatsächlich geschuldeten Leistung verstehen muss. Erforderlich ist i.d.R., dass der Schuldner den tatsächlich geschuldeten Betrag zuverlässig ermitteln kann und der angemahnte den tatsächlich geschuldeten Betrag nicht wesentlich übersteigt.

- Das **Verschulden** an der Nichtleistung wird nach § 280 I 2 BGB vermutet.

- **Typischer Verzögerungsschaden** ist z.B. Zahlung höherer Zinsen als der gesetzliche Zinssatz, entgangener Gewinn, Betriebsausfallschaden (umstr., nach a.A. nur nach § 280 I BGB möglich), Mahnkosten nach Eintritt des Verzuges (ein Pauschalbetrag in Höhe von 2,50–5 Euro wird von den Gerichten i.d.R. als zulässig erachtet) oder die Kosten für die Selbstvornahme der Nachbesserung nach fruchtlosem Nachbesserungsverlangen im Kaufrecht. Auch vorgerichtliche **Anwaltskosten** sind erfasst (sog. »**Gebührenschaden**«). Obergrenze der Ersatzpflicht sind wegen § 254 BGB grds. die Sätze des RVG (vgl. Palandt/*Grüneberg* § 286 Rn. 46). Bei der gebührenauslösenden Tätigkeit des Anwalts muss der Schuldner bereits im Verzug sein, sonst sind die Anwaltskosten kein kausaler Verzögerungsschaden. Kommt es in derselben Angelegenheit zu einem Gerichtsverfahren, wird nach Maßgabe von Teil 3 Vorbem. 3 (4) zu Nr. 3100 VV RVG und § 15a II RVG n.F. die Hälfte der vorgerichtlichen Geschäftsgebühr auf die Verfahrensgebühr angerechnet (Grund: Der Anwalt hat sich durch die vorgerichtliche Tätigkeit bereits in den Fall eingearbeitet.). Vor Einführung von § 15a RVG n.F. vertrat der BGH die Auffassung, dass sich – wenn eine Anrechnung vorzunehmen ist – wg. des Wortlauts von Teil 3 Vorbem. 3 (4) zu Nr. 3100 VV RVG nicht die vorprozessuale Geschäftsgebühr, sondern die in dem anschließenden gerichtlichen Verfahren anfallende Verfahrensgebühr vermindere (vgl. BGH NJW 2007, 2049 ff.). Dies dürfte fortgelten (§ 15a II RVG n.F. sagt dazu nichts!) bzw. zumindest jetzt ein Wahlrecht des Erstattungsgläubigers bestehen, wo er anrechnet (so *Müller-Rabe* NJW 2009, 2913 ff.). Auch Inkassokosten können ggf. alternativ statt der Rechtsverfolgungskosten verlangt werden (Palandt/*Grüneberg* § 286 Rn. 46).

- Der gesetzliche **Verzugszinssatz** beträgt nach §§ 288 I 2, 247 BGB fünf, bei Kaufleuten nach § 288 II BGB acht Prozentpunkte über dem jeweiligen Basiszinssatz. Gleiches gilt über § 291 BGB auch für Prozesszinsen. Eine Sonderregelung enthalten §§ 352, 353 HGB für Kaufleute (sog. Fälligkeitszinsen i.H.v. 5 %). Mehr als die gesetzlichen Zinsen können verlangt werden, wenn dies vertraglich vereinbart ist oder die Voraussetzungen von §§ 280 II, 286 BGB (Zinsen als Verzögerungsschaden) vorliegen.

- Beachten Sie, dass für die Geltendmachung von Verzugszinsen (und auch Prozesszinsen nach § 291 BGB) **§ 187 I B analog** gilt, d.h. es können Zinsen erst einen Tag nach Verzugseintritt bzw. Klagezustellung verlangt werden. Wenn Sie dem Kläger weniger Zinsen als beantragt zusprechen, müssen Sie die Klage im Übrigen mit der Kostenfolge des § 92 ZPO abweisen. Achten Sie auf diese Feinheiten.

Klausurtipp: Denken Sie bei den Zinsen i.R.d. Urteilsklausur unbedingt an die **Deckelungsproblematik** (vgl. *Kaiser* Zivilgerichtsklausur I, Rn. 169 ff.).

Der **Schadensersatz statt der Leistung** nach § 281 BGB (oder §§ 283, 311a II BGB bei Unmöglichkeit) erfasst die Schäden, die nicht entstanden wären, wenn der Schuldner ordnungsgemäß geleistet hätte und entspricht dem Nichterfüllungsschaden des alten Schuldrechts (z.B. Mehrkosten einer vergleichbaren Sache). Der Schadensersatz nach § 311a II BGB ersetzt die früher angenommene Garantiehaftung bei anfänglicher Unmöglichkeit. Jetzt wird nur noch bei Verschulden gehaftet, wobei der Schuldner (wie bei §§ 280, 283 BGB) für sein fehlendes Verschulden beweispflichtig ist (BGH NJW 2007, 3777 ff.). Je nach Sachverhalt kommt aber die Übernahme eines Beschaffungsrisikos nach § 276 I 1 BGB in Frage, so dass ggf. eine Haftung unabhängig vom Verschulden zu bejahen ist.

2. Die Teilleistung als Pflichtverletzung

Eine Teilleistung kann nur vorliegen, wenn die Leistung des Schuldners auch teilbar ist (z.B. Kauf von 20 Kisten Bordeauxwein). Wenn z.B. bei der Lieferung eines gekauften Schrankes ein Bord oder eine Stange fehlt, liegt nicht eine Teil-, sondern eine Schlechtleistung vor.

Ist die restliche Leistung noch möglich, hat der Gläubiger nach erfolgloser Fristsetzung folgende Rechte:

- Erfüllungsanspruch besteht fort
- (vom Fristablauf unabhängigen) Ersatz des Verzögerungsschadens, §§ 280 II, 286 BGB
- Schadensersatz statt der Leistung, statt des fehlenden Teils nach § 281 I 1 BGB oder statt der ganzen Leistung, aber nur, wenn der Gläubiger an der Teilleistung kein Interesse hat, § 281 I 2 BGB
- Aufwendungsersatz anstelle von Schadensersatz statt der Leistung, § 284 BGB
- Rücktritt (Verschulden nicht erforderlich) gem. § 323 BGB primär hinsichtlich des nicht geleisteten Teils, von dem ganzen Vertrag nur, wenn an Teilleistung kein Interesse besteht, § 323 V 1 BGB

§ 323 V 1 BGB setzt neben der Teilbarkeit der Leistung des Schuldners auch die Teilbarkeit der Leistung des Gläubigers voraus. Fehlt es daran, kann der Gläubiger auch dann vom ganzen Vertrag zurücktreten, wenn sein Interesse an der Teilleistung des Schuldners nicht entfallen ist (BGH, Urt.v. 16.10.2009, AZ: V ZR 203/08).

Ist die restliche Leistung unmöglich, ist eine Fristsetzung entbehrlich. Die Rechte bei Unmöglichkeit der Restlieferung sind folgende:

- Resterfüllungsanspruch entfällt, § 275 I BGB
- Schadensersatz statt der Leistung, § 283 BGB
- Bei anfänglicher Teil-Unmöglichkeit nach § 311a II BGB primär als Ersatz für den fehlenden Teil nach §§ 283, 311a II BGB, statt der ganzen Leistung nur, wenn der Gläubiger an der Teilleistung kein Interesse hat, vgl. §§ 283, 311a II BGB
- Aufwendungsersatz anstelle von Schadensersatz, §§ 284, 311a II BGB
- Herausgabe des Ersatzes, den der Schuldner durch die Teil-Unmöglichkeit erlangt hat, vgl. § 285 BGB, anzurechnen auf den Schadensersatz
- Rücktritt (Verschulden nicht erforderlich), §§ 326 V, 323 BGB primär hinsichtlich des nicht geleisteten Teils, vom ganzen Vertrag nur, wenn an Teilleistung kein Interesse besteht, § 323 V 1 BGB

Schließlich ist die Teilleistung auch von der **Minderlieferung** i.S.d. § 434 III BGB (Rechtsfolge von § 434 III BGB: Es liegt eine Schlechtleistung vor, es gilt das Mängelgewährleistungsrecht des Kaufrechts) abzugrenzen. § 434 III BGB soll nach h.M. nur bei der verdeckten Minderlieferung gelten. Eine Teilleistung liegt dagegen vor, wenn für den Käufer offensichtlich zu wenig geliefert wird. Wichtig wird diese Abgrenzung v.a. bei der Frage der Verjährung von Gewährleistungsrechten (§§ 195 ff. BGB oder § 438 BGB?).

3. Die Schlechtleistung als Pflichtverletzung

23 Stellt sich die Pflichtverletzung als Schlechtleistung dar, ist die Leistung also mangelhaft, sollten Sie zunächst prüfen, ob der einschlägige Vertragstyp **Sonderregelungen** zur Verfügung stellt. So finden sich im Reise- und Mietrecht für den Fall einer Schlechtleistung abschließende Sonderregelungen. Bei anderen Verträgen wiederum hat der Gesetzgeber den Fall der Schlechtleistung grds. speziell geregelt, verweist im Übrigen aber auf die allgemeinen Vorschriften. Dies ist etwa in den klausurrelevanten Fällen aus dem Kauf- und Werkvertragsrecht der Fall, vgl. §§ 437, 634 BGB. Bei den Vertragstypen, für die keine besonderen Gewährleistungsvorschriften zur Verfügung stehen, wenden Sie die §§ 280 ff., 323 ff. BGB unmittelbar an (z.B. Dienstvertrag → hier aber §§ 323 ff. durch §§ 621 ff. BGB ausgeschlossen, Auftrag, Mäklervertrag).

Bei Anwendung der allgemeinen Vorschriften hat der Gläubiger im Falle der Schlechtleistung nach erfolgloser Fristsetzung folgende Rechte:

- Nacherfüllungsanspruch besteht fort
- (vom Fristablauf unabhängigen) Ersatz des Verzögerungsschadens, §§ 280 II, 286 BGB
- Schadensersatz bei Verschulden, §§ 280 I, 281 I 1 BGB primär als Ersatz für den nicht ordnungsgemäßen Teil; statt der ganzen Leistung nur, wenn die Pflichtverletzung/Schlechtleistung nicht unerheblich ist, § 281 I 3 BGB
- Aufwendungsersatz statt Schadensersatz statt der Leistung, § 284 BGB
- Rücktritt, wenn die Pflichtverletzung/Schlechtleistung nicht unerheblich ist, § 323 I, V 2 BGB
- Bei Kauf- und Werkvertrag: Minderung, §§ 441, 638 BGB
- Bei Werkvertrag: Selbstvornahme, § 637 BGB

Bei gegenseitigen Verträgen (z.B. Kaufvertrag, Werkvertrag) gibt es beim Schadensersatz statt der Leistung nach § 281 I 1, 3 BGB grds. 2 Möglichkeiten der Schadensberechnung (vgl. Palandt/*Grüneberg* § 281 Rn. 45 f.; Palandt/*Sprau* § 636 Rn. 13): Wählt der Gläubiger den sog. **kleinen Schadensersatz** nach § 281 I 1 BGB, so kann er die mangelhafte Sache behalten und verlangen, so gestellt zu werden, wie er bei gehöriger Erfüllung stehen würde. Ein maßgeblicher Ansatzpunk für die Berechnung sind v.a. die Reparaturkosten (Beachte: Liegen die Reparaturkosten aber erheblich über dem mangelbedingten Minderwert der Sache, kann der Käufer nach einer Entscheidung des BGH zum alten Kaufrecht als Nichterfüllungsschaden grds. nur den Minderwert ersetzt verlangen, vgl. BGH NJW 2008, 436 f. Dies dürfte aber auch für das neue Kaufrecht gelten.). Der Verkäufer/Unternehmer behält beim kleinen Schadensersatz grds. seinen Anspruch auf die Gegenleistung (vgl. PWW/*Schmidt-Kessel* § 281 Rn. 20; MüKo/BGB/*Ernst* § 325 Rn. 6 ff. m.w.N.; **Achtung:** Die Kommentierung im Palandt bei § 281 Rn. 52 legt nahe, dass der Anspruch des Schuldners untergeht. Das gilt aber nicht beim kleinen Schadensersatz, weil dieser einen Leistungsaustausch gerade voraussetzt.). Wählt der Gläubiger den sog. **großen Schadensersatz/Schadensersatz statt der ganzen Leistung** nach § 281 I 3 BGB, so gibt er die Kaufsache/Werksache wieder zurück (vgl. § 281 V BGB) und rechnet seinen Schaden ab. Dies geschieht i.d.R. nach der sog. Differenzmethode: Der Gläubiger erbringt die ihm obliegende Gegenleistung nicht, auch der Schuldner ist von seiner Leistung frei, vgl. § 281 IV BGB. Der Schaden besteht dann in der Differenz zwischen dem Wert der Leistung des Schuldners zuzüglich etwaiger Folgeschäden beim Gläubiger und der ersparten Gegenleistung des Gläubigers. Auch wenn der Gläubiger die Gegenleistung schon erbracht hat, kann er über die Differenzmethode abrechnen. Der gezahlte Kaufpreis/Werklohn ist dann der Mindestschaden. Wenn die Pflichtverletzung allerdings unerheblich ist, schließt § 281 I 3 a.E. BGB die Geltendmachung des großen Schadensersatzes aus. Gleiches gilt für den Schadensersatz statt der Leistung bei Unmöglichkeit, vgl. §§ 283 S. 2, 311a II 2 BGB.

> **Klausurtipp:** Problematisch ist, ob der Schuldner nach Ablauf der Nacherfüllungsfrist noch erfüllen kann, wenn der Gläubiger noch nicht eines der o.g. Rechte ausgeübt hat (sog. »**Schwebelage nach Fristablauf**«; vgl. Palandt/*Grüneberg* § 281 Rn. 51). Hier wird z.T. vertreten, dass der Schuldner ein Recht zur Fristsetzung gem. § 264 II BGB oder § 350 S. 1, 2 BGB analog habe, andere räumen dem Gläubiger schlechthin ein Zurückweisungsrecht ein. Die mittlerweile wohl h.M. (MüKo-BGB/*Ernst* § 323 Rn. 171; Jauernig/*Stadler* § 281 Rn. 15) gibt dem Schuldner ein Recht zur Erfüllung (Argument: Er tut nur das, was das Schuldverhältnis von ihm verlangt). Für den Werkvertrag hat der BGH bereits entschieden, dass der Besteller ein nachträgliches Angebot des Unternehmers zur Mängelbeseitigung nicht mehr annehmen muss (BGH NJW 2003, 1526 ff.).

Problem: Anspruchsausschlüsse in §§ 281 I 3, 323 V 2 BGB bei unerheblicher Pflichtverletzung

- Umfassende Interessenabwägung nötig; Kriterien: Erhebliche Minderung der Gebrauchstauglichkeit (OLG Düsseldorf NJW-RR 2008, 1199 ff.; BGH NJW 2007, 2111 ff.), Kosten der Nachbesserung betragen mindestens 10 % des Kaufpreises (dies ist nur Richtwert! Palandt/*Grüneberg* § 281 Rn. 47; § 323 Rn. 32), nach Reparatur verbleibende merkantile Minderwert (Unerheblichkeit bejaht bei 1 %, vgl. BGH NJW 2008, 1517 ff.).
- Maßgeblich ist Zeitpunkt der Ausübung des Gewährleistungsrechts (BGH NJW 2009, 508 ff.)
- Unerheblichkeit (–) bei **arglistiger Täuschung des Verkäufers** über Mangel (BGH NJW 2006, 1960 ff.) oder bei Garantie für die fehlende Beschaffenheit (OLG Rostock NJW 2007, 3290 f.)

Problem: Abgrenzung § 281 BGB (i.V.m. § 280 BGB) zu § 280 BGB

- § 281 BGB (Fristsetzung nötig!) gewährt »Schadensersatz **statt der Leistung**« und tritt an die Stelle der ursprünglich geschuldeten Leistung (z.B. Kaufpreis als Mindestschaden, Mehrkosten einer vergleichbaren Sache, Reparaturkosten zur Beseitigung des Mangels). Es handelt sich um die Schäden, die bei einer ordnungsgemäßen Nacherfüllung nicht entstanden wären (BGH, Urt.v. 11.02.2009, AZ: VIII ZR 328/07).
- § 280 BGB (keine Fristsetzung nötig!) tritt neben die weiterhin geschuldete Hauptleistung bzw. neben den Nacherfüllungsanspruch und ersetzt den Schaden, der auch bei einer ordnungsgemäßen Nacherfüllung bestehen bliebe (v.a. Schäden an anderen Rechtsgütern: Man-

gelermittlungskosten/Gutachterkosten, Nutzungsausfall aufgrund des Mangels während der Reparatur, Gewinnausfall wg. verspäteten Produktionsbeginns). Deshalb spricht man auch vom »Schadensersatz **neben der Leistung**«.

> **Merke:** Eine Schadensposition kann stets nur entweder in den Anwendungsbereich von § 280 BGB oder in den Anwendungsbereich von §§ 281, 280 BGB fallen.

Nach § 280 I 2 BGB wird das Verschulden des Schuldners bzgl. der Pflichtverletzung grds. vermutet. In Ausnahmefällen kann sich die Beweislastumkehr sogar auf die Pflichtverletzung selbst beziehen, wenn die Schadensursache allein aus dem Verantwortungsbereich des Schuldners herrühren kann (vgl. BGH NJW 2009, 142 f.). Über entsprechende Verweisungen gilt dies auch für die alternativen Schadensersatzansprüche, vgl. §§ 281 I 1, 283 S. 2, 311a II 2 BGB.

Problem: Bezugspunkt für das Verschulden/Vertretenmüssen bei §§ 280 ff. BGB

- Bei § 281 BGB in den Fällen der Schlechtleistung: Nach h.M. entweder Verursachung des Mangels, die mangelhafte Lieferung oder die nicht erfolgte Nacherfüllung (OLG Düsseldorf NJW-RR 2008, 1199 ff.; *Looschelders* Rn. 124 m.w.N.; so wohl auch BGH JuS 2008, 933 ff.; a.A. OLG Celle NJW-RR 2007, 353 ff. und Palandt/*Grüneberg* § 281 Rn. 16: Nicht erfolgte Nacherfüllung)

- Bei § 281 BGB in den Fällen der Nichtleistung: Unterbleiben der Leistung

- Bei § 280 BGB: Schlechtleistung (z.B. Lieferung der mangelhaften Sache)

- Bei § 283 BGB: Unmöglichkeit der Leistungserbringung

- Bei § 311a II BGB: Kenntnis vom Leistungshindernis

Problem: Reichweite von § 284 BGB bei Aufwendungen des Käufers auf die Kaufsache

- Nach seinem Wortlaut (»anstelle«) ist § 284 BGB nur anwendbar, wenn gleichzeitig die theoretischen Voraussetzungen eines Schadensersatzanspruches statt der Leistung nach §§ 280, 281 BGB vorliegen (ein konkreter Nichterfüllungsschaden muss aber nicht eingetreten sein).

- § 284 BGB ist neben §§ 437 Nr. 2, 323 I, 346, 347 II BGB anwendbar.

- § 284 BGB gilt sowohl bei Verträgen mit nichtkommerziellem Zweck als auch bei Verträgen mit erwerbswirtschaftlichem/kommerziellem Zweck und deckt auch Aufwendungen, für die die z.B. bei §§ 280 ff. BGB anwendbare Rentabilitätsvermutung nicht greift (lesen Sie dazu BGH NJW 2005, 2848 ff.).

- Es sind also alle Aufwendungen zu ersetzen, die der Gläubiger nach Vertragsschluss im Vertrauen auf den Erhalt der Leistung gemacht hat und billigerweise tätigen durfte (z.B. Fahrtkosten, Vertragskosten, Mäklerkosten, in PKW eingebaute Teile). Bei zeitweiliger Nutzung der Kaufsache mindert sich der Anspruch nach dem Gedanken der Vorteilsanrechnung entsprechend.

Ist die Nacherfüllung unmöglich, ist die Fristsetzung wiederum nicht erforderlich. Die Rechte bei Unmöglichkeit der Nacherfüllung sind dann folgende:

> - Leistungsanspruch (= Nachbesserungsanspruch) entfällt, § 275 I BGB
>
> - Schadensersatz statt der Leistung, § 283 BGB primär als Ersatz für den nicht ordnungsgemäßen Teil als sog. kleiner Schadensersatz (vgl. § 283 BGB), statt der ganzen Leistung nur, wenn die Pflichtverletzung nicht unerheblich ist, § 283 S. 2 BGB (großer Schadensersatz). Bei anfänglicher Unmöglichkeit gilt § 311a II BGB.
>
> - Aufwendungsersatz anstelle von Schadensersatz, § 284 BGB. Bei anfänglicher Unmöglichkeit gilt § 311a II BGB
>
> - Rücktritt, wenn die Schlechtleistung nicht unerheblich ist, §§ 326 V, 323 I BGB
>
> - Minderung im Kauf- u. Werkrecht, §§ 441, 638 BGB

Beachten Sie, dass bei Schlechtleistung im Kaufrecht häufig die Anwendung von Unmöglichkeitsrecht in Frage kommt, so v.a. beim Stückkauf.

Problem: Unmöglichkeitsrecht beim Stückkauf

- Nachbesserung unmöglich, wenn z.B. der gekaufte Pkw nicht unfallfrei ist oder eine höhere Laufleistung als vereinbart hat
- Nachlieferung unmöglich? Nur (+), wenn die Kaufsache nicht durch eine **gleichartige und gleichwertige Ersatzsache** ersetzt werden kann (Argument: Wortlaut des § 439 BGB ist bewusst offen, vgl. BGH NJW 2006, 2839 ff.: Beim Gebrauchtwagenkauf Ersetzbarkeit i.d.R. zu verneinen; nach a.A. soll eine Nachlieferung beim Stückkauf stets unmöglich sein, weil nur die konkrete Sache geschuldet sei).

II. Pflichtverletzungen mit Auswirkung auf andere Rechtsgüter

Liegt ein Fall der **Hauptpflichtverletzung** vor, die sich auf andere Rechtsgüter ausgewirkt hat (Beispiel: Der gekaufte Pkw hat mangelhafte Bremsen. Beim Parkversuch fährt der Käufer daher gegen sein Garagentor), ergeben sich folgende Ansprüche: 24

- Schadensersatz an dem anderen Rechtsgut sofort ohne Fristsetzung, § 280 I BGB (hier Schaden an dem Garagentor)
- Schadensersatz statt der Leistung (hier etwa Erstattung des Kaufpreises und ggf. der Mehrkosten einer vergleichbaren Sache) nach § 281 BGB und Rücktritt i.S.v. § 323 BGB jeweils nur nach erfolgloser Fristsetzung

Handelt es sich hingegen um einen Fall der **Neben- oder Sorgfaltspflichtverletzung**, die sich auf andere Rechtsgüter ausgewirkt hat (Beispiel für Nebenpflichtverletzung: Der Maler stößt beim Anstreichen aus Unachtsamkeit eine antike Vase um, die zerbricht; Beispiel für Sorgfaltspflichtverletzung: Der Verkäufer klärt den Käufer nicht über die Brandgefahr bei einer bestimmten Bedienungsbesonderheit auf, es kommt beim Käufer zu einem Brand), gilt Folgendes:

- Schadensersatz an dem anderen Rechtsgut sofort ohne Fristsetzung, §§ 280 I, 241 II, 311 II BGB
- Schadensersatz statt der Leistung (oben z.B. Rückerstattung des Werklohns/Kaufpreises und ggf. Ersatz der Mehrkosten eines anderen Malers/anderen Gerätes) nach §§ 282, 241 II, 311 II BGB und Rücktritt nach §§ 324, 241 II, 311 II BGB jeweils ohne Fristsetzung, jedoch nur bei Unzumutbarkeit der Leistung bzw. des Festhaltens am Vertrag

Merke: Wenn der Schaden an anderen Rechtsgütern durch eine Nebenpflichtverletzung nach § 241 II BGB verursacht wurde, handelt es sich um die Ihnen aus dem ersten Examen bekannte pVV. Wurde der Schaden durch eine Sorgfaltspflichtverletzung i.S.d. § 311 II BGB verursacht, handelt es sich um die c.i.c (vgl. Rn. 33).

Wirkt sich die Nebenpflichtverletzung oder die Sorgfaltspflichtverletzung auf die Hauptleistung des Vertrages selbst aus, ergeben sich die Rechtsfolgen ausschließlich aus dem jeweiligen Gewährleistungsrecht, wenn wg. der Pflichtverletzung ein Mangel bei Gefahrübergang vorliegt (z.B. Verkäufer liefert Klavier, während das Klavier übergeben wird stolpert der Verkäufer und beschädigt dieses), sonst (z.B. wegen mangelhafter Verpackung wird Kaufsache beim Transport zum Käufer beschädigt) nach h.M. aus pVV (vgl. *Klinck* ZGS 2008, 217 ff.).

C. Das Wichtigste zu den Leistungsstörungen im Kauf- und Werkvertragsrecht

Da in den Examensklausuren das Leistungsstörungsrecht vor allem bei Kauf- und Werkverträgen eine Rolle spielt, sollen bereits an dieser Stelle die wichtigsten, in diesem Zusammenhang auftretenden Fragen erörtert werden.

I. Leistungsstörungen im Kaufvertrag

1. Allgemeines

25 Sobald eine der oben aufgeführten Pflichtverletzungen im Kaufrecht vorliegt, gelten die o.g. Ansprüche auch für den Kaufvertrag. Das allgemeine Schuldrecht ist nämlich selbstverständlich auch auf den Kaufvertrag anwendbar.

Beachte: Der Käufer kann natürlich auch eine Pflicht verletzen, z.B. die Abnahme oder Zahlung nach § 433 II BGB verweigern. Dann gelten §§ 323 ff., 280 ff. BGB, ohne dass §§ 434 ff. BGB Sonderregelungen enthalten. Ist der Käufer für den Mangel allein verantwortlich, so scheiden dessen Gewährleistungsansprüche analog § 326 II 1 Alt. 1 BGB aus (*Looschelders* Rn. 96). Vgl. zum Annahmeverzug des Käufers § 446 S. 3 BGB.

Liegt die Pflichtverletzung des Verkäufers hingegen in einer Schlechtleistung, ergeben sich aus **§§ 437 ff. BGB die speziellen Sachmängelgewährleistungsrechte des Käufers**. Voraussetzung für die Anwendung der Verweisungsnorm des § 437 BGB ist stets, dass die gekaufte Sache bei Gefahrübergang mangelhaft war, es muss also überhaupt ein **Gefahrübergang** (Übergabe der Kaufsache oder Annahmeverzug, § 446 BGB) stattgefunden haben, sonst gelten nur §§ 280 ff., 323 ff. BGB und nicht §§ 437 ff. BGB. Zum alten Schuldrecht hat die h.M. vertreten, dass ausnahmsweise bereits vor Gefahrübergang die Mängelgewährleistungsrechte durch den Käufer geltend gemacht werden können, wenn der Mangel unbehebbar oder der Verkäufer jedenfalls nicht zur Behebung des Mangels bereit ist (vgl. BGHZ 34, 32 ff.). Die h.M. bejaht eine Fortgeltung dieser Fallgruppen (vgl. Erman/*Grunewald* § 434 Rn. 67 m.w.N.).

Merke: Ab Gefahrübergang sind §§ 434 ff. BGB für den Käufer gegenüber § 119 II BGB leges speciales, wenn es um einen Irrtum über die Mangelhaftigkeit der Kaufsache geht (vgl. Rn. 13; Beachte: §§ 119 I, 123 BGB sind nicht gesperrt). Auch gegenüber dem allgemeinen Leistungsstörungsrecht sind §§ 434 ff. BGB in ihrem Anwendungsbereich grds. vorrangig (z.B. gegenüber der c.i.c., Ausnahmen: Verletzung einer vorvertraglichen Aufklärungspflicht bzgl. eines Umstandes, der keinen Mangel der Sache begründet oder bei Arglist/Vorsatz des Verkäufers, vgl. zu Letzterem BGH NJW 2009, 2120 ff.).

Beachte: Auch beim Verbrauchsgüterkauf gilt für den Rücktritt und die Minderung das **Fristsetzungserfordernis** aus §§ 437, 323 I, 441 BGB (vgl. BGH NJW 2006, 1195 ff. und NJW 2005, 1348 ff.; OLG Koblenz NJW 2009, 3519 ff.; Nachweise bei PWW/*Schmidt* § 437 Rn. 23; a.A. unter Hinweis auf die Verbrauchsgüterkaufrichtlinie nur für Aufforderungspflicht MüKo/BGB/*Lorenz* Vor § 474 Rn. 20 m.w.N.; Palandt/*Weidenkaff* § 439 Rn. 7).

Klausurtipp: Für die besonders klausurrelevante **Abgrenzung** von **§§ 437 Nr. 3, 281, 280 BGB** (Fristsetzung erforderlich!) zu **§§ 437 Nr. 3, 280 I BGB** (keine Fristsetzung erforderlich!) bei Schlechtleistung durch den Verkäufer gilt das oben zur Abgrenzung beider Normen Gesagte (vgl. Rn. 23).

Nach **§ 439 I BGB** steht dem Käufer bei seinem **Nacherfüllungsanspruch** die Wahl zwischen Nachlieferung und Nachbesserung zu. Der Käufer kann dabei von der einen zur anderen Nacherfüllungsart wechseln (sog. »elektive Konkurrenz«, Grenze: § 242 BGB).

Problem: Umfang des Nacherfüllungsanspruches, § 439 BGB

- Wenn der Käufer über § 320 BGB ohne Ausübung des Nacherfüllungswahlrechts die Zahlung verweigert (sozusagen »**Schwebelage vor Fristsetzung**«), kann Verkäufer analog § 264 II

BGB dem Käufer eine Frist setzen, nach fruchtlosem Ablauf geht das Wahlrecht auf ihn über (vgl. Palandt/*Grüneberg* § 262 Rn. 6).

- **Erfüllungsort** i.S.v. § 269 BGB ist nach h.M. der momentane Belegenheitsort der mangelhaften Sache – also i.d.R. der Wohnsitz des Käufers – (vgl. Palandt/*Weidenkaff* § 439 Rn. 3a m.w.N.). Der BGH hat sich mittlerweile der h.M. angeschlossen und stellt darauf ab, »wo sich die Sache vertragsgemäß befindet« (BGH MDR 2008, 552 f.). Dies gilt auch für § 29 ZPO.

- **§ 439 II BGB:** Verkäufer hat Nacherfüllungskosten zu tragen, z.B. Transportkosten, Materialkosten, Entsorgungskosten und Reparaturkosten, nicht aber Mietwagenkosten, **Nutzungsausfall** und Verdienstausfall des Käufers, die durch die Nachbesserungsarbeiten entstehen könnten. Diese sind nur unter den Voraussetzungen von §§ 433, 437 Nr. 3, 280 BGB zu ersetzen (Palandt/*Grüneberg* § 280 Rn. 18). Den Nutzungsausfall, der infolge des Rücktritts bis zur Zeit der Ersatzbeschaffung entsteht, ordnet die Rspr. dagegen als Schadensersatz statt der Leistung i.S.v. §§ 281, 283, 311a II BGB ein (vgl. BGH NJW 2008, 911 f.).

- Umstritten ist der **Umfang von § 439 BGB bei Einbau der mangelhaften Sache** (z.B. Parkett, Fliesen):

    - Aus § 439 I, II BGB kann nicht **Einbau der neuen Sache** bzw. diesbezüglicher Kostenersatz verlangt werden (Argument: Verkäufer schuldet nur ordnungsgemäße Wiederholung der Leistung → Verkäufer musste ursprünglich auch nicht einbauen; vgl. BGH JuS 2008, 933 ff. mit guter Anmerkung von *Faust*; Palandt/*Weidenkaff* § 439 Rn. 11); nach BGH Kostenersatz nur nach §§ 433, 434, 437 Nr. 3, 280, 281 BGB möglich, Anspruch aber (–), da kein Schadensersatz statt der Leistung vorliegt (Argument: Verkäufer schuldet Einbau der neuen Sache nicht → Schadensersatz statt **dieser Leistung** kann also nicht verlangt werden); nach h.M. aber Schadensersatz neben der Leistung aus §§ 433, 434, 437 Nr. 3, **280** BGB möglich, Verschulden aber i.d.R. (–), da Verkäufer keine generelle Untersuchungspflicht hat und das Verschulden des Herstellers ihm nicht nach § 278 BGB zugerechnet wird; Anspruch aus § 284 BGB ebenfalls (–), da kein Fall des Schadensersatzes statt der Leistung nach §§ 280, 281 BGB vorliegt.

    - Die Kosten des **Einbaus der mangelhaften Sache** sind zwar Aufwendungen i.S.v. § 284 BGB, Anspruch trotzdem (–), da kein Schadensersatz statt der Leistung vorliegt; ein Schadensersatz neben der Leistung scheitert wohl an der Kausalität, da die Sache einmal auch bei mangelfreier Lieferung eingebaut worden wäre. Nur über die Rentabilitätsvermutung wäre ein kausaler Schaden zu bejahen.

    - Der **Ausbau der mangelhaften Sache** fällt nach h.M. unter § 439 I, II BGB, Kostenersatz kann aber wegen des Vorrangs der Nacherfüllung/»Recht zur zweiten Andienung« nur unter den zusätzlichen Voraussetzungen von §§ 280, 281 BGB verlangt werden (vgl. OLG Frankfurt ZGS 2008, 315 ff.; Nachweise bei BGH NJW 2009, 1660 f.; der BGH sieht das in den Fällen von § 946 BGB kritisch und hat diese Frage im sog. »Bodenfliesen-Fall« dem EuGH vorgelegt).

- Einrede des Verkäufers bei Unverhältnismäßigkeit aus **§ 439 III BGB**, solange nicht der Vertrag durch den erfolgreichen Rücktritt in ein Abwicklungsverhältnis umgewandelt wurde (OLG Celle NJW-RR 2007, 353 ff.): Sog. relative Unverhältnismäßigkeit (+), wenn die gewählte Nacherfüllungsart unverhältnismäßig teurer ist als die jeweils andere Art der Nacherfüllung (Obergrenze 10 bis 20%, vgl. *Bitter/Meidt* ZIP 2001, 2114 ff.; LG Ellwangen NJW 2003, 517), sog. absolute Unverhältnismäßigkeit (+), wenn die Nacherfüllung insgesamt – also in beiden Varianten – für den Verkäufer unzumutbar ist, wobei Bezugspunkte der Prüfung in diesem Fall der Wert der Sache in mangelfreiem Zustand und die Bedeutung des Mangels sind, vgl. § 439 III 2 BGB (Obergrenze umstr., z.T. 100%, z.T. 150%, vgl. AG Menden NJW 2004, 2171 f.; *Ackermann* JZ 2002, 378 ff.; *Huber* NJW 2002, 1004 ff.; *Bitter/Meidt* ZIP 2001, 2114 ff.). Bei absoluter Unverhältnismäßigkeit gilt § 440 S. 1 BGB.

> **Beachte:** Wenn im Zuge der Nachbesserung die **mangelfreie (Rest-)Kaufsache** (z.B. aus Unachtsamkeit) **beschädigt** wird, ist dieser Schaden nach §§ 280, 241 II BGB/pVV auszugleichen (OLG Saarbrücken NJW 2007, 3503 ff.).

Die Rechtsfolgen der Nachlieferung nach § 439 I BGB regeln **§§ 439 IV, 346 ff. BGB**. Wegen Verstoßes gg. die entsprechende Richtlinie (Art. 3 Richtlinie 1999/44/EG; vgl. EuGH NJW 2008, 1433 ff.: »Quelle-Fall«) ist in § 474 II 1 BGB nunmehr geregelt, dass die Vorschriften über den Rücktritt **in den Fällen der Ersatzlieferung** (anders im Falle des Rücktritts!) nur für die Rückgewähr der mangelhaften Sache selbst gelten, nicht aber für Nutzungsersatz.

Die **Trennung zwischen Sachmängeln** (§ 434 BGB) **und Rechtsmängeln** (§ 435 BGB, »Rechte Dritter« liegen auf der Sache, z.B. dingliches Wegerecht, Grundschuld, Mieterrecht nach § 566 BGB) hat an Bedeutung verloren, da die Rechtsfolgen gem. § 437 BGB die gleichen sind und Unterschiede nur noch im Bezug auf die Verjährung existieren, vgl. § 438 I Nr. 1a) BGB. Ist die Eigentumsverschaffungspflicht des Verkäufers unmöglich (z.B. weil ihm die Sache nach § 935 BGB abhandengekommen ist oder weil die Sache bereits dem Käufer gehört), liegt aber eine Nichterfüllung und kein Rechtsmangel vor, es gilt das allgemeine Schuldrecht wie z.B. §§ 275, 326, 283, 311a BGB (BGH NJW 2007, 3777 ff.; Argument: Bereits sprachlich ist die nicht mögliche Eigentumsverschaffung eine Nichterfüllung). § 438 I Nr. 1a) soll dann allerdings analog gelten (vgl. Palandt/*Weidenkaff* § 438 Rn. 6). Auch die Unterscheidung von Sach- und Rechtskauf (z.B. Kauf von Forderungen, GmbH-Anteilen) hat an Bedeutung verloren. Im Rahmen des **Rechtskaufs** haftet der Verkäufer nun wie der Verkäufer einer Sache, vgl. § 453 BGB. Denkbar wäre z.B. ein Rechtsmangel, wenn die Forderung von einem Dritten gepfändet ist. Kann der Verkäufer das verkaufte Recht nicht übertragen (fehlende »Verität«), liegt kein Rechtsmangel sondern Nichterfüllung vor, gehaftet wird nach § 311a II BGB nur bei Verschulden. Für die Bonität des Schuldners haftet der Verkäufer einer Forderung nicht.

Im Folgenden wird ein Beispiel für die **Prüfungsreihenfolge eines Schadensersatzanspruches des Käufers wegen eines Mangels aus §§ 433 I, 434 I, 437 I Nr. 3, 280, 281 BGB** dargestellt:

- Kaufvertrag, § 433 BGB
- Mangel i.S.d. § 434 BGB
- Bei Gefahrübergang (grds. mit Übergabe der Kaufsache an den Käufer)
- Kein **Ausschluss der Gewährleistung** durch vertragliche Vereinbarung (Wirksamkeit bemisst sich nach §§ 307, 309 Nr. 7, 8b BGB, 475, 444 BGB, vgl. Rn. 30) oder nach § 442 BGB und § 377 HGB (vgl. Rn. 105)
- Voraussetzungen der § 437 I Nr. 3 BGB i.V.m. §§ 280, 281 BGB: Kausaler Schaden (kleiner/großer Schadensersatz), Rechtswidrigkeit, Verschulden des Verkäufers, ggf. fruchtlose Fristsetzung

§ 442 BGB normiert den Ausschluss der Mängelhaftung bei Kenntnis/Kennenmüssen des Mangels durch den Käufer. Häufig geht es um das arglistige Verschweigen durch den PKW-Verkäufer: Wenn der Käufer ausdrücklich die Frage nach einem Vorschaden stellt, muss der Verkäufer auch über reine Blechschäden aufklären (Ausnahme: Bagatellschaden wie kleine Lackkratzer). Sonst wird das Verschweigen nur bei einer besonderen Aufklärungspflicht relevant, die von den konkreten Umständen des Einzelfalls abhängt.

2. Examensrelevante Klausurkonstellationen

Klausurtipp: Ein ungewöhnlicher Einstieg in das Kaufrecht kann über §§ 2371 ff. BGB erfolgen (**Erbschaftskauf**). Hier verkauft der Erbe seine Erbschaftsstellung an einen Dritten. In diesen Klausuren reicht i.d.R. die Subsumtion unter §§ 2371 ff., 433 ff. BGB. Auch beim **Tausch** ist Kaufrecht anwendbar, vgl. § 480 BGB. Allerdings tritt dort anstelle der nicht möglichen Minderung ein entsprechender Ausgleichsanspruch (vgl. Palandt/*Weidenkaff* § 480 Rn. 8).

§ 3 Vertragliche Sekundäransprüche

Der Standardfall ist aber die **Zahlungsklage des Verkäufers** einer beweglichen/unbeweglichen Sache. Im Prozess wehrt sich der beklagte Käufer mit Einwendungen, die ihm seiner Meinung nach aufgrund der Mangelhaftigkeit der Sache zustehen. Dabei muss der Käufer als juristischer Laie die Geltendmachung nicht konkret bezeichnen, so dass Sie z.B. seinen Einwand er »*fühle sich nicht mehr an die Vereinbarung gebunden*« als Anfechtung, Geltendmachung von §§ 312 ff. BGB, Geltendmachung eines ZBR, Rücktritt, Schadensersatzverlangen oder Minderung **auslegen bzw. umdeuten** können.

Fall: Der Verkäufer verlangt Zahlung. Die Sache ist mangelhaft, kann aber noch repariert werden.

Ist der Anspruch des Verkäufers auf Zahlung des Kaufpreises entstanden? (+)

Mögliche Einwendungen des Käufers im Prozess:

- Der Nacherfüllungsanspruch gibt grds. die Einrede des § 320 BGB (Achtung: Die Einrede aus § 320 BGB besteht auch dann, wenn der Käufer seine Mängelrechte an einen Dritten abgetreten hat, vgl. BGH MDR 2007, 1365 f. m.w.N.). Hier muss in der Urteilsklausur dann eine Zug-um-Zug-Verurteilung erfolgen.
- Der Anspruch des Verkäufers geht unter, wenn der Käufer Schadensersatz statt der Leistung in Form des großen Schadensersatz (dies ergibt sich mittelbar aus § 281 IV BGB) oder/und Rücktritt wirksam geltend macht.
- Der Käufer kann mit dem kleinen Schadensersatzanspruch aus §§ 433, 434 I, 437 Nr. 3, 280 I, 281 I 1 BGB die Aufrechnung im Prozess erklären.
- Der Käufer kann auch die Minderung des Kaufpreises nach § 441 BGB geltend machen.

Eine andere Klausurkonstellation ist die **Klage des Käufers**, mit der er Mängelgewährleistungsrechte gegenüber dem Verkäufer durchsetzen will. Hier kann es zu folgender **prozessualer Besonderheit** kommen:

Der Kläger (Käufer) beantragt,

1. den Beklagten zur Rückzahlung des Kaufpreises Zug um Zug gegen Rückgabe und Rückübereignung der Kaufsache (genau bezeichnet) zu verurteilen,
2. festzustellen, dass sich der Beklagte mit der Abholung des Kaufgegenstandes seit dem ... in Annahmeverzug befindet,
3. den Beklagten zu verurteilen, die Kaufsache (genau bezeichnet) beim Kläger abzuholen.

In der Zulässigkeit der Klage sind dann die §§ 260, 256 ZPO sowie das Rechtsschutzbedürfnis zu problematisieren (vgl. *Kaiser* Zivilgerichtsklausur I, Rn. 403). Das Feststellungsinteresse für den Feststellungsantrag ergibt sich aus §§ 756 I, 765 ZPO. Die Anspruchsgrundlage für die **Abholung der Kaufsache** beim Kläger ergibt sich aus §§ 346 I, 1004 I 1 BGB (vgl. Rn. 15).

Besteht für den Kläger z.B. bei der Klage auf Nachbesserung der Kaufsache die **Besorgnis der Nichterfüllung** durch den Beklagten, kann es zu folgender prozessualer Besonderheit kommen:

Der Kläger beantragt,

1. den Beklagten zu verurteilen, folgende Mängel an dem Pkw des Klägers zu beseitigen: (genau bezeichnen),
2. dem Beklagten eine Frist von vier Wochen ab Rechtskraft des Urteils zu setzen, nach deren Ablauf der Kläger die Annahme der Leistung verweigert,
3. den Beklagten nach fruchtlosem Fristablauf zu verurteilen, dem Kläger ... € zu zahlen.

Diese Kombination des Nacherfüllungsanspruchs mit den Sekundäransprüchen (hier: §§ 433, 437 Nr. 3, 280, 281 BGB) ist ein nach Maßgabe der §§ 255, 259, 260 ZPO zulässiges prozessuales Vorgehen (vgl. *Kaiser*, Zivilgerichtsklausur I, Rn. 402; *Kaiser* MDR 2004, 311 ff.; *Gruber/Lösche* NJW 2007, 2815 ff.).

Eine weitere bereits mehrfach gelaufene Klausurkonstellation ist die **Selbstvornahme durch den Käufer ohne erforderliche Fristsetzung**, durch die eine Nacherfüllung durch den Verkäufer unmöglich wird (Beispiel: Nachdem der Käufer bemerkt, dass der gekaufte Pkw einen Mangel hat, lässt er ihn von einem Dritten reparieren, ohne dem Verkäufer vorher die Möglichkeit der Nacherfüllung zu geben.). Die Rspr. verneint dann Ansprüche auf Ersatz der Selbstvornahmekosten aus §§ 437, 280, 281 BGB mangels erforderlicher Fristsetzung, Ansprüche aus § 439 II BGB weil die zusätzlichen Voraussetzungen von §§ 280, 281 BGB nicht vorliegen (s.o. zum Umfang von § 439 BGB), Ansprüche aus § 637 BGB analog mangels planwidriger Regelungslücke und Ansprüche aus GoA, §§ 812 ff. BGB oder § 326 II 2 BGB analog wegen des Vorrangs der Fristsetzung/»Recht zur zweiten Andienung« des Verkäufers i.S.v. §§ 437, 280, 281 BGB (vgl. Palandt/*Weidenkaff* § 437 Rn. 4a m.w.N. zum Streitstand). Auch ein Minderungsrecht nach § 441 BGB ist nicht gegeben, weil wg. fehlender Fristsetzung kein Rücktritt möglich wäre. Achtung: Der Kauf eines Ersatzteils durch den Käufer führt i.d.R. nicht zur Unmöglichkeit einer Nacherfüllung und daher auch nicht zum Verlust der Gewährleistungsrechte unter dem Aspekt der Selbstvornahme (BVerfG ZGS 2006, 470 ff. mit gellender Ohrfeige für das vorinstanzliche OLG Oldenburg).

> **Klausurtipp:** Das gleiche Problem der **Selbstvornahme** kann sich auch **im Werkrecht** ergeben. Wenn die erforderliche Fristsetzung zur Mängelbeseitigung nicht erfolgt ist, scheiden nach einer Selbstvornahme Ansprüche aus §§ 634 ff., 637 BGB, GoA, §§ 812 ff. BGB oder § 326 II 2 BGB analog aus, weil § 637 BGB eine Sonderregelung darstellt (vgl. PWW/*Leupertz* § 637 Rn. 3; OLG Düsseldorf NJW-RR 2008, 331 ff.; BGH NJW 2005, 1348 ff. zu § 326 II 2 BGB analog). Umstritten ist, ob wenigstens § 634 Nr. 4 BGB greift (bejahend Palandt/*Sprau* § 637 Rn. 5). Auch **im Mietrecht** stellt sich dieselbe Problematik (vgl. Rn. 80).

3. Vorliegen eines Mangels

26 Die im Kaufrecht relevanten Mängel sind umfassend in § 434 f. BGB geregelt. Auch äußere Umstände gehören dabei zur Beschaffenheit der Sache, wenn diese der Sache unmittelbar innewohnen und ihr auf eine gewisse Dauer anhaften (vgl. OLG Hamm ZGS 2005, 315 ff.; Palandt/*Weidenkaff* § 434 Rn. 11 mit Beispielen; Umstr. bei fehlender Herstellergarantie: Nach BGH NJW 1996, 2025 nein, nach Palandt a.a.O. Rn. 72, AG Freising NJW-RR 2008, 1202 und OLG Stuttgart ZGS 2008, 479 f. ja). Die Beweislast für das Vorliegen eines Mangels trägt analog § 363 BGB nach Übergabe der Käufer.

> **Beachte:** Besonders klausurrelevant sind natürlich **Mängel bei Pkws** (z.B. abweichendes Baujahr wenn dies Einschränkung auf Gebrauchstauglichkeit hat, höhere Km-Leistung als die angegebene Leistung, höhere Anzahl von Vorbesitzern als angegeben, besonders starker Verschleiß bei Gebrauchtwagen, erheblicher Mehrverbrauch, erheblicher Mangelverdacht, standzeitbedingte Mängel beim Neuwagen etc.). Sie können und müssen aber nicht jede neue Entscheidung zur Mangelhaftigkeit eines Pkw kennen, um im Examen zu bestehen. Arbeiten Sie auch hier wieder gezielt mit dem Palandt!

Folgendes ist häufig Prüfungsgegenstand: Beim Verkauf eines Pkws als »**Unfallfahrzeug**« stellen dem Käufer verborgen gebliebene Mängel keinen Mangel i.S.v. § 434 BGB dar, da i.d.R. keine negativen Abweichungen vom vereinbarten Unfallzustand vorliegen. Auch der Umstand, dass es sich um einen wirtschaftlichen Totalschaden handelt, begründet als solcher ebenfalls keinen Sachmangel im Sinne von § 434 I BGB. Es handelt sich dabei nicht um ein Merkmal, das in der Beschaffenheit des Fahrzeuges selbst wurzelt und ihm unmittelbar auf eine gewisse Dauer anhaftet (vgl. OLG Hamm ZGS 2005, 315 ff.). Liegt kein Verkauf als Unfallfahrzeug vor, so stellt die Tatsache, dass der Pkw über die Bagatellgrenze hinausgehende Unfallschäden hat – auch wenn diese fachmännisch repariert wurden – selbstverständlich einen Sachmangel i.S.v. § 434 I 2 Nr. 2 BGB dar (vgl. BGH NJW 2008, 53 ff.; Palandt/*Weidenkaff* § 434 Rn. 72).

Nach **§ 434 III BGB** ist auch eine Aliud-Lieferung und eine Minderlieferung ein Sachmangel. Nach mittlerweile h.M. (z.B. Palandt/*Weidenkaff* § 434 Rn. 52a; PWW/*Schmidt* § 434 Rn. 85; die a.A. unterscheidet zwischen Qualifikationsaliud und Identitätsaliud) soll in strenger Anwendung des § 434 III BGB jede Aliud-Lieferung als Sachmangel angesehen werden (Argument: Klarer Wortlaut von § 434 III BGB), so dass der Anwendungsbereich des Gewährleistungsrechts eröffnet ist. Der Käufer kann bei Lieferung eines Aliuds auf die Ausübung seiner Gewährleistungsrechte verzichten und das Aliud behalten, ohne dass er mehr zahlen müsste. Allerdings hat der Verkäufer einen Rückgabeanspruch aus § 812 I 1 Alt. 1 BGB, der außer in Fällen der absichtlichen Falschlieferung grds. nicht durch § 241a BGB gesperrt ist (Palandt/*Grüneberg* § 241a Rn. 4). Das bestehende ZBR des Käufers aus § 273 BGB kann der Verkäufer dann durch Lieferung der geschuldeten Sache abwenden. Wird eine **zu große Menge** geliefert, ist § 434 III BGB schon seinem Wortlaut nach nicht einschlägig. Dann wird bzgl. der Zuviellieferung nach § 812 I 1 Alt. 1 BGB abgewickelt.

4. § 440 BGB

§ 440 BGB normiert zusätzlich zu den §§ 281 II, 323 II BGB Fälle, in denen es für die Ausübung der Sekundärrechte durch den Käufer keiner Fristsetzung bedarf. 27

> **Klausurtipp:** Es kommt häufig vor, dass der Käufer seine **Leistungsstörungsrechte ohne vorherige Fristsetzung** geltend macht. Hier müssen Sie prüfen, ob diese nicht ausnahmsweise entbehrlich war
> - nach §§ 281 II, 323 II BGB (v.a. ernsthafte u. endgültige Erfüllungsverweigerung, besondere Umstände wie z.B. arglistige Täuschung des Verkäufers über Sachmangel, **nicht** aber die fehlende Kenntnis des Käufers, dass der Defekt einen Mangel darstellt!) oder
> - nach § 440 BGB (v.a. Fehlschlagen der Nacherfüllung; Beweislast: Käufer) oder
> - weil Unmöglichkeitsrecht anwendbar ist. (Beispiel: Die gekaufte Einzelsache hat nicht die vereinbarte Beschaffenheit und Nachlieferung mit gleichartigem Gegenstand ist nicht möglich).
>
> An das Vorliegen der **Erfüllungsverweigerung** i.S.v. §§ 281 II, 323 II BGB sind nach h.M. **strenge Anforderungen zu stellen**, insbesondere genügt grds. noch nicht das bloße Bestreiten von Mängeln. Eine ernsthafte und endgültige Verweigerung ist nur gegeben, wenn die Ablehnung als das letzte Wort des Schuldners aufzufassen ist, so dass eine Änderung seines Entschlusses ausgeschlossen erscheint.

5. Minderung, § 441 BGB

Statt des Rücktritts kann der Käufer mindern, sofern die Voraussetzungen des Rücktritts vorliegen (z.B. auch die ggf. erforderliche Fristsetzung!). Der Anspruch auf Rückzahlung des bereits in voller Höhe gezahlten Kaufpreises ergibt sich aus §§ 441 IV, 346 ff. BGB, §§ 812 ff. BGB sind daneben gesperrt. Umstritten ist, ob die Minderung mit dem Verlangen nach Schadensersatz aus §§ 437 Nr. 3, 280, 281 BGB verbunden werden kann. Die wohl h.M. nimmt an, dass eine wirksame Minderung zumindest die zusätzliche Geltendmachung des Schadensersatzes statt der ganzen Leistung nach § 281 I 3 BGB (vgl. Rn. 23) ausschließt, da dieser von einem Rückaustausch ausgeht und daher nicht mit der Rechtsnatur der Minderung vereinbar ist (unscharf Palandt/*Weidenkaff* § 441 Rn. 19). Allerdings kann der Gläubiger analog § 325 BGB nachträglich von Minderung auf die Geltendmachung des Schadensersatzes nach § 281 I 3 BGB umschwenken (OLG Stuttgart ZGS 2008, 479 f.). 28

6. Garantieerklärung des Verkäufers/eines Dritten

29

Klausurproblem Garantieerklärung

- Garantieerklärung des Verkäufers
  - mit Garantiewillen
    - selbst. Garantie §§ 443, 311, 241 I BGB
    - unselbstständige Garantie § 443 BGB
  - ohne Garantiewillen → ggf. dann nur Beschaffenheitsvereinbarung
- Garantieerklärung eines Dritten
  - wenn Garantiewille → eigener Anspruch aus §§ 443, 311, 241 I BGB

In § 443 BGB ist die Garantieerklärung des Verkäufers oder eines Dritten geregelt. Stets ist zu ermitteln, ob ein **Garantiewillen** zu bejahen ist, was voraussetzt, dass der Garantiegeber in vertragsmäßig bindender Weise die Gewähr für das Vorhandensein der vereinbarten Beschaffenheit der Kaufsache übernimmt und damit seine Bereitschaft zu erkennen gibt, für alle Folgen des Fehlens dieser Beschaffenheit einstehen zu wollen (BGH NJW 2007, 1346 ff.).

Problem: Garantie des Verkäufers oder eines Dritten, § 443 BGB

- Bei Garantie des Verkäufers: Liegt **unselbstständige Garantie** (= Nur Modifizierung der gesetzlichen Mängelhaftung) oder **selbstständige Garantie** i.S.v. §§ 311 I, 241 I BGB (= Eigene Anspruchsgrundlage) vor? Abgrenzungskriterium: RBW. Bei Garantie eines Dritten kann bei entsprechendem RBW nur eine selbstständige Garantie vorliegen, die dann neben die gesetzliche Haftung des Verkäufers tritt.

- Ein Leistungsausschluss in den Garantie-AGB für den Fall, dass der Kunde eine ihm auferlegte Obliegenheit zur **Durchführung von Fahrzeuginspektionen** nicht erfüllt, ist bei einer Drittgarantie i.d.R. nach § 307 I 1 BGB unwirksam, wenn der Käufer nicht nachweisen darf, dass die Überschreitung des Wartungsintervalls für den eingetretenen Schaden nicht ursächlich ist (vgl. BGH NJW 2008, 214 ff.). Auch die Pflicht, etwaige Wartungen nur beim Verkäufer durchzuführen, ist nach § 307 I BGB unwirksam (BGH NJW 2009, 3714 ff.). Dies gilt nicht bei einer – i.d.R. kostenfreien – Zusatzgarantie des Verkäufer-Herstellers, die an die Inspektion bei Vertragswerkstätten geknüpft ist (vgl. BGH NJW 2008, 843 ff., OLG Karlsruhe NJW-RR 2006, 1464 f.; Argument: Legitimes Interesse an Kundenbindung an Vertragswerkstättennetz).

Problem: Rechtsfolgen einer unselbstständigen Verkäufergarantie

- Es wird vermutet, dass ein in der Garantiezeit aufgetretener Mangel ein Garantiefall ist, d.h., auf das Vorhandensein des Mangels bei Gefahrübergang kommt es nicht an, § 443 II BGB.

- Die Garantie kann u.U. das Vertretenmüssen i.R.d. §§ 437, 443, 280 ff., 276 BGB derart modifizieren, dass der Verkäufer sogar ohne Verschulden für einen Schaden einzutreten hat (hierbei ist stets Auslegung der Garantie nötig). In diesen Fällen wird also verschuldensunabhängig gehaftet!

- Die Garantie ist relevant i.R.d. §§ 442, 444 BGB (kein Ausschluss der Haftung möglich).

§ 3 Vertragliche Sekundäransprüche

7. Verbrauchsgüterkauf, §§ 474 ff. BGB

Liegt ein Verbrauchsgüterkauf i.S.v. §§ 474 I, 13, 14 BGB vor (= Verkäufer ist Unternehmer, Käufer ist Verbraucher; auch ein GmbH-Geschäftsführer ist Verbraucher!), gelten für den Käufer **besondere Schutzbestimmungen**, die sich aus §§ 474 ff. BGB ergeben (v.a. § 475 BGB lesen!). Die Begriffe des Verbrauchers und Unternehmers sind gesetzlich in §§ 13, 14 BGB geregelt. Beachten Sie die Ausschlussregelung in § 474 I 2 BGB für öffentliche Versteigerung (maßgeblich ist Definition von § 383 III BGB) gebrauchter Sachen. Bei der Versteigerung von Tieren kommt es für die Abgrenzung gebraucht/nicht gebraucht auf die erste typische Benutzung des Tieres an (vgl. BGH NJW 2007, 674 ff.). Ein Verbraucher kann sich nach § 242 BGB nicht auf §§ 475 ff. BGB berufen, wenn er dem Verkäufer seine Unternehmereigenschaft vorgetäuscht hat (BGH ZGS 2005, 114 ff.).

30

Beachte: Vor allem zwischen Privatleuten (oder zwischen Unternehmern) ist ein **Gewährleistungsausschluss gem. § 444 BGB** also durchaus möglich, weil hier § 475 BGB nicht gilt. Bei wirksamem Gewährleistungsausschluss ist der Verkäufer aber wenigstens **zur Abtretung seiner Gewährleistungsansprüche** gegen seinen Lieferanten/Verkäufer im Wege ergänzender Vertragsauslegung verpflichtet, wenn besondere Anhaltspunkte dafür vorliegen, dass der Gewährleistungsausschluss dem Zweitkäufer Ansprüche gegen den Erstverkäufer nicht vorenthalten sollte (vgl. BGH NJW 2004, 1873 f.). Dies wird v.a. dann relevant, wenn der Zweitkäufer nicht nach § 826 BGB ggü. dem Lieferanten vorgehen kann (vgl. Rn. 57). Beachten Sie, dass Gewährleistungsausschlüsse nach §§ 133, 157 BGB auslegungsfähig sind. So schließt z.B. die Klausel »gekauft wie gesehen« oder »gekauft wie besichtigt und probegefahren« die Haftung grds. nur für solche Mängel aus, die bei einer ordnungsgemäßen Besichtigung ohne Zuziehung eines Sachverständigen wahrnehmbar sind (BGHZ 74, 204 ff.). Der BGH hat in Abkehr von seiner früheren Rspr. zudem entschieden, dass der wirksame vertragliche Gewährleistungsausschluss i.d.R. nicht solche Mängel erfasst, die zwischen Vertragsschluss und Gefahrübergang entstehen (BGH ZIP 2003, 532 f.).

Die **Wirksamkeit** des Gewährleistungsausschlusses ist (neben § 475 BGB) an § 444 BGB und bei Ausschluss durch AGB zusätzlich an §§ 307 ff. BGB (§§ 309 Nr. 7a, b BGB!) zu messen. Eine **Garantie i.S.v. § 444 BGB** liegt z.B. in den Konstellationen nahe, in denen der Verkäufer eine bestimmte Eigenschaft zusichert und er dabei Garantiewillen hat (vgl. Rn. 29; Beispiele bei *Palandt* § 443 Rn. 11). Die Zusicherung/Garantie der »Unfallfreiheit« besagt i.d.R., dass das Kfz keine nennenswerten Sachschäden hat, bloße Blech- u. Bagatellschäden sind also nicht erfasst (OLG Köln DAR 1975, 327; OLG München DAR 2002, 454). Allgemeine Redewendungen, Wissensmitteilungen oder Anpreisungen ohne ersichtlichen Tatsachenhintergrund wie »Unfallschaden: laut Vorbesitzer nein«, »Zustand: »gut«/»einwandfrei« etc. sind weder eine Beschaffenheitsgarantie noch eine Beschaffenheitsvereinbarung. Der BGH erweitert den Anwendungsbereich von § 444 BGB faktisch dadurch, dass er auch in den Fällen einer bloßen **Beschaffenheitsvereinbarung** (= Verkäufer erklärt verbindlich eine bestimmte Eigenschaft der Sache) eine Haftung des Verkäufers trotz Gewährleistungsausschlusses für das Fehlen dieser Beschaffenheit bejaht (BGH NJW 2007, 1346 ff.; anders aber OLG Frankfurt NJW-RR 2007, 1423 f. bei gleichzeitigem Garantieanspruch gegen einen vom Verkäufer unterschiedlichen Dritten).

Elementar wichtig ist § 476 BGB. Diese Vorschrift bestimmt eine zeitlich beschränkte Beweislastumkehr bzgl. der Voraussetzung »Mangel bei Gefahrübergang«. Im Geltungsbereich des § 476 BGB muss also der Verkäufer die Mangelfreiheit der Sache bei Übergabe beweisen, eine bloße Erschütterung der Vermutung reicht nicht aus.

Problem: Reichweite von § 476 BGB

- § 476 BGB auch (+), wenn Kaufsache von Dritten beim Käufer eingebaut wurde (Argument: Vergleichbare Schutzwürdigkeit des Käufers), bei Tieren (vgl. Palandt/*Weidenkaff* § 476 Rn. 11 zu den Kriterien → insbesondere Inkubationszeit wichtig), bei gebrauchten Sachen, bei Nichterkennbarkeit des Mangels bei Übergabe (BGH NJW 2007, 2619 ff., dort: Infektion einer Katze) und auch, wenn der Mangel »typischerweise jederzeit auftreten kann« (vgl. BGH NJW 2005, 3490 ff.).

- § 476 BGB wg. »der Art des Mangels« (–), wenn der Mangel für Laien offenkundig ist (z.B. äußerliche Beschädigungen wie Unfallschaden)
- § 476 BGB (+), wenn **unklar** ist, ob der später aufgetretene Mangel bei Gefahrübergang vorlag oder erst danach aufgetreten/verursacht worden ist (BGH NJW 2005, 3490 ff.: »Karosserie-Fall/Ford-Fiesta-Fall«; BGH NJW 2006, 1195 ff.: »Katalysator-Fall«; BGH NJW 2007, 2621 ff.: Zylinderkopf-Fall«).
- Steht fest, dass der Mangel **erst nach Gefahrübergang** (oft: Plötzlich auftretender Motorschaden bei Kfz) aufgetreten ist: § 476 BGB (+), wenn der Käufer einen **Grundmangel** bewiesen hat. Es wird dann vermutet, dass dieser schon bei Gefahrübergang vorgelegen hat (BGH NJW 2009, 580 ff. zum übermäßigem Verschleiß als Grundmangel). § 476 BGB nach BGH (–) wegen der »Art des Mangels«, wenn der Käufer das Vorliegen eines Grundmangels nicht beweisen kann, sondern unklar ist, ob stattdessen z.B. ein Fahrfehler oder eine hinnehmbare Verschleißerscheinung zu dem Mangel geführt haben (vgl. BGH NJW 2004, 2299 ff. sowie NJW 2006, 434 ff., sog. »Zahnriemen- Fall/Opel-Vectra-Fall« und sog. »Turbolader-Fall«; Argument: § 476 BGB enthält nur die Vermutung, dass ein aufgetretener Mangel bei Gefahrübergang vorgelegen habe und nicht, dass überhaupt ein Sach- oder Grundmangel gegeben ist und bei Gefahrübergang vorlag; a.A. wegen des Verbraucherschutzes die überwiegende Literatur, vgl. *Medicus* Rn. 313; *Klöhn* NJW 2007, 2811 ff. m.w.N. Wie die Lit. jetzt auch das Brandenburgische OLG DAR 2009, 52 ff.). Kann der Käufer das Vorliegen des Grundmangels bei Übergabe beweisen, so bedarf es des § 476 BGB nicht, da die Mangelhaftigkeit des Kfz bei Gefahrübergang feststeht (denn das Vorliegen eines Grundmangels bei Gefahrübergang macht das Kfz insgesamt mangelhaft).

Merke: Für das Verständnis der Reichweite von § 476 BGB ist die Trennung zwischen dem nach außen zutage getretenen Hauptmangel und dessen Ursache – dem Grundmangel – von zentraler Bedeutung. Grundmangel bedeutet, dass der spätere Zustand auf einen (verdeckten) Fehler zurückzuführen ist, der den späteren (Haupt-)Mangel quasi als »weiterfressenden Mangel« verursacht hat.

Bei den Fällen mangelhafter Kfz ist nach dem derzeitigen Stand der Rechtsprechung also wie folgt zu differenzieren:

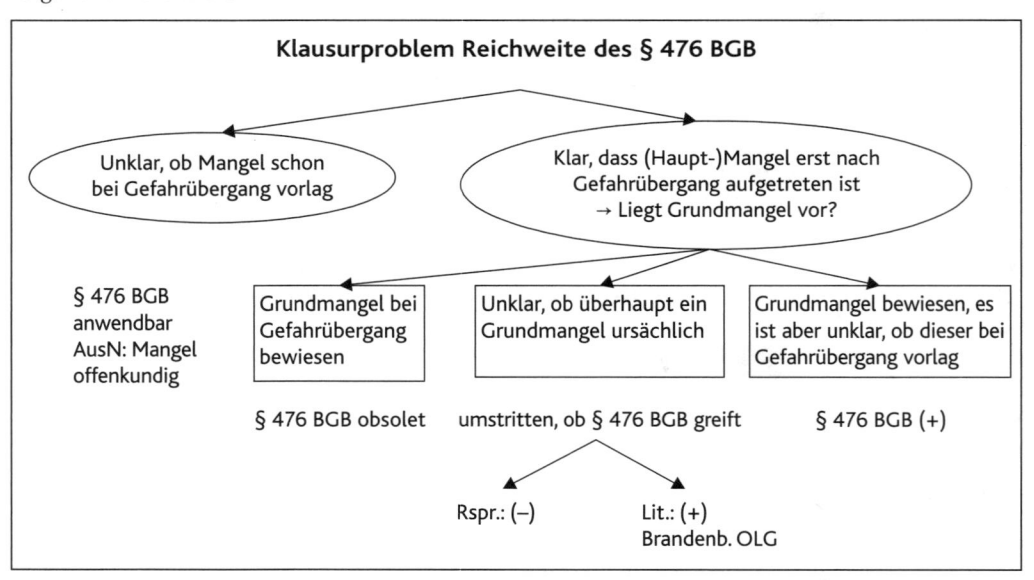

Klausurproblem Reichweite des § 476 BGB

- Unklar, ob Mangel schon bei Gefahrübergang vorlag
  - § 476 BGB anwendbar
  - AusN: Mangel offenkundig

- Klar, dass (Haupt-)Mangel erst nach Gefahrübergang aufgetreten ist → Liegt Grundmangel vor?
  - Grundmangel bei Gefahrübergang bewiesen → § 476 BGB obsolet
  - Unklar, ob überhaupt ein Grundmangel ursächlich → umstritten, ob § 476 BGB greift
    - Rspr.: (–)
    - Lit.: (+) Brandenb. OLG
  - Grundmangel bewiesen, es ist aber unklar, ob dieser bei Gefahrübergang vorlag → § 476 BGB (+)

§ **475 I 2 BGB** wiederum erfasst und sanktioniert **Umgehungsgeschäfte** durch den Unternehmer (z.B. Verkauf eines gebrauchstauglichen Kfz mit der Sollbeschaffenheit »Schrottfahrzeug/Bastlerfahrzeug«, Verkauf eines Fahrzeuges mit der pauschalen Klausel »Mängel sind dem Käufer bekannt«, Verkauf mit Vereinbarung einer pauschalen Rügefrist nach § 377 HGB, wohl auch Verkauf eines betrieblichen PKW der GmbH durch Geschäftsführer). Auch bei **Agenturgeschäften** der Autohändler (Beispiel: Der Autohändler nimmt das alte Kfz des Kunden dergestalt in Zahlung, dass er dieses als Stellvertreter für den Kunden unter Gewährleistungsausschluss an einen Dritten verkauft und den Kaufpreis auf den von ihm verkauften Neuwagen anrechnet) kann es sich nach der Rspr.u.U. um Umgehungsgeschäfte i.S.d. § 475 I 2 BGB handeln, wenn bei wirtschaftlicher Betrachtungsweise der Autohändler das Geschäftsrisiko trägt (BGH NJW 2005, 1039 ff.). Rechtsfolge ist, dass sich der Händler/Unternehmer beim Weiterverkauf des Gebrauchtwagens gemäß § 475 I 2 BGB so behandeln lassen muss, als hätte er selbst das Fahrzeug an den Dritten verkauft, (nur) gegen ihn können also Mängelrechte geltend gemacht werden. Es erfolgt dagegen keine Zurechnung der Unternehmereigenschaft zum Verbraucher-Verkäufer. Zudem kommt stets eine Eigenhaftung des Stellvertreters aus c.i.c. (z.B. bei Inanspruchnahme besonderen Vertrauens) in Betracht.

§§ 478 f. BGB regeln den **Regress des Verkäufers** gegenüber seinem Lieferanten.

8. Verjährung

§ 438 BGB regelt die Verjährung aller Ansprüche wegen Mängeln, soweit die Verweisung des § 437 BGB greift (grds. zwei Jahre ab Ablieferung/Übergabe). Sonst gelten die allgemeinen Verjährungsregeln der §§ 195 ff. BGB. Der **Rücktritt und die Minderung** unterliegen als Gestaltungsrechte grds. nicht der Verjährung. Nach §§ 438 IV 1, 218 BGB ist der Rücktritt aber unwirksam, wenn der Anspruch auf die Leistung oder der Nacherfüllungsanspruch verjährt ist und der Verkäufer die Einrede der Verjährung erhebt. Der Käufer hat in diesem Fall dann nach § 438 IV 2 BGB nur noch ein Leistungsverweigerungsrecht, der Verkäufer kann daraufhin zurücktreten. Gleiches gilt für die Minderung nach § 438 V BGB. Der Anspruch nach erfolgtem Rücktritt/nach erfolgter Minderung unterliegt der Regelverjährung nach § 195 BGB, § 218 BGB greift dann nicht. Lesen Sie Palandt/*Weidenkaff* § 438 Rn. 4 zur Abdingbarkeit von § 438 BGB.

II. Leistungsstörungen im Werkvertrag

1. Das Wichtigste in Kürze

Beim Werkvertrag verpflichtet sich der Werkunternehmer zur Herstellung eines Werkes, es ist also – anders als beim Dienstvertrag – ein **Erfolg geschuldet**. Eine bestimmte Form des Werkvertrages ist nicht vorgeschrieben (Ausnahme: § 311b BGB bei Bauträgerverträgen), jedoch wird allein aufgrund der Komplexität der Vereinbarungen i.d.R. der Vertrag schriftlich geschlossen. Ggf. kann der Werkvertrag nach **§ 134 BGB** nichtig sein, z.B. wenn beide Parteien gegen das SchwarzArbG verstoßen. Die Nichtigkeit wird dagegen verneint, wenn die erforderliche Baugenehmigung fehlt oder der Bauunternehmer nicht in der Handwerksrolle eingetragen ist, wobei im letzteren Fall eine Anfechtung unter den Voraussetzungen von § 123 BGB möglich bleibt.

> **Beachte:** In der Praxis spielt bei vielen Werkverträgen über Bauleistungen (sog. Bauverträge) die vom Verdingungsausschuss erlassene VOB (Vergabe- u. Vertragsordnung für Bauleistungen) eine große Rolle. Bei der VOB handelt es sich um AGB i.S.v. §§ 305 ff. BGB, die durch Parteivereinbarung Vertragsbestandteil werden.

Problem: Anwendung des Werkrechts bei anderen Verträgen

- Bei **Bauträgerverträgen**: Werkrecht bei Streit um Mängelfreiheit des Bauwerks und bzgl. Vergütungsanspruch, Kaufrecht bzgl. der Verschaffung des Grundstücks.

- Gleiches gilt ggf. bei einem reinen **Kaufvertrag**, wenn der Erwerb mit einer Herstellungsverpflichtung verbunden ist, hinsichtlich der Werkleistung und je nach Umfang der Bauleistungen sogar auch für die Altbausubstanz (BGH NJW 2005, 1115 ff. m.w.N.).

- Bei **Fertighausverträgen** und Ausbauhausverträgen: Werkrecht, wenn der Veräußerer zugleich die Errichtungsverpflichtung übernimmt.

- Nur subsidiäre Anwendung findet das Werkrecht bei **Fracht- bzw. Umzugsverträgen**, da hier §§ 451, 425 ff. HGB Sonderregelungen darstellen.

> **Klausurtipp:** Wenn es um die Frage geht, ob ein Anspruch auf Werklohnzahlung besteht, obwohl sich die Parteien (z.B. aufgrund eines Missverständnisses) nicht auf einen Werkvertrag geeinigt haben, kommen je nach Klausursachverhalt v.a. Ansprüche aus GoA, §§ 812 ff. BGB und ggf. c.i.c. in Betracht.

Sobald eine der bei Rn. 20 ff. aufgeführten Pflichtverletzungen im Werkvertrag auftritt, greifen die dort dargestellten Ansprüche aus dem allgemeinen Schuldrecht auch im Werkvertragsrecht. Liegt die Pflichtverletzung des Schuldners/Werkunternehmer hingegen in einer Schlechtleistung (= Werkmangel bei Gefahrübergang/Abnahme), ergeben sich aus **§§ 634 ff. BGB die speziellen Sachmängelgewährleistungsrechte des Bestellers**. Die Mängelrechte aus §§ 634 ff. BGB bestehen grds. erst ab Abnahme des Werkes, vorher greift nur der Herstellungsanspruch aus § 631 I BGB und das allgemeine Schuldrecht der §§ 280 ff., 323 ff. BGB (vgl. OLG Koblenz OLGReport Koblenz 2008, 175 f.; PWW/*Leupertz* § 633 Rn. 5 ff.; Palandt/*Sprau* Vorb v § 633 Rn. 6 f., vgl. dort auch zu den zu §§ 633 ff. BGB a.F. diskutierten Ausnahmen → v.a. § 323 IV BGB analog).

> **Merke:** Nach Abnahme sind §§ 634 ff. BGB hinsichtlich der Mängelrechte abschließend, so dass – wie im Kaufrecht – die allgemeinen Regelungen (§§ 280 ff., 323 ff., 119 II BGB, c.i.c.) grds. nicht mehr greifen (vgl. oben Rn. 25).

Die Vorschrift des § 633 II BGB enthält eine ausführliche Regelung zu den möglichen Mängeln im Werkvertragsrecht. Als Faustregel gilt: Ein Mangel liegt vor, wenn die anerkannten Regeln der Technik nicht eingehalten wurden.

Problem: Mangelbegriff im Werkrecht, § 633 II BGB

- Unternehmer haftet für Mängel unabhängig davon, worin die Ursache liegt, ob sie bei Ausführung erkennbar war oder ob ihm ein Verschulden trifft, Haftung auch bei Grundmangel (vgl. Rn. 30); Haftung aber (–) wenn Mangelursache ausschließlich beim Besteller oder einem Dritten liegt

- Mangel auch (+), wenn angestrebte Vertragszweck nicht erreicht werden kann (z.B. Ausführung ist mangelfrei, das Werk ist aber wg. einer unzureichenden Vorleistung eines anderen Unternehmers nicht funktionsfähig, vgl. BGH NJW 2008, 511 ff.; Ausnahme: Unternehmer erfüllt Prüfungs- u. Hinweispflicht, wofür er die Beweislast trägt).

- Wenn Mangel auch dem Verantwortungsbereich des Bestellers zurechenbar ist, ist dieser analog § 254 BGB an den Nachbesserungskosten zu beteiligen, bei Minderung/Schadensersatz/Selbstvornahme wird der Anspruch entsprechend gekürzt (vgl. AK/*Raab* § 633 Rn. 43 f. m.w.N.).

§ 634 BGB zählt die Rechtsfolgen einer mangelhaften Werkleistung auf und verweist im Wesentlichen auf §§ 280 ff., 323 ff. BGB. Auch im Werkvertragsrecht ist daher für die Geltendmachung der weiteren Gewährleistungsrechte grds. eine **Fristsetzung** erforderlich (Ausnahmen: §§ 636, 281 II, 323 II BGB, Unmöglichkeitsrecht). Häufig verlangt der Besteller Schadensersatz: Beim Schadensersatz statt der Leistung nach §§ 633, 634 Nr. 4, 281 I 1, 280 BGB behält der Besteller grds. die mangelhafte Bauleistung und kann Ersatz der Mängelbeseitigungskosten verlangen (kleiner Schadensersatz). Beim Schadensersatz statt der ganzen Leistung nach §§ 633, 634 Nr. 4, 281 I 1, 3, 280 BGB entfällt nach der im Regelfall vorzunehmenden Abrechnung nach der Differenzmethode grds. der Werklohnanspruch (vgl. Palandt/*Sprau* § 636 Rn. 13; oben Rn. 23 zu § 281 BGB). Der Besteller kann vom Unternehmer z.B. die Rücknahme des Werkes (Abriss), die Rückzahlung etwaiger Vergütungsleistungen und seinen sonstigen Nichterfüllungsschaden verlangen (großer Schadensersatz). Bei Auswirkung der Schlechtleistung auf andere Rechtsgüter (Mangelfolgeschäden) greift der Schadensersatz neben der Leistung nach §§ 634 Nr. 4, 280 I BGB (z.B. Schäden am Pkw bei mangelhafter Reparatur des Motors; Vermögensschäden wg. Verlust eines Rechtsstreits, weil der Besteller auf ein fehlerhaftes Privatgutachten des Unternehmers vertraut hat), der ohne Fristsetzung geltend gemacht werden kann.

§ 3 Vertragliche Sekundäransprüche

Merke: Durch die jeweiligen Verweisnormen sind die Gewährleistungsregelungen im Kaufrecht und Werkrecht fast identisch. Maßgebliche Unterschiede gibt es nur noch bei der Verjährung und beim Abnahmeerfordernis.

Die Mängelansprüche des Bestellers bei Schlechtleistung lassen sich wie folgt systematisieren:
- Anspruch auf Nacherfüllung, §§ 633, 634 Nr. 1, 635 BGB
- Anspruch auf Kostenersatz nach Selbstvornahme, §§ 633, 634 Nr. 2, 637 BGB
- Rücktritt, §§ 633, 634 Nr. 3, 323, 346 ff. BGB
- Anspruch auf Schadensersatz, §§ 633, 634 Nr. 4, 280 ff. BGB
- Minderung, §§ 633, 634 Nr. 3, 638 BGB

In § 634a BGB ist die **Verjährung** der Gewährleistungsansprüche geregelt. Bei Arbeiten an einer Sache gelten zwei Jahre ab Abnahme, bei Arbeiten an einem Bauwerk fünf Jahre. Für den Rücktritt und die Minderung gelten auch hier §§ 634a IV, V, 218 BGB.

Merke: Die Mängelansprüche des Bestellers kommen in der Klausur so wie in der beim Kaufvertrag geschilderten Weise vor, am häufigsten als Einwendung des beklagten Bestellers bei einer Werklohnklage des Werkunternehmers. In der Regel ist das Werk bereits abgenommen worden, weil sich der Besteller wg. § 641 BGB vor Abnahme nicht auf die Mängel berufen müsste. Denken Sie an § 641 III BGB als Sondervorschrift zu § 320 BGB, wenn der Besteller den Nacherfüllungsanspruch als ZBR geltend macht. Besteht das ZBR, kommt es zu einer Zug-um-Zug-Verurteilung. Wenn der Unternehmer nach § 254 BGB wg. Mitverursachung des Mangels durch den Besteller einen Anspruch auf Zuschuss zu den Mängelbeseitigungskosten hat, so erfolgt ggf. eine doppelte Zug-um-Zug-Verurteilung (Palandt/ *Sprau* § 635 Rn. 7).

Klausurtipp: Beachten Sie, dass **mehrere an einem Werk tätige Unternehmer**, die der Besteller durch einzelne Verträge beauftragt hat, diesem gegenüber bei Mängeln grundsätzlich nicht gesamtschuldnerisch haften. Die relevanten Ausnahmen (Kontrollpflichten bzgl. der Vorarbeiten, Mängelbeseitigung durch identische Leistung) finden Sie im Palandt/*Sprau* § 634 Rn. 18 ff.

Der **Nacherfüllungsanspruch** ergibt sich im Werkvertragsrecht aus §§ 634 Nr. 1, 635 BGB. Im Gegensatz zum Kaufrecht hat der Unternehmer die Wahl zwischen Nachbesserung und Neuherstellung. Beachten Sie, dass bei einem Werkvertrag mit einem Architekten ein Nacherfüllungsanspruch kraft Natur der Sache ausscheidet, wenn sich der Mangel seiner Leistung bereits im Bauwerk verkörpert hat. Gewährleistungsansprüche bestehen dann ohne Fristsetzungserfordernis (BGH MDR 2008, 79). Die Frage, wo der **Ort der Nacherfüllung** i.S.v. § 269 BGB, § 29 ZPO liegt, ist wie im Kaufrecht zu beantworten (vgl. dazu Rn. 25).

Klausurtipp: Wenn im Werkvertrag die **Gewährleistung ausgeschlossen** wurde, so ist die Wirksamkeit des Ausschlusses an § 639 BGB zu messen. Zudem gelten bei Ausschluss durch AGB §§ 305 ff. BGB, sonst natürlich stets auch § 242 BGB (vgl. BGH NJW-RR 2007, 895 ff.). Denken Sie auch an **§ 640 II BGB** (lesen!).

Neben der Minderung (§ 638 BGB) ist im Werkvertragsrecht in **§ 637 BGB** speziell das **Selbstvornahmerecht** des Bestellers geregelt, das als lex specialis den Regeln der GoA, §§ 812 ff. BGB oder § 326 II 2 BGB analog vorgeht (vgl. oben Rn. 25 zur Selbstvornahme). **§ 637 III BGB** gewährt einen Anspruch auf Kostenvorschuss. Zuviel oder nicht rechtzeitig verwendeter Kostenvorschuss ist nach § 242 BGB i.V.m. § 637 III BGB zurückzugewähren. In der Literatur wird vertreten, § 637 BGB auch schon vor Abnahme zu gewähren, wenn der Unternehmer das Werk erbracht hat und der Besteller dessen Abnahme wg. Mangelhaftigkeit zu Recht verweigert.

Einstieg in die Werkvertragsrechtsklausur ist häufig **der Werklohnanspruch des Unternehmers** aus § 631 I BGB.

> Die Voraussetzungen für einen Werklohnanspruch des Werkunternehmers sind:
>
> 1. Vertragsschluss
>
> 2. Fälligkeit (grds. mit **Abnahme** des Werkes nach § 641 BGB. Wichtige **gesetzliche Ausnahmen** sind hier §§ 632a I, 640 I 3, 641 II 1, 645, 646 BGB sowie § 15 I HOAI beim Architektenvertrag und § 3 MaBV beim Bauträgervertrag; Eine Rechnungsstellung ist für die Fälligkeit nach h.M. nicht erforderlich.)
>
> 3. Höhe des Werklohns unstreitig oder bewiesen

Eine Abnahme liegt vor, wenn der Besteller (oder sein Vertreter) zum Ausdruck bringt, dass er die Werkleistung als im Wesentlichen nach vertragsgemäß betrachtet. Es kann auch zu einer **konkludenten Abnahme** des Werkes kommen, insb. durch längere anstandslose Ingebrauchnahme des Werkes oder durch vorbehaltlose Zahlung des Werklohns.

Problem: Ungeschriebene Fallgruppen von Werklohnfälligkeit ohne Abnahme

- Wenn Besteller nicht mehr Erfüllung, sondern z.B. Minderung oder kleinen Schadensersatz verlangt (vgl. Palandt/*Sprau* § 641 Rn. 4 m.w.N.; Argument: Den Parteien geht es dann »nur« um die Abrechnung der verschiedenen Positionen.). Diese Rspr. dürfte aus Praktikabilitätsgründen fortgelten und der Besteller nach den allgemeinen Beweislastregeln die Beweislast für die Mangelhaftigkeit des Werkes tragen. Die bisheriger Rspr., dass bei Geltendmachung v.a. des kleinen Schadensersatz von Amts wegen eine »Verrechnung« der gegenüberstehenden Zahlungsansprüche vorzunehmen ist, hat der BGH mittlerweile aufgegeben (vgl. BGH NJW 2005, 2771 ff. → jetzt bei Schadensersatz ganz normale Aufrechnung nötig).

- Bei endgültiger unberechtigter Abnahmeverweigerung (d.h. wenn das Werk mangelfrei ist oder jedenfalls die Mängel unwesentlich sind, vgl. § 640 I 1, 2 BGB), vgl. Palandt/*Sprau* § 641 Rn. 5. Der Werkunternehmer muss dabei die Abnahmereife seines Werkes beweisen.

Merke: Die Abnahme ist nicht nur für den Werklohnanspruch wichtig. Sie stellt den Beginn der Verjährung für die Gewährleistungsansprüche des Bestellers dar, vgl. § 634a II BGB. Nach § 644 BGB geht die Vergütungsgefahr auf den Besteller über. Zudem verliert der Besteller nach § 640 II BGB das Recht auf Mängelbeseitigung, wenn er sich dieses nicht vorbehält. Die Abnahme hat auch Einfluss auf die Beweislast hinsichtlich von Mängeln (s.u.).

In **§ 645 BGB** ist der Werklohnanspruch ohne Abnahme bei Untergang/Unausführbarkeit des Werkes geregelt. Nach st. Rspr. gilt § 645 BGB analog für alle Fälle, in denen das Werk aus Gründen untergeht/undurchführbar wird, die in der Person des Bestellers liegen oder aus seinem **Verantwortungsbereich** stammen. Hat nur der Unternehmer den Untergang/die Undurchführbarkeit verursacht bzw. zu vertreten, so trägt dieser die Vergütungsgefahr nach § 644 I 1 BGB.

Eine weitere Anspruchsgrundlage für Werklohn ist **§ 649 S. 2, 3 BGB**, wenn der Besteller von seinem Kündigungsrecht nach § 649 S. 1 BGB Gebrauch gemacht hat. § 649 S. 2 BGB ist durch AGB nicht abdingbar (vgl. BGH NJW 2007, 3423 f.). Die bisherigen Leistungen müssen mangelfrei erbracht und abgenommen werden, so dass diesbezüglich die Mängelrechte des Bestellers fortbestehen (dann Inzidentprüfung der Mängelrechte). Hier spielt in Klausuren oft die Konkurrenz zu **§ 313 BGB** eine Rolle. U.U. ist § 313 BGB interessengerechter, wenn z.B. ein Fall der Zweckstörung vorliegt (vgl. Rn. 15). Achten Sie bei Klausuren, bei denen es um § 649 BGB geht, auch auf die alternativ zu § 649 S. 1 BGB bestehende Kündigungsmöglichkeit des Bestellers nach **§ 314 BGB**, wenn der Werkvertrag ein Dauerschuldverhältnis oder diesem jedenfalls ähnlich ist (Beispiele: Bauvertrag, Architektenvertrag). Liegt eine Kündigung nach § 314 BGB vor, so bestehen von § 649 S. 2, 3 BGB abweichende Rechtsfolgen, insbesondere kann der Besteller nur die bis zur Kündigung erbrachten Leistungen abrechnen (vgl. Palandt/*Sprau* § 649 Rn. 15).

§ 3 Vertragliche Sekundäransprüche

Klausurtipp: Wenn der Besteller sich vom Vertrag lösen will, so ist sein Vortrag stets nach Maßgabe von §§ 133, 157 BGB dahin **auszulegen**, ob er die Gewährleistungsrechte oder die nach §§ 649, 650, 313, 314 BGB möglichen Vertragslösungsrechte geltend macht. Auch der Werkunternehmer kann den Werkvertrag kündigen bzw. sich von dem Vertrag lösen, vgl. §§ 643, 323 ff., 313, 314 BGB.

In einigen Klausuren geht es auch um Fragen der **Sicherheiten für den Besteller**. Die Verpflichtung des Unternehmers, Sicherheiten (v.a. für den Rückgriff bei Mängeln) zu leisten, kann sich aus dem Gesetz (vgl. § 632a III BGB n.F.) oder aus einer Vereinbarung ergeben. Vereinbart werden kann z.B. die Stellung einer Gewährleistungsbürgschaft (in AGB aber nicht in Form einer Bürgschaft auf erstes Anfordern zulässig; dann Rückgabeanspruch aus § 812 BGB) oder der Einbehalt von Werklohn (in der Praxis der Regelfall). Hat der Unternehmer eine Austauschsicherheit gestellt (v.a. eine Bürgschaft), so muss der einbehaltene Werklohn ausgezahlt werden (Anspruchsgrundlage: Sicherungsabrede i.V.m. § 235 BGB; vgl. Palandt/*Sprau* § 641 Rn. 12). Die Parteien können auch vereinbaren, dass der Besteller Sicherheiten zugunsten des Unternehmers leistet, auch hier kommen die in § 232 BGB genannten Sicherheiten in Betracht. Eine in der Praxis wichtige gesetzliche Sicherheit ist in § 648a BGB normiert, der nach der Neufassung nunmehr auch einen einklagbaren Anspruch auf Stellung der Sicherheit verschafft. § 648 BGB regelt den Anspruch des Bauhandwerkers auf Eintragung einer Sicherungshypothek an dem Grundstück (§ 648a IV beachten!) und wird häufig im einstweiligen Rechtsschutz abgeprüft, da der Anspruch durch die Eintragung einer Vormerkung mittels einstweiliger Verfügung geschützt werden kann.

Problem: Reichweite der Bauhandwerkersicherungshypothek, § 648 BGB

- Nur bei Arbeiten an einem »Bauwerk«, (–) bei Arbeiten an einem Grundstück (Ausnahme: Arbeit dient der Vorbereitung eines Bauwerks, z.B. Ausheben einer Baugrube, vgl. BGH BauR 1984, 64 f.)
- Eintragungsanspruch besteht nur in Höhe des Vergütungsanspruchs für durchgeführte **mangelfreie Arbeiten**, Fälligkeit ist nicht erforderlich
- Anspruch besteht nach § 242 BGB ggf. auch, wenn der Eigentümer des Grundstücks nicht Besteller ist (z.B. Dritter wird als Besteller nur vorgeschoben; Besteller ist eine Gesellschaft und das Baugrundstück gehört dem persönlich haftendem Gesellschafter, vgl. OLG Frankfurt NJW-RR 2008, 1117 ff.).

Das **Werkunternehmerpfandrecht** an Sachen des Bestellers findet sich in § 647 BGB. Nach der Rspr. kann das gesetzliche Werkunternehmerpfandrecht **nicht gutgläubig erworben** werden, da der u.a. auf § 1207 BGB verweisende § 1257 BGB ein bereits entstandenes Pfandrecht voraussetzt und daher nicht eingreifen kann. Gleichfalls anerkannt ist, dass durch eine von dem Eigentümer dem Besitzer/Besteller erteilte Ermächtigung, die Sache reparieren zu lassen, etwa nach § 185 BGB analog das gesetzliche Werkunternehmerpfandrecht nicht entstehen kann (vgl. BGHZ 34, 122 ff.). In Betracht kommt aber die Entstehung eines vertraglichen Werkunternehmerpfandrechts, wenn entsprechende Klauseln im Werkvertrag oder in AGB enthalten sind. Dieses vertragliche Pfandrecht kann nach § 1207 BGB auch gutgläubig erworben werden. Beachten Sie den Erlöschensgrund von §§ 1257, 1253 BGB (Rückgabe der Pfandsache). Das Werkunternehmerpfandrecht spielt häufig in § 771 ZPO-Klausuren eine Rolle (vgl. dazu *Kaiser* Zwangsvollstreckungsklausur, Rn. 44).

In § 651 BGB ist der **Werklieferungsvertrag** geregelt (lesen!). Dieser hat die Lieferung herzustellender oder zu erzeugender beweglicher Sachen zum Gegenstand (z.B. Herstellung u. Lieferung von Türen, einer Einbauküche oder einer individuell angepassten Markise; Kauf einer herzustellenden Torte; Herstellung von Werbemappen nach Designvorlage des Kunden). § 651 BGB gilt auch, wenn die Gegenstände zum Einbau in ein Bauwerk bestimmt sind. Liegt das Hauptgewicht des Vertrags auf einer über die Lieferung hinausgehender Planungsleistung/ schöpferischen Leistung, gilt aber nach bislang h.M. Werkrecht (z.B. Planung und Herstellung einer speziellen Maschine). Auch bei reinen Reparaturarbeiten ist nur Werkrecht anwendbar.

> **Merke:** Grenzen Sie zwischen Werklieferungsvertrag und Werkvertrag ab, da jeweils verschiedene Regelungen (Kaufrecht, ggf. auch § 377 HGB wegen § 381 II HGB! ↔ Werkrecht, kein § 377 HGB!) greifen.

> **Klausurtipp:** Der **Generalunternehmer** schließt den Werkvertrag mit dem Besteller ab. Er ist befugt, im eigenen Namen und auf eigene Rechnung die erforderlichen Werkleistungen an Subunternehmer zu vergeben. Ein Vertragsverhältnis besteht also nur zwischen Generalunternehmer und Besteller und zwischen Generalunternehmer und Subunternehmer (ebenfalls Werkvertrag, kein VzD bzgl. des Bestellers!). Das Verschulden/die Pflichtverletzung des Subunternehmers wird nach § 278 BGB dem Generalunternehmer zugerechnet.

2. Prozessuale Besonderheiten für die Klausur

Denken Sie bei Werklohnklagen nach Abnahme und Bestehen des Nachbesserungsanspruches an die **Zug-um-Zug-Verurteilung** und deren Einfluss auf die Kostenentscheidung, wenn der Kläger diese Form der Verurteilung nicht beantragt hat (vgl. *Kaiser* Zivilgerichtsklausur I, Rn. 210). Die Nachbesserungsarbeiten sind so konkret wie möglich zu bezeichnen.

Achten Sie beim **Abfassen des Tatbestandes** auf den richtigen Aufbau. Die streitigen Behauptungen zur Abnahme gehören i.d.R. in den Vortrag des Werkunternehmers, die zu den Mängeln i.d.R. in den Vortrag des Bestellers. Ggf. müssen Sie dann eine Replik des klagenden Werkunternehmers bzgl. der behaupteten Mängel anfügen (vgl. im Einzelnen zum Aufbau: *Kaiser* Zivilgerichtsklausur I, Rn. 23 ff.).

Der Werkunternehmer trägt grds. die **Darlegungs- u. Beweislast** für die Höhe der **Vergütung**. Beruft sich der Werkunternehmer auf eine bestimmte Lohnvereinbarung, hat er diese zu beweisen. Wenn der Werkunternehmer mangels konkreter Vergütungsvereinbarung nach § 632 II BGB die übliche Vergütung verlangt (dies wird i.d.R. die Abrechnung nach Einheitspreisen sein) und der Besteller eine abweichende niedrigere Vereinbarung substantiiert darlegt (z.B. niedrigerer Pauschalpreis oder Abrechnung nach Stunden), muss der Unternehmer die Unrichtigkeit dieser Darlegung beweisen. Dafür hat allerdings erstmal der Besteller die Umstände der von ihm behaupteten Vereinbarung substantiiert darzulegen (BGH NJW-RR 1992, 848).

Bei der **Darlegungs- u. Beweislast** hinsichtlich von **Werkmängeln** gilt Folgendes: Macht der Besteller aktiv Mängelansprüche geltend (Nacherfüllung, Rücktritt, Schadensersatz), so muss er zuerst einmal alle Voraussetzungen der jeweiligen Anspruchsgrundlage darlegen, so auch die Mangelhaftigkeit der Werkleistung, wobei es ausreicht, wenn er die Mangelauswirkungen (Symptome) darstellt. Allerdings wird hier die Abnahme des Werkes für die Beweislast entscheidend. Denn vor Abnahme muss der Werkunternehmer die Mangelfreiheit beweisen, nach der Abnahme der Besteller die Mangelhaftigkeit des Werkes (Ausnahme: § 640 II BGB). Macht der Besteller im Werklohnprozess Mängelrechte als Einwendung geltend, so kommt es bzgl. der Beweislast ebenfalls auf die Abnahme an (vgl. BGH NJW 2002, 223; PWW/*Leupertz* § 634 Rn. 27 m.w.N.; nach a.A. trägt der Besteller bei aktiver Geltendmachung von Mängelrechten unabhängig von der Abnahme die Beweislast für die Mangelhaftigkeit, so wohl Palandt/*Sprau* § 634 Rn. 12; MüKo-BGB/*Busche* § 634 Rn. 76 f.).

§ 4 Vertragsähnliche Ansprüche

A. Culpa in contrahendo (c.i.c.) und positive Vertragsverletzung (pVV)

Die pVV und die c.i.c. sind in §§ 241 II, 311 II BGB gesetzlich normiert.

33

Merke: Typischer Anwendungsfall der pVV ist die Nebenpflichtverletzung/Rücksichtnahmepflichtverletzung in einem Vertrag, die sich auf andere Rechtsgüter auswirkt (vgl. Rn. 24). Die Paragraphenkette für den Schadensersatzanspruch aus pVV ist dann §§ 280, 241 II BGB. Typischer Anwendungsfall der c.i.c. ist die Sorgfaltspflichtverletzung vor Vertragsschluss, die sich auf andere Rechtsgüter auswirkt (vgl. Rn. 24). Die Paragraphenkette für den Schadensersatzanspruch aus c.i.c. ist dann §§ 280, 311 II, 241 II BGB.

1. Die pVV

§ 241 II BGB regelt die vertraglichen Nebenpflichten, bei deren Verletzung ein Anspruch aus §§ 280, 241 II BGB besteht (= pVV). Beachten Sie, dass §§ 280, 241 II BGB als Schadensersatznormen oft in Fällen relevant werden, in denen **kein spezielles Gewährleistungsrecht** besteht (z.B. Nebenpflichtverletzung beim Dienstvertrag, Geschäftsbesorgungsvertrag, Wohnungseigentümer untereinander z.B. bei Verletzungen von § 14 WEG, Nebenpflichtverletzungen bei atypischen Verträgen wie z.B. beim Selbstsperrvertrag mit der Spielbank – vgl. BGH NJW 2008, 840 ff. –, beim Besuchervertrag für Fußballspiel – vgl. OLG Rostock NJW 2006, 1819 ff. – oder beim Rahmenvertrag, vgl. OLG Karlsruhe MDR 2007, 1181).

Auch der Käufer kann eine Nebenpflicht i.S.v. § 241 II BGB verletzen, so z.B. bei einer **unsachlicher Verkäuferbewertung** nach einem Internetkauf. Hier ist ein Anspruch auf Unterlassung/Löschung neben pVV in Form der »culpa post contractum finitum« auch aus §§ 823 I, II BGB i.V.m. §§ 185 f. StGB, § 824 BGB und § 1004 BGB analog möglich, vgl. *Petershagen* NJW 2008, 953 ff., Palandt/*Ellenberger* § 156 Rn. 3.

Die pVV spielt auch eine Rolle, wenn zur **aktiven Anspruchsdurchsetzung** bei einer Pflichtverletzung (z.B. Nichtleistung, deliktisches Handeln) Anwaltskosten entstehen (sog. **Gebührenschaden**). Hier kommen Ansprüche aus Verzug (vgl. Rn. 21), aus der Verletzung einer (vor-)vertraglichen Nebenpflicht (pVV, c.i.c.), aus Verletzung einer vertraglichen Hauptpflicht (§§ 280 ff. BGB) oder aus Delikt (§§ 823 ff. BGB und StVG, dies v.a. bei Verkehrsunfällen, vgl. Rn. 63) in Betracht. Obergrenze der Ersatzpflicht sind wegen § 254 BGB grds. die Sätze des RVG. Kostenerstattung bei außergerichtlicher **Verteidigung** gegen eine unberechtigte Inanspruchnahme wird i.d.R. nicht verlangt werden können: Ansprüche aus § 823 BGB und GoA werden von der h.M. abgelehnt, übrig bleibt i.d.R. allein die pVV, wenn der vermeintliche Anspruch des (Schein-)Gläubigers i.R.e. vertraglichen Verbindung der Parteien geltend gemacht wird (**lesen Sie BGH NJW 2009, 1262 ff.:** Stichwort »Plausibilitätskontrolle«; ähnlich BGH NJW 2008, 1147 f. zum Kostenaufwand des Verkäufers durch unberechtigtes Mängelbeseitigungsverlangen des Unternehmer-Käufers).

Beachte: Stets muss die Inanspruchnahme eines Anwaltes erforderlich und zweckmäßig sein, sonst scheidet eine Ersatzpflicht – egal aus welcher Anspruchsgrundlage – grds. aus (vgl. Rn. 63).

2. Die c.i.c.

§ 311 II BGB regelt die vorvertraglichen Sonderverbindungen mit Pflichten i.S.v. § 241 II BGB, bei deren Verletzung ein Anspruch aus §§ 280, 311 II, 241 II BGB besteht (= c.i.c.). Die wohl wichtigsten Fälle der vorvertraglichen Pflichtverletzung sind die Verletzung einer **Aufklärungspflicht** vor Vertragsschluss, die Verletzung einer **Schutzpflicht** bzgl. der Rechtsgüter des (potentiellen) Vertragspartners vor Vertragsschluss und der Abbruch von Vertragsverhandlungen ohne triftigen Grund trotz erweckten Vertrauens. Zusätzlich dazu regelt § 311 III BGB die **Eigenhaftung von Dritten** (insbes. Vertretern) bei Inanspruchnahme besonderen Vertrauens oder bei eigenem wirtschaftlichem Interesse (nicht in § 311 III 2 BGB geregelt, Abs. 3 ist aber nicht abschließend → vgl. Wortlaut »*insbesondere*...«). Der Dritte haftet dann für eine Sorgfaltspflichtverletzung aus c.i.c.

> **Merke:** Eine Aufklärungspflicht i.S.d. c.i.c. ist dann anzunehmen, wenn nach Treu und Glauben und der maßgeblichen Verkehrsanschauung eine Aufklärung erwartet werden kann. Erkennen Sie die Parallele zu § 123 BGB?

> **Klausurtipp:** Achten Sie auf die c.i.c. auch in unbekannteren Situationen. So ist schon mehrfach in Examensklausuren die Absage von **Tischreservierungen** in Restaurants thematisiert worden (vgl. *Kaiser* JA 2007, 291 ff.). Mangels Rechtsbindungswillen kommt in derartigen Konstellationen i.d.R. kein Vorvertrag oder Gefälligkeitsvertrag zustande. Es handelt sich um bloße Vertragsverhandlungen, bei deren Abbruch höchstens ein Anspruch auf Ersatz des Vertrauensschadens aus c.i.c. in Betracht kommen kann. Die **Hotelreservierung** wird von der Rspr. dagegen bereits als verbindlicher Abschluss des Beherbergungsvertrages angesehen (vgl. LG Frankfurt NJW-RR 2006, 54 f.).

Ein Anspruch aus c.i.c. wird nicht dadurch ausgeschlossen, dass gleichzeitig die Voraussetzungen von **§ 123 BGB** vorliegen (Argument: Die c.i.c. schützt das Vermögen, § 123 BGB die freie Willensbildung).

Problematisch ist häufig der **Umfang des Schadensersatzanspruchs** aus c.i.c. bei einer Aufklärungspflichtverletzung. I.d.R. wird nur der Vertrauensschaden ersetzt, jedoch kommt ggf. auch ein Anspruch auf Rückgängigmachung des Vertrages in Betracht (vgl. BGH WM 2008, 1120 ff. und BGH NJW 2008, 640 ff.: Aufklärungspflichtverletzung der Bank bei Erkennbarkeit der sittenwidrigen Übertreuerung der zu finanzierenden Eigentumswohnung; nach Aufhebung des Vertrages sind die Leistungen dann nach §§ 346 ff. BGB analog rückabzuwickeln.).

An c.i.c. und pVV ist auch bei Fragen der **Staatshaftung/Amtshaftung** zu denken. Insbesondere in den sog. verwaltungsrechtlichen Schuldverhältnissen gelten §§ 280, 241 II, 311 II BGB analog (vgl. *Kaiser* JA 2007, 618 ff.).

B. Geschäftsführung ohne Auftrag (GoA)

34 Ansprüche aus GoA müssen im Examen v.a. dann angesprochen werden, wenn – salopp gesagt – der Anspruchsteller für den Anspruchsgegner »etwas gemacht hat«, ohne durch einen Vertrag dazu berechtigt/verpflichtet zu sein. Unterscheiden Sie:

> **Echte GoA** (Kenntnis von Fremdheit des Geschäfts und FGW)
> - Berechtigte GoA (Übereinstimmung mit Interesse/Wille des GH)
> - Unberechtigte GoA (keine Übereinstimmung)
>
> **Unechte GoA** (kein FGW)
> - Vermeintliche Eigengeschäftsführung (keine Kenntnis von Fremdheit des Geschäfts)
> - Angemaßte Eigengeschäftsführung (Kenntnis von Fremdheit des Geschäfts)

1. Besorgen eines fremden Geschäfts, § 677 BGB

Hier ist jede Handlung auch rein tatsächlicher Art umfasst, es sei denn, es handelt sich um bloßes Unterlassen oder Dulden. Das Geschäft muss dabei im Interesse eines anderen liegen. Liegt die Geschäftsübernahme sowohl im eigenen als auch im fremden Interesse, liegt ein sog. **»auch – fremdes Geschäft«** vor (z.B. Beauftragung eines Abschleppunternehmers durch den in seinem Besitz gestörten Eigentümer). Bei eigenen und neutralen Geschäften liegt nur dann ein fremdes Geschäft i.S.d. GoA vor, wenn der Handelnde Fremdgeschäftsführungswillen hat.

§ 4 Vertragsähnliche Ansprüche

Examensrelevante Probleme aus diesem Bereich sind:

Problem: GoA im Straßenverkehr

- Die Selbstaufopferung (Fahrer weicht aus, um einen anderen Verkehrsteilnehmer nicht zu schädigen und erleidet dabei einen Unfall) ist nur dann ein »auch – fremdes Geschäft«, wenn der Fahrer nicht ausweicht, um der eigenen Haftung zu entgehen, sondern ausschließlich, um den Gefährdeten zu schützen. Da wegen § 7 II StVG n.F. nun in den meisten Fällen aus § 7 I StVG gehaftet wird, scheidet ein »auch – fremdes Geschäft« in diesem Zusammenhang i.d.R. aus. Anders, wenn § 7 StVG nicht greift (z.B. Selbstaufopferung eines Radfahrers).
- Sonderproblem: Ein Verkehrsteilnehmer, der einem anderen Verkehrsteilnehmer Winkzeichen/Hinweise gibt und dadurch einen Unfall verursacht, haftet dem Geschädigten aus pVV der berechtigten GoA (BGH NJW 1965, 1271).

Problem: »Auch – fremdes Geschäft« bei Zahlung eines Gesamtschuldners

- Dies ist grds. zu verneinen, da wg. § 426 II BGB der andere Gesamtschuldner nicht frei wird. Zudem stellt § 426 BGB grds. eine Sonderregel für den Ausgleich dar (vgl. OLG Rostock OLGReport 2009, 41 ff.).

2. Fremdgeschäftsführungswille (FGW), § 687 I BGB

Der FGW wird beim objektiv fremden Geschäft (widerleglich) vermutet, nach der Rspr. ebenso beim sog. »auch – fremden Geschäft«. Bei eigenen oder neutralen Geschäften muss er hinreichend deutlich nach außen in Erscheinung treten. § 686 BGB normiert die Unbeachtlichkeit eines Irrtums über die Person des Geschäftsherrn. Zwei Probleme treten im Zusammenhang mit dem FGW öfter auf:

Problem: GoA/FGW auch bei unwirksamem Grundgeschäft

- Nach Rspr. GoA (+), FGW wird vermutet (vgl. Palandt/*Sprau* § 677 Rn. 7, 11; a.A. Literatur: Nur §§ 812 ff. BGB), Anspruch des Geschäftsführers auf Aufwendungsersatz/Lohn daher aus §§ 677, 683 S. 1, 670 BGB möglich
- Korrektur dieses Ergebnisses aus Billigkeitsgründen: Aufwendungen bei Tätigkeiten aufgrund sittenwidrigen/verbotswidrigen Verträgen sind nicht »erforderlich« i.S.d. § 670 BGB (OLG Stuttgart NJW 1996, 665 f.:»Titelkäuferfall«; BGH NJW 1990, 2542 f.: Verstoß gg. SchwarzArbG), Aufwendungen bei gänzlichem Fehlen eines Grundgeschäfts fallen nicht unter GoA (z.B. »Erbensucherfälle«, Argument: Keine Umgehung der Privatautonomie; auch Ansprüche aus §§ 812 ff. BGB bestehen dann nicht).

Problem: GoA/FGW auch bei Vertrag mit einem Dritten

- Nach BGH »auch – fremdes Geschäft« (+), FGW kann i.d.R. vermutet werden (bestr., vgl. Palandt/*Sprau* § 677 Rn. 7). Ein Sonderfall sind die **Abschlepp-Fälle**: Anspruch des (z.B. von der Polizei oder vom gestörten Grundstückseigentümer) beauftragten Abschleppunternehmers gegen Halter des Fahrzeuges auf Zahlung der Abschleppkosten? Hier GoA zumindest dann (–), wenn der Auftrag mit dem Dritten die Entgeltfrage abschließend regelt, was i.d.R. bei Werkverträgen mit Privaten der Fall ist. Hinsichtlich etwaiger Verwahrungskosten ist die GoA aber möglich. Oft tritt der gestörte Grundstückseigentümer dem Abschleppunternehmer seine Ansprüche gegen den Störer (s.u.) ab, was zulässig ist.
- Bei Beschädigung des Kfz durch Abschleppunternehmer: Schadensersatzansprüche des Kfz-Eigentümers gegen Abschleppunternehmer aus pVV der berechtigten GoA – falls GoA bejaht wird – und/oder aus § 7 StVG, § 823 BGB. § 823 BGB ist durch §§ 989, 990 BGB nicht gesperrt, da bis zum Herausgabeverlangen keine Vindikationslage vorliegen dürfte (abgeleitetes RzB aus § 986 I 1 Alt. 2 BGB wg. der berechtigten GoA des gestörten Eigentümers oder ZBR als eigenes RzB wg. der abgetretenen Ansprüche des gestörten Eigentümers). Achtung: Ggf. Haftungsüberleitung auf den Staat nach § 839 BGB i.V.m. Art. 34 GG bei Schäden durch das von Polizei in Auftrag gegebene Abschleppen, vgl. OLG Saarbrücken NJW-RR 2007, 681 ff.

Die Sperrwirkung greift aber nicht für § 7 StVG und bei Schädigungen im Zeitpunkt der späteren Verwahrung auf dem Verwahrplatz des Abschleppunternehmers, vgl. OLG Hamm NJW 2001, 375.

> **Klausurtipp:** Eine Abwandlung der Abschlepp-Problematik stellt die Beauftragung eines Abschleppunternehmens durch eine **Privatperson** dar, deren eigene Ausfahrt durch ein fremdes Kfz versperrt ist. Das Abschleppenlassen ist hier zumindest ein »auch – fremdes Geschäft«. Wg. § 679 BGB ist aber problematisch, ob der gestörte Eigentümer vom Störer Ersatz der an das Abschleppunternehmen gezahlten Kosten aus GoA verlangen kann (s.u.). Ersatzansprüche kommen in jedem Fall aus § 823 I, II BGB in Frage (vgl. Rn. 57). Dem Störer stehen Gegenansprüche aus §§ 677, 681 S. 2, 667 BGB auf Auskunft bzgl. des Verbringungsortes des Kfz zu. Lesen Sie dazu den guten Aufsatz von *Lorenz* in NJW 2009, 1025 ff. und **BGH NJW 2009, 2530 ff.** Beachten Sie: Ein Zuparken des zuparkenden Kfz wäre unzulässig, da dies keine Maßnahme i.S.v. § 859 III BGB wäre, die die Besitzstörung beseitigt (vgl. OLG Hamm MDR 1969, 601 f.).

3. Ohne Auftrag

Es dürfen kein Auftrag und keine sonstige Berechtigung (z.B. ein Geschäftsbesorgungsvertrag) vorliegen.

4. Berechtigung der Geschäftsführung, § 683 BGB

Diese Berechtigung liegt vor, wenn die Geschäftsführung dem wirklichen oder mutmaßlichen Willen **und** dem Interesse des Geschäftsherrn entspricht. Das Interesse ist objektiv (objektive Nützlichkeit), der Wille subjektiv zu bestimmen. Nach der Einschränkung in §§ 683 S. 2, **679 BGB** ist der entgegenstehende Wille aber u.a. unbeachtlich, wenn das Geschäft im öffentlichen Interesse liegt (so z.B. in den Abschlepp-Fällen, wenn das Falschparken ordnungsrechtlich verboten ist; bei Parken auf Privatgrundstück nach e.A. nur, wenn Gefahren- o. Notsituation vorliegt, nach a.A. besteht auch dann stets besonderes öff. Interesse wegen Wahrung der öffentlichen Sicherheit und Ordnung und wegen der Wertung des § 859 BGB).

5. Rechtsfolgen der berechtigten GoA

Wenn die Berechtigung gem. § 683 BGB vorliegt, ist der **Aufwendungsersatzanspruch aus §§ 677, 683 S. 1, 670 BGB** – der v.a. die typischen Aufwendungen wie freiwillige Vermögensopfer oder die Eingehung einer Verbindlichkeit gegenüber einem Dritten erfasst – der wichtigste Anspruch des Geschäftsführers.

Problem: Reichweite des Aufwendungsersatzanspruches

- Analog § 680 BGB/§ 110 HGB auch sog. **Begleitschäden** bei Ausführung des Geschäfts (nach mittlerweile h.M. auch Schmerzensgeld), wobei das eigene Mitverschulden des Geschäftsführers nach § 680 BGB nur bei Vorsatz/grober Fahrlässigkeit berücksichtigt wird
- Analog § 670 BGB i.V.m. § 1835 III BGB analog **Ersatz der eigenen beruflichen Arbeitskraft** in Höhe der üblichen Vergütung nach, sofern die vorgenommene Tätigkeit zum Beruf/Gewerbe des Geschäftsführers gehört (BGHZ 65, 384 ff.)
- Häufiger Einwand des Geschäftsherrn in Klausuren ist, dass er die Aufwendungen (z.B. Streichen der Wand, Einbau der Fenster) weitaus **billiger** hätte veranlassen können. Hier gilt Folgendes: ==Auch objektiv überhöhte Aufwendungen des Geschäftsführers sind dann zu ersetzen, wenn die Aufwendungen nach Abwägung der Umstände des Einzelfalls aus subjektiver Sicht erforderlich waren.==

> **Klausurtipp:** Die Rspr. wendet z.T. **§§ 812 ff. BGB** bzgl. des Aufwendungsersatzes des Geschäftsführers an, wenn der der Tätigkeit zugrunde liegende Vertrag unwirksam ist (BGH NJW 1990, 2542 f.: Schwarzarbeiter; Argument für die Anwendung von §§ 812 ff. BGB neben der GoA: Kein ungerechtfertigter Vorteil des Geschäftsherrn). Auch § 817 S. 2 BGB sperrt wg. § 242 BGB dann nicht. Diese Fälle

stellen jedoch Ausnahmen dar, die die Rspr. aus Wertungsgesichtspunkten zugelassen hat, wenn ein Anspruch aus GoA v.a. an § 670 BGB scheitert. Denn grds. scheitern §§ 812 ff. BGB am bestehenden Rechtsgrund (berechtigte GoA = Rechtsgrund) oder zumindest an § 817 S. 2 BGB (vgl. z.B. BGH NJW 1993, 3196 f.; OLG Stuttgart NJW 2008, 3071 ff.).

Ansprüche des Geschäftsherrn:

- Ansprüche aus §§ 677, 681 S. 2, 666 ff. BGB, v.a. Herausgabe des Erlangten, §§ 677, 681 S. 2, 667 BGB

- Schadensersatz aus §§ 280, 241 II BGB/pVV der berechtigten GoA bei Ausführungsverschulden (beachte hier das Haftungsprivileg des § 680 BGB, welches allerdings nicht für herbeigerufene professionelle Nothelfer gilt!)

- Sonstige Ansprüche (z.B. §§ 987 ff., 812 ff., 823 ff. BGB) sind grds. gesperrt. Davon lässt die Rspr. jedoch Ausnahmen zu: So greift § 823 BGB bei sog. Ausführungsverschulden (d.h. bei Unachtsamkeit während der Ausführung des berechtigten Geschäfts), auch dann gilt aber ggf. § 680 BGB zugunsten des Geschäftsführers. Beachten Sie, dass auf den Herausgabeanspruch §§ 280 ff. BGB anwendbar sind, wenn der Geschäftsführer die Herausgabe verweigert oder sie ihm unmöglich (geworden) ist.

6. Rechtsfolgen der unberechtigten GoA

Wenn der Geschäftsherr die unberechtigte GoA genehmigt, gelten die Rechtsfolgen der berechtigten GoA (vgl. Rechtsgedanke von § 684 S. 2 BGB). Sonst gilt Folgendes:

- Der Geschäftsführer hat einen Anspruch auf Aufwendungsersatz nur nach den Vorschriften des Bereicherungsrechts, vgl. Rechtsfolgenverweisung in §§ 677, 684 S. 1, 812, 818 I, II BGB (Unterschied zum Aufwendungsersatzanspruch bei berechtigter GoA: Nur Bereicherung des Geschäftsherrn wird abgeschöpft, Gefahr der Entreicherung nach § 818 III BGB, Einwand der aufgedrängten Bereicherung möglich).

- Der Geschäftsführer muss dem Geschäftsherrn nach h.M. das Erlangte gem. §§ 677, 681 S. 2, 667 BGB herausgeben (Palandt/*Sprau* Einf v § 677 Rn. 5), Argument: Der unberechtigte Geschäftsführer soll nicht besser gestellt sein als der berechtigte Geschäftsführer.

- Der Geschäftsführer ist schadensersatzpflichtig: Bei **Übernahmeverschulden** Schadensersatz auch ohne weiteres Verschulden nach § 678 BGB, bei **Ausführungsverschulden** Schadensersatz nur verschuldensabhängig gem. §§ 280 I, 241 II BGB/pVV der unberechtigten GoA und § 823 BGB möglich. In allen Fällen ist § 680 BGB anwendbar.

7. Unechte GoA und Sonstiges

Bei der **angemaßten Eigengeschäftsführung** i.S.v. § 687 II BGB fehlt dem Geschäftsführer der FGW. Der Geschäftsführer führt ein fremdes Geschäft als ein eigenes, obwohl er positive Kenntnis von der Fremdheit hat, vgl. zu den Rechtsfolgen § 687 II BGB. Das Geschäft muss objektiv **ein fremdes** sein (z.B. unberechtigte Veräußerung fremder Sachen), § 687 I, II BGB erfassen nicht das auch-fremde-Geschäft. Wichtig: Von §§ 687 II 2, 684 S. 1, 812 BGB ist nur der Aufwendungsersatz erfasst, nicht die Herausgabe des vom Geschäftsherrn Erlangten (vgl. *Medicus* Rn. 419; Argument: Sonst Zirkelschluss, da beide jeweils dem anderen das Erlangte herausgeben müssten.). Für den Geschäftsherrn sind neben § 687 II 1 BGB die allgemeinen Regelungen der §§ 987 ff., 812 ff, 823 ff. BGB nicht gesperrt. Anders ist dies bzgl. des Geschäftsführers: Kann er nach § 687 II 2 BGB Aufwendungsersatz nicht verlangen, scheiden für ihn Aufwendungsersatzansprüche aus §§ 994 ff., 812 ff. BGB wegen der Wertung des § 687 II 2 BGB aus.

Bei der **vermeintlichen Eigengeschäftsführung** i.S.d. § 687 I BGB glaubt der Geschäftsführer irrtümlich, es läge ein eigenes Geschäft vor. Dann liegt überhaupt keine GoA vor und die §§ 677 ff. BGB finden keine Anwendung. In diesen Fällen sind Ansprüche aus EBV oder §§ 823 ff., 812 ff. BGB möglich.

Eine der GoA ähnelnde Situation ergibt sich, wenn ein **Miteigentümer** Aufwendungen auf das gemeinsame Eigentum macht. Ein Aufwendungsersatzanspruch ergibt sich hier aus der vorrangigen Regelung der §§ 748, 744 II BGB, in den sonstigen Fällen ggf. aus GoA oder aus § 812 I 1 Alt. 2 BGB. Beachten Sie bei **gemeinsamen Grenzanlangen** i.S.v. § 921 BGB aber die vorrangige Regelung in § 922 S. 2 BGB. Greift bei gemeinsamen Grenzanlagen § 922 S. 2 BGB nicht (z.B. weil keine Unterhaltungskosten betroffen sind), kommen nur Ansprüche aus GoA oder § 812 BGB in Betracht.

Eine der GoA ähnliche Regelung findet sich auch in **§ 21 II WEG** (»Notgeschäftsführung« für die WEG). Der Anspruch aus § 21 II WEG gegen die WEG tritt dann neben den Anspruch aus GoA; beide richten sich grds. gegen die WEG und nicht gegen die einzelnen Eigentümer (vgl. OLG München NJW-RR 2008, 534 f.; die Eigenhaftung nach § 10 VIII WEG gilt nur für die Haftung ggü. Dritten, vgl. Rn. 111).

Schließlich sollten Sie noch wissen, dass die Vorschriften der GoA ggf. auch analog im Verhältnis Bürger-Staat und innerhalb von Verwaltungsträgern angewendet werden kann, sog. **öffentlich-rechtliche GoA** (vgl. dazu unseren zusammenfassenden Aufsatz in JA 2007, 618 ff.).

§ 5 Dingliche Ansprüche

A. Eigentumserwerb

Es gibt im Wesentlichen folgende Fälle des dinglichen Erwerbes im Zivilrecht:

35

> Erwerb durch Rechtsgeschäft:
> - §§ 398 ff. BGB: Forderungen (Abtretung), gilt nach § 413 BGB auch für sonstige Rechte
> - Forderungserwerb durch Vertragsübernahme (nicht gesetzlich geregelt)
> - §§ 873, 925 BGB: Grundstücke
> - §§ 929 ff. BGB: Bewegliche Sachen
> - § 926 BGB: Zubehör
>
> Erwerb durch Gesetz:
> - § 937 BGB: Ersitzung
> - §§ 946 ff. BGB: Vermischung/Vermengung/Verarbeitung/Einbau in Grundstück
> - § 952 BGB: Erwerb bestimmter Urkunden
> - §§ 953 ff. BGB: Erwerb von Erzeugnissen/Bestandteilen einer Sache
> - §§ 958 ff. BGB: Aneignung herrenloser Sachen (z.B. nach Derelikion)
> - §§ 973 ff. BGB: Gefundene nicht herrenlose Sachen
> - § 984 BGB: Schatzfund
> - § 1922 BGB: Gesamtrechtsnachfolge
>
> Erwerb durch Hoheitsakt:
> - §§ 90, 55, 20 ZVG i.V.m. §§ 1120 ff. BGB: Erwerb durch Zwangsversteigerung nach ZVG
> - §§ 814 ff. ZPO: Erwerb durch Zwangsversteigerung nach ZPO
> - §§ 73 ff., 74 ff. StGB: Erwerb durch Einziehung/Verfall

Im Folgenden geben wir Hinweise auf die besonders klausurrelevanten Aspekte des Eigentumserwerbs.

Klausurtipp: Zum Eigentumserwerb in der **Grundstückszwangsversteigerung** nach § 90 ZVG sollten Sie Folgendes wissen: Nach §§ 90 II, 55 I, 20 II ZVG i.V.m. § 1120 BGB wird von der Versteigerung z.B. auch das Zubehör, welches im Eigentum des Versteigerungsschuldners steht, erfasst. Gleiches gilt unter den Voraussetzungen von §§ 90 II, 55 II ZVG für schuldnerfremdes Zubehör. Die Zubehöreigenschaft ergibt sich aus § 97 I, II BGB (umstr. bei Einbauküchen, vgl. Palandt/*Ellenberger* § 97 Rn. 11 und **BGH NJW 2009, 1078 ff.**). Besitz i.S.v. § 55 II ZVG ist so zu verstehen wie in §§ 853 ff. BGB, Scheinbesitz reicht nicht aus (umstr., vgl. OLG Düsseldorf, Urt.v. 24.11.1993, AZ: 11 U 46/93). Auch das Anwartschaftsrecht am Zubehör ist vom Zuschlag erfasst.

Beachten Sie zudem zu **§§ 73 ff., 74 ff. StGB**: Wird trotz Eigentum eines Dritten an der beschlagnahmten Sache der Verfall oder die Einziehung angeordnet, so findet nur bei der Einziehung ein Eigentumsübergang statt, nicht aber beim Verfall, vgl. §§ 73e, 74e StGB. Zu den Rechten Dritter i.S.v. §§ 73e I 2, 74e II 1 StGB werden v.a. Pfandrechte aber nicht das Eigentum Dritter gezählt.

1. Teil. Die Prüfungsreihenfolge im Zivilrecht

I. Eigentumserwerb an beweglichen Sachen

1. Eigentumserwerb nach §§ 929 ff. BGB

36 Die Prüfung des Eigentumsüberganges i.S.d. §§ 929 ff. BGB nehmen Sie nach folgender Systematik vor:

> 1. Einigung
> 2. Übergabe oder Übergabesurrogat (Ausnahme: § 929 S. 2 BGB)
> 3. Einigsein im Zeitpunkt der Übergabe (wird grds. vermutet)
> 4. Berechtigung des Veräußerers oder greifen §§ 185, 932 ff. BGB (gutgläubiger Erwerb)?
> 5. Verfügungsbefugnis des Veräußerers
> 6. Lastenfreiheit, § 936 BGB

a) Einigung über den Eigentumsübergang

37 Die Einigung ist ein dinglicher Vertrag, auf den die allgemeinen Regelungen über WE anwendbar sind. Hierzu die wichtigsten Probleme:

- **Stellvertretung** ist auch i.R.d. Einigung möglich, es gelten §§ 164 ff. BGB (vgl. Rn. 6 zum Sonderfall der Übereignung an den, den es angeht).

- **Nichtigkeit und/oder Anfechtbarkeit** ist möglich, wenn sich der Mangel nicht (nur) auf den schuldrechtlichen Vertrag auswirkt, sondern (auch) auf den dinglichen Vertrag (»Abstraktionsprinzip«!). Ein wichtiges Beispiel ist die Sittenwidrigkeit der Einigung wegen der Übersicherung des Erwerbers, § 138 I BGB.

- Der **sachenrechtliche Bestimmtheitsgrundsatz** muss eingehalten werden. Allerdings ist die Rspr. insbesondere bei Sachgesamtheiten (z.B. Warenlager) aus Praktikabilitätsgründen großzügig: Ausreichend sind hier Raumsicherungs- und Markierungsklauseln (vgl. dazu Palandt/*Bassenge* § 930 Rn. 4). Zudem schadet es nicht, dass sich unter den so bestimmbaren Sachen auch Sachen befinden, an denen der Veräußerer nur ein AWR hat oder die im Eigentum eines Dritten stehen (vgl. Palandt/*Bassenge* § 930 Rn. 3). Denn dies betrifft nicht die Bestimmtheit der Sicherungsübereignung, sondern allenfalls die Frage, ob der Sicherungsnehmer an solchen Gegenständen Eigentum erwerben kann oder nicht.

- Die Einigung kann nach h.M. bis zur Übergabe widerrufen werden (Argument: Wortlaut des § 929 S. 1 BGB »einig sind«), dies muss aber ausdrücklich erfolgen.

- Wenn es nicht zu einer ausdrücklichen, neuen Einigung bei der Übergabe kommt, kann diese **konkludent bei der Übergabe** erfolgen.

- Eine Einigung unter der aufschiebenden Bedingung der vollständigen Kaufpreiszahlung i.S.v. § 158 I BGB liegt beim **Eigentumsvorbehalt** vor (vgl. Rn. 40). Vom sog. »verlängertem Eigentumsvorbehalt« spricht man, wenn der Verkäufer den Käufer nach § 185 BGB ermächtigt, die Vorbehaltsware im eigenen Namen weiterzuveräußern.

b) Übergabe und Übergabesurrogate

38 Die Übergabe der zu übereignenden Sache i.S.d. § 929 S. 1 BGB setzt die **völlige Besitzaufgabe auf Seiten des Veräußerers** und den Besitzerwerb des Erwerbers auf Veranlassung des Veräußerers voraus. Der Besitzerwerb des Erwerbers kann verschiedenartig sein, z.B. unmittelbarer Besitz i.S.v. § 854 I BGB, Mitbesitz i.S.v. § 866 BGB, mittelbarer Besitz i.S.v. § 868 BGB, die Sachherrschaft durch seinen Besitzdiener i.S.v. § 855 BGB oder durch seine Geheißperson. Hierbei kann es zu folgenden Besonderheiten kommen:

- Für die Frage des **unmittelbaren Besitzes** i.S.d. § 854 BGB kommt es auf eine zusammenfassende Wertung aller Umstände an: Hat der Erwerber die tatsächliche Sachherrschaft erlangt?

§ 5 Dingliche Ansprüche

Für die Übereignung eines Pkw reicht z.B. die bloße Übergabe des Kfz-Briefes nur bei einer konkreten Zugriffsmöglichkeit auf den Pkw aus (Palandt/*Bassenge* § 854 Rn. 3).

- Die Einschaltung eines Besitzdieners, Besitzmittlers oder einer Geheißperson auf der Erwerber- und/oder Veräußererseite ist möglich (vgl. Palandt/*Bassenge* § 929 Rn. 15 ff.). Allerdings ist diese Problematik im zweiten Staatsexamen nur selten anzutreffen.

Das Übergabesurrogat der §§ 929 S. 1, 930 BGB – d.h. die Vereinbarung eines konkreten BMV zwischen Veräußerer und Erwerber – ermöglicht es dem Veräußerer, im Besitz der Sache zu bleiben und sie wirtschaftlich zu nutzen. Der Erwerber wird mittelbarer Besitzer. Hierzu sollten Sie Folgendes wissen:

- Voraussetzungen eines BMV: Vereinbarung eines Rechtsverhältnis i.S.d. § 868 BGB (aus Vertrag oder Gesetz), Fremdbesitzmittlungswille des Veräußerers, Herausgabeanspruch des Erwerbers.
- Eine allgemeine Abrede, der Veräußerer solle künftig für den Erwerber besitzen, reicht als konkretes Besitzmittlungsverhältnis i.S.v. § 868 BGB grds. nicht (vgl. die mehrfach bereits in Examensklausuren gelaufene Entscheidung OLG Karlsruhe MDR 2005, 1155 f., sog »Porsche-Fall«). Erforderlich ist eine (auch konkludente) Abrede, aus der sich v.a. der Zeitraum und der Umfang der Besitzberechtigung ergeben.
- Die Vereinbarung eines BMV kann auch schon erfolgen, bevor der Veräußerer überhaupt Besitz/Eigentum an der Sache erlangt (sog. antizipiertes Besitzkonstitut). Das gleiche Ergebnis kann über § 181 BGB als sog. gestattetes In-Sich-Geschäft erzielt werden.
- Die Sicherungsübereignung ist das wichtigste Examensbeispiel für eine Übereignung nach §§ 929 S. 1, 930 BGB. Als konkretes BMV reicht dabei die Sicherungsabrede selbst, wobei an diese keine hohen Anforderungen gestellt werden: Es reicht, wenn sich aus ihr (und sei es auch konkludent) ergibt, dass der Sicherungsgeber so lange weiterbesitzen darf, bis Verwertungsreife eintritt.

Klausurtipp: Beachten Sie auch, dass bei der Sicherungsübereignung zwischen gesicherter Forderung und der Sicherungsübereignung keine Akzessorietät besteht. Besteht die gesicherte Forderung aber nicht (mehr), ergibt sich aus der Sicherungsabrede aber – zumindest konkludent – ein schuldrechtlicher Rückübertragungsanspruch, wenn die Übereignung nicht bereits (auflösend) bedingt vereinbart wurde.

Die Übergabe nach §§ 929 S. 1, 931 BGB erfolgt durch (konkludente) Abtretung des Herausgabeanspruchs, den der Veräußerer gegen den Besitzer der Sache hat (z.B. schuldrechtlicher Anspruch aus einem BMV oder Ansprüche aus §§ 812 ff. BGB). Durch diese Abtretung wird gem. § 870 BGB der mittelbare Besitz auf den Erwerber übertragen.

c) Berechtigung des Veräußerers

Berechtigter ist grds. nur der Eigentümer. Veräußert ein anderer die Sache, prüfen Sie in folgender Reihenfolge die Möglichkeiten des Eigentumserwerbs vom Nichtberechtigten: Liegt einer der vier Fälle des § 185 BGB vor? Wenn (–) → Gutgläubiger Erwerb, §§ 932 ff. BGB? Nichtberechtigter ist wegen § 747 S. 2 BGB z.B. auch der Miteigentümer, der sich unter Verschweigung des Miteigentums als Alleineigentümer geriert. Da eine Verfügung über das Alleineigentum an einer Sache nicht in eine solche über den Miteigentumsanteil i.S.v. § 747 S. 1 BGB umgedeutet werden kann (vgl. Palandt/*Bassenge* § 1008 Rn. 4 m.w.N.; a.A. OLG Koblenz NJW-RR 2009, 197 ff.), kommt ein Vollrechtserwerb nur unter den Voraussetzungen von §§ 185, 932 ff. BGB in Betracht. Auch ein Miterbe ist bei der unbefugten Übereignung eines Nachlassgegenstandes i.d.R. Nichtberechtigter (vgl. Rn. 99).

39

1. Teil. Die Prüfungsreihenfolge im Zivilrecht

> **Beachte:** Ist der Eigentümer **nicht verfügungsbefugt** (z.B. §§ 2113, 2205, 2211, 136 BGB, §§ 20 ff. ZVG) prüfen Sie bzgl. der Voraussetzung »Verfügungsbefugnis« die Wirksamkeit des Eigentumserwerbes ebenfalls in dieser Reihenfolge, also: § 185 BGB analog? **§§ 932 ff. BGB?** Allerdings wird der gute Glaube an die Verfügungsbefugnis **nur in den gesetzlich vorgeschriebenen Fällen** geschützt, vgl. §§ 135 II, 136 BGB, § 2113 III BGB, § 2211 II BGB und § 81 I 2 InsO. Am wichtigsten in Klausuren ist § 136 BGB: Hauptanwendungsfälle sind die einstweilige Anordnung, durch die ein Veräußerungsverbot angeordnet wird und die Pfändung i.R.d. Zwangsvollstreckung nach §§ 803 ff. ZPO. Auch aus der InsO ergeben sich Verfügungsbeschränkungen, vgl. §§ 21 II Nr. 2, 23 f. InsO und § 81 InsO. Umstritten ist, ob die fehlende Verfügungsbefugnis nach §§ 21, 81 InsO über §§ 135 II, 136 BGB bei beweglichen Sachen gutgläubig überwunden werden kann (dafür: BGH NJW 1997, 1857 ff. allerdings noch zur Konkursordnung; dagegen: Palandt/*Ellenberger* § 136 Rn. 2b; Argument: Abschließende Sonderregelung in § 81 I 2 InsO).

Der gutgläubige Erwerb bestimmt sich nach §§ 932 ff. BGB. Je nachdem, auf welche Art die Übergabe stattgefunden hat, sind die jeweiligen Voraussetzungen für den gutgläubigen Erwerb unterschiedlich. Beachten Sie, dass für einen gutgläubigen Erwerb i.d.R. die **Übergabe** an den Dritten erforderlich ist (Ausnahme: §§ 929, 931, 934 Alt. 1 BGB). Dies setzt nach der Definition der Übergabe den Verlust jeglichen Besitzrestes seitens des Veräußerers voraus. Dies spielt insb. bei §§ 930, 933 BGB eine Rolle. Auf Erwerberseite reicht hingegen für alle Erwerbstatbestände der §§ 929 ff. BGB i.d.R. auch der mittelbare Besitz aus.

Die examensrelevanten Probleme aus dem Bereich des gutgläubigen Erwerbes sind:

Problem: Abtretungsverbot zwischen Vorbehaltskäufer und Endkunden beim verlängerten EV

- Die Einwilligung des Vorbehaltsverkäufer deckt die Weiterveräußerung dann nicht (Ausnahme: § 354a I 1 BGB, beachte den neuen Abs. 2!).
- Gleiches gilt bei einer Weiterveräußerung weit unter dem Marktpreis.
- Folge: Wenn nicht die Grundsätze der Anscheins- o. Duldungsvollmacht eingreifen, welche analog auf die fehlende Einwilligung angewendet werden, fehlt die Berechtigung des Vorbehaltskäufers. Der Endkunde kann nur nach §§ 932 ff. BGB gutgläubig erwerben, vgl. Palandt/*Ellenberger* § 185 Rn. 9.

Problem: Vorliegen eines Verkehrsgeschäfts

- Ein gutgläubiger Erwerb setzt voraus, dass ein Verkehrsgeschäft vorliegt. Ein solches Geschäft liegt v.a. dann nicht vor, wenn auf Erwerberseite nur Personen stehen, die zugleich auch Veräußerer sind.

Problem: Guter Glaube i.S.d. § 932 II BGB

- Geschützt ist grds. nur der **gute Glaube an das Eigentum**, nicht der an die Verfügungsermächtigung des Veräußerers aus § 185 BGB oder an die Vertretungsmacht des Handelnden.
- Eine Sonderregelung findet sich in § 2366 BGB bei dem Erwerb von einem Scheinerben (vgl. Rn. 100).
- Eine weitere Sonderregelung ist **§ 366 HGB:** Im Handelsrecht wird ausnahmsweise der gute Glaube an die Verfügungsermächtigung geschützt. Dies bedeutet, dass der Erwerber weiß, dass der Verfügende nicht Eigentümer ist, aber glaubt, dass dieser nach § 185 BGB die Zustimmung zur Verfügung im eigenen Namen erteilt hat (vgl. Rn. 105).
- Wer den wirksamen Erwerb bestreiten, muss grds. **beweisen**, dass der Erwerber bösgläubig ist (Argument: Wortlaut § 932 II BGB).

§ 5 Dingliche Ansprüche

Klausurtipp: Bei dem Erwerb eines Pkw von einem Nichtberechtigten spielt der Kfz-Brief (seit 2005 streng genommen »Zulassungsbescheinigung Teil II«, vgl. §§ 6 ff., 12 Fahrzeug-Zulassungsverordnung/FZV) eine große Rolle. Beim Gebrauchtwagenkauf liegt i.d.R. Bösgläubigkeit vor, wenn sich der Erwerber nicht den Kfz-Brief zeigen lässt, in dem der Veräußerer als Halter eingetragen ist (Eintragung hat Indizfunktion für Eigentum, vgl. § 12 VI FZV). Ist im Kfz-Brief der Name des Veräußerers enthalten, so ist ein gutgläubiger Erwerb grds. möglich, jedoch können bei zweifelhaften Umständen des Geschäfts trotzdem weitere Nachforschungen durch den Erwerber erforderlich sein. Anders ist es nach st. Rspr. beim Erwerb von einem Händler. Dann reichen dessen Besitz und Vorlage des Kfz-Briefes ohne dessen Eintragung aus, weil dies im Kfz-Handel so üblich ist. Denn häufig lassen sich die Händler nicht als Halter zu, obwohl sie das Eigentum an dem Kfz erworben haben, um den Preis des Kfz durch zu viele Eintragungen nicht nach unten zu drücken. Ist der Händler nicht Eigentümer, so wird der durch die Vorlage des Kfz-Briefes bewirkte gute Glaube an die Verfügungsermächtigung des Händlers jedenfalls nach § 366 HGB geschützt (vgl. Rn. 105). Beim Kauf eines **Neu- oder Vorführwagens** von einem Kfz-Händler ist noch nicht einmal die Vorlage des Kfz-Briefes erforderlich (Palandt/*Bassenge* § 932 Rn. 13). Hier ist das Fehlen des Kfz-Briefes nicht ungewöhnlich, weil dieser häufig erst noch ausgefertigt werden muss. Ein guter Glaube kann hier aber ggf. bei zweifelhaften Umständen (s.o.) zu verneinen sein.

Problem: Kein gutgläubiger Erwerb bei abhanden gekommenen Sachen, § 935 BGB (beachte Abs. 2!)

- Abhandenkommen ist zu bejahen, wenn der unmittelbare Besitzer den Besitz ohne/gegen seinen Willen verliert, z.B. bei Diebstahl. Achten Sie darauf, dass der Besitzdiener grds. kein Besitzer ist, vgl. § 855 BGB.
- Abhandenkommen ist zu verneinen bei freiwilliger Aufgabe des Besitzes, auch wenn Täuschung/Irrtum vorliegen (Argument: Fehlerhafte Willensbildung ist für § 935 BGB ohne Bedeutung), sowie bei Wegnahme durch den Gerichtsvollzieher (Argument: Der Hoheitsakt ersetzt den Willen des unmittelbaren Besitzers).
- Beachten Sie die Besitzfiktion des § 857 BGB. Verfügt ein Nichtberechtigter über Erbschaftsgegenstände, so greift § 935 BGB wegen § 857 BGB zu Gunsten des Erben ein, ihm ist die Sache dann abhanden gekommen (Ausnahme: § 2366 BGB, vgl. Rn. 100).

Die Vorschrift des § 936 BGB ermöglicht den **gutgläubigen »Wegerwerb« von Rechten Dritter**, die auf der veräußerten Sache lasten (z.B. Anwartschaftsrecht, Vermieterpfandrecht). Wichtig ist hierbei Folgendes: Bei Eigentumserwerb durch Besitzkonstitut gem. §§ 929, 930, 933 BGB wird die Lastenfreiheit nach § 936 I 3 BGB erst dann erreicht, wenn der Veräußerer jeglichen Besitz verloren hat, zum Teil wird sogar die Erlangung unmittelbaren Besitzes durch den Erwerber verlangt (AK/*Schilken* § 936 Rn. 10 m.w.N.). Beachten Sie, dass der Erwerber von Sicherungsgegenständen, die in Mieträumen stehen, i.d.R. grob fahrlässig handelt, wenn er sich in Kenntnis des Mietverhältnisses nicht nach dem Vermieterpfandrecht erkundigt.

2. Eigentumserwerb und Anwartschaftsrecht (AWR)

Ein AWR liegt vor, wenn schon so viele Voraussetzungen eines mehrstufigen Erwerbstatbestandes erfüllt sind, dass der zukünftige Erwerber eine gesicherte Rechtsposition erlangt hat, die der Veräußerer nicht mehr einseitig zerstören kann (BGH NJW 1955, 544). Das AWR wird als »**wesensgleiches Minus**« zum Volleigentum angesehen, die Vorschriften über das Eigentum werden daher analog angewandt. Das AWR wird durch §§ 823 ff., 861 ff., 812 ff. und §§ 985 ff., 1004 BGB analog geschützt und z.B. bei beweglichen Sachen nach §§ 929 ff. BGB analog übertragen. Achten Sie darauf, dass das AWR oder das spätere Vollrecht (analog § 1247 S. 2 BGB) mit einem **Recht eines Dritten** belastet sein könnte. In diesen Fällen wird § 936 BGB relevant. Dies spielt in Examensklausuren v.a. im Zusammenhang mit dem Vermieterpfandrecht eine Rolle (vgl. Rn. 85).

Klausurtipp: Lesen Sie zur Übertragung des AWR unbedingt die Entscheidung des **BGH in NJW 2007, 2844 f.** Der BGH hat sich dort mit vielen examensrelevanten Fragen auseinandergesetzt.

a) Bedingte Einigung und Übergabe vom Berechtigten

Derjenige, zu dessen Gunsten eine (aufschiebend oder auflösend) bedingte Übereignung stattgefunden hat, erwirbt ein AWR an dem Gegenstand. Klassischer Fall ist die **auflösend bedingte Sicherungsübereignung** eines Darlehensnehmers an die finanzierende Bank. Die Bank wird vollwertige Eigentümerin, der Darlehensnehmer/Sicherungsgeber erwirbt an seinem ehemaligen Gegenstand ein AWR. Die aufschiebend bedingte Einigung kommt v.a. im Rahmen des **Eigentumsvorbehalts (EV)** vor. Der Erwerb des Volleigentums vollzieht sich dann in zwei Schritten: Erwerb des AWR und späterer Eintritt der Bedingung.

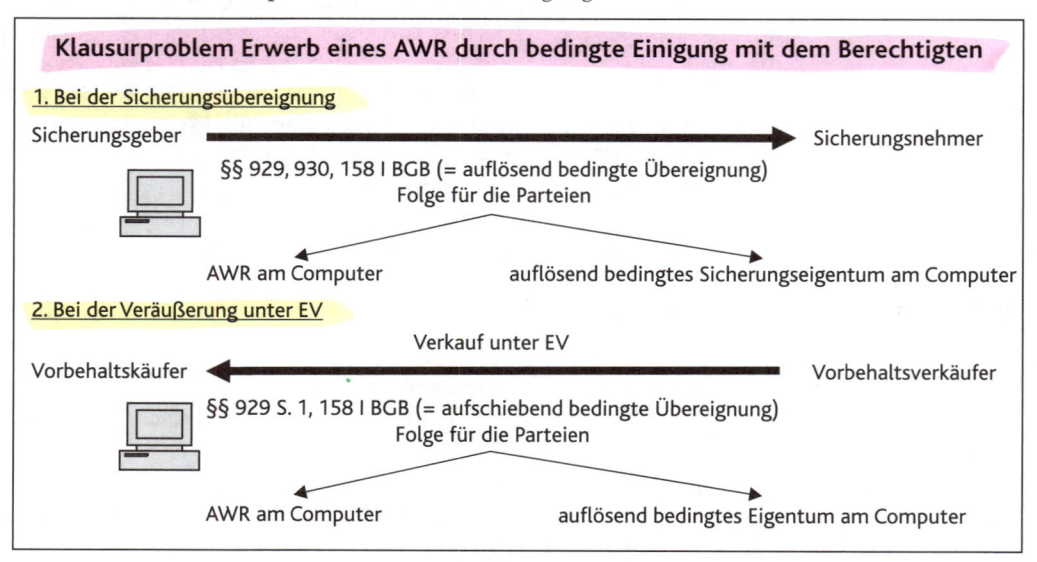

Klausurproblem Erwerb eines AWR durch bedingte Einigung mit dem Berechtigten

1. Bei der Sicherungsübereignung

Sicherungsgeber ⟶ Sicherungsnehmer

§§ 929, 930, 158 I BGB (= auflösend bedingte Übereignung)
Folge für die Parteien

AWR am Computer ⟵ ⟶ auflösend bedingtes Sicherungseigentum am Computer

2. Bei der Veräußerung unter EV

Vorbehaltskäufer ⟵ Vorbehaltsverkäufer
Verkauf unter EV

§§ 929 S. 1, 158 I BGB (= aufschiebend bedingte Übereignung)
Folge für die Parteien

AWR am Computer ⟵ ⟶ auflösend bedingtes Eigentum am Computer

Zu den besonders examensrelevanten Fällen mit EV sollten Sie wissen:

- Der EV kann schon im Kaufvertrag vereinbart sein, vgl. **§ 449 BGB**. Nach §§ 449 II, 216 II 2, 323 BGB kann der Verkäufer auch nach Verjährung des gesicherten Anspruchs zurücktreten.

- Der Erwerb des AWR erfolgt durch aufschiebend bedingte Einigung und Übergabe der Sache nach §§ 929 S. 1, 158 I BGB. Der Eigentumserwerb an der Sache erfolgt aber erst mit vollständiger Kaufpreiszahlung, da erst dann die Bedingung des § 158 I BGB eingetreten ist.

- Bei einer **abredewidrigen Veräußerung** an einen Dritten durch den »Noch-Eigentümer« der Sache vor vollständiger Kaufpreiszahlung schützt **§ 161 BGB** den AWR-Inhaber. Der Dritte könnte zwar nach §§ 161 III, 932 ff. BGB gutgläubig Eigentum erwerben, dies scheitert jedoch i.d.R. mangels Übergabe der Sache an den Dritten (vgl. § 936 III BGB). Mit vollständiger Zahlung wird der AWR-Inhaber Eigentümer (Vollerstarkung als Direkterwerb des Eigentums), vgl. Palandt/*Bassenge* § 929 Rn. 26 ff. Vor Bedingungseintritt schützt § 986 II BGB den AWR-Inhaber vor dem Herausgabeverlangen des Dritten aus § 985 BGB.

- **§ 162 BGB** schützt den AWR-Inhaber vor einer treuwidrigen Vereitelung des Bedingungseintritts (z.B. Vorbehaltsverkäufer verweigert Annahme der letzten Kaufpreisrate).

- Wenn der EV nicht schon im Kaufvertrag nach Maßgabe des § 449 BGB vereinbart worden ist, verletzt der Verkäufer seine Pflicht aus dem Kaufvertrag, wenn er sich bei der Übergabe der Sache vertragswidrig das Eigentum vorbehält, z.B. durch eine entsprechende Mitteilung auf dem Lieferschein bei Übergabe. Wenn der Käufer aufgrund dieser Erklärung des Verkäufers den vertragswidrigen Vorbehalt kennt oder zumutbar hätte kennen können, ist der EV dann nur sachenrechtlich wirksam. An die Klarheit (und an den Zugang) einer solchen Erklärung werden allerdings strenge Anforderungen gestellt (BGH NJW 2006, 3488 ff.: Bejaht, wenn der Verkäufer gegenüber dem Käufer, der den Kaufpreis noch nicht gezahlt hat, bei Veräußerung eines Kfz den Kfz-Brief einbehält).

- In der Entgegennahme der Kaufsache liegt keine konkludente Zustimmung zu einem schuldrechtlich nachträglich vereinbarten EV. Anders ist dies ggf. unter Kaufleuten bei laufenden

§ 5 Dingliche Ansprüche

Geschäftsverbindungen, wenn stets nur unter EV geliefert worden ist (MüKo-BGB/*Westermann* § 449 Rn. 15 f. m.w.N.).

- Wenn sich die Parteien durch sich **widersprechende AGB** nicht auf einen EV geeinigt haben aber doch den Vertrag vollziehen, gilt: Die übereinstimmenden Elemente des Vertrags (und der AGB) bleiben gültig, während bezüglich der kollidierenden AGB ein sog. partieller Dissens nach §§ 154, 155 BGB vorliegt. Der EV wird nicht Bestandteil des schuldrechtlichen Vertrages. Wenn der Käufer den in den AGB des Verkäufers enthaltenen EV kennt oder zumutbar hätte kennen können, so ist der EV jedoch sachenrechtlich wirksam. Dies gilt aber nicht für den verlängerten oder erweiterten EV (PWW/*Schmidt* § 449 Rn. 12). Ähnliches gilt, wenn beide Parteien sog. **Abwehrklauseln** verwenden: Sie verhindern die Einbeziehung der gegnerischen AGB (Palandt/*Grüneberg* § 307 Rn. 70).

- Der Vorbehaltskäufer, der das AWR vom Vorbehaltsverkäufer erworben hat, kann dieses **AWR wiederum an einen Dritten weiterveräußern**, §§ 929 ff. BGB gelten analog. Mit Eintritt der Bedingung (d.h. vollständige Kaufpreiszahlung an den ursprünglichen Veräußerer der Sache) erwirbt der neue AWR-Erwerber direkt Eigentum vom Veräußerer (Direkterwerb ohne Durchgangserwerb des ersten Käufers, vgl. BGHZ 35, 85 ff.). Lesen Sie zu einer solchen Konstellation die sehr examensrelevante Entscheidung OLG Saarbrücken, Urt.v. 10.08.2006, AZ: 8 U 484/05–135.

b) Bedingte Einigung und Übergabe vom Nichtberechtigten

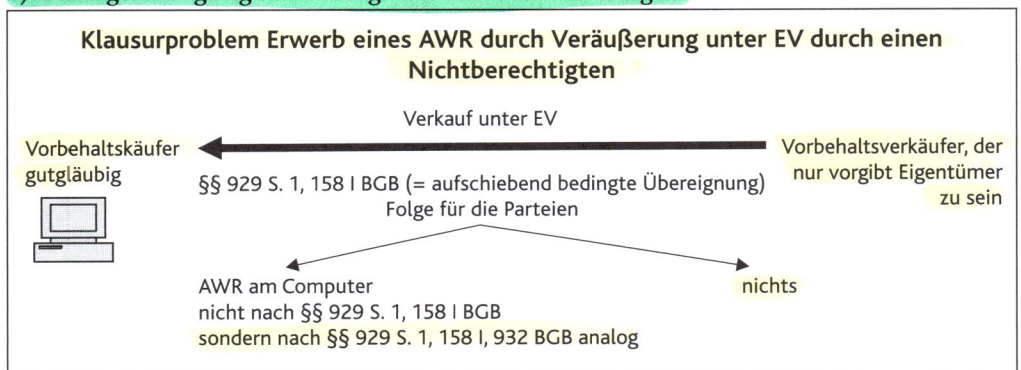

```
Klausurproblem Erwerb eines AWR durch Veräußerung unter EV durch einen
                              Nichtberechtigten

                              Verkauf unter EV
  Vorbehaltskäufer    ◄─────────────────────────────    Vorbehaltsverkäufer, der
  gutgläubig                                            nur vorgibt Eigentümer
                      §§ 929 S. 1, 158 I BGB (= aufschiebend bedingte Übereignung)    zu sein
                              Folge für die Parteien
                         ↙                          ↘
                 AWR am Computer                   nichts
                 nicht nach §§ 929 S. 1, 158 I BGB
                 sondern nach §§ 929 S. 1, 158 I, 932 BGB analog
```

In dieser Situation gibt sich der Veräußerer bei der Veräußerung unter EV fälschlicherweise als Eigentümer der Sache aus:

- Erwerb des Eigentums (–), da wegen §§ 929, 158 I BGB noch nicht gewollt
- Erwerb des AWR nach §§ 929, 158 I BGB (–), weil Veräußerer kein AWR hat
- **Aber:** Gutgläubiger Erwerb des AWR möglich nach §§ 929, 158 I BGB i.V.m. **§ 932 BGB analog**, wenn der Erwerber bzgl. der Eigentümerstellung des Veräußerers gutgläubig ist und daher auch gutgläubig annimmt, dass zu seinen Gunsten ein AWR entstehen kann (Argument: Für das AWR gelten als wesensgleiches Minus zum Vollrecht auch dessen Vorschriften zum gutgläubigen Erwerb), vgl. BGHZ 10, 69 ff.
- Mit vollständiger Kaufpreiszahlung dann Erwerb des Volleigentums, nach h.M. braucht der Erwerber zu diesem Zeitpunkt sogar nicht mehr gutgläubig zu sein! Vor Bedingungseintritt steht dem Vorbehaltskäufer die Einrede aus § 242 BGB ggü. dem Herausgabeverlangen des Eigentümers zu (vgl. Rn. 47).

c) Fehlgeschlagene Übereignung

Hier gibt sich der Veräußerer als Eigentümer aus, obwohl er selbst lediglich ein AWR an der Sache hat (z.B. weil er es selbst nur unter Eigentumsvorbehalt erworben hat). Wenn die Übereignung scheitert, kann ggf. wenigstens das AWR übertragen werden.

Klausurproblem Erwerb eines AWR durch fehlgeschlagene Übereignung

Veräußerer, der kein Eigentümer ist sondern nur AWR hat — §§ 929 ff. BGB → Erwerber bösgläubig oder ohne Übergabe

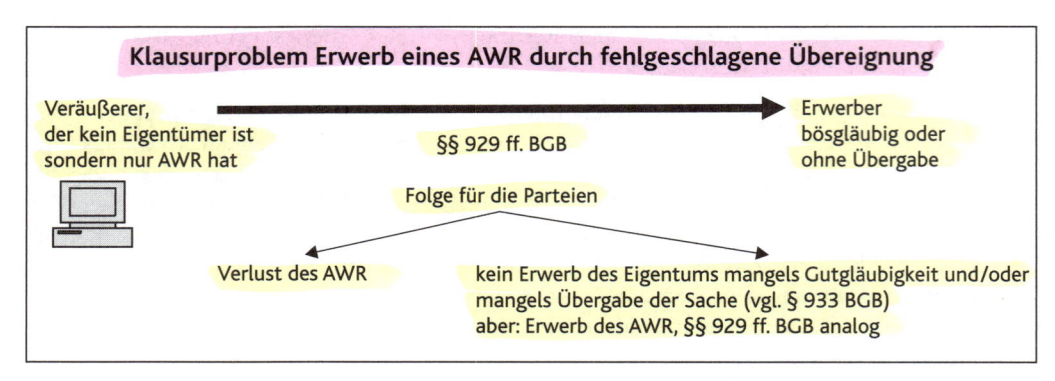

Folge für die Parteien:
- Verlust des AWR
- kein Erwerb des Eigentums mangels Gutgläubigkeit und/oder mangels Übergabe der Sache (vgl. § 933 BGB) aber: Erwerb des AWR, §§ 929 ff. BGB analog

Nach der Rspr. ergibt eine **Auslegung** (nach a.A. eine Umdeutung nach § 140 BGB), dass dann wenigstens (d.h. wenn schon das Volleigentum nicht übertragen werden konnte) das AWR nach §§ 929 ff. BGB analog übertragen wird (Palandt/*Bassenge* § 929 Rn. 45). Denn dies ist die Rechtsposition, die der Veräußerer tatsächlich hat und die er auch wirksam übertragen kann. Mit vollständiger Kaufpreiszahlung an den Eigentümer ist der Eigentumserwerb vollzogen (wiederum Vollerstarkung als Direkterwerb, kein Durchgangserwerb beim Veräußerer!). Hier spielt die fehlende Übergabe nach § 933 BGB keine Rolle, weil das AWR nicht von einem Nichtberechtigten veräußert wurde.

Beachte: Wenn der Veräußernde bei der fehlgeschlagenen Übereignung kein AWR besitzt, so geht die Auslegung der misslungenen Übereignung in eine Übertragung des AWR fehl, weil der Veräußernde eben gerade kein AWR hat. Ein gutgläubiger Erwerb des AWR würde dann auch scheitern, weil selbst das Eigentum nicht gutgläubig erworben werden könnte.

d) AWR bei Grundstücken

Auch bei der Übertragung von Grundstücken kann es zur Entstehen eines AWR des Erwerbers kommen. Die Rspr. bejaht die Entstehung eines AWR dann, wenn eine bindende Auflassung (vgl. § 873 II BGB) vorliegt und

- der Erwerber einen Eintragungsantrag gestellt hat oder
- der Antrag auf Eintragung der bewilligten Auflassungsvormerkung gestellt wurde oder
- die Auflassungsvormerkung eingetragen wurde (vgl. Palandt/*Bassenge* § 925 Rn. 23 ff.).

Das AWR kann analog §§ 873, 925 BGB formlos durch Einigung/Auflassung übertragen werden. Zum (Direkt-)Erwerb des Vollrechts ist dann nur noch die Eintragung im Grundbuch erforderlich. In Klausuren kann das AWR bei Grundstücken z.B. über § 1004 BGB analog eine Rolle spielen, wenn ein Dritter die Benutzung des Grundstücks stört, an dem der Anspruchsteller ein AWR erworben hat.

II. Gesetzlicher Eigentumserwerb

1. Ersitzung, § 937 BGB

41 Die Ersitzung und deren Voraussetzungen ist in § 937 BGB geregelt. Nach h.M. kann § 937 BGB aber nicht als Rechtsgrund i.S.d. §§ 812 ff. BGB angesehen werden, d.h. Rückforderung über die Leistungskondiktion ist möglich. Die Eingriffskondiktion ist dagegen ausgeschlossen. Beachten Sie § 937 II BGB.

2. Erwerb nach §§ 946 ff. BGB

42 Nach §§ 946 ff. BGB kann das Eigentum an beweglichen Sachen auch an einen Bösgläubigen übergehen. Wirklich klausurrelevant sind hier nur § 946 BGB und § 950 BGB. **§ 946 BGB** regelt, wann das Eigentum an der beweglichen Sache automatisch auf den Eigentümer des Grundstücks übergeht. Wann eine bewegliche Sache zu einem wesentlichen Bestandteil des Grundstücks wird,

ergibt sich aus §§ 93, 94 BGB. Der Eigentumsübergang nach § 946 BGB gilt nicht für Scheinbestandteile i.S.v. § 95 BGB, Zubehörgegenstände und/oder Scheinzubehör i.S.v. § 97 BGB. Als Hersteller i.S.v. § 950 BGB wird grds. der angesehen, der nach der Verkehrsanschauung die Organisationshoheit über den Verarbeitungsprozess innehat (z.B. Arbeitgeber). Nach der Rspr. ist § 950 BGB zwar zwingendes Recht, zulässig ist aber trotzdem jedenfalls bei verlängertem EV eine Parteivereinbarung darüber, wer als Hersteller i.S.d. § 950 BGB anzusehen ist (sog. **Herstellerklausel:** Der unter EV veräußernde Lieferant vereinbart mit Unternehmer, dass der Lieferant Eigentümer der neuen Sache wird), vgl. Palandt/*Bassenge* § 950 Rn. 9.

Die Rechtsfolge für denjenigen, der sein Eigentum aufgrund der §§ 946 ff. BGB verloren hat, ist ein **Ausgleichsanspruch nach §§ 951, 812 ff. BGB** (Rechtsgrundverweisung auf §§ 812 ff. BGB). Denken Sie bei §§ 951, 812 ff. BGB an den möglichen Vorrang des EBV, wenn ein unberechtigter Besitzer nach §§ 946 ff. BGB sein Eigentum verloren hat und nun gegen den Eigentümer vorgeht (vgl. Rn. 46). Achten Sie bei §§ 951, 812 ff. BGB zudem auf den Vorrang der Leistungskondiktion bei Mehrpersonenverhältnissen (sog. »**Einbaufälle**«):

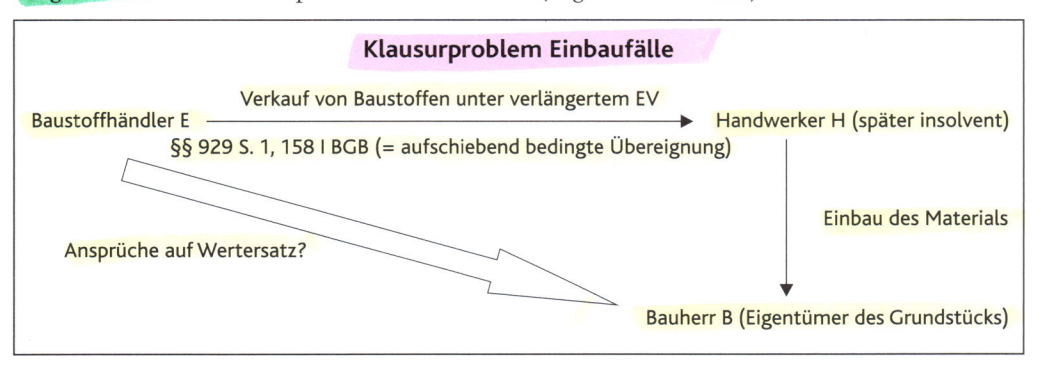

Klausurproblem Einbaufälle

Baustoffhändler E — Verkauf von Baustoffen unter verlängertem EV → Handwerker H (später insolvent)

§§ 929 S. 1, 158 I BGB (= aufschiebend bedingte Übereignung)

Ansprüche auf Wertersatz?

Einbau des Materials ↓

Bauherr B (Eigentümer des Grundstücks)

Ein Anspruch des E aus §§ 951, 812 I 1 Alt. 2 BGB scheidet hier wegen des Vorrangs der Leistungsbeziehung zwischen H und B aus. B hat zwar das Eigentum kraft Gesetzes (§ 946 BGB) und nicht durch Übereignung des H erworben, da H aber wegen des verlängerten EV auch vor dem Einbau die Baumaterialien hätte übereignen können, ist hier mangels Wertungsunterschiedes von einer **Leistung des Eigentums** i.S.d. § 812 I 1 Alt. 1 zwischen H und B auszugehen (Palandt/*Bassenge* § 951 Rn. 5 ff.). Allerdings steht E gegen B zumindest die von H i.R.d. verlängerten EV an ihn abgetretene Werklohnforderung zu. Dies gilt auch, wenn H nicht zur Übereignung befugt oder B bösgläubig ist, da B von seinem Empfängerhorizont aus grds. davon ausgehen darf, dass H aufgrund des Werkvertrages den Einbau der Baumaterialien vornimmt und daher ihm auch kraft Gesetzes – nämlich nach § 946 BGB – das Eigentum verschafft (so ist wohl BGHZ 56, 228 ff. zu verstehen). Nach der Literatur wird die Direktkondiktion nach §§ 951, 812 I 1 Alt. 2 BGB gegen B aus Wertungsgesichtspunkten bei Bösgläubigkeit des B zugelassen (Palandt/*Bassenge* § 951 Rn. 9; *Medicus* Rn. 729). Das EBV scheidet in allen Konstellationen aus, da entweder ein Einverständnis des Eigentümers in die Veräußerung vorliegt oder der Erwerber nicht bösgläubig ist (vgl. BGH NJW-RR 1991, 343 ff.). Ansprüche aus direkter Anwendung von §§ 812 ff. BGB scheitern i.d.R. am Vorrang der Leistungskondiktion (vgl. oben), Ansprüche aus § 816 I 2 BGB i.d.R. an der fehlenden Verfügung bzw. Unentgeltlichkeit, Ansprüche aus § 816 II BGB daran, dass keine Leistung an einen Nichtberechtigten vorliegt. Allerdings kommen bei Vorliegen der subjektiven Voraussetzungen Ansprüche aus § 823 I, II BGB in Betracht (vgl. BGH NJW-RR 1991, 343 ff. mit eher restriktivem Ansatz).

Eine Abwandlung dieser Konstellation ist der **Erwerb einer dem Eigentümer abhandengekommenen Sache** (vgl. Palandt/*Bassenge* § 951 Rn. 9: sog. »**Jungbullen-Fall**«,), der allerdings für das zweite Examen bislang keine Rolle spielte.

3. Erwerb nach § 952 BGB

Für bestimmte Urkunden ist § 952 BGB lex specialis für den Eigentumserwerb (»**Recht an dem Papier folgt dem Recht aus dem Papier**«), z.B. Sparbuch, Hypothekenbrief, Versicherungsschein oder sonstige qualifizierte Legitimationspapiere. Nach der Rspr. ist § 952 II BGB analog auf den **Kfz-Brief** anwendbar. Eine isolierte Veräußerung oder Verpfändung des Kfz-Briefes ist nicht möglich.

> **Beachte:** Die Frage, wer als Eigentümer den Kfz-Brief nach §§ 985, 952 II BGB analog herausverlangen kann, verlagert sich also auf die inzident zu prüfende Frage, wer Eigentümer des Kfz ist. Hier sind dann §§ 929 ff. BGB bzgl. des Kfz zu prüfen.

Genau andersherum (d.h., das »**Recht aus dem Papier folgt dem Recht an dem Papier**«) verhält es sich bei Wertpapieren (Wechsel, Scheck) und den »**kleinen Inhaberpapieren**« nach § 807 BGB, die nach §§ 929 ff. BGB übertragen werden. Unter § 807 BGB fallen Legitimationspapiere ohne namentliche Nennung des Berechtigten wie z.B. Fahrscheine, Theaterkarte, Briefmarken, Geschenkgutscheine ohne Namensnennung des Begünstigten oder die Eintrittskarte für ein Straßenfest. Bei einer Übereignung des Papiers geht der darin manifestierte Anspruch dann mit über. Für die sog. »großen Inhaberpapiere« oder »**qualifizierten Inhaberpapiere/Legitimationspapiere**« i.S.d. § 808 BGB gilt dagegen § 952 BGB bzgl. des Eigentums am Papier. Die materiell-rechtliche Berechtigung wird nach den jeweils für das Grundgeschäft geltenden Regeln übertragen, i.d.R. also nach §§ 398 ff. BGB (z.B. WM-Tickets mit Inhaberklausel, Gutscheine mit Begünstigtennennung). Die Wirksamkeit eines Ausschlusses der Übertragbarkeit des qualifizierten Inhaberpapiers bemisst sich dann an § 399 BGB und § 307 I, II BGB.

> **Klausurtipp:** Ein Klassiker in Examensklausuren sind die **Sparbuchfälle**. Hier sind im Wesentlichen vier Klausurtypen anzutreffen:
>
> Bei **Typ 1** verlangt der Kläger vom Beklagten (z.B. dem Gärtner, der das Sparbuch beim Erblasser gefunden hat) die Herausgabe eines Sparbuches, das eine andere Person/der Erblasser zugunsten des Klägers bei einer Bank angelegt hat. Anspruchsgrundlage ist hier i.d.R. §§ 952, 985 BGB. Sie müssen prüfen, wem die Forderung zusteht, denn nur demjenigen steht nach § 952 BGB auch das Sparbuch zu. Springen Sie in diesen Fällen also nicht gleich auf die Eingriffskondiktion. Wem die Forderung zusteht, ergibt sich aus dem Vertrag zwischen dem Erblasser und der Bank. Dieser wird i.d.R. ein sog. Darlehensvertrag zugunsten Dritter nach §§ 328 ff. BGB sein, wenn der eingesetzte Berechtigte auch verfügungsberechtigt/Kontoinhaber sein soll. Soll die Leistung nach dem Tod des Erblassers erfolgen, liegt ein Vertrag zugunsten Dritter auf den Todesfall vor, § 331 BGB. Hier kann – wie auch bei den Lebensversicherungsverträgen – das Problem der wirksamen Änderung der Bezugsberechtigung auftreten (vgl. unten Rn. 65).
>
> Bei **Typ 2** geht es um Folgendes: Nachdem der Einzahlende sein auf das Sparbuch eingezahlte Geld wieder abgehoben hat, klagt der Begünstigte, auf dessen Namen das Sparbuch angelegt wurde, auf Herausgabe des Geldes. Hier könnte § 816 II BGB taugliche Anspruchsgrundlage sein. § 816 II BGB greift aber jedenfalls dann im Ergebnis nicht durch, wenn gar kein Vertrag zugunsten Dritter vorliegt, wenn der Begünstigte durch wirksame Änderung der Bezugsberechtigung nicht mehr der Berechtigte ist oder wenn sich der Einzahlende z.B. in Fällen des § 331 BGB die Verfügungsbefugnis bis zu seinem Tode vorbehalten hatte (vgl. BGH NJW 2005, 980 f.). In diesen Fällen ist auch ein Anspruch aus Eingriffskondiktion nicht gegeben.
>
> Bei **Typ 3** hat der Kläger bei der Sparkasse ein Sparbuch für einen Dritten angelegt mit der Vereinbarung, dass an den Dritten z.B. erst nach Ablauf von zwölf Monaten der Dritte auszahlungsberechtigt sein soll. Vor diesem Termin zahlt die Sparkasse jedoch schon an den Dritten aus. Hier kann der Kläger nach erfolgter Kündigung aus §§ 488, 491 BGB Rückzahlung des gezahlten Betrages verlangen. Der Vertrag mit der Sparkasse ist (im Unterschied zu Typ 1) ein reiner Darlehensvertrag. Die Leistung der Sparkasse an den Dritten konnte diese nicht befreien. Eine Leistung wird durch die Legitimationswirkung des § 808 BGB nämlich nur dann gedeckt, wenn die in dem Sparbuch **versprochene Leistung** bewirkt wird. Nach der Rspr. stellt eine absprachewidrige Leistung aber grds. nicht die versprochene Leistung dar.
>
> **Typ 4** spielt im Erbrecht bzw. Schenkungsrecht eine Rolle (vgl. Rn. 90).

4. Erwerb nach §§ 953 ff. BGB

§§ 953 ff. BGB regeln die **Eigentumslage von Erzeugnissen und Bestandteilen nach deren Trennung** von der (Haupt-)Sache (Beachte: § 911 BGB ist eine vorrangige Sonderregelung für auf das Nachbargrundstück gefallene Früchte eines Baumes/Strauches, §§ 953 ff. BGB gelten dann nicht.). Klausuren hierzu kommen praktisch nicht vor. 43a

5. Erwerb nach §§ 958 ff. BGB

In §§ 958 ff. BGB ist der **Eigentumserwerb an herrenlosen beweglichen Sachen** geregelt. Herrenlos sind solche Sachen dann, wenn sie nie im Eigentum eines anderen gestanden haben oder der frühere Eigentümer nach § 959 BGB sein Eigentum aufgegeben hat (sog. »Dereliktion«). Die Begründung von Eigenbesitz ist kein Rechtsgeschäft sondern Realakt und erfordert daher auch keine Geschäftsfähigkeit. 43b

6. Erwerb nach §§ 965 ff. BGB

Der Eigentumserwerb von **gefundenen verlorenen (nicht herrenlosen) Sachen** ist in §§ 965 ff. BGB geregelt. Verloren ist die Sache nur, wenn sie **besitzlos** ist. Klausurrelevant ist die Frage, ob die gefundene Sache im Besitz desjenigen steht, in dessen Bereich sie gefunden wurde (vgl. BGHZ 101, 186 ff.: »Tausendmarkschein-Fall«) oder ob an der liegen gelassenen Sache noch Besitz des Eigentümers besteht (vgl. Palandt/*Bassenge* Vorb v § 965 Rn. 1). Der Fund von Sachen in öffentlichen Behörden und Verkehrsanstalten (z.B. Bus, Bahn) ist in §§ 978 ff. BGB geregelt. 43c

7. Erwerb nach § 984 BGB

Im Examensklausurendurchgang Oktober 2007 lief in einigen Bundesländern seit vielen Jahren wieder ein Fall, bei dem es um den Eigentumserwerb an einem **gefundenen Schatz** ging, vgl. § 984 BGB. Klausurrelevant ist insbesondere die Frage, wer bei einem Schatzfund durch einen Arbeitnehmer **Entdecker des Schatzes** ist (vgl. dazu Palandt/*Bassenge* § 984 Rn. 1). Umstritten ist, ob die Entdeckereigenschaft über sog. Ablieferungsklauseln auf Dritte übertragen werden kann. Die Rspr. belässt es i.d.R. bei den Rechtsfolgen von § 984 BGB und misst derartigen Vereinbarungen lediglich schuldrechtliche Wirkung zu (vgl. OLG Nürnberg NJW-RR 2003, 933 f.). 43d

III. Eigentumserwerb an Grundstücken

1. Die Übereignung von Grundstücken nach §§ 873, 925 BGB

Zuerst einmal Folgendes vorweg: Sie sollten sich nicht durch den Gedanken blockieren lassen, dass das Immobiliarsachenrecht schwierig ist. Es gibt nämlich jede Menge Parallelen zum Mobiliarsachenrecht, so dass das Verständnis einfach ist, wenn Sie Ihre Kenntnisse aus den §§ 929 ff. BGB auf die Übereignung von Grundstücken übertragen. Der wesentliche Unterschied ist nur, dass es bei unbeweglichen Sachen nicht auf den Besitz bzw. die Übergabe sondern auf die **Eintragung im Grundbuch** ankommt. Der Eigentumserwerb an Grundstücken (gilt auch für die Veräußerung von Miteigentumsanteilen an Grundstücken) vollzieht sich nach Maßgabe der §§ 873, 925 BGB. Die Übertragung von Wohnungseigentum ist speziell im WEG geregelt, vgl. v.a. § 4 WEG. 44

Die Prüfung des Eigentumsübergangs erfolgt nach der bekannten Systematik:

1. Einigung i.S.d. §§ 873, 925 BGB über den Eigentumsübergang (Auflassung)
2. Eintragung in das Grundbuch, § 873 BGB
3. Einigsein im Zeitpunkt der Eintragung
4. Berechtigung oder greifen §§ 185, 892 BGB (gutgläubiger Erwerb)?
5. Verfügungsbefugnis oder greifen §§ 185, 878, 892 I 2, II BGB?

Examensrelevante Probleme zu den einzelnen Prüfungspunkten sind:

Problem: Einigung über den Eigentumsübergang (Auflassung), § 925 BGB

- Nicht erforderlich ist, dass die beidseitigen Erklärungen auch beurkundet werden (obwohl dies wegen §§ 20, 29 GBO in der Praxis üblich ist). Etwaige formelle Verstöße bei der Beurkundung (v.a. §§ 6 ff. BeurkG) sind für die materielle Wirksamkeit der Auflassung irrelevant. Auch das Fehlen der steuerlichen Unbedenklichkeitsbescheinigung des Finanzamtes berührt die Wirksamkeit der Auflassung nicht.

- Die Auflassungserklärung kann auch konkludent erfolgen, nicht jedoch bedingt (vgl. § 925 II BGB, Ausnahme: Reine Rechtsbedingungen). Die Bindung an die Einigung regelt § 873 II BGB.

- Für die Einigung/Auflassung als dinglicher Vertrag gelten die allgemeinen Regeln über Rechtsgeschäfte (z.B. §§ 164 ff. BGB). Wird für das verkaufte Teilgrundstück die Teilungsgenehmigung der Behörde versagt, so wird die Erklärung der Auflassung nach § 275 I BGB unmöglich.

Problem: Fehlende Berechtigung und gutgläubiger Erwerb nach § 892 BGB

- Anknüpfungspunkt ist die (unrichtige) Eintragung des Veräußerers als Eigentümer im Grundbuch. Dabei ist es unerheblich, ob der Erwerber den unrichtigen Grundbuchinhalt kennt (**abstrakter Vertrauensschutz** des Grundbuchs). Nur die positive Kenntnis der Unrichtigkeit verhindert einen gutgläubigen Erwerb, grob fahrlässige Unkenntnis oder Zweifel reichen nicht. Nach dem Wortlaut von § 892 I 1 BGB wird die Gutgläubigkeit vermutet (»... *es sei denn* ...«).

- § 892 BGB gilt auch für Anteilsübertragungen unter Miteigentümern (BGH NJW 2007, 3204 f.).

- Ein gutgläubiger Erwerb scheidet aus, wenn ein **Widerspruch** zugunsten des Berechtigten gegen die Richtigkeit eingetragen ist. Gleiches gilt, wenn die fehlende Verfügungsbefugnis im Rahmen der Eröffnung eines Insolvenzverfahrens eingetragen wurde (§§ 23, 32 f. InsO) oder bei eingetragenem Versteigerungsvermerk (§§ 22, 23 ZVG).

- Gutgläubigkeit muss grds. zum **Zeitpunkt der Vollendung des Rechtserwerbes** vorliegen (d.h. bis zur Eintragung in das Grundbuch). Dieser Zeitpunkt kann aber vorverlagert werden: Fehlt zum Eigentumserwerb nur noch die Eintragung, kommt es auf den Zeitpunkt der Antragstellung auf Grundbucheintragung an, vgl. § 892 II BGB. Bei dem **gutgläubigen Erwerb einer Vormerkung** vom Nichtberechtigten kommt es **analog § 883 II BGB** auf den Zeitpunkt der Antragstellung auf Eintragung der Vormerkung ins Grundbuch an (sog. »große Lösung« der h.M., Palandt/*Bassenge* § 885 Rn. 13; Argument: Sicherungsfunktion der Vormerkung). Es schadet sogar nicht, wenn nach dem gutgläubigen Erwerb einer Vormerkung noch ein Widerspruch in das Grundbuch eingetragen wird.

> **Klausurtipp:** Merken Sie sich für die Klausur die wichtigsten Anspruchsgrundlagen, die bei Unrichtigkeit des Grundbuchs grundsätzlich in Betracht kommen:
>
> - **Grundbuchberichtigungsanspruch, § 894 BGB** bei absoluter dinglicher Unrichtigkeit des Grundbuches. Dies bedeutet, dass die im Grundbuch dargestellte Rechtslage bzgl. des Eigentums, beschränkt dinglicher Rechte (z.B. Hypothek, Grundschuld), Verfügungsbeschränkungen, Vormerkungen oder Widersprüchen nicht mit der wirklichen Rechtslage übereinstimmt. **Es kommt stets auf die dingliche Rechtslage an.** Die Möglichkeit, das formelle Grundbuchberichtigungsverfahren nach § 22 GBO anzustrengen, schließt eine Klage nach § 894 BGB i.d.R. nicht aus, da mangels tauglicher Nachweisbarkeit der Unrichtigkeit i.S.v. §§ 22, 29 GBO ein Erfolg zweifelhaft wäre (BGH NJW-RR 2006, 886 f.).
>
> Beachte: Der Anspruch aus § 894 BGB ist – wie § 985 BGB – wegen seiner untrennbaren Verbindung mit dem Eigentum grds. nicht abtretbar, ggf. ist aber eine Umdeutung in eine Ermächtigung zur Gel-

tendmachung in gewillkürter Prozessstandschaft möglich (BGH NJW-RR 1988, 126 f.). Der Anspruch aus § 894 BGB wird im Wege des **vorläufigen Rechtsschutzes** (einstweilige Verfügung) durch Eintragung eines Widerspruches nach § 899 BGB gesichert.

- Ansprüche nach §§ 987 ff. BGB gegen unberechtigten besitzenden Bucheigentümer (analog, wenn der Bucheigentümer nicht Besitzer ist)
- Berichtigungsanspruch aus § 823 BGB unter den Voraussetzungen von § 992 BGB
- § 888 BGB bei relativer Unwirksamkeit (v.a. bei Vormerkung)
- § 812 BGB (unberechtigte Eintragung im Grundbuch als erlangtes Etwas)
- § 896 BGB auf Vorlage des Hypothekenbriefes an das Grundbuchamt zwecks Berichtigung

Problem: Fehlende Verfügungsbefugnis des Veräußernden

- §§ 878, 892 I 2, II BGB regeln die Voraussetzungen, unter denen ein gutgläubiger Wegerwerb dieser (fehlenden) Erwerbsvoraussetzung angenommen werden kann (vgl. Palandt/*Bassenge* § 878 Rn. 3 zur Abgrenzung).
- Auf §§ 878, 892 I 2, II BGB kommt es nicht an, wenn die Voraussetzungen von § 185 BGB vorliegen.

Klausurtipp: Hin und wieder werden Klausuren aus dem Bereich der **Grunddienstbarkeiten nach §§ 1018 ff. BGB** gestellt. Dies sind beschränkt dingliche Rechte an einem Grundstück, die auf ein Dulden oder Unterlassen des verpflichteten Grundstückseigentümers gerichtet sind, zugunsten des jeweiligen Eigentümers eines bestimmten (sog. »herrschenden«) Grundstücks bestehen und ins Grundbuch eingetragen werden (z.B. **Wegerecht, Beseitigungsverbot** mit Erhaltungspflicht für Zaun etc.). Ein gutgläubiger »Wegerwerb« ist also nicht möglich. Bei Verletzung der gegenseitigen Pflichten aus den §§ 1018 ff. BGB (gesetzliches Schuldverhältnis) gelten die allgemeinen Vorschriften (§§ 280 ff., 323 ff., 823, 1004 BGB, vgl. auch § 1027 BGB), wenn nicht §§ 1018 ff. BGB Abweichendes vorschreiben. In vielen Klausuren ging es um §§ 1020, 1021, 1023, 1028 BGB (lesen!) oder um Abwehransprüche aus §§ 1027, 1004 BGB und §§ 1029, 858 ff. BGB (lesen!). Sie sollten wissen, dass die Rspr. auf das Verhältnis zwischen Eigentümer des dienenden Grundstücks und Berechtigter die §§ 741 ff. BGB analog anwendet, wenn nach dem Inhalt der Dienstbarkeit das Grundstück in bestimmter Beziehung gleichberechtigt genutzt werden darf (vgl. z.B. BGH NJW 2008, 3703 ff.; BGH NJW 2005, 895; so auch BGH NJW-RR 2009, 515 f. zu § 917 BGB).

Klausurrelevant ist zudem das **Wohnrecht nach § 1093 BGB**. Dieses ist ein besonders geregelter Fall der sog. beschränkt persönlichen Dienstbarkeit, welche der Grunddienstbarkeit entspricht, nur dass eine bestimmte Person Berechtigter ist (oft z.B. unterirdische Gasleitungen). Die im Vergleich zum umfassenden Nießbrauch beschränkte Flexibilität des Wohnrechts ergibt sich aus §§ 1092, 1093 BGB (Unübertragbarkeit, Unpfändbarkeit, Berechtigungsbeschränkung). Problematisch sind die Rechtsfolgen, wenn das Wohnungsrecht z.B. wegen der Notwendigkeit einer außerhäuslichen Pflege dauerhaft nicht mehr genutzt werden kann. Der BGH tendiert in neuer Rspr. zu einer Umwandlung in einen Zahlungsanspruch aus ergänzender Vertragsauslegung (BGH NJW 2009, 1348 f.; nach a.A. Anspruch aus § 242 BGB auf Gestattung einer Untervermietung, vgl. *Brückner* NJW 2008, 1111 ff. m.w.N.).

Im Gegensatz z.B. zum Wegerecht oder zum Wohnrecht bietet der **Nießbrauch nach §§ 1030 ff. BGB** ein umfassendes Nutzungsrecht z.B. an Grundstücken oder Rechten. Die Regelungen in §§ 1030 ff. BGB bilden ein gesetzliches Schuldverhältnis zwischen den Beteiligten, so dass auch hier Ansprüche aus §§ 280 ff. BGB möglich sind. Achten Sie hier auf §§ 1041, 1049 I BGB i.V.m. GoA und § 1065 BGB.

§ 926 BGB regelt die Frage, ob bei der Übereignung von Grundstücken auch Zubehör mit übergeht, **§ 311c BGB** dagegen regelt die Frage, ob bei dem schuldrechtlichem Rechtsgeschäft Zubehör mitverkauft wird oder nicht.

2. Die Vormerkung, §§ 883 ff. BGB

45 Die Vormerkung ist ein akzessorisches Sicherungsmittel eigener Art, welches mit gewissen dinglichen Wirkungen ausgestattet ist und einen schuldrechtlichen Anspruch auf dingliche Rechtsänderungen sichert, vgl. § 883 I, II BGB.

> Die Vormerkung kann im Assessorexamen in folgenden Fällen eine Rolle spielen:
> - Auswirkung auf den gutgläubigen Erwerb des Eigentums an einem Grundstück, weil zuvor eine Vormerkung bewilligt wurde (s. oben Rn. 44)
> - Antrag auf Erlass einer einstweiligen Verfügung, mit der eine Vormerkung in das Grundbuch eingetragen werden soll, z.B. für einen Anspruch aus § 648 BGB (s. oben Rn. 32)
> - Schutz des Vormerkungsinhabers gem. **§§ 883 II, 888 BGB** vor Zwischenverfügungen des Verkäufers (→ Verfügung ist dem Vormerkungsberechtigten gegenüber »relativ unwirksam«): Ansprüche gegen den Verkäufer auf Auflassung nach § 433 BGB (+), kein Untergang des Auflassungsanspruches nach § 275 I BGB wegen § 883 II BGB; Anspruch aus § 894 BGB (−) weil Grundbuch nicht absolut unrichtig, aber **Anspruch auf Eintragungsbewilligung gegen den Erwerber aus § 888 BGB** (+); Beachte: §§ 883 II, 888 BGB greifen auch, wenn ein Dritter gegen den Grundstücksverkäufer ein Veräußerungsverbot z.B. nach §§ 938 II, 859 II ZPO erwirkt (BGH JZ 1966, 526) oder bei nachträglicher Grundbuchberichtigung (vgl. BGH NJW 1981, 447 f.; a.A. Palandt/*Bassenge* § 883 Rn. 20), nicht aber bei nachträglicher Vermietung/Verpachtung.
> - Klage des Vormerkungsberechtigten gegen den Bucheigentümer auf Nutzungsersatz

> Die Entstehung der Vormerkung nach §§ 883 ff. BGB prüfen Sie nach folgender Reihenfolge:
> 1. Bestehen eines vormerkungsfähigen Anspruchs, § 883 BGB
> 2. Bewilligung der Vormerkung oder einstweilige Verfügung, § 885 BGB
> 3. Eintragung der Vormerkung in das Grundbuch, § 873 BGB
> 4. Berechtigung oder greifen § 185 BGB, §§ 893, 892 BGB analog (gutgläubiger Erwerb)?
> 5. Verfügungsbefugnis oder greifen § 185 BGB, § 878 BGB analog?

Problem: Vormerkungsfähige (schuldrechtliche) Ansprüche i.S.d. §§ 883 ff. BGB

- Klausurrelevant sind v.a. der Auflassungsanspruch aus dem Grundstückskaufvertrag und der Anspruch aus § 648 BGB. Auch die schuldrechtliche Verpflichtung des Eigentümers, einem Dritten eine dingliches Wegerecht (§§ 1018 ff. BGB) einzuräumen, kann durch eine Vormerkung gesichert werden. Schutzwirkung würde die Vormerkung im letzteren Fall dann entfallen, wenn der Eigentümer das Grundstück abredewidrig vor Wegerechtseintragung an einen Dritten übereignet.

- **§ 883 I 2 BGB** lässt auch die Vormerkung für zukünftige oder bedingte Ansprüche zu. Nach der Rspr. ist stets prüfen, ob bereits ein **fester Rechtsboden** für das Entstehen des Anspruches vorliegt oder ob bloß eine Zukunftserwartung gegeben ist (Letzteres z.B. beim Schwarzkauf im Hinblick auf den verdeckten Vertrag: Die Heilungsmöglichkeit nach § 311b I 2 BGB ändert nichts daran, dass ein solcher Anspruch nicht vormerkungsfähig ist, da die Heilung nur ex nunc wirkt und der Käufer keinen Anspruch auf eine Heilung hat, vgl. BGHZ 54, 56 ff.). Beliebtes Beispiel für einen künftigen Anspruch ist der Grundstückskaufvertrag durch einen falsus procurator auf Käuferseite, für einen bedingten Anspruch der vereinbarte Grundstücksrückübereignungsanspruch bei Grundstücksverfügungen durch den Beschenkten oder bei dessen groben Undank.

- Die Vormerkung ist streng **akzessorisch zum gesicherten Anspruch**. Erlischt dieser durch Erlass, Rücktritt, Unmöglichkeit, Aufhebung oder Konfusion, erlischt auch die Vormerkung. Da die Vormerkung aber dann immer noch im Grundbuch steht, ist es nach h.M. zulässig, die

§ 5 Dingliche Ansprüche

Vormerkung durch Neubewilligung durch einen neuen Anspruch »aufzuladen«, der dann statt des alten Anspruchs durch die Vormerkung gesichert sein soll (vgl. BGH NJW 2008, 578 ff.).

Problem: Fehlende Berechtigung des Bewilligenden und gutgläubiger Erwerb

- Nach der Rspr. ist die Bewilligung einer Vormerkung eine Verfügung i.S.d. § 893 Alt. 2 BGB, so das über 892 BGB analog ein gutgläubiger (Erst-)Erwerb einer Vormerkung vom Bucheigentümer möglich ist (Beachte: § 892 BGB überwindet nicht das Fehlen der Forderung, für die die Vormerkung bestellt werden soll!). Der Erwerber muss dann analog § 892 II BGB bis zum Zeitpunkt des Eintragungsantrages gutgläubig sein, um die Vormerkung zu erwerben (vgl. HK/*Eckert* § 883 Rn. 24).

- §§ 893 Alt. 2, 892 BGB gelten wegen § 898 ZPO auch bei einer »erzwungenen« Bewilligung durch Urteil i.S.v. § 894 ZPO, nicht aber im Falle der Eintragung aufgrund einer einstweiligen Verfügung (Argument: Dann liegt kein rechtsgeschäftlicher Erwerb vor).

- Auch der Scheinerbe kann eine Vormerkung bewilligen, vgl. Rn. 100.

Problem: Verhältnis Auflassungsvormerkungsberechtigter – vormerkungswidriger Erwerber

- Der Vormerkungsberechtigte kann nach § 888 BGB vom Erwerber dessen Zustimmung zur Eintragung des Vormerkungsberechtigten als Eigentümer verlangen (s.o.).

- Auf das Verhältnis zwischen Vormerkungsberechtigten und Erwerber werden die Vorschriften des **EBV analog** angewendet (vgl. Palandt/*Bassenge* § 888 Rn. 8 f.). Bei Verschlechterung des Grundstücks kommt ein Anspruch des Vormerkungsberechtigten gg. den Bucheigentümer aus § 1004 BGB analog dazu.

Die Vormerkung wird durch (formlose) Abtretung des gesicherten Anspruchs **übertragen**, §§ 398, 401 BGB. Eine Grundbuchberichtigung erfolgt dann nach § 22 GBO. Die im zweiten Examen nur ganz selten klausurrelevante Frage des **gutgläubigen Zweiterwerbs** der Vormerkung (Beispiel: Bucheigentümer A verkauft Grundstück an den unredlichen B und bewilligt ihm eine – unwirksame – Vormerkung, die auch eingetragen wird. B tritt den Übereignungsanspruch an den gutgläubigen C ab. Kann C eine Vormerkung gutgläubig erwerben?) wird kontrovers diskutiert. Die h.M. bejaht die Möglichkeit eines gutgläubigen Erwerbs analog § 401 BGB (Argument: Durch Eintragung ist Vertrauenstatbestand geschaffen worden, vgl. Palandt/*Bassenge* § 885 Rn. 19 m.w.N.).

Beachte: Auch das in Klausuren selten anzutreffende **dingliche Vorkaufsrecht** i.S.v. §§ 1094 ff. BGB wirkt nach § 1098 II BGB ggü. Dritten wie eine Vormerkung.

B. Ansprüche aus dem Eigentümer-Besitzer-Verhältnis (EBV)

I. Einleitung und Systematik

Das EBV dient mit seinen differenzierten Regelungen dem Schutz des gutgläubigen, unverklagten, nichtberechtigten Eigenbesitzers (v.a. vor Bereicherungs- u. Deliktsansprüchen) einerseits und dem Schutz des Eigentümers andererseits.

1. Teil. Die Prüfungsreihenfolge im Zivilrecht

Anspruchssystematik im EBV

Vindikationslage: Eigentum – Besitz – kein RzB

Eigentümer → unberechtigter Besitzer

§ 985 BGB (Herausgabe)
§§ 987 ff. BGB (Nebenansprüche)

Verknüpfung über §§ 1000 ff. BGB

Sperrwirkung zu Lasten weiterer ASGL?

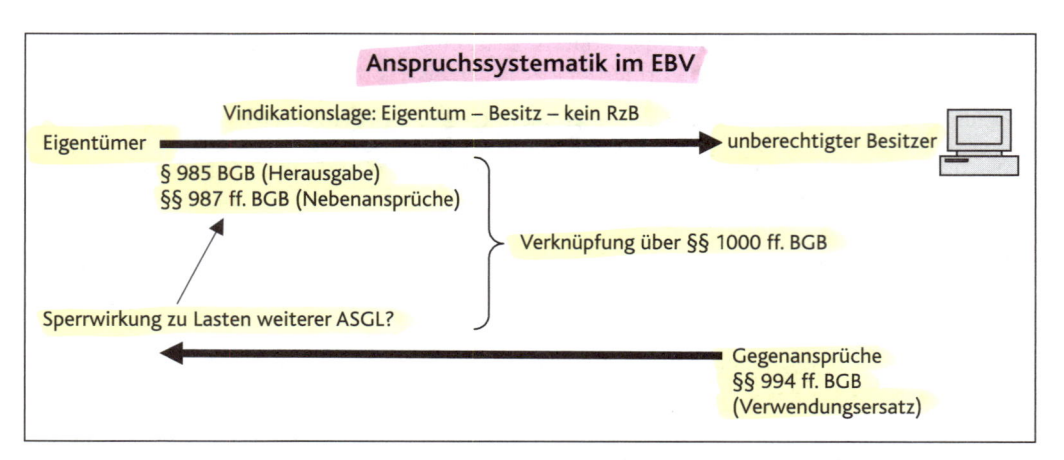

Gegenansprüche §§ 994 ff. BGB (Verwendungsersatz)

Wichtig ist das **Verhältnis der §§ 987 ff. BGB zu anderen Anspruchsgrundlagen**, insb. zu §§ 823 ff. BGB und §§ 812 ff. BGB.

- Im Hinblick auf **§§ 823 ff. BGB** gilt grundsätzlich die Regel des § 993 I Hs. 2 BGB, wonach die Anwendung des Deliktsrechts neben §§ 987 ff. BGB ausgeschlossen ist. Hiervon sind jedoch **drei Ausnahmen** zu machen: **§ 992 BGB**, **§ 826 BGB** sowie der **Fremdbesitzerexzess im Zwei-Personen-Verhältnis** (Beispiel: Gutgläubiger Schädiger nimmt zu Unrecht ein RzB an und überschreitet dieses; Argument: §§ 989, 990 BGB scheitern i.d.R. mangels Bösgläubigkeit, bei bestehendem RzB bestünde aber Haftung aus § 823 BGB → Wertungswiderspruch).

- Gegenüber **§§ 812 ff. BGB** gilt Folgendes: Bei den sog. **»6 Vs«** ist das Bereicherungsrecht ohne weiteres neben §§ 987 ff. BGB anwendbar (vgl. *Medicus* Rn. 597 ff.). Dies sind zum einen die Fälle der **Vermischung, Vermengung, Verarbeitung und Verbindung**. Hier hat der Eigentümer der ursprünglichen Sache, die er gem. §§ 946 ff. BGB verliert, einen Wertersatzanspruch aus §§ 951, 812 I 1 Alt. 2 BGB gegen den Besitzer (vgl. Jungbullen-Fall von Rn. 42). Das fünfte »V« meint den Fall der **Veräußerung der Sache durch den nichtberechtigten Besitzer**. Dies führt zu einem Bereicherungsanspruch des ehemaligen Eigentümers gegen den Besitzer/Veräußerer aus § 816 I 1 BGB. §§ 951, 812 I 1 Alt. 2 BGB und § 816 I 1 BGB sind nämlich sog. **»Rechtsfortwirkungsansprüche«** zum Eigentum, die daher nicht durch das EBV ausgeschlossen sein können. Das sechste und letzte »V« betrifft den **Verbrauch der Sache**, der einen Wertersatzanspruch des ehemaligen Eigentümers aus Eingriffskondiktion nach sich zieht. Auch hier sperrt das EBV nicht, weil dieses den Verbrauch der Sache nicht regelt. In allen anderen Fällen sind §§ 812 ff. BGB grundsätzlich durch §§ 987 ff. BGB gesperrt. Dies gilt auch für den nichtberechtigten Besitzer, der Verwendungen auf die Sache des Eigentümers gemacht hat, die nicht unter den engen Verwendungsbegriff des BGH fallen und daher über §§ 994 ff. BGB nicht erstattungsfähig sind. Ein Anspruch aus §§ 951, 812 I 1 Alt. 2 BGB ist für ihn ausgeschlossen (vgl. BGHZ 41, 157 ff.). Verwechseln Sie dies jedoch nicht mit der zuvor geschilderten Konstellation, dass der Eigentümer einer Sache, bzgl. derer eine Vindikationslage besteht, nach §§ 946 ff. BGB durch die Handlung des Besitzers sein Eigentum verliert. In dieser Beziehung ist gegenüber dem Besitzer ein Anspruch aus §§ 951, 812 I 1 Alt. 2 BGB gegeben (vgl. zu dieser Unterscheidung Palandt/*Bassenge* § 951 Rn. 2).

Merke: Nur §§ 987 ff. BGB entfalten Sperrwirkung. Geht es um die bloße Herausgabe nach § 985 BGB, sind andere Herausgabeansprüche z.B. aus Vertrag oder §§ 823, 812 BGB grds. nicht gesperrt. Das Schlagwort »Sperrwirkung des EBV« ist also ungenau, richtig wäre **»Sperrwirkung von §§ 987 ff. BGB«**.

II. Die einzelnen Ansprüche

Grundvoraussetzung aller Ansprüche ist das Vorliegen einer **Vindikationslage** im Zeitpunkt des anspruchsbegründenden Ereignisses: **Eigentum, Besitz und kein Recht zum Besitz** (RzB).

§ 5 Dingliche Ansprüche

Problem: Besteht eine »Vindikationslage«?

- Die Frage, ob der Anspruchsteller noch Eigentümer der Sache ist, prüfen Sie grds. **historisch/chronologisch**. Dies bedeutet, dass Sie sich die einzelnen Übertragungsakte in ihrer zeitlichen Abfolge vornehmen und deren Wirksamkeit prüfen. Achten Sie darauf, ob bei Einbau von Gegenständen in Grundstücke/Häuser (beliebt in Klausuren sind komischerweise Flüssiggasbehälter oder schwere Tankstellenzubehörgegenstände) diese nicht ihre **Sonderrechtsfähigkeit** nach § 946 BGB verlieren (vgl. Rn. 42).

  [Randnotiz: ✓ Gegenstände noch ○ sonderrechtsfähig?]

- Nach h.M. begründet die Rechtsfigur des »**Nicht-so-berechtigten Besitzers**« keine Vindikationslage (z.B. unberechtigte Untervermietung durch den Mieter, Beschädigung der Mietsache durch den Mieter). Der Vermieter ist durch vertragliche oder deliktische Ansprüche ausreichend geschützt, vgl. Palandt/*Bassenge* Vor § 987 Rn. 3.

- Die Rechtsfigur des »**Nicht-mehr-berechtigten Besitzers**« spielt vor allem dann eine Rolle, wenn das RzB nachträglich weggefallen ist, es zum maßgeblichen Zeitpunkt der Schädigung, Nutzungsziehung oder Verwendung jedoch noch bestand. Hier ist wie folgt zu differenzieren: Endet das RzB **mit Rückwirkung** (z.B. Anfechtung), wird die Anwendung des EBV grds. bejaht (vgl. Palandt/*Bassenge* Vorb v § 987 Rn. 7; OLG Celle NJW 2006, 3440 ff. mit Anmerkung *Kaiser* NJW 2007, 2823 ff.: Aufhebung des Zuschlags in der Zwangsversteigerung). Wenn das RzB **ohne Rückwirkung** endet (z.B. Rücktritt, Kündigung, Vertragsaufhebung, Vertragsablauf, auflösende Bedingung, Widerruf der tatsächlichen Gestattung) werden Ansprüche aus dem EBV für Tatbestandsverwirklichungen vor Besitzrechtsende grds. abgelehnt, weil für die Anwendung des EBV neben einer Haftung aus Vertrag oder Delikt i.d.R. kein Bedürfnis besteht (vgl. Palandt/*Bassenge* Vorb v § 987 Rn. 8 f.). Der **BGH** hat die Anwendung des EBV nur ausnahmsweise für den Fall des Verwendungsersatzes bejaht, wenn das das Besitzrecht begründende Rechtsverhältnis Ansprüche auf Verwendungsersatz nicht abweichend regelt (sehr umstr., vgl. BGH NJW 1996, 921 ff.; BGHZ 34, 122 ff. »Werkunternehmerfall«; **Argument**: Der zunächst berechtigte Besitzer soll nicht schlechter stehen als der von Anfang an nichtberechtigte Besitzer.). Nach dem BGH reicht es dann aus, dass eine Vindikationslage zumindest im Zeitpunkt des Herausgabeverlangens besteht. Für Tatbestandsverwirklichungen nach Besitzrechtsende bejaht die Rspr. die Anwendung des EBV (vgl. BGH NJW 2008, 2333 ff.).

- Das EBV gilt auch dann nicht, wenn bereits gesetzliche Regelungen den Verwendungsersatzanspruch regeln, wie z.B. §§ 347 ff. BGB im Falle des Rücktritts (vgl. BGH NJW 2007, 2485 ff.).

- Das **Aufschwingen** vom berechtigten Fremdbesitzer zum unberechtigten Eigenbesitzer stellt nach der Rspr. eine Vindikationslage dar (z.B. Veräußerung eines geliehenen Pkw an einen Dritten; Argument: Wesensverschiedenheit der beiden Besitzarten, vgl. Palandt/*Bassenge* Vorb v § 987 Rn. 11).

1. Der Herausgabeanspruch des Eigentümers

Der wichtigste Anspruch innerhalb des EBV ist der Herausgabeanspruch des Eigentümers gegen den Besitzer aus § 985 BGB.

> **Klausurtipp:** In einigen Klausuren sind (neben EBV-Ansprüchen) auch **Besitzschutzansprüche** aus §§ 861 f., 1007 I, II BGB zu prüfen. Klausureinstieg ist oft der einstweilige Rechtsschutz nach §§ 916 ff., 935 ff. ZPO. Denken Sie dann daran, dass wg. den Besonderheiten des Besitzschutzes bei Verfügungsansprüchen aus §§ 861 f. BGB die Glaubhaftmachung des Verfügungsgrundes nicht erforderlich ist. Der Herausgabe-/Unterlassungsanspruch aus **§§ 861, 862 BGB** (i.V.m. § 869 BGB beim mittelbaren Besitzer) setzt voraus, dass der Anspruchsgegner **verbotene Eigenmacht i.S.v. § 858 BGB** gegenüber dem Anspruchsteller begangen hat oder ein solche bevorsteht (sog. »vorbeugender Unterlassungsanspruch«). Klausurschwerpunkt ist dann regelmäßig die saubere Auseinandersetzung mit den Einwänden des Anspruchsgegners. Dieser kann sich auf §§ 861 II, 862 II, 863 f., 866 BGB oder auf die fehlende Widerrechtlichkeit z.B. wg. §§ 227 ff., 906 BGB stützen, nicht jedoch auf eine materielle Berechtigung zur Besitzstörung (§§ 861, 862 BGB werden daher »possessorische Ansprüche« genannt, weil

47

sie nur an den Besitz anknüpfen und materielle Einwände nicht zugelassen sind.). Das Vorbringen, er sei Eigentümer, berechtigter Besitzer oder habe einen schuldrechtlichen Anspruch ist nach **§ 863 BGB** sowohl im Hauptsacheprozess als auch im einstweiligen Rechtschutz keine taugliche Einwendung (auch nicht über § 242 BGB). Einzig für den Fall, dass der Beklagte im Hauptsacheprozess eine entscheidungsreife und begründete Widerklage hinsichtlich seiner materiellen Berechtigung erhoben hat (sog. **»petitorische Widerklage«**), wird § 864 II BGB analog angewendet (vgl. BGH NJW 1979, 1358 f. lesen!; *Kaiser*, Zivilgerichtsklausur I, Rn. 270, 462 auch zum besonderen Aufbau der Entscheidungsgründe; Beachte: Da im Verfahren der einstweiligen Verfügung eine Widerklage unzulässig wäre und ein Antrag auf Gegen(feststellungs)verfügung i.d.R. am fehlenden Verfügungsgrund scheitern dürfte, können die petitorischen Einwendungen dort nicht geltend gemacht werden.). Beachten Sie, dass wenn vorher durch Vollzug einer einstweiligen Verfügung des Anspruchstellers der Gegenstand bereits zu einem Gerichtsvollzieher/Sequester verbracht wurde, i.d.R. klagend und widerklagend die Zustimmung zur Freigabe durch den Gerichtsvollzieher/Sequester verlangt wird (zulässiges Minus zur Herausgabe).

Der Herausgabeanspruch aus **§ 1007 I BGB** wird dagegen als »petitorischer Anspruch« bezeichnet, weil nach § 1007 III BGB auch materielle Berechtigungsfragen relevant sind. Voraussetzung des Anspruchs ist, dass der Anspruchsteller früherer Besitzer der Sache war (er muss weder rechtmäßiger noch unmittelbarer Besitzer gewesen sein!) und der Anspruchsgegner gegenwärtiger Besitzer ist, der im Zeitpunkt der Besitzerlangung bösgläubig hinsichtlich seiner Besitzberechtigung war. Nach § 1007 III i.V.m. §§ 987 ff. BGB können auch die sonstigen EBV-Ansprüche im Verhältnis Anspruchsteller-Anspruchsgegner relevant werden, v.a. Schadens- u. Nutzungsersatz. Hat der Anspruchsgegner ein Recht zum Besitz nach § 986 BGB, scheidet ein Anspruch nach § 1007 III BGB aus (BGH NJW-RR 2005, 280 f.). Der Herausgabeanspruch aus **§ 1007 II BGB** regelt die Herausgabe von abhandengekommenen Sachen. Auch hier gilt § 1007 III BGB.

Beachte: Die **Einstellung von Versorgungsleistungen** (z.B. Vermieter stellt nach Beendigung des Mietvertrages Strom/Wasser ab) ist nach neuer Rspr. des BGH keine verbotene Eigenmacht, da die tatsächliche Sachherrschaft unberührt bleibt (BGH NJW 2009, 1947 ff.; **unbedingt lesen!**).

Klausurtipp: Wenn der Eigentümer eines Grundstücks gegen den eigentlich nach **§ 917 BGB** Notwegsberechtigten nach §§ 861 f. BGB auf Unterlassen des Betretens seines Grundstücks klagt, kann der Notwegsberechtigte Widerklage auf Duldung der Berechtigung gegen Gewährung einer Notwegsrente erheben. Auch dies stellt ein Fall der petitorischen Widerklage dar, der nach § 864 II BGB analog zu lösen ist (vgl. MüKo-BGB/*Säcker* § 917 Rn. 22).

Herausgabe kann auch vom **mittelbaren Besitzer** verlangt werden. Wenn z.B. die herauszugebende Sache vom Anspruchsteller bereits i.R.d. Vollstreckung einer einstweiligen Verfügung gepfändet wurde und sich beim Gerichtsvollzieher/Sequester befindet, so ist der Anspruchsgegner grds. mittelbarer Besitzer der gepfändeten Sache (vgl. Palandt/*Bassenge* § 985 Rn. 9 zu den Vollstreckungsmöglichkeiten).

Ein Vindikationsanspruch nach § 985 BGB besteht nur dann, wenn der Besitzer kein RzB hat. Entgegen dem Wortlaut von § 986 BGB sieht die Rspr. das RzB als von Amts wegen zu prüfende Einwendung an (BGHZ 82, 13 ff.).

Problem: Recht zum Besitz des Anspruchgegners

- Pfandrechte, schuldrechtliche Vereinbarungen, berechtigte GoA, abgeleitetes Recht nach § 986 I 1, 2 BGB, tatsächliche Gestattung ohne Rechtsgeschäft (vgl. dazu BGH NJW 2008, 2333 ff. für Wohnungsbenutzung i.R.e. neLG)

- ZBR aus §§ 273, 1000 BGB nach Literatur (–), nach BGH (+), allerdings kommt auch der BGH wegen § 274 I BGB zu einer Zug-um-Zug-Verurteilung (vgl. Palandt/*Bassenge* § 986 Rn. 5)

- AWR nach Literatur (+), nach BGH (–) weil für Annahme eines dingl. Besitzrechts keine Grundlage im Gesetzt vorhanden ist, vgl. BGHZ 10, 69 ff.: Dann aber ggf. Arglisteinrede des

§ 5 Dingliche Ansprüche

Vorbehaltskäufers, wenn nur noch ein kleiner Teil des Kaufpreises offen ist. Beachte: Da sich beim Erwerb eines AWR vom Eigentümer bereits aus dem Kaufvertrag ein RzB ergibt, spielt diese Frage lediglich beim gutgläubigen Erwerb eines AWR vom Nichtberechtigten eine Rolle (vgl. Rn. 40). Der Streit braucht letztlich i.d.R. nicht entschieden zu werden, da nach beiden Auffassungen der Herausgabeanspruch aus § 985 BGB nicht durchsetzbar ist.

Klausurtipp: Der Eigentümer trägt die **Beweislast** für sein gegenwärtiges Eigentum und den gegenwärtigen Besitz des Anspruchgegners, der Anspruchgegner trägt die Beweislast für das Bestehen eines RzB. Für den Beweis des Eigentums spielt **§ 1006 BGB** eine entscheidende Rolle (Achtung: § 1006 gilt nicht für § 952 BGB): Auch wenn der Kläger sein früheres Eigentum bewiesen hat, so spricht die Eigentumsvermutung des § 1006 I BGB für das jetzige Eigentum des Beklagten, wenn er die streitbefangene Sache jetzt in Besitz hat **und behauptet, dass die Übergabe und seine Eigentumsbegründung zusammenfallen.** Der Kläger kann sich dann nicht auf § 1006 II BGB berufen, da Abs. 2 hinter Abs. 1 zurücktritt. Er muss vielmehr beweisen, dass der Beklagte das Eigentum nicht erworben oder es wieder verloren hat oder § 935 BGB vorliegt. Wenn der Beklagte eine **Schenkung** behauptet, muss der Kläger beweisen, dass es keine Schenkung gegeben hat. Alles ist aber anders, wenn der Beklagte zunächst Fremdbesitz hatte und dann behauptet, später Eigentümer der Sache geworden zu sein. Hier greift § 1006 I BGB gerade nicht, weil Übergabe und behauptete Eigentumsbegründung nicht zusammenfallen. Gleiches gilt, wenn Besitzer selbst behauptet, dass der Besitzerwerb nicht zum Eigentumserwerb geführt hat, weil er z.B. meint, schon vorher Eigentümer gewesen zu sein. In diesen Fällen kann sich der Kläger ggf. auf die Vermutung von § 1006 II BGB berufen. Achten Sie auch darauf, dass § 1006 BGB nach seinem Wortlaut nur zugunsten des Besitzers wirkt, nicht zu seinen Lasten. Beachten Sie auch, dass § 1006 I BGB bei Ehegatten/Lebenspartnern zugunsten des Gläubigers von **§ 1362 BGB** (i.V.m. § 8 LPartG) verdängt wird (vgl. Rn. 93).

Hat der Beklagte nach Rechtshängigkeit seinen Besitz durch Veräußerung verloren, dann kann der Kläger nach § 265 II ZPO weiter auf Herausgabe klagen, auf Seiten des Beklagten liegt ein Fall der gesetzlichen Prozessstandschaft vor. Hat er den Besitz nach Rechtshängigkeit auf sonstige Weise verloren, so trägt er dafür die Beweislast. § 265 II ZPO gilt dann nicht.

Eine **Herausgabeverurteilung ohne Beweisaufnahme** für die Fälle, in denen der Beklagte für den Verlust haften würde, ist – unabhängig davon, wer die Beweislast für den Besitz hat – nach der Schuldrechtsreform nicht mehr möglich, so dass nunmehr über die streitige Frage des Besitzes Beweis erhoben werden muss (vgl. Palandt/*Grüneberg* § 275 Rn. 34 m.w.N.; Achtung: Die Kommentierung bei § 985 Rn. 16 stellt dies nicht klar!).

Denken Sie auch an **§ 292 BGB**, der eine Rechtsfolgenverweisung auf die Vorschriften des EBV enthält.

Beachte: Wenn über das Vermögen des Herausgabeschuldners das **Insolvenzverfahren** eröffnet wird, so gewährt der dingliche Anspruch aus § 985 BGB ein **Aussonderungsrecht** nach § 47 InsO. Das bedeutet, dass der Eigentümer kein Insolvenzgläubiger ist, der sich auf die Anmeldung seines Anspruches zur Tabelle begnügen muss. Bei Verweigerung der Herausgabe kann gegen den Insolvenzverwalter beim Gerichtsstand des § 19a ZPO Klage erhoben werden. Zur Vorbereitung des Herausgabeprozesses ist der Insolvenzverwalter dem Gläubiger zur Auskunft verpflichtet, wenn der Gläubiger unverschuldet über Umfang und Bestehen des Aussonderungsrechts im Unklaren ist (Anspruchsgrundlagen: Nach e.A. § 167 I S. 1 InsO analog, nach a.A. § 242 BGB). Die sonstigen Nebenansprüche des Eigentümers aus §§ 987 ff. BGB sind i.d.R. bloße Insolvenzforderungen, die nach §§ 38, 87, 174 ff. InsO zur Tabelle angemeldet werden müssen. Kein Aussonderungsrecht liegt vor, wenn der Anspruch aus § 985 BGB auf das erworbene Sicherungseigentum gestützt wird. Nach § 51 Ziff. 1 InsO besteht dann lediglich ein Absonderungsrecht des Sicherungseigentümers/Sicherungsnehmers. **Absonderung** i.S.v. §§ 49 ff. InsO bedeutet im Gegensatz zur Aussonderung Folgendes: Der Absonderungsberechtigte ist zwar ebenso kein Insolvenzgläubiger, der sich auf die Anmeldung seines Anspruches zur Tabelle begnügen muss, er hat aber keinen Herausgabeanspruch wie der Aussonderungsberechtigte. Der Insolvenzverwalter muss vielmehr den Gegenstand der Absonderung verwerten (z.B. durch Versteigerung, Einziehung) und aus dem Erlös den Absonderungsberechtigten vorzugsweise befriedigen, vgl. §§ 28 II, 165 ff. InsO. Nur im Verbraucherinsolvenzverfahren nach §§ 304 ff. InsO obliegt den Gläubigern die Verwertung, vgl. § 313 III InsO. Nur, damit Sie davon einmal gehört haben: Sonstige Aussonderungsrechte i.S.v. § 47 InsO sind z.B. Dienstbarkeiten, Nießbrauchsrechte, schuldrechtliche Herausgabeansprüche aus §§ 546, 596, 604 BGB, der Anspruch auf Rückzahlung der Mietkaution bei Verwahrung auf einem Sonderkonto, Rückgewähransprüche aus § 11 AnfG, das vorbehaltene Eigentum (Ausnahme: Überträgt der Vorbehaltsverkäufer das Eigentum an der Kaufsache auf eine Bank, die für den Käufer den Erwerb finanziert, hat die Bank in der Insolvenz des Käufers nur – wie beim Sicherungseigentum – ein Absonderungsrecht, vgl. BGH NJW 2008, 1803 ff.) und der Besitz. Sonstige Absonderungsrechte i.S.v. §§ 49 ff. InsO sind z.B. vertragliche u. gesetzliche Pfandrechte.

2. Nebenansprüche des Eigentümers, §§ 987 ff. BGB

a) Voraussetzung aller Ansprüche: Vindikationslage

48 Voraussetzung für alle Nebenansprüche des Eigentümers ist stets das Vorliegen einer Vindikationslage **im Zeitpunkt der Schädigung oder Nutzungsziehung**. Nur dieser Zeitpunkt ist von Bedeutung. Das Bestehen und die Reichweite der Nebenansprüche sind von der Gut- oder Bösgläubigkeit des Besitzers oder von der Rechtshängigkeit abhängig. Die Bösgläubigkeit bezieht sich dabei auf das Besitzrecht.

b) Schadensersatzanspruch des Eigentümers

Gegen den redlichen unverklagten Besitzer bestehen nach § 993 I Hs. 2 BGB keine Schadensersatzansprüche, anders aber nach § 991 II BGB im Dreipersonenverhältnis und beim Fremdbesitzerexzess im Zwei-Personen-Verhältnis (s.o.). Gegen den unredlichen oder verklagten Besitzer besteht nach §§ 990, 989 BGB ein Schadensersatzanspruch. Dieser erfordert ein Verschulden des Besitzers bzgl. der Unmöglichkeit der Herausgabe. Der deliktische Besitzer haftet über § 992 BGB zudem nach Deliktsrecht.

c) Nutzungsherausgabeanspruch des Eigentümers

Die Legaldefinition der Nutzungen finden Sie in § 100 BGB. Gegen den redlichen unverklagten Besitzer bestehen nach § 993 I Hs. 2 BGB wiederum keine Ansprüche. Eine Ausnahme gilt für die Herausgabe der Übermaßfrüchte nach § 993 I Hs. 1 BGB und die Herausgabe aller Nutzungen bei Unentgeltlichkeit des Besitzes nach § 988 BGB. Nach der Rspr. wird **§ 988 BGB analog** angewendet, wenn neben der Verfügung auch das schuldrechtliche Grundgeschäft unwirksam ist (d.h. Gleichstellung des rechtsgrundlosen Besitzes mit dem unentgeltlichen Besitz; Argument: Sonst Wertungswiderspruch mit der Situation, dass die Verfügung wirksam und der Besitzer daher Eigentümer geworden ist. Dann würde dieser nämlich bei unwirksamen Grundgeschäft mangels EBV über §§ 812, 818 I BGB die Nutzungen herausgeben müssen. Die Literatur verneint die analoge Anwendung und lässt stattdessen Ansprüche aus §§ 812 ff. BGB ausnahmsweise neben dem EBV zu, vgl. Palandt/*Bassenge* § 988 Rn. 6 ff.). Der BGH dehnt den Anspruch aus § 988 BGB auch auf den Fall aus, dass der Besitz nach Ablauf der Besitzberechtigung unentgeltlich fortgesetzt wird (BGH NJW 2008, 221 f.; Beispiel: Unentgeltlicher/rechtsgrundloser Besitzer vermietet die Sache versehentlich an Eigentümer weiter; der BGH hat in dem Fall der dinglichen Rechtslage den Vorrang vor der schulrechtlichen Ebene eingeräumt, weil der mittelbare Besitz des Besitzers nur ein Rechtsreflex darstelle.). Gegen den unredlichen/verklagten Besitzer ergibt sich ein Anspruch aus §§ 987, 990 BGB, für den deliktischen Besitzer gilt § 992 BGB.

Klausurtipp: Achten Sie auch auf folgende **prozessuale Besonderheiten**: Der Kläger kann den Anspruch aus § 985 BGB mit den Folgeansprüchen aus §§ 987 ff. BGB über die verschiedenen Formen der Klagenhäufung im Prozess verbinden (vgl. dazu *Kaiser* Zivilgerichtsklausur I, Rn. 319 ff.). Wenn der Kläger zunächst nur auf Herausgabe klagt und erst während des Rechtsstreits erfährt, dass die Sache bereits vor Rechtshängigkeit veräußert worden ist, kann er auch gegen den Widerspruch des Beklagten auf Schadensersatz umstellen. In der Zulässigkeit der Klage sind dann bzgl. dieser Klageänderung § 264 Nr. 3 ZPO und § 269 ZPO zu erörtern, vgl. dazu umfassend *Kaiser*, Zivilgerichtsklausur I, Rn. 424 ff. Auch eine Verbindung von Herausgabe und Schadensersatz über §§ 255, 259, 260 ZPO ist möglich (vgl. *Kaiser* Zivilgerichtsklausur I, Rn. 402; *Gruber/Lösch* NJW 2007, 2815 ff.).

§ 5 Dingliche Ansprüche

3. Gegenansprüche des nichtberechtigten Besitzers, §§ 994 ff. BGB

§§ 994 ff. BGB unterscheiden bei dem Umfang der zu ersetzenden Verwendungen des Besitzers zum einen nach der Qualität der Verwendung (notwendig, nützlich, luxuriös) und zum anderen nach der Gut- oder Bösgläubigkeit des Besitzers. Gegenüber den auf Geld gerichteten Nutzungsansprüchen des Eigentümers findet bei Fälligkeit der Gegenansprüche eine automatische Saldierung statt (Palandt/*Bassenge* Vorb § 987 Rn. 1). Nach dem **engen Verwendungsbegriff des BGH** sind aber nicht Aufwendungen erfasst, die eine Sache grundlegend verändern, z.B. eine Komplettsanierung der Sache. Ein Ausgleich nach §§ 951, 812 ff. BGB ist in diesen Fällen nach dem BGH nicht möglich, da die §§ 994 ff. BGB eine »absolute Sperrwirkung« ggü. §§ 812 ff. BGB entfalten (vgl. oben Rn. 46). Der Verwender ist dann auf das Wegnahmerecht nach § 997 BGB beschränkt, bei Unzumutbarkeit greift § 242 BGB. Denken Sie an die Fälligkeits- bzw. Erlöschensregelungen der Gegenansprüche in **§§ 1001, 1002 BGB** (lesen!). 49

C. Grundpfandrechte

I. Allgemeines

Die Grundpfandrechte Hypothek und Grundschuld sind beschränkt dingliche Rechte an einem Grundstück, die ein Verwertungsrecht geben und die in der Praxis die häufigsten Kreditsicherungsmittel sind. 50

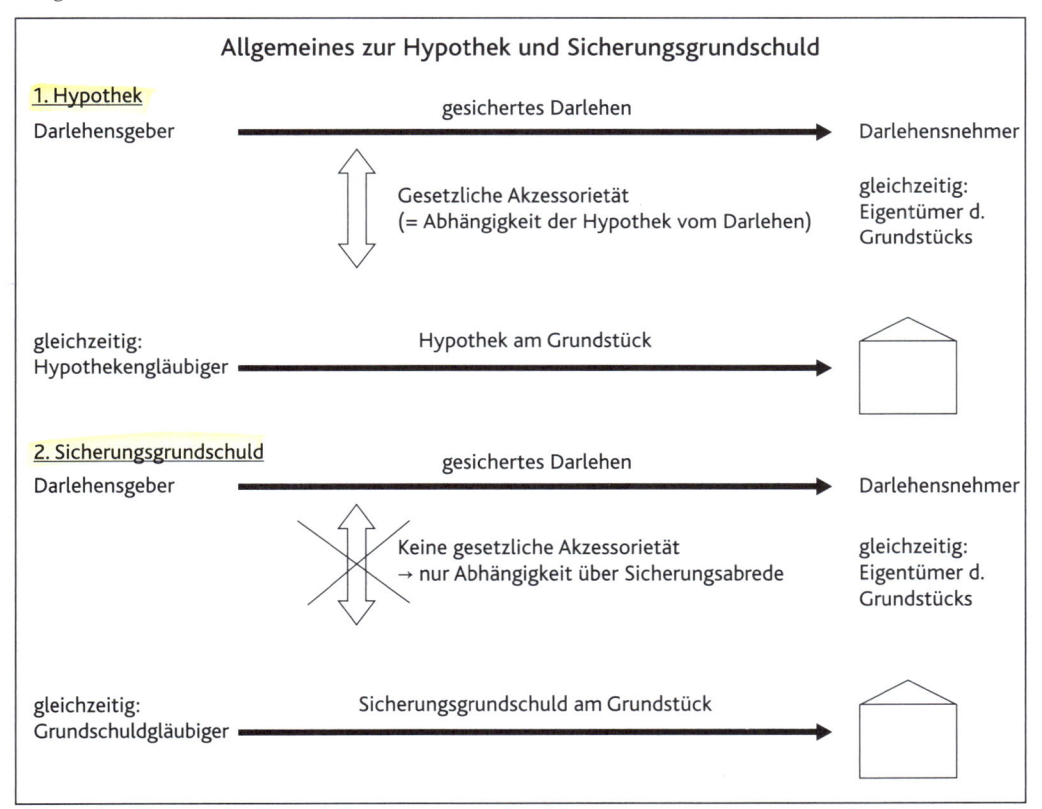

Allgemeines zur Hypothek und Sicherungsgrundschuld

1. Hypothek
- Darlehensgeber — gesichertes Darlehen → Darlehensnehmer
- Gesetzliche Akzessorietät (= Abhängigkeit der Hypothek vom Darlehen)
- gleichzeitig: Eigentümer d. Grundstücks
- gleichzeitig: Hypothekengläubiger — Hypothek am Grundstück →

2. Sicherungsgrundschuld
- Darlehensgeber — gesichertes Darlehen → Darlehensnehmer
- Keine gesetzliche Akzessorietät → nur Abhängigkeit über Sicherungsabrede
- gleichzeitig: Eigentümer d. Grundstücks
- gleichzeitig: Grundschuldgläubiger — Sicherungsgrundschuld am Grundstück →

Die **Hypothek** ist gem. § 1113 I BGB **akzessorisch**, d.h. sie kann nicht ohne die zugrunde liegende Forderung existieren und steht grds. dem zu, der Inhaber der Forderung ist. Relevant ist v.a. die Verkehrshypothek im Gegensatz zu der in § 1184 BGB geregelten Sicherungshypothek. Die **Grundschuld** ist gem. **§ 1191 I BGB nicht akzessorisch**. Nach § 1192 I BGB sind auf die Grundschuld nur diejenigen Vorschriften aus dem Hypothekenrecht anwendbar, die nicht auf deren Akzessorietät beruhen (daher insbesondere nicht §§ 1137, 1143, 1153, 1163 BGB). Relevant ist v.a. die sog. Sicherungsgrundschuld, also eine Grundschuld, die zur Sicherung einer Forderung bestellt wird. Zwischen der Grundschuld und der Forderung besteht dann über

Grundschuld = fiduziarische Sicherheit

die **Sicherungsabrede** (= atypischer Schuldvertrag i.S.d. §§ 311, 241 BGB und gleichzeitig Rechtsgrund für die Grundschuldbestellung; bei Unwirksamkeit: Anspruch aus § 812 BGB auf Rückübertragung der Grundschuld) eine Verknüpfung ohne gesetzliche Akzessorietät. Aus diesem Grunde bezeichnet man die Sicherungsgrundschuld nicht als akzessorische sondern als **fiduziarische Sicherheit**. Die Sicherungsgrundschuld ist in der Praxis das häufigste Grundpfandrecht und kommt auch in Klausuren häufiger vor als die Hypothek.

Aus einer fälligen Hypothek/Grundschuld kann gem. §§ 1147, 1192 BGB nicht Zahlung, sondern nur **Duldung der Zwangsvollstreckung** in das Grundstück des Eigentümers (inklusive Haftungsverband nach §§ 1120 ff. BGB) verlangt werden. Macht der Berechtigte gleichwohl einen Zahlungsanspruch geltend, müssen Sie den Anspruch auf Duldung der Zwangsvollstreckung als Minus i.S.v. § 308 I ZPO zusprechen und die Klage im Übrigen abweisen. Schutz vor Verschlechterung der Haftungsmasse bieten §§ 1133 ff., 1192 BGB, die u.a. ein **Unterlassungsanspruch** enthalten, der auch durch einstweilige Verfügung gesichert werden kann.

> **Klausurtipp:** Zur **Abwehr der Zwangsvollstreckung** kann der Eigentümer des Grundstücks nach § 1142 BGB freiwillig zahlen. Im Prozess könnte der Kläger dann nach erhobener Klage den Rechtsstreit in der Hauptsache für erledigt erklären. Wenn der verklagte Eigentümer sich dem anschließt, liegt ein Fall des § 91a ZPO vor, sonst ein Fall der einseitigen vollständigen Erledigungserklärung.

> **Klausurtipp:** Oft lassen sich die Grundschuldgläubiger den Duldungsanspruch aus der Sicherungsgrundschuld von vornherein mit einer **dinglichen Unterwerfungserklärung** nach §§ 794 I Nr. 5 ZPO titulieren, so dass sie bei Fälligkeit der Grundschuld sofort vollstrecken können. Examensrelevanz erlangt dieses Thema über die Vollstreckungsgegenklage nach § 767 ZPO oder die prozessuale Gestaltungsklage sui generis analog § 767 ZPO (vgl. *Kaiser* Zwangsvollstreckungsklausur, Rn. 8 f., 16).

Was sind die **wichtigsten Standardkonstellationen für Ihre Examensklausur?**

1. Der Gläubiger verlangt die Duldung der Zwangsvollstreckung durch den Schuldner.
   - Prüfen, ob die Hypothek/Grundschuld wirksam zustande gekommen ist.
   - Evtl. zusätzlich die wirksame Übertragung der Hypothek/Grundschuld prüfen, wenn diese dem Gläubiger selbst von einem früheren Berechtigten übertragen wurde.
   - Prüfen, ob der Schuldner seiner Inanspruchnahme Einwendungen entgegensetzen kann.
   - Klausureinstieg ist entweder Klage auf Duldung der Zwangsvollstreckung oder § 767 ZPO (s.o.).

2. Der Kläger verlangt Zahlung im Prozess, nachdem ihm ein früherer Berechtigter »die Hypothek/Grundschuld« übertragen hat.
   - Prüfen, ob eine wirksame Forderungsabtretung stattgefunden hat.
   - Wenn nicht, prüfen, ob der Kläger als »Minus« i.S.d. § 308 ZPO die Duldung der Zwangsvollstreckung verlangen kann.

3. Bei Personenverschiedenheit zwischen Schuldner der Forderung und Eigentümer des Grundstücks befriedigt einer den Berechtigten und hält sich danach an den anderen.
   - Prüfen, wem die gesicherte Forderung zusteht: Dem Kläger oder einem Dritten?

4. Nach Befriedigung des Gläubigers hält sich der Eigentümer an den Berechtigten des Grundpfandrechts und verlangt Zustimmung zur Berichtigung des Grundbuchs.
   - Prüfen, was mit der Hypothek/Grundschuld geschehen ist: Ist sie erloschen oder übergegangen oder steht sie immer noch dem Berechtigten zu?

Achten Sie bei einer Verurteilung zur Duldung der Zwangsvollstreckung auf einen **vollstreckungsfähigen Tenor**: »*Der Beklagte wird verurteilt, in Höhe von … € die Zwangsvollstre-*

ckung in sein Grundstück, eingetragen im Grundbuch Lübeck, Band..., Blatt..., Flurstück..., Adresse..., zu dulden.«

II. Das Wichtigste zu den examensrelevanten Problemen

1. Die Entstehung der Hypothek/Grundschuld

Die **Hypothek** entsteht nach §§ 1113 f., 873 BGB. Beachten Sie die Prüfungsreihenfolge: **51**

1. Einigung, §§ 873, 1113 BGB
2. Eintragung in das Grundbuch, §§ 873, 1115 BGB
3. Fortbestand der Einigung im Zeitpunkt der Eintragung
4. Übergabe des Hypothekenbriefes (alternativ: Buchhypothek), §§ 1116, 1117 BGB
5. Berechtigung und Verfügungsbefugnis
   - Wenn Berechtigung fehlt (z.B. eingetragene Person ist nicht Eigentümer; beachte § 747 S. 1 BGB bei Miteigentümern): **Gutgläubiger Ersterwerb über § 892 BGB möglich.**
   - Wenn Verfügungsbefugnis fehlt (z.B. Anordnung der Zwangsversteigerung/Zwangsverwaltung über das Grundstück): **Gutgläubiger Erwerb über § 892 I 2 BGB** möglich, wenn die Beschränkung der Verfügungsbefugnis nicht im Grundbuch eingetragen ist.
6. Wg. Akzessorietät: Bestehen der zu sichernden Forderung, § 1113 BGB (Eigentümer muss nicht Schuldner der Forderung sein!)
   - Forderung noch nicht entstanden (z.B. weil Bank den Kredit noch nicht ausgezahlt hat): Es entsteht lediglich eine rangwahrende sog. Eigentümergrundschuld, §§ 1163 I 1, 1177 I 1 BGB, die sich dann später in eine Hypothek umwandelt. Die vorläufige Eigentümergrundschuld kann z.B. zur Zwischenfinanzierung abgetreten werden.
   - Künftige oder bedingte Forderungen i.S.d. § 1113 II BGB: Zunächst entsteht eine sog. Eigentümergrundschuld, dann erfolgt eine automatische Umwandlung in eine Fremdhypothek, sobald die Forderung entsteht.

Problematisch ist es, wenn der **Darlehensvertrag nichtig** ist, die Valuta aber schon ausgezahlt wurde: Soll durch die Hypothek dann der Rückforderungsanspruch aus § 812 BGB gesichert sein? Dies ist höchst umstritten, die wohl h.M. stellt auf den Parteiwillen ab (Palandt/*Bassenge* § 1113 Rn. 16 m.w.N.). Bei der Grundschuld soll dagegen der Anspruch aus § 812 BGB stets gesichert sein (Palandt/*Bassenge* § 1191 Rn. 19).

Die **Grundschuld** entsteht nach §§ 1191, 1192, 873, 1113 ff. BGB. Die Prüfungsreihenfolge ist wie bei der Hypothek bis auf das Erfordernis des Bestehens einer Forderung. Auch ein gutgläubiger Ersterwerb vom Scheineigentümer über § 892 BGB ist möglich.

2. Die Übertragung der Hypothek/Grundschuld

Die **Hypothek** geht automatisch mit Übertragung der Forderung auf den neuen Gläubiger über, vgl. §§ 1153, 1154, 398, 401 BGB. Wenn die Parteien von der »Übertragung der Hypothek« reden, ist dies nach §§ 133, 157 BGB so auszulegen, dass die gesicherte Forderung gemeint ist. Die Hypothek kann nämlich nicht isoliert übertragen werden. Die Prüfungsreihenfolge lautet:

1. Abtretung der Forderung durch Abtretungsvertrag, § 398 BGB
2. Beachtung der Form des § 1154 BGB (schriftliche Abtretungserklärung und Briefübergabe oder Eintragung der Forderungsabtretung ins Grundbuch bei Buchhypothek)
3. Berechtigung und Verfügungsbefugnis des Abtretenden, d.h. der Zedent muss grds. Inhaber der Forderung und der Hypothek sein. Hier ist zu prüfen: Hat der Zedent selbst wirksam eine Hypothek erworben? Wenn nicht, ist nur ein gutgläubiger Erwerb der Hypothek möglich.

Bei der Forderung wird es sich i.d.R. um eine Darlehensforderung handeln, deren Abtretbarkeit grds. zulässig ist (vgl. Rn. 10).

Der **gutgläubige (»Zweit-«)Erwerb einer Hypothek** vom Nichtberechtigten vollzieht sich nach §§ 1153, 1154, 398, 401, **1138, 892 BGB** (beachten Sie aber § 1185 II BGB). Die Fallgruppen sind (vgl. *Servatius* JA 2006, 692 ff.):

- Der Zedent ist zwar Forderungsinhaber, er ist aber selbst nicht wirksam Hypothekengläubiger geworden: Gutgläubiger Erwerb der Hypothek ist durch § 892 BGB möglich, wenn der Zedent im Grundbuch als Hypothekengläubiger eingetragen ist.

- Der Zedent ist nicht Forderungsinhaber (z.B. Forderung ist nichtig), deswegen ist auch die Hypothekenbestellung zu seinen Gunsten gescheitert und »nur« eine Eigentümergrundschuld nach §§ 1163 I 1, 1177 I 1 BGB entstanden: Gutgläubiger Erwerb einer sog. »**forderungsentkleideten Hypothek**« ist durch §§ 1138, 892 BGB möglich (§ 1138 BGB fingiert das Bestehen der Forderung für die juristische Sekunde des Übergangs der Hypothek, durch § 892 BGB wird die fehlende Berechtigung des Zedenten überwunden).

- Der Zedent ist nicht Forderungsinhaber (z.B. Forderung ist nichtig), zudem ist er aus einem anderen Grund nicht Hypothekengläubiger geworden (z.B. keine wirksame Einigung bei Bestellung zu seinen Gunsten), es liegt also ein sog. Doppelmangel vor. Ein gutgläubiger Erwerb der forderungsentkleideten Hypothek ist auch hier über §§ 1138, 892 BGB möglich.

Problematisch bei dem gutgläubigen Erwerb einer Hypothek ist der Fall, dass der Zedent zwar nicht Forderungsinhaber ist, die Forderung aber einem Dritten zusteht, sie also irgendwo existiert. Nach e.A. wird dann bei dem gutgläubigen Erwerb der Hypothek analog § 1153 II BGB auch die **Forderung »mitgerissen«** (Argument: Kein Auseinanderfallen von Hypothek und Forderung), nach a.A. wird auch dann nur eine forderungsentkleidete Hypothek erworben (Argument: Eindeutiger Wortlaut von § 1138 BGB, kein »Geschenk des Himmels« für Hypothekenerwerber, es gibt keinen gutgläubigen Forderungserwerb), vgl. Palandt/*Bassenge* § 1153 Rn. 2; PWW/*Waldner* § 1138 Rn. 2.

Ein gutgläubiger Grundpfandrechtserwerb außerhalb des Grundbuchs ist durch § 1155 BGB möglich (vorherige öffentlich beglaubigte Abtretungserklärungen).

Die Briefgrundschuld als **Sicherungsgrundschuld** kann dagegen isoliert übertragen werden, da § 1153 BGB wegen § 1192 I BGB nicht gilt. Für die Übertragung gelten §§ 1191, 1192, 1154, 398, 413 BGB. Die Prüfungsreihenfolge lautet:

> 1. Abtretung der Grundschuld durch Abtretungsvertrag, § 398 BGB
>
> 2. Beachtung der Form des § 1154 BGB (Schriftform und Briefübergabe oder Eintragung)
>
> 3. Berechtigung und Verfügungsbefugnis des Abtretenden
>
>   - D.h. der Zedent der Grundschuld muss Inhaber der Grundschuld sein.
>   - Prüfen: Hat der Zedent selbst wirksam die Grundschuld erworben?
>   - Wenn (−): **Gutgläubiger (»Zweit-«)Erwerb der Grundschuld über § 892 BGB möglich**, wenn der Zedent als Grundschuldinhaber im Grundbuch eingetragen ist.

Die Vorschriften der §§ 1191, 1154 III, 873 BGB gelten bei der Übertragung der Buchgrundschuld.

Die durch die Grundschuld gesicherte Forderung selbst wird allein nach § 398 BGB übertragen. Eine besondere Form ist nicht einzuhalten.

Beachte: Die Sicherungsabrede an sich begründet grds. **keine Unwirksamkeit der isolierten Übertragung von Grundschuld und Forderung**. Wird der Eigentümer nach Übertragung von Forderung und Grundschuld an verschiedene Personen aus der Forderung in Anspruch genommen, so kann er nach §§ 404, 273 BGB seiner Inanspruchnahme entgegenhalten, dass er nur gegen Rückgewähr der Sicherheit zahlen muss (diese Einwendung ergibt sich aus der Sicherungsabrede; vgl. Palandt/*Bassenge* § 1191 Rn. 22). Wird er vom neuen Grundschuldgläubiger aus der Grundschuld in Anspruch genommen, so kann er grds. nicht die dingliche Unwirksamkeit der Übertragung geltend machen. Das sich aus der Sicherungsabrede **konkludent ergebende Verbot der isolierten Übertragung** von Grundschuld und Forderung vor Verwertungsreife wirkt nämlich grds. nicht dinglich i.S.v. § 399 Alt. 2 BGB (Palandt/*Grüneberg* § 399 Rn. 8). Allerdings steht der Vollstreckung dann eine schuldrechtliche Einrede aus der Sicherungsabrede entgegen, die nach § 1192 Ia BGB n.F. bei der Sicherungsgrundschuld nunmehr stets auch gegenüber dem Erwerber geltend gemacht werden kann. Die isolierte Übertragung der Grundschuld ist nur dann i.S.v. § 399 Alt. 2 BGB dinglich unwirksam, wenn ausdrücklich ein dinglich wirkendes Verfügungsverbot vereinbart wird. Eine Wirkung gegenüber gutgläubigen Dritten erfordert aber dessen Eintragung ins Grundbuch, vgl. §§ 877, 873, 892 BGB (Palandt/*Bassenge* § 1191 Rn. 8). Auch die ausdrückliche Vereinbarung eines dinglich wirkenden Abtretungsverbotes i.S.v. § 399 Alt. 2 BGB hinsichtlich der gesicherten Forderung ist möglich. Da sich die Forderungsabtretung außerhalb des Grundbuchs vollzieht, ist eine Eintragung ins Grundbuch dafür irrelevant.

3. Einwendungen vom Schuldner/Eigentümer gegen die Inanspruchnahme

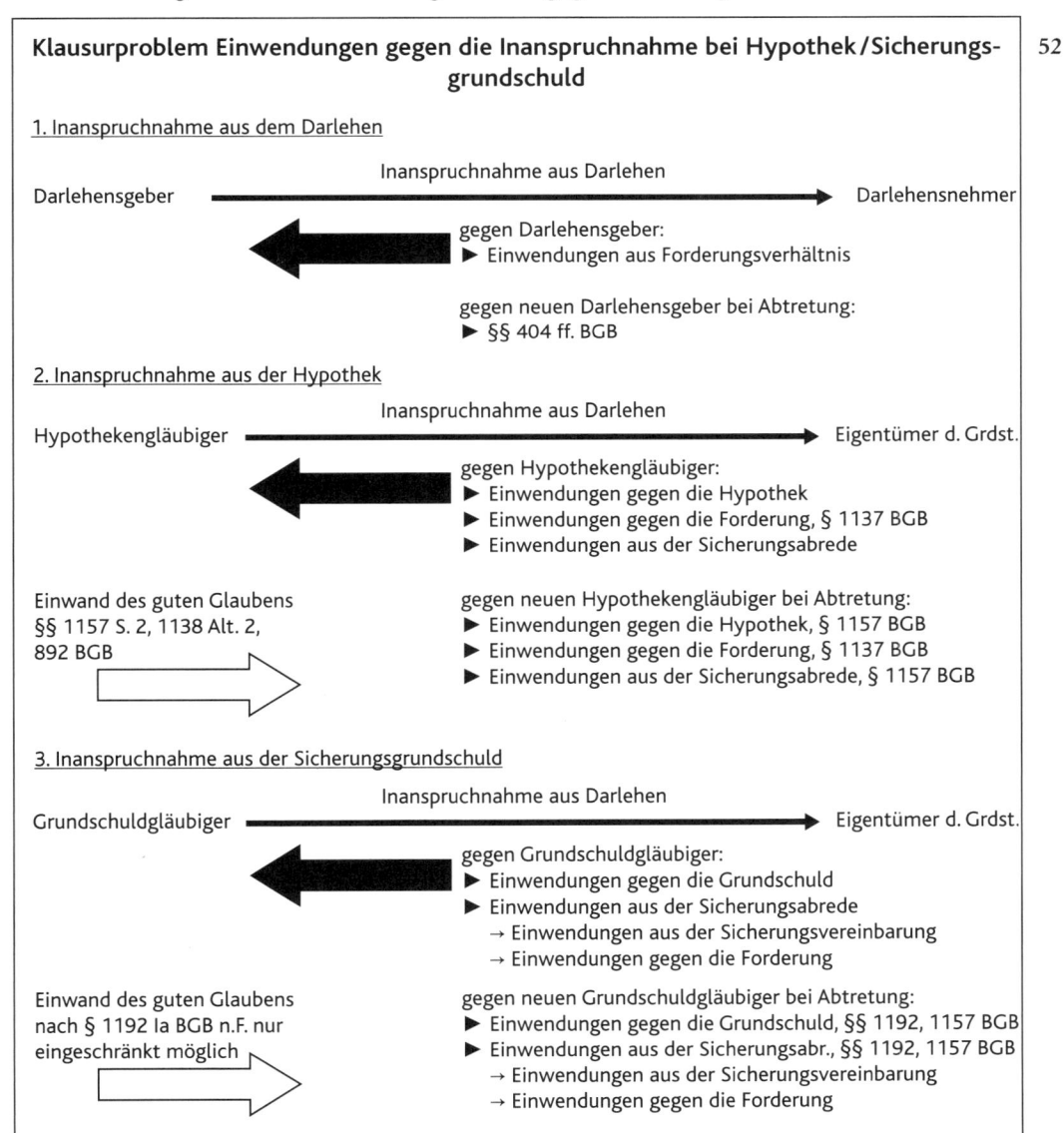

Klausurproblem Einwendungen gegen die Inanspruchnahme bei Hypothek/Sicherungsgrundschuld

52

1. Inanspruchnahme aus dem Darlehen

Darlehensgeber —— Inanspruchnahme aus Darlehen ——> Darlehensnehmer

gegen Darlehensgeber:
▶ Einwendungen aus Forderungsverhältnis

gegen neuen Darlehensgeber bei Abtretung:
▶ §§ 404 ff. BGB

2. Inanspruchnahme aus der Hypothek

Hypothekengläubiger —— Inanspruchnahme aus Darlehen ——> Eigentümer d. Grdst.

gegen Hypothekengläubiger:
▶ Einwendungen gegen die Hypothek
▶ Einwendungen gegen die Forderung, § 1137 BGB
▶ Einwendungen aus der Sicherungsabrede

Einwand des guten Glaubens §§ 1157 S. 2, 1138 Alt. 2, 892 BGB

gegen neuen Hypothekengläubiger bei Abtretung:
▶ Einwendungen gegen die Hypothek, § 1157 BGB
▶ Einwendungen gegen die Forderung, § 1137 BGB
▶ Einwendungen aus der Sicherungsabrede, § 1157 BGB

3. Inanspruchnahme aus der Sicherungsgrundschuld

Grundschuldgläubiger —— Inanspruchnahme aus Darlehen ——> Eigentümer d. Grdst.

gegen Grundschuldgläubiger:
▶ Einwendungen gegen die Grundschuld
▶ Einwendungen aus der Sicherungsabrede
  → Einwendungen aus der Sicherungsvereinbarung
  → Einwendungen gegen die Forderung

Einwand des guten Glaubens nach § 1192 Ia BGB n.F. nur eingeschränkt möglich

gegen neuen Grundschuldgläubiger bei Abtretung:
▶ Einwendungen gegen die Grundschuld, §§ 1192, 1157 BGB
▶ Einwendungen aus der Sicherungsabr., §§ 1192, 1157 BGB
  → Einwendungen aus der Sicherungsvereinbarung
  → Einwendungen gegen die Forderung

Die Einwendungen des Schuldners gegen die Inanspruchnahme aus der gesicherten Forderung ergeben sich vor der Übertragung der Forderung aus dem zugrunde liegenden Rechtsverhältnis, nach dessen Übertragung aus §§ 404 ff. BGB. Daneben können §§ 1161, 1160 BGB (Leistung nur gegen Herausgabe des Hypothekenbriefes) oder bei der Sicherungsgrundschuld §§ 404, 273 BGB (Leistung nur gegen Rückübertragung der Grundschuld, s.o.) relevant werden. Auf Einwendungen bzgl. des Grundpfandrechts darf er sich nicht berufen.

Die Einwendungen des Eigentümers des Grundstücks gegen die Duldung der Zwangsvollstreckung aus der Hypothek lassen sich wie folgt systematisieren:

- **Pfandrechtsbezogene Einwendungen** (z.B. Hypothek ist nicht wirksam entstanden, Hypothek hat sich in eine Eigentümergrundschuld/-hypothek umgewandelt): Diese können sowohl dem alten Gläubiger als auch über § 1157 S. 1 BGB nach der Übertragung dem neuen Berechtigten entgegen gehalten werden.

- **Forderungsbezogene Einwendungen** nach § 1137 BGB, z.B. fehlende Fälligkeit des Darlehens, Anfechtbarkeit, Scheingeschäft, § 242 BGB: Nach Übertragung gilt §§ 1137, 1138 Alt. 2 BGB ggü. dem neuen Berechtigten, achten Sie auf § 216 BGB bzgl. der Verjährung.

- **Einwendungen aus der Sicherungsabrede** (der Inhalt richtet sich nach der getroffenen Vereinbarung): Diese können sowohl dem alten, als auch über § 1157 S. 1 BGB dem neuen Berechtigten gegenüber geltend gemacht werden.

Für die Inanspruchnahme aus einer Sicherungsgrundschuld gilt:

- **Pfandrechtsbezogene Einwendungen** (z.B. Grundschuld ist nicht wirksam entstanden, Grundschuld hat sich in Eigentümergrundschuld umgewandelt): Diese können sowohl dem alten, als auch dem neuen Berechtigten gegenüber geltend gemacht werden, §§ 1191, 1192 I, 1157 BGB. Dazu gehört auch die Unwirksamkeit der Kündigung nach § 1193 BGB n.F.

- **Einwendungen aus der Sicherungsabrede** (vgl. jetzt ausdrücklich § 1192 Ia S. 1 BGB n.F.) beinhalten sowohl Einreden aus der Sicherungsabrede im engeren Sinn (z.B. Verbot der isolierten Übertragung, Grundschuld darf nur in Höhe der noch offenen Forderung durchgesetzt werden, Pflicht zur Rückübertragung der Grundschuld, wenn der Sicherungszweck durch Zahlung erfüllt wurde) als **auch forderungsbezogene Einwendungen** (z.B. Unwirksamkeit, Stundung), die – § 1137 BGB ist bei der Grundschuld nicht anwendbar – aus der Sicherungsabrede abgeleitet werden: Diese Einwendungen können sowohl dem alten, als auch dem neuen Berechtigten gegenüber geltend gemacht werden, §§ 1191, 1192 I, Ia S. 1 i.V.m. § 1157 BGB. Achten Sie bei Verjährung aber auf § 216 BGB, dessen Rechtsgedanke anwendbar ist. Nach dem OLG München stellt auch die nicht erfolgte Rechnungslegung über die Restvalutierung des Darlehens eine forderungsbezogene Einwendung dar, die dem vollstreckendem Grundschulderwerber entgegengehalten werden kann (OLG München ZIP 2008, 498 ff.).

> **Beachte:** Wenn das Eigentum an dem belasteten **Grundstück von einem Dritten erworben** wird, kann dieser Einwendungen aus der Sicherungsabrede seiner Inanspruchnahme aus der Grundschuld nur dann entgegenhalten, wenn der Veräußerer/Sicherungsgeber die Ansprüche aus der Sicherungsvereinbarung an ihn abgetreten hat. Dies ist allerdings auch konkludent möglich.

Beachten Sie auch, dass bei dem Erwerb der Hypothek **Einwendungen** des Eigentümers gegen den alten Berechtigten durch den neuen Berechtigten/Erwerber »**gutgläubig wegerworben**« werden können, v.a. wenn diese nicht im Grundbuch eingetragen sind. Bzgl. pfandrechtsbezogener Einwendungen und solcher aus der Sicherungsabrede gelten dann §§ 1157 S. 2, 892 BGB, bzgl. forderungsbezogener Einwendungen gelten §§ 1138 Alt. 2, 892 BGB. Der Sicherungsgeber trägt nach allgemeinen Grundsätzen die Beweislast für die Bösgläubigkeit des Erwerbers. Auch beim Erwerb der Sicherungsgrundschuld war ein gutgläubiger einredefreier Erwerb bislang nach §§ 1191, 1192, 1157 S. 2, 892 möglich. Allerdings schließt nunmehr § **1192 Ia 1 BGB n.F.** einen solchen gutgläubigen einredefreien Erwerb zumindest hinsichtlich Einreden aus der Sicherungsabrede aus. § 1192 Ia BGB n.F. gilt nach Art. 229 § 18 II EGBGB für den Sicherungsgrundschulderwerb nach dem 19. August 2008.

> **Klausurtipp:** Kommt es (in Altfällen) wg. der gutgläubigen Überwindung von Einreden durch den Grundschulderwerber zu einer doppelten Inanspruchnahme des Eigentümers/Darlehensnehmers (d.h. Vollstreckung in das Grundstück durch den neuen Grundschulderwerber trotz vorheriger Rückzahlung des Darlehens an den Darlehensgläubiger), so steht ihm ein Schadensersatzanspruch aus **pVV gegen den ursprünglichen Vertragspartner/Sicherungsnehmer** zu (vgl. Palandt/*Bassenge* § 1191 Rn. 22; Ausnahme: Vorwegzustimmung des Eigentümers zur Übertragung in Grundschuldformular).

§ 1156 BGB regelt, dass der Erwerber der Hypothek/Grundschuld Einwendungen des Eigentümers aus den §§ 406 ff. BGB, die nach dem Erwerb des Grundpfandrechts entstehen, nicht gegen sich gelten lassen muss (z.B. nachträgliche weitere Bedienung des Darlehens an den Zedenten). Allerdings dürfte bei der Sicherungsgrundschuld § 1156 BGB i.d.R. durch § 1192 Ia BGB n.F. verdrängt sein (vgl. *Nietsch* NJW 2009, 3606 ff.).

4. Zahlung an den Gläubiger und Regress

a) Bei der Hypothek

Die Rechtsfolge bei Zahlung ist stets, dass sich die Hypothek umwandelt – z.B. zu einer Eigentümergrundschuld wird – und damit das Grundbuch unrichtig wird (Folge: Anspruch aus § 894 BGB). Sie erlischt also nicht durch Zahlung, sondern erst durch tatsächliche Befriedigung im Rahmen der Zwangsvollstreckung (§ 1181 BGB) oder mit Aufhebung nach § 875 BGB. Das Schicksal der Forderung, auf die gezahlt wurde, hängt davon ab, wer den Gläubiger befriedigt (vgl. zu den einzelnen Konstellationen die gute Kommentierung bei **Palandt/*Bassenge* § 1113 Rn. 22 ff.**). Wenn der Schuldner den Gläubiger befriedigt, wird die Hypothek nach §§ 1163 I 2, 1177 I 1 BGB zur Eigentümergrundschuld und die gesicherte Forderung erlischt. Dies gilt auch, wenn Schuldner und Eigentümer nicht personenidentisch sind. Nur wenn der Schuldner im Innenverhältnis zum Eigentümer nicht zur Forderungserfüllung verpflichtet ist – z.B. wegen einer zwischen Schuldner und Eigentümer vereinbarten aber gescheiterten Schuldübernahme i.S.v. § 415 BGB – geht die Hypothek auf ihn über und sichert seinen Regressanspruch gegen den Eigentümer aus §§ 415 III, 329 BGB, vgl. § 1164 BGB.

Schwieriger sind die Fälle, in denen der Eigentümer den Gläubiger befriedigt:

Der Eigentümer, der nicht Schuldner ist, zahlt auf die Hypothek

- **Forderung:** Der Eigentümer erwirbt die Forderung durch cessio legis nach § 1143 I 1 BGB, ggfs. bestehende akzessorische Sicherheiten Dritter gehen nach §§ 412, 401 BGB mit über. Ist im Innenverhältnis der Eigentümer dem Schuldner zur Forderungserfüllung verpflichtet (s.o.), so steht dem übergegangenem Anspruch eine Einwendung des Schuldners entgegen (Palandt/*Bassenge* § 1143 Rn. 3).
- **Hypothek:** Diese geht mit über und wird zur Eigentümerhypothek, §§ 401, 412, 1177 II, 1153 BGB.

Der Eigentümer, der nicht Schuldner ist, zahlt auf die Forderung

- **Forderung:** Die Forderung erlischt, weil er als Dritter i.S.v. §§ 267, 362 BGB zahlt.
- **Hypothek:** Diese wird zur Eigentümergrundschuld, §§ 1163 I 2, 1177 I 1 BGB.

Wenn der Eigentümer den Gläubiger befriedigt, so leistet er nur dann als Dritter i.S.v. §§ 267, 362 BGB (und damit auf die Forderung), wenn er durch die Zahlung nicht von seinem Recht aus § 1142 BGB Gebrauch macht. Es kommt also stets auf den Hintergrund der Zahlung an.

Wenn der Gläubiger das Grundpfandrecht durch dessen Umwandlung nicht (mehr) »behalten« darf, ist er dem Eigentümer nach **§§ 1192, 1144, 952 II, 985 BGB** auch zur **Herausgabe des Grundpfandrechtsbriefes** verpflichtet (Ausnahme: Fälle von §§ 1164, 1167 BGB). Auch das kann Klausureinstieg sein.

b) Bei der Grundschuld

54 Die Rechtsfolgen einer Zahlung sind komplizierter als bei der Hypothek. Sie brauchen hier aber nichts auswendig zu lernen: Auch hier hilft wieder die Kommentierung im **Palandt unter § 1191 Rn. 34 ff.** Klausurrelevant ist die Zahlung des Schuldners, der zugleich Eigentümer ist. Weil hier i.d.R. eine Zahlung nur auf die Forderung gewollt ist (v.a. bei Ratenzahlungen), erlischt diese nach § 362 BGB. Die Grundschuld bleibt Fremdgrundschuld (keine Grundbuchunrichtigkeit!), der Schuldner/Eigentümer hat einen Anspruch auf dessen Rückübertragung aus der Sicherungsabrede (vgl. zu den verschiedenen Rückgewährmöglichkeiten Palandt a.a.O. Rn. 26). Wird auf die Grundschuld gezahlt, wird diese analog § 1143 BGB zur Eigentümergrundschuld (Folge: § 894 BGB) und die Forderung erlischt, weil dies dem Sicherungszweck entspricht. Der Eigentümer, der nicht zugleich Schuldner ist, zahlt i.d.R. auf die Grundschuld, die dadurch analog § 1143 BGB zur Eigentümergrundschuld wird (Folge: § 894 BGB). Aus der Sicherungsabrede hat er sodann einen Anspruch auf Abtretung der Forderung. Sind zugleich andere Sicherheiten bestellt, ergibt sich diesbezüglich analog §§ 774 I, 401 BGB ein Übertragungsanspruch (siehe Rn. 69 zum Wettlauf der Sicherungsgeber). War der Eigentümer im Innenverhältnis zum Schuldner der eigentlich Zahlungsverpflichtete, hat er keinen Abtretungsanspruch.

§ 6 Deliktische Ansprüche

A. Die Haftung nach dem StVG

I. Das Wichtigste zur Haftung nach dem StVG

Achten Sie darauf, dass Ansprüche aus dem StVG grds. vor den (nach § 16 StVG nicht gesperrten) §§ 823 ff. BGB geprüft werden müssen. Die relevanten Anspruchsgrundlagen finden sich in §§ 7, 18 StVG, der Ausschluss der Haftung ist in § 8 StVG geregelt.

Aus § 7 I StVG haftet der Halter eines Fahrzeugs auch ohne Verschulden, wenn beim Betrieb des Fahrzeugs ein anderer verletzt/getötet oder eine andere Sache beschädigt wird und keine höhere Gewalt nach § 7 II StVG vorliegt (Gefährdungshaftung). Die Schädigung muss nach h.M. **objektiv rechtswidrig** sein (vgl. BGH NJW 1958, 1044; Argument: Gleichlauf mit sonstigen Ansprüchen aus Delikt). Achten Sie auf § 8 Nr. 2 StVG, nach dem ein Anspruch nicht besteht, wenn der Verletzte bei dem Betrieb des Fahrzeuges tätig war (z.B. angestellter Kraftfahrer, Schaffner, Tankwart; gilt nicht für Beifahrer/Insasse, wie sich aus Gegenschluss zu § 8a StVG ergibt). § 7 III StVG regelt, wann der Halter in Fällen der Schwarzfahrt eines Dritten haftet. Der Halter haftet nach h.M. nicht bei einem sog. **gestellten Unfall** (Argument: Keine Rechtswidrigkeit der Schädigung, vgl. BGH DAR 1990, 224; BGH NJW 1978, 2154). Die Beweislast für das Vorliegen eines gestellten Unfalls trägt derjenige, der sich darauf beruft. Ggf. greifen Anscheinsbeweisgrundsätze (z.B. bei verdächtigen Umständen).

Klausurtipp: Achten Sie darauf, dass die Haftung des Halters aus § 7 StVG voraussetzt, dass ein »Dritter« den Schaden erleidet. Denn § 7 StVG normiert die Haftung des Kfz-Halters für die Gefahr, die sein Kfz auf andere Verkehrsteilnehmer ausstrahlt. Daher greift § 7 StVG nicht hinsichtlich des Schadens, der am Kfz des Halters selbst entsteht. Umstritten ist, ob dies auch beim Leasing gilt, wenn der Leasingnehmer (der i.d.R. Halter des Leasing-Kfz ist) das Leasing-Kfz beschädigt und nicht er, sondern der Leasinggeber der Eigentümer des Kfz ist. Der BGH bejaht hier eine Haftung des Leasingnehmers ggü. dem Leasinggeber aus § 7 StVG (vgl. BGH VersR 1983, 656 ff.; Argument: In diesen Fällen liegt die Sache eines »Dritten« vor), während Teile der Literatur dies verneinen (vgl. *Lemcke* ZfS 2002, 327; *Schmitz* NJW 1994, 301; *Hohloch* NZV 1992, 5; Argument: Schädigendes Kfz kann nicht zugleich beschädigte Sache sein).

Gem. § 18 StVG haftet der Fahrer des Kfz, was Bedeutung gewinnt, wenn Halter und Fahrer nicht identisch sind. Bei § 18 StVG wird das Verschulden des Fahrers hingegen nur vermutet, der Fahrer kann also den Beweis des Gegenteils führen. Dies bedeutet, dass der Fahrer nachweisen muss, dass er die im Verkehr erforderlich Sorgfalt eines geübten Durchschnittsfahrers eingehalten hat (auf den Idealfahrer wird also nicht abgestellt!) oder dass sein Verhalten für den Unfall nicht kausal war. Achten Sie darauf, dass die Fahrerhaftung nach dem Wortlaut von § 18 I 1 StVG **nur dann greift, wenn auch der Halter seines Kfz nach § 7 I StVG haftet**. Liegen die Voraussetzungen von § 7 StVG nicht vor, haftet auch der Fahrer nicht aus § 18 StVG. Daraus folgt z.B., dass der Halter nicht nach § 18 StVG gegen den Fahrer seines Kfz vorgehen kann, wenn dieser das Kfz des Halters beschädigt. Hier kommen nur vertragliche Schadensersatzansprüche und/oder § 823 BGB in Betracht. Achten Sie dann auch auf die ggf. bestehende Haftungsbeschränkung bei Gefälligkeiten (vgl. oben Rn. 4).

Im Straßenverkehr überschneidet sich die Haftung des Schädigers nach den spezialgesetzlichen Vorschriften (§§ 7, 18 StVG) mit der allgemeinen Deliktshaftung nach § 823 I BGB (z.B. bei Verletzung einer VSP) und mit § 823 II i.V.m. einem Schutzgesetz (z.B. einige Vorschriften der StVO und StVZO).

Die wichtigsten Probleme zu den §§ 7, 18 StVG sind die folgenden:

Problem: Was ist ein Kraftfahrzeug i.S.v. §§ 7, 18 StVG

- Als Kraftfahrzeug gilt jedes nicht schienengebundene Landfahrzeug, das sich mittels eines Motors und nicht durch Muskelkraft fortbewegt (also nicht ein Fahrrad!), vgl. § 1 II StVG.

1. Teil. Die Prüfungsreihenfolge im Zivilrecht

Problem: Wer ist Führer/Fahrer i.S.d. § 18 I StVG?

- Führer ist derjenige, der das Kfz eigenverantwortlich in Betrieb setzt und während der Fahrt leitet.

Problem: Wer ist Halter i.S.d. § 7 I StVG?

- Halter ist derjenige, der das Kfz auf eigene Rechnung mit Verfügungsgewalt in Gebrauch hat (BGHZ 13, 351 ff.). Eigentümerstellung und Haltereigenschaft können also durchaus auseinander fallen. Daher können auch der Leasingnehmer oder der Besitzer einer Sache bei der Sicherungsübereignung (z.B. Sicherungsgeber bei einer Übereignung nach §§ 929, 930 BGB) Halter sein, ohne gleichzeitig Eigentümer zu sein.

- Die Verfügungsgewalt über das Kfz muss von einer gewissen Dauer sein. Wer daher ein Kfz für einige Tage mietet oder ausleiht, ist kein Halter i.S.v. § 7 I StVG (vgl. BGHZ 116, 200 ff.).

Problem: Auslegung des Merkmals »bei Betrieb« i.S.d. § 7 I StVG

- Nach der Rspr. grds. weit auszulegen: Ausreichend ist ein naher örtlicher und zeitlicher Zusammenhang mit einem Betriebsvorgang (z.B. auch im öffentlichen Verkehrsraum abgestelltes Kfz, Panikreaktionen von Tieren durch Autolärm, Schaden durch abgeschlepptes Kfz). Es muss sich die **»typische Betriebsgefahr«** des Kfz realisieren, wobei erforderlich ist, dass die Fahrweise oder der Betrieb des Kfz zum Entstehen des Unfalls beigetragen hat. Eine Haftung scheidet aus, wo die Fortbewegungsfunktion keine Rolle mehr spielt und das Fahrzeug **nur noch** als Arbeitsmaschine eingesetzt wird (z.B. Abschleppfahrzeug zieht zu bergendes Fahrzeug aus Straßengraben; anders Mähmaschine, weil hier Fahren zur bestimmungsgemäßen Tätigkeit gehört). Nicht erforderlich ist, dass die beteiligten Kfz sich berührt haben! Erst wenn das Fahrzeug aus dem öffentlichen Verkehr genommen und außerhalb der Fahrbahn abgestellt wird, ist der Betrieb unterbrochen.

- Am Zurechnungszusammenhang fehlt es, wenn die Schädigung nicht mehr die spezifische Auswirkung der Gefahr des Kfz ist, sondern sich eine andere Gefahr verwirklicht hat. Hier können dann insb. Kausalitätsprobleme relevant werden (vgl. z.B. BGH NJW 2005, 2081 ff.: Ausweichreaktion des Geschädigten ggf. zurechenbar).

Merke: Bei dem Tatbestandsmerkmal »bei Betrieb« i.S.v. § 7 I StVG prüfen Sie im Grunde nichts anderes als die Kausalität/den Schutzzweck der Norm.

Problem: Höhere Gewalt i.S.d. § 7 II StVG

- Das Ereignis muss betriebsfremd, von außen kommen und **nach menschlicher Einsicht unvorhersehbar** sein (d.h. als Entlastungsgrund im Straßenverkehr kaum noch möglich). Kleiner Klausurtipp: Eine ähnliche Definition finden Sie im Palandt zu § 651j BGB (dort Rn. 3)!

- Das Vorliegen höherer Gewalt muss grds. derjenige beweisen, der sich darauf beruft.

Beachte: Sind Halter und Fahrer personenverschieden, haften sie dem Geschädigten gesamtschuldnerisch (sog. »Haftungseinheit zwischen Halter und Fahrer«). Der Innenausgleich zwischen Halter und Fahrer fällt nicht unter § 17 StVG, er richtet sich vielmehr nach § 426 BGB (OLG Frankfurt VersR 1983, 926).

Problem: Schadensausgleich nach § 17 StVG

- Ist der Geschädigte selbst Halter/Fahrer eines am Unfall beteiligten Kfz, muss ein Schadensausgleich nach § 17 StVG als lex specialis zu § 254 BGB und § 9 StVG durchgeführt werden, d.h. Sie müssen in der Klausur eine **Abwägung der Verursachungsbeiträge** vornehmen und dann bzgl. der Haftung eine **Quote bilden**. Wenn keine der Parteien der anderen einen Verursachungsbeitrag nachweisen kann, bleibt für die Abwägung in jedem Fall die stets zu berücksichtigende jeweilige Betriebsgefahr des Kfz, die allerdings in Ausnahmefällen auch hinter der Haftung des anderen komplett zurücktreten kann.

- I.R.d. Abwägung nach § 17 I, II StVG werden oft **Normen aus der StVO** bedeutsam. Je nach Fallgestaltung müssen Sie die entsprechende Verhaltensregel, die eine Partei verletzt hat und

§ 6 Deliktische Ansprüche

deren Verletzung sich auf den konkreten Schadensfall ausgewirkt hat, in der StVO nachschlagen und in der Klausur anführen. Tipp: Wenn Sie keine spezielle Norm finden, so können Sie auf die aus § 1 II StVO abgeleitete Pflicht zur gegenseitigen Rücksichtnahme im Straßenverkehr zurückgreifen. Beachten Sie, dass die StVO (anders als z.B. §§ 7, 18 StVG) nur bei der Teilnahme am öffentlichen Straßenverkehr gilt. Dies sind alle Flächen, die der Allgemeinheit zu Verkehrszwecken offen stehen. Bei Unfällen außerhalb des öff. Straßenverkehrs gilt die StVO nicht, sondern lediglich die allgemeine Pflicht zu verkehrsüblichen Sorgfalt (OLG Hamm NZV 1993, 477 m.w.N.).

- Der Verursachungsbeitrag des Fahrers wird bei der Halterhaftung dem Halter zugerechnet (sog. »**Zurechnungseinheit zwischen Halter und Fahrer**«).
- Das »**unabwendbare Ereignis**« spielt jetzt nach § 17 III StVG lediglich bei der Abwägung der Verursachungsbeiträge eine Rolle. Ein solches unabwendbares Ereignis liegt vor, wenn ein gedanklicher Idealfahrer den Unfall nicht hätte vermeiden können (absolute Unvermeidbarkeit wird also nicht gefordert). Das Vorliegen der Unabwendbarkeit muss grds. derjenige beweisen, der sich darauf beruft.
- Eine Abwägung der Verursachungsbeiträge müssen Sie auch bei der Haftung des Fahrzeugführers aus § 18 StVG im Verhältnis zu Haltern/Führern anderer Kfz vornehmen, vgl. § 18 III StVG.
- Der eigene Verursachungsbeitrag kann dem Anspruchsteller nur dann anspruchsmindernd entgegengehalten werden, wenn er bei gedachter Schädigung des Anspruchgegners diesem selber aus §§ 7, 18 StVG ersatzpflichtig wäre (vgl. Wortlaut § 17 II StVG »*Haftung untereinander*«). Bevor eine Abwägung der Verursachungsbeiträge erfolgen kann, muss also **inzident die (hypothetische) Haftung des Anspruchstellers** aus §§ 7, 18 StVG bejaht werden (vgl. *Wussow/Kürschner* S. 1192).

Klausurtipp: Wenn der Geschädigte selbst nicht Halter/Fahrer eines der beteiligten Kfz ist (z.B. Beschädigung des Kfz des Leasinggebers, der nur Eigentümer aber nicht Halter/Fahrer ist; Verletzung eines Fußgängers oder Radfahrers durch ein Kfz) und daher aus StVG nicht haftet, erfolgt die Berücksichtigung eines etwaigen eigenen Verursachungsbeitrages/Mitverschuldens des Geschädigten bei seinen Ansprüchen aus §§ 7, 18 StVG **nur nach § 9 StVG**. §§ 17, 18 III StVG sind dann nicht anwendbar. Bei Ansprüchen des Geschädigten aus §§ 823 ff. BGB sind §§ 17, 18, 9 StVG nicht – auch nicht analog – anzuwenden (vgl. BGH NJW 2007, 3120 ff.; diese Entscheidung unbedingt lesen!). Dort gilt nur § 254 BGB (vgl. dazu Rn. 62).

Da Rechtsstreitigkeiten nach **Unfällen von zwei Pkw** in den Examensklausuren häufig vorkommen, wird im Folgenden der Aufbau der entsprechenden Prüfung von §§ 7, 18 StVG dargestellt.

Prüfung eines Anspruchs gegen den Halter aus § 7 I StVG

1. Voraussetzungen des § 7 I StVG beim Beklagten
   - Beklagter ist Halter des Kraftfahrzeuges
   - Rechtswidrige Rechtsgutsverletzung i.S.v. § 7 I StVG bei Betrieb eines Kraftfahrzeuges
2. Keine höhere Gewalt für den Beklagten, § 7 II StVG
3. Schadensausgleich, § 17 I, II StVG zwischen beiden Haltern
   - Kein unabwendbares Ereignis für den Beklagten, § 17 III StVG
   - Wenn unabwendbar: Kein Anspruch des Klägers!
   - Wenn nicht unabwendbar: Prüfung geht weiter!
   - Haftet der Kläger selber aus § 7 StVG? Hier Inzidentprüfung anstellen!
   - Wenn (–): Abwägung nach § 17 I, II StVG nicht möglich, Beklagter haftet voll!
   - Wenn (+): Schadensausgleich möglich, **dann auch Abwägung der Verursachungsbeiträge** nötig
4. Kein Haftungsausschluss nach § 8 StVG

1. Teil. Die Prüfungsreihenfolge im Zivilrecht

> **Prüfung eines Anspruchs gegen den Fahrer aus § 18 I StVG**
>
> 1. Voraussetzungen des § 18 I 1 StVG beim Beklagten
>   - Beklagter ist Führer des Kraftfahrzeuges
>   - Haftet der Halter des vom Beklagten geführten Kfz nach § 7 StVG? Hier Inzidentprüfung anstellen!
>   - Wenn nein: Keine Haftung des Führers aus § 18 StVG
>   - Wenn ja: Prüfung geht weiter!
> 2. Verschulden des Führers, § 18 I 2 StVG
>   - Verschulden wird vermutet, Führer kann sich aber entlasten
> 3. Schadensausgleich, § 18 III StVG i.V.m. § 17 I, II StVG
>   - Kein unabwendbares Ereignis für den Beklagten, § 17 III StVG
>   - Wenn unabwendbar: Kein Anspruch des Klägers!
>   - Wenn nicht unabwendbar: Prüfung geht weiter!
>   - Haftet der Kläger selber aus § 7 StVG? Hier Inzidentprüfung anstellen!
>   - Wenn (–): § 17 I, II StVG nicht möglich, Beklagter haftet voll!
>   - Wenn (+): Schadensausgleich möglich, **dann auch Abwägung der Verursachungsbeiträge** nötig
> 4. Kein Haftungsausschluss nach § 8 StVG

II. Prozessuale Besonderheiten bei Verkehrsunfallsachen

Denken Sie bei Verkehrsunfallsachen daran, dass als **Gerichtsstand** entweder der allgemeine Gerichtsstand nach §§ 12, 13 ZPO oder der Gerichtsstand der unerlaubten Handlung nach § 32 ZPO, § 20 StVG (Unfallort) in Frage kommt.

Die **Kfz-Haftpflichtversicherung** des Halters haftet gem. **§ 115 I VVG n.F.** ebenfalls (direkte **Außenhaftung**). Gem. § 115 I 4 VVG n.F. sind der Schädiger und die Versicherung dann Gesamtschuldner. Beachten Sie, dass die unmittelbare Außenhaftung der Kraftfahrzeugversicherung grds. ein Ausnahmefall ist. So hat der Geschädigte gegenüber einer privaten Haftpflichtversicherung (z.B. Privathaftpflicht, Haftpflichtversicherung für Hunde) keinen Direktanspruch, da insoweit eine mit § 115 VVG vergleichbare Haftungsnorm fehlt.

Achtung **Klausurfalle:** Die Versicherung hat unter den Voraussetzungen von § 117 VVG n.F. gegenüber dem Geschädigten auch dann einzustehen, wenn sie aus dem Versicherungsverhältnis eigentlich nicht zur Leistung verpflichtet wäre, weil der Versicherungsnehmer z.B. eine Obliegenheit verletzt oder die Prämie nicht gezahlt hat. Hat der Versicherungsnehmer allerdings den Unfall vorsätzlich herbeigeführt, entfällt eine Haftung (§ 103 VVG n.F.).

Im Verhältnis der Unfallbeteiligten zur Versicherung des Schädigers sollten Sie auch die Regelung des § 124 I VVG n.F. kennen, die bestimmte Fälle der materiellen **Rechtskrafterstreckung** behandelt.

Verklagt der Kläger neben dem Halter auch den Fahrer und/oder die Versicherung, liegt eine **einfache Streitgenossenschaft** i.S.d. §§ 59, 60 ZPO vor. In der Zulässigkeit ist dann neben den §§ 59 ff. ZPO ebenfalls § 260 ZPO analog anzusprechen (vgl. *Kaiser*, Zivilgerichtsklausur I, Rn. 334 ff.). Bei der Gerichtszuständigkeit wird v.a. § 20 StVG relevant. Im umgekehrten Fall kann der Beklagte zum Gegenangriff übergehen und eine **Widerklage oder Drittwiderklage** (z.B. gegen die Versicherung des Klägers) erheben. In der Zulässigkeit der Widerklage bzw. der Drittwiderklage sind dann § 33 ZPO, die Konnexität, die Parteiidentität und die Voraussetzun-

§ 6 Deliktische Ansprüche

gen der nachträglichen Parteierweiterung anzusprechen (vgl. *Kaiser* Zivilgerichtsklausur I, Rn. 453 ff.).

Bei zweifelhafter Beweislage oder zur Vorbeugung des Mitverschuldenseinwands kann der Kläger im Wege der **Teilklage** vorgehen (vgl. *Kaiser* Zivilgerichtsklausur I, Rn. 326; für die Rechtsanwaltsklausur *Kaiser* Anwaltsklausur, Rn. 34).

In Unfallprozessen, in denen der Kläger Schmerzensgeld verlangt, können Sie auch auf **unbezifferte Klageanträge** stoßen. Diese Anträge sind in Abweichung von dem Grundsatz des § 253 II Nr. 2 ZPO unter bestimmten Voraussetzungen prozessual zulässig (vgl. *Kaiser* Zivilgerichtsklausur I, Rn. 316 ff.). Mit dem Zahlungsantrag kann der Kläger auch einen **Antrag auf Feststellung** nach § 256 I ZPO über den Grund der Haftung verbinden, v.a. wenn die Höhe des Schadens noch nicht feststeht oder zukünftige Schäden zu besorgen sind.

Beachten Sie, dass gerade bei Verkehrunfällen häufig der **Anscheinsbeweis** eine große Rolle spielt (vgl. ausführlich *Kaiser* Zivilgerichtsklausur I, Rn. 122 f.; *Metz* NJW 2008, 2806 ff.). Relevant wird dies bei §§ 7, 18 StVG v.a. bei der Abwägung der Verursachungsbeiträge.

B. Die Haftung nach § 823 I BGB

Ein häufiger Fehler in Klausuren aus dem Bereich »Schadensersatz« ist der falsche Einstieg. Gemeint ist damit, dass der **Vorrang der §§ 989, 990 BGB** vor dem Deliktsrecht übersehen wird, § 993 I Hs. 2 BGB.

Merke: Beachten Sie bei Schadensersatzansprüchen den Vorrang von §§ 989, 990 BGB, wenn im Zeitpunkt der Schädigung eine Vindikationslage vorlag (vgl. Rn. 46 auch zu den Ausnahmen).

Prüfungssystematik des Anspruchs aus § 823 I BGB

1. Verletzungshandlung
   - Tun oder Unterlassen (VSP)
2. Rechtsgutsverletzung
   - Geschütztes Rechtsgut i.S.v. § 823 I BGB verletzt (v.a. sonstige Rechte)?
3. Haftungsbegründende Kausalität
   - Kausalität zwischen Verletzungshandlung und Rechtsgutsverletzung
   - Liegt Rechtsgutsverletzung im Schutzzweck der Norm?
4. Rechtswidrigkeit
   - Kann sich Schädiger gegen die Vermutung erfolgreich wehren?
5. Verschulden
   - Vorsatz oder Fahrlässigkeit
   - Gibt es gesetzliche oder vertragliche Haftungsmilderungen?
6. Schaden
   - §§ 249 ff. BGB
7. Haftungsausfüllende Kausalität
   - Kausalität zwischen Rechtsgutsverletzung und Schaden
   - Liegt der Schaden im Schutzzweck der Norm?

a) Verletzungshandlung

Eine Verletzungshandlung kann durch ein Tun oder ein Unterlassen begangen werden. Die Abgrenzung erfolgt wie im Strafrecht nach dem Schwerpunkt der Vorwerfbarkeit (z.B. Vater lässt Insektengift auf dem Boden stehen, Kind isst davon: Das Unterlassen des Wegräumens ist der Schwerpunkt).

Problem: Verletzung durch Unterlassen

- Ein Unterlassen ist nur dann i.S.v. § 823 I BGB tatbestandsmäßig, wenn eine Pflicht zum Handeln besteht. Handlungspflichten entspringen aus den Garantenstellungen (insb. Ingerenz, Gesetz, Vertrag, enge Lebens – o. Gefahrgemeinschaft) sowie aus Verkehrssicherungspflichten. Im letzteren Fall muss der Geschädigte auch in den Schutzbereich der VSP fallen.

- Es gibt folgende Fallgruppen der VSP: VSP aus Verkehrseröffnung (z.B. Betreiben von zugänglichen Anlagen oder Geräten, Eröffnung einer Baustelle), VSP aus Beherrschung/Schaffung einer Gefahrenquelle (z.B. Verstoß gegen Unfallverhütungsvorschriften im Baugewerbe, Anlegen eines Teiches, Veranstalten eines Festzuges, Halten eines Hundes, Zustand des eigenen Eigentums wie z.B. Gefährlichkeit des Gehwegs bei Glätte; Achtung: Die Sicherungspflicht für Wege/Straßen kann gesetzlich als öff.-rechtl. Pflicht ausgestaltet werden), VSP aus beruflicher Stellung (z.B. Kindergärtnerin, Kfz-Werkstatt für die reparierten Kfz, Dachdecker) und VSP aus Produzentenpflichten (Konstruktions-, Fabrikations-, Instruktions-, Produktbeobachtungs-, Warnungs- u. ggf. sogar Rückrufpflicht; der BGH lehnt in NJW 2009, 1080 ff. eine Pflicht zur Nachrüstung aber ab).

- Für VSP reicht bloß theoretische Möglichkeit einer Gefährdung nicht, es muss sich vorausschauend die nahe liegende Möglichkeit einer Rechtsgutsverletzung Dritter ergeben (BGH NJW 2007, 1683 ff.: Verneint bei Schaden an einer Brücke durch Brand von unter der Brücke abgestellten, mit Heu beladenem Wagen).

> **Beachte:** Auf den akademischen Streit, wo die VSP im Tatbestandsaufbau zu prüfen sind, sollten Sie im 2. Examen nicht eingehen. In vielen Klausuren waren die VSP bei der Verletzungshandlung durch Unterlassen anzusprechen, danach können auch Sie sich richten.

Beachten Sie, dass die **Übertragung von VSP auf Dritte** (z.B. Übertragung der Gehwegstreupflicht des Eigentümers auf ein Unternehmen oder auf einen Mieter) zulässig ist. Zur wirksamen Delegation der VSP bedarf es keines ausdrücklichen Übernahmevertrags, es genügt die faktische Übernahme. Die VSP wandelt sich beim Übertragenden in eine Überwachungspflicht des Übertragenden um (Ausnahme: Die einschlägige öffentliche Rechtsnorm – z.B. eine Ortssatzung – lässt z.B. bzgl. des Gehwegs vor dem Haus die Übertragung auf Dritte ausdrücklich zu. Dann besteht keine Aufsichtspflicht mehr, weil dann auch die Polizeipflichtigkeit entfällt; vgl. BGH NJW 1972, 1321 ff. Dies gilt aber nur für den Bereich, für den die Ortssatzung ursprünglich überhaupt eine Streupflicht des Anliegers begründet hat! Für die Wege auf dem Grundstück, bzgl. derer der Eigentümer ohnehin die Verkehrssicherungspflicht hat, bleibt die Überwachungspflicht bestehen.). Bei einer schuldhaften Pflichtverletzung des Dritten haftet dieser dem Geschädigtem aus § 823 I BGB und ggf. nach pVV i.V.m. den Grundsätzen des VSD (vgl. BGH NJW 2008, 1440 ff.: VSD bejaht hinsichtlich geschädigtem Mieter desselben Hauses bei vertraglicher Übertragung der Gehwegstreupflicht für Haus auf einen Dritten). Wenn der Übertragende neben dem Dritten haftet, besteht nach § 840 BGB eine Gesamtschuldnerschaft. Dieselben Grundsätze gelten für die Übertragung der VSP innerhalb von Gesellschaften von der Gesellschaft auf Arbeitnehmer, insoweit bestehen Ähnlichkeiten zu § 831 BGB.

Problem: Verletzungshandlung bei den sog. »Herausforderungsfällen«

Das sind Fälle, in denen die letzte unmittelbar schädigende Handlung vom Geschädigten selbst stammt. (Beispiel: A rennt vor B weg, weil dieser ihm Prügel angedroht hat. Auf der Flucht stürzt A und verletzt sich.)

- Nach der Rspr. ist auf die mittelbare Handlung des Schädigers, die zur letzten Ursache durch den Geschädigten geführt hat, abzustellen (Palandt/*Sprau* § 823 Rn. 2).

§ 6 Deliktische Ansprüche

Problem: Verletzungshandlung bei der Produzentenhaftung

- Hier wird nicht auf die Verletzung von Verkehrssicherungspflichten abgestellt, vielmehr liegt die Verletzungshandlung schon in dem Inverkehrbringen des fehlerhaften Produkts.

b) Rechtsgutverletzung

Als nächstes ist zu prüfen, ob eines der von § 823 I BGB geschützten Rechtsgüter, also ein absolutes Recht, verletzt wurde. Insbesondere Forderungen (Beispiel: Verletzung des Schuldners oder des Forderungsgegenstandes) oder das Vermögen (Beispiel: Unberechtigtes Abheben von Geld) gehören nicht zu den geschützten Rechtsgütern.

Problem: Beeinträchtigung des Eigentums

- Nach der Rspr. (BGHZ 55, 153 ff., »Fleet-Fall«) ist eine Eigentumsbeeinträchtigung nicht nur bei Substanzverletzungen, sondern auch bei Entziehung oder Störung des bestimmungsgemäßen Gebrauchs gegeben.

- Auch bei dem Erwerb einer fehlerhaften Sache bei späterer Beschädigung der mangelfreien Restsache durch den Mangel (sog. **weiterfressender Mangel**) ist eine Eigentumsbeeinträchtigung möglich. § 823 BGB soll nach st. Rspr. (BGHZ 86, 256 ff.) aber nur bei **fehlender Stoffgleichheit** greifen (Kriterium: Vergleich des Mangelunwerts der Sache im Zeitpunkt der Lieferung mit jetzigem Zeitpunkt). Deckt sich der Mangelunwert bei Übergabe mit dem jetzigen Mangel, besteht Stoffgleichheit. Dies ist v.a. anzunehmen, wenn die Sache wegen des Mangels von vorneherein völlig wertlos war oder wenn der anfängliche Mangel nicht in wirtschaftlich vertretbarer Weise hätte behoben werden können. Bei fehlender Stoffgleichheit ist dagegen neben den Gewährleistungsvorschriften (§§ 439, 437 Nr. 3, 439, 280, 281 BGB: Die Beseitigung des an der Restsache sich weiterfressenden Mangels ist Teil der Nachbesserungspflicht aus § 439 BGB, vgl. PWW/*Schmidt* § 439 Rn. 14 m.w.N.) auch § 823 BGB anwendbar. Hier wird diskutiert, ob dann auch bei § 823 BGB zur Vermeidung von Wertungswidersprüchen eine Fristsetzung analog § 281 I BGB erfolgen muss (vgl. *Looschelders* Rn. 185 m.w.N.).

- Nach der Rspr. liegt eine Eigentumsverletzung i.S.d. § 823 I BGB auch beim Einbau fehlerhafter Produkte/Teile in eine fehlerfreie Sache vor, wenn die dadurch entstandene Gesamtsache durch den Einbau der mangelhaften Teile unbrauchbar wird und nur unter erheblicher Beschädigung wieder in ihre ursprünglichen Bestandteile getrennt werden kann (BGH NJW 1998, 1942 ff., sog. »Transistorfall«).

- Dieselbe Abgrenzung gilt nach der Rspr. auch für die Eigentumsverletzung bei Ausführung einer **Werkleistung**. Entsteht hierbei infolge der Leistung des Bauunternehmers ein Schaden am Gebäude, besteht wegen Stoffgleichheit kein deliktischer Anspruch des Eigentümers, wenn sich dieser Schaden mit dem Mangelunwert der Bauleistung deckt (vgl. BGHZ 162, 86 ff.). Hier kommen nur Ansprüche aus §§ 634 Nr. 4, 280 BGB in Betracht (Schadensersatz neben der Leistung, vgl. Rn. 32). Wenn z.B. bei mangelhaften Dachrenovierungsarbeiten Wasser in das Gemäuer läuft und dieses beschädigt, ist Stoffgleichheit gegeben, da dieser Schaden den auf der Mangelhaftigkeit der Leistung beruhenden Unwert ausdrückt. Wenn bei Dachrenovierungsarbeiten hingegen z.B. die Antenne aus Unachtsamkeit beschädigt wird, liegt keine Stoffgleichheit vor, § 823 I BGB ist einschlägig.

Beachte: Ansprüche nach § 823 BGB gegen den Verkäufer werden i.d.R. am fehlenden Verschulden scheitern. Ohne konkrete Anhaltspunkte für einen Mangel muss der Verkäufer die Kaufsache grds. nicht auf ihre Mangelfreiheit überprüfen. Anders aber, wenn der Verkäufer gleichzeitig Hersteller ist (vgl. unten zum Verschulden).

Problem: Schockschäden als Körperverletzung

- Ein Schockschaden stellt dann eine Körperverletzung des Dritten dar, wenn er echten Krankheitswert hat (bloß psychischer Schmerz/Trauer nicht ausreichend).

1. Teil. Die Prüfungsreihenfolge im Zivilrecht

Problem: Besitz als »sonstiges Recht«

- Geschützt ist nach h.M. der **rechtmäßige** unmittelbare Besitz (Argument: Die Besitzbefugnisse des rechtmäßigen Besitzers sind eigentümerähnlich). Darunter fällt auch der Mitbesitz.

- Der Schaden besteht dann in dem Nutzungsausfall, Ersatz bei Substanzschäden kann allerdings nicht verlangt werden (anders der Eigentümer). Dem Besitzer sind auch sog. Haftungsschäden zu ersetzen (vgl. dazu KG NJW-RR 2007, 239 ff., sog. »Geldkoffer-Fall«, lesen!).

- Auch der mittelbare Besitz fällt unter § 823 I BGB, nicht jedoch gegenüber dem unmittelbaren Besitzer (hier ist nur das BMV maßgebend).

Problem: Allgemeines Persönlichkeitsrecht (APR) als »sonstiges Recht« i.S.v. § 823 I BGB

- Das APR aus Art. 1 I, 2 I GG (klausurrelevant sind v.a. der Schutz der Ehre, des Namens, des Rechts am eigenen Bild und der Schutz der Privat- u. Intimsphäre) ist von der Rspr. als geschütztes Rechtsgut des § 823 I BGB anerkannt.

Der Umfang des Rechts am eigenen Bild als Bestandteil des APR ist speziell in §§ 22 ff. KunstUrhG (leges speziales) geregelt. Wichtig ist hier v.a. § 23 I Nr. 1 KunstUrhG, wonach Bildnisse aus dem Bereich der Zeitgeschichte ohne Einwilligung veröffentlicht werden dürfen, eine Ausnahme enthält wiederum § 23 II KunstUrhG. Die komplizierte Rspr. zu § 23 I Nr. 1 KunstUrhG lässt sich wie folgt zusammenfassen: Nachdem bislang zwischen absoluten und relativen Personen der Zeitgeschichte differenziert wurde, ist nach neuer Rspr. die Frage, ob ein Bildnis i.S.v. § 23 I Nr. 1 KunstUrhG vorliegt, aufgrund einer **einzelfallbezogenen Interessenabwägung** vorzunehmen. Abzuwägen sind die jeweils betroffenen Grundrechtspositionen (APR, Art. 8 EMRK – Meinungsfreiheit, Pressefreiheit; besteht ausreichendes Informationsinteresse der Allgemeinheit?). Der Schutzzweck des APR erfordert zudem, dass die Berichterstattung (d.h. z.B. das Foto) ein **Ereignis von zeitgeschichtlicher Bedeutung** betrifft (vgl. BGH NJW 2009, 1499 ff.). Ein Ereignis erlangt v.a. dadurch zeitgeschichtliche Bedeutung, dass ein über die bloße Unterhaltung hinausgehender gewisser Informationswert für die Öffentlichkeit besteht.

- §§ 22 f. KunstUrhG sind zudem Schutzgesetze i.S.d. § 823 II BGB.

- **Beachte:** Bei Verletzung des APR durch unbefugte Veröffentlichung von Fotos etc. kommen neben Ansprüchen aus § 1004 BGB analog (Unterlassung/Beseitigung), § 823 I, II BGB (Schadensersatz) bei unbefugter Nutzung zu Werbezwecken § 687 II BGB und Eingriffskondiktion in Betracht. Rechtsfolge ist z.B. Herausgabe des erzielten Gewinns oder der üblichen (fiktiven) Lizenzgebühr.

Klausurtipp: Nach der Rspr. überdauern die **vermögenswerten Bestandteile** des APR (z.B. Vermarktungsrechte) den Tod des Rechtsträgers. Die Erben können dem ausdrücklichen/mutmaßlichen Willen des Verstorbenen entsprechend die aus einer Rechtsgutsverletzung hervorgehenden Schadensersatzansprüche geltend machen (BGH NJW 2000, 2195 ff.: »Marlene Dietrich«). Die Schutzdauer ist wie das Recht am eigenen Bild auf zehn Jahre nach dem Tod der Person begrenzt, § 22 S. 3 KunstUrhG analog (BGH NJW 2007, 684 ff.: »Klaus Kinski«). Die **immateriellen/ideellen Bestandteile** des postmortalen APR (z.B. grobe Entstellung der Person in der Öffentlichkeit) stehen den nächsten Angehörigen zu, die nicht zwingend mit den Erben identisch sein müssen (BGHZ 15, 249 ff. »Cosima Wagner«; BGHZ 50, 133 ff.: »Mephisto«). Hier kommen v.a. Abwehransprüche in Betracht, nicht jedoch Schadensersatz.

Problem: Eingerichteter und ausgeübter Gewerbebetrieb (eaG) als »sonstiges Recht«

- § 823 I BGB schützt nur dann, wenn ein sog. **betriebsbezogener Eingriff** vorliegt, d.h. wenn sich die Verletzung unmittelbar gegen den Betrieb selbst richtet (verneint in den sog. »Stromkabelfällen« für den Stillstand des Betriebes, vgl. zuletzt LG Hamburg NJW-RR 2004, 23; bejaht z.B. bei der gezielten Besetzung eines Baggers: LG Aachen NJW-RR 2007, 89 ff.; bei der zielgerichteten Unterbrechung der Stromversorgung für eine Diskothek: OLG Rostock MDR 2007, 1249 f.; bei der Zusendung unverlangter Werbemails: BGH NJW 2009, 2958 f.).

§ 6 Deliktische Ansprüche

Klausurtipp: Wenn Sie eine »Urwaldklausur« vor sich haben und auch nach längerem Überlegen nicht die richtige Lösung finden, denken Sie auch an § 823 I BGB und schauen im Palandt unter »sonstige Rechte« nach. § 823 I BGB ist oft neben der Eingriffskondiktion der Rettungsanker im Examen. Als **sonstige Rechte** kommen z.B. in Frage:

- beschränkt dingliche Rechte (Grundpfandrechte wie z.B. Wegerecht i.S.v. §§ 1018 ff. BGB)
- das dingliche Anwartschaftsrecht (BGHZ 55, 20 ff.)
- das Aneignungsrecht (z.B. Jagdausübungs- u. -aneignungsrecht, Fischereirecht)
- absolute Immaterialgüterrechte (z.B. Patent, Urheber- und Warenzeichenrecht)
- Familienrechte (z.B. Umgangs-, Unterhalts- und Sorgerecht)
- Recht auf Totenfürsorge (vgl. Palandt/*Edenhofer* Einl v § 1922 BGB, Rn. 9 ff.)

c) Haftungsbegründende Kausalität

Das ist die Kausalität zwischen Verletzungshandlung und Rechtsgutverletzung. Diese wird in drei Schritten geprüft:

1. Äquivalenz (= Ist Verletzungshandlung conditio sine qua non für Rechtsgutsverletzung?)
2. Adäquanz (= War Rechtsgutsverletzung vorhersehbar oder liegt ein atypischer Kausalverlauf vor?)
3. Schutzzweck der Norm (= Soll die Norm gerade vor dieser Rechtsgutsverletzung schützen? Hier ist auch zu prüfen, ob sich in der Rechtsgutsverletzung gerade das vom Schädiger gesetzte, wegen der Norm unerlaubte Risiko verwirklicht hat.)

Geht es um Kausalitätsprobleme, so wird i.d.R. der **Schutzzweck der Norm** problematisch sein.

Problem: Schockschäden

- Schockschäden des unmittelbar Verletzten (z.B. Unfallopfer) fallen ohne Weiteres in den Schutzbereich von § 823 I BGB. Gleiches soll bei nahen Angehörigen gelten, wenn der Schock im Hinblick auf seinen Anlass verständlich ist und er über das hinausgeht, was nahe Angehörige bei derartigen Nachrichten erfahrungsgemäß erleiden (vgl. Palandt/*Grüneberg* Vorb v § 249 Rn. 40). Rechtsfolge ist v.a. ein Schmerzensgeldanspruch, § 253 II BGB. Das Mitverschulden des verletzten/getöteten Angehörigen führt analog § 254 BGB zur Anspruchsreduzierung.
- Schockschäden sonstiger Personen sind hingegen i.d.R. allgemeines Lebensrisiko. Etwas anderes gilt nur, wenn dem Dritten die Rolle als Unfallbeteiligtem aufgezwungen worden ist (z.B. Beifahrer; vom BGH JuS 2008, 376 f. verneint für zufällig beim Unfall anwesende Polizisten). Die Entscheidung des BGH wird z.T. so verstanden, dass Schockschäden grds. nicht zurechenbar sind, wenn sie darauf beruhen, dass eine Person im Zuge ihrer Berufstätigkeit mit einem furchtbaren Vorfall konfrontiert wird (vgl. BGH JuS 2008, 376 f. mit Anmerkung von *Faust*).

Klausurtipp: Das Problem des Schockschadens spielt i.R.d. § 823 I BGB an zwei Stellen eine Rolle: Zum einen bei der Rechtsgutsverletzung und zum anderen bei der Frage der haftungsbegründenden Kausalität.

Problem: Herausforderungsfälle bei Selbstschädigung durch den Geschädigten

- Da § 823 I BGB das allgemeine Lebensrisiko nicht schützen soll, müssen nach der Rspr. folgende Kriterien erfüllt sein, damit eine Zurechnung erfolgen kann (Palandt/*Grüneberg* Vorb v § 249 Rn. 41):
  - Der Geschädigte durfte sich herausgefordert fühlen,

- die Handlung des Geschädigten ist **verhältnismäßig** und
- es muss ich ein herausforderungstypisches Risiko verwirklicht haben.

Die Herausforderungsproblematik spielt je nach Sachverhalt sowohl bei der haftungsbegründenden (i.d.R. wenn eine Körperverletzung herausgefordert wurde) als auch bei der haftungsausfüllenden Kausalität (i.d.R. wenn nach einer Rechtsgutsverletzung eine Vermögensverfügung herausgefordert wurde) eine Rolle. Klassische Beispiele sind die Verletzung, die das Opfer auf der Flucht vor befürchteten Angriffen des Täters oder bei dessen Verfolgung erleidet (dann Problem der haftungsbegründenden Kausalität) und die Kosten des Abschleppunternehmers, die der in seinem Besitz/Eigentum gestörte Privatmann veranlasst hat (dann Problem der haftungsausfüllenden Kausaltiät).

Merke: Die Herausforderungsproblematik ist nicht (nur) ein Problem des § 823 I BGB! Sie ist vielmehr ein allgemeiner schadensrechtlicher (Kausalitäts-)Aspekt, der genauso gut im Mietrecht, Reiserecht oder im allgemeinen Schuldrecht eine Rolle spielen kann.

d) Rechtswidrigkeit

Die Rspr. folgt der Lehre des Erfolgsunrechts, nach der die Rechtswidrigkeit wie im Strafrecht grds. **indiziert** wird, wenn kein anerkannter Rechtfertigungsgrund vorliegt (BGHZ 74, 9 ff.; die Lit. differenziert z.T. zwischen unmittelbaren und mittelbaren Rechtsgutsverletzungen). Auch die Verletzung einer VSP indiziert die Rechtswidrigkeit (PWW/*Schaub* § 823 Rn. 127). Die wichtigsten Rechtfertigungsgründe sind §§ 227 ff., 904, 906 BGB, berechtigte GoA, § 127 StPO, § 34 StGB und die Einwilligung (z.B. bei ärztlicher Heilbehandlung).

Merke: Das Bestehen eines Rechtfertigungsgrundes muss also der Schädiger beweisen.

Nur **bei der Verletzung des Rechts am eaG und des APR** muss die Rechtswidrigkeit anhand einer umfassenden Gesamtwürdigung der Umstände positiv festgestellt werden. Auf Seiten des Verletzten kann Folgendes relevant werden: Schwere und Folgen des Eingriffs, betroffene Sphäre des APR (Intimsphäre = Innere Gedanken- u. Gefühlswelt, Privatsphäre = Häusliches und familiäres Leben, Individualsphäre = Sonstige Formen des persönlichen und beruflichen Wirkens) oder das Vorverhalten des Verletzten (z.B. Provokation?). Auf Seiten des Schädigers kann Folgendes relevant werden: Grundrechte (v.a. Art. 5 GG), Art und Weise, Zweck und Motiv sowie Dauer des Eingriffs. Z.T. wird in der Literatur auch bei mittelbaren Rechtsgutsverletzungen eine positive Feststellung der Rechtswidrigkeit gefordert.

e) Verschulden

Ein Verschulden liegt dann vor, wenn der Schädiger vorsätzlich oder fahrlässig hinsichtlich der Rechtsverletzung gehandelt hat. Das Verschulden hat der Geschädigte zu beweisen. In diesem Zusammenhang müssen Sie Folgendes wissen:

- Mangels (Beweisbarkeit von) Vorsatz wird es oft auf die Prüfung der Fahrlässigkeit hinauslaufen. **Fahrlässigkeit** ist in § 276 II BGB legaldefiniert (= Außerachtlassen der im Verkehr erforderlichen Sorgfalt).

- Vor einem **beliebten Fehler in Klausuren** sei gewarnt: Viele Kandidaten springen bei der Prüfung der Fahrlässigkeit sofort auf die Darstellung des Vorwurfs an den Schädiger. Bevor Sie dies machen können, müssen Sie allerdings erstmal darstellen, wie sich die Person in der betreffenden Situation überhaupt (korrekt) verhalten müsste, um die erforderliche Sorgfalt zu wahren. Im Bereich des besonders klausurrelevanten Straßenverkehrsrechts sollten Sie hierzu die Schlagwörter »Vertrauensgrundsatz« und »Verhalten in unklarer Verkehrslage« kennen, mit denen Sie in der Klausur argumentieren sollten (vgl. z.B. OLG Saarbrücken NJW-RR 2008, 1611 ff.): Nach dem Vertrauensgrundsatz darf ein Verkehrsteilnehmer grds. davon ausgehen, dass die anderen Verkehrsteilnehmer die Verkehrsregeln ebenfalls einhalten (Ausnahme: Erkennbarkeit des verkehrswidrigen Verhaltens, Kinder/alte oder gebrechliche Menschen als Verkehrsteilnehmer). In unklaren Verkehrssituationen muss der Verkehrsteilnehmer allen Möglichkeiten Rechnung tragen und sein Verhalten darauf einstellen.

§ 6 Deliktische Ansprüche

- Das **Verschulden Dritter** wird dem Schädiger im Rahmen von § 823 I BGB außer in den Fällen von §§ **31, 89 BGB** grds. nicht zugerechnet, § 278 BGB findet hier keine Anwendung (anders als bei der Frage des Mitverschuldens, vgl. § 254 II 2 BGB). Die Haftung für das Handeln von Verrichtungsgehilfen ist in § 831 BGB geregelt.
- Einige gesetzliche Haftungsbeschränkungen sind u.U. auch auf das Deliktsrecht zu übertragen, so §§ 300, 521, 599, 680, 708 BGB, da sonst deren Privilegierungsfunktion unterlaufen würde (BGH NJW 1985, 794 ff.). Beachten Sie, dass die vertraglichen Haftungsbeschränkungen nicht entsprechend für die Haftung aus unerlaubter Handlung i.R.v. Gefälligkeiten gelten (siehe Rn. 4). Weitere gesetzliche Haftungsprivilegien finden Sie in § 1359 BGB (Ehe), § 1664 BGB (Familie), § 827 ff. BGB (Kind).
- Die Haftungsmilderungen nach §§ **708, 1359, 1664 BGB**, die eine Milderung der Haftung in Form der der Haftung für »diligentia quam in suis« i.S.v. § 277 BGB vorsehen, sind auf die Haftung im Straßenverkehr nicht anwendbar (vgl. BGH NJW 2009, 1875 f.: § 1359 BGB gilt auch nicht bei gemeinsamem Freizeitsport der Eheleute – hier: Wasserski –.).
- Ob vertraglich vereinbarte Haftungsbeschränkungen auf deliktische Ansprüche anwendbar sind, ist nach der Rspr. eine Frage der Auslegung des Vertrages (BGHZ 9, 301 ff.).
- Bei **Produzentenhaftung** bezieht sich das Verschulden auf die Verletzung der VSP. Ist die Verletzung einer VSP zu bejahen, besteht grds. für das Verschulden eine **Beweislastumkehr zu Lasten des Produzenten** (Palandt/*Sprau* § 823 Rn. 183 ff.). Für Konstruktions- u. Fabrikationsfehler wird die Beweislastumkehr sogar auf die Verletzung der VSP selbst erstreckt.

Ein Verschuldensvorwurf entfällt, wenn der Schädiger nicht **deliktsfähig** ist. Für die Praxis bedeutsam ist hier § **828 BGB**. Knackpunkt bei § 828 II BGB ist i.d.R. die Frage, ob es sich bei dem Unfall um eine typische Überforderungssituation für das Kind handelt oder nicht. Lesen Sie hierzu BGH NJW-RR 2009, 95 f. (die Entscheidung war im August 2009 Gegenstand einer Examensklausur in mehreren Bundesländern). Denken Sie an die ggf. neben § 828 BGB tretende Haftung der Eltern aus § 832 BGB.

> **Klausurtipp:** Eine Besonderheit ergibt sich im **Arzthaftungsrecht**. Hier gelten zum Schutze des Patienten besondere Regeln für die Beweislast hinsichtlich des Behandlungsfehlers, der Kausalität und des Verschuldens (vgl. in der Klausur die gute Kommentierung bei Palandt/*Sprau* § 823 Rn. 134 ff., 160 ff.).

f) Schaden, §§ 249 ff. BGB

Als Schaden wird grds. jede unfreiwillige Einbuße an Rechtsgütern angesehen. Hier gelten das allgemeine Schadensersatzrecht der §§ 249 ff. BGB sowie die Sonderregelungen in §§ 842–851 BGB.

g) Haftungsausfüllende Kausalität

Auch die haftungsausfüllende Kausalität zwischen Rechtsgutsverletzung und Schaden wird wie die haftungsbegründende Kausalität in den o.g. drei Stufen Äquivalenz, Adäquanz und Schutzzweck der Norm geprüft.

> **Beachte:** Das Erfordernis der Kausalität ist kein spezielles Problem von §§ 823 ff. BGB! Vielmehr ist bei jedem Schadensersatzanspruch (z.B. c.i.c., pVV) die Kausalität/Zurechnung zwischen Pflichtverletzung und Schaden (konkludente) Tatbestandsvoraussetzung.

Examensrelevante Probleme i.R.d. haftungsausfüllenden Kausalität sind vor allem:

Problem: Vorhalteschäden/Vorbeugekosten als äquivalenter Schaden?

- **Vorhalteschäden** sind von der Rspr. – trotz eigentlich fehlender Kausalität – als ersatzfähiger Schaden anerkannt, insb. die anteiligen Kosten des Ersatzfuhrparks eines Taxi- oder Busunternehmers (Argument: Ausgleich für Wahrnehmung der Schadensminderungspflicht des Geschädigten nach § 254 II 1 BGB).

- Fangprämien und die konkreten Abwicklungskosten bei einem Ladendiebstahl sind kausale Schäden. Dagegen sind sog. allgemeine **Vorbeugekosten** mangels Kausalität nicht ersetzbar. Darunter fallen z.B. Aufwendungen für einen Warenhausdetektiv oder eine Überwachungsanlage.

Problem: Verhalten eines Zweitschädigers im Schutzzweck der Norm?

(Beispiel: Diebstahl eines Fotoapparates aus dem verunfalltem Kfz)

- Grds. erfolgt eine Zurechnung des Verhaltens des Zweitschädigers zum Erstschädiger
- Ausnahme: Es verwirklicht sich nicht das Schadensrisiko des Ersteingriffs, so z.B. bei atypischem Folgeeingriff oder bei Vorsatz/gröbster Fahrlässigkeit des Zweitschädigers (im Beispiel wohl Zurechnung zu bejahen, vgl. BGH NJW 1997, 865 f.)

Problem: Rechtmäßiges Alternativverhalten im Schutzzweck der Norm?

- Der (zu beweisende) Einwand, dass der Schaden auch bei rechtmäßigem Verhalten entstanden wäre, lässt wie im Strafrecht die Kausalität/Zurechnung entfallen (vgl. BGH NJW 1984, 1397).

C. Sonstige deliktische Anspruchsgrundlagen

Für Produzenten ist im **ProdHaftG** (vgl. Palandt bei § 823 Rn. 165 ff.; hier Haftung auch für sog. »Ausreißer«) und im **GPSG** eine Gefährdungshaftung normiert. Die Amtshaftung/Staatshaftung kann sich (neben den allgemeinen Vorschriften) aus **§ 839 BGB i.V.m. Art. 34 GG** ergeben (vgl. dazu *Kaiser* JA 2007, 618 ff.). **§ 839a BGB** ist eine eigene Anspruchsgrundlage für die Haftung des gerichtlichen Sachverständigen (lesen Sie hierzu BGH NJW 2006, 1733 f.). **§ 19 I BNotO** normiert die spezielle Haftung der Notare für Amtspflichtverletzungen (diese ergeben sich v.a. aus §§ 10 ff. BeurkG, vgl. für den Ernstfall die klausureignete Kommentierung bei Palandt/*Sprau* § 839 Rn. 149 ff.; lesen Sie zu § 19 BNotO BGH NJW 2008, 1085 f., BGH WM 2008, 1135 f. und BGH WM 2008, 1697 ff.). Achten Sie dabei auf die in § 19 I 2 BNotO geregelte Subsidiarität der Haftung in Fällen der Fahrlässigkeit. **§§ 43 II, 64 S. 1, 2 GmbHG** regelt die spezielle Haftung von GmbH-Geschäftsführern ggü. der GmbH. Für einen Anspruch nach § 43 II GmbHG muss die Gesellschaft nur darlegen und beweisen, dass ihr durch ein möglicherweise pflichtwidriges Verhalten des Geschäftsführers ein Schaden entstanden ist, während der Geschäftsführer darlegen und beweisen muss, dass er die Sorgfalt eines ordentlichen und gewissenhaften Geschäftsleiters angewandt hat (BGH NJW 2009, 2598 f.).

> **Klausurtipp:** Mit viel Pech kann Sie auch eine Klausur über die **Haftung des Insolvenzverwalters** erwarten, die speziell in §§ 60 f., 21 II Nr. 1 InsO geregelt ist. Die Haftung nach den allgemeinen Vorschriften (Delikt, pVV etc.) ist daneben ebenfalls möglich. Achten Sie auf § 92 InsO, der für Insolvenzgläubiger Einschränkungen hinsichtlich der Geltendmachung ihrer Ansprüche vorsieht, wenn die Pflichtverletzung des Insolvenzverwalters einen Gesamtschaden für die Masse verursacht hat (gilt also nicht für Individualschäden der Gläubiger). Gegenüber nicht Insolvenzverfahrensbeteiligten haftet der Insolvenzverwalter nur nach den allgemeinen Vorschriften, z.B. c.i.c., pVV oder Delikt.

Über derartige eher selten relevante Sondervorschriften hinaus spielen in Examensklausuren v.a. §§ 823, II, 826, 830 ff., 906 II 2, 1004 BGB eine Rolle, auf die im Folgenden näher eingegangen wird.

I. § 823 II BGB i.V.m. einem Schutzgesetz und § 826 BGB

57 § 823 II BGB greift bei der Verletzung eines **Schutzgesetzes** ein, d.h. einer Norm, die zumindest auch dem Schutz Einzelner und nicht nur der Allgemeinheit dient (wie die Schutznormtheorie aus dem öffentlichen Recht). Einige Vorschriften aus dem BGB sind Schutzgesetze, wie z.B.

§ 6 Deliktische Ansprüche

§§ 858, 226, 906, 907, 909, 1004 BGB. Schutzgesetze sind z.B. auch § 15a I InsO (sog. »Insolvenzverschleppung«, vgl. Palandt/*Sprau* § 823 Rn. 64) und § 22 SprengstoffG (Überlassen von Feuerwerkskörper an Personen unter 18 Jahren; dies war z.B. Gegenstand einer Klausur im März 2004).

Beachte: Zum Problem der **Insolvenzreife** im Zusammenhang mit § 823 II BGB i.V.m. § 64 GmbH sollten Sie Folgendes wissen: Als Insolvenzgrund kommen in diesem Zusammenhang nur die Zahlungsunfähigkeit nach § 17 InsO und Überschuldung nach § 19 InsO in Betracht. **Zahlungsunfähigkeit** liegt vor, wenn der Schuldner seine fälligen Verbindlichkeiten nicht mehr zahlen kann (nicht: ... nicht mehr zahlen will!). Eine bloße Zahlungsstockung reich grds. nicht aus. Zahlungsstockung ist anzunehmen, wenn der Zeitraum nicht überschritten wird, den eine kreditwürdige Person benötigt, um sich die benötigten Mittel zu beschaffen (Grenze: 3 Wochen, vgl. BGH NJW 2005, 3062 ff. zu den Einzelheiten). **Überschuldung** liegt vor, wenn das Vermögen des Schuldners die bestehenden Verbindlichkeiten nicht mehr deckt. Maßgeblich hierfür ist die sog. Überschuldungsbilanz, bei der die Aktiva und Passiva gegenübergestellt werden. Vorgaben wird hier i.d.R. der Bearbeitervermerk machen, wenn es ausnahmsweise in der Klausur auf die Überschuldung ankommen sollte.

Die meisten Bestimmungen des StGB wie §§ 185 ff., 223 ff., 242 ff., 263, 266a StGB sowie zahlreiche Vorschriften der StVO und der StVZO sind Schutzgesetze. Zudem können auch landesrechtliche öffentlich – rechtliche Normen Schutzgesetzcharakter haben (z.B. Bauordnungen, Gemeindesatzungen). Der Geschädigte muss stets in den persönlichen Schutzbereich der Norm fallen (sog. »**Rechtswidrigkeitszusammenhang**«).

Klausurtipp: Ein häufiger Fall, bei dem Sie an § 823 II BGB (i.V.m. § 858 BGB) denken müssen, ist die Klage auf Ersatz von **Abschleppkosten** durch den gestörten Grundstückseigentümer, vgl. dazu auch Rn. 34. Das unbefugte Abstellen eines Kfz ist eine Beeinträchtigung des unmittelbaren Besitzes des Eigentümers und damit verbotene Eigenmacht i.S.v. § 858 BGB. Zudem greifen §§ 823 I, 1004, 861 f. BGB (Eigentum und Besitz am Grundstück betroffen).

§ 826 BGB hat die Funktion einer Generalklausel, die jede Form der sittenwidrigen Schädigung erfasst. Der bei § 826 BGB geforderte Vorsatz muss den Schaden und die Sittenwidrigkeit der Schädigung umfassen. § 826 BGB wird z.B. in Fällen von sog. **Käuferketten** relevant: Hier geht es um die Frage, ob ein Verkäufer z.B. bei arglistigem Verhalten gegenüber seinem Käufer (Erstkäufer) auch späteren Vertragspartnern seines Käufers (Zweitkäufer) schadensersatzpflichtig ist, v.a. wenn diese wegen eines Gewährleistungsausschlusses mit dem Erstkäufer sich nicht an diesen halten können. Die Rspr. bejaht einen Anspruch aus § 826 BGB, wenn bei Arglist des Verkäufers dieser mit einer Weiterveräußerung der Kaufsache durch den Erstkäufer rechnen musste (vgl. OLG Braunschweig NJW 2007, 609 f.). Der wohl wichtigste Anwendungsfall in den Assessorklausuren ist die Durchbrechung der Rechtskraft durch eine auf § 826 BGB gestützte (Unterlassungs-)Klage gegen den Zwangsvollstreckungsgläubiger, wenn dieser den Titel auf grob sittenwidrige Weise erschlichen hat oder ihn ausnutzt, sog. **Urteilsmissbrauch** (vgl. *Kaiser* Zwangsvollstreckungsklausur, Rn. 8). Beachten Sie aber, dass § 826 BGB sehr restriktiv angewendet wird (z.B. BGH NJW 2005, 2991 ff.; lesen!).

Beachte: In der **Zulässigkeit** der Klage nach § 826 BGB in Fällen des Urteilsmissbrauchs sollten Sie – wie bei jedem Zwangsvollstreckungsrechtsbehelf – auf die Zuständigkeit des Gerichts (zuständig ist das Gericht, in dessen Bezirk die Zwangsvollstreckungsmaßnahme zu erwarten ist), auf die Statthaftigkeit und entgegenstehende Rechtskraft (Urteilsmissbrauch als qualifizierte Prozessvoraussetzung, vgl. *Kaiser* Zivilgerichtsklausur I, Rn. 330 ff., 393) und auf das Rechtsschutzbedürfnis (Vollstreckung droht/beginnt) eingehen. Manchmal lassen die Justizprüfungsämter den Beklagten zudem vortragen, dass §§ 580 ff. ZPO (Restitutionsklage) vorgehen. Die §§ 580 ff. ZPO sperren die Klage nach § 826 BGB jedoch nicht, da durch §§ 580 ff. ZPO Sonderfälle von v.a. strafrechtlichen Tatbeständen im Vorprozess geregelt werden.

Die Klage nach § 826 BGB ist in Fällen des Urteilsmissbrauchs **begründet**, wenn der Titel materiell unrichtig ist, der Zwangsvollstreckende die Unrichtigkeit kennt und weitere besondere Umstände hinzutreten, die das Verhalten des Zwangsvollstreckenden als sittenwidrig erscheinen lassen, insb. das Erschleichen des Titels. Am klausurrelevantesten ist das sittenwidrige Erschleichen eines Vollstreckungsbescheides im Mahnverfahren. Hier bejaht die Rspr. ein solches Erschleichen nur, wenn es für den Gläubiger erkennbar war, dass er wegen der erforderlichen Schlüssigkeitsprüfung durch das erkennende Gericht im Klageverfahren ein Versäumnisurteil nicht hätte erwirken können (BGHZ 101, 380 ff.). Beachten Sie, dass nach ständiger Rechtsprechung auf die Unterlassungsklage aus § 826 BGB zur Vermeidung einer Aushöhlung der Rechtskraft die Vorschrift des **§ 582 ZPO** jedenfalls bei Vollstreckung aus Urteilen (z.B. Versäumnisurteil) **analog** angewendet wird (Zöller/*Greger* § 582 Rn. 1; BGH NJW 1989, 1258 f.; Palandt/*Sprau* § 826 Rn. 52).

II. § 830 BGB

58 Wichtig ist v.a. **§ 830 I 2 BGB**, der bei gemeinschaftlich begangenen unerlaubten Handlungen außerhalb von Mittäter- und Teilnehmerschaft eine eigene Anspruchsgrundlage darstellt. Als Voraussetzung für die Anwendbarkeit genügt nach der Rspr. ein Zusammenhang mehrerer Ereignisse, deren Ursächlichkeit für den eingetretenen Schaden nicht mehr festgestellt werden kann (BGH NJW 2006, 2399 ff.). Jedem der Beteiligten muss dabei ein haftungsbegründendes Verhalten vorgeworfen werden können (abgesehen vom Nachweis der Ursächlichkeit), denn Zweifel, ob es überhaupt eine unerlaubte Handlung gegeben hat, werden von § 830 I 2 BGB nicht überwunden. Wenn aber einer der Beteiligten als verantwortlicher Schädiger feststeht, haften die anderen, die den Schaden (möglicherweise) mit verursacht haben könnten, nicht nach § 830 I 2 BGB (vgl. Palandt/*Sprau* § 830 Rn. 8). § 830 BGB gilt auch in den Fällen der Gefährdungshaftung, z.B. bei § 833 BGB.

III. § 831 BGB

59 § 831 BGB ist eine eigene Anspruchsgrundlage gegen den Geschäftsherrn für eigenes Verschulden bzgl. der Auswahl und/oder der Überwachung seines Verrichtungsgehilfen, wenn dieser in sachlichem Zusammenhang mit seinem Pflichtenkreis (also nicht nur »bei Gelegenheit«) eine rechtswidrige Schädigungshandlung begeht. Auf ein Verschulden des Verrichtungsgehilfen kommt es nicht an. Ein Verrichtungsgehilfe ist, wer den Weisungen des Geschäftsherrn bzgl. Art und Zeit der Tätigkeit unterliegt (sog. **Weisungsgebundenheit**). Dies kann auch bei selbständig tätigen Personen zu bejahen sein. Das Überwachungsverschulden des Geschäftsherrn wird grds. vermutet, der Geschäftsherr kann sich aber **exkulpieren**, vgl. § 831 I 2 BGB. Im Rahmen der Organisation eines Betriebes greift der sog. dezentralisierte Entlastungsbeweis (BGHZ 4, 1 ff.): Der Geschäftsherr kann die Auswahl und Überwachung des Personals innerhalb der Organisation auf Angestellte übertragen. Bei sorgfältiger Auswahl und Überwachung dieses (überwachenden) Angestellten würde dann eine Exkulpation gelingen. In der Praxis scheitert § 831 BGB an dieser erfolgreichen Exkulpation in den meisten Fällen.

Beachte: Das Verschulden von **Erfüllungsgehilfen** (»Personen, denen sich der Schuldner zur Erfüllung seiner Verbindlichkeiten aus dem zwischen Schädiger und Geschädigtem bestehenden **Schuldverhältnis** bedient«) wird bei Handeln im sachlichen Zusammenhang mit dem Schuldverhältnis (also nicht nur »bei Gelegenheit«) nach **§ 278 BGB** zugerechnet. § 278 BGB ist dabei eine echte Zurechnungsnorm für das Handeln bzw. Verschulden Dritter und wird v.a. bei Sekundäransprüchen aus §§ 280 ff. BGB, pVV und c.i.c. relevant, während § 831 BGB eine Anspruchsgrundlage ist, bei der für eigenes, vermutetes Verschulden gehaftet wird. Eine Exkulpationsmöglichkeit sieht § 278 BGB nicht vor.

IV. §§ 832 f. BGB

60 In §§ 832 ff. BGB sind Sonderhafttatbestände enthalten (z.B. Elternhaftung, Tierhalterhaftung, Grundstücksbesitzerhaftung). Examensrelevant ist v.a. die **Tierhalterhaftung nach § 833 BGB**. Die Klausurprobleme waren i.d.R. entweder der Kommentierung des Palandt zu entnehmen (z.B. die Frage, ob eine »**spezifische Tiergefahr**« vorliegt) oder sie betreffen allgemeine schadensrechtliche Fragen (Schmerzensgeld nach § 253 II BGB, unbezifferter Klageantrag, Feststellungsantrag bzgl. Folgeschäden, Herausforderung, Zurechnung der mitwirkenden Tier-

§ 6 Deliktische Ansprüche

gefahr des eigenen Tieres, eigenes Mitverschulden analog § 254 BGB etc.). Neben § 833 BGB kommen als Schadensersatzanspruchsgrundlagen noch § 823 I BGB (Verletzung einer Verkehrssicherungspflicht) und § 823 II BGB i.V.m. entsprechenden Landesgesetzen (z.B. Landeshundegesetze) in Frage. Sie sollten zu § 833 BGB die Entscheidung des OLG Hamm MDR 2009, 146 lesen, die bereits im Juni 2009 Gegenstand einer Examensklausur war.

V. Unterlassungs- und Beseitigungsanspruch aus § 1004 BGB

Im Gegensatz zu § 823 BGB (Naturalrestitution gem. § 249 BGB) kann nach dem verschuldensunabhängigem § 1004 BGB nur Beseitigung oder Unterlassen der Störung verlangt werden.   61   *verschuldensunabhängig*

> Der Unterlassungs- und Beseitigungsanspruch hat folgende Voraussetzungen:
> 1. Rechtswidrige Beeinträchtigung eines von § 1004 BGB geschützten Rechtsgutes (bei einer vorbeugenden Unterlassungsklage muss eine Beeinträchtigung konkret drohen, sog. »Erstbegehungsgefahr«)
> 2. Fortwirken der Beeinträchtigung (für Unterlassen zusätzlich Wiederholungsgefahr erforderlich)
> 3. Gläubiger ist Eigentümer und Schuldner ist Störer
> 4. Keine Duldungspflicht, § 1004 II BGB
> 5. Rechtsfolge: Beseitigung/Unterlassen der Beeinträchtigung

Zu diesem Anspruch sollten Sie Folgendes wissen:

- § 1004 BGB erfordert eine **fortwirkende Beeinträchtigung des Eigentums**.
  - Auch die Rechte aus §§ 917, 921 f. BGB unterfallen dem Schutz von § 1004 BGB.
  - Beeinträchtigung des Eigentums ist auch – wie sich aus § 906 I 1 BGB ergibt – durch Einwirkungen wie z.B. Lärm und Laub möglich, zudem bei Verletzung nachbarschützender (Landes-)Vorschriften (z.B. Grenzabstand), keine Eigentumsbeeinträchtigung aber bei fehlender Grenzüberschreitung (z.B. Entzug von Licht, Schrottlagerung auf eigenem Grundstück)
  - Eine Zurechnung von Störungen Dritter ist nach h.M. über § 166 I BGB analog möglich, nach a.A. nur unter den Voraussetzungen von §§ 278, 831 BGB.
  - Der Störerbegriff erfasst Handlungs- und Zustandsstörer. Klausurrelevant ist die **Störereigenschaft bei Naturereignissen** (z.B. Nadeln fallen über Grenze, Wurzeln wachsen über die Grenze etc.). Da in diesen Fällen die Handlungsstörereigenschaft i.d.R. ausscheidet, wird es oft auf die Prüfung der Zustandsstörereigenschaft hinauslaufen. Auch im Falle der **Zustandsstörung** muss die Eigentumsbeeinträchtigung zumindest mittelbar auf den Willen des Störers zurückzuführen sein, z.B. indem er die ihm mögliche Beseitigung der Gefahr pflichtwidrig unterlassen hat (Palandt/*Bassenge* § 1004 Rn. 19 ff.). Achtung: Der Kläger trägt die Beweislast dafür, dass der Beklagte Störer i.S.d. § 1004 BGB ist!
  - **Nachfolge in die Störereigenschaft:** Die Zustandsstörereigenschaft geht auf den Rechtsnachfolger über, wenn er den Zustand bestehen lässt (Beispiel: Eigentumsübertragung am störenden Grundstück), die Handlungsstörereigenschaft geht auf den Rechtsnachfolger nur über, wenn dieser mit der Handlung fortfährt. Beachten Sie: Nach der Veräußerung bleibt (auch) der Veräußerer Zustandsstörer, wenn er noch über die Sache tatsächlich verfügen kann (Palandt/*Bassenge* § 1004 Rn. 25). Ein Eigentumsverzicht (Dereliktion) beendet die Zustandshaftung nicht (BGH NJW 2007, 2182 f., diese Entscheidung bitte unbedingt lesen!).
  - Auch der mittelbare Störer kann in Anspruch genommen werden (z.B. Vermieter, wenn er pflichtwidrig nicht gegen störende Mieter einschreitet, BGH NJW 2006, 992 f.).

- Besteht eine **Duldungspflicht**?
  - Z.B. aus §§ 904, 905 I 2, 906, 910 II, 917 BGB oder unter Umständen auch aus dem nachbarschaftlichen Gemeinschaftsverhältnis (BGHZ 28, 110 ff.)
  - Z.B. bei berechtigtem oder entschuldigt unberechtigtem Überbau, § 912 BGB (§ 912 BGB gilt ggf. analog bei nachträglichem Überbau, vgl. dazu BGH WuM 2008, 675 f.).
  - Z.B. wegen dinglicher Nutzungsrechte (z.B. Wegerecht)
  - Z.B. aus § 193 StGB oder aus Grundrechten bei verletzenden Äußerungen.
  - Z.B. aus öffentlichem Recht (Naturschutzrecht, Bauordnungsrecht, BImSchG, Verwaltungsakt, landesr. Nachbargesetze)
  - Z.B. wegen Einwilligung des Beeinträchtigten (bindet Einzelrechtsnachfolger grds. nicht).
- **§ 254 BGB analog** bei Mitverschulden auf Sekundärebene möglich (BGHZ 135, 235 ff.): Die Verurteilung zur Beseitigung wird dann durch die Feststellung beschränkt, dass sich der beeinträchtigte Eigentümer in Höhe seiner Haftungsquote an den Kosten der Beseitigung zu beteiligen hat.
- **Rechtsfolge:** Unterlassen und/oder Beseitigung der Störung, nach der Rspr. kann der Störer dem Beseitigungsanspruch § 275 I und II BGB entgegenhalten.
- Aus landesrechtlichen **Nachbargesetzen** können sich ggf. zusätzliche Ansprüche im Nachbarschaftsverhältnis ergeben. Entsprechende Gesetze sind dann im Bearbeitervermerk abgedruckt.

Merke: Unterlassen kann aber nur bei konkreter Wiederholungsgefahr verlangt werden, d.h. wenn zu besorgen ist, dass es zu weiteren Eigentumsbeeinträchtigungen kommt.

Die Besorgnis einer Wiederholung geht im Allgemeinen (widerleglich) schon aus der Tatsache des stattgefundenen Eingriffs hervor. Das einfache Versprechen, die störende Handlung nicht mehr vorzunehmen, beseitigt eine Wiederholungsgefahr nur dann, wenn gleichzeitig ein Strafversprechen abgegeben wird (vgl. Palandt/*Bassenge* § 1004 Rn. 32). Bei ehrverletzenden Äußerungen, die im Rahmen eines Rechtsstreits gefallen sind, muss die Wiederholungsgefahr aber grds. dargelegt werden, weil ohne besondere Anhaltspunkte nichts dafür spricht, dass die Äußerung außerhalb des Prozesses wiederholt werden wird.

Umfang der Beseitigung: Der Grundsatz lautet, dass aus § 1004 I BGB nur die Beseitigung der Störungsquelle verlangt werden kann, nicht hingegen die Beseitigung der Folgeschäden. Die Rspr. nähert sich aus Schutzwürdigkeitsaspekten immer mehr der Naturalrestitution an. So hat der BGH (BGH NJW 2005, 1366 ff.) mittlerweile entschieden, dass die Beseitigung auch die **Begleitschäden** erfasst, die zwangsläufig durch die Beseitigung der Störungsquelle entstehen (z.B. nach Entfernen der Wurzeln Neuverlegung des durch die Wurzelbeseitigung zerstörten Gehweges). Wenn sich die drohende Beeinträchtigung nur durch aktives Eingreifen des Verpflichteten verhindern lässt, so kann nach § 1004 I 1 BGB auch positives Tun verlangt werden noch bevor sich die drohende Beeinträchtigung in einer Störung realisiert hat.

Klausurtipp: Wenn der Gestörte die vom Störer geschuldete Beseitigung der Eigentumsbeeinträchtigung **selbst vornimmt**, kann er die ihm entstandenen Kosten aus GoA (oder Rückgriffskondiktion, wenn die GoA mangels FGW nicht greift) vom Störer erstattet verlangen (BGH NJW 2005, 1366 ff.). Auch die Voraussetzungen des Verzuges können vorliegen.

§ 1004 BGB gilt **analog** bei fortwirkender Beeinträchtigung aller durch § 823 I, II BGB geschützten Rechte (z.B. berechtigter Besitz, APR). Oft geht es in Klausuren um die **Beeinträchtigung des APR** durch herabsetzende Äußerungen in der Öffentlichkeit. Hier kommen neben § 1004 BGB analog auch Schadensersatzansprüche §§ 823 I, II BGB i.V.m. §§ 185 ff. BGB in Betracht (z.B. Verletzergewinn, bei unerlaubter Veröffentlichung von Fotos die fiktive Lizenzgebühr, ggf. Schmerzensgeld). Der Anspruch aus § 1004 BGB analog richtet sich bei unwahren

§ 6 Deliktische Ansprüche

Tatsachenbehauptungen auf Unterlassen und/oder Beseitigung (z.B. durch Widerruf). Bei herabsetzenden Werturteilen kann nur Unterlassen verlangt werden, da Meinungen nicht widerrufen werden können. Maßgebliches Unterscheidungskriterium ist, ob der Gehalt der Äußerung einer objektiven Klärung zugänglich ist (dann Tatsachenbehauptung) oder nicht (dann Werturteil).

> **Klausurtipp:** Wenn die verletzende **Äußerung i.R.e. Prozesses** getätigt wird und daraufhin eine **Klage/Widerklage auf Unterlassung** erhoben wird, so ist das Rechtsschutzbedürfnis für eine derartige Klage zu problematisieren (vgl. *Kaiser* Zivilgerichtsklausur I, Rn. 400; BGH NJW 2008, 996 ff.).

> **Beachte:** Bei Sachverhalten im Zusammenhang mit ehrverletzenden Äußerungen kommt es ganz wesentlich auch auf Beweislastfragen an. Der Anspruchsteller trägt dabei grds. die Beweislast für die Unwahrheit der Tatsache. Dies ist allerdings bei § 823 II BGB i.V.m. § 186 StGB anders. Hier hat der Anspruchsgegner die Beweislast, weil die Unwahrheit nicht zum Tatbestand von § 186 StGB gehört (BGH NJW 1996, 1131 ff.). Abgeschwächt wird dies allerdings, wenn der Anspruchsgegner sich auf § 193 StGB beruft (»pressemäßige Sorgfalt«, vgl. Palandt/*Sprau* § 823 Rn. 101a). Bei Widerrufsklagen trägt dagegen stets der Anspruchsteller die Beweislast, da sonst der Äußernde ggf. gezwungen würde, im Rahmen der Zwangsvollstreckung eine nicht erweislich wahre bzw. unwahre Tatsache zu widerrufen.

Sie müssen bei unzumutbaren Beeinträchtigungen eines nach § 1004 BGB geschützten Rechtsgutes, deren Verhinderung dem Gestörten aber aus besonderen Gründen nicht möglich war, an den **nachbarrechtlichen Ausgleichsanspruch analog § 906 II 2 BGB** denken (vgl. BGH NJW 2004, 1037 ff.: Lesen!; Palandt/*Bassenge* § 906 Rn. 35 f.). Diese Rechtsfigur wurde von der Rspr. entwickelt, um dem Geschädigten in den Fällen, in denen von einem anderen Grundstück (d.h. von außen; die Rspr. ist weniger streng zwischen zwei Wohnungseigentümern) infolge nichthoheitlicher Benutzung **unzumutbare Einwirkungen** ausgehen, zumindest finanziell zu entschädigen. Das beeinträchtigende Verhalten muss dabei dem Bereich der konkreten Nutzung des Grundstücks zuzuordnen sein und einen sachlichen Bezug zu diesem aufweisen (vgl. BGH, Urt.v. 18.09.2009, AZ: V ZR 75/08: Verneint im sog. »Sylvesterraketen-Fall«). Andere Anspruchsgrundlagen greifen nämlich oft nicht: Ein Anspruch aus pVV des nachbarschaftlichen Gemeinschaftsverhältnisses/§§ 280, 241 II, 242 BGB wird grds. nicht anerkannt. Ein Ausgleichsanspruch nach § 906 II 2 BGB direkt scheitert i.d.R. daran, dass die Beeinträchtigung wegen Ortsunüblichkeit nicht zu dulden ist, ein Anspruch aus § 823 BGB oft am nicht zu beweisendem Verschulden. Der Anspruch aus § 906 II 2 BGB analog wird **grds. nur subsidiär** gewährt und greift nur, wenn eine Regelungslücke vorliegt (eine Analogie setzt stets eine planwidrige Regelungslücke und eine Vergleichbarkeit der Sachverhalte voraus!). Daher ist ein Anspruch z.B.i.d.R. zu verneinen, wenn der Schaden schon durch einen Anspruch aus § 823 BGB gedeckt ist (vgl. PWW/*Lemke* § 906 Rn. 42).

> Bei der Prüfung des nachbarrechtlichen Ausgleichsanspruches aus § 906 II 2 BGB analog gehen Sie grds. in drei Schritten vor:
>
> 1. Es liegt eine unzumutbare Einwirkung i.S.v. §§ 906 ff. BGB von außen auf ein anderes Grundstück vor.
>
> 2. Die Einwirkung zieht grds. einen Anspruch aus § 1004 BGB (analog) nach sich.
>
> 3. Der Betroffene war aus »besonderen Gründen« an der Geltendmachung gehindert.
>   z.B. faktischer Duldungszwang (Feuer, Wasserrohrbruch)
>   z.B. Beseitigungsanspruch ist nach landesr. Naturschutzrecht verfristet

Anspruchsgläubiger ist i.d.R. der Eigentümer oder der Besitzer des betroffenen Grundstücks (z.B. der Mieter). Der Anspruch geht auf volle Schadloshaltung und erfasst auch Vermögenseinbußen, die der Eigentümer oder Besitzer des beeinträchtigten Grundstücks infolge der Beschädigung sich auf dem Grundstück befindlicher beweglicher Sachen erleidet (vgl. BGH NJW 2008, 992 f.).

D. Der Umfang der Haftung, §§ 249 ff. BGB

62 §§ 249, 251, 253 BGB sind keine Anspruchsgrundlagen, sondern regeln nur den Umfang von Schadensersatzansprüchen. Sonderregeln sind z.T. in §§ 10 ff. StVG enthalten.

> Die Prüfungsreihenfolge für die Ermittlung des Umfangs des Schadensersatzes lautet:
>
> 1. Schadensermittlung
>
> 2. Schadenskorrektur
>
> 3. Form des Schadensersatzes

I. Probleme zur Schadensermittlung

Differenzieren Sie stets zwischen dem Vermögensschaden und dem Nichtvermögensschaden/immateriellen Schaden. Ein Vermögensschaden liegt vor, wenn der jetzige Wert des Vermögens niedriger ist als wenn das schädigende Ereignis nicht stattgefunden hätte (sog. Differenzhypothese), vgl. BGHZ 27, 183 ff.

Problem: Normativer Schadensbegriff (»Vermögensschaden kraft Wertung«)

- Ein Vermögensschaden wird auch dann bejaht, wenn der Kommerzialisierungsgedanke greift (Voraussetzungen: Ein Wirtschaftsgut von zentraler Bedeutung ist betroffen, hypothetischer Nutzungswille, hypothetische Nutzungsmöglichkeit sowie eine fühlbare Beeinträchtigung liegen vor). Anerkannt ist z.B. die entgangene Nutzungsmöglichkeit des Pkw, der Wohnung und von Fahrrädern, vgl. Palandt/*Heinrichs* Vorb v § 249 Rn. 11 f. Beim Nutzungswillen und der Nutzungsmöglichkeit stellt die Rspr. zumindest für Kfz auf den Geschädigten oder ihm nahe stehende Dritte ab (BGH NJW 1974, 33).

- Der Nutzungsausfallersatz von Luxussachen, Liebhabereien oder Gegenständen der Freizeitgestaltung wird von der Rspr. grds. verneint (Argument: Keine Angewiesenheit auf den Gegenstand).

- Beachten Sie, dass stets ein Eingriff in das zentrale Wirtschaftsgut selbst vorliegen muss (z.B. durch Beschädigung des Pkw, verspätete Lieferung des gekauften Pkw), eine Verletzung lediglich des Nutzungsberechtigten reicht nicht aus.

- § 651f II BGB normiert einen Schadensersatz für entgangenen Urlaub im Reiserecht (vgl. Rn. 77). Außerhalb von § 651f II BGB ist die Ersatzfähigkeit von entgangenen Genussmöglichkeiten umstritten (vgl. Palandt/*Grüneberg* § 249 Rn. 70 f.).

- Zum merkantilen Minderwert als Fallgruppe des normativen Schadensbegriffs vgl. Palandt/*Grüneberg* § 251 Rn. 14.

- Zum Vermögensschaden trotz Lohnfortzahlung als Fallgruppe des normativen Schadensbegriffs vgl. Palandt/*Grüneberg* § 249 Rn. 72 ff.

Problem: Kind als Schaden

- Hierzu müssen Sie nichts auswendig lernen, sondern nur im Ernstfall im Palandt/*Heinrichs* Vor § 249 Rn. 47 ff. lesen.

II. Schadenskorrektur

Sobald in der Klausur Schadensersatzrecht eine Rolle spielt, müssen Sie an schadensmindernde Faktoren denken. Folgende Fallgruppen sind auf diesem Gebiet relevant:

- **Vorteilsanrechnung** (folgt aus § 242 BGB): Sie findet nur statt, wenn dem Geschädigten durch das Schadensereignis zugleich ein adäquat kausaler Vorteil erwachsen ist und eine Anrechnung den Schädiger nicht unbillig entlasten würde (BGHZ 77, 151 ff.). Beispiele: Ersparte Aufwendungen bei Krankenhausaufenthalten oder während Reparaturzeit des beschädigten

Pkw; Generalunternehmer wird wg. Werkmängeln nicht von seinem Auftraggeber in Anspruch genommen: Kein Regress beim verantwortlichen Subunternehmer wg. dieses Vorteils (vgl. BGH NJW 2007, 2695 ff.); Achtung: Keine Vorteilsanrechnung bei eigenen überobligatorischen – d.h. bei über die ohnehin bestehende Schadensminderungspflicht hinausgehenden – Anstrengungen, bei freiwilligen Leistungen Dritter (Rechtsgedanke § 843 IV BGB, Ausnahme: Dritter zahlt nach § 267 BGB auf die Verbindlichkeit des Schädigers), für den Fall, dass der Vorteil (z.B. Versicherungsleistungen) zugleich eine cessio legis zu Gunsten des Zahlenden auslöst (z.B. § 86 VVG; vgl. *Holtmann* JuS 1991, 649 ff. zum sog. Quotenvorrecht) oder der Geschädigte sich die Leistung der Versicherung »erkauft« hat (z.B. Lebensversicherung), vgl. BGHZ 73, 109 ff.

Beachte: Bei schuldhafter Verletzung eines **Beratungsvertrages** und Vorliegen eines dadurch verursachten Schadens, der z.B. im Abschluss eines bereits vollzogenen Kaufvertrages mit einem Dritten besteht, kann der Geschädigte i.R.d. pVV wählen, ob er an dem Geschäft festhalten und seine zusätzlichen Vermögenseinbußen ersetzt verlangen, oder ob er den »großen« Schadensersatz unter **Übereignung der Kaufsache** geltend machen will. Die Pflicht zur Übereignung der Immobilie ergibt sich im letzteren Fall aus dem Gedanken der Vorteilsanrechnung (so BGH NJW-RR 2009, 603 f.).

- **Gestörte Gesamtschuld:** Eine gestörte Gesamtschuld liegt vor, wenn einer von mehreren Schädigern aufgrund einer gesetzlichen oder vertraglichen Haftungserleichterung nicht oder nicht voll haftet. Hier stellt sich die Frage, ob ein Regress des zahlenden (nicht freigestellten) Zweitschädigers beim privilegierten Schädiger zugelassen oder ob beim Geschädigten eine Anspruchskürzung in Höhe des Verantwortungsteils des privilegierten Schädigers vorgenommen wird (vgl. Palandt/*Grüneberg* § 426 Rn. 18 ff.). Die h.M. löst den Konflikt interessengerecht i.d.R. zu Lasten des Geschädigten. Sein Ersatzanspruch richtet sich von vorneherein nur gegen den nicht privilegierten Schädiger in Höhe von dessen Haftungsanteil. Der **BGH entscheidet unterschiedlich.** Fälle der Haftungsfreistellungen nach SGB VII (vgl. §§ 104 ff. SGB VII) löst er wie die h.M. (vgl. BGH NJW 2008, 2116 ff.; OLG Koblenz NJW-RR 2006, 1174 ff.: »Schubserei-Fall«). Bei individualvertraglicher Haftungsfreistellung und in Fällen von § 1359 BGB verneint er eine Wirkung für den nicht privilegierten Schädiger und auch für das Innenverhältnis der Gesamtschuldner, so dass der auf volle Zahlung in Anspruch genommene nicht privilegierte Schädiger gegen den privilegierten Schädiger voll Rückgriff nehmen kann. Bei § 1664 BGB hat der BGH entschieden, dass der nicht privilegierte Schädiger in vollem Umfang in Anspruch genommen werden kann, ohne dass er bei dem freigestellten Zweitschädiger Rückgriff nehmen kann. Gleiches dürfte konsequenterweise auch für § 1359 BGB zu gelten haben (Palandt/*Grüneberg* § 426 Rn. 22). Obwohl die h.M. vorzugswürdig ist, sollten Sie sich im Examen grds. dem BGH anschließen. Entschärft wird die Problematik dadurch, dass die vorgenannten Haftungsprivilegierungen nicht bei Unfällen im Straßenverkehr anwendbar sind.

- **Abzug neu für alt:** Hier muss sich der Geschädigte die Differenz zwischen der hypothetischen Vermögenslage und der tatsächlichen messbaren Vermögensmehrung nach Ersatz des Schadens anrechnen lassen, wenn dies bei einer Gesamtwürdigung aller Umstände nicht unbillig erscheint. Dies kommt z.B. in Betracht, wenn durch den Einbau neuer Teile in ein Kfz im Wege der Naturalrestitution eine Wertverbesserung eintritt (v.a. Verschleißteile wie Reifen, Batterie, Dichtungen, Neulackierung etc.). Die Darlegungs- und Beweislast für einen Abzug liegt nicht beim Schädiger, der Geschädigte muss vielmehr darlegen und beweisen, dass ein derartiger Abzug zu unterbleiben hat (OLG Koblenz NJW-RR 2009, 1318 f.).

- **Mitverschulden**, § 254 BGB (auf Sonderregeln in §§ 9, 17 StVG achten!)
  - Das Mitverschulden des Geschädigten kann bei der Schadensentstehung oder bei der unterlassenen Schadensminderung relevant werden und ggf. über Anscheinsbeweisgesichtspunkte zu bejahen sein (vgl. OLG München NJW-RR 2006, 97: Kein Anscheinsbeweis zu Lasten des Fahrgastes bei Sturz in einem Linienbus).
  - Nach den **§§ 254 II 2, 278 BGB** ist auch das Verschulden der gesetzlichen Vertreter/Erfüllungsgehilfen des Geschädigten u.U. zurechenbar, dies jedoch nur bei Bestehen einer rechtlichen Sonderverbindung zwischen Schädiger und Geschädigtem **vor dem schädigenden**

Ereignis, in dessen Rahmen der Dritte als gesetzlicher Vertreter/Erfüllungsgehilfe aufgetreten ist (Ausnahme: Der Halter muss sich das Mitverschulden seines Fahrers als betriebsgefahrerhöhenden Umstand stets zurechnen lassen, vgl. Palandt/*Grüneberg* § 254 Rn. 49).

– Das eigene Mitverschulden muss man sich i.d.R. nicht entgegenhalten lassen, wenn der Schädiger vorsätzlich oder grob fahrlässig gehandelt hat (Argument: § 242 BGB).

– Ein häufiger Fehler ist es, § 254 BGB i.R.d. Verschuldens des Schädigers bei § 823 I BGB zu prüfen. Dies kann Sie Kopf und Kragen kosten, weil es bei § 254 BGB lediglich um die Höhe des Schadens geht, nicht aber um die Frage des »Ob« der Haftung. § 254 BGB hat mit dem Verschulden nichts zu tun!

- **Schaden aus verbotener Tätigkeit:** Der Verlust oder die Vorenthaltung einer tatsächlichen oder rechtlichen Position, die dem Geschädigten nach der Rechtsordnung nicht zusteht, stellt keinen ersatzfähigen Schaden dar (Argument: Dies widerspricht dem Zweck des Schadensersatzes.). Gemeint sind v.a. der entgangene Gewinn aus einem sittenwidrigen Geschäft oder einem Vertrag, der nach § 134 BGB unwirksam ist.

III. Form des Schadensersatzes

63   Bei Vorliegen eines Vermögensschadens kommen grds. Naturalrestitution nach § 249 BGB und Wertersatz nach § 251 BGB in Betracht. Dabei ist die Naturalrestitution vorrangig, Wertersatz kann nur verlangt werden, wenn die Herstellung nicht möglich, nicht genügend oder unverhältnismäßig ist.

> **Klausurtipp:** Wenn im Examen ein **Verkehrsunfall** eine Rolle spielt, wird i.d.R. Ersatz folgender Schäden geltend gemacht:
>
> - (Fiktive) Reparaturkosten oder Wertersatz auf Wiederbeschaffungsbasis: (+) über § 249 BGB; Achtung: Der Geschädigte muss nachweisen, dass der Schaden, dessen Ersatz begehrt wird, bei dem Unfall entstanden ist und es sich – sofern der Schädiger dies vorträgt – insofern nicht um Vorschäden handelt.
>
> - Vorfinanzierungskosten für Reparatur/Ersatzwagen/Wiederbeschaffung: (+) über § 249 BGB, wenn die Kreditaufnahme notwendig war. Der Geschädigte muss allerdings vor Kreditaufnahme den Gegner/die gegnerische Haftpflichtversicherung darüber informieren, so dass die Vorfinanzierung durch Kredit durch eine Vorschusszahlung abgewendet werden könnte, vgl. AG Freiburg DAR 1988, 17.
>
> - Merkantiler Minderwert des reparierten Wagens: (+) über § 251 BGB
>
> - Mietwagenkosten für gleichwertiges Kfz (erfasst ggf. auch die Abrechnung eines **überhöhten Unfallersatztarifs**, wenn günstigere Tarife dem Geschädigten unter zumutbaren Anstrengungen nicht zugänglich waren oder eine erforderliche Mehrleistung des Vermieters vorliegt, vgl. Palandt/*Grüneberg* § 249 Rn. 32 ff.): (+) über § 249 BGB für die Dauer der Reparatur/geschätzten Wiederbeschaffungszeit abzüglich etwa 10 % ersparter Aufwendungen. Umstritten ist, ob ein Abzug ersparter Aufwendungen entfällt, wenn ein klassentieferes Kfz angemietet wird (vgl. Palandt/*Grüneberg* § 249 Rn. 36). Achtung: Weder Mietwagenkosten noch Nutzungsausfall können geltend gemacht werden, wenn dem Geschädigten ein gleichwertiges Ersatzfahrzeug zur Verfügung steht (Argument: Dann keine fühlbare Beeinträchtigung, Schadensminderungspflicht).
>
> - Alternativ zu den Mietwagenkosten (entweder, weil kein Mietwagen genommen wurde oder weil die abstrakte Nutzungsausfallentschädigung wegen der Anmietung eines kleineren Ersatzwagens höher ist als die Mietwagenkosten, vgl. dazu OLG Düsseldorf NJW 2008, 1964 ff.) **Nutzungsausfallentschädigung** bei privat genutzten Kfz: (+) über § 249 BGB für die Dauer der Reparatur/geschätzten Wiederbeschaffungszeit. Dies gilt nach neuer Rspr. des BGH auch bei gewerblich genutzten Pkw, falls sich deren Gebrauchsentbehrung nicht unmittelbar in einer Minderung des Gewerbeertrages oder in den Kosten eines Ersatzfahrzeuges niederschlägt (BGH NJW 2008, 913 ff.). Ein Anspruch auf Nutzungsausfall besteht nicht, wenn der Geschädigte z.B. wegen unfallbedingter Verletzungen sein Fahrzeug in der fraglichen Zeit nicht hätte nutzen können (Ausnahme: Nutzung durch einen Angehörigen war beabsichtigt) oder der Einsatz eines Zweitwagens möglich und zumutbar ist. Zur Höhe

§ 6 Deliktische Ansprüche

der Nutzungsausfallentschädigung wird in der Praxis i.d.R. auf die Tabelle von *Sanden/Danner/Küppersbusch*, zur Schmerzensgeldhöhe auf die Tabelle von *Hacks/Ring/Böhm* zurückgegriffen.

- Ersatz der vorgerichtlichen **Gutachterkosten** zur Schadensberechnung (z.B. DEKRA-Gutachten): (+) über § 249 BGB, wenn kein Bagatellschaden vorliegt (i.d.R. ab 700 €). Sonst sind nur die Kosten eines Kostenvoranschlages ersetzbar. Vgl. BGH MDR 2008, 622 zur Frage, wann Kosten eines Privatgutachten ausnahmsweise unter § 91 ZPO fallen.
- Ersatz der vorgerichtlichen Rechtsanwaltskosten zur Schadensregulierung: (+) über § 249 BGB, wenn die Inanspruchnahme des Rechtsanwaltes erforderlich und zweckmäßig war. Die Ersatzpflicht wird auch dann bejaht, wenn der Geschädigte Rechtsanwalt ist und sich selbst vertritt (Palandt/*Grüneberg* § 249 Rn. 57; Argument: Arbeitstätigkeit des Anwaltes ist kommerzialisiert.) oder wenn der Geschädigte über eine eigene Rechtsabteilung verfügt (BGH NJW 2008, 2651 ff.; Argument: Schadensregulierung in diesen Fällen gehört i.d.R. nicht zu den originären Aufgaben der Rechtsabteilung).
- Verlust des Schadensfreiheitsrabattes durch Inanspruchnahme der eigenen Kaskoversicherung: (+) über § 249 BGB. Beachte: Die Rückstufung bei der Kfz-Haftpflichtversicherung ist als Schaden nicht anerkannt, da hierfür der Schädiger i.d.R. nicht kausal ist.
- Kostenpauschale für die Ab-/Ummeldung des Pkw bei Totalschaden (ca. 75 €) sowie Kostenpauschale für Telefon, Porto, Fahrtkosten etc. (weitere ca. 20–25 €): (+) aus § 249 BGB gewohnheitsrechtlich anerkannt
- Abschleppkosten: (+) über § 249 BGB
- Krankenhausbesuchskosten naher Angehöriger/nahe stehender Personen: (+) über § 249 BGB weil dies Heilungskosten des Verletzten sind
- Bei Personenschäden v.a. die nicht von der Krankenkasse getragene Kosten (Zuzahlung, eigene Fahrtkosten zum Arzt etc.) und Schmerzensgeld: §§ 249, 253 II BGB (+); Beachte: Kosten wie Einzelbettzimmer oder die Miete eines Fernsehers im Krankenhaus sind nur ausnahmsweise zu ersetzen (vgl. Palandt/*Grüneberg* § 249 Rn. 8). Der Schmerzensgeldanspruch ist abtretbar und vererblich.
- Haushaltsführungsschaden: (+) über § 249 BGB i.V.m. § 843 BGB als eigener Schaden des Verletzten, dies sowohl bei Ehegatten als auch bei Alleinstehenden. Der Anspruch mindert sich grds. nicht dadurch, dass der andere Ehegatte den Ausfall durch eigene Mehrarbeit ausgeglichen hat (Argument: Dies würde eine Vorteilsanrechnung darstellen, die den Schädiger unbillig entlasten würde.). Umstritten ist, ob ein Haushaltsführungsschaden auch unter Partnern einer neLG in Betracht kommt (vgl. Palandt/*Sprau* § 843 Rn. 8 m.w.N.).
- Ersatz vermehrter Bedürfnisse (z.B. orthopädisches Schuhwerk): (+) über §§ 249, 843 BGB
- Ersatz von Nachteilen hinsichtlich der Erwerbsfähigkeit: (+) über §§ 842, 843 BGB

Nicht als Schaden anerkannt sind z.B. der zur Schadensbeseitigung oder Schadensabwicklung aufgewendete Arbeitsaufwand oder der dadurch verursachte Zeitverlust (Argument: Kein Vermögensschaden).

Wenn es in der Klausur um **Schmerzensgeld** geht, will der Korrektor wegen der sog. Ausgleichs- u. Genugtuungsfunktion des Schmerzensgeldes stets auf eine Abwägung über die Höhe des zu zahlenden Betrages hinaus. Auf das Ergebnis kommt es dann weniger an, wichtig ist nur, dass Sie »Sachverhalt ranpacken« (d.h. Art und Dauer der Verletzung, Unübersehbarkeit des Krankheitsverlaufs, Motive des Schädigers, treuwidrig verzögerte Schadensregulierung durch den Gegner oder seine Haftpflichtversicherung, Mitverschulden des Geschädigten, entgangene Lebensfreuden etc.). Denken Sie bei Schmerzensgeld auch an die zivilprozessualen Probleme der §§ 253 II Nr. 2, 287 ZPO (Stichwort: Unbezifferter Klageantrag).

Beachten Sie, dass die **Kosten der ärztlichen Heilbehandlung** i.d.R. schon durch eine Krankenversicherung gedeckt sind und daher vom Geschädigten nicht geltend gemacht werden können. Der Ersatzanspruch geht kraft Gesetzes auf die Krankenversicherung über, und zwar bei gesetzlicher Krankenversicherung nach § 116 I SGB X und bei Beamten nach § 87 BBG sofort, bei privater Versicherung

1. Teil. Die Prüfungsreihenfolge im Zivilrecht

> nach § 86 VVG allerdings erst nach Zahlung durch die Versicherung. Ähnliches gilt für den **Verdienstausfall**, wenn und soweit der Arbeitgeber nach § 6 EFZG zur Fortzahlung des Lohns verpflichtet ist.
>
> Die eigenen Ansprüche **mittelbar Geschädigter** ergeben sich aus §§ 823 ff. BGB i.V.m. §§ 844, 845 BGB (z.B. Beerdigungskosten, entgangener Unterhalt).

> **Klausurtipp:** Bietet der Autovermieter dem Unfallgeschädigten ein Fahrzeug zu einem **Unfallersatztarif** an, der deutlich über dem Normaltarif auf dem örtlich relevanten Markt liegt, und besteht deshalb die Gefahr, dass die Haftpflichtversicherung nicht den vollen Tarif übernimmt, muss der Vermieter den Mieter darüber aufklären. Ansonsten haftet der Vermieter dem Mieter aus c.i.c. (BGH NJW 2007, 2181 und 2759 f.). Der Schädiger kann allerdings nicht unter Hinweis auf den ggf. bestehenden Regressanspruch des Geschädigten gegen den Autovermieter die Schadensregulierung verweigern (BGH NJW-RR 2009, 130 ff.).

Für die Geltendmachung der **Reparaturkosten bei einem Pkw** gilt Folgendes: Die Rspr. löst den Ersatz bei der Beschädigung eines Pkw ausschließlich als Fallgruppe von § 249 BGB. § 251 BGB ist daher nicht tangiert. Mehrwertsteuer darf gem. § 249 II 2 BGB nur zuerkannt werden, wenn sie tatsächlich angefallen ist (also i.d.R. nicht bei Abrechnung auf Gutachtenbasis!).

Abrechnung des Schadensersatzes am Pkw beim Verkehrsunfall

Abrechnung auf Rechnungsbasis »konkret«
= Geschädigte rechnet auf Grundlage der konkreten Reparaturrechnung der Werkstatt ab
▶ Kosten bis zur Höhe des WBW: ersetzbar, Umfang der Reparatur und Weiternutzung des Kfz nach Reparatur egal
▶ Kosten liegen zwischen WBW und 130% des WBW: ersetzbar, wenn ordnungsgemäße und fachgerechte Reparatur erfolgt und Kfz mindestens ca. 6 Monate weitergenutzt wird (sonst nur WBA ersetzbar)

Abrechnung auf Gutachtenbasis »fiktiv«
= Geschädigte verlangt den geschätzten Reparaturbetrag aus dem Gutachten
▶ Kosten bis zur Höhe des WBA: ersetzbar, Reparatur und/oder Weiternutzung des Kfz egal
▶ Kosten liegen zwischen WBA und WBW: ersetzbar, wenn Kfz mindestens ca. 6 Monate weitergenutzt wird (sonst nur WBA ersetzbar)
▶ Kosten liegen zwischen WBW und 130% des WBW: ersetzbar, wenn ordnungsgemäße und fachgerechte Reparatur erfolgt und Kfz mindestens ca. 6 Monate weitergenutzt wird (sonst nur WBA ersetzbar)

▶ Wenn geschätzte Kosten höher als 130% des WBW:
→ nur Abrechnung auf Wiederbeschaffungsbasis möglich
= Anspruch i.H.d. WBW abzüglich des Restwertes (WBA) (oder alternativ zum Restwertabzug Herausgabe des Unfall-Kfz)
▶ Beachte: Abrechnung auf Wiederbeschaffungsbasis auch möglich alternativ zur Abrechnung der Reparaturkosten, d.h. wenn sich der Geschädigte für eine Ersatzbeschaffung entscheidet, es sei denn, dass die Reparaturkosten geringer wären (Bereicherungsverbot für Geschädigten, Grundsatz der Wirtschaftlichkeit)

WBW = Wiederbeschaffungswert/-es
WBA = Wiederbeschaffungsaufwand (WBW abzüglich des Restwertes des Unfall-Kfz)

Reparaturkosten können auch **fiktiv** verlangt werden, d.h. die erforderlichen Reparaturkosten auf Basis des Gutachtens oder Kostenvoranschlages können verlangt werden, ohne dass damit zwingend eine vollständige Reparatur tatsächlich durchgeführt wird (sog. **Abrechnung auf Gutachtenbasis**). Dabei sind nach neuer Rspr. drei Stufen zu differenzieren: Die geschätzten Reparaturkosten können bis zur Höhe des Wiederbeschaffungsaufwandes verlangt werden, ohne dass es auf eine Reparatur oder eine Weiternutzung des Kfz ankommt. Liegen die geschätzten Kosten zwischen dem Wiederbeschaffungsaufwand und dem Wiederbeschaffungswert, so sind diese ersetzbar, wenn der Geschädigte das Kfz mindestens ca. 6 Monate weiternutzt und zu diesem Zweck – falls erforderlich – verkehrssicher (teil-)reparieren lässt (vgl. BGH NJW 2008, 1941 m.w.N.). In diesem Fall ist der Restwert wegen der Weiternutzung ein nicht realisierter Posten, der daher auch nicht abgezogen werden darf. Liegen die geschätzten Kosten zwischen dem Wiederbeschaffungswert und einer Höhe von 130% des Wiederbeschaffungswertes (vom Wiederbeschaffungswert wird zur Ermittlung der 130%-Grenze nicht der Restwert abgezogen!), so kann nach neuer Rspr. auch bei fiktiver Abrechnung dieser zusätzliche »Integritätszuschlag« von 30% verlangt werden, wenn der Geschädigte das Kfz (auch durch Eigenreparatur) ordnungsgemäß und fachgerecht repariert und es mindestens ca. 6 Monate weiternutzt (vgl. BGH NJW 2008, 437 ff.; Argument: Nur dann manifestiert der Geschädigte sein Integritätsinteresse, Bereicherungsverbot des Schadensrechts). An den Nachweis des Weiterbenutzungswillen sind nach dem BGH maßvolle Anforderungen zu stellen (vgl. BGH a.a.O.). Bei dem Vergleich der Reparaturkosten mit dem Wiederbeschaffungswert sind die geschätzten Reparaturkosten brutto und nicht netto anzusetzen (BGH NJW 2009, 1340 f.), verlangt werden können gem. § 249 II 2 BGB allerdings nur die Nettokosten.

Klausurtipp: Lesen Sie BGH, Urt.v. 20.10.2009, AZ: **VI ZR 53/09** (§ 249 BGB) zur umstrittenen Frage, wann der Geschädigte bei fiktiver Abrechnung die i.d.R. höheren Stundensätze einer markengebundenen Fachwerkstatt verlangen kann.

Rechnet der Geschädigte auf Basis der tatsächlichen Reparaturrechnung ab (sog. **Abrechnung auf Rechnungsbasis**), kann er die tatsächlichen Kosten bis zur Höhe des Wiederbeschaffungswertes abrechnen, ohne dass es auf die Qualität der Reparatur und eine Weiternutzung des Kfz nach der Reparatur ankommt (vgl. BGH NJW 2007, 588 f.). Reparaturkosten bis zur Höhe von 130% des Wiederbeschaffungswerts (vom Wiederbeschaffungswert wird zur Ermittlung der 130%-Grenze nicht der Restwert abgezogen!) sind nur zu erstatten, wenn die Reparatur vollständig und fachgerecht durchgeführt wird und das Kfz mindestens ca. 6 Monate weitergenutzt wird (BGH NJW 2008, 2183 ff.; BGH NJW 2005, 1108 ff.; Argument: Nur dann manifestiert der Geschädigte sein Integritätsinteresse, Bereicherungsverbot des Schadensrechts). Nach dem BGH ist der Anspruch sofort und nicht erst nach 6 Monaten fällig (BGH NJW 2009, 910 ff.); dies dürfte auch für den Fall der Abrechnung auf Gutachtenbasis gelten (vgl. auch *Wittschier* NJW 2008, 898 ff.).

Voraussetzung für die geschilderten Abrechnungsarten bei fiktiver oder tatsächlicher Abrechnung ist stets, dass die voraussichtlichen (Brutto-)Kosten der Reparatur (diese ergeben sich i.d.R. aus dem Gutachten) die 130%-Grenze nicht übersteigen. Wird die 130%-Grenze überstiegen (sog. wirtschaftlicher Totalschaden), kann der Geschädigte von vorneherein nur den Wiederbeschaffungswert abzüglich des vom Gutachter ermittelten Restwertes verlangen (sog. **Abrechnung auf Wiederbeschaffungsbasis**, vgl. BGH NJW 2007, 2917 und NJW 2006, 2320 f.). In den Fällen des wirtschaftlichen Totalschadens wird das Integritäts- u. Affektionsinteresse nicht mehr geschützt, weil wirtschaftlich unvernünftige Reparaturen nicht von der Rechtsordnung unterstützt werden sollen. Wenn auf dem Markt der vom Gutachter geschätzte Restwert nicht zu erreichen ist, wird nur der tatsächlich erzielte Restwert abgezogen. Der Geschädigte ist nach der Rspr. grds. nicht verpflichtet, ein vom Schädiger oder seiner Versicherung vorgelegtes höheres Restwertangebot auf einem Kfz-Sondermarkt (z.B. im Internet) in Anspruch zu nehmen, es sei denn, diese Verwertungsmöglichkeit ist ihm ohne besondere Anstrengung zugänglich (vgl. BGH NJW 2007, 2918 f.). Die Alternative zum Abzug des Restwertes ist stets die Herausgabe des Unfallwagens an den Schädiger nach Wahl des Geschädigten.

Beachte: Wenn der Geschädigte in zulässiger Weise auf Rechnungsbasis abrechnet, weil die voraussichtlichen Reparaturkosten die 130% – Grenze nicht überschreiten, und sich aber nachträglich herausstellt, dass die Reparatur doch teurer wird (und ggf. sogar die 130 %-Grenze überschreiten), so sind die zusätzlichen Kosten ersatzfähig. Denn das **Prognoserisiko** trägt grds. der Schädiger (vgl. Palandt/*Grüneberg* § 249 Rn. 25). Auch der umgekehrte Fall ist möglich: Wenn der Geschädigte wegen Überschreitung der 130%-Grenze auf Wiederbeschaffungsbasis abrechnet, sich dann aber doch zur Reparatur entschließt und sich erst während der Reparatur herausstellt, dass die Kosten entgegen dem Gutachten doch nicht die 130%-Grenze überschreiten, kann der Geschädigte noch zu Abrechnung auf Reparaturkostenbasis **wechseln** (BGH NJW 2007, 67 ff.: Argument: Erst mit vollständiger Reparatur ist Schadensentwicklung abgeschlossen, § 249 BGB ist kein Fall der Wahlschuld).

Ein Ersatz nur auf Wiederbeschaffungsbasis findet auch bei der Zerstörung eines Pkw statt, v.a. wenn eine Reparatur nicht möglich oder wegen des Risikos verborgener Restmängel für den Geschädigten nicht zumutbar ist. Bei der Beschädigung von Neuwagen innerhalb der ersten 1.000 Kilometer kommt u.U. auch unter der 130%-Grenze eine Abrechnung auf Wiederbeschaffungsbasis in Frage, wenn sich der Geschädigte ein fabrikneues Ersatzfahrzeug kauft (sog. »Neuwertabrechnung«, vgl. BGH NJW 2009, 3022 ff.; Palandt/*Grüneberg* § 249 Rn. 17).

Bei **Nichtvermögensschäden kann nach § 253 I BGB** grds. nur Naturalrestitution verlangt werden (Ausnahmen: §§ 651f II, 253 II BGB). Nach der Rspr. ist bei einer schweren, schuldhaften **Verletzung des APR** (z.B. Intimphotos von Prominenten) entgegen § 253 I BGB aus § 823 I BGB i.V.m. Art. 1 I, 2 I GG Geldersatz möglich, wenn die Naturalrestitution nicht ausreichend ist. Dies hängt von der Schwere des Eingriffs sowie vom Grad des Verschuldens ab. Der entsprechende Verlag muss sich dann das Verschulden seiner Redakteure nach § 31 BGB analog zurechnen lassen (Palandt/*Ellenberger* § 31 Rn. 9). Dabei steht der Zubilligung von Geldentschädigung in diesen Fällen auch nicht Art. 103 II, III GG entgegen. Die Geldentschädigung erwächst nämlich aus dem Schutzauftrag des Staates aus Art. 1, 2 GG und stellt daher keine Strafe dar.

§ 7 Ansprüche aus ungerechtfertigter Bereicherung

A. Allgemeines zu §§ 812 ff. BGB

Die §§ 812 ff. BGB spielen eine bedeutende Rolle. Die berühmten Repetitoriumsfälle, in denen neun oder mehr Personen auftreten, von denen einer minderjährig, einer insolvent und einer unerkennbar partiell geisteskrank ist, sind im zweiten Examen eher selten. Wichtig ist auch hier die Beachtung der grundlegenden Strukturen. Die wichtigen Grundsätze gleich vorweg:

- Prüfen Sie zunächst die grundsätzliche Anwendbarkeit der §§ 812 ff. BGB: Vorrang anderer Normen? Z.B. §§ 346 ff. BGB nach Rücktritt, EBV bei Vindikationslage (vgl. Rn. 46, 49)
- Beachten Sie innerhalb der §§ 812 ff. BGB den Vorrang der Leistungs- vor der Nichtleistungskondiktion.

Klausurtipp: Bei Geldansprüchen i.R.e. unwirksamen Vertrages sollten Sie darauf achten, ob ggf. eine berechtigte GoA vorliegt, die dann einen Rechtsgrund i.S.v. § 812 I BGB darstellt, die Rspr. lässt allerdings zugunsten des Geschäftsführers Ausnahmen zu (vgl. Rn. 34.).

Merke: Die NLK ist gegenüber der LK grds. subsidiär (Grund: Jeder soll grds. mit derjenigen Person rückabwickeln, die er sich als Leistungspartner ausgesucht hat). D.h., dass mit der NLK immer nur dann vorgegangen werden darf, wenn der Herausgabegegenstand dem Empfänger weder vom Anspruchsteller noch von einem Dritten geleistet wurde. Nur die Kondiktionen nach §§ 816 I 2, II, 822 BGB gestatten einen Durchgriff auf einen Dritten. Die Subsidiarität spielt vor allem in Dreipersonenverhältnissen eine Rolle.

Die einzelnen Leistungskondiktionen sind:

- § 812 I 1 Alt. 1 BGB (condictio indebiti)
- § 812 I 2 Alt. 1 BGB (condictio ob causam finitam)
- § 812 I 2 Alt. 2 BGB (condictio ob rem)
- § 817 S. 1 BGB (condictio ob turpem vel iniustam causam)

Die einzelnen Nichtleistungskondiktionen sind:

- § 812 I 1 Alt. 2 BGB
- § 816 I 1, 2 und II BGB
- § 822 BGB

B. Examensrelevante Probleme

Problem: »Etwas erlangt« i.S.d. §§ 812 ff. BGB

- »Etwas« ist nach st. Rspr. jeder vermögenswerte Vorteil, so z.B. Besitz an einer beweglichen Sache, Rechte aller Art, Gebrauchsvorteile, die Befreiung von einer Verbindlichkeit ggü. Dritten. Bei Überweisung von Geld wird ein Anspruch auf Gutschrift gegenüber der Bank aus dem Girovertrag nach § 676f, g BGB erlangt, nach erfolgter Gutschrift besteht ein Auszahlungsanspruch aus der Gutschrift, die ein abstraktes Schuldanerkenntnis nach §§ 780, 781 BGB darstellt. Schreiben Sie also niemals, dass »Geld erlangt« wurde!
- Auch eine **Blockierstellung** kann erlangt werden, z.B. wenn der Schuldner bei einem Zessionarsstreit/Prätendentenstreit den einem der Zessionare geschuldeten Betrag zugunsten beider Zessionare/Prätendenten hinterlegt (vgl. § 13 HinterlO) oder wenn eine staatsanwaltlich beschlagnahmte Sache eines Dritten nach § 111k S. 3 StPO hinterlegt wird. Gleiches gilt, wenn z.B. bei Bauspardarlehen von Ehegatten die Auszahlung von Geld von der Zustimmung einer anderen Person abhängig ist (Palandt/*Sprau* § 812 Rn. 93). Der Hinterlegung gleichgestellt ist

die staatsanwaltliche Beschlagnahme einer Sache, die Blockierstellung des letzten Gewahrsamsinhabers ergibt sich dann aus Nr. 75 II RiStBV (z.B. Klage des Eigentümers auf Zustimmung zur Freigabe des beschlagnahmten Gegentandes gegen den letzten Gewahrsamsinhaber, bei dem die Sache beschlagnahmt wurde. Die h.M. sieht hier die Eingriffskondiktion als Anspruchsgrundlage an, die z.T. vertretene analoge Anwendung von § 985 BGB wird abgelehnt.).

- Bei rechtsgrundloser Weitergabe der rechtsgrundlos erlangten Sache an einen Dritten kann der Bereicherungsschuldner auch selbst einen (Bereicherungs-)Anspruch (gegen den Dritten) erlangt haben, sog. Doppelmangel. Wenn der Schuldner noch nicht beim Dritten kondiziert hat, käme es bei der Rückabwicklung über Eck zur **Kondiktion der Kondiktion** (Palandt/*Sprau* § 812 Rn. 67).

Problem: »Leistung« i.S.d. Leistungskondiktionen

- Leistung ist jede »bewusste und zweckgerichtete Mehrung fremden Vermögens«. Dabei kommt es in erster Linie auf die der Zuwendung gegebene Zweckbestimmung an, wobei nach §§ 133, 157 BGB analog auf eine objektive Betrachtungsweise **aus der Sicht des Zuwendungsempfängers** abzustellen ist (BGH NJW 2005, 60 ff.).

- Leistender ist derjenige, der unmittelbar oder mittelbar (z.B. bei der Anweisung an die Bank) mit seinen Mitteln etwas zuwendet. Leistungsempfänger und damit Anspruchsgegner ist derjenige, dessen Vermögen der Leistende durch die Zuwendung gemäß der Zweckbestimmung vermehren will. Bei Leistung an einen Boten/Vertreter ist der vertretene Hintermann Anspruchsgegner, wenn die Zahlung an den Dritten auf seine wirksame Verfügung zurückzuführen ist (vgl. BGH WM 2008, 1211 f.).

- § 812 I 1 Alt. 1 BGB ist nur einschlägig, wenn eine vermeintliche Verbindlichkeit erfüllt werden soll, die in Wirklichkeit aber nicht besteht (z.B. Leistung aufgrund nichtigen/unwirksamen Kaufvertrags, Zuvielleistungen auf einen Vertrag, nach wohl h.M. auch bei Anfechtung des Rechtsgrundes).

- § 813 I 1 BGB stellt klar, dass § 812 I 1 Alt. 1 BGB auch greift, wenn auf eine bestehende Verbindlichkeit geleistet wurde und dem Anspruch eine dauernde (peremptorische) Einrede entgegenstand (z.B. §§ 242, 275 II, III, 821, 853 BGB). Oftmals geht eine Rückforderung dennoch fehl, denn z.B. für die dauernde Einrede der Verjährung ergibt sich aus **§§ 813 I 2, 241 II BGB** der Ausschluss einer Rückforderung. Zudem findet § 813 I BGB nach dem BGH auch bei Leistung trotz nicht genutzter Aufrechnungs- o. Anfechtungsbefugnis keine Anwendung.

- § 812 I 2 Alt. 1 BGB ist nur einschlägig, wenn der Rechtsgrund später wegfällt (z.B. durch Vereinbarung einer auflösenden Bedingung).

- § 812 I 2 Alt. 2 BGB ist nur einschlägig, wenn mit der Leistung ein Zweck erreicht werden sollte, der nicht in der Erfüllung einer Verbindlichkeit besteht, d.h. i.d.R. soll der Empfänger zu einem nicht geschuldeten Verhalten veranlasst werden (*Looschelders* Rn. 1041). Der Zweck muss **tatsächlich vereinbart** sein, was auch konkludent geschehen kann, z.B. indem der Empfänger den von ihm erkannten Zweck billigt (z.B. Hingabe von Schwarzgeld im Unterverbriefungsfall, Leistung in Erwartung einer künftigen Erbeneinsetzung, Zahlung zur Abwendung einer dann doch erstatteten Strafanzeige, Anzahlung auf einen dann doch nicht zustande gekommenen Vertrag). Abgrenzung zu § 313 BGB: Bei § 313 BGB ist dieser besondere Zweck nicht vereinbart, sondern nur als Geschäftsgrundlage vorausgesetzt.

- § 817 S. 1 BGB ist ein Sonderfall der condictio indebiti. § 817 S. 1 BGB hat neben der condictio indebiti nur dann praktische Bedeutung, wenn diese durch den bei der Kondiktion aus § 817 S. 1 BGB nicht anwendbaren § 814 BGB ausgeschlossen ist. Klausurrelevant ist v.a. § 817 S. 2 BGB (s.u.).

Klausurtipp: Der Kläger trägt nach allgemeinen Grundsätzen für alle Tatbestandsvoraussetzungen des § 812 BGB die Darlegungs- und **Beweislast**, also auch für den fehlenden Rechtsgrund. Der Schuldner muss aber i.S.e. je nach den Umständen gesteigerten **sekundären Behauptungslast** die Tatsachen darlegen, aus denen er z.B. den Rechtsgrund herleitet, damit der Kläger überhaupt in der Lage ist, den

Rechtsgrund auszuräumen (Palandt/*Sprau* § 812 Rn. 76). Im Rahmen der **Eingriffskondiktion** hat die h.M. zugunsten des Anspruchstellers Ausnahmen zugelassen, insbesondere bei der Abhebung von Geld durch den Anspruchsgegner, der z.B. eine Schenkung dieses Geldes behauptet. In diesen Fällen trägt der Anspruchsgegner die Beweislast für das Bestehen des Rechtsgrundes (Palandt/*Sprau* § 812 Rn. 79; Brandenburgisches OLG, Urt.v. 20.09.2006, AZ: 7 U 196/05; OLG Köln NJW 1993, 939; BGH NJW 1986, 2107 f.; BGH NJW 1999, 2887 f.; im Ergebnis ebenfalls BGH NJW-RR 2007, 488 ff.).

Problem: **Ausschluss der Leistungskondiktionen**

- Beachten Sie die wichtigen Ausschlusstatbestände für die Leistungskondiktionen:
  - Für § 812 I 1 Alt. 1 BGB: §§ 814, 817 S. 2 BGB
  - Für § 812 I 2 Alt. 1 BGB: nur § 817 S. 2 BGB
  - Für § 812 I 2 Alt. 2 BGB: §§ 815, 817 S. 2 BGB
  - Für § 817 S. 1 BGB: § 817 S. 2 BGB
  - Für alle Kondiktionen: § 242 BGB als allgemeines Rechtsprinzip

Problem: **Ausschlusstatbestände der §§ 814, 815 BGB (als Ausfluss von § 242 BGB)**

- Für § 814 BGB ist grds. die **positive Kenntnis** der Nichtschuld erforderlich. Die bloße Kenntnis des zugrunde liegenden Sachverhaltes reicht dafür i.d.R. nicht aus, ebenso wenig Zweifel bei der Leistungserbringung.
- Der Ausschluss nach § 814 BGB greift nach h.M. nicht, wenn die Leistung in Erwartung der Heilung des Fehlens des Rechtsgrundes oder unter Vorbehalt der Rückforderung erfolgt ist (Argument: Dies stellt kein »venire contra factum proprium« dar, dessen Ausgestaltung § 814 BGB ist). § 814 BGB ist auch unanwendbar, wenn das Rechtsgeschäft, zu dessen Erfüllung geleistet worden ist, nur von dem Empfänger der Leistung angefochten werden kann und dieser sein Anfechtungsrecht im Zeitpunkt der Leistung (noch) nicht ausgeübt hat (Argument: Wortlaut § 814 BGB, vgl. BGH NJW 2008, 1878 ff.).

Problem: **Ausschlusstatbestand des § 817 S. 2 BGB**

- § 817 S. 2 BGB gilt für alle Bereicherungsansprüche aus Leistungskondiktion, entgegen dem Wortlaut sogar erst recht, wenn nur der Leistende verwerflich handelt. Eine Anwendung außerhalb der §§ 812 ff. BGB lehnt die Rspr. aber ab (a.A. ist z.T. die Literatur, vgl. *Medicus*, Rn. 697 m.w.N.).
- **Leistung i.S.d. § 817 S. 2 BGB** ist abweichend von § 812 I 1 Alt. 1 BGB nur das, was endgültig in das Vermögen des Empfängers wechseln soll (Examensbeispiel ist der sittenwidrige Kreditvertrag: Hier ist die Valuta keine Leistung i.S.d. § 817 S. 2 BGB, nur die Nutzungsmöglichkeit soll endgültig im Vermögen des Empfängers verbleiben, vgl. Rn. 71).
- Der Kondiktionsausschluss des § 817 S. 2 BGB wird wiederum durch **§ 242 BGB** eingeschränkt: § 817 S. 2 BGB soll dann nicht gelten, wenn der Ausschluss der Rückforderung unbillig wäre, vgl. z.B. BGHZ 111, 308 ff. (Schwarzarbeiterfälle), BGH NJW 2006, 45 ff. und NJW-RR 2009, 345 f. (Schenkkreise, Beachte: Von der Sittenwidrigkeit des Systems Schenkkreis sind ggf. auch Finanzierungsverträge zu dessen Teilnahme erfasst.).

Problem: **Die Nichtleistungskondiktion nach § 812 I 1 Alt. 2 BGB**

- Man unterteilt die Nichtleistungskondiktion nach § 812 I 1 Alt. 2 BGB in die Eingriffskondiktion, die Verwendungskondiktion und die Rückgriffskondiktion. Die **Eingriffskondiktion** soll dabei einen Ausgleich schaffen, wenn durch den Eingriff in den Zuweisungsgehalt eines fremden Rechts auf Kosten des Gläubigers eine Vermögensmehrung erlangt wurde (z.B. unbefugte Benutzung der benachbarten Tiefgarage). Die **Verwendungskondiktion** greift, wenn der Schuldner durch eine Verwendung des Gläubigers auf Kosten des Gläubigers etwas erlangt hat. Der Anspruch ist jedoch nach h.M. subsidiär zu speziellen Ersatzansprüchen, z.B. zu § 670 BGB, zur GoA, zu §§ 478, 479 BGB sowie zu §§ 994 ff. BGB. Bei der **Rückgriffskon-**

diktion kann Ersatz nach der Leistung auf eine fremde Schuld verlangt werden. Auch sie ist subsidiär z.B. zu §§ 774, 426, 268 BGB und zur GoA. Insbesondere die Subsidiarität zur GoA lässt der Rückgriffskondiktion kaum einen Anwendungsbereich: Wenn auf eine fremde Schuld mit Fremdgeschäftsführungswillen gezahlt wird, greift nämlich die GoA, die Rückgriffskondiktion scheidet aus. Wenn auf die fremde Schuld ohne Fremdgeschäftsführungswillen gezahlt wird (z.B. weil sich der Zahlende irrtümlich selbst für verpflichtet hält), so wird die Schuld des wahren Schuldners nicht getilgt, für eine Rückgriffskondiktion bleibt daher kein Raum. Dem Zahlenden steht gegen den Empfänger die Leistungskondiktion zu. Nur wenn der Zahlende in diesen Fällen die Tilgungsbestimmung nachträglich ändert (vgl. Rn. 14), kommt ein Regress über die Rückgriffskondiktion in Betracht (vgl. *Looschelders* Rn. 1100 ff.; Palandt/*Grüneberg* § 267 Rn. 8). Wenn die Rückgriffskondiktion greift, wendet die h.M. zum Schutz des Schuldners die §§ 404 ff. BGB analog an, sog. aufgedrängter Rückgriff (Grund: Der Regress wirkt für den Schuldner wie eine Abtretung, vgl. *Medicus* Rn. 952).

- Ein examensrelevanter Sonderfall ist die Eingriffskondiktion **im Rahmen einer Zwangsvollstreckung** (ZVS), bei der eine Sache zu Unrecht versteigert und der Erlös ausgekehrt wurde (vgl. *Kaiser* Zwangsvollstreckungsklausur, Rn. 102 ff.).

- Ein weiteres Klausurproblem stellt die **Hinterlegung** durch den Gerichtsvollzieher (Versteigerungserlös) oder durch den Drittschuldner in der ZVS dar. Die Eingriffskondiktion ist hier für den von der Zwangsvollstreckung betroffenen Dritten ggf. durch § 771 ZPO gesperrt (vgl. *Kaiser* Zwangsvollstreckungsklausur, Rn. 107). Anders ist dies bei der Hinterlegung außerhalb der Zwangsvollstreckung, so z.B. beim Prätendentenstreit (vgl. oben). Hier kann der materielle Forderungsinhaber die Einwilligung in die Auszahlung aus Eingriffskondiktion und § 816 II BGB vom anderen Hinterlegungsgläubiger verlangen. Ob die Hinterlegung nach §§ 372 ff. BGB berechtigt war, spielt dabei keine Rolle.

> **Klausurtipp:** Die Eingriffskondiktion ist nach h.M. auch einschlägig, wenn jemand aufgrund einer ihm erteilten Kontovollmacht (unberechtigte) **Abhebung von einem Fremdkonto** vornimmt (Argument: Das eigenmächtige Bedienen ist typischer Fall des Eingriffs in einen fremden Zuweisungsgehalt; vgl. BGH NJW-RR 2007, 488 ff.; Palandt/*Sprau* § 812 Rn. 79; a.A. für Leistungskondiktion OLG Bamberg OLGReport 2002, 164 ff.; OLG Köln NJW 1993, 939). Die Auszahlung der Bank ist hier durch den Bankkunden veranlasst worden, so dass »über Eck« abgewickelt wird und der Bankkunde über die Eingriffskondiktion vom Dritten das Geld zurückverlangen kann. Die Vollmacht kann aber nicht Rechtsgrund für das Behaltendürfen sein, dafür kommt z.B. eine Schenkung in Betracht (vgl. BGH NJW-RR 2007, 488 ff. zur Beweislast).

Problem: Nichtleistungskondiktion nach § 816 I BGB

- Beachten Sie, dass neben § 816 I 1 BGB oft auch die Voraussetzungen von §§ 687 II, 681 S. 2, 667 BGB (angemaßte Eigengeschäftsführung) vorliegend werden.

- Nach der Rspr. sind von § 816 I BGB nur rechtsgeschäftliche Verfügungen umfasst, nicht aber Verfügungen des Vollstreckungsorgans i.R.d. ZVS. Nach dem BGH gilt § 816 BGB auch nicht für die Vermietung fremder Sachen, da die Miete nur eine Nutzung und keine Verfügung ist (BGHZ 131, 297 ff.).

- Die Wirksamkeit der Verfügung ist neben dem gutgläubigen Erwerb des Dritten auch durch nachträgliche Genehmigung nach § 185 II BGB möglich (i.d.R. liegt in dem **Herausgabeverlangen** bzgl. des Erlöses eine **konkludente Genehmigung** i.S.v. § 185 II BGB).

- Nach der Rspr. erfasst die Herausgabe nach § 816 I 1 BGB alles, was durch den Verfügenden erlangt wurde (d.h. auch den Veräußerungsgewinn, wobei ein Abzug des gezahlten Kaufpreises nach § 818 III BGB nicht zugelassen wird, da § 816 BGB als Rechtsfortwirkungsanspruch zu § 985 BGB angesehen wird, vgl. BGHZ 14, 7 ff.). Als Argument dient der Wortlaut von § 816 I 1 BGB. Nicht herauszugeben ist dagegen der Wert des betroffenen Gegenstandes, was z.B. in den Fällen relevant wird, in denen dieser höher ist als der erlangte Erlös.

§ 7 Ansprüche aus ungerechtfertigter Bereicherung

- Nach h.M. gilt § 816 I 2 BGB nicht – also auch nicht analog – für rechtsgrundlose Verfügungen. (Argument: Strenge Subsidiarität der Durchgriffshaftung, vgl. Palandt/*Sprau* § 816 Rn. 16).

Problem: Leistung an einen Nichtberechtigten i.S.d. § 816 II BGB

- Wichtiges Examensbeispiel zu § 816 II BGB ist die **Kollision einer Globalzession an eine Bank mit einem verlängerten Eigentumsvorbehalt** des Lieferanten. Hier kann der unter verlängertem EV veräußernde Lieferant nach § 816 II BGB gegen die einziehende Bank vorgehen, wenn sie als Nichtberechtigte die Forderung des Verkäufers eingezogen hat und der Kunde wegen des Herausgabeverlangens durch konkludente Genehmigung frei geworden ist. Die Bank ist Nichtberechtigte i.S.d. § 816 II BGB, da sie nicht wirksam die Forderung erworben hat: Wenn der verlängerte EV vor der Globalzession vereinbart wurde, geht er nach dem sachenrechtlichen Prioritätsprinzip vor. Kam es zuerst zur Globalzession, ist diese nach der sog. »Vertragsbruchtheorie« nach § 138 I BGB sittenwidrig, weil die Bank damit rechnen muss, dass der Kreditnehmer/Verkäufer auf die Lieferung von Waren unter verlängertem EV angewiesen ist und daher quasi gezwungen wäre, dem Lieferanten die Globalzession zu verschweigen. Bei sog. dinglichen Teilverzichtsklauseln im Globalzessionsvertrag mit der Bank bleibt es beim Prioritätsgrundsatz, da dann die Forderungen, die vom Lieferantenkredit erfasst sind, von vorneherein nicht an die Bank abgetreten werden.

- Wenn der Kunde den Betrag hinterlegt und die Zessionare (Bank und Lieferant) um die Berechtigung an dem hinterlegtem Betrag streiten, greift neben § 816 II BGB zudem die Eingriffskondiktion.

- Für das Verhältnis von zwei Globalzessionen bleibt es stets beim Prioritätsprinzip.

- Weitere Anwendungsfälle von § 816 II BGB gibt es beim Sparbuch (vgl. Rn. 43) und beim Kapitallebensversicherungsvertrag (vgl. Rn. 65).

Problem: Umfang des Bereicherungsanspruchs, §§ 818 ff. BGB

- § 818 I BGB: Auch Nutzungen sind herauszugeben (z.B. Mieterträge).

- § 818 II BGB: Bei Unmöglichkeit der Herausgabe des Erlangten oder der Nutzung (z.B. Gebrauchsvorteile aus der unberechtigten Nutzung eines Pkw, rechtsgrundlose Inanspruchnahme von Werkleistungen bei Schwarzarbeiterfällen, Verwendungen auf eine Sache) ist Wertersatz geschuldet (objektiver Verkehrswert maßgeblich). Für die Wertberechnung kommt es auf den Zeitpunkt an, in dem die Herausgabe i.S.d. § 818 II BGB unmöglich wird (BGH NJW 2006, 2847 ff.).

- **Aufgedrängte Bereicherung:** Nach h.M. wird auf den subjektiven Ertragswert des Erlangten abgestellt. Der BGH hat für die Fälle der Exzessverwendungen des rechtmäßigen Besitzers eine Lösung über den Einwand aus § 1001 S. 2 BGB analog gewählt, in Fällen einer Eigentumsverletzung zudem die Gegenansprüche aus §§ 1004, 823 BGB als Einrede gelten lassen. Da diese Fallgruppen der Rspr. aber nur auf die Fälle einer Wegnahmemöglichkeit und der Eigentumsverletzung beschränkt anwendbar sind, erscheint das Abstellen auf einen subjektiven Maßstab angemessen (PWW/*Leupertz* § 812 Rn. 72 f.).

- **Wegfall der Bereicherung**, § 818 III BGB (Folge: Anspruchswegfall): Wenn das Erlangte nicht mehr vorhanden ist und kein Surrogat existiert (sonst gilt § 818 I BGB) oder wenn der Empfänger Vermögensnachteile erlitten hat, die mit dem rechtsgrundlosen Erwerb im adäquat kausalen Zusammenhang stehen, liegt eine Entreicherung vor. Dies gilt nicht bei **Aufwendungen**, die der Schuldner ohnehin getätigt hätte, weil dann zumindest diese Aufwendung erspart wurde (anders bei sog. Luxusaufwendungen = Aufwendungen, die der Empfänger sonst nicht getätigt hätte). Auch die **Tilgung eigener Schulden** durch das Erlangte führt nicht zum Wegfall der Bereicherung, da die Befreiung von der Verbindlichkeit eine fortbestehende Bereicherung darstellt.

Problem: Saldotheorie

Auch die Anwendung der von der Rspr. entworfenen Saldotheorie hat Auswirkungen auf den Umfang des Bereicherungsanspruches (vgl. *Medicus* Rn. 224 ff.).

- Eine Korrektur der Höhe der Herausgabe erfolgt nach der **Saldotheorie** nur bei gegenseitigen Verträgen (Grund: Fortwirkung des Synallagmas ins Bereicherungsrecht).
  - 1. Aussage der Saldotheorie: Es findet eine automatische Verrechnung gleichartiger Bereicherungsansprüche statt. Bei ungleichartigen Ansprüchen (diese sind die Regel, z.B. Geld gegen Ware) kann die erbrachte Leistung nur Zug um Zug gegen Rückgewähr der Gegenleistung verlangt werden.
  - 2. Aussage: Der Wert der eigenen Entreicherung wird zum Abzugsposten vom eigenen Kondiktionsanspruch (mit diesem Satz hat sich Medicus verewigt, vgl. *Medicus* Rn. 225.).
- Die Saldotheorie gilt – weil sie für den Bereicherungsgläubiger negativ wirkt – nach h.M. nicht zuungunsten arglistig Getäuschter/Minderjähriger/Geschäftsunfähiger/Bewucherter/durch ein sittenwidriges Geschäft Übervorteilter oder bei Untergang der Sache aufgrund von Sachmängeln (Palandt/*Sprau* § 818 Rn. 46 ff.).

> **Beachte:** Die Verrechnung der Geldansprüche bzw. die Zug-um-Zug-Verurteilung bei ungleichartigen Ansprüchen erfolgt also v.A.w., ohne dass sich der Betroffene auf eine Aufrechnung oder ein Zurückbehaltungsrecht berufen müsste (in Klausuren oft übersehen!)

In §§ 818 IV, 819 BGB ist die verschärfte Haftung des bösgläubigen oder des verklagten Bereicherungsschuldners geregelt. Dies hat zwei Konsequenzen: Zum einen kann er sich nicht auf Entreicherung i.S.d. § 818 III BGB berufen. Zum anderen besteht gegen ihn neben dem Bereicherungsanspruch bei Vorliegen der entsprechenden Voraussetzungen ggf. ein Anspruch auf Schadensersatz bei Untergang/Verschlechterung der Sache nach §§ 819 I, 818 IV, 292, 989 BGB. Für die Zurechnung der Bösgläubigkeit ist § 166 BGB anwendbar.

In **Drei-Personen-Verhältnissen** müssen Sie peinlich genau auf den Vorrang der LK und dessen Ausnahmen achten. Auch wenn der BGH immer wieder betont, dass sich wegen der Vielschichtigkeit der betroffenen Interessen »*jede schematische Lösung verbiete*« (vgl. z.B. BGH NJW 1987, 185 ff.), hat sich dennoch eine bestimmte Vorgehensweise herausgebildet. Der maßgebliche Gedanke ist, dass grds. in den jeweiligen Leistungsbeziehungen rückabgewickelt wird, wenn dort ein »Defekt« ist.

> 1. Feststellung, in welchem Personenverhältnis eine Leistungsbeziehung vorliegt
> 2. Feststellung, in welcher (Leistungs-)Beziehung der Rechtsgrund fehlt
> - Dort wird dann auch jeweils rückabgewickelt
> - Beachte: I.d.R. werden Sie nach diesen beiden Schritten zu dem Ergebnis kommen, dass in den jeweiligen Leistungsbeziehungen »**über Eck**« abgewickelt wird. Ggf. kommt es dann zur Kondiktion der Kondiktion, wenn in beiden Leistungsverhältnissen der Rechtsgrund fehlt.
> 3. **Ausnahmen** von der Abwicklung »über Eck« kommen insbes. **aus Wertungsgesichtspunkten** (= weil man billigerweise den Bankkunden/Anweisenden aus der Rückabwicklung heraushalten will) in Betracht. Die relevanteste Konstellation ist die direkte Zahlung der Bank an einen Dritten. Hier ist ggf. eine direkte Rückforderung des Geldes durch die Bank vom Dritten über die **Eingriffskondiktion** möglich, ohne dass diese durch den Vorrang der Leistungskondiktion ausgeschlossen ist. Die wichtigsten Ausnahmen sind:
> - Minderjährigenschutz (Bankkunde ist minderjährig)
> - Bankkunde hat Zahlung nicht veranlasst (**Veranlasserprinzip**)
>   z.B. Anweisung fehlt, Überweisung an falschen Adressaten wg. Bankirrtums
>   z.B. Dritte verfälscht Scheck/Überweisungsauftrag
>   z.B. Dritter veranlasst Überweisung durch »Pishing« von TANs
>   (Anmerkung: In diesen Fällen könnte man den Direktanspruch der Bank ggf. auch damit bejahen, dass die Zahlung dem Bankkunden nicht zugerechnet werden kann. Eine vorrangige Leistung des Bankkunden läge dann schon gar nicht vor.)

§ 7 Ansprüche aus ungerechtfertigter Bereicherung

- Fehlende Schutzwürdigkeit des Empfängers/Dritten
  z.B. Dritte verfälscht Scheck/Überweisungsauftrag, Dritter kennt den Widerruf der Anweisung
  z.B. Dritter veranlasst Überweisung durch »Pishing« von TANs
  (Anmerkung: In diesen Fällen könnte man den Direktanspruch der Bank ggf. auch damit bejahen, dass die Zahlung dem Bankkunden nicht zugerechnet werden kann. Eine vorrangige Leistung des Bankkunden läge dann schon gar nicht vor.)
- Fehlerhafte Anweisung des Bankkunden
  z.B. Anweisung durch falsus procurator, Fälschung des Überweisungsauftrages
  Nach dem BGH kann in diesen Fällen die Zahlung dem Anweisenden nicht zugerechnet werden. Eine vorrangige Leistung des Bankkunden/Anweisenden liegt dann schon gar nicht vor.

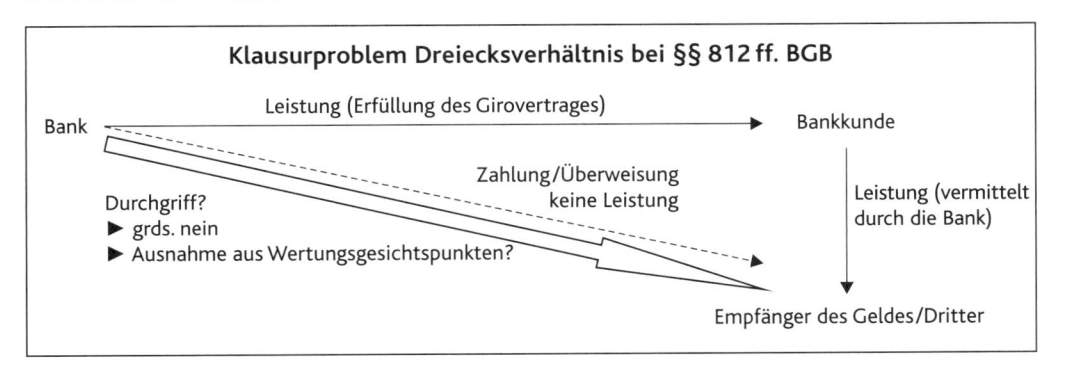

Klausurproblem Dreiecksverhältnis bei §§ 812 ff. BGB

Bank — Leistung (Erfüllung des Girovertrages) → Bankkunde

Zahlung/Überweisung keine Leistung

Leistung (vermittelt durch die Bank)

Durchgriff?
▶ grds. nein
▶ Ausnahme aus Wertungsgesichtspunkten?

Empfänger des Geldes/Dritter

Für Ihre Klausuren sollten Sie Folgendes wissen:

Problem: Dreiecksverhältnis bei Zahlungen der Bank

- Hier liegt wegen der zweifachen Zweckbestimmung der Bank gerade **keine Leistung der Bank an den Dritten** vor: Sie leistet vielmehr an ihren Kunden (Deckungsverhältnis: Erfüllung des Girovertrags, §§ 675f ff. BGB) und der Kunde leistet – ausgeführt durch die Bank – an den Dritten (Valutaverhältnis). Im Verhältnis zum Empfänger (Zuwendungsverhältnis) besteht also keine eigene Leistung, da dort aus Sicht des Dritten kein eigener Zweck verfolgt wird (BGH NJW 2008, 2331 ff.). Es entsteht also das klassische Dreiecksverhältnis, in dem »über Eck« abgewickelt werden muss (zu den Ausnahmen s.o.).

- Ein praxisrelevantes Beispiel ist die **Online-Überweisung** an einen falschen Adressaten, weil der anweisende Bankkunde bei der Überweisung zwar den richtigen Gläubiger aber eine falsche Kontonummer angegeben hat. Weil im beleglosen Zahlungsverkehr grds. die Kontonummer das entscheidende Anweisungskriterium ist, wurde die Zahlung vom Bankkunden veranlasst, es erfolgt eine Abwicklung »über Eck« (vgl. OLG Dresden ZIP 2007, 1654 f. m.w.N.; anders entschied die Rspr. bislang für den beleggebundenen Zahlungsverkehrs, vgl. OLG Dresden a.a.O.). Gleiches gilt, wenn die Bank die Anweisung des Kunden falsch versteht und dem richtigen Empfänger zuviel überweist. Denn in diesen Fällen ist die **irrtümliche Zuvielüberweisung** zumindest mittelbar vom Bankkunden mit veranlasst worden (BGH NJW 2008, 2331 ff.; anders BGH NJW 1987, 185 ff. bei Bösgläubigkeit des Empfängers). Die Bank hat wg. der wirksamen Anweisung des Bankkunden einen Aufwendungsersatzanspruch aus §§ 675f, c, 670 BGB und darf das Konto mit dem Betrag belasten.

- Beim »**Widerruf**« ggü. der Bank differenziert die Rspr. wie folgt: Wenn der Schuldner seiner Kontobelastung **durch Lastschrift/Einzugsermächtigung** widersprochen hat, so kann die Schuldnerbank die Leistung vom Empfänger kondizieren, ohne dass es auf dessen fehlende Schutzwürdigkeit ankommt, weil dann schon keine dem Schuldner zurechenbare Leistung vorliegt. Anders entscheidet die Rspr., wenn die Bank den Widerruf einer Belastung aufgrund **Überweisungsauftrags**, eines Dauerauftrages oder Schecks irrtümlich nicht beachtet und dann zahlt. In diesen Fällen ist die Überweisung bzw. die Einlösung des Schecks durch den Kontoinhaber mit veranlasst worden, so dass es zu einer Abwicklung »über Eck« kommt (vgl. BGH WM 2008, 1118 f.).

> **Beachte:** Beachten Sie, dass in den Fällen, in denen die Bank über die Eingriffskondiktion das Geld direkt vom Empfänger kondizieren kann – m.a.W. **keine Abwicklung übers Eck** erfolgt – der Bankkunde einen Anspruch gegen die Bank auf **Wiedergutschrift** aus §§ 675f, 675u S. 2 BGB hat. Wendet die Bank gegen den Anspruch ein, der Bankkunde habe durch eine Sorgfaltspflichtverletzung das Pishing von TANs ermöglicht, so trägt sie grds. dafür die Beweislast (vgl. LG Mannheim WM 2008, 2015). Problematisch ist, ob der Bankkunde auch einen Zahlungsanspruch gegen den Empfänger (wohl aus Eingriffskondiktion, weil die Zahlung der Bank dem Bankkunden nicht zuzurechnen ist, s.o.) hat. Bejaht man dies, so dürfte zwischen Bank und Bankkunden wohl Gesamtgläubigerschaft i.S.v. § 428 BGB anzunehmen sein, weil ansonsten der Empfänger zwei Mal zahlen müsste.

Problem: Dreiecksverhältnis bei Tilgung vermeintlicher Schulden

- In den Fällen der **Tilgung vermeintlicher, fremder Schulden** durch einen Dritten (z.B. die sog. »Onkelfälle«: Onkel zahlt Mietschuld des Neffen, Neffe hat diese aber bereits erfüllt) ist die Lösung umstritten. Nach h.M. liegt im Verhältnis Dritter – Leistungsempfänger eine **eigene Leistung des Dritten** vor, da der Dritte und gerade nicht der vermeintliche Schuldner den Leistungszweck bestimmt. Außerdem kann die Leistung aus Sicht des Empfängers nicht als solche des Schuldners angesehen werden, weil dieser ja gerade nichts mehr schuldete. Die Rückabwicklung erfolgt dann zwischen Drittem und Empfänger nach § 812 I 1 Alt. 1 BGB (vgl. *Medicus* Rn. 684 f. m.w.N.; BGH NJW 1991, 919 f.; BGH NJW 2000, 1718 ff.).

- Beachte: Wenn die Schuld tatsächlich bestand und der Schuldner durch die Zahlung des Dritten nach § 267 BGB befreit wird, kann der Dritte beim Schuldner Rückgriff nehmen (s.o. bei Rückgriffskondiktion).

Problem: Dreiecksverhältnis bei fehlgeschlagener Forderungszession

- **Besteht die Forderung** und ist nur die Zession unwirksam, soll nach h.M. im Verhältnis Schuldner – Zessionar eine Leistung vorliegen. Der Grund dafür ist, dass aus Sicht des Zessionars/Empfängers eine Leistung gerade an ihn gegeben ist (vgl. Palandt/*Sprau* § 812 Rn. 66). Gleiches gilt, wenn der Schuldner über die Person seines Gläubigers irrt und glaubt, dass eine Abtretung stattgefunden hat (BGH NJW 2006, 1731 ff.).

- Wird hingegen eine **nicht bestehende Forderung** abgetreten, so soll aus Wertungsgesichtspunkten über die Leistungskondiktion mit dem Zedenten abgewickelt werden. Hier wird mit dem Liquiditätsrisiko des Schein-Zessionars argumentiert, welches der Schuldner nicht tragen soll. Auch wird darauf abgestellt, dass eine Leistung nur im Verhältnis Schuldner – Zedent vorliegt, da der Schuldner mit der Zahlung an den Zessionar nur seine (vermeintliche) Verbindlichkeit gegenüber dem Zedenten erfüllen will (BGH NJW 2005, 1369 f. m.w.N.; a.A. *Medicus* Rn. 685a). Dabei geht die Rspr. davon aus, dass der Schuldner/Leistende kein Wahlrecht hat, wen er in Anspruch nimmt (Argument: Durch die ins Leere gehende Abtretung soll der Schuldner nicht schlechter stehen, er soll aber auch nicht besser stehen).

§ 8 Sonstige Ansprüche

A. Der Vertrag zugunsten Dritter (VzD)

Der sog. echte VzD ist in §§ **328 ff. BGB** geregelt. Hier erwirbt der Dritte ein eigenes Forderungsrecht gegen den Schuldner. Da er aber nicht Vertragspartner wird, stehen ihm i.d.R. keine eigenen Mängelrechte zu (Ausnahme: Dies ist vereinbart), da diese grds. vom Versprechensempfänger/Vertragspartner geltend gemacht werden müssen, vgl. § 335 BGB. Bei Leistungsstörungen kommen aber zumindest Ansprüche aus Verzug in Betracht. Beachten Sie § 334 BGB, der das Verhältnis zwischen Versprechendem und Drittem regelt.

65

Merke: Verträge zu Lasten Dritter sind mit dem Grundsatz der Privatautonomie nicht vereinbar und daher unwirksam.

Problem: VzD bei Anlegen eines Sparbuches für einen (über das Sparbuch verfügungsberechtigten) Dritten

- Wem die Forderung zusteht bzw. wer verfügungsberechtigt sein soll, hängt von der Vereinbarung der Vertragsparteien ab. Ein wesentliches Indiz kann dabei sein, wer das Sparbuch in Besitz nimmt (vgl. BGH NJW 2005, 980 f.). Soll der Dritte verfügungsberechtigt sein, liegt i.d.R. ein VzD nach §§ 328, 331 BGB vor.

- Wiederholen Sie Rn. 43 zu den vier wichtigsten Klausurvarianten im Zusammenhang mit dem Sparbuch.

Problem: VzD bei der Mäklerklausel, beim Reisevertrag und beim Lebensversicherungsvertrag

- Die Mäklerklausel in einem Grundstückskaufvertrag stellt i.d.R. einen VzD dar (vgl. Rn. 74).

- Auch Reiseverträge können VzD sein, v.a. bei Angehörigen des Reisenden (vgl. Rn. 77).

- Soll in einem (Kapital-)Lebensversicherungsvertrag nach dem Tod des Versicherungsnehmers ein Dritter (= Bezugsberechtigter) die Leistung erwerben, liegt ein VzD nach §§ 328, 331 BGB i.V.m. § 159 VVG n.F. vor. Diese Summe ist dann nicht Bestandteil des Nachlasses. Problematisch ist oft, ob die **Bezugsberechtigung** geändert werden kann, vgl. § 332 BGB. Mit Eintritt des Versicherungsfalls (i.d.R. Tod des Versicherungsnehmers) kann die Bezugsberechtigung allerdings nicht mehr ohne Zustimmung des Dritten geändert werden (vgl. Palandt/*Grüneberg* § 331 Rn. 4).

Beim Lebensversicherungsvertrag gibt vier Standardsituationen im Examen:

- Bei **Typ 1** klagt der Bezugsberechtigte gegen die Lebensversicherung auf Zahlung an ihn. Taugliche Anspruchsgrundlage ist dann §§ 328, 331 BGB i.V.m. § 159 VVG n.F. I.d.R. geht es dann um Probleme der wirksamen Änderung der Bezugsberechtigung. Ist diese nicht wirksam geändert worden, stellt sich dann das Problem, ob die Versicherung die Auszahlung verweigern kann, wenn die Erbin (z.B. die Ehefrau) die der Einsetzung als Bezugsberechtigter zugrunde liegende Schenkung wirksam verhindert hat und der Bezugsberechtigte die Versicherungssumme daher ohnehin an die Erbin weiterreichen müsste (s.u.). Angemessen dürfte hier die Anwendung der dolo-agit-Einrede aus § 242 BGB sein (vgl. *Langheid/Müller-Frank* NJW 2009, 337 ff.).

- Bei **Typ 2** zahlt die Versicherung die Kapitalsumme **an die Erbin** des Versicherungsnehmers aus. Der Bezugsberechtigte verklagt nun die Ehefrau auf Zahlung dieser Summe an ihn. Taugliche Anspruchsgrundlage ist in diesen Fällen § 816 II BGB (Beachte: Die Eingriffskondiktion greift daneben i.d.R. nicht, weil die Versicherungssumme von der Versicherung oder zumindest vom Erblasser geleistet sein dürfte und daher der Vorrang der Leistungskondiktion gilt.). Die Ehefrau wird sich hinsichtlich der »Berechtigung« i.S.v. § 816 II BGB auf § 1922 BGB berufen, die Einsetzung des Klägers als Bezugsberechtigten würde aber vorgehen, weil der Anspruch aus der Lebensversicherung bei wirksamer Bezugsberechtigung eines Dritten nicht in den Nachlass fällt. Hier wird die Erbin zumindest konkludent § 242 BGB (dolo-agit-Einrede) geltend machen. Diese Einrede greift durch, wenn der Bezugsberechtigte die Summe sofort wieder an die Erbin – z.B. nach § 812 I 1 Alt. 1 BGB – wegen fehlendem Rechtsgrund herausgeben müsste, was dann inzident zu prüfen ist (s.u.).

- Bei **Typ 3** zahlt die Versicherung die Kapitalsumme **an den Bezugsberechtigten** aus. Die Erbin verklagt nun den Bezugsberechtigten auf Zahlung. Mögliche Anspruchsgrundlage ist dann §§ 1922, 812 I 1 Alt. 1 BGB. Das erlangte »Etwas« des Bezugsberechtigten ist die Bezugsberechtigung samt Anspruch aus §§ 328, 331 BGB. Mit Auszahlung der Summe surrogiert der Geldbetrag den Auszahlungsanspruch, § 818 I BGB. Geleistet hat der Erblasser (mittels der Versicherung), in dessen Rechtsposition die Erbin eingetreten ist. Rechtsgrund ist i.d.R. eine Schenkung (s.u.), dessen Wirksamkeit dann inzident zu untersuchen ist.

- Bei **Typ 4 hinterlegt die Versicherung** den Betrag. Hier streiten sich dann die beiden Forderungsprätendenten (i.d.R. also die Erbin und der Bezugsberechtigte) um die Freigabe des hinterlegten Betrages. Anspruchsgrundlage ist die Eingriffskondiktion (vgl. Rn. 64 zur Blockierstellung). Der Bezugsberechtigte ist zwar formal nach §§ 328, 331 BGB Auszahlungsberechtigter ggü. der Versicherung, ihm steht der Betrag aber nur dann endgültig zu, wenn der Einsetzung als Bezugsberechtigter eine wirksame Schenkung (s.u.) mit dem Erblasser zugrunde liegt, was dann inzident zu prüfen ist.

Sie sehen, dass es in allen Konstellationen auf die Frage ankommt, ob der Bezugsberechtigte einen **Rechtsgrund für die Einsetzung als Bezugsberechtigter** hat. Rechtsgrund ist i.d.R. die **(konkludente) Schenkung** zwischen dem Versicherungsnehmer/Erblasser und dem Bezugsberechtigten, die Bezugsberechtigung selbst ist dagegen kein Rechtsgrund (Argument: Bezugsberechtigung betrifft Verhältnis Versicherung – Bezugsberechtigter und nicht das Verhältnis Erblasser – Bezugsberechtigter, vgl. Thüringer OLG NotBZ 2004, 108 ff.). Dieser Schenkungsvertrag kann entweder zu Lebzeiten des Erblassers (dann ist konkreter Vortrag zum Vertragsschluss erforderlich) oder erst nach dem Tod des Erblassers (dann überbringt die Versicherung als Erklärungsbotin oder Stellvertreterin das Schenkungsangebot des Erblassers, der Bezugsberechtigte kann dieses konkludent annehmen, wobei der Zugang der Annahme nach § 151 BGB entbehrlich ist) geschlossen worden sein. Die Erbin kann die wirksame Schenkung dadurch verhindern, indem sie entweder unter den Voraussetzungen von § 130 I 2 BGB gegenüber dem Bezugsberechtigten das Schenkungsangebot oder nach §§ 671, 168 S. 1 BGB gegenüber der Versicherung vor Übermittlung des Schenkungsangebotes den Auftrag zur Übermittlung – und damit auch die Botenmacht bzw. Vollmacht – widerruft, wenn das Widerrufsrecht nicht ausgeschlossen wurde (vgl. Palandt/*Grüneberg* § 331 Rn. 5; BGH NJW 2008, 2702 ff.: Diese Entscheidung unbedingt lesen!; BGH NJW 1975, 382 ff.). Im letzteren Fall des Auftragswiderrufs würde die Versicherung entweder als Botin ohne Botenmacht oder als falsus procurator handeln, es gelten §§ 177 ff. BGB (analog), nicht jedoch § 120 BGB. Da i.d.R. die notarielle Form der Schenkung nicht eingehalten wurde, kommt es darauf an, ob sich die Heilung des Formmangels nach §§ 516, 518 II BGB oder nach §§ 2301 II, 2276 BGB bemisst (vgl. unten Rn. 90). Der BGH lässt § 2301 BGB bei VzD auf den Todesfall (wie hier) nicht zur Anwendung kommen, so dass der Formmangel durch Vollzug der Schenkung nach § 518 II BGB (i.d.R. also mit Eintritt des Todesfalls) geheilt ist.

B. Der Vertrag mit Schutzwirkung zugunsten Dritter (VSD)

66 Im Unterschied zum VzD erlangt der Dritte beim VSD keinen eigenen Leistungsanspruch. Er wird hier lediglich im Wege der ergänzenden Vertragsauslegung in die vertraglichen Neben- und Schutzpflichten, die zwischen den Vertragspartnern bestehen, mit einbezogen.

> **Merke:** Schreiben Sie nie »*Dem Kläger steht ein Anspruch auf Zahlung von ... nach den Grundsätzen des VSD zu.*« Der VSD ist keine eigene Anspruchsgrundlage! Es muss z.B. heißen: »*... aus § 536a I BGB i.V.m. den Grundsätzen des VSD*«. Als Anspruchsgrundlage dient also immer ein bestimmter gesetzlicher, vertraglicher oder vertragsähnlicher Anspruch, der über die Grundsätze des VSD auch für Dritte Schutz bewirkt.

§ 8 Sonstige Ansprüche

> Die Prüfungsreihenfolge für die Klausur ist die folgende:
>
> 1. **Ist aus einem drittschutztauglichen Rechtsverhältnis ein Sekundäranspruch entstanden?**
>
> Zum Beispiel Mietvertrag, Werkvertrag, nach der Rspr. auch c.i.c., nicht aber bei öff.-rechtl. Beziehungen.
>
> 2. **Liegen die Voraussetzungen des VSD vor?**
>
> a) **Leistungsnähe des Dritten:** Sie liegt nach der Rspr. immer dann vor, wenn der Dritte mit den geschuldeten Leistungen aus dem Vertrag bestimmungsgemäß in Berührung kommt und daher auch den Gefahren des Vertrags ebenso ausgesetzt ist wie der Gläubiger.
>
> b) **Gläubigernähe:** Nach der Rspr. ist zu fragen, ob der Vertragsschutz nach dem hypothetischen Willen des Gläubigers auch dem Dritten zugute kommen soll (v.a. bei sog. personenrechtlichem Einschlag, z.B. Kinder, jedoch ggü. anderen Dritten auch, wenn der Gläubiger an der Einbeziehung des Dritten ein besonderes Interesse hat).
>
> c) **Erkennbarkeit der Kriterien** a.) und b.) für den Schuldner bei Vertragsschluss.
>
> d) **Schutzbedürftigkeit des Dritten:** Sie fehlt, wenn der Dritte bereits einen eigenen inhaltsgleichen (d.h. vertraglichen) Anspruch gegen den Schuldner (oder einen anderen) hat, der den ihm entstandenen Schaden deckt.

Das Merkmal der Gläubigernähe sollten Sie **restriktiv** auslegen. Dazu haben sich ganz bestimmte Verträge herausgebildet, bei denen eine Gläubigernähe grds. in Betracht kommen kann (vgl. Palandt/*Grüneberg* § 328 Rn. 13 ff., 21 ff.):

- Gutachtervertrag (sog. »Expertenhaftung«) z.B. für Kreditgeber oder Bürge des Auftraggebers, für Kfz-Haftpflichtversicherung des Schädigers
- Arztvertrag z.B. für Ehegatten
- Mietvertrag z.B. für Familienangehörige
- Werkvertrag z.B. für Angehörige des Bestellers
- Reisevertrag z.B. für Mitreisende (vgl. Rn. 77)
- Verwaltervertrag z.B. für Wohnungseigentümer (vgl. OLG Düsseldorf NJW 2006, 161 ff.).

Beachten Sie, dass dem Schuldner dem geschützten Dritten gegenüber die Einreden des Hauptvertrags zustehen. Zudem muss sich der Dritte ein etwaiges Mitverschulden des Gläubigers zurechnen lassen. Als Argument verweist die h.M. in beiden Fällen auf den **Rechtsgedanken von § 334 BGB.** Auch **Haftungsbeschränkungen und Verjährungsvereinbarungen** zwischen den Vertragsparteien können ggf. auch für bzw. gegen den geschützten Dritten Wirkung entfalten (Palandt/*Grüneberg* § 328 Rn. 20).

C. Die Drittschadensliquidation (DSL)   ZUFÄLLIGE SCHADENSVERLAGERUNG

Die DSL greift in Fällen **der zufälligen Schadensverlagerung,** wenn einem Dritten ein Schaden entstanden ist, den dieser mangels eigener Anspruchsgrundlage eigentlich nicht ersetzt bekommt. Demjenigen, dem aus dem schädigenden Verhalten des Schädigers ein Anspruch erwachsen ist, hat jedoch keinen Schaden erlitten. Diesen Interessenkonflikt löst das Institut der DSL.

> **Merke:** Differenzierungskriterium zwischen VSD und DSL ist die »zufällige Schadensverlagerung«. Außerdem wird bei dem VSD der Anspruch zum Schaden gezogen, bei der DSL hingegen der Schaden zum Anspruch.

Die Prüfungssystematik ist die folgende:

> **1. Dem Anspruchsberechtigten ist kein Schaden entstanden.**
>
> Hier prüfen Sie Schadensersatzrecht in Reinkultur: Hat der Anspruchsberechtigte einen Schaden i.S.d. §§ 249 ff. BGB, den er liquidieren könnte? Wenn z.B. eine Vorteilsanrechnung stattfindet, scheidet das Vorliegen eines Schadens aus und die DSL ist möglich.
>
> **2. Der Geschädigte hat keinen eigenen Anspruch gegen den Schädiger.**
>
> - Die DSL ist z.B. ausgeschlossen, wenn dem Geschädigten schon aus den Grundsätzen des VSD ein Anspruch zusteht (Vorrang des VSD).
> - Grds. greift die DSL nur, wenn der Geschädigte ansonsten ohne einen eigenen Anspruch dastünde. Der BGH lässt aber die DSL v.a. in den Obhutsfällen auch dann zu, wenn der Geschädigte einen deliktischen Anspruch hat (BGH NJW 1985, 2411 f.). Für den Geschädigten kann das wegen der umgekehrten Beweislast gem. § 280 I 2 BGB von entscheidender Bedeutung sein.
>
> **3. Es ist eine zufällige Schadensverlagerung eingetreten.**
>
> Die nach der Rspr. anerkannten Fallgruppen der zufälligen Schadensverlagerung sind:
>
> - Vertragliche Vereinbarung
> - Mittelbare Stellvertretung, §§ 383, 407 HGB
> - Obhutsfälle (d.h. berechtigter Besitzer einer fremden Sache schließt einen Vertrag über die Sache ab, der hinsichtlich der Sache eine Obhutspflicht für den Vertragspartner begründet)
> - Gefahrtragungsregeln, §§ 446, 447, 644 BGB
> - Beschädigung/Zerstörung eines Vermächtnisgegenstandes durch einen Dritten, §§ 2174, 275 BGB

Der v.a. in Klausuren des ersten Examens beliebte **Versendungskauf nach § 447 BGB** ist auch im Assessorexamen die relevanteste Konstellation (vgl. Rn. 21): Wenn die versendete Sache während des Transports untergeht, behält der Verkäufer, der nach § 275 I BGB von seiner Leistungspflicht frei geworden ist, wegen § 447 BGB den Kaufpreisanspruch, der Käufer muss zahlen, ohne die Sache zu bekommen. Dem Verkäufer steht aus dem mit der Transportperson geschlossenen Vertrag ein Schadensersatzanspruch zu, er hat aber wg. seines Kaufpreisanspruches keinen ersatzfähigen Schaden. Die **Rechtsfolge** nach den Grundsätzen der DSL ist, dass der Anspruchsberechtigte (hier also der Verkäufer) den Schaden des Käufers liquidieren kann. Der Käufer kann nach § 285 BGB analog vom Verkäufer Abtretung des Anspruchs gegen den Schädiger verlangen. Solange der Verkäufer seine Pflicht zur Abtretung noch nicht erfüllt hat, kann der Käufer nach § 320 BGB die Zahlung des Kaufpreises verweigern. Hat der Schädiger schon an den Verkäufer gezahlt, kann der Käufer Herausgabe des Schadensersatzes an sich verlangen. **§ 474 II BGB** schließt die Geltung des § 447 BGB für den Verbrauchsgüterkauf aus. Eine DSL kann dann nicht erfolgen.

In **§§ 407, 425, 421 I 2 HGB (Frachtvertrag)** findet sich eine spezialgesetzliche Regelung der DSL, so dass der Rückgriff auf die oben dargestellten Regeln nicht erforderlich ist, weil der Frachtempfänger einen eigenen Anspruch gegen den Frachtführer hat (Beachten Sie die Haftungsbegrenzung des Frachtführers aus §§ 434, 435 HGB. Der Begriff der »Leichtfertigkeit« i.S.v. § 435 HGB entspricht dabei mindestens der groben Fahrlässigkeit.). Hat der Frachtführer bereits an den Verkäufer/Absender gezahlt, so ist der Käufer letztlich wieder der Geschädigte. Dann erscheint es angemessen, dass der Käufer analog § 285 BGB nach den Grundsätzen der DSL oder aus einer Nebenpflicht des Kaufvertrages zumindest Herausgabe des Erlangten vom Verkäufer/Absender verlangen bzw. mit diesem Herausgabeanspruch gegenüber dem Zahlungsanspruch die Aufrechnung erklären kann (*Herber* NJW 1998, 3297 ff.; *Homann* JA 1999, 978 f.).

§ 8 Sonstige Ansprüche

> **Merke:** Das bedeutet, dass durch die Neuregelungen in § 407 HGB und § 474 II BGB der Anwendungsbereich der klassischen DSL erheblich eingeschränkt wurde. Sie findet daher praktisch nur noch bei Kaufverträgen zwischen Unternehmen oder Privatpersonen Anwendung.

D. Die wichtigsten Regressvorschriften

Der Standardfall einer Regressproblematik ist, dass der Kläger eine Schuld getilgt hat und sich nun im Wege des **Rückgriffs** bei dem eigentlich oder bei anderen Verpflichteten schadlos halten möchte.

> 1. Eigene Regressansprüche
>   - Anspruch aus §§ 478, 479 BGB (Regress zwischen Verkäufer und Lieferant)
>   - Anspruch aus § 426 I BGB (Regress zwischen Gesamtschuldnern)
>   - Anspruch aus §§ 2058 ff., 426 I BGB (Regress zwischen Miterben)
>   - Anspruch aus §§ 713, 670 BGB (GbR-Gesellschafter gegenüber der Gesellschaft)
>   - Anspruch aus § 670 BGB (wenn ein Auftrag vorliegt)
>   - Anspruch aus GoA, §§ 677, 683 S. 1, 670 BGB (wenn eine GoA vorliegt)
>   - Anspruch aus § 812 I 1 Alt. 2 BGB (Rückgriffskondiktion)
> 2. Regressansprüche aus **abgeleitetem Recht (cessio legis)**
>   - Anspruch aus Legalzession, z.B. §§ 268 III, 774, 1143, 426 II BGB und § 86 VVG
> 3. Streng subsidiärer Regressanspruch
>   - § 255 BGB analog

Klausurträchtig ist neben Regressansprüchen aus GoA und § 812 I 1 Alt. 2 BGB v.a. die **Gesamtschuld** nach §§ 421 ff., 426 BGB. Liegt ein Fall von § 426 BGB vor, sind daneben Ansprüche aus GoA oder Rückgriffskondiktion ausgeschlossen (vgl. Rn. 34, 64).

> Die Voraussetzung der Gesamtschuld nach §§ 421 ff. BGB sind:
> - mehrere Schuldner schulden jeweils die volle Leistung
> - der Gläubiger darf die Leistung nur einmal fordern
> - das Leistungsinteresse des Gläubigers ist gleichartig (sog. Gleichartigkeit)
> - die Haftung der Schuldner ist gleichstufig (sog. Gleichstufigkeit)
>
> Zum Teil ordnet das Gesetz auch die gesamtschuldnerische Haftung an. Am klausurrelevantesten ist hier sicherlich § 840 BGB.

In vielen Examensklausuren war die Frage des **Umfangs des Ausgleichs** nach § 426 I, II BGB einer der Schwerpunkte der Klausurleistung. Der Anspruch kann je nach Sachverhalt auf einen Anteil oder sogar auf vollen Ersatz gerichtet sein. Insbesondere bei Schadensersatzansprüchen richtet sich die Verteilung im Innenverhältnis nach § 254 BGB. Beachten Sie genau den **Unterschied zwischen § 426 I und II BGB**. § 426 I BGB stellt einen eigenen Anspruch gegen den anderen Gesamtschuldner dar, der bereits mit Begründung der Gesamtschuld (ab dann Beginn der Verjährung!) und nicht erst mit Zahlung an den Gläubiger entsteht. Vor der Zahlung kann vom anderen Gesamtschuldner Freistellung verlangt werden, wenn die ernsthafte Möglichkeit der eigenen Inanspruchnahme besteht. § 426 II BGB dagegen normiert den Übergang der (fremden) Gläubigerforderung auf den Gesamtschuldner zum Zeitpunkt der Zahlung. Achten Sie dann auf die Schutzvorschriften §§ 412, 404 ff. BGB.

Es gibt aber auch Konstellationen, in denen eine Partei durch einen Dritten in Anspruch genommen wird und von dem Gegner **Freistellung** verlangt. Als mögliche Freistellungsanspruchsgrundlagen kommen in Betracht:

- Vertraglicher Freistellungsanspruch (z.B. im Kaufvertrag Pflicht zur Freistellung ggü. Dritten)
- § 426 I BGB (bei Gesamtschuldnern)
- GoA i.V.m. § 257 BGB (bei Aufwendungsersatzansprüchen)
- Freistellung als Form der Naturalrestitution i.S.d. § 249 I 1 BGB: Der Schaden besteht hier in der Verbindlichkeit gegenüber einem Dritten, z.B. die vom Mieter beauftragten Handwerker beschädigen Mietsache: Hier wird durch die Pflichtverletzung der Handwerker ein Schadensersatzanspruch des Vermieters gegen den Mieter ausgelöst. Die Freistellungs-Anspruchsgrundlage des Mieters gg. den Handwerker ist dann die Schadensersatznorm (hier z.B. pVV und § 823 BGB). Weiteres Beispiel: Gebührenschaden, vgl. Rn. 21.
- Im Arbeitsrecht die Grundsätze des innerbetrieblichen Schadensausgleichs, vgl. dazu Rn. 119

Die Befreiung z.B. von einer Geldforderung wird dergestalt erfüllt, dass der Schuldner direkt an denjenigen zahlt, der den Freistellungsgläubiger in Anspruch nimmt. Ein Anspruch auf Befreiung von einer Verbindlichkeit setzt aber voraus, dass der Anspruchsteller tatsächlich mit dieser Verbindlichkeit beschwert ist. Solange der Anspruchsteller die Forderung, von der er Befreiung verlangt, selbst mit einem Rechtsbehelf bekämpft, hat er kein berechtigtes Interesse daran, von seinem Schuldner bereits Freistellung zu verlangen. In einem solchen Fall ist grundsätzlich die Klage auf Feststellung der Ersatzpflicht der richtige Weg (vgl. BGH NJW 2007, 1809 ff.).

Klausurtipp: Eine nicht seltene Klausurfalle besteht darin, dass der Kläger **falsche Anträge** stellt. Wenn der Kläger z.B. vor Zahlung an den Dritten »Regress« beim Beklagten nehmen will, müssen Sie ihm als »Minus« i.S.d. § 308 ZPO einen Freistellungsanspruch zuerkennen, wenn und soweit dieser Anspruch besteht. Die Klage ist dann im Übrigen abzuweisen.

Der Gläubiger eines vertraglichen Freistellungsanspruchs muss grds. dem Freistellungsverpflichteten die Gelegenheit zur Auseinandersetzung bzw. Zahlung an den Drittgläubiger geben. Wenn der Gläubiger des Freistellungsanspruches den Freistellungsverpflichteten erfolglos zur Freistellung aufgefordert hat und schließlich selbst an den Drittgläubiger zahlt, so **wandelt sich der vertragliche Freistellungsanspruch in einen Regressanspruch des Gläubigers** um. Als Anspruchsgrundlagen kommen dann statt der ursprünglich vertraglichen Regelung §§ 280, 281 BGB und Verzug in Betracht (BGH NJW 2002, 2382; 1983, 1729 f.; ohne Fristsetzung nur GoA möglich). Bei den sonstigen Freistellungsansprüchen z.B. aus GoA i.V.m. § 257 BGB oder aus einem Schadensersatzanspruch i.V.m. § 249 BGB kann der Gläubiger dagegen ohne weiteres den Drittgläubiger befriedigen und vom Freistellungsverpflichteten Zahlung an sich verlangen.

Bei Freistellungsansprüchen aus einem Schadensersatzanspruch i.V.m. § 249 BGB wandelt sich der Freistellungsanspruch zudem unter den Voraussetzungen von **§ 250 BGB** und bei ernsthafter und endgültiger Freistellungsverweigerung in einen Zahlungsanspruch um (vgl. Palandt/*Grüneberg* § 250 Rn. 2). Dies dürfte allerdings aus Schutzwürdigkeitsgesichtspunkten nicht gelten, wenn der zur Freistellung Verpflichtete gleichzeitig neben dem Gläubiger des Freistellungsanspruches dem Drittgläubiger haftet. Sonst besteht nämlich die Gefahr, dass der Freistellungsverpflichtete an den Gläubiger zahlt und dann vom Drittgläubiger ein weiters Mal in Anspruch genommen wird (Gefahr der doppelten Inanspruchnahme).

2. Teil. Die wichtigsten Vertragstypen

Im Folgenden werden die neben Kauf- und Werkvertragsrecht wichtigsten sonstigen Verträge mit den gängigsten Klausurproblemen behandelt.

§ 1 Der Bürgschaftsvertrag, §§ 765 ff. BGB

A. Einstieg

Weil Bürgschaften in der Praxis ein häufiges Kreditsicherungsmittel sind, werden Sie auch im Examen regelmäßig Bürgschaftsklausuren antreffen. 69

B. Der Anspruch des Gläubigers gegen den Bürgen, § 765 BGB

Durch den Bürgschaftsvertrag verpflichtet sich der Bürge gegenüber dem Gläubiger eines Dritten, für die Erfüllung der Verbindlichkeit des Dritten/Schuldners akzessorisch einzustehen, vgl. § 767 I, II BGB.

> Die Voraussetzungen für das Bestehen eines Anspruchs gegen den Bürgen aus § 765 BGB sind:
> 1. Einigung i.S.d. § 765 BGB
> 2. in der Form des § 766 BGB
> 3. Bestehen der zu sichernden Forderung
> 4. keine Gegenrechte des Bürgen

I. Die Einigung gem. § 765 BGB

Ein häufiges Problem ist die **Abgrenzung** der Bürgschaft zu anderen Formen der Haftung. Diese Einteilung ist wichtig, um die Anwendbarkeit der §§ 765 ff. BGB und ggf. die Frage der Sittenwidrigkeit zu klären. Der Wille der Parteien ist durch Auslegung nach §§ 133, 157 BGB zu ermitteln:

- Ein **Garantievertrag** i.S.v. § 311 I BGB liegt vor, wenn keine akzessorische Haftung gewollt ist sondern der Garant auch haften will, wenn eine Verpflichtung des Schuldners nicht besteht.
- Ein **Schuldbeitritt** (z.T. »Mithaft« genannt) i.S.v. § 311 I BGB liegt vor, wenn nach dem Willen der Parteien eine gleichberechtigte, eigene Haftung neben dem Hauptschuldner gewollt ist. Nach der Rspr. ist dies i.d.R. nur zu bejahen, wenn der Beitretende ein eigenes wirtschaftliches Interesse an der Haftungsübernahme hat. Dann entsteht ein Gesamtschuldverhältnis, §§ 421 ff. BGB (BGH NJW 1996, 249 f.). Für Einwendungen des Beitretenden gilt § 417 BGB analog (lesen!).
- Eine **Schuldübernahme** nach §§ 414 ff. BGB liegt vor, wenn die vollständige Übernahme der Schuld des Hauptschuldners, d.h. eine Haftung anstelle des Schuldners gewollt ist.
- **Mitdarlehensnehmer** ist ungeachtet der konkreten Vertragsbezeichnung grds. nur derjenige, der für den Darlehensgeber erkennbar ein eigenes sachliches und/oder persönliches Interesse an der Kreditaufnahme hat sowie im Wesentlichen gleichberechtigt über die Auszahlung bzw. Verwendung der Darlehensvaluta mitentscheiden darf (vgl. Nachweise bei Palandt/*Ellenberger* § 138 Rn. 38a).

Im Zweifel ist die Eingehung einer Bürgschaft gewollt, da die Auslegung i.d.R. ergibt, dass nur eine »Hilfsschuld« begründet werden sollte und der höhere Schutz des Bürgen (§§ 766, 768, 770 f., 776 BGB) angestrebt wird. Dies ist aber stets eine **Frage des Einzelfalls**!

> **Klausurtipp:** Wenn die Beteiligten **mehrere Kredit- und Haftungsverträge** abgeschlossen haben, müssen Sie für jeden Vertrag gesondert überprüfen, ob der Dritte Bürge, Mithaftender oder Mitdarlehensnehmer ist. Gleiches gilt für einen einzelnen **Haftungsvertrag**. Es ist von der Rspr. anerkannt, dass der Haftende hinsichtlich eines Teils des Kredits Mitdarlehensnehmer, im Übrigen dagegen nur Mithaftender oder Bürge sein kann (vgl. BGH NJW 1996, 249 f.).

II. Die Formvorschrift des § 766 BGB

Es ist nur die **schriftliche Erteilung der Bürgschaftserklärung** nötig, nicht erforderlich ist dagegen ein kompletter schriftlicher Bürgschaftsvertrag mit zwei Unterschriften. Die Erteilung in elektronischer Form nach §§ 126, 126a BGB oder als Fax ist unzulässig. Die Parteien und die Hauptschuld sowie der Haftungswille müssen als essentialia negotii enthalten sein. Die Heilung ist in § 766 S. 3 BGB geregelt. Zum Formerfordernis sollten Sie außerdem wissen:

- Nebenabreden zur Bürgschaft sind grds. formfrei, es sei denn sie belasten den Bürgen (dann an § 139 BGB denken!).
- **§ 350 HGB** (Formfreiheit) ist eine Sondervorschrift für Kaufleute, wenn ein Handelsgeschäft i.S.d. § 343 HGB vorliegt. Beachte: Bei Erteilung der Bürgschaft durch den Alleingesellschafter und Geschäftsführer einer GmbH gilt § 350 HGB nicht, da er kein Kaufmann i.S.d. § 1 HGB ist.
- Nach dem BGH bedarf die **Vollmachtserteilung** für den Abschluss einer Bürgschaft ebenfalls der Form des § 766 BGB (BGHZ 132, 119 ff.).
- Auch die sog. Blankobürgschaft ist unwirksam (BGH NJW 2000, 1179 ff.). Wenn der Bürge eine Blankounterschrift leistet und einen anderen ermächtigt, die Urkunde zu ergänzen, kommt unter Rechtsscheingesichtspunkten ggf. eine Haftung analog § 172 II BGB in Betracht (Palandt/*Sprau* § 766 Rn. 4).

> **Beachte:** Die Formvorschrift des § 766 BGB ist nicht auf den **Schuldbeitritt** anwendbar. Der Schuldbeitritt ist nur dann nicht formfrei, wenn der Inhalt der beigetretenen Schuld die Einhaltung einer Form erfordert (BGH NJW 1991, 3095 ff.). Beachten Sie aber, dass ggf. §§ 491 ff. BGB einschlägig sind (vgl. Rn. 72).

III. Bestehen der Hauptschuld zum Zeitpunkt der Eingehung der Bürgschaft

Diese Voraussetzung ergibt sich aus der Akzessorietät der Bürgschaft, § 767 BGB. Die Sicherung künftiger Forderungen durch eine Bürgschaft ist aber möglich, wenn die künftige Forderung bestimmbar ist. Die Bürgschaft ist dann bis zur Entstehung der Forderung schwebend unwirksam.

IV. Gegenrechte des Bürgen

Im Folgenden werden die wichtigsten Einwendungen des Bürgen gegen seine Inanspruchnahme behandelt.

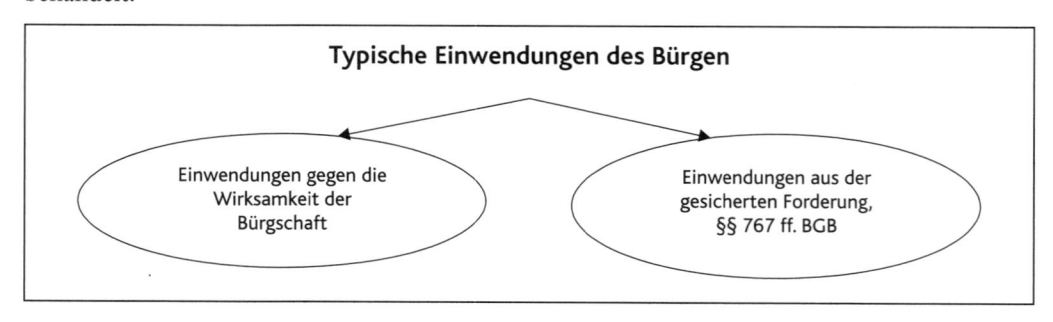

Typische Einwendungen des Bürgen
- Einwendungen gegen die Wirksamkeit der Bürgschaft
- Einwendungen aus der gesicherten Forderung, §§ 767 ff. BGB

1. Einwendungen gegen die Bürgschaft selbst

Der Bürge kann z.B. einwenden, dass die Bürgschaft erloschen ist, weil der Hauptschuldner ohne die Zustimmung des Bürgen ausgewechselt wurde, vgl. **§ 418 I BGB**. Er kann auch vortragen, dass die Bürgschaftsschuld z.B. durch Aufrechnung, Erfüllung oder Erlass erloschen ist. Auch der Verjährungseinwand ist möglich, §§ 195, 214 BGB (Fälligkeitsbeginn für Bürgschaft = Fälligkeitsbeginn der Hauptforderung, vgl. BGH ZIP 2008, 733 ff.).

Problem: Mögliche weitere Einwendungen des Bürgen

- Rechtskräftige Entscheidung im Prozess Gläubiger – Hauptschuldner: (+) möglich wenn dort Bestehen der Hauptschuld verneint wurde (Palandt/*Sprau* § 767 Rn. 4; Argument: **Rechtskrafterstreckung** wg. materiell-rechtlicher Abhängigkeit), nicht aber bei positivem Ausgang für Gläubiger (Argument: Schutz des Bürgen); Achtung: Das Urteil im Prozess Gläubiger – Bürge hat keine Rechtskraftwirkung für den Hauptschuldner!

- **Anfechtung** nach §§ 119 ff. BGB: Möglich, Anfechtbarkeit wg. Irrtums über Vermögensverhältnisse des Schuldners scheidet aber grds. aus: § 119 II BGB (–) da der Irrtum über die Liquidität des Schuldners typisches Risiko des Bürgen ist, § 123 II BGB i.d.R. (–) mangels Kenntnis des Gläubigers

- **Kündigung:** Nach § 314 BGB aus wichtigem Grund (z.B. erhebliche Verschlechterung der Vermögenslage des Schuldners) oder über § 242 BGB nach Ablauf eines bestimmten Zeitraumes mit angemessener Frist (Palandt/*Sprau* § 765 Rn. 16), wenn die Bürgschaft ein Dauerschuldverhältnis ist (z.B. Bürgschaft für zukünftige Forderungen). Die Bürgschaft beschränkt sich dann auf die bis zur Kündigung begründeten Verbindlichkeiten des Hauptschuldners.

- **§ 312 BGB**. Nach h.M. (+), wenn **für den Bürgen** ein Haustürgeschäft vorliegt (BGH NJW 2006, 845 ff., dort auch zu den gleichen Maßstäben bei anderen Sicherungsgeschäften wie z.B. Schuldbeitritt).

- **§ 313 BGB:** (–) bei Zahlungsunfähigkeit des Schuldners, da dies typisches Risiko des Bürgen; § 313 BGB aber möglich bei Scheidung der Ehe oder Auflösung der neLG, wenn der Sicherungszweck der Bürgschaft allein der Schutz vor Vermögensverschiebungen war (vgl. PWW/*Brödermann* § 765 Rn. 52; ohne Scheidung/Auflösung kann vor der Vermögensverschiebung der Inanspruchnahme zumindest § 242 BGB entgegengehalten werden).

- **§§ 491 ff. BGB:** Nach h.M. (–), Argument: Bürgschaft ist kein Verbraucherkreditvertrag, ausreichender Schutz des Bürgen durch § 766 BGB (vgl. BGHZ 138, 321 ff.). Anders aber beim Schuldbeitritt, vgl. Rn. 72!

- **§ 771 BGB**, Ausnahme: § 773 I Nr. 1 BGB oder bei Kaufleuten § 349 HGB

- **§ 242 BGB.** Der Bürgschaftsgläubiger verwirkt seinen Anspruch gegen den Bürgen, wenn er den wirtschaftlichen Zusammenbruch des Hauptschuldners schuldhaft verursacht und jeden Rückgriff des Bürgen vereitelt (BGH NJW 2004, 3779 ff.)

- **Sittenwidrigkeit** nach § 138 I BGB: Möglich insbesondere bei sog. **Angehörigenbürgschaften bei krasser finanzieller Überforderung** und Übernahme der Bürgschaft aus emotionaler Verbundenheit, wenn zusätzlich der Bürgschaftsgläubiger die Lage des Bürgen bewusst ausgenutzt hat (vgl. Palandt/*Ellenberger* § 138 Rn. 38 ff.; lesen Sie dazu unbedingt OLG Köln WM 2009, 2040 ff.!). Bei krasser finanzieller Überforderung werden die beiden letzten Voraussetzungen vermutet.

  - Diese Kriterien gelten auch für Bürgschaften unter Geschwistern oder i.R.e. neLG, wenn eine zur Ehe vergleichbare enge Beziehung besteht, und wenn der Arbeitnehmer sich für die Schulden seines Arbeitgebers verbürgt.

  - Diese Kriterien gelten **auch für den Schuldbeitritt** eines Angehörigen (BGH ZIP 2000, 189; Argument: Vergleichbare Schutzwürdigkeit), **nicht aber für Mitdarlehensnehmer** (vgl. BGH NJW-RR 2004, 924 f.). Ein Darlehensvertrag ist also auch bei krasser finanzieller Überforderung grds. wirksam.

- Diese Kriterien gelten nicht für Bürgschaften eines Gesellschafters für die Gesellschaft, da dieser i.d.R. ein eigenes wirtschaftliches Interesse an der Bürgschaft hat (Ausnahmen: Bloße Strohmannfunktion des Bürgen und Mithaftung aufgrund emotionaler Gründe sowie Evidenz dieser Tatsachen für die Bank oder bei bloßer Bagatellbeteiligung des Gesellschafters).

- Die Sittenwidrigkeit wird bei **unmittelbarem geldwerten Vorteil** der Bürgschaft auch für den Bürgen (v.a. Miteigentum an der Anschaffung) oder bei berechtigtem Interesse der Bank am **Schutz vor Vermögensverlagerungen** zwischen den Ehegatten/Lebenspartnern – wenn dieser Schutzzweck eindeutig im Vertrag festgelegt wurde (vgl. BGH NJW 2002, 2228 ff.) – verneint. Die Möglichkeit einer Restschuldbefreiung aus §§ 286 ff. InsO schließt eine Anwendung des § 138 I BGB auf ruinöse Bürgschaften/Schuldbeitritte aber nicht aus. Auch eine anderweitige Sicherheit der Bank schließt § 138 I BGB nur aus, wenn gewährleistet ist, dass den Bürgen/Schuldbeitretenden nur eine Ausfallhaftung trifft (BGH NJW 2009, 2671 ff.).

> **Klausurtipp:** Wenn der Bürgschaftsgläubiger auf Grundlage einer sittenwidrigen Bürgschaft die Zwangsvollstreckung gegen den Bürgen betreibt, denken Sie an die **prozessuale Besonderheit**, dass der Bürge in objektiver Klagenhäufung nach § 260 ZPO eine negative Zwischenfeststellungsklage nach § 256 II ZPO (Feststellung, dass die Bürgschaft unwirksam ist) und eine Unterlassungsklage nach § 826 BGB erheben kann. Die Klage nach § 767 ZPO ist i.d.R. wegen § 767 II ZPO nicht erfolgversprechend.

Die Sittenwidrigkeit spielt indirekt auch bei **Globalbürgschaften** eine Rolle. Nach der Rspr. sind Globalbürgschaften, d.h. die in der Bürgschaft enthaltene (formularmäßige) globale Zweckerklärung, dass die Bürgschaft sich auch auf alle zukünftigen Verbindlichkeiten des Schuldners beziehen soll, nicht nur i.d.R. nach § 138 I BGB wg. finanzieller Überforderung sittenwidrig, sondern zudem auch mit §§ 307 I, 305c BGB nicht vereinbar (Argument: Rechtsgedanke § 767 I 3 BGB, unangemessene Benachteiligung des Bürgen). Eine Ausnahme macht die Rspr. u.U., wenn der Bürge (z.B. als Alleingesellschafter des Hauptschuldners) Einfluss auf die Hauptschuld hat und in allen Fällen, in denen der Bürge nicht schutzwürdig ist. Diese Rspr. gilt auch für sog. Höchstbetragsbürgschaften. Rechtsfolge eines Verstoßes ist, dass nur die Zweckerklärung unwirksam ist, die Bürgschaft selbst bleibt wirksam und erstreckt sich dann nur auf die Schuld, die Anlass zur Eingehung war (Palandt/*Sprau* § 765 Rn. 20). Diese Rspr. gilt auch für entsprechende Zweckerklärungen bei Sicherungsgrundschulden (vgl. Palandt/*Bassenge* § 1191 Rn. 44).

2. Einwendungen aus der gesicherten Forderung/Hauptschuld

Die sich auf die Hauptforderung beziehenden Einwendungen des Bürgen lassen sich wie folgt systematisieren:

- **§ 767 I 1 BGB:** Einwendung, dass die Hauptschuld (teilweise) erloschen ist; Ausnahme: Hauptschuldner ist wg. Vermögenslosigkeit fortgefallen, Argument: Vorrang des Sicherungszwecks, vgl. Palandt/*Sprau* § 765 Rn. 29a. Vgl. dazu auch die Sonderregeln in §§ 254 II 1, 301 II 1 InsO.

- **§ 768 BGB:** Der Bürge kann die dem Hauptschuldner zustehenden Einreden gegen die Hauptschuld geltend machen. »Einreden« ist hier nicht wörtlich zu verstehen, in Frage kommen z.B. Stundung, § 313 BGB, Verjährung oder die Unwirksamkeit der Sicherungsabrede bzgl. der Bestellung der Bürgschaft. Wenn der Darlehensvertrag mit einem anderen Vertrag (i.d.R. Kaufvertrag) ein verbundenes Geschäft nach §§ 358 f. BGB darstellt, kann der Darlehensnehmer nach § 359 S. 1 BGB Einwendungen aus dem Kaufvertrag auch dem Darlehen entgegenhalten. Über § 768 BGB gilt dies dann auch für den Bürgen. § 768 BGB kann durch AGB grds. nicht ausgeschlossen werden (BGH WM 2009, 643 ff.). Lesen Sie **§ 768 II BGB**. Dazu hat der BGH entschieden, dass eine durch Verhandlungen des Schuldners mit dem Gläubiger gemäß

§ 203 S. 1 BGB bewirkte Hemmung der Verjährung nicht unter § 768 II BGB fällt und daher auch gegenüber dem Bürgen wirkt (BGH, Urt.v. 14.07.2009, AZ: XI ZR 18/08).

- Beachten Sie auch folgenden Fall: Wenn es sich um eine **Gewährleistungsbürgschaft** handelt (z.B. Bauunternehmer gewährt zur Sicherheit dem Besteller für den Fall von Gewährleistungsrechten eine Bürgschaft), so stellt die Inanspruchnahme der Bürgschaft vor Eintritt des Sicherungsfalls eine Pflichtverletzung gegen die Sicherungsabrede dar, die aus §§ 280, 241 II BGB/pVV zum Schadensersatz verpflichtet. Der Bürge hat einen Unterlassungsanspruch, den er zumindest nach §§ 768, 242 BGB seiner Inanspruchnahme entgegensetzen kann.

- § 770 BGB: Einrede, dass der Schuldner anfechten oder der Gläubiger gegen eine fällige Forderung des Hauptschuldners aufrechnen könnte. § 770 I BGB gilt analog für alle anderen Gestaltungsrechte des Schuldners, z.B. für ein Rücktrittsrecht. § 770 II BGB gilt nach h.M. analog, wenn nur der Schuldner aufrechnen kann.

- § 771 BGB: Einrede der Vorausklage (Ausnahme: § 773 BGB, § 349 HGB)

- § 776 BGB: Aufgabe einer weiteren Sicherheit durch den Bürgschaftsgläubiger

Klausurtipp: Der Bürge muss bei einer **Bürgschaft auf erstes Anfordern** auf Anfordern des Gläubigers ohne weiteres zahlen und kann Einreden und Einwendungen gegen die Hauptschuld grds. erst im Rückforderungsprozess geltend machen (Palandt/*Sprau* Einf v § 765 Rn. 14 ff. zu den Einzelheiten, insbesondere zur (Un)Wirksamkeit in AGB und zur geltungserhaltenden Reduktion als einfache Bürgschaft).

C. Die Übertragung der Hauptforderung und Bürgschaft auf einen Dritten

Wird die Forderung abgetreten, geht die Bürgschaft nach § 401 BGB mit über (aber nur, wenn die Bürgschaft vorher bestand, da es keinen gutgläubigen Bürgschaftserwerb gibt). Nach § 404 BGB behält der Bürge gegenüber dem neuen Gläubiger seine Rechte.

D. Der Rückgriff des Bürgen nach der Inanspruchnahme durch den Gläubiger

Wenn der Bürge gezahlt hat, geht in dieser Höhe die Forderung des Gläubigers gegen den Schuldner nach § 774 I 1 BGB auf ihn über (cessio legis). Gem. § 774 I 3 BGB verbleiben dem Schuldner aber die Einwendungen aus dem Innenverhältnis zum Bürgen und Einwendungen i.S.v. §§ 412, 404 ff. BGB. Daneben können dem Bürgen auch aus dem Innenverhältnis zum Schuldner Rückgriffsansprüche zustehen (i.d.R. wird Auftrag/§§ 662, 670 BGB oder GoA angenommen).

Klausurtipp: Um den Rückriff zu verhindern, kann der Schuldner z.B. darlegen und beweisen, dass die Eingehung der Bürgschaft eine Schenkung war. Der Formmangel der Schenkung im Innenverhältnis wird durch die Eingehung der Bürgschaftsschuld geheilt, vgl. § 518 II BGB.

Neben diesen Anspruch treten aber ggf. noch **andere Sicherheiten:** Wegen §§ 774 I 1, 412, 401 BGB gehen mit der Hauptforderung auch die dafür gegebenen akzessorischen Sicherheiten Dritter wie z.B. ein Schuldbeitritt, andere Bürgschaften oder Hypotheken auf den zahlenden Bürgen über. Wenn für die Hauptforderung nicht-akzessorische Sicherungsmittel bestellt sind (z.B. Sicherungsgrundschulden, Sicherungseigentum), hat der Bürge analog §§ 774 I, 401 BGB einen schuldrechtlichen Anspruch gegen den Gläubiger auf Übertragung dieser Sicherungsrechte (BGH NJW 2001, 2327 ff.).

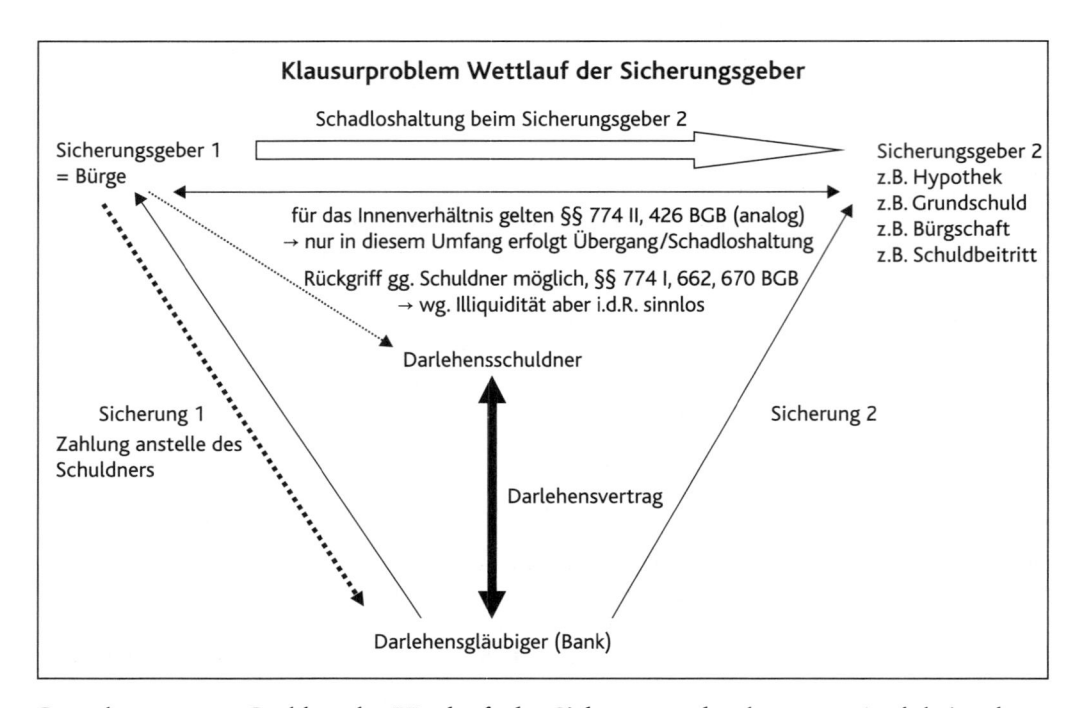

```
                    Klausurproblem Wettlauf der Sicherungsgeber
                    Schadloshaltung beim Sicherungsgeber 2
    Sicherungsgeber 1  ─────────────────────────────▶  Sicherungsgeber 2
    = Bürge            ◀────────────────────────────▶  z.B. Hypothek
                                                       z.B. Grundschuld
              für das Innenverhältnis gelten §§ 774 II, 426 BGB (analog)
              → nur in diesem Umfang erfolgt Übergang/Schadloshaltung
                                                       z.B. Bürgschaft
              Rückgriff gg. Schuldner möglich, §§ 774 I, 662, 670 BGB
                                                       z.B. Schuldbeitritt
              → wg. Illiquidität aber i.d.R. sinnlos

                            Darlehensschuldner
    Sicherung 1                                        Sicherung 2
    Zahlung anstelle des
    Schuldners
                            Darlehensvertrag

                            Darlehensgläubiger (Bank)
```

Dann kann es zum Problem des **Wettlaufs der Sicherungsgeber** kommen: Auch bei anderen Sicherheiten sieht das Gesetz eine cessio legis und daher ein Übergang von Sicherheiten vor (z.B. § 1143 bei der Hypothek). Beließe man es bei dem oben geschilderten Übergang der Sicherheiten auf den zuerst zahlenden Sicherungsgeber, würde das ungerechte Ergebnis eintreten, dass bei Zusammentreffen mehrerer Sicherungsgeber derjenige, der zuerst zahlt, das andere Sicherungsrecht voll erwirbt. Der andere Sicherungsgeber müsste das Risiko der Illiquidität des Schuldners, an den er sich halten müsste, letztlich alleine tragen. Das wird als unbillig empfunden. §§ 774 II, 426 I BGB beschränken daher bei Mitbürgen den Übergang der anderen Bürgschaftsforderung auf den Umfang des internen Regressanspruches. Bei anderen Sicherungsrechten werden §§ 774 II, 426 I BGB analog angewendet, so dass auch dort die jeweils anderen Sicherheiten nur anteilig übergehen bzw. bei nicht akzessorischen Sicherheiten nur in anteiliger Höhe ein Anspruch auf Übertragung besteht (umstr., vgl. Palandt/*Sprau* § 774 Rn. 13). In Höhe des Restes geht die Sicherheit unter, bzw. bei Grundschulden/Hypotheken entsteht in dieser Höhe ein Eigentümergrundschuld (Folge: Grundbuch wird falsch). Zwischen den verschiedenen Sicherungsgebern kann aber Abweichendes vereinbart werden (lesen Sie zur Haftungsverteilung unbedingt BGH NJW 2009, 437 f.).

Merke: Der Übergang des anderen Sicherungsrechts bestimmt sich also i.d.R. nach dem sich aus §§ 774 II, 426 I BGB (analog) ergebenden Anteilsverhältnis.

Klausurtipp: Der andere Sicherungsgeber (z.B. weiterer Bürge), der vom zahlenden Sicherungsgeber in Anspruch genommen wird, kann der Inanspruchnahme entgegenhalten, dass sein Sicherungsrecht nicht entstanden ist. Auch forderungsbezogene Einwendungen können geltend gemacht werden (vgl. § 768 BGB bei Bürgschaft, §§ 1137 f. BGB bei Hypothek, §§ 1192, 1157 BGB bei Sicherungsgrundschuld). Allerdings besteht bei der Hypothek die Möglichkeit eines gutgläubigen Wegerwerbs von Einwendungen (vgl. Rn. 52).

§ 2 Der Darlehensvertrag

A. Einstieg

Probleme aus diesem Bereich kommen in Assessorklausuren oft in folgenden Konstellationen vor: Zum einen kann das Gelddarlehen bei den Kreditsicherungsmitteln eine Rolle spielen (z.B. bei einer Bürgschaft oder Hypothek). Zum anderen kann das Problem der Rückabwicklung des Darlehensvertrages auftreten, z.B. wegen dessen Nichtigkeit, dessen Anfechtung, dessen Widerruf oder wegen einer Kündigung. Schließlich spielt der Darlehensvertrag auch noch bei den Sparbuchfällen eine Rolle. (vgl. Rn. 90, 43, 65) Das Darlehensrecht gliedert sich wie folgt: 70

- §§ 488 ff. BGB: Gelddarlehen
- §§ 491 ff. BGB: Verbraucherdarlehen als Sonderfall des Gelddarlehens
- §§ 499 ff. BGB: Finanzierungshilfe zw. Unternehmer und Verbraucher
- §§ 607 ff. BGB: Sachdarlehen

Wirklich prüfungsrelevant ist nur das Gelddarlehen. Allerdings wurde uns berichtet, dass das Sachdarlehen in den Fällen des sog. »Flaschenpfandes« in einigen Bundesländern Gegenstand der mündlichen Prüfung war. Lesen Sie dazu bei Bedarf BGH JA 2007, 737 ff. mit der guten Anmerkung von *Wolf*.

B. Das Wichtigste zum Gelddarlehensvertrag in Kürze

Der Gelddarlehensvertrag kommt durch einfachen Vertragsschluss zustande, schriftliche Form ist grds. nicht erforderlich. Möglich ist auch ein sog. Vereinbarungsdarlehen: Hier vereinbart der Schuldner von Geld (z.B. aus einem Kaufvertrag) mit seinem Gläubiger, dass der Betrag künftig als Darlehen geschuldet werden soll. 71

Im Falle des **Rückzahlungsverlangen nach § 488 I 2, III 1 BGB** ist der Darlehensgläubiger für das Bestehen des Darlehensvertrags, die Auszahlung der Valuta und die Fälligkeit beweispflichtig. Oft beruft sich der Geldempfänger auf eine **Schenkung**: Der Darlehensgläubiger muss dann nach allgemeinen Beweisgrundsätzen beweisen, dass das Geld nicht schenkweise übergeben sondern vielmehr als Darlehen gegeben wurde (allerdings gelten dann zu Lasten des Geldempfängers die Grundsätze der sekundären Beweislast). Wenn dem Darlehensgeber der Beweis eines Darlehens gelungen ist, muss der Darlehensnehmer die behauptete Rückzahlung oder einen Erlass beweisen. Die gleichzeitig abgegebene persönliche Unterwerfungserklärung des Darlehensnehmers (vgl. Rn. 88) beseitigt das Rechtsschutzbedürfnis für eine Rückzahlungsklage nicht, weil die Unterwerfungserklärung lediglich den Anspruch aus §§ 780, 781 BGB, nicht aber die Darlehensforderung tituliert (BGH WM 2007, 588 ff.).

Die Fälligkeit des Darlehens ist entweder zeitlich bestimmt oder von der Kündigung einer der Vertragsparteien abhängig, vgl. § 488 III BGB. Die Parteien können **Kündigungsgründe** vereinbaren, gesetzliche Kündigungsmöglichkeiten ergeben sich aus §§ 488 ff. BGB, zudem greift subsidiär § 314 BGB.

Ein Standardfall stellt die statt auf die Kündigung auf § 812 I 1 Alt. 1 BGB gestützte Rückzahlungsklage bei **Sittenwidrigkeit des Darlehensvertrags** nach § 138 I BGB dar (vgl. Rn. 11). § 817 S. 2 BGB sperrt dann nur die Rückforderung vor dem Zeitpunkt der vertraglichen Tilgungsmodalitäten, weil die Valuta keine Leistung i.S.v. § 817 S. 2 BGB ist (vgl. Rn. 64). Kommt der Darlehensnehmer mit der Rückerstattung in Verzug kommt, so kann der Darlehensgeber im Falle eines Verbraucherdarlehens analog § 498 BGB die Fälligkeit der Restsumme herbeiführen. Ein Anspruch auf gesetzliche Zinsen ergibt sich nach der Rspr. nur ab Fälligkeit der Rückzahlung aus §§ 812 I 1 Alt. 1, 819 I, 818 IV, 291 BGB bzw. im Falle eines Verbraucherdarlehens aus § 497 BGB analog (nach a.A. kann der Kreditgeber auch vorher marktübliche Zinsen verlangen).

> **Beachte:** Nicht nur die Rückforderung der Nutzungsmöglichkeit sondern **auch der Valuta** kann nach § 817 S. 2 BGB gesperrt sein, wenn die (sittenwidrige) Zweckverfolgung des Darlehens von vornherein mit einem dem Darlehensgeber bekanntem Risiko verbunden war und sich dieses Risiko verwirklicht hat (Beispiele: Darlehen für verbotenes Glücksspiel, Darlehen für Schenkkreisteilnahme), vgl. Palandt/ *Sprau* § 817 Rn. 21.

C. Das Verbrauchergelddarlehen, §§ 491 ff. BGB

72 > **Beachte:** Der dem Schuldner gewährte **Zahlungsaufschub** (Teilzahlungsgeschäfte, Ratenlieferungsverträge) ist bislang in §§ 499 ff., 505 BGB geregelt. **Mit Wirkung zum 11.06.2010 soll das Verbraucherkreditrecht der §§ 491 ff. BGB umfassend reformiert werden.** Der Zahlungsaufschub ist dann in §§ 506 ff. BGB n.F. geregelt. Klausuren zum Zahlungsaufschub kommen aber ohnehin praktisch nicht vor.

§§ 491 ff. BGB enthalten Sonderregelungen für den Gelddarlehensvertrag. Die Vorschriften sollten Sie einmal in Ruhe lesen, vorzugsweise nach Inkrafttreten der Gesetzesreform. Klausurrelevant sind v.a. Form- u. Kündigungsvorschriften.

Beachten Sie, dass nach § 312a BGB die Regelungen der §§ 491 ff. BGB Vorrang vor § 312 BGB (Haustürgeschäfte) genießen. Dieses Vorrangverhältnis spielt v.a. dann eine Rolle, wenn ein Verbraucherkreditvertrag an der Haustür abgeschlossen wird.

§§ 491 ff. BGB sind nach h.M. analog auf den **Schuldbeitritt** zu einem Darlehensvertrag anwendbar, wenn der Beitretende selbst Verbraucher ist (*Looschelders* Rn. 365). Dies gilt **nicht** für die Bürgschaft (vgl. Rn. 69).

Wenn der Darlehensvertrag zur Finanzierung z.B. eines Kaufvertrages dient und mit diesem als **wirtschaftliche Einheit** verbunden wird, regeln §§ 358 ff. BGB den Schutz des Verbrauchers (**verbundenes Geschäft**). Die Anforderungen an ein verbundenes Geschäft bei Immobiliardarlehen sind in § 358 III 3 BGB explizit geregelt worden. Liegen die strengen Voraussetzungen nach § 358 III 3 BGB nicht vor, haftet die Bank z.B. bei institutionalisiertem Zusammenwirken mit dem arglistig täuschenden Verkäufer/Vermittler der (»Schrott-«)Immobilie aber ggf. aus c.i.c. wegen einer Aufklärungspflichtverletzung, vgl. BGH NJW 2008, 640 ff. Die Systematik von §§ 358 f. BGB ist wie folgt (vgl. den guten Aufsatz von *Teufel* in JA 2007, 337 ff.):

- § 358 I BGB: Der Verbraucher darf die Erfüllung der Pflichten aus dem Darlehensvertrag verweigern, wenn der verbundene Vertrag widerrufen wurde (der verbundene Vertrag ist i.d.R. ein Kaufvertrag, dieser wird z.B. nach §§ 312, 312d BGB widerrufen).

- § 358 II BGB: Der Verbraucher darf die Erfüllung der Pflichten aus dem verbundenen (Kauf-)Vertrag verweigern, wenn der Darlehensvertrag (z.B. nach § 495 BGB) widerrufen wurde.

- Der Widerruf des einen Vertrages erfasst also stets auch den anderen Vertrag (sog. »**Widerrufsdurchgriff**«). Die Leistungspflichten erlöschen, bereits erbrachte Leistungen sind im jeweiligen Vertragsverhältnis (also Darlehensgeber – Verbraucher, Unternehmer – Verbraucher) nach §§ 357, 358 IV 1 BGB rückabzuwickeln.

- § 358 IV 3 BGB: Wenn bei Wirksamwerden des Widerrufs das Darlehen nicht dem Verbraucher sondern dem Unternehmer bereits zugeflossen ist, tritt der Darlehensgeber in die Rückabwicklungsposition des Unternehmers ein. Der Darlehensgeber muss dann alle vom Verbraucher erbrachten Leistungen erstatten (z.B. Anzahlungen, Tilgungszahlungen). Den Kaufpreis muss allerdings nicht erstattet werden, weil dieser automatisch mit dem (i.d.R. gleich hohen) Anspruch des Darlehensgebers auf Rückzahlung der Darlehenssumme saldiert wird (vgl. BGH NJW 1995, 3414). Der Verbraucher hat dem Darlehensgeber den finanzierten Gegenstand herauszugeben, etwaige Wertersatzansprüche/Nutzungsersatzansprüche ergeben sich aus §§ 357, 346 II, 347 BGB. Für das Regressverhältnis zwischen Darlehensgeber und Unternehmer wird von der wohl h.M. Bereicherungsrecht angewendet.

- § 359 S. 1 BGB: Der Darlehnsnehmer kann gegenüber dem Darlehensgeber die Tilgungsleistungen/Zinszahlungen verweigern, wenn er eine Einwendung im verbundenen Vertrag hat (sog. »**Einwendungsdurchgriff**«). Hier ist dann inzident zu prüfen, ob dem Verbraucher Einwendungen i.R.d. verbundenen Vertrages (z.B. §§ 119 ff., 134, 138 BGB, Mängelrechte nach §§ 433, 434, 437 BGB, fingierter Rücktritt nach § 503 II 4 BGB) zustehen. Achten Sie aber auf § 359 S. 3 BGB (lesen!). Hat der Verbraucher trotz Bestehen der Einrede Raten gezahlt, hat er keinen Rückforderungsanspruch (s.u.).

Klausurrelevant sind zudem Rückabwicklungsaspekte im Fall der Unwirksamkeit des verbundenen Kaufvertrages außerhalb des Widerrufs, da hier §§ 358 f. BGB keine Regelung treffen. Umstritten ist, ob der Verbraucher vom Darlehensgeber nach §§ 813, 812 I 1 Alt. 1 BGB die geleisteten Darlehensraten zurückverlangen kann, sog. »**Rückforderungsdurchgriff**« (vgl. Palandt/*Grüneberg* § 359 Rn. 5a ff.). Die h.M. differenziert hier zwischen dem Fall, dass der verbundene Vertrag unwirksam ist (z.B. §§ 138, 119 ff. BGB; dann Rückforderung möglich, der Darlehensgeber kann Zug-um-Zug die Abtretung des Anspruches des Verbrauchers gegen den Verkäufer auf Rückzahlung des Darlehens verlangen → Kondiktion der Kondiktion, vgl. Rn. 64) und dem Fall, dass der verbundene Vertrag wegen Rücktritts/großen Schadensersatz aufgelöst wurde (dann keine Rückforderung möglich; es erfolgt nur eine Rückabwicklung im Verhältnis Verkäufer – Verbraucher). Als Argument dient, dass nur im Falle der Unwirksamkeit des verbundenen Vertrages das Leistungsverweigerungsrecht aus § 359 S. 1 BGB eine dauernde Einrede i.S.v. § 813 BGB darstellt. Auch eine Rückforderung analog § 358 IV 3 BGB kommt im letzteren Fall nicht in Betracht, weil keine bewusste Regelungslücke vorliegt (vgl. BGH NJW 2008, 845 ff.).

§ 3 Das Factoring

Zur Beruhigung Folgendes vorneweg: Factoring-Probleme sind im Examen selten anzutreffen. Inhalt des Factoringvertrags ist nichts weiter als die Verpflichtung zur Abtretung bestimmter Forderungen (i.d.R. an eine Bank). Beim **echten Factoring** kauft der Factor die Forderungen (Rechtskauf, § 453 BGB), er trägt dabei das Delkredererisiko, also das Risiko, dass der Schuldner der übertragenen Forderungen diese nicht begleichen kann. Beim **unechten Factoring** dagegen ist bei dessen Nichtzahlung ggf. ein Rückgriff beim Zedenten möglich. Der unechte Factoringvertrag wird von der h.M. als Darlehen angesehen (BGHZ 58, 364 ff.).

73

Typischer Klausurfall ist – wenn tatsächlich Klausuren dazu gestellt werden – die Kollision des Factorings mit anderen Sicherungsmitteln. In diesen Fällen verlangt z.B. der andere Sicherungsnehmer von der Factor-Bank Auskehr des eingezogenen Betrages an sich. Die Bank ist dann Nichtberechtigte i.S.d. **§ 816 II BGB**, wenn die Factoring-Abtretung an sie unwirksam war. Inzident ist dann zu prüfen, wie sich die Abtretung zugunsten der Factor-Bank zu der Abtretung z.B. zugunsten eines Verkäufers beim verlängerten EV verhält (vgl. im Examen dann die Fallgruppen bei Palandt/*Grüneberg* § 398 Rn. 38 ff.; nichts auswendig lernen!).

§ 4 Der Mäklervertrag, §§ 652 ff. BGB

A. Einstieg

74 Das Mäklerrecht war in den Examensklausuren der letzten Jahre ein Dauerbrenner. Hier zeigt sich deutlich, dass im Assessorexamen oft andere Teilgebiete des bürgerlichen Rechts eine Rolle spielen als im ersten Examen. Der Mäklervertrag ist ein sog. **einseitig verpflichtender Vertrag**, d.h. es besteht keine Verpflichtung des Mäklers zum Tätigwerden, es sei denn, die Parteien vereinbaren dies.

> **Beachte:** Das BGB spricht durchgehend vom »Mäkler« und nicht vom »Makler«. In der Klausur können Sie selbstverständlich »Makler« schreiben, auch der BGH macht das so.

> **Beachte:** Die Vorschriften der §§ 652 ff. BGB gelten grds. nur für den Zivilmäkler, auf den sog. **Handelsmakler nach §§ 93 ff. HGB** finden sie nur subsidiär Anwendung (vgl. Rn. 108). Wegen § 93 II HGB ist der Immobilienmäkler kein Handelsmakler.
>
> Achten Sie auch darauf, dass für die Vermittlung von Mietverträgen über Mietwohnungen vorrangig die Regelungen des **WoVermG** Anwendung finden, daneben gelten aber §§ 652 ff. BGB, so dass auch die zum reinen Mäklervertrag aufgezeigten Examensprobleme relevant werden können. Im Palandt sind bei § 652 Rn. 59 ff. die examensrelevanten Einzelfragen zum WoVermG kommentiert. Wichtig ist insbesondere § 2 II WoVermG, der den Verflechtungseinwand (vgl. unten) für den Bereich des WoVermG normiert.
>
> Die Vermittlung von Darlehensverträgen ist in **§§ 655a ff. BGB** gesetzlich geregelt, subsidiär gelten §§ 652 ff. BGB. Wichtig ist insbesondere das Formerfordernis aus § 655b BGB.

Der Standardfall ist die Provisionsklage des Mäklers gegen seinen Auftraggeber (Verkäufer oder Käufer). Bisweilen begehrt der Mäkler auch **Auskunft** von seinem Auftraggeber, ob der vermittelte Vertrag mit einem Dritten zustande gekommen ist und wie hoch der Kaufpreis war. Der Auskunftsanspruch ergibt sich in diesen Fällen aus § 242 BGB (vgl. Rn. 19). Zusätzlich verlangt er etwa eine eidesstattliche Versicherung und schließlich Zahlung des Mäklerlohns in Höhe eines prozentualen Anteils am Kaufpreis oder in vertraglich festgeschriebener Höhe. Denken Sie in diesen Fällen an die prozessuale Problematik der **Stufenklage nach § 254 ZPO**.

> **Klausurtipp:** Eine Sachmängelhaftung des Verkäufers aufgrund (falscher) Angaben seines Mäklers kommt nach § 434 I 3 BGB in Betracht, weil der Mäkler als Gehilfe des Verkäufers angesehen werden kann (Palandt/*Weidenkaff* § 434 Rn. 69). Angaben des Mäklers dürften aber nur dann als Beschaffenheitsgarantie oder Beschaffenheitsvereinbarung des Verkäufers angesehen werden können, wenn die Voraussetzungen von § 164 BGB vorliegen (ggf. an Duldungs- und Anscheinsvollmacht denken!). Dies wird z.B. dann relevant, wenn die Parteien einen Gewährleistungsausschluss vereinbart haben, der nur bei Annahme einer Garantie bzw. Beschaffenheitsvereinbarung überwunden werden könnte (vgl. Rn. 30). Evtl. Pflichtverletzungen oder das Verschulden für Schadensersatzansprüche sind unter den Voraussetzungen von § 278 BGB zurechenbar. Diese Zurechnungsproblematik kam alleine 2009 in zwei Examensdurchgängen vor!

B. Der Provisionsanspruch des Mäklers, § 652 I 1 BGB

> Die Prüfungsvoraussetzungen für einen Zahlungsanspruch sind:
>
> 1. Zustandekommen eines Mäklervertrags i.S.d. § 652 BGB
> 2. Erbringung der Mäklerleistung
> 3. Rechtsgültiges Zustandekommen des Vertrags mit einem Dritten
> 4. Kausalzusammenhang zwischen Mäklerleistung und Vertrag
> 5. Kein Ausschluss nach § 654 BGB
> 6. Höhe des Anspruches

§ 4 Der Mäklervertrag, §§ 652 ff. BGB

I. Zustandekommen eines Mäklervertrags

Die Rspr. stellt strenge Anforderungen an einen **konkludenten** Vertragsschluss. Die bloße Entgegennahme von Informationen durch den Kaufinteressenten (z.B. erstes Telefongespräch, bloßer Besichtigungstermin) wird oft nicht als ausreichend angesehen. Anders ist dies nur, wenn der Kaufinteressent einen eigenen Suchauftrag erteilt. Ein Suchauftrag setzt nach h.M. voraus, dass der Mäkler zur Erledigung eines derartigen Auftrags nicht auf eigenes Adressenmaterial zurückgreifen kann, sondern sich neue Objekte durch eigenständige Tätigkeit für seinen Kunden erschließen muss (vgl. *Fischer* NJW 2007, 3107 ff. m.w.N.). Auch wenn der Kunde **in Kenntnis eines eindeutigen vorangegangenen Provisionsverlangens** des Mäklers dessen Dienste in Anspruch nimmt, wird ein konkludenter Vertragsschluss i.d.R. bejaht (z.B. Kenntnis vom Provisionsverlangen im Exposé, BGH NZM 2007, 169; **lesen** Sie auch OLG Brandenburg NJW-RR 2009, 1145 ff.).

Der Mäklervertrag ist grds. formfrei möglich. **§ 311b I 1 BGB** wird aber analog angewendet, wenn durch die Ausgestaltung des Vertrages die Entschließungsfreiheit des Auftraggebers unangemessen beeinträchtig wird. Ein etwaiger Formmangel wird analog § 311b I 2 BGB mit dem formwirksamen Abschluss des vermittelten Grundstückkaufvertrags geheilt, nicht erst mit der Eintragung ins Grundbuch (BGH NJW 1987, 1628).

> Denken Sie an weitere Ansprüche des Mäklers, wenn **kein Mäklervertrag** zustande gekommen ist:
> - Anspruch aus § 354 HGB (wenn Mäkler Kaufmann ist) i.d.R. (–), da die Provisionspflicht aus § 354 HGB voraussetzt, dass zwischen Mäkler und Kaufinteressent »ein Verhältnis besteht, das die Tätigkeit des Maklers rechtfertigt« (BGHZ 95, 393 ff.); dem Interessenten muss »erkennbar sein, dass die Maklerdienste gerade für ihn geleistet werden«, da der Mäkler sonst nicht »befugterweise« für den Interessenten handelt (vgl. BGH a.a.O.)
> - Anspruch aus GoA (–), sonst würde § 652 BGB ins Leere laufen, zudem kein FGW.
> - § 812 I 1 Alt. 1 BGB (–), da keine Leistung aus Sicht des Kunden vorliegt; sonst würden die Voraussetzungen des § 652 BGB unterlaufen.
> - Anspruch aus § 652 BGB i.V.m. § 242 BGB (–), wird von h.M. abgelehnt (Ausnahme: § 242 BGB greift nur, wenn das Verwerten der Mäklerinformation einen Treubruch darstellt. I.d.R. obliegt es aber dem Mäkler, frühzeitig auf sein Provisionsverlangen hinzuweisen.)

Eine nach h.M. beim Mäklervertrag für den Auftraggeber analog § 671 BGB jederzeit mögliche **Kündigung** wirkt sich jedenfalls nach Erbringung der Mäklerleistung nicht auf den Zahlungsanspruch des Mäklers aus. Der Auftraggeber könnte sich sonst durch eine Kündigung der Pflicht zur Zahlung der Provision entziehen. Der Mäkler dagegen kann nur unter den Voraussetzungen von § 314 BGB kündigen (umstr., vgl. PWW/*Fehrenbacher* § 652 Rn. 25 m.w.N.).

II. Erbringen der Mäklerleistung

Die Leistung des Mäklers kann in dem Nachweis oder der Vermittlung eines Vertragsschlusses bestehen. Bei einem **Nachweis** weist der Mäkler dem Auftraggeber eine bisher unbekannte, jedoch bereits bestehende konkrete Möglichkeit eines Vertragsabschlusses nach. Die **Vermittlung** ist die hingegen bewusste Herbeiführung der Abschlussbereitschaft des Dritten durch ein Einwirken auf diesen durch den Mäkler.

III. Rechtsgültiges Zustandekommen des Vertrags mit einem Dritten

Klausurproblem Einwendungen gegen den Zahlungsanspruch des Mäklers

Mäkler ←——— Mäklervertrag, § 652 BGB ———→ Auftraggeber (Käufer)

Zahlung des Mäklerlohns

Klausurrelevante Einwände:
▶ Mängel im Mäklervertrag
▶ Vertrag mit Dritten ist nicht identisch
▶ Mängel im Vertrag mit Dritten
▶ Verflechtungseinwand
▶ Vorkenntnis

Grundstückskaufvertrag

Dritter (Verkäufer)

Hierfür ist ein **wirksamer schuldrechtlicher Vertrag** des Auftraggebers mit einem Dritten nötig, i.d.R. ein Kaufvertrag. Ein Erwerb z.B. im Wege der Zwangsvollstreckung reicht daher nicht aus, es sei denn die Parteien haben dies durch Individualvereinbarung (nicht durch AGB) vereinbart. Der gemäkelte Vertrag muss mit dem tatsächlich geschlossenen Vertrag **identisch** sein. Inhaltliche Abweichungen sind aber dann unschädlich, wenn dennoch der gleiche wirtschaftliche Erfolg für den Auftraggeber eintritt (z.B. Erwerb nicht als Allein-, sondern als Miteigentümer; Abschluss nur über einen Teil des Kaufobjekts). Persönliche Abweichungen sind unschädlich, wenn zwischen dem Vertragsschließenden und dem eigentlich vorgesehenem Auftraggeber enge persönliche oder wirtschaftliche Beziehungen bestehen (Palandt/*Sprau* § 652 Rn. 44 m.w.N.).

Weitere Examensprobleme aus diesem Bereich sind:

Problem: Mängel des Vertrags mit dem Dritten

- Grundsatz: Der Mäkler trägt das Risiko für das Zustandekommen des Vertrags, nicht aber für dessen ordnungsgemäße Durchführung. D.h. bei **Abschlussmängeln** besteht kein Provisionsanspruch (z.B. bei anfänglicher Unwirksamkeit, Nichterteilung einer erforderlichen Genehmigung oder Anfechtung), bei **Durchführungsmängeln** hingegen bleibt der Provisionsanspruch erhalten (z.B. gesetzlicher Rücktritt, Kündigung, nachträgliche Unmöglichkeit, nachträgliche Aufhebung des Vertrages). Nur wenn die dem Durchführungsmangel zugrunde liegende Tatsache ausnahmsweise zur gemeinsamen Geschäftsgrundlage des Mäklervertrages geworden ist, kann dem Provisionsanspruch ggf. § 313 BGB entgegengehalten werden (BGH NJW-RR 2005, 1506 f.). Die Rechtsfolgen der Ausübung eines vertraglichen Rücktrittsgrundes sind Auslegungsfrage (Palandt/*Sprau* § 652 Rn. 40).

- Ein Sonderfall ist der **Rücktritt** aufgrund eines gesetzlichen Rücktrittsrechts bei gleichzeitigem Vorliegen eines Anfechtungsgrundes nach § 123 BGB. Hier geht die Rspr. davon aus, dass dem Mäkler kein Provisionsanspruch zusteht, wenn die Anfechtungsfrist noch nicht verstrichen war, als der Auftraggeber sein Rücktrittsrecht ausgeübt hat (BGH NJW 2005, 3778 ff., Argument: Lohnanspruch würde sonst von der Wahl der beiden ähnlichen Gestaltungsrechte abhängen). Gleiches soll gelten, wenn neben dem Rücktrittsgrund auch die Voraussetzungen einer Anfechtung nach § 119 II BGB vorliegen, auch wenn § 119 II BGB aufgrund des Vorrangs der Gewährleistung im Kaufrecht gesperrt ist (vgl. Nachweise bei BGH NJW 2001, 966 f.). Geht der Käufer allerdings im Wege des Schadensersatzes statt der ganzen Leistung vor, bleibt der Lohnanspruch erhalten, weil Schadensersatz und Anfechtung keine vergleichbaren Gestaltungsrechte sind (BGH NJW 2009, 2810 f.).

> **Klausurtipp:** Hat der Auftraggeber trotz eines Abschlussmangels an den Mäkler gezahlt, kann er die **Provision zurückverlangen**. Die Anspruchsgrundlage hierfür ist § 812 I 1 Alt. 1 BGB (vgl. BGH NJW 2001, 966 f.; OLG Hamm NJW-RR 2000, 1724 f.). Wenn der vermittelte Vertrag in Fällen des Schwarzkaufs nach §§ 117 I, II, 125 BGB unwirksam ist und nicht geheilt wurde, greift für die Rückforderung nach Auffassung des OLG Koblenz aber die condictio ob rem (vgl. OLG Koblenz NJW-RR 2007, 1548 ff.; Argument: Die aus einer Anspruchsbegründung nach § 812 I 1 Alt. 1 BGB folgende Anwendung der Gegenbestimmung des § 814 BGB soll vermieden werden).

Problem: Vertrag mit (k)einem Dritten, sog. »Verflechtungseinwand«

Der Mäkler hat keinen Provisionsanspruch, wenn der vermittelte Vertrag mit einer Person zustande kommt, die mit ihm rechtlich oder »wirtschaftlich identisch« ist (Ausnahme: Anfängliche Kenntnis des Auftraggebers). Also:

- Kein Anspruch, wenn der Mäkler z.B. an einer juristischen Person, mit der der Vertrag zustande kommt, erheblich beteiligt ist oder eine sonstige wirtschaftliche Verflechtung mit dem Dritten besteht (sog. echte Verflechtung; zu verneinen, wenn gesellschaftsrechtl. Verflechtung nur »auf dem Papier« besteht, z.B. wenn Mäkler trotz Ausscheidens noch als Gesellschafter im Handelsregister steht). Ebenso kein Anspruch, wenn eine sog. unechte Verflechtung z.B. über eine Verbindung durch Dienst- o. Arbeitsverträge besteht **und** die konkrete Gefahr eines Interessenkonflikts auf Seiten des Mäklers vorliegt.

- Kein Anspruch, wenn der Mäkler wegen persönlicher Beziehungen eher auf Seiten des Dritten steht, da dann ein Interessenkonflikt vorliegt (z.B. wenn Mäkler mit Drittem verheiratet ist; nach der Rspr. müssen aber konkrete Anhaltspunkte für einen Interessenkonflikt vorliegen).

- Wenn der Auftraggeber trotz wirtschaftlicher Identität des Mäklers und des Dritten den Mäklerlohn schon gezahlt hat, ist eine Rückforderung nach § 812 I 1 Alt. 1 BGB möglich.

> **Beachte:** Der Mäkler trägt bei der Lohnklage die **Beweislast** für alle anspruchsbegründenden Tatsachen, so z.B. für den Abschluss des Mäklervertrages, für seine Tätigkeit und für den Abschluss des wirksamen Hauptvertrages mit einem Dritten. Dazu dürfte auch gehören, dass keine Verflechtung besteht. Beruft sich der Mäkler auf eine Mäklerklausel, so muss er auch hier alle anspruchsbegründenden Tatsachen vortragen und beweisen.

IV. Kausalzusammenhang zwischen Mäklerleistung und Vertrag

Stehen die vorstehenden Voraussetzungen fest, wird die Kausalität grds. vermutet. Wenn der Auftraggeber die Kausalität jedoch substantiiert bestreitet, ist der Mäkler nach den allgemeinen Regeln beweispflichtig. Die Ursächlichkeit einer Nachweisleistung fehlt z.B. dann, wenn dem Mäklerkunden die konkrete Vertragsgelegenheit bereits bekannt war, was er dem Mäkler grds. nicht offenbaren muss. Dieser sog. »**Einwand der Vorkenntnis**« spielt in vielen Nachweis-Provisionsprozessen eine große Rolle. Umstritten sind die Konsequenzen aus der Nichtoffenbarung der Vorkenntnis (nach e.A. konkludenter Verzicht auf den Vorkenntnis-Einwand, nach wohl h.M. Verstoß gegen Treu und Glauben, vgl. *Fischer* NJW 2007, 183 ff.; Palandt/*Sprau* § 652 Rn. 49). Selbst bei Vorkenntnis des Kunden ist jedoch die Kausalität zu bejahen, wenn der Mäkler dem Kunden zusätzliche Informationen liefert und dies dazu führt, dass der Kunde veranlasst wird, sich um das Objekt zu bemühen (vgl. Palandt/*Sprau* § 652 Rn. 49).

V. Kein Ausschluss nach § 654 BGB

§ 654 BGB erfasst nur die sog. verbotene/treuwidrige Doppeltätigkeit des Mäklers für beide Seiten. Treuwidrig ist die Tätigkeit dann, wenn sie dem Mäkler vertraglich verboten ist oder wenn die Doppeltätigkeit zu einer Pflichtverletzung des Mäklers wegen Interessenkollision führt.

VI. Höhe des Anspruches

Die Höhe des Zahlungsanspruches richtet sich nach der Vereinbarung der Parteien (z.B. »*5 Prozent des Brutto-Kaufpreises des Grundstücks*«). Fehlt eine konkrete Abrede über die Höhe des Mäklerlohns, gilt § 653 I BGB (übliche Vergütung). Durch die Provision sind Aufwendungen des Mäklers grds. mit abgegolten, vgl. § 652 II BGB.

C. Sonstige Ansprüche

Es entsteht für den Auftraggeber ein Anspruch aus **§§ 280 I, 241 II BGB/pVV**, wenn der Mäkler Pflichten aus dem Vertrag verletzt (z.B. BGH NJW-RR 2007, 711 ff.: Dort die ungeprüfte Übernahme von **ersichtlich** unrichtigen Angaben des Verkäufers im Exposé). Zudem verwirkt der Mäkler analog § 654 BGB seinen Provisionsanspruch (vgl. *Fischer* NJW 2007, 3107 ff. m.w.N.). Ggü. der anderen Partei des Hauptvertrages kann sich bei entsprechendem Auftreten eine Haftung aus c.i.c. ergeben, vgl. § 311 III BGB. Auch der Auftraggeber kann bei Nebenpflichtverletzungen dem Mäkler aus §§ 280, 241 II BGB/pVV haften.

Ein Anspruch auf Zahlung einer Provision für den Mäkler kann sich auch aus dem Kaufvertrag zwischen dem Verkäufer und dem Käufer ergeben, wenn dieser eine sog. **Mäklerklausel** enthält. Derartige Klauseln müssen Sie sorgfältig auslegen: Es kann sich um einen echten VzD nach § 328 I BGB, um ein deklaratorisches Schuldanerkenntnis oder um ein abstraktes Provisionsversprechen eines der Vertragsparteien gegenüber dem Mäkler handeln. In der Praxis werden derartige Klauseln oft als VzD angesehen (vgl. MüKo-BGB/*Roth* § 652 Rn. 37).

> **Klausurtipp:** Die Auslegung der Parteivereinbarung kann auch bei dem sog. **Provisionsversprechen** einer Partei gegenüber dem Mäkler eine Rolle spielen, wenn kein Mäklervertrag geschlossen oder keine Mäklerklausel vereinbart wurde (z.B. A erklärt gegenüber dem Mäkler, dass er bei Verkauf des Hauses »in jedem Fall eine Provision bekomme«). Es kann sich hierbei um einen verschleierten Teil des Kaufpreises oder um ein sog. selbstständiges Provisionsversprechen nach §§ 311 I, 241 I BGB handeln. Nur wenn es an jeder Gegenleistung des Mäklers fehlt, kann die Provisionszusage als Schenkungsversprechen i.S.v. §§ 516, 518 I BGB aufgefasst werden (im letzteren Fall dann mit der Formproblematik von § 518 I, II BGB, vgl. BGH NJW-RR 2007, 55 f.).

Durch Auslegung müssen Sie auch klären, ob der Mäkler seinen Anspruch aus der Mäklerklausel bei **Rücktritt, Anfechtung oder Aufhebung des (Haupt-)Vertrags durch die Vertragsparteien oder bei einem Verstoß gegen das Identitätsverbot** behält (vgl. Palandt/*Sprau* § 652 Rn. 23). Die Anfechtung führt grds. dazu, dass der Anspruch aus der Mäklerklausel untergeht. Bislang ging die Rspr. davon aus, dass für den Fall des Rücktritts der Anspruch ebenfalls untergeht, sofern jedenfalls eine Auslegung der Mäklerklausel nichts anderes ergibt. Allerdings hat der BGH in NJW 2005, 3778 f. die Tendenz erkennen lassen, auch bei der Mäklerklausel die oben zu § 652 BGB dargestellten Grundsätze – also die Differenzierung zwischen Abschluss- u. Durchführungsmängeln – anzuwenden. Bei der Vertragsaufhebung wird unterschiedlich entschieden, nach der zutreffenden Auffassung des BGH entscheidet eine Auslegung der Mäklerklausel (vgl. BGH NJW 1986, 1165 f.; Argument: § 328 II BGB). Ob der Verstoß gegen das Identitätsverbot Einfluss auf den Anspruch aus § 328 I BGB hat, ergibt sich grds. aus der Auslegung der Mäklerklausel unter Berücksichtigung der Umstände des Einzelfalles (BGH NJW 1998, 1552 f. zu Recht für Nichtbestehen des Anspruches bei Kenntniserlangung von Verflechtung durch Auftraggeber erst nach Vertragsschluss). Wird ohne Anspruch aus der Mäklerklausel der Mäklerlohn entrichtet, besteht ein Rückforderungsanspruch aus § 812 I 1 Alt. 1 BGB (vgl. BGHZ 58, 184 ff.).

> **Klausurtipp:** Nach der Rspr. treffen den Mäkler im Falle der Mäklerklausel als VzD **Aufklärungspflichten** gegenüber seinem Zahlungsschuldner (BGH NJW 2005, 3778 ff. und JA 2006, 321 f. mit guter Anmerkung von *Althammer*). Wenn z.B. der Mäkler weiß, dass der Verkäufer falsche Angaben bezüglich des Kaufobjekts macht, muss er den Käufer darüber aufklären, sonst kommt ggf. ein Anspruch aus c.i.c. in Betracht.

§ 4 Der Mäklervertrag, §§ 652 ff. BGB

D. Besondere Arten des Mäklervertrags

I. Alleinauftrag

Durch den Alleinauftrag soll der Mäkler verpflichtet sein, tätig zu werden. Im Gegenzug wird der Auftraggeber verpflichtet, keinen anderen Mäkler zu beauftragen. Zudem verzichtet der Auftraggeber regelmäßig für eine bestimmte Zeit auf sein jederzeitiges Kündigungsrecht, sog. Festauftrag (BGH NJW 1964, 1468). Eine außerordentliche Kündigung nach § 314 BGB bleibt aber möglich. Nach der h.M. stellt dieser Vertrag einen sog. Mäklerdienstvertrag dar, der aber im Kern ein Mäklervertrag bleibt. D.h. auch für den Provisionsanspruch müssen die oben dargestellten Voraussetzungen des § 652 BGB erfüllt sein.

II. Ehemäklervertrag, § 656 BGB

Die Regelung des § 656 BGB erfasst den Nachweis oder die Vermittlung einer Ehe als Sonderfall des Mäklervertrages. Aus § 656 I 1 BGB ergibt sich aber, dass der Ehemäklervertrag keine Verbindlichkeit begründet (Naturalobligation; Achtung: Dies schließt die Haftung des Ehemäklers für Pflichtverletzungen nach §§ 280, 241 II BGB/pVV natürlich nicht aus!). Eine Rückforderung des dennoch Geleisteten ist durch § 656 I 2 BGB jedoch ausgeschlossen. Wird der Ehemäklervertrag über ein Verbraucherdarlehen nach §§ 491 ff. BGB finanziert, liegt i.d.R. ein **verbundenes Geschäft i.S.d. §§ 358 ff. BGB** vor (vgl. Rn. 72). 75

III. Ehemäklerdienstvertrag

Ein Ehemäklerdienstvertrag liegt vor, wenn der Ehemäkler zur Tätigkeit verpflichtet ist und der Auftraggeber eine Provision für die Ehepartnervorschläge (unabhängig vom Erfolg) zahlen muss. Nach der Rspr. liegt dann i.d.R. ein **Dienstvertrag** nach §§ 611 ff. BGB vor, so dass auch die Kündigungsvorschriften der §§ 620 ff., 626 ff. BGB Anwendung finden, §§ 323 ff. BGB sind dann gesperrt. Das Kündigungsrecht aus §§ 626, 627 BGB kann durch AGB nicht ausgeschlossen werden, ein Ausschluss von § 627 BGB durch Individualvereinbarung ist aber möglich (LG Koblenz NJW-RR 2009, 1063 ff.). Die Wirksamkeit des Ausschlusses der ordentlichen Kündigung durch AGB richtet sich nach §§ 309 Nr. 9, 307 I, II BGB. 76

Stellt der Ehemäklerdienstvertrag (gleiches gilt für den Partnervermittlungsvertrag) ein Haustürgeschäft nach § 312 BGB dar, so steht dem Verbraucher ein Widerrufsrecht unter den Voraussetzungen von §§ 312, 355, 346 ff. BGB zu. Die Regelungen von §§ 626 ff. BGB schließen in diesen Fällen nach h.M. die Anwendung der §§ 346 ff. BGB nicht aus.

> **Klausurtipp:** Die (ggf. nur teilweise) **Rückforderung** des an die Ehevermittlung/Partnervermittlung gezahlten Lohnes außerhalb von §§ 312, 355, 346 ff. BGB wird nach einer Kündigung (z.B. wegen Vertragsverletzungen) i.d.R. über § 628 I 2, 3 BGB möglich sein, sonst kommen § 812 BGB und/oder pVV in Betracht (vgl. Rn. 89). Ein Vorgehen über § 812 BGB/pVV wird v.a. dann relevant, wenn eine Kündigung nicht erfolgt ist, da ansonsten § 628 BGB vorrangig sein dürfte (vgl. Palandt/*Sprau* § 812 Rn. 26; AK/*von Sachsen Gessaphe* § 812 Rn. 38).

Nach h.M. gilt auch für den Ehemäklerdienstvertrag **§ 656 BGB analog**, und zwar sowohl für den Vergütungsanspruch des Mäklers als auch für das Rückzahlungsverlangen des Vertragspartners. Umstritten ist die Reichweite des Ausschlusses in Fällen der Lohnrückforderung. Nach h.M. schließt § 656 I 2 BGB nur solche Rückforderungsansprüche aus, die darauf gestützt werden, dass schon von Anfang an eine Zahlung wegen § 656 I 1 BGB nicht geschuldet war. Wird der Rückzahlungsanspruch auf andere Rechtsgründe wie etwa Sittenwidrigkeit, Schlechterfüllung oder vorzeitige Auflösung des Vertrages durch Kündigung gestützt, steht § 656 BGB nicht entgegen (Palandt/*Sprau* § 656 Rn. 3; BGH NJW 2005, 2543 f.; 1989, 1479 f.; 1984, 2407 f.; 1983, 2817 ff.; a.A. OLG Koblenz NJW-RR 2007, 769 f.).

IV. Partnervermittlungsvertrag

76a Der Partnervermittlungsvertrag wird i.d.R. ebenfalls als (nicht per se sittenwidriger) **Dienstvertrag** angesehen, so dass die zum Ehemäklerdienstvertrag geschilderten Klausurprobleme daher auch hier auftreten und identisch zu lösen sind. Auch § 656 BGB ist analog anzuwenden. Lesen Sie BGH, Urt.v. 08.10.2009, AZ: III ZR 93/09 zum sog. »Video-Partnervermittlungsvertrag«.

Merke: Der Ehemäklerdienstvertrag und der Partnervermittlungsvertrag sind i.d.R. beides Dienstverträge und werden daher gleich behandelt.

§ 5 Der Reisevertrag, §§ 651a ff. BGB

A. Einstieg

Die beiden typischen Fallkonstellationen aus dem Reiserecht sind folgende:

- Der Reiseveranstalter verlangt vom Reisenden den Reisepreis oder »Storno-Gebühren«, nachdem dieser vor Beginn der Reise »abgesagt« hat.
- Der Reisende wendet sich nach Beendigung der Reise wegen Reisemängeln an den Veranstalter.

B. Das Zustandekommen des Reisevertrags

Ein Reisevertrag liegt vor, wenn sich der Reiseveranstalter gegen Zahlung eines Reisepreises verpflichtet, für den Reisenden eine Gesamtheit von Reiseleistungen in eigener Verantwortung zu erbringen. Ein Sonderfall des Reisevertrages ist der Gastschulaufenthalt, der speziell in § 651l BGB geregelt ist. Bei der Einbeziehung von AGB gilt zusätzlich zu §§ 305 ff. BGB der § 6 III, IV BGB-InfoVO (lesen!).

> **Klausurtipp:** Es müssen also grds. **zwei Einzelleistungen** durch den Reiseveranstalter versprochen werden. Davon werden aber Ausnahmen aus Schutzwürdigkeitsgesichtspunkten zugelassen. Wenn v.a. ein Vermittler/Reisebüro lediglich eine Fremdleistung vermittelt (z.B. Vermittlung von Ferienwohnungen), aber z.B. wegen der Verwendung eines vielseitigen Kataloges oder wegen besonderer Anpreisungen aus Sicht des Kunden wie ein Reiseveranstalter auftritt, werden §§ 651a ff. BGB analog angewendet (vgl. Palandt/Sprau Einf v § 651a Rn. 5). § 651a II BGB regelt die Unbeachtlichkeit von Vermittlungsklauseln in diesen Fällen. Achtung: Wenn **direkt mit dem Leistungsträger** selbst ein Vertrag geschlossen wird (z.B. Buchung eines Hotelzimmers direkt beim Hotel, Buchung einer Ferienwohnung direkt beim Eigentümer), so gelten §§ 651a ff. BGB nicht. Hier kommen je nach Sachverhalt der Abschluss eines Beherbergungsvertrages (vgl. Rn. 2) oder eines Mietvertrages (vgl. Rn. 78 ff.) in Betracht.

An den **vereinbarten Preis** für die Reise sind die Vertragspartner gebunden, so dass sich der Reisende z.B. nicht mit dem Einwand wehren kann, dass andere Reisende für die gleichen Leistungen einen anderen Reisepreis bezahlt hätten (vgl. OLG Düsseldorf NJW-RR 1995, 368). Änderungen zugunsten des Reiseveranstalters regelt § 651a IV BGB.

Beachten Sie dabei:

- Das selbstständige **Reisebüro** ist i.d.R. nur Handelsvertreter (§§ 84 ff. HGB) und kein Reiseveranstalter. Der Vertrag zwischen dem Reisenden und dem Reisebüro (sog. »Reisevermittlungsvertrag«) ist hierbei i.d.R. als Geschäftsbesorgungsvertrag nach § 675 BGB zu qualifizieren mit der Folge, dass das Reisebüro u.U. für Pflichtverletzungen im Rahmen der Auswahl der Reise nach § 675 i.V.m. §§ 280 I, 241 II BGB/pVV haftet. Etwaige Mitreisende können nach Maßgabe der Grundsätze des VSD geschützt werden (vgl. Rn. 66). Für Informationspflichtverletzungen bzgl. der späteren Durchführung der gebuchten Reise (z.B. Erfordernis eines Visums) besteht keine vertragliche Eigenhaftung des Reisebüros, weil es dann i.d.R. nur Erfüllungsgehilfe des Reiseveranstalters ist. Eine Haftung des Reisebüros aus c.i.c. ist aber möglich.
- Unselbstständige Filialen des Reiseveranstalters handeln grds. als Vertreter des Veranstalters.
- **Leistungsträger vor Ort** (Hotelunternehmen, Tennislehrer, Animateur) sind i.d.R. Erfüllungsgehilfen, für die nach Maßgabe des **§ 278 BGB** gehaftet wird. Die Haftung für die Erfüllungsgehilfen kann durch AGB nicht ausgeschlossen werden (BGH NJW 2004, 681 ff.). Die vom Reiseveranstalter mit den Leistungsträgern geschlossenen Verträge fallen zudem unter § 328 BGB, § 334 BGB soll dabei konkludent abbedungen sein.

- Reisender ist nur, wer den Vertrag selbst schließt. Bei **Mitreisenden** müssen Sie prüfen:
  – Reisevertrag durch Vertretung nach §§ 164 ff. BGB möglich, i.d.R. aber (–) mangels Offenkundigkeit oder mangels Vertretungsmacht
  – Reisevertrag i.V.m. § 1357 I BGB i.d.R. (–), da größere Reise kein Haushaltsgeschäft.
  – Der Vertragsschließende ist daher i.d.R. alleiniger Vertragspartner des Reiseveranstalters. Bei der Buchung für Mitreisende, die erkennbar Familienangehörigen sind, wird in diesen Fällen i.d.R. ein **VzD nach § 328 I BGB** angenommen (Palandt/*Sprau* § 651a Rn. 2; vgl. Rn. 65 zum VzD), Gleiches gilt im Falle einer neLG (LG Frankfurt RRa 2000, 223). Dadurch stehen den Mitreisenden über § 328 I BGB eigene Erfüllungsansprüche zu, nicht allerdings Gewährleistungsrechte (vgl. Rn. 65). Eigene Schadensansprüche stehen den Mitreisenden aber grds. nach § 651f BGB i.V.m. Grundsätzen des *VSD* und aus § 823 BGB zu (Palandt/*Sprau* § 651a Rn. 2; vgl. oben Rn. 66 zum VSD). Der Reisevertrag ist dann gleichzeitig sowohl ein VzD als auch ein VSD!

> **Beachte:** Oft macht der Vertragspartner die **Schadensersatzansprüche des Mitreisenden** (mit) geltend. Eine originäre Klagemöglichkeit als Versprechensempfänger des VzD nach §§ 328, 335 BGB wird grds. nicht zugebilligt (vgl. *Kauffmann* MDR 2002, 1036 ff.; *Martins* MDR 2001, 901 ff.). Eine Klage hätte diesbezüglich also nur dann Erfolg, wenn die Ansprüche vorher an den Kläger abgetreten wurden oder die Voraussetzungen der gewillkürten Prozessstandschaft vorliegen (vgl. dazu *Kaiser* Zivilgerichtsklausur I, Rn. 353 ff.) und der Anspruchsteller eine Einziehungsermächtigung hat (er klagt i.d.R. auf Leistung an sich!). Abtretungsverbote in den Reise-AGB werden zunehmend als unwirksam angesehen (vgl. z.B. OLG Köln MDR 2009, 973).

C. Die mangelhafte Reise

I. Das Vorliegen eines Reisemangels, § 651c I BGB

Ein Reisemangel liegt vor, wenn die Ist-Beschaffenheit von der Soll-Beschaffenheit negativ abweicht. Für die Soll-Beschaffenheit der Reise sind z.B. Angaben in dem bei der Buchung gültigen Prospekt oder die Art der Reise (Luxus- oder Billigreise, notwendige Einschränkungen bei Massentourismus, landestypische Besonderheiten) relevant. Die gegenüber dem Reisebüro als Empfangsvertreter vorgetragenen Anliegen sind für den Veranstalter ebenfalls verbindlich (AG Hannover RRa 2009, 76). Erforderlich ist stets, dass der Nutzen der Reise nicht unwesentlich beeinträchtigt wird, bloße Unannehmlichkeiten oder die Verwirklichung des allgemeinen Lebensrisikos reichen nicht aus (z.B. Wartezeiten bei der Essensausgabe im Hotel, üblicher Lärm bei Hotel in Innenstadt). In der Klausur wird es dann regelmäßig Ihre Aufgabe sein, den **Sachverhalt gründlich auszuwerten** und zu prüfen, ob die gerügten Sachverhalte tatsächlich einen Mangel i.S.d. § 651c I BGB darstellen. Auch ein Unfall des Reisenden, der z.B. durch eine Verletzung der VSP des Reiseveranstalters entstanden ist, stellt einen Reisemangel dar. Ein Reisemangel liegt auch bei Fehlen einer zugesicherten Eigenschaft vor. Eine Zusicherung kann auch bei mündlicher **Erklärung des Reisebüros** angenommen werden, da der Reiseveranstalter nach §§ 84 ff. bzw. 54 HGB grds. für derartige Erklärungen einzustehen hat (BGHZ 82, 219 ff.; Palandt/*Sprau* § 651a Rn. 2; PWW/*Deppenkemper* § 651a Rn. 19 und § 651c Rn. 7). Von Zusicherungen sind rechtlich unverbindliche Anpreisungen abzugrenzen (Kriterium: Ist aus Sicht des Reisenden eine verbindliche Eigenschaft der Reise beschrieben oder handelt es sich um eine floskelartige Beschreibung?).

II. Die Rechte des Reisenden bei Mängeln

Die **§§ 651c ff. BGB** sind bei Mängeln der Reise **vorrangig** zu prüfen, §§ 280 ff., 323 ff., 119 II BGB sind grds. ausgeschlossen. Nach Maßgabe des § 651m BGB sind §§ 651c ff. BGB außerdem zwingendes Recht.

§ 5 Der Reisevertrag, §§ 651a ff. BGB

Mängelrechte des Reisenden aus §§ 651c ff. BGB

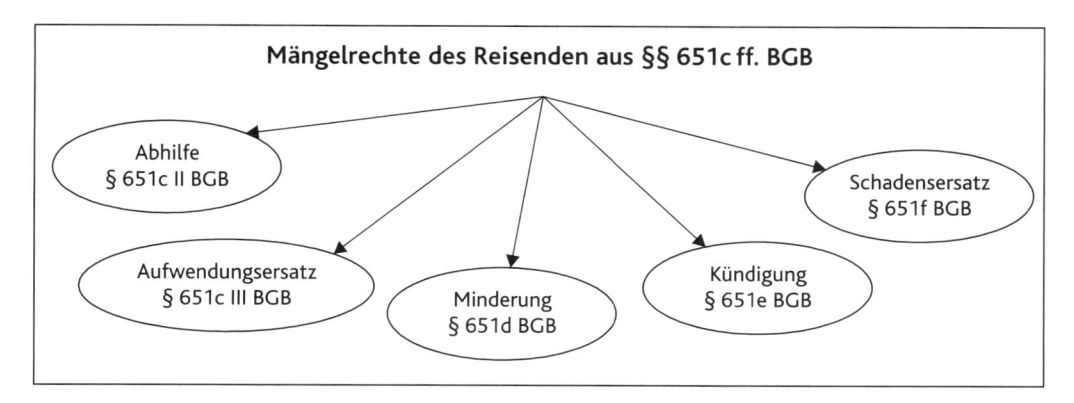

- Abhilfe § 651c II BGB
- Aufwendungsersatz § 651c III BGB
- Minderung § 651d BGB
- Kündigung § 651e BGB
- Schadensersatz § 651f BGB

Im Einzelnen hat der Reisende folgende Rechte:

Er kann zunächst **Abhilfe** verlangen, § 651c II 1 BGB. Das Abhilfeverlangen muss grds. gegenüber dem Reiseveranstalter bzw. dessen örtlicher Reiseleitung erfolgen. Die Abhilfe ist kostenlos zu gewähren. Weigert sich die örtliche Reiseleitung, dem Reisenden in einem Zustandsprotokoll die Mängel zu bestätigen, kann dies im Rahmen der Beweiswürdigung nach § 286 ZPO als Beweisvereitelung zu Lasten des Reiseveranstalters relevant werden. Das Recht auf Selbstabhilfe mit **Aufwendungsersatzanspruch** entsteht nach fruchtlosem Ablauf einer dem Reiseveranstalter gesetzten Frist, § 651c III BGB. Zum Schutze des Reisenden lässt die h.M. auch das bloße Abhilfeverlangen ohne konkrete Fristsetzung genügen, durch welches dann eine angemessene Frist in Gang gesetzt wird. Achten Sie auch auf § 651c III 2 BGB (Entbehrlichkeit der Fristsetzung in bestimmten Fällen).

Außerdem kann der Reisende nach § 651d BGB den Reisepreis **mindern** (Eintritt kraft Gesetzes; anteilige Rückforderung des Reisepreises nach § 651d I 2 BGB i.V.m. §§ 638 IV, 346, 347 BGB), wenn er ggü. dem Reiseveranstalter/dessen örtlicher Reiseleitung den Mangel angezeigt hat (§ 651d II BGB). Die Mängelanzeige fällt i.d.R. mit dem Abhilfeverlangen i.S.d. § 651c II BGB zusammen. Hinsichtlich der Berechnung der **Höhe der Minderung** ist grds. § 287 ZPO anwendbar. In der Klausur ist es dann Ihre Aufgabe, die beeinträchtigte Reiseleistung und den Nutzen der Reise in Beziehung zu setzen und je nach Art, Intensität und Dauer des Reisemangels das Ausmaß der Beeinträchtigung des Nutzens festzustellen. Ein Mitverschulden des Reisenden an der Entstehung des Reisemangels ist für die Höhe der Minderung unerheblich (vgl. OLG Frankfurt NJW 1986, 1172; a.A. zum Teil einige Amtsgerichte). In der Praxis wird oft die ADAC-Tabelle zur Reisepreisminderung benutzt.

Problem: Entbehrlichkeit der Mängelanzeige für Minderung/Schadensersatz

- Reiseveranstalter kennt Mangel (z.B. bewusste Überbuchung, Hinweis auf Mangel bereits vor Reiseantritt): So die h.M., a.A. zuletzt LG Frankfurt NJW-RR 2008, 1590 f.
- Abhilfe nicht möglich ist (z.B. Großbaustelle, Fehlen einer für die Entgegennahme der Mängelanzeige/Abhilfe zuständigen Person); gegen h.M. zuletzt LG Frankfurt a.a.O.
- Verschulden zu verneinen, wenn Reisende keine Kenntnis des Mangels und daher keine Möglichkeit der Anzeige hatte (BGH ZGS 2004, 244: Reisender stürzt von schlecht gesicherter Treppe), Gleiches gilt bei unterlassener Belehrung nach § 6 II Nr. 7 BGB-InfVO (Lesen!)

Die im Falle eines Reisemangels außerdem bestehende **Kündigungsmöglichkeit** nach § 651e BGB tritt an die Stelle des nach Reisebeginn nicht mehr gegebenen Rücktrittsrechts aus § 651i BGB.

Klausurtipp: Als Loslösungsrechte des Reisenden vor Reisebeginn kommen §§ 651b, 651i, 651j BGB in Betracht. Lesen Sie zu den Entschädigungsansprüche des Reiseveranstalters (»Storno-Gebühren«) §§ 651i II, III, 651j II BGB.

Zuletzt kann der Reisende bei Verschulden des Reiseveranstalters (wird vermutet) **Schadensersatz** gem. § 651f BGB verlangen. Analog § 651d II BGB ist dafür eine **Mängelanzeige**/ein Abhilfeverlangen erforderlich (BGHZ 92, 177). Der Schadensersatz nach § 651f I BGB deckt alle durch den Reisemangel entstandenen Schäden einschließlich der Mangelfolgeschäden. I.d.R. werden diejenigen Schäden erfasst, die nicht schon durch die Minderung abgegolten sind (so z.B. Mehrkosten einer getätigten vergleichbaren Ersatzreise, Körperschäden, Sachschäden, nutzlose Aufwendungen für An- u. Abreise, Rechtsanwaltskosten zur Schadensregulierung, Prämie der Reiserücktrittskostenversicherung). Ggf. kann hier eine Herausforderungsproblematik auftreten, wenn die letzte Schädigungshandlung vom Reisenden selbst stammt. Beachten Sie auch den Anspruch aus **§ 651f II BGB** bzgl. der nutzlos aufgewendeten Urlaubstage, der auch bei vollständiger Nichterbringung der Reise greifen kann (BGH NJW 2005, 1047 ff.). Dem Anspruch kann aber § 242 BGB entgegen gehalten werden, wenn der Reisende ein gleichwertiges Angebot des Reiseveranstalters ablehnt. Obwohl es sich bei dem Anspruch aus § 651f II BGB um einen höchstpersönlichen Anspruch handelt, lässt der BGH eine Abtretung des Anspruches an Dritte zu (vgl. BGH NJW 1980, 1947 ff.; Argument: Dispositionsfreiheit des Geschädigten). Oft ist der Anspruch aus § 651f BGB wg. **§ 254 BGB** zu kürzen. Die analoge Anwendung von § 651f II BGB bei anderen Verträgen außerhalb des Reisevertrages wird dann bejaht, wenn der Genuss des Urlaubs zumindest mittelbar zum Vertragsinhalt gehört (vgl. BGH NJW 1985, 906 zum Ferienhausvertrag).

> **Klausurtipp:** Der Reiseveranstalter haftet nur für seine Vertragsleistungen und die seiner Erfüllungsgehilfen. Nur wenn sich die separat angebotene **Fremdleistung** (z.B. Wasserrutsche, Wüstenausflug) durch das tatsächliche Auftreten des Reiseveranstalters **aus Sicht des Reisenden** als Teil des Leistungsangebots des Reiseveranstalters darstellt, soll der Veranstalter doch haften (BGH NJW-RR 2007, 1501 ff.; Argument: Schutz des Reisenden). Wenn der Reisende mit Veranstaltern **vor Ort separate Verträge** schließt (z.B. Skikurs), so haften die Anbieter bei Pflichtverletzungen nach §§ 823 ff. BGB und nach dem jeweils geschlossenem Vertrag (z.B. §§ 280, 241 II BGB/pVV).

Scheidet § 651f BGB z.B. mangels Vertretenmüssens aus, kann wegen der abschließenden Regelung in §§ 651a ff. BGB ein Anspruch aus **§ 536a I BGB** nur greifen, wenn der Reiseveranstalter selbst Eigentümer der Mietsache, insb. des Hotels, ist (vgl. Palandt/*Sprau* Vorb v §§ 651c–g Rn. 10). Eine Anwendung von **§ 823 BGB** v.a. wegen **Verletzung einer VSP des Reiseveranstalters** ist hingegen ohne weiteres möglich. Die VSP gebietet, dass der Reiseveranstalter die von ihm eingesetzten Personen (Leistungsträger) sorgfältig aussucht und diese sowie deren Leistungen regelmäßig (mindestens 1 Mal zu Beginn jeder Saison, bei begründeten Zweifeln/Beschwerden auch häufiger und intensiver) überwacht, vgl. BGHZ 103, 298 ff. Eine Haftung für das Handeln der Leistungsträger nach § 831 BGB scheidet hingegen i.d.R. aus, da diese mangels Weisungsgebundenheit keine Verrichtungsgehilfen des Reiseveranstalters sind. Ist der Reiseveranstalter Halter/Fahrer des für einen Schadensfall ursächlichen Kfz, so kommen auch Ansprüche nach §§ 7, 18 StVG in Betracht.

> **Klausurtipp:** Wenn Kinder zu Schaden kommen, sollten Sie daran denken, dass das **Mitverschulden der Eltern** (Aufsichtsverletzung) nach §§ 254 II, 278 BGB dem Kind zugerechnet werden kann. Zudem taucht in diesen Fällen wegen der Haftungsvorschrift des § 1664 BGB auch das Problem der **gestörten Gesamtschuld** auf; vgl. Rn. 62.

Beachten Sie hinsichtlich der vorstehenden Mängelrechte des Reisenden aus §§ 651c ff. BGB unbedingt die **Ausschlussfrist für Reisemängelrechte in § 651g I 1 BGB**. Nach der Rspr. kann die Frist aus § 651g I 1 BGB nicht durch AGB auf andere Ansprüche des Reisenden, insb. jene aus unerlaubter Handlung, ausgedehnt werden (BGH ZGS 2004, 244). Adressat ist der Veranstalter, seine Agenturen oder wg. § 91 II HGB auch das Reisebüro. Es genügt auch die Mängelanzeige während der Reise, wenn der Reisende ausdrücklich und vorbehaltlos auch weitere Mängelgewährleistungsansprüche und nicht bloße Abhilfe geltend macht (BGH NJW 2004, 3777 f.). Wenn der Reiseveranstalter seine Pflicht zum Hinweis auf die Ausschlussfrist nach § 6 II Nr. 8 BGB-InfVO (Lesen!) nicht erfüllt hat und auch die (ersatzweise) konkrete Verweisung auf die Angabe im Prospekt nicht hinreichend deutlich ist (vgl. § 6 IV 1 BGB-InfVO), besteht eine widerlegliche Vermutung dafür, dass die Fristversäumung des Reisenden entschuldigt ist (vgl. BGH NJW 2007, 2549 ff.). Die Verjährung der Mängelansprüche wiederum ist in **§ 651g II BGB** geregelt, wobei diese kurze Verjährung nicht auch für konkurrierende Ansprüche aus unerlaubter Handlung gilt. Nach § 651m S. 2 BGB kann die Frist vertraglich verkürzt werden (beachte aber § 309 Nr. 7 BGB).

§ 6 Der Mietvertrag, §§ 535 ff. BGB

A. Einstieg

78 Die Systematik des neuen Mietrechts lautet wie folgt:

> - §§ 535 ff. = Allgemeine Vorschriften über die Miete
> - §§ 549 ff. = Sonderregelungen für die Wohnraummiete
> - §§ 578 ff. = Mietvertrag über andere Sachen, z.B. Grundstücke, Geschäftsräume
> - §§ 581 ff. = Pacht und Landpacht

> **Beachte:** Im Unterschied zum Mietvertrag schuldet der Verwahrer beim **Verwahrungsvertrag** i.S.d. §§ 688 ff. BGB das Gewähren von Raum und die Obhut (z.B. bewachter Parkplatz). Bei Pflichtverletzung haftet der Verwahrer nach den allgemeinen Vorschriften (z.B. §§ 280, 241 II BGB/pVV und § 823 BGB bei Beschädigungen, §§ 280, 283, 823 BGB bei Unmöglichkeit der Rückgabe), ggf. mit der Haftungsmilderung aus § 690 BGB. Lesen Sie zur öffentlich-rechtlichen Verwahrung *Kaiser* JA 2007, 618 ff.
>
> Die **Leihe** dagegen ist die unentgeltliche Gebrauchsüberlassung einer Sache (z.B. Stellung eines Ersatzfahrzeuges durch Werkstatt mit RBW). Klausurrelevant ist v.a. die Schadensersatzpflicht des Entleihers wg. Beschädigung der Ersatzfahrzeuges aus §§ 604, 280, 241 II BGB/pVV und aus § 823 BGB. Oft wird darum gestritten, ob der Entleiher wegen nicht erfolgter Aufklärung über den fehlenden Vollkaskoschutz nur für Vorsatz oder grobe Fahrlässigkeit haftet. Eine entsprechende Aufklärungspflicht bejaht die h.M. aber nur, wenn das eigene Fahrzeug des Entleihers relativ neu, höherwertig und selbst vollkaskoversichert ist (vgl. OLG Oldenburg NJW-RR 2006, 1534 f. m.w.N.; Achtung: Die Kommentierung im Palandt unter § 599 Rn. 5 macht diese Rspr. nicht ausreichend klar!). Recht häufig kommt es in Examensklausuren aus dem Recht der Leihe auch auf **Beweislastfragen** an. Sie sollten wissen, dass derjenige, der sich i.R.d. Rückforderung auf einen mittlerweile abgelaufenen Leihvertrag beruft, gegenüber dem Einwand des Gegners, es liege Schenkung vor, den Abschluss des Leihvertrages beweisen muss (BGH FamRZ 1970, 586). Auch für den Anspruch aus § 985 BGB muss der Anspruchsteller zur Widerlegung der Vermutung von § 1006 I BGB beweisen, dass er den streitgegenständlichen Gegenstand verliehen und nicht bei Übergabe verschenkt hat, wenn sich der Entleiher darauf beruft (vgl. *Baumgärtel* S. 732; oben Rn. 47).

Beachten Sie, dass bei der **Pacht** gem. § 581 II BGB die Vorschriften über die Miete entsprechend Anwendung finden, sofern sich aus den §§ 582 ff. BGB nichts Abweichendes ergibt. Im Unterschied zum reinen Mietvertrag liegt die Besonderheit der Pacht darin, dass neben der Gebrauchsüberlassung auch eine Fruchtziehung möglich ist (z.B. »Vermietung« einer fertig eingerichteten Gaststätte).

B. Das Zustandekommen und der Inhalt des Mietvertrags

Der Mietvertrag ist gem. § 535 BGB ein gegenseitiger Vertrag über die entgeltliche Gebrauchsüberlassung. Mietgegenstand können nur Sachen i.S.d. § 90 BGB sein, nicht Rechte (dort ist nur Pacht möglich). Der Mietvertrag ist grds. formfrei (Ausnahme: § 550 BGB bei Mietverträgen, die für länger als ein Jahr geschlossen werden.). Bei Nichteinhaltung des § 550 BGB ist der Mietvertrag aber nicht nach § 125 S. 1 BGB unwirksam, da **§ 550 S. 1 BGB** eine Sonderregelung trifft: Der Vertrag ist als unbefristeter Mietvertrag wirksam mit der sich daran anschließenden Möglichkeit der ordentlichen Kündigung. Eine solche Kündigung und das Berufen auf den Formmangel verstoßen nicht gegen § 242 BGB (vgl. dazu Palandt/*Weidenkaff* § 550 Rn. 12).

§ 550 BGB greift nicht, wenn der Mietvertrag für unbestimmte Zeit geschlossen wurde, was auf die meisten Wohnraummietverträge zutrifft (vgl. § 575 BGB!). Befristete Verträge sind dagegen

§ 6 Der Mietvertrag, §§ 535 ff. BGB

bei der Gewerberaummiete zulässig und üblich, so dass i.d.R. hier die o.g. Schriftformproblematik des § 550 BGB relevant wird.

Klausurtipp: Es reicht für § 550 BGB grds. aus, wenn die wesentlichen Vertragsbedingungen (Parteien, Mietbeginn, Mietpreis, Mietgegenstand) hinreichend bestimmbar sind, exakte Bestimmtheit ist grds. nicht erforderlich. Nötig ist stets eine von beiden Seiten unterschriebene **einheitliche Urkunde** (vgl. zu den strengen Voraussetzungen der Einheitlichkeit Palandt/*Weidenkaff* § 550 Rn. 8 ff.). Unterzeichnet für eine Vertragspartei ein **Vertreter**, muss dies in der Urkunde durch einen das Vertretungsverhältnis anzeigenden Zusatz nur dann hinreichend deutlich zum Ausdruck kommen, wenn nicht die Vertretung auf andere Weise hinreichend bestimmbar ist (vgl. BGH NJW 2008, 2178 ff.). Achtung: Die o.g. Anforderungen an die Form haben nichts mit der – für § 550 BGB irrelevanten – Frage zu tun, ob der Unterzeichner Vertretungsmacht hatte oder nicht! Auch für wesentliche **Abänderungen** des Mietvertrages gilt § 550 BGB, wenn auch für den ursprünglichen Mietvertrag § 550 BGB gilt.

C. Die Hauptpflichten des Vermieters und Mieters

Die Hauptpflichten des Vermieters sind: 79

- Vertragsgemäße Gebrauchsüberlassung der Mietsache, § 535 I 1, 2 BGB (dazu gehört auch der Schutz gegen Störung des vertragsgemäßen Gebrauch, z.B. unzumutbarer Lärm von anderen Mietern/Dritten/Großbaustelle)
- Instandhaltung der Mietsache, § 535 I 2 BGB

Eine Abbedingung der Instandhaltungspflicht ist zulässig. Dies wird v.a. bei **Schönheitsreparaturen** relevant, die oft in AGB dem Mieter übertragen werden. Vorformulierte (AGB-)Fristenpläne für die Ausführung von Schönheitsreparaturen müssen so formuliert sein, dass der Mieter erkennen kann, dass der Fristenplan nur ein ungefährer Näherungswert ist (»*in der Regel*«, »*im Allgemeinen*«), so dass die Renovierungspflicht vom konkreten Abnutzungsgrad der Wohnung abhängt (sog. **weiche Fristenpläne**). Diese liegen auch vor, wenn die Fristverlängerung im billigem Ermessen des Vermieters steht, vgl. BGH NJW 2005, 1188 ff. und 3416. **Starre (AGB-)Fristenpläne** sind dagegen nach § 307 II Nr. 1 BGB grds. unwirksam (BGH NJW 2004, 2586 ff. und 3775 ff.; auch z.B. »*... Küche und Bad regelmäßig alle 3 Jahre....*«) und können auch im Wege der ergänzenden Vertragsauslegung nicht geltungserhaltend aufrechterhalten werden (BGH NJW 2006, 2915 ff.). Das Gleiche gilt für Endrenovierungsklauseln (BGH NJW 2006, 3778 ff.). In Fällen starrer Fristen sind auch die Klauseln über die quotenmäßige Abgeltung angefangener Renovierungsintervalle bei Auszug unwirksam (BGH NJW 2006, 1728 ff.). Die Rspr. bzgl. der Unwirksamkeit starrer Fristen gilt auch bei der Gewerberaummiete (BGH NJW 2008, 3772 ff.). Der Vermieter kann bei unwirksamer Überwälzung über eine Mieterhöhung nach §§ 558 ff. BGB keinen Zuschlag über die ortsübliche Miete hinaus verlangen (BGH NJW 2008, 2840 ff.).

Klausurtipp: Führt der Mieter im Vertrauen auf die Pflicht zur Schönheitsreparatur ohne Kenntnis der Unwirksamkeit der entsprechenden Klausel nach Beendigung des Mietvertrages Renovierungsarbeiten aus, so kann er Ersatz seiner Aufwendungen nach §§ 812 I 1 Alt. 1, 818 II BGB verlangen (Palandt/*Weidenkaff* § 535 Rn. 47a m.w.N.). Der BGH lehnt dagegen Ansprüche aus § 539 BGB i.V.m. GoA mangels FGW ab. Bei schuldhafter Verwendung unwirksamer AGB ist auch ein Anspruch aus c.i.c. möglich. In Examensklausuren kann dieser Aspekt z.B. i.R.d. Widerklage des beklagten Mieters auftauchen. Führt der Mieter die Schönheitsreparaturen, zu denen er gar nicht verpflichtet war, schlecht aus, so haftet er dem Vermieter aus pVV nur, wenn dadurch zusätzliche Schäden verursacht wurden, so dass dem Vermieter höhere Kosten entstanden sind, als wenn der Mieter überhaupt keine Arbeiten durchgeführt hätte (LG Frankfurt NJW-RR 2001, 372).

Die Hauptpflichten des Mieters sind:

- Zahlung der Miete, § 535 II BGB (und i.d.R. die vereinbarte Zahlung des Vorschusses auf die Betriebskosten). § 537 BGB regelt die Mietentrichtungspflicht bei persönlicher Verhinderung des Mieters und bei Verhinderung aufgrund Gebrauchsüberlassung an einen Dritten durch den Vermieter.

- In § 556 BGB sind u.a. Abrechnungsmodalitäten und Nachforderungen bzgl. der **Betriebskosten** geregelt (der Kommentierung des Palandt zu § 556 BGB können Sie bei Bedarf auch weitere Fragen der Betriebskosten entnehmen, hier sollten Sie kein Einzelwissen anhäufen!). Sind die Vorauszahlungen deutlich niedriger als die tatsächlichen Betriebskosten und treten weitere besondere Umstände hinzu (z.B. Vermieter versichert Angemessenheit der Vorauszahlungen/Nebenkosten), so kommt ggf. ein Anspruch des Mieters auf Befreiung der Nachforderung aus c.i.c. in Betracht (BGH NJW 2004, 2674 f.).

- I.d.R. Ausführung der (durch den Mietvertrag übertragenen) Schönheitsreparaturen

D. Die Rechte der Parteien bei Nichterfüllung der Hauptpflichten aus dem Mietvertrag

I. Die Rechte des Mieters

80 Erfüllt der Vermieter die o.g. Hauptpflichten nicht – insb. wenn ein Mangel vorliegt oder während der Mietzeit auftritt –, hat der Mieter kumulativ folgende Rechte:

- Nacherfüllung/Mängelbeseitigung, § 535 I 1, 2 BGB
- Gewährleistungsrechte, §§ 536 ff. BGB
- Kündigung, § 543 I, II 1 Nr. 1 BGB (Kündigung ersetzt den Rücktritt im Mietrecht!)

Einen **Mangel** der Mietsache liegt vor, wenn die Ist-Beschaffenheit der Sache von der Soll-Beschaffenheit negativ abweicht und dies den vertragsgemäßen Gebrauch unmittelbar **erheblich beeinträchtigt**, vgl. § 536 I 3 BGB (z.B. unzumutbare Lärmbelästigung, morsche Treppe, Wasserflecken, Verletzung des Wettbewerbsverbots durch Vermietung naher Mieträume an Konkurrenzunternehmen, öffentlich-rechtliche Beschränkungen, Wohnfläche liegt mehr als 10% unter der im Mietvertrag angegebenen »cirka-«Wohnfläche). Der Mieter trägt die Beweislast für die Abweichung der Ist- von der Sollbeschaffenheit, der Vermieter für die Unerheblichkeit der Tauglichkeitsminderung. § 536 III BGB regelt den Rechtsmangel (v.a. Rechte Dritter, die geltend gemacht/angedroht werden; klausurrelevant: **Doppelvermietung** der Mietsache, vgl. dazu Palandt/*Weidenkaff* § 536 Rn. 30 auch zur Unzulässigkeit einer einstw. Verfügung).

Den Nacherfüllungsanspruch kann der Mieter dem Anspruch des Vermieters auf Zahlung der Miete dabei in Form der Einrede nach § 320 BGB entgegenhalten. Der **Vermieter** kann die Nacherfüllung bei Unmöglichkeit unter den Voraussetzungen von § 275 I, II BGB verweigern (vgl. BGH JA 2006, 165 ff. mit guter Anmerkung von *Mückl*). Ist der Mieter mit der Mietzahlung in Verzug, so steht dem Vermieter mit Rückständen aus der Zeit vor Entstehung des Mangels aus § 273 BGB und hinsichtlich Rückständen nach Entstehung des Mangels aus § 320 BGB ein Zurückbehaltungsrecht gegenüber dem Mängelbeseitigungsanspruch zu (vgl. *Lehmann-Richter* NJW 2008, 1196 ff. m.w.N.).

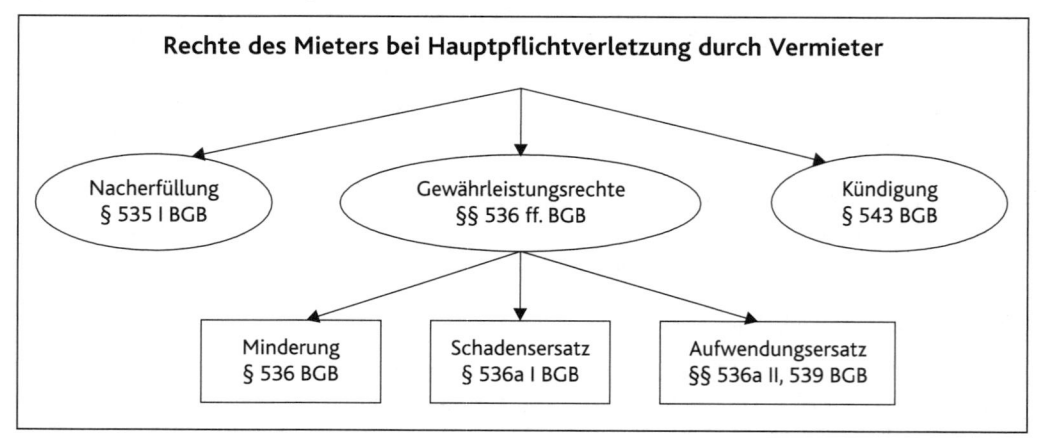

Rechte des Mieters bei Hauptpflichtverletzung durch Vermieter

- Nacherfüllung § 535 I BGB
- Gewährleistungsrechte §§ 536 ff. BGB
  - Minderung § 536 BGB
  - Schadensersatz § 536a I BGB
  - Aufwendungsersatz §§ 536a II, 539 BGB
- Kündigung § 543 BGB

§ 6 Der Mietvertrag, §§ 535 ff. BGB

Die §§ 119 ff., 123 BGB sind neben §§ 536 ff. BGB auch nach Übergabe anwendbar (Ausnahme: § 119 II BGB bei Irrtum des Mieters über Sachmangel, vgl. Palandt/*Weidenkaff* § 536 Rn. 12). **Nach Übergabe verdrängen §§ 536 ff. BGB** in ihrem Anwendungsbereich das allg. Leistungsstörungsrecht, insb. also die §§ 280 ff., 323 ff. BGB und die c.i.c. (Ausnahme: Verletzung einer vorvertraglichen Aufklärungspflicht bzgl. eines Umstandes, der keinen Mietmangel begründet oder bei Arglist/Vorsatz des Vermieters). Nach h.M. wird allerdings § 536 III BGB so verstanden, dass bei Rechtsmängeln eine Übergabe der Sache für die Anwendung der §§ 536 ff. BGB nicht erforderlich ist (BGH NJW 1996, 714 ff.).

Durch vorbehaltlose Mietzahlung in Kenntnis eines Mangels verliert der Mieter i.d.R. weder seine Gewährleistungsrechte noch sein Recht auf außerordentliche Kündigung, da ein solcher Rechtsverlust im Mietrecht nicht vorgesehen ist (BGH NJW 2007, 147 ff.; BGH NJW 2005, 1503; a.A. wohl Palandt/*Weidenkaff* § 536 Rn. 38). Nur nach **§ 536b, c, d BGB oder § 326 II 1 Alt. 1 BGB analog** (Mangel aufgrund Vertretenmüssens des Mieters; Ausnahme: Einhaltung des vertragsgemäßen Gebrauchs) oder bei Verwirkung sind die **Gewährleistungsrechte des Mieters ausgeschlossen**. Wenn die Gewährleistungsansprüche aus §§ 536 ff. BGB in AGB ausgeschlossen sind, so können Sie die Einzelheiten im Palandt bei § 535 Rn. 42 ff., § 536 Rn. 2 und 536a Rn. 7 nachschlagen.

Zu den Gewährleistungsrechten im Einzelnen:

Die **Minderung** nach § 536 I 1 BGB erfolgt kraft Gesetzes, Anspruchsgrundlage für die Rückerstattung zuviel gezahlter Miete ist nach h.M. § 812 I 1 Alt. 1 BGB (Gefahr: § 818 III BGB!). Gemäß § 536 IV BGB kann die Minderung zumindest bei Wohnraum nicht ausgeschlossen werden. Bei der Gewerberaummiete kommt bei Ausschluss durch AGB die Unwirksamkeit nach § 307 BGB zumindest dann in Betracht, wenn auch die Rückforderung der zuviel gezahlten Miete ausgeschlossen sein soll (vgl. BGH NJW 2008, 2254 ff.).

Klausurtipp: Wenn der Vermieter nach § 543 II Nr. 3 BGB wg. Zahlungsverzug gekündigt hat, müssen Sie prüfen, ob überhaupt Verzug vorliegt. Oft wird sich der Mieter auf angebliche Mängel berufen, so dass dann inzident die Minderung und das Zurückbehaltungsrecht nach §§ 535 I 2, 320 BGB zu untersuchen sind **(Schachtelprüfung)**. Bei Mängeln der Mietsache darf der Mieter einen 3- bis 5-fachen Minderungsbetrag zurückhalten (vgl. Palandt/*Weidenkaff* § 536 Rn. 6).

Der **Schadensersatzanspruch** nach § 536a I Alt. 1 BGB gilt für Mängel bei Vertragsschluss. Der Anspruch nach § 536a I Alt. 2 BGB gilt für Mängel nach Vertragsschluss und setzt Verschulden voraus. Die sich aus § 536a I BGB ergebenden Ansprüche erfassen alle Schäden aufgrund des Mangels, insb. auch Mangelfolgeschäden (z.B. Kosten der einstweiligen Unterbringung, Verdienstausfall, Sachschäden). Daneben kommen Ansprüche aus § 536a I BGB i.V.m. § 284 BGB und § 823 BGB in Betracht.

Der **Aufwendungsersatzanspruch** ist in § 536a II Nr. 1, 2 BGB geregelt. In Fällen von § 536a II Nr. 2 BGB hat der Mieter nach § 242 BGB sogar einen Anspruch auf Kostenvorschuss. Denken Sie an **§ 556b II BGB**, wenn der Mieter trotz anderweitiger Vereinbarung mit Ansprüchen aus §§ 536a, 539 BGB aufrechnet oder ein ZBR geltend macht.

Klausurtipp: Fehlt es an den Voraussetzung von § 536a II BGB (z.B. nicht dringende Mängelbeseitigung ohne Verzug, soz. »Selbstvornahme« im Mietrecht), so kann der Mieter seine Aufwendungen für die Mängelbeseitigung nicht über §§ 536a I, 539 BGB geltend machen (BGH NJW 2008, 1216 ff.; Argument: Sonst würden Voraussetzungen von § 536a II BGB leer laufen). Gleiches dürfte für Ansprüche aus § 812 BGB gelten. Sonstige Aufwendungen, die nicht unter § 536a II BGB fallen (v.a. Aufwendungen, die nicht zur Beseitigung eines Mietmangels vorgenommen worden sind, sondern lediglich die Nutzbarkeit der Mietsache verbessern sollen wie z.B. Renovierungskosten), sind ggf. nach § 539 I BGB (i.V.m. berechtigter GoA), oder nach §§ 539 I, 684, 812 ff. BGB (bei unberechtigter GoA; Achtung: Nach §§ 539, 684, 812, 818 BGB ist dann nur Wertersatz geschuldet, der nicht unbedingt mit den tatsächlichen Kosten der Aufwendungen identisch sein muss!) und/oder nach §§ 951, 812 ff. BGB zu ersetzen. Bereicherungsrechtliche Ansprüche können sich daneben nur dann ergeben, wenn das Mietverhältnis vorzeitig endet und der Vermieter früher als vereinbart in den Genuss von Mieterinves-

> titionen gelangt (vgl. BGH NJW 2009, 2374 f.). Stets ist bei § 539 I BGB genau zu prüfen, ob die Voraussetzungen der GoA – also insbesondere der FGW (oft dienen die Aufwendung in erster Linie dem eigenen Interesse!) – vorliegen. Ggf. kann es bei Anwendung der §§ 812 ff. BGB zum Problem der aufgedrängten Bereicherung kommen (vgl. Rn. 64).
>
> Ein **Wegnahmerecht** für eingebaute Einrichtungen (z.B. Wandschrank, Waschbecken; umstr. für Einbauküche: Nach e.A. Einrichtung, nach wohl h.M. keine Einrichtung, dafür Herausgabeanspruch nach § 985 BGB) regeln abschließend §§ 539 II, 552, 578 II BGB.

Das **Kündigungsrecht** ergibt sich aus § 543 I, II 1 Nr. 1 BGB (vgl. Rn. 86 zur Kündigung).

II. Die Rechte des Vermieters

81 Bei Nichtleistung des Mietzinses stehen dem Vermieter folgende Rechte zu:

- Erfüllungsanspruch aus § 535 II BGB
- Verzugsschaden nach §§ 280 II, 286 BGB
- Kündigung nach §§ 543 I, II 1 Nr. 3, 569 III BGB

Bei Nichtdurchführung der dem Mieter auferlegten **Schönheitsreparaturen** bei dessen Auszug:

- Erfüllungsanspruch aus § 535 II BGB, erst **nach Fristsetzung** (angemessen: 14 Tage) Schadensersatzanspruch aus **§§ 280, 281 BGB**; Auszug des Mieters kann ggf. Erfüllungsverweigerung i.S.v. § 281 II BGB sein (KG ZGS 2007, 116 f.: Voraussetzung ist, dass der Vermieter dem Mieter zuvor konkret mitgeteilt hat, welche Schönheitsreparaturen durchzuführen sind.)
- Anspruch z.B. aus § 812 I 1 Alt. 2 BGB bei Selbstvornahme des Vermieters ohne Fristsetzung (–), weil sonst Voraussetzungen von §§ 280, 281 BGB unterlaufen würden (Argument: Vergleichbarkeit mit Selbstvornahme im Kaufrecht, vgl. Rn. 25; Palandt/*Weidenkaff* § 535 Rn. 50 m.w.N.). Gleiches gilt für Ansprüche aus GoA, Ansprüche aus §§ 280, 283 BGB scheitern mangels Vertretenmüssen. Insoweit besteht eine gewisse Parallele zur Selbstvornahme-Problematik im Kaufrecht (vgl. Rn. 25).
- **Umbau der Mietsache** nach dem Auszug: Pflicht zur Vornahme der Schönheitsreparaturen entfällt, der Mieter muss dafür einen Ausgleich in Geld leisten (Anspruchsgrundlage: Ergänzende Vertragsauslegung, vgl. Rn. 4 und Palandt/*Weidenkaff* § 535 Rn. 50 und BGH NJW 2009, 510 ff.).
- Im Gegensatz zu nicht ausgeführten Schönheitsreparaturen haftet der Mieter für **echte Schäden** (z.B. Brandlöcher, eingetretene Türen) ohne Fristsetzung nach §§ 280, 241 II BGB/pVV und § 823 BGB. Bei üblicher Abnutzung gilt § 538 BGB.

> **Beachte: Während des laufenden Mietverhältnisses** hat der Vermieter nur den Erfüllungsanspruch gegen den Mieter. Befindet sich dieser im Verzug, ist der Vermieter berechtigt, die Zahlung eines Vorschusses i.H.d. erforderlichen Renovierungskosten zu verlangen, um seinen Erfüllungsanspruch im Wege der Ersatzvornahme, ggf. in der Zwangsvollstreckung nach § 887 ZPO durchzusetzen. Einen Anspruch auf Zahlung von Schadensersatz nach §§ 280, 281 BGB hat er jedoch nicht (BGH WuM 1990, 495).

Problem: Durchführung der Schönheitsreparaturen durch den Nachmieter

- Bei entsprechender Absprache zwischen Vor- u. Nachmieter: Leistung i.S.v. § 267 BGB, die Vereinbarung ist ein VzD (vgl. AG Münster WuM 2004, 562).
- Sonst: Wenn Vormieter vorher keine Frist gesetzt wurde, besteht kein Schadensersatzanspruch des Vermieters aus §§ 280, 281 BGB (s.o.); wenn Vormieter vorher Frist gesetzt wurde: Anspruch aus §§ 280, 281 BGB (+), keine Vorteilsanrechnung zugunsten des Vormieters (BGHZ 49, 56 ff.), Nachmieter dürfte aber analog § 255 BGB einen Anspruch gegen den Vermieter auf

§ 6 Der Mietvertrag, §§ 535 ff. BGB

Abtretung des Anspruchs gegen den Vormieter zustehen, weil er aufgrund der Ausführung der Schönheitsreparaturen letztlich der Geschädigte ist. Direkte Ansprüche des Nachmieters gegen den Vormieter dürften nämlich ausscheiden: Die GoA scheitert zumindest am entgegenstehenden Willen des Vormieters, Bereicherungsansprüche daran, dass der Vormieter ohne die Vorteilsanrechnung von dem Anspruch des Vermieters nicht befreit wurde und daher nichts erlangt hat. Auch ein Ausgleich zwischen Vor- und Nachmieter nach § 426 BGB wird von der h.M. abgelehnt (OLG Hamburg ZMR 1984, 342 ff. m.w.N.; Palandt/*Weidenkaff* § 535 Rn. 52).

E. Die Nebenpflichten und deren Verletzung

I. Die Nebenpflichten des Vermieters

Den Vermieter treffen v.a. folgende besondere Nebenpflichten: 82

- Schutzpflichten aus § 241 II BGB (Verletzung z.B. bei Anbringung einer Videokamera), Rechtsfolge: Unterlassungsanspruch aus § 1004 BGB analog.

- Pflicht zur Duldung der Wegnahme von Einrichtungsgegenständen durch Mieter, § 539 II BGB (s.o.)

- Rückzahlung der **Mietkaution** (Anspruchsgrundlage: Ergänzende Auslegung der Kautionsabrede) bei Beendigung des Mietverhältnisses nach Ablauf einer angemessenen Prüfungsfrist (Palandt/*Weidenkaff* Einf v § 535 Rn. 120 ff.: i.d.R. 6 Monate). Der Vermieter wird dann bei bestehenden Gegenansprüchen sich (teilweise) aus der Kaution befriedigen dürfen.

Klausurtipp: Die Mietsicherheiten des Wohnungsmieters sind in **§ 551 BGB** geregelt. Besonders klausurrelevant zum Thema Mietkaution ist die Entscheidung des BGH in **NJW-RR 2007, 884 ff.** (lesen!).

II. Die Nebenpflichten des Mieters

Zu den relevantesten Nebenpflichten des Mieters zählt die **Einhaltung des vertragsgemäßen Gebrauchs** bzw. der Obhutspflichten i.S.v. § 241 II BGB. Diese sind z.B. bei Beschädigung der Mietsache, bei unerlaubter Tierhaltung, bei nicht nur unwesentlicher Geschäftstätigkeit in einer Mietwohnung oder bei nicht vom Vermieter genehmigter und auch nicht nach § 242 BGB i.V.m. Art. 5, 4 GG – Stichwort: Mittelbare Drittwirkung von Grundrechten – zu duldender (Abwägung!) Anbringung einer Parabolantenne verletzt.

Problem: Verstoß gg. Nebenpflichten durch den Mieter

- Rechte des Vermieters: Unterlassungsanspruch aus § 541 BGB (lex specialis zu § 1004 BGB, weil sonst das Abmahnungserfordernis unterlaufen würde), fristlose Kündigung nach § 543 I BGB, Anspruch aus §§ 280, 241 II BGB/pVV und § 823 BGB

- Bei mehreren Mitmietern hat die Schädigungshandlung ggf. i.S.v. § 425 BGB Gesamtwirkung (vgl. Palandt/*Grüneberg* § 425 Rn. 16). Handelt es sich um Gäste oder Familienangehörige, so wird deren Handeln/Verschulden dem Mieter nach § 278 BGB zugerechnet (bei Kindern i.V.m. § 828 BGB).

Eine weitere Nebenpflicht des Mieters ist die Pflicht zur Duldung von bestimmten Erhaltungs- und Modernisierungsmaßnahmen aus **§ 554 BGB**. Der Mieter hat ggf. Gegenansprüche aus §§ 554 IV, 536, 536a BGB. **§ 559 BGB** gibt dem Vermieter die Möglichkeit der Mieterhöhung nach erfolgter Modernisierung (Maßstab nach BGH NJW 2009, 839 f.: Notwendigen Modernisierungskosten, nicht die tatsächlich angefallenen Kosten!). Achten Sie hier auf die Mitteilungspflicht aus § 554 III 1 BGB und auf die Regelung in § 559b II 2 BGB.

F. Die Verjährung der mietrechtlichen Ansprüche

83 Für die Ansprüche des Vermieters gilt die Sonderregelung des **§ 548 I BGB** (sechs Monate nach Zurückerhaltung der Mietsache). § 548 I BGB gilt dabei für alle Schadensersatzansprüche **wegen Verschlechterung/Veränderung der Mietsache**. Nach h.M. ist § 548 I BGB auch auf pVV, Delikt (außer § 826 BGB), GoA, §§ 812 ff. BGB, Ansprüche gegen im Schutzbereich des Mietvertrages befindliche Dritte und auf die c.i.c. anzuwenden (Argument: Sinn und Zweck des § 548 BGB ist die schnelle Abwicklung des Mietverhältnisses). Nach der Rspr. beginnt die Verjährung auch mit Zurückerhaltung, wenn der Vermieter Veränderungen oder Verschlechterungen der Mietsache erkennt. Ein »Zurückweisungsrecht« bzgl. der Rückgabe besteht insoweit also nicht.

> **Beachte:** § 548 I BGB gilt auch für den Anspruch auf Schadensersatz wegen unterlassener Schönheitsreparaturen nach §§ 280, 281 BGB, selbst wenn dieser Anspruch erst zu einem späteren Zeitpunkt überhaupt zur Entstehung gelangt (weil z.B. dann erst die Frist fruchtlos abläuft, vgl. BGH NJW 2006, 1588 f.).

Alle übrigen Ansprüche des Vermieters verjähren regelmäßig nach §§ 195 ff. BGB, z.B. der Erfüllungsanspruch. **§ 548 II BGB** gilt bzgl. der Aufwendungsersatzansprüche und der Gestattung der Wegnahme seitens des Mieters. Sonst gelten für ihn die allg. Vorschriften der §§ 195 ff. BGB, vor allem auch für seine Gewährleistungsrechte.

G. Dritte im Mietverhältnis

I. Der Schutz des Mieters gegenüber Dritten

84 Der Schutz des Mieters gegenüber Dritten ist wie folgt ausgestaltet:

- Ansprüche aus §§ 858 ff., 1007, 1004 BGB und Deliktsschutz nach § 823 I BGB möglich
- RzB gegenüber dem neuen Eigentümer im Falle der Veräußerung der Mietsache aus § 986 II BGB bei beweglichen Mietsachen und § 566 BGB bei Immobilien (§ 566 BGB als gesetzliche Vertragsübernahme des neuen Eigentümers)

II. Der Mietvertrag als Vertrag mit Schutzwirkung zugunsten Dritter (VSD)

Der Mietvertrag ist nach h.M. regelmäßig ein drittschutztaugliches Rechtsverhältnis i.S.d. VSD. Einbezogene Personen sind grds. die **zur Hausgemeinschaft gehörenden Personen**, nicht aber Gäste oder der Untermieter.

III. Die Untermiete

Die Untermiete und die Aufnahme von Dritten in die Mietwohnung sind in **§§ 540, 553 BGB** gesetzlich geregelt. Zwischen dem Vermieter und dem Untermieter bestehen i.d.R. keine vertraglichen Beziehungen, da der Untermietvertrag nur zwischen Hauptmieter und Untermieter geschlossen wird (in diesem Verhältnis gelten dann §§ 535 ff. BGB). Nach st. Rspr. werden Familienangehörige nicht als »Dritte« i.S.d. § 540 BGB angesehen, so dass die Aufnahme in die Wohnung nicht der Zustimmung des Vermieters bedarf (Argument: Art. 6 GG). Gleiches gilt für den Lebenspartner nach dem LPartG, nach noch herrschender Rspr. aber nicht für den Lebensgefährten einer neLG (BGH NJW 2004, 56 ff.). Beachten Sie, dass § 553 I 1 BGB unter den dort genannten Voraussetzungen einen Anspruch auf Erlaubniserteilung durch den Vermieter normiert.

Folgende drei Standardprobleme treten in diesem Zusammenhang häufig in Examensklausuren auf:

Problem: Ansprüche des Vermieters, wenn der Untermieter die Mietsache beschädigt

- Ansprüche, wenn die Untermiete **genehmigt war**:
  - Mieter haftet nach §§ 280 I, 241 II, 540 II BGB/pVV bei Verschulden des Untermieters.

§ 6 Der Mietvertrag, §§ 535 ff. BGB

- Untermieter haftet nicht aus EBV, da abgeleitetes Besitzrecht des Untermieters aus § 986 I 1 BGB, jedoch Haftung aus § 823 I BGB (+)
- Ansprüche, wenn die Untermiete **nicht genehmigt war:**
  - Mieter haftet aus pVV aufgrund eigenen Verschuldens (nicht genehmigte Untervermietung) unabhängig vom Verschulden des Untermieters.
  - Untermieter haftet nach EBV, da nach § 986 I 2 BGB kein abgeleitetes Besitzrecht (beachte § 991 II BGB), Deliktsrecht ist daher gem. § 993 I Hs. 2 BGB gesperrt.

Problem: Anspruch des Vermieters gg. Mieter auf Auskehr des Untermietzinses bei nicht genehmigter Untermiete während bestehendem Hauptmietverhältnis

- § 535 II BGB (–), da der Untermietzins kein Mietzins des Vermieters ist.
- §§ 280 I, 241 II BGB/pVV (–), da eine stärkere Abnutzung der Mietsache durch den Untermieter als kausaler Schaden i.d.R. nicht gegeben ist, ist die unterbliebene Mieterhöhung der einzige Schadensposten. Wegen § 553 II BGB besteht aber keine Kausalität zwischen Untervermietung und unterbliebener Mieterhöhung. Nur das Unterlassen der Einwilligung in eine Mieterhöhung durch den Mieter ist kausal für die unterbliebene Mieterhöhung. Das Unterlassen ist aber nicht tatbestandsmäßig i.S.d. pVV, da zur Einwilligung keine Rechtspflicht besteht. Die Pflichtverletzung des Mieters besteht nur darin, dass er ohne Genehmigung untervermietet hat.
- EBV (–), da durch Mietvertrag ein RzB besteht; Rechtsfigur des »nicht-so-berechtigten-Besitzers« wird von Rspr. abgelehnt, vgl. Rn. 46.
- § 823 I BGB (–), da keine Rechtsgutsverletzung gegeben.
- GoA (–), kein fremdes Geschäft, da das Gebrauchsrecht an der Mietsache dem Mieter zusteht.
- § 816 I 1 BGB direkt und analog (–), da Untervermietung keine Verfügung i.S.d. § 816 BGB.
- § 812 I 1 Alt. 2 BGB (–), kein Eingriff in den Zuweisungsgehalt eines Rechts des Vermieters, da Gebrauchs- und Verwertungsmöglichkeit auf Mieter übergegangen sind (BGHZ 131, 297 ff.).
- Auskehranspruch daher (–), aber Unterlassungsanspruch aus § 541 BGB und Kündigung nach § 543 II 1 Nr. 2 BGB möglich. Hat der Mieter aber zur Zeit der Kündigung nach § 553 BGB ein Anspruch auf Erlaubniserteilung, dann steht der Kündigung § 242 BGB entgegen (vgl. BayObLG NJW-RR 1991, 461 ff.). Gleiches dürfte für den Unterlassungsanspruch gelten.
Beachte: Nach wirksam beendetem Hauptmietvertrag kann sich ein Auskehranspruch dagegen aus §§ 546 I, 292, 987 BGB und aus §§ 987 ff. BGB ergeben (vgl. BGH NJW-RR 2009, 1522 ff.).

Problem: Vorgehen des Vermieters gg. Untermieter nach Kündigung des Hauptmietvertrages

- Räumungsanspruch aus § 546 II BGB und ggf. § 985 BGB; ein Räumungstitel des Vermieters gegen den Hauptmieter wirkt per se nicht gegen den Untermieter, eine Rechtskrafterstreckung kann nur unter den Voraussetzungen von § 325 ZPO angenommen werden.
- Kein Anspruch auf Zahlung des Untermietzinses vor Beendigung des Hauptmietvertrages (s.o.), danach Anspruch aus §§ 987 ff. BGB möglich (Palandt/*Weidenkaff* § 546a Rn. 5).
- Ggf. Gegenansprüche des Untermieters bei Verwendungen auf Mietsache z.B. nach EBV, GoA, § 812 BGB; Achtung: §§ 536a, 539 I BGB gelten nicht im Verhältnis Vermieter – Untermieter, weil nur der Hauptmieter Vermieter des Untermieters ist!

Klausurtipp: Beim Stichwort »Dritte« im Mietvertrag können auch die §§ 563 ff. BGB wichtig werden. Hier ist geregelt, ob und wann bestimmte Personen bei Tod des Mieters im Wege der **Sonderrechtsnachfolge** in den Mietvertrag eintreten.

H. Das Vermieterpfandrecht, §§ 562 ff. BGB

85 Das Vermieterpfandrecht nach §§ 562 ff. BGB (i.V.m. § 581 II BGB beim Verpächterpfandrecht) dient der Sicherung der Forderungen des Vermieters gegen seinen Mieter. Der Vermieter hat v.a. das Recht zum wörtlichen Widerspruch gem. § 562a BGB sowie zur (begrenzten) Gewaltanwendung und auf Rückverschaffung/Herausgabe aus **§ 562b I, II BGB**. Der Herausgabeanspruch aus § 562b II 1 BGB richtet sich dabei auch gegen einen Dritten, der Besitzer geworden ist. Zur Vorbereitung einer Klage nach § 562b II 1 BGB hat der Vermieter nach § 260 BGB einen Auskunftsanspruch gegen den Mieter, den er z.B. nach § 254 ZPO mit der Herausgabeklage verbinden kann. Gem. § 1257 BGB i.V.m. §§ 1228 ff. BGB stehen ihm die gleichen Rechte wie dem Gläubiger eines vertraglichen Pfandrechts zu, insb. das Recht zur Verwertung durch öffentliche Versteigerung. Ist die Versteigerung rechtmäßig (vgl. §§ 1242 f. BGB), erwirbt der Ersteiger Eigentum und der Vermieter erhält konditionsfest den Erlös. Der Schutz des Vermieterpfandrechts wird daneben durch § 1257 BGB i.V.m. §§ 1227, 985 ff., 1004 BGB und § 823 I und II (i.V.m. § 289 StGB) BGB gewährleistet.

> **Klausurtipp:** Sowohl den Herausgabeanspruch aus §§ 562b II, 1257, 1227, 985 BGB als auch den Auskunftsanspruch kann der Vermieter im Wege einer **einstweiligen Verfügung** durchsetzen. Die Dringlichkeit ergibt sich aus § 562b II 2 BGB (vgl. OLG Rostock MDR 2004, 1109 f.). Eine Vorwegnahme der Sache ist hier i.d.R. ausnahmsweise zulässig (Argument: Schutzbedürftigkeit des Vermieters, Vergleichbarkeit mit verbotener Eigenmacht durch Mieter).

Beachten Sie, dass **kein Vermieterpfandrecht** an den Sachen entsteht, die nach § 811 ZPO nicht pfändbar sind oder an denen der **Mieter bei Einbringung kein Eigentum** hat, vgl. § 562 I 1, 2 BGB. Eine Besonderheit liegt vor, wenn der Mieter die Sache erst im Zeitpunkt der Einbringung z.B. im Wege der vorweggenommenen Sicherungsübereignung an einen Dritten übereignet und daher die Einbringung/Entstehung des Vermieterpfandrechts und die Sicherungsübereignung zeitgleich kollidieren. Hier hat das Vermieterpfandrecht Vorrang, um so dessen wirtschaftliche Aushöhlung zu verhindern (PWW/*Riecke* § 562 Rn. 12 m.w.N.). Ein **gutgläubiger Erwerb** des Vermieterpfandrechts ist – wie beim Werkunternehmerpfandrecht – nach h.M. ausgeschlossen, da § 1257 BGB nicht entsprechend anwendbar ist (Argument: § 1257 BGB setzt nach seinem Wortlaut ein entstandenes Pfandrecht voraus). Hat der Mieter an einer eingebrachten Sache nur ein **AWR**, entsteht daran ein Vermieterpfandrecht und setzt sich mit Eigentumserwerb des Mieters analog § 1247 S. 2 BGB am Vollrecht fort (sog. dingliche Surrogation). Gleiches gilt, wenn der Mieter das mit dem Vermieterpfandrecht belastete AWR an Dritte nach §§ 929 ff. BGB analog weiterveräußert hat, im Hinblick auf das Vermieterpfandrecht am später entstehenden Vollrecht des Dritten (hier ist aber u.U. § 936 BGB einschlägig, vgl. Rn. 39).

Beachten Sie auch die **Erlöschenstatbestände** in §§ 936, 562a, 562b II 2 BGB. Klausurträchtig sind v.a. § 936 BGB (vgl. Rn. 39) und **§ 562a BGB (lesen!)**. Nach Rspr. greift § 562a BGB nicht bei Entfernung durch den Vermieter in Ausübung des Vermieterpfandrechts (vgl. OLG Stuttgart MDR 2008, 679 f.; Argument: Telos von § 562a BGB; diese Entscheidung sollten Sie unbedingt lesen!).

> **Klausurtipp:** Das Vermieterpfandrecht ist der klassische Fall der **Klage nach § 805 ZPO**, wenn Gläubiger des Mieters in die mit dem Vermieterpfandrecht belasteten Sachen des Mieters vollstrecken (vgl. dazu umfassend *Kaiser* Zwangsvollstreckungsklausur, Rn. 89 ff.). Auch bei der Klage nach § 771 ZPO kann des Vermieterpfandrecht v.a. auf Seiten des Vollstreckungsgläubigers relevant werden (vgl. *Kaiser* Zwangsvollstreckungsklausur, Rn. 43 f.)

> Auch **andere Klausurvarianten** sind möglich: So lässt der Vermieter in einigen Klausuren unter Hinweis auf sein Pfandrecht die Sache des Mieters nach §§ 1228 ff. BGB öffentlich versteigern, obwohl ein Dritter Eigentümer der Sache ist. Hier kommt nach § 1242 BGB kein Eigentumserwerb des Ersteigerers in Betracht, weil kein Pfandrecht entstanden ist. Gegen ihn besteht dann ein Herausgabeanspruch des Dritten aus § 985 BGB und Eingriffskondiktion. Ist jedoch ein gutgläubiger Erwerb des Ersteigerers nach §§ 1244, 932 ff. BGB zu bejahen, sind nur Ansprüche gegen den Vermieter auf Erlösherausgabe aus § 1247 S. 2 BGB analog und Eingriffskondiktion sowie Schadensersatzansprüche aus §§ 989, 990,

823 BGB möglich (Palandt/*Bassenge* § 1243 Rn. 2; §§ 989, 990 BGB sperren dann eigentlich § 823 BGB, es sei denn, man hält das EBV wg. des Vorrangs der Versteigerungsregelungen für nicht anwendbar). Möglich ist auch der »Aufhänger« über eine Hinterlegung des Erlöses nach einer Versteigerung der Mietsache. Hier kann über die Eingriffskondiktion derjenige Freigabe des hinterlegten Betrages verlangen, dessen Recht vorgeht (vgl. dazu z.B. BGH NJW 1992, 1156 ff.; oben Rn. 64).

J. Die Beendigung des Mietverhältnisses

Der Vermieter hat nach Beendigung des Mietvertrages einen vertraglichen Anspruch auf Rück- 86
gabe aus § 546 I BGB, daneben kann ggf. ein dinglicher Herausgabeanspruch aus § 985 BGB treten. § 546 I BGB umfasst dabei anders als § 985 BGB z.B. auch die Wegnahme von Einrichtungen und den Rückbau von baulichen Veränderungen. § 547 BGB regelt einen Rückzahlungsanspruch des Mieters für die im Voraus entrichtete Miete.

Merke: Kündigungsprobleme werden in Examensklausuren i.d.R. über den Räumungsrechtsstreit als Einstieg gestellt.

Die Kündigungserklärung ist als sog. Gestaltungsrecht grds. **bedingungsfeindlich**. Eine weitere Kündigung kann aber hilfsweise für den Fall erklärt werden, dass eine vorherige Kündigung unwirksam ist (zulässige Rechtsbedingung). Ein Mietverhältnis, an dem auf Vermieter- oder Mieterseite mehrere Personen beteiligt sind, kann wirksam nur von bzw. gegenüber allen gekündigt werden (vgl. Palandt/*Weidenkaff* § 542 Rn. 18). **§§ 568, 569 IV, 573 III BGB** regeln Form und Inhalt der Kündigungserklärung bei der Wohnraummiete. Beachten Sie, dass die Kündigungserklärung unter § 174 BGB fällt und unter dessen Voraussetzungen zurückgewiesen werden kann. Auch in der Klageschrift oder im weiteren Verlauf eines Räumungsrechtsstreits in einem der Schriftsätze kann die Kündigungserklärung (konkludent und ggf. erneut) abgegeben werden.

Klausurtipp: Zum Teil werden Mietrechtsklausuren mit der **Insolvenz des Mieters** »angedickt«. Wiederholen Sie die unter Rn. 5 dargestellten Besonderheiten, v.a. die Ausführungen zum Kündigungs- u. Rücktrittsrecht nach § 109 InsO und zur Kündigungssperre des Vermieters nach § 112 InsO. Wenn es zu einer wirksamen Kündigung (entweder nach oder vor Eröffnung des Insolvenzverfahrens) gekommen ist, sollten Sie bzgl. der Auswirkungen des Insolvenzverfahrens auf die Herausgabeansprüche des Vermieters Folgendes wissen: Der Herausgabeanspruch aus §§ 985, 546 I BGB stellt ein Aussonderungsrecht nach § 47 InsO dar, kann also bei Verweigerung der Herausgabe durch Klage gegen den Insolvenzverwalter geltend gemacht werden, wenn dieser Besitz an der Wohnung ausübt oder die Wohnung für die Masse nutzen will (vgl. BGH NJW 2008, 2580 f.; sonst nur Klage gegen den Insolvenzschuldner/Mieter möglich). Geht es um den über die bloße Herausgabe hinausgehenden schuldrechtlichen Anspruch aus § 546 I BGB (z.B. Wegnahme von Einrichtungen etc.), so ist dieser Anspruch lediglich Insolvenzforderung nach §§ 38, 87, 174 ff. InsO und muss zur Tabelle angemeldet werden (vgl. PWW/*Feldhahn* § 546 Rn. 1). Das Vermieterpfandrecht gewährt zusätzlich ein Absonderungsrecht nach § 50 II InsO.

Die Beendigungsgründe lassen sich wie folgt systematisieren:

- Beendigung **durch Zeitablauf**, vgl. § 542 II BGB: Eine stillschweigende Verlängerung ist nach § 545 BGB möglich. Befristete Wohnraummietverträge sind nur ausnahmsweise zulässig, vgl. § 575 BGB.

- Beendigung **durch Kündigung** vgl. § 542 I BGB:

- Ordentliche Kündigung = Kündigung ohne Angabe eines Grundes (Ausnahme nach § 573 BGB für den Vermieter), jedoch mit Frist. Diese Art der Kündigung ist **nur bei unbefristetem Mietvertrag** möglich.

- Außerordentliche Kündigung = Kündigung, die nur mit einem anerkannten Grund zulässig ist, i.d.R. ohne Frist. Die Gründe für eine fristlose außerordentliche Kündigung sind in § **543** BGB enthalten. I.d.R. sind dies Gründe, die aus dem Risikobereich des Kündigungsempfängers kommen. Bei der Wohnraummiete ist zusätzlich § 569 BGB zu beachten. Ansonsten denken Sie, v.a. wenn die Gründe nicht aus dem Risikobereich des Empfängers kommen oder wenn keine Wohnraummiete vorliegt, an § 314 o. § 313 BGB.

Klausurproblem Kündigung des Wohnungsmietvertrages

Ordentliche Kündigung, § 542 BGB
= ohne Grund mit Frist
→ nur bei unbefristetem Mietvertrag möglich
▶ § 573c f. BGB: Fristen
▶ § 573 BGB: Grund nötig für Vermieter
▶ § 574 f. BGB: Widerspruchsrecht des Mieters

Außerordentliche Kündigung, § 543 BGB
= mit Grund ohne Frist
→ immer möglich
▶ § 543 BGB: Gründe für Kündigung
▶ § 569 BGB: Gründe für Kündigung

Bei der Wohnraummiete gibt es in **§§ 568 ff. BGB einige Sondervorschriften** über die Beendigung des Mietverhältnisses, die Sie sich einmal in Ruhe durchlesen sollten. Wichtig sind insb.:

- § 568 BGB: Schriftform der Kündigung und Hinweispflicht des Vermieters
- § 569 BGB: Weitere Kündigungsgründe für die außerordentliche Kündigung
- **§ 573 BGB:** Ordentliche Kündigung des Vermieters nur bei berechtigtem Interesse. Beachte: Der **Eigenbedarfskündigung** § 573 II Nr. 2 BGB kann § 242 BGB entgegenstehen, wenn dieser **bis Ablauf der Kündigungsfrist** z.B. wegfällt oder im selben Haus des Vermieters eine vergleichbare Wohnung frei wird, die er dem Mieter nicht anbietet. Der Vermieter haftet dann zudem für den Kündigungsschaden des Mieters aus pVV. Dies gilt auch, wenn der Eigenbedarf nur vorgetäuscht wurde. Bei Vermietermehrheiten wie der Erbengemeinschaft oder der GbR genügt es bzw. ist »Eigenbedarf« bereits begrifflich nur möglich, wenn der Eigenbedarf eines der Mitglieder besteht, vgl. Palandt/*Weidenkaff* § 573 Rn. 26 zu den weiteren Kriterien.
- §§ 573c f. BGB: Kündigungsfristen bei der ordentlichen Kündigung
- §§ 574 f. BGB: Widerspruchsrecht des Mieters bei einer ordentlichen Kündigung (sog. »Sozialklausel«)

Wichtig ist v.a. die saubere Arbeit mit dem Klausursachverhalt (dies steht immer wieder in den Lösungsskizzen von Examensklausuren!). Achten Sie bitte auch auf das **Abmahnungs-/Fristsetzungserfordernis in § 543 III BGB**, welches auch bei einer Kündigung nach § 569 BGB gilt (nicht allerdings bei § 573 BGB, vgl. BGH NJW 2008, 508 ff.). Eine unberechtigte Abmahnung/Fristsetzung löst grds. weder Schadensersatz- noch Unterlassungsansprüche des Mieters aus (vgl. BGH NJW 2008, 1303; Argument: I.d.R. keine Rechtsverletzung des Mieters; Beachte: Auch ein feststellungsfähiges Rechtsverhältnis i.S.v. § 256 ZPO liegt i.d.R. nicht vor.).

Klausurtipp: Wurde der Mietvertrag wegen einer Pflichtverletzung der anderen Partei wirksam außerordentlich gekündigt, so kann die kündigende Partei zudem den Schaden, der ihr durch die Kündigung entstanden ist (sog. **»Kündigungsschaden«**), nach pVV ersetzt verlangen (vgl. Palandt/*Weidenkaff* § 543 Rn. 61 m.w.N.). Auch Ansprüche aus Verzug sind möglich. Die pVV kommt auch bei einem Schaden der gekündigten Partei in Betracht, wenn die Kündigung unwirksam war.

In **§§ 54 ff. ZVG** sind Sonderregeln für die Kündigung des Erstehers einer Mietsache im Wege der Zwangsversteigerung normiert. Lesen Sie auch § 580a BGB zur ordentlichen Kündigung bei Mietverhältnissen, die nicht über Wohnraum abgeschlossen werden.

Beachte: Unter den Voraussetzungen von § 543 II 2, 3 BGB und § 569 III BGB kann die auf den Zahlungsverzug des Mieters gestützte außerordentliche Kündigung v.a. durch Zahlung der Rückstände oder unverzügliche Aufrechnung **geheilt werden**. Die Zahlung der Rückstände steht in diesem Fall der Wirksamkeit einer oft gleichzeitig erklärten ordentlichen Kündigung z.B. nach § 573 II Nr. 1 BGB

§ 6 Der Mietvertrag, §§ 535 ff. BGB

aber nicht entgegen (BGH NJW 2006, 1585 ff., Argument: Wortlaut von §§ 543 II, 569 III BGB, ausreichender Schutz des Mieters durch § 573c BGB). Auch für die auf § 543 I BGB gestützte außerordentliche Kündigung gilt die Heilungsmöglichkeit nicht (BGH NJW 2006, 1585 ff.). Jedoch ist der Ausgleich der Rückstände bei der Bewertung des Verschuldens des Mieters heranzuziehen (KG MDR 2008, 1331).

Eine unwirksame außerordentliche Kündigung kann ggf. nach § 140 BGB in eine wirksame ordentliche Kündigung **umgedeutet** werden.

Nach der Rspr. können die Parteien i.d.R. das **Recht zur ordentlichen Kündigung** für einen bestimmten Zeitraum **ausschließen**. Die hierzu ergangene Rspr. zur Wohnraummiete ist zu kompliziert, um sie auswendig zu lernen (vgl. eindrucksvoll *Börstinghaus* NJW 2009, 1391 f.). Schauen Sie im Ernstfall im Palandt bei § 573c Rn. 3 und § 557a Rn. 10 f. nach. Im Falle der Gewerberaummiete gilt § 580a II BGB, der allerdings abdingbar ist.

Bei Auszug des Mieters vor Vertragsende ohne Eingreifen einer Kündigung hat der Mieter u.U. einen Anspruch aus § 242 BGB auf vorzeitige Vertragsaufhebung, wenn er dem Vermieter einen **akzeptablen Nachmieter** stellt und der Mieter ein berechtigtes Interesse am vorzeitigen Auszug hat (Palandt/*Weidenkaff* § 537 Rn. 8 ff.; das berechtigte Interesse wird relativ restriktiv gesehen!).

Der Mieter ist bei Vertragsende aus § 546 I BGB verpflichtet, das Mietobjekt **geräumt zurückzugeben**. Bei einer **Verletzung der Rückgabepflicht** der Mietsache entsteht neben den Ansprüchen aus §§ 546, 985 BGB ein Anspruch auf Zahlung der ortsüblichen Miete aus §§ 546a I, 571 BGB für die Dauer der Vorenthaltung, daneben sind nach § 546a II BGB Ansprüche aus z.B. aus §§ 280, 281 BGB, Verzug, EBV und aus Eingriffskondiktion möglich (Palandt/*Weidenkaff* § 546a Rn. 19 f.; BGH, Urt.v. 12.08.2009, AZ: XII ZR 76/08; wenn Ansprüche aus §§ 987 ff. BGB bejaht werden, ist umstritten, ob § 812 BGB – wie im Normalfall – gesperrt oder hier ausnahmsweise neben den §§ 987 ff. BGB anwendbar ist), allerdings ist § 571 BGB zu beachten. Bei einer Räumungsklage kann der Vermieter nach Maßgabe von § 259 ZPO den Räumungsanspruch mit den Ansprüchen aus § 546a I, II BGB verbinden (vgl. BGH NJW 2003, 1395 f.).

Beachte: Achten Sie auch auf die **prozessualen Aspekte** der besonders klausurrelevanten Räumungsklage.

Die Gerichtszuständigkeit der Amtsgerichte ergibt sich bei Wohnraummiete zwingend aus § 23 I Nr. 2a GVG, § 29a ZPO, sonst gelten die allgemeinen Vorschriften, so v.a. § 8 ZPO für den Zuständigkeitsstreitwert.

Der Tenor des üblichen Räumungsurteils bei Erfolg lautet: »Der Beklagte wird verurteilt, die Wohnung ... (genaue Bezeichnung) zu räumen und an den Kläger herauszugeben«. Die Gewährung einer Räumungsfrist ist nach Maßgabe von § 721 ZPO stets v.A.w. zu prüfen (Kriterien: Alter des Beklagten, Dauer des Mietverhältnisses, sonstige Umstände des Einzelfalls). Denken Sie auch an § 708 Nr. 7 ZPO bzgl. der vorläufigen Vollstreckbarkeit.

Die Verurteilung zu einer künftigen Räumung regelt sich nach Maßgabe von § 259 ZPO.

Die Räumungsklage wird nach § 260 ZPO oft mit materiell-rechtlichen Ansprüchen verbunden, z.B. rückständige Miete, Schadensersatz etc. Dann liegt eine objektive Klagenhäufung vor (vgl. zu einem Formulierungsbeispiel *Kaiser* Zivilgerichtsklausur I, Rn. 369 ff.).

Mehrere Vermieter sind zwar grds. materiell notwendige Streitgenossen, allerdings gilt § 432 BGB. Bei Erbengemeinschaften als Vermieter findet § 2039 BGB Anwendung. Mehrere Mieter schulden die Rückgabe i.S.v. § 546 BGB als Gesamtschuldner, jedoch mit der Besonderheit, dass die Haftung beider Mietmieter solange bestehen bleibt, bis beide Mieter ausgezogen sind. Häufig wird der Vermieter auch nicht im Mietvertrag aufgenommene Ehegatten oder Partner einer nichtehelichen Gemeinschaft mitverklagen, damit eine Vollstreckung nicht an § 750 ZPO scheitert (vgl. *Kaiser* Zwangsvollstreckungsklausur, Rn. 80). Einer Räumungsklage auch gegen die Kinder des Mieters fehlt das Rechtsschutzbedürfnis, weil die Kinder nur Besitzdiener sind und daher ein Titel gegen sie zur Vollstreckung nicht erforderlich ist.

> Die Geltendmachung des Räumungsanspruchs im einsteiligen Rechtschutz ist nach § 940a ZPO nur in engen Ausnahmefällen möglich.

Beachten Sie schließlich noch die Sonderregelung in **§ 566 BGB** (»Kauf bricht nicht Miete«). Nach § 566 I BGB tritt der Erwerber mit Beendigung des Erwerbstatbestandes in die Rechte und Pflichten des vormaligen Eigentümers und Vermieters ein. Ob der Erwerber auch in eine Kündigungslage eintritt, die bereits vor Erwerb begründet war, derentwegen der bisherige Vermieter aber noch nicht gekündigt hat, ist umstritten, wird aber überwiegend v.a. für die außerordentliche Kündigung bejaht (vgl. *Derleder* NJW 2008, 1189 ff. m.w.N.). In § 566 II BGB ist die Bürgenhaftung des bisherigen Vermieters normiert. **§ 566a BGB** regelt die Frage der Haftung für die Rückgabe der Kaution an den Mieter. Für Einzelheiten sollten Sie in der Klausur den Palandt konsultieren, Einzelwissen lohnt sich hier nicht.

> **Merke:** Die für § 566 BGB maßgebliche Zäsur ist der Eigentumsübergang (»Veräußerung«), nicht der Kaufvertrag! § 566 BGB gilt bei Eigentumsübergang kraft Gesetzes analog (BGH NJW 2008, 2773).

> **Beachte:** Wenn das Grundstück im Rahmen der Zwangsvollstreckung eines Gläubigers des Vermieters unter **Zwangsverwaltung** gestellt wird, rückt der Zwangsverwalter in die Pflichtenstellung des Vermieters ein, vgl. § 152 I, II ZVG. Im Prozess ist er Partei kraft Amtes. Nach Beendigung des Mietvertrages hat er aus § 152 II ZVG die Pflicht zur Kautionsrückzahlung, ohne dass es auf § 566a BGB ankommt (vgl. Palandt/*Weidenkaff* § 566 Rn. 10). Während des Mietvertrages hat er nach § 551 III BGB die Pflicht zur Anlegung der an den Vermieter geleisteten Kaution. Dem Mieter steht – solange dies noch nicht geschehen ist – entgegen §§ 392, 1125 BGB ein ZBR an seiner Miete zu (BGH NJW 2009, 3505).

§ 7 Der Leasingvertrag

A. Einstieg

Der Inhalt des Leasingvertrags ist i.d.R. eine Gebrauchsüberlassung der von einem Dritten gekauften Sache (in Klausuren i.d.R. ein Pkw) durch den Leasinggeber an den Leasingnehmer, die Entgeltzahlung des Leasingnehmers für den Gebrauch und die Finanzierung der Leasingsache durch die Raten.   87

Unterscheiden Sie dabei drei verschiedene Grundarten des Leasingvertrags:

- Finanzierungsleasing:
  - Es besteht grds. eine längere Grundmietzeit, das Leasingentgelt wird in Raten gezahlt (Finanzierungsfunktion des Leasings) und deckt i.d.R. die Anschaffungskosten, die Verzinsung des eingesetzten Kapitals, den Verwaltungsaufwand und den Gewinnzuschlag des Leasinggebers.
  - Es entsteht ein **Dreiecksverhältnis** (Kaufvertrag zwischen Leasinggeber und Hersteller, Leasingvertrag zwischen Leasinggeber und Leasingnehmer). Dass der Leasinggeber und der Hersteller wirtschaftlich verbundene Unternehmen sind (v.a. beim Kfz-Leasing), schadet nicht.
  - I.d.R. besteht die zulässige Vereinbarung, dass der Leasingnehmer die Sach- und Preisgefahr wie ein Käufer trägt. Oft existiert eine Kaufoption des Leasingnehmers am Vertragsende.
  - Der Finanzierungsleasingvertrag wird von der h.M. rechtlich als ein **atypischer Mietvertrag** qualifiziert, auf den die (ihrer Natur nach jeweils passenden) Vorschriften des Mietrechts entsprechend anwendbar sind. Er ist deshalb »atypisch«, weil im Gegensatz zum Mietvertrag eine Finanzierungsfunktion hinzukommt und der Leasingnehmer die Instandhaltungspflicht trägt.

- Operating-Leasing:
  - Hier besteht grds. nur eine kurzfristige Überlassung des Leasinggegenstandes, es handelt sich daher um einen reinen, klassischen Mietvertrag.

- Hersteller-Leasing:
  - Hier ist der Hersteller selbst der Leasinggeber. Diese Form der Vertragsgestaltung dient i.d.R. der Absatzfinanzierung durch den Hersteller.
  - Hier entsteht kein Dreiecksverhältnis. Es handelt sich i.d.R. entweder um einen reinen Mietvertrag oder um einen Teilzahlungskauf i.S.v. § 499 II BGB bzw. § 507 BGB n.F.

Merke: Examensrelevant sind hauptsächlich Probleme des Finanzierungsleasings zwischen Unternehmer und Verbraucher.

B. Das Wichtigste zum Finanzierungsleasing

Die Hauptpflichten im Verhältnis des Leasinggebers zum Hersteller richten sich nach §§ 433 ff. BGB. Die Hauptpflichten im Verhältnis Leasinggeber – Leasingnehmer richten sich nach dem Leasingvertrag, d.h. grds. nach §§ 535 ff. BGB analog.

2. Teil. Die wichtigsten Vertragstypen

```
Klausurproblem Dreiecksverhältnis beim Finanzierungsleasingvertrag

                    Kaufvertrag, §§ 433 ff. BGB
Leasinggeber ←——————————————————————————————————→ Hersteller
      ↕              Abtretung von §§ 437 ff. BGB zur Ausübung
Leasingvertrag
§§ 535 ff. BGB analog
      ↕
                Geltendmachung der abgetretenen Gewährleistungsansprüche
Leasingnehmer   bei Erfolg → Wegfall der Geschäftsgrundlage des Leasingvertrages
```

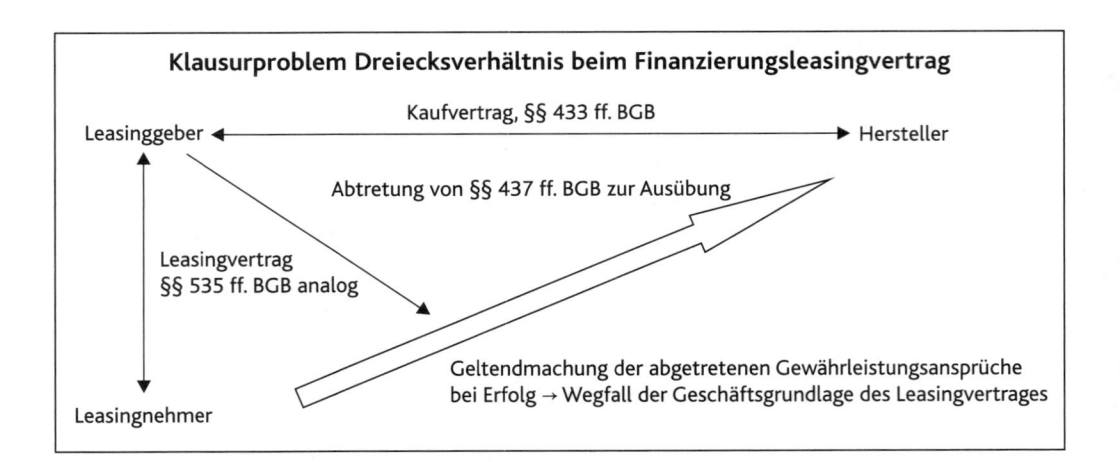

I. Das Verhältnis Leasinggeber – Hersteller

Hier gelten die allgemeinen Vorschriften, z.B. §§ 280 II, 286 BGB bei Verzug des Herstellers mit der Lieferung der Leasingsache und natürlich die §§ 433 ff. BGB. Die kaufrechtlichen Gewährleistungsrechte sind jedoch i.d.R. seitens des Leasinggebers an den Leasingnehmer abgetreten worden, so dass der Leasinggeber keine Ansprüche wegen der Mängel hat. Nicht an den Leasingnehmer abgetreten wird i.d.R. der Anspruch auf Rückzahlung des Kaufpreises, wenn der Leasingnehmer das an ihn abgetretene Rücktrittsrecht ausgeübt hat (vgl. *Reinking* ZGS 2002, 229 ff.).

II. Das Verhältnis Leasinggeber – Leasingnehmer

Die Rechte und Pflichten ergeben sich aus dem Leasingvertrag, auf den **§§ 535 ff. BGB entsprechend anwendbar** sind. Der Leasingvertrag kann als wucherähnliches Rechtsgeschäft sittenwidrig sein oder z.B. unter den Voraussetzungen von § 123 I, II BGB angefochten werden. Der Hersteller ist i.d.R. Dritter i.S.v. § 123 II BGB, es sei denn, er tritt als Repräsentant des Leasinggebers auf (vgl. BGH NJW 1989, 287).

Der Leasingnehmer schuldet die **Leasingraten**, dies nach den entspr. Leasingverträgen aber grds. erst ab Übergabe des Leasinggegenstandes. Eine sog. Übernahmebestätigung ist lediglich eine Quittung für die Leistung, dem Aussteller bleibt der Beweis des Gegenteils, wenn er später die Unrichtigkeit der Bestätigung behauptet (OLG Karlsruhe ZGS 2007, 277 ff.). Bei **Verzug des Leasinggebers** mit der Übergabe der Leasingsache gelten die allgemeinen Vorschriften der §§ 280 ff., 323 ff. BGB, ein Verschulden des Lieferanten wird nach § 278 BGB zugerechnet. Bei **Mangelhaftigkeit** der Leasingsache greifen grds. die §§ 536 ff. BGB analog, diese mietrechtlichen Gewährleistungsrechte sind aber i.d.R. im Leasingvertrag gegen Abtretung der Gewährleistungsrechte gegen den Hersteller abbedungen worden (siehe unten). Dies bedeutet, dass der Leasingnehmer sich bei Ansprüchen wegen Mängeln zuerst an den Hersteller halten muss.

Folgende Klausurprobleme sollten Sie kennen:

Problem: Verzug des Leasingnehmers mit Leasingraten

- Anspruch des Leasinggebers aus Verzug, zudem Kündigung nach §§ 500 (506 n.F.), 498 BGB beim Verbraucherleasing möglich, sonst nach § 543 BGB.
- Ersatzanspruch des Leasinggebers bzgl. des Kündigungsschadens aus §§ 280, 241 II BGB/pVV

Problem: Ansprüche bei Beschädigung der Leasingsache

- Durch Leasingnehmer: Nebenpflicht des Leasingnehmers aus Leasingvertrag zur Reparatur, zudem ggf. Kündigung durch Leasinggeber nach § 543 BGB analog möglich

- Durch Dritte: Anspruch des Leasinggebers und Leasingnehmers gg. Dritten aus § 823 BGB und ggf. §§ 7, 18 StVG; Leasinggeber kann Substanzschaden ersetzt verlangen (wg. des Vollamortisationsanspruches ggü. Leasingnehmer aber nicht die entgangenen Raten), der Leasingnehmer Nutzungsausfallentschädigung wie v.a. Mietwagenkosten (nicht aber Ersatz der nutzlosen Raten, da Beschädigung hierfür nicht kausal ist); Leasingnehmer hat gg. Leasinggeber Anspruch aus § 255 BGB analog auf Abtretung des Schadensersatzanspruchs, wenn der Leasingnehmer im Innenverhältnis die Sach- u. Preisgefahr trägt (BGH NJW 2004, 1041 ff.)
- Bei Beschädigung durch einen Verkehrsunfall muss sich der Leasinggeber das Mitverschulden des Halters oder Fahrers des Leasingwagens im Rahmen des Anspruches aus § 823 BGB nicht anrechnen lassen, da §§ 17, 18, 9 StVG nicht auf das allgemeine Deliktsrecht anwendbar sind (vgl. Rn. 55).

Problem: Die Sache ist mangelhaft, der Leasingnehmer verlangt die Rückzahlung der bisher geleisteten Raten und verweigert die Zahlung der noch ausstehenden Raten

- Anspruch auf Rückerstattung nach §§ 536a I 1, 812 I 1 Alt. 1 BGB (–)
Im Leasingvertrag sind §§ 536 ff. BGB i.d.R. vertraglich ausgeschlossen. Dies ist zulässig, wenn der Leasinggeber dem Leasingnehmer dafür die ihm zustehenden Gewährleistungsansprüche gegen den Hersteller ohne Bedingungen/Vorbehalt »zur Verfügung stellt«, diese Abtretung unwiderruflich ist und die Gewährleistungsansprüche durchsetzbar sind. Wenn z.B. wegen eines Gewährleistungsausschlusses zwischen Leasinggeber und Hersteller die abgetretenen Rechte aber wertlos sind, ist die **Abtretungskonstruktion** nach § 307 I BGB unwirksam, es bleibt dann bei der mietrechtlichen Gewährleistung des Leasinggebers (BGH NJW 2006, 1066 ff.). Dass der Leasinggeber dem Leasingnehmer dabei nicht die gleichen Rechte wie im Falle eines Verbrauchsgüterkaufs – also insbesondere §§ 474 ff. BGB – abtreten kann, ist nach h.M. unschädlich (vgl. *Omlor* ZGS 2008, 220 ff. m.w.N.).
- Anspruch auf Rückzahlung nach ausgeübtem Verbraucherwiderruf nach §§ 499 II, 500, 495, 355, 357 I 1, 346 I BGB grds. möglich, aber i.d.R. ist die Frist des § 355 I 2 BGB abgelaufen (ab dem 11.06.2010: §§ 506, 495, 355 BGB).
- Anspruch auf Rückerstattung aus §§ 313 III 1, 346 I BGB (§§ 812 ff. BGB nach alter Rechtslage) nach ausgeübtem Rücktritt grds. (+)
  - Der BGH sieht den **Kaufvertrag als Geschäftsgrundlage** des Leasingvertrags an (vgl. umfassend Palandt/*Weidenkaff* Einf v § 535 Rn. 58).
  - Der Leasinggeber, der unter Freizeichnung von eigener Mängelhaftung seine kaufrechtlichen Gewährleistungsansprüche an den Leasingnehmer zur Ausübung abgetreten hat, hat grundsätzlich das Ergebnis eines zwischen Leasingnehmer und Hersteller geführten Prozesses als für sich verbindlich hinzunehmen (Ausnahme: Kollusives Zusammenwirken zwischen Leasingnehmer und Hersteller zum Nachteil des Leasinggebers, vgl. BGH NJW 1985, 1535 f.). Anderslautende AGB sind nach § 307 BGB unwirksam (vgl. BGH NJW 1991, 1746 ff.). Die Geschäftsgrundlage des Leasingvertrags fehlt dann von Anfang an, wenn der Leasingnehmer das ihm abgetretene Rücktrittsrecht im Hinblick auf den Kaufvertrag wirksam ausübt.
  - Da eine Anpassung des Leasingvertrags nicht möglich ist, erfolgte nach bisheriger Rspr. eine Rückabwicklung des Leasingvertrages nach WdG i.V.m. §§ 812 ff. BGB. Nunmehr erfolgt nach h.M. eine Rückabwicklung nach §§ **313 III 1, 346 ff. BGB** (vgl. OLG Frankfurt MDR 2009, 497; MüKo-BGB/*Koch* Finanzierungsleasing/Kommentierung nach § 507 Rn. 100 ff.; a.A. Palandt/*Weidenkaff* Einf v § 535 Rn. 58) Nach § 313 III 1 BGB müsste der Leasingnehmer dann gegenüber dem Leasinggeber den Rücktritt vom Leasingvertrag erklären, was allerdings auch konkludent erfolgen kann.
  - Anspruch des Leasinggebers auf die noch ausstehenden Raten geht unter, da der Vertrag rückabgewickelt wird. Die Gegenansprüche des Leasinggebers ergeben sich ebenfalls aus §§ 313 III 1, 346 ff. BGB (insbesondere Nutzungsersatz für die Leasingsache).

– Die Ansprüche im Verhältnis Leasinggeber – Hersteller folgen nach wirksamem Rücktritt auch aus §§ 346 ff. BGB. Der Hersteller erhält somit die Sache samt Wertersatz für die gezogenen Nutzungen, der Leasinggeber den gezahlten Kaufpreis zurück.

Klausurtipp: Wenn zwischen Hersteller und Leasinggeber ein Handelsgeschäft i.S.d. **§ 377 HGB** vorliegt, der Leasingnehmer selbst aber kein Kaufmann ist, verstößt eine Abwälzung der Rügepflicht auf den Leasingnehmer gegen § 307 BGB, wenn sich die Rügepflicht auch auf nicht offensichtliche Mängel bezieht (PWW/*Frensch* Anhang zu §§ 488 ff. Rn. 156). Hält der Hersteller dem Leasingnehmer dann nach § 377 HGB zu Recht die unterlassene Mängelrüge durch den Leasinggeber entgegen, kann der Leasingnehmer nach der mietrechtlichen Gewährleistung gegen den Leasinggeber vorgehen (umstr., nach a.A. WdG, vgl. PWW a.a.O.; BGH NJW 1990, 1290 ff.). Beachten Sie dann aber § 536c BGB.

Klausurtipp: Der Leasingnehmer kann vom Leasinggeber z.B. aus GoA nicht **Ersatz der Prozesskosten** verlangen, die i.R.d. Titelvollstreckung gegen den Hersteller wegen dessen Insolvenz nicht beigetrieben werden können. Es handelt sich wegen der Abtretungskonstruktion nämlich um ein eigenes Geschäft des Leasingnehmers (nach a.A. § 670 BGB analog, vgl. *Tempel* S. 184). Anders ist dies, wenn die Abtretungskonstruktion unwirksam ist und der Leasingnehmer in Unkenntnis der Unwirksamkeit einen Prozess gegen den Hersteller geführt hat (vgl. OLG Köln NJW-RR 2005, 210 f.; BGH NJW 1990, 314 ff.).

Beachte: Akzeptiert der Hersteller den vom Leasingnehmer erklärten Rücktritt nicht (gleiches gilt für die Rückabwicklung aufgrund der Geltendmachung des großen Schadensersatzes), so fällt nach h.M. die Geschäftsgrundlage des Leasingvertrages erst weg, wenn im Verhältnis Hersteller – Leasingnehmer gerichtlich geklärt wurde, dass der **Rückritt wirksam** ist (OLG Karlsruhe ZGS 2007, 277 ff.; Palandt/ *Weidenkaff* Einf v § 535 Rn. 58). Der Leasingnehmer tritt dann wegen der vertraglichen Abtretungskonstruktion als **gewillkürter Prozessstandschafter** des Leasinggebers auf und muss grds. auf Rückzahlung des Kaufpreises an den Leasinggeber Zug um Zug gegen Rückgabe des Leasinggegenstandes klagen (die Ansprüche aus dem Rücktritt werden i.d.R. nicht an den Leasingnehmer abgetreten! Vgl. OLG Karlsruhe NJW 2009, 1150 ff.). Lesen Sie zur gewillkürten Prozessstandschaft das Formulierungsbeispiel bei *Kaiser* Zivilgerichtsklausur I, Rn. 353 ff. Der Leasingnehmer kann aber bereits ab Erhebung der Klage die Zahlung der Leasingraten gegenüber dem Leasinggeber einstellen (nach h.M. nicht aber vorher).

Verlangt der Leasingnehmer gegenüber dem Hersteller die **Nachbesserung** aus § 439 BGB, so steht ihm nach h.M. gegenüber dem Anspruch auf Zahlung der Leasingraten kein Leistungsverweigerungsrecht aus § 320 BGB zu (BGH NJW 1991, 102; Argument: Der Leasinggeber hat seine Leistungspflicht erfüllt.). Dies soll trotz des Verweises von § 500 BGB auf § 359 BGB gelten, weil auf den typischen Finanzierungsleasingvertrag § 358 f. BGB i.d.R. nicht anwendbar sein sollen (Palandt/*Grüneberg* § 358 Rn. 11; Argument: Der Leasingnehmer schließt nicht zwei Verträge ab; anders Palandt/*Weidenkaff* Einf v § 535 Rn. 58). Ob dies mit der Reform (vgl. § 506 n.F.) immer noch so gesehen werden kann, bleibt abzuwarten.

Beachten Sie, dass der Leasingnehmer gegenüber dem Hersteller bei Mängeln des Leasinggegenstandes auch eine **Minderung** geltend machen und – wenn der Hersteller die Minderung nicht akzeptiert – gerichtlich durchsetzen kann bzw. muss. Nach erfolgreicher gerichtlicher Klärung des Minderungsrechts sind die zuviel gezahlten Raten an den Leasinggeber zurückzuerstatten, der Leasingnehmer kann vom Leasinggeber nach § 313 I BGB Anpassung der geschuldeten Leasingraten verlangen (vgl. *Tempel* S. 183). Ein (teilweises) Leistungsverweigerungsrecht gegenüber dem Leasinggeber in Höhe der überhöhten Raten steht dem Leasingnehmer – wie im Falle des Rücktritts – erst ab Klageerhebung gegen den Hersteller zu.

Merke: Die oben dargestellte Problematik der mangelhaften Leasingsache kann ebenso in der umgekehrten Situation abgeprüft werden. Dann ist der Leasinggeber Anspruchsteller und verlangt Zahlung der Leasingraten, der Leasingnehmer verteidigt sich gegen seine Inanspruchnahme.

§ 7 Der Leasingvertrag

Problem: Die Leasingsache geht vor Übergabe an den Leasingnehmer unter

- Hat der Leasinggeber dennoch einen Anspruch auf Ratenzahlung aus dem Leasingvertrag, oder ist der Anspruch wegen Unmöglichkeit nach §§ 275 I, 326 I 1 BGB untergegangen?

    - Eigentlich Untergang des Zahlungsanspruchs (+), im Leasingvertrag ist aber i.d.R. die kaufrechtliche Gefahrregelung des § 447 I BGB vereinbart, so dass der Anspruch auf die Gegenleistung wegen Übergangs der Preisgefahr bestehen bleibt (BGH NJW 1988, 198 ff.). Eine solche Vereinbarung ist auch in AGB zulässig und keine unangemessene Benachteiligung i.S.d. § 307 I BGB (BGH a.a.O.).

    - Aber i.d.R. wird ein Verbrauchsgüterkauf vorliegen: Wegen § 474 II BGB gilt dann § 447 I BGB nicht, die Vereinbarung ist unwirksam. Nach § 326 I 1 BGB geht der Anspruch auf Zahlung in diesem Fall unter.

§ 8 Das Schuldversprechen/Schuldanerkenntnis, §§ 780, 781 BGB

A. Einstieg

88 Probleme aus dem Bereich der §§ 780, 781 BGB kommen häufig in Klausuren vor, zum Teil sehr versteckt z.B. bei Äußerungen einer Partei in einem Schreiben.

> Bei der Prüfung der §§ 780, 781 BGB gehen Sie wie folgt vor:
> - Worauf ist der Rechtsbindungswille gerichtet? Auf ein abstraktes Schuldanerkenntnis, auf ein deklaratorisches Schuldanerkenntnis oder liegt nur eine reine Wissenserklärung vor?
> - Wenn ein abstraktes Schuldanerkenntnis vorliegt: Ist die Schriftform eingehalten oder liegt ein Ausnahmefall von § 350 HGB vor?
> - Ist das Anerkenntnis wirksam? Anfechtung/Nichtigkeit/Kondizierbarkeit?

B. Das Wichtigste in Kürze

Das **abstrakte/konstitutive Schuldversprechen bzw. Schuldanerkenntnis** ist ein einseitig verpflichtender schriftlicher Vertrag, der unabhängig von einem Schuldgrund eine Leistung verspricht bzw. eine Schuld anerkennt, §§ 780, 781 BGB (eigentlich i.V.m. § 311 I BGB, da §§ 780, 781 BGB nur Formvorschriften sind!). Da zwischen Schuldversprechen i.S.d. § 780 BGB und Schuldanerkenntnis i.S.d. § 781 BGB lediglich ein terminologischer Unterschied besteht, werden sie in der Praxis zusammen zitiert. Wird das abstrakte Schuldanerkenntnis schenkweise erteilt, so gilt § 518 I 1, 2 BGB (notarielle Form). Dagegen bestätigt das (formfrei mögliche) **deklaratorische Schuldanerkenntnis**, das nicht in §§ 780, 781 BGB geregelt ist, lediglich einen **schon bestehenden Schuldgrund,** über den ein Streit oder subjektive Ungewissheit besteht. Es soll die Möglichkeit der Erhebung von Einwendungen ausschließen und betrifft alle Einwendungen und Einreden, die der Schuldner kannte oder mit denen er rechnete.

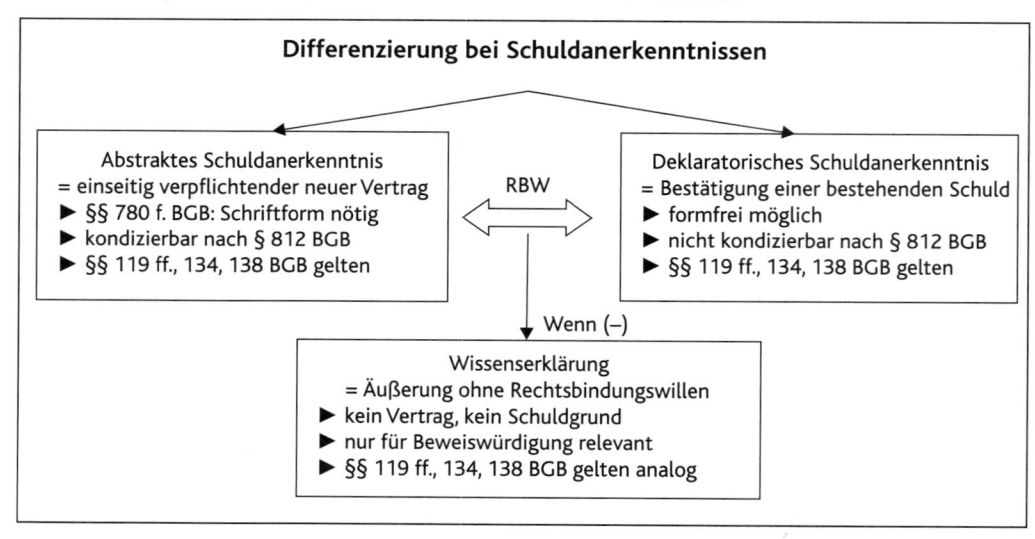

```
                    Differenzierung bei Schuldanerkenntnissen

    Abstraktes Schuldanerkenntnis                    Deklaratorisches Schuldanerkenntnis
    = einseitig verpflichtender neuer Vertrag   RBW  = Bestätigung einer bestehenden Schuld
    ▶ §§ 780 f. BGB: Schriftform nötig               ▶ formfrei möglich
    ▶ kondizierbar nach § 812 BGB                    ▶ nicht kondizierbar nach § 812 BGB
    ▶ §§ 119 ff., 134, 138 BGB gelten                ▶ §§ 119 ff., 134, 138 BGB gelten

                              Wenn (−)

                         Wissenserklärung
                = Äußerung ohne Rechtsbindungswillen
                ▶ kein Vertrag, kein Schuldgrund
                ▶ nur für Beweiswürdigung relevant
                ▶ §§ 119 ff., 134, 138 BGB gelten analog
```

Die Abgrenzung zwischen den beiden Formen des Schuldanerkenntnisses erfolgt durch eine **Auslegung des Parteiwillens:** Soll mit RBW eine Schuld bestätigt oder ein neuer Schuldgrund geschaffen werden? Beispiele für ein abstraktes Schuldanerkenntnis sind die Gutschrift auf dem Girokonto, ein Darlehensschuldschein oder die zusätzliche Übernahme der persönlichen Haftung bei Grundschuldbestellungen (i.d.R. verbunden mit einer Vollstreckungsunterwerfung i.S.v. § 794 I Nr. 5 ZPO), Beispiele für ein deklaratorisches Schuldanerkenntnis die anstandslose Zahlung einer Rechnung (je nach den Umständen, z.B. wenn vorher über das Bestehen der Schuld Streit herrschte), das Abnahmeprotokoll i.R.e. Mietvertrages, die Regulierungszusage der Haftpflichtversicherung, Erklärungen wie »*die Schuld wird in jedem Fall alsbald be-*

§ 8 Das Schuldversprechen/Schuldanerkenntnis, §§ 780, 781 BGB

glichen...« oder die Bitte um Stundung. Abzugrenzen von den beiden Arten des Schuldanerkenntnisses ist die **reine Wissenserklärung** (z.B. Erklärung eines Beteiligten am Unfallort). Hier besteht wegen der Spontaneität derartiger Erklärungen i.d.R. kein RBW, sie ist nur i.R.d. Beweiswürdigung von Relevanz (OLG Düsseldorf NJW 2008, 3366). Problematisch sind oft die Einwendungen gegen das Schuldanerkenntnis.

Problem: Einwendungen gegen das Schuldanerkenntnis

- (Vom Schuldner zu beweisender) Einwand, dass das Schuldanerkenntnis ohne Rechtsgrund abgegeben wurde, §§ 821, 812 BGB: Nach h.M. nur beim abstrakten Schuldanerkenntnis möglich (vgl. Palandt/*Sprau* § 781 Rn. 2 ff.). D.h. das **abstrakte Schuldanerkenntnis kann bei Fehlen eines Kausalgeschäfts kondiziert werden!** Vgl. zum Sonderfall der persönlichen Haftungsübernahme mit Vollstreckungsunterwerfung BGH NJW 2008, 3208 ff.: Die Haftungsübernahme »trägt den Rechtsgrund in sich selbst«, kann aber bei Fehlen der zugrunde liegenden (Darlehens-)Verbindlichkeit kondiziert werden.

- §§ 104 ff., **119 ff.**, 134, 138, 307 ff. BGB: Möglich, v.a. §§ 119 ff. BGB analog auch bei der reinen Wissenserklärung als rechtsgeschäftsähnliche Handlung über einen »Erst-recht-Schluss«. § 138 BGB greift v.a. bei krasser finanzieller Überforderung des Anerkennenden.

- Einwendungen aus zugrunde liegendem Rechtsverhältnis: Beim dekl. Schuldanerkenntnis dann (–), wenn sie gerade Inhalt der deklaratorischen Schuldbestätigung sind (Ausnahme aus Wertungsgesichtspunkten i.d.R. bei Sittenwidrigkeit/Nichtigkeit des Grundgeschäfts); beim abstr. Schuldanerkenntnis grds. (–) wg. Abstraktheit (Ausnahme: Rechtsgrund fehlt völlig – s.o. – und in Fällen der zusätzlichen Übernahme der persönlichen Haftung i.R.v. Grundschuldbestellungen wg. der Sicherungsabrede hinsichtlich Einwendungen aus der Sicherungsabrede, vgl. Palandt/*Bassenge* § 1191 Rn. 2)

Klausurtipp: Wenn sich der Anerkennende nach § 794 I Nr. 5 ZPO der sofortigen (persönlichen) Zwangsvollstreckung unterwirft, verjährt der Anspruch aus dem Schuldanerkenntnis nach § 197 I Nr. 4 BGB in 30 Jahren. Umstritten ist, ob das Schuldanerkenntnis nach § 812 I, II BGB kondiziert werden kann, wenn die dem Anerkenntnis zugrunde liegende **Verbindlichkeit** (z.B. der in 3 Jahren verjährende Darlehensrückzahlungsanspruch) **verjährt** ist. Die wohl h.M. vereint dies (Argument: Abstraktheit des Anerkenntnisses, § 216 II BGB analog, vgl. Palandt/*Sprau* § 812 Rn. 81 m.w.N.). Gleiches dürfte bei einer Vollstreckung aus der dinglichen Unterwerfungserklärung gelten.

§ 9 Der Dienstvertrag, §§ 611 ff. BGB

A. Einstieg

89 Durch die stark gestiegene **Beliebtheit der atypischen Verträge** in den Examensdurchgängen der letzten Jahre ist auch die Bedeutung der §§ 611 ff. BGB gewachsen. Das Dienstrecht bildet nämlich nicht selten den Schwerpunkt atypischer Verträge.

B. Das Wichtigste in Kürze

Der wesentliche Inhalt des Dienstvertrags ist die Dienstleistung gegen Entgelt oder eine andere Vergütung.

- **Abgrenzung zum Arbeitsvertrag:** Der Arbeitsvertrag ist ein Dienstvertrag, bei dem der Dienstverpflichtete in einem Abhängigkeitsverhältnis zum Dienstherrn steht und weisungsgebunden ist.

- **Abgrenzung zum Werkvertrag:** Beim Werkvertrag wird ein bestimmter Erfolg geschuldet, beim Dienstvertrag bloß die Dienstleistung/Tätigkeit als solche. Beispiel für einen Werkvertrag: Schuster flickt Schuhe, Einzelauftrag für Steuerberater, Architektenvertrag, Autowäsche.

Examensrelevante Dienstverträge sind z.B. der Behandlungsvertrag mit einem Arzt, der Anwaltsvertrag und der Steuerberatervertrag (beides i.d.R. Geschäftsbesorgungsverträge mit Dienstvertragscharakter), der Fernunterrichtsvertrag, der Fortbildungsvertrag, der Privatschulvertrag/Unterrichtsvertrag, der Detektivvertrag, der Telekommunikationsvertrag (z.B. Mobilfunkvertrag, Festnetzanschluss), der Verwaltervertrag (z.B. Wohnungsverwaltung), der Arbeitnehmerüberlassungsvertrag (z.B. Mietvertrag über Baukran mit Überlassung von Personal bei Weisungsrecht des Mieters), der Versicherungsvertrag, der Beratervertrag, der Vertrag mit einem Künstler und der Partnervermittlungsvertrag. Auch beim Fitnessstudiovertrag findet ggf. Dienstrecht Anwendung (vgl. Rn. 2).

> **Merke:** Wichtig wird die Abgrenzung v.a. hinsichtlich der Sekundäransprüche. Werkverträge unterliegen dem Gewährleistungsrecht der §§ 634 ff. BGB mit ihren Besonderheiten, Dienstverträge unterliegen lediglich den allgemeinen Regeln der §§ 280 ff. BGB. Bei Pflichtverletzungen wird daher nach den allgemeinen Vorschriften gehaftet, also §§ 280 ff., 823 ff. BGB.

Die **Schlechtleistung** durch den Dienstverpflichteten ist eine Nebenpflichtverletzung, da im Dienstleistungsrecht nach h.M. auch die Schlechtleistung grds. eine Erfüllung darstellt (vgl. *Singer* JA 2006, 833 ff.). Der Dienstberechtigte hat dann bei Schäden einen Anspruch aus §§ 280 I, 241 II BGB/pVV (i.V.m. § 619a BGB im Arbeitsverhältnis) und ggf. auch aus unerlaubter Handlung, es besteht jedoch kein Minderungsrecht. Ein Recht zur Nachbesserung/Mängelbeseitigung wird dem Dienstverpflichteten nur in Ausnahmefällen als Ausfluss der Schadensminderungspflicht gewährt (vgl. OLG Oldenburg MDR 2008, 553 zum Zahnarzt). Daneben kommt ggf. eine Kündigung nach § 626 BGB oder nach dem KSchG in Betracht. Bei einer Nichtleistung kann Schadensersatz statt der Leistung (z.B. Mehrkosten einer anderen Person, die den Dienst stattdessen ausführt) unter den Voraussetzungen von §§ 280, 281 BGB (§§ 280, 283, 311a II BGB bei Unmöglichkeit) verlangt werden. Examensrelevant ist v.a. der Anwaltsvertrag.

Problem: Examensprobleme beim Anwaltsvertrag

- Der Anwalt schuldet grds. eine erschöpfende und umfassende Beratung. Er muss auch **zugunsten des Mandanten existierende Rechtsprechung im Prozess** vortragen (BGH NJW 2009, 987 ff.; »Iura novit advocatus« → Schachtelprüfung im Regressprozess gegen Anwalt: Was wäre richtige Beratung gewesen?).

- Bei **unterlassenem Hinweis** des Anwalts auf die Abrechnung des Mandats nach dem Gegenstandswert i.S.v. § 49b V BRAO: Anspruch des Mandanten aus c.i.c. möglich (vgl. BGH NJW 2007, 2332 ff.), dieser Anspruch kann nach § 242 BGB der Gebührenforderung entgegengehalten werden. Gleiches gilt bei unterlassenem Hinweis des Anwalts auf häufige Tätigkeit für den Gegner (vgl. § 43a IV BRAO, § 3 BORA), BGH NJW 2008, 1307 ff.

- Keine Haftung für **Pflichtverletzungen des Prozessanwalts**, weil Verkehrsanwalt i.d.R. nur den Prozessanwalt vermittelt und den Informationsaustausch koordiniert; (ggf. gesamtschuldnerische) Haftung nur bei eigenen Pflichtverletzungen. Anders wg. § 278 BGB bei der Unterbevollmächtigung, da der **unterbevollmächtigte Rechtsanwalt** durch den Hauptbevollmächtigten zur Vertretung vor Gericht beauftragt wird (vgl. OLG Nürnberg NJW-RR 2002, 1288 f.).

- Dem **Rechtsschutzbedürfnis** einer Honorarklage des Anwalts steht § 11 RVG (Gebührenfestsetzung durch das Gericht auf Antrag des Anwalts) dann nicht entgegen, wenn der Mandant Einwendungen erhebt, die nicht ausschließlich im Gebührenrecht begründet sind.

Klausurtipp: Wenn der Klausureinstieg der **Dienstlohnanspruch** des Dienstverpflichteten ist und der Dienstberechtigte unter Hinweis auf die **mangelhafte Dienstleistung** nicht zahlen will, ist die Lösung nicht ganz einfach, da es im Dienstrecht keine Minderung gibt und die Schlechtleistung eine bloße Nebenpflichtverletzung darstellt. Die Einordnung des Einwands der Schlechtleistung ist dann wie folgt:

- Die Schlechtleistung gibt einen Schadensersatzanspruch aus §§ 280 I, 241 II BGB/pVV, der bei noch nicht gezahltem Lohn (Mindestschaden) im Wege der Freistellung dem Dienstlohnanspruch entgegengehalten werden kann (vgl. *Kaiser* JA 2007, 291 ff.; Palandt/*Weidenkaff* § 611 Rn. 16; LG Karlsruhe NJW-RR 2005, 1507 f.).

- Ansonsten kann auch mit **§ 242 BGB** argumentiert werden (so BGH BB 1988, 88; BGHZ 55, 274, 279; BGH WM 1971, 350 ff.; AG Leer NJW-RR 2007, 683 f.): Das Fordern des Dienstlohns verstößt gegen Treu und Glauben, wenn eine unzumutbare/krasse Schlechtleistung vorliegt.

- Möglich ist auch, die unzumutbare Schlechtleistung ausnahmsweise als Nichtleistung anzusehen und damit den Einwand der Schlechtleistung/Falschberatung unter § 320 BGB zu subsumieren (so z.B. OLG Koblenz NJW-RR 2006, 419 f. und 360).

- Liegt eine Kündigung nach §§ 626, 627 BGB vor, so kann § 628 I 2, 3 BGB zum Untergang des Dienstlohnanspruchs führen (vgl. OLG Rostock NJW-RR 2009, 492 ff.).

Im umgekehrten Fall, wenn also der unzufriedene Dienstberechtigte den Lohn zurückfordern will, so kommt dafür entweder § 812 I 1 Alt. 1 BGB (Schlechterfüllung = Nichterfüllung, vgl. OLG Koblenz a.a.O.) oder ein Anspruch aus §§ 280 I, 241 II BGB/pVV des Dienstvertrages in Betracht (vgl. BGH NJW-RR 1988, 420 f., OLG Hamburg MDR 2006, 873). Achten Sie aber auf die Sonderregelung in § 628 BGB nach einer Kündigung (vgl. Rn. 76).

Wehrt sich der Dienstberechtigte mit dem Argument, dass der Dienstverpflichtete **überhaupt keine Dienstleistung** erbracht hat, so gilt Folgendes: Der Lohnanspruch aus § 611 BGB wird erst nach Leistung der Diensttätigkeit fällig, § 614 BGB. Ausnahmen sind in §§ 615 S. 1 (Annahmeverzug des Dienstberechtigten; **Achtung:** Hier spielt die Abgrenzung zwischen Annahmeverzug und Unmöglichkeit eine Rolle. Lesen Sie dazu die Ausführungen im Palandt bei § 293 Rn. 3 ff.), 616 BGB (vorübergehende Verhinderung an der Arbeit), §§ 3 ff. EFZG, §§ 1, 3, 11 BUrlG, § 11 MuSchG und § 615 S. 3 BGB (Konstellationen des Betriebsrisikos) geregelt. Hier besteht der Lohnanspruch, ohne dass der Dienstverpflichtete gearbeitet hat. Wenn der Arzt seinen Lohn geltend macht, obwohl der **Patient zum Behandlungstermin nicht erschienen** ist, so ist umstritten, ob § 615 BGB Anwendung findet und/oder ob dem Arzt zumindest aus pVV ein Anspruch zusteht (vgl. *Muthorst* ZGS 2009, 409 ff.; Palandt/*Grüneberg* § 296 Rn. 1).

Die wichtigste Nebenpflichtverletzung des Dienstberechtigten ist die Verletzung der ihm obliegenden **Fürsorgepflicht**, vgl. §§ 617 ff., 241 II BGB (z.B. Gefahrvermeidung im Betrieb). Bei einer Verletzung besteht ein Anspruch aus §§ 280 I, 241 II BGB/pVV i.V.m. § 618 III BGB. Bei Besorgung einzelner Geschäfte i.R.d. Dienstvertrages kann der Dienstverpflichtete vom Dienstberechtigten zudem ggf. nach **§ 670 BGB analog** Aufwendungsersatz sowie Ersatz der mit der Betätigung typischerweise verbundenen Sachschäden verlangen, wenn das Geschäft

2. Teil. Die wichtigsten Vertragstypen

v.a. im Interesse des Dienstberechtigten übernommen wurde. Standardbeispiel ist hier der Unfall mit einem Privatfahrzeug im Zusammenhang mit einer betrieblichen Tätigkeit.

Kündigungsnormen aus dem Recht des Dienstvertrags finden Sie in §§ 621 ff. BGB.

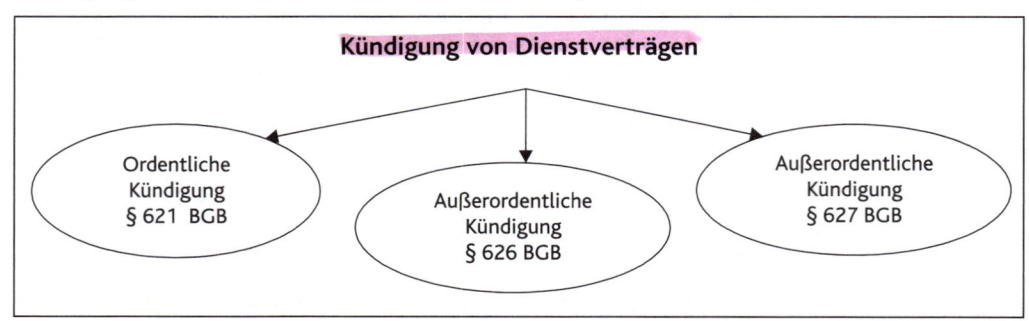

Kündigung von Dienstverträgen

- Ordentliche Kündigung § 621 BGB
- Außerordentliche Kündigung § 626 BGB
- Außerordentliche Kündigung § 627 BGB

Die für die Examensvorbereitung wichtigste Vorschrift ist hierbei **§ 626 BGB** (außerordentliche Kündigung; lex specialis zur allgemeinen Kündigungsvorschrift § 314 BGB), deren Kenntnis im Assessorexamen vorausgesetzt wird (vgl. Rn. 117). **§ 627 BGB** regelt die Kündigung von besonderen Vertrauensverhältnissen. Beachten Sie, dass die ordentliche Kündigung von Dienstverträgen nach § 621 BGB nur möglich ist, wenn der Vertrag nicht auf bestimmte Zeit eingegangen ist, vgl. § 620 II BGB. Bei Laufzeitregelungen durch AGB werden dann §§ 309 Nr. 9, 307 I, II BGB relevant (Palandt/*Grüneberg* § 307 Rn. 154 zu den im Examen beliebten Unterrichts- u. Ausbildungsverträgen; bei Fernunterricht trifft das FernUSG Sonderregelungen). Vermeiden Sie bitte auch den (beliebten) Klausurfehler, neben §§ 626 ff. BGB die §§ 323 ff. BGB anzuwenden. Durch §§ 626 ff. BGB sind die **Regeln des allgemeinen Schuldrechts über den Rücktritt ausgeschlossen** und daher nicht anwendbar. Wenn der Dienstvertrag nach den Vorschriften der §§ 626, 627 BGB gekündigt wurde, denken Sie an die spezielle **Rückforderungsnorm des § 628 BGB** (vgl. Rn. 76 zum Ehemäklerdienstvertrag/Partnervermittlungsvertrag).

§ 10 Der Schenkungsvertrag, §§ 516 ff. BGB

A. Einstieg

Auch das Schenkungsrecht spielt in Examensklausuren eine Rolle, entweder im Zusammenhang mit der Anspruchsprüfung beim Anspruchsteller oder als Einwand des Gegners.

90

B. Das Zustandekommen der Schenkung

Das Schenkungsversprechen nach §§ 516, 518 BGB ist ein einseitig verpflichtender Vertrag, durch den der Schenker einem anderen eine unentgeltliche Leistung verspricht. Dieser Vertrag kommt durch Annahme des Beschenkten zustande. **Unentgeltlich** ist die Schenkung nur, wenn sie unabhängig von einer Gegenleistung des Beschenkten ist. Diese Gegenleistung kann auch von einem Dritten oder an einen Dritten erfolgen. Gerade wenn die Leistung als Belohnung des Beschenkten erbracht wird, ist die Abgrenzung belohnende Schenkung ↔ gegenseitiger Vertrag schwierig (vgl. dazu BGH NJW 2009, 2737 f.: Gewinnversprechen eines Sponsors).

Nur die Willenserklärung des Schenkers, d.h. sein Schenkungsversprechen, bedarf nach **§ 518 I BGB** der notariellen Beurkundung (vgl. bei Grundstücksschenkungen aber § 311b BGB). Nach § 518 II BGB ist eine Heilung des Formmangels durch Vollzug des Schenkungsversprechens möglich. Für den **Vollzug** ist stets zu beachten, was überhaupt geschenkt wurde und nach welchen Vorschriften eine Übertragung stattfindet. Wird z.B. das Eigentum geschenkt, so ist für einen Vollzug erforderlich, dass eine Übereignung nach §§ 929 ff. BGB vorliegt. Wird ein Recht geschenkt (z.B. BGH NJW-RR 2005, 1718 f.: Holzeinschlagsrecht i.S.v. § 956 BGB), so ist Vollzug mit Einräumung/Übertragung des Rechts gegeben. Wird ein Forderungserlass geschenkt, so stellt der Erlass nach § 397 BGB den Vollzug dar.

> **Beachte:** Wird der geschenkte Gegenstand dem Beschenkten sofort verschafft, fallen also die Vornahme des schuldrechtlichen Rechtsgeschäftes und die Bewirkung zeitlich zusammen, liegt eine sog. **Handschenkung** vor, die nicht der Form des § 518 I BGB bedarf.

Wiederholen Sie zu den äußerst relevanten **Beweislastregeln** die Ausführungen unter Rn. 47 und Rn. 71 zum Schenkungseinwand im Zusammenhang mit Klagen des (angeblichen) Eigentümers bzw. Darlehensgebers.

C. Das Wichtigste in Kürze

Die Pflicht des Schenkers ist die unentgeltliche Zuwendung. Dagegen hat er die Einrede des Notbedarfs nach § 519 BGB. Bei Unmöglichkeit oder Verzug gelten die allgemeinen Regeln. Beachten Sie dabei die **Haftungsprivilegierung des § 521 BGB**, die im Falle einer Schenkung für das gesamte Leistungsstörungsrecht und auch für damit im Zusammenhang stehende Schutzpflichtverletzungen und deliktische Handlungen gilt. Bei Rechts- und Sachmängeln ergeben sich aus §§ 523 ff. BGB Gewährleistungsansprüche.

Der Widerruf der Schenkung bei grobem Undank ist in **§ 530 BGB** (i.V.m. §§ 812, 818 BGB) geregelt. Bei Verarmung des Schenkers ergibt sich ein Rückgabeanspruch aus **§ 528 BGB** (i.V.m. §§ 812, 818 BGB). Der Anspruch geht auf Rückgabe des Geschenkes, soweit der Schenker zur Bestreitung seines angemessenen Unterhaltes den Zuwendungsgegenstand benötigt und ist durch den Wert der Zuwendung beschränkt. Bei Unteilbarkeit des Schenkungsgegenstandes (z.B. Grundstücke) kann der Anspruch ggf. von vorneherein auf Geldzahlung gerichtet sein (vgl. PWW/*Hoppenz* § 528 Rn. 10; Palandt/*Weidenkaff* § 528 Rn. 6).

> **Klausurtipp:** Insbesondere bei Grundstücksschenkungen ist das **Rückübereignungsverlangen** des Schenkers immer wieder Gegenstand von Examensklausuren. Mögliche Anspruchsgrundlagen sind eine ausdrückliche Parteivereinbarung im Schenkungsvertrag und/oder §§ 323 ff. BGB (bei Grundstücksübertragung gegen Gegenleistung), §§ 527 ff. BGB (Auflage, Verarmung, grober Undank), § 812 BGB (bei Zweckschenkung; die Zweckvereinbarung bedarf dabei nicht der Form von § 311b

> BGB, da es sich nur um eine tatsächliche und nicht um eine rechtsgeschäftliche Einigung handelt) und/
> oder § 313 BGB (bei Wegfall der Geschäftsgrundlage). Erben des Schenkers haben ggf. Ansprüche aus
> §§ 2287, 812 BGB (analog) oder § 2113 i.V.m. §§ 894, 985 BGB (vgl. Rn. 97, 99).

Der **Umfang der Rückforderungsrechte aus §§ 528, 530 BGB** wird problematisch, wenn es sich um eine gemischte Schenkung handelt (vgl. Palandt/*Weidenkaff* § 516 Rn. 16). Bei Teilbarkeit des Schenkungsgegenstandes beziehen sich die Rückforderungsansprüche nur auf den unentgeltlichen Teil, bei Unteilbarkeit (z.B. Grundstücke) kommt es auf den Schwerpunkt des Geschäftes an. Wenn der entgeltliche Teil überwiegt, so ist nur der die Gegenleistung übersteigende Mehrwert als Ausgleich zu zahlen. Wenn der unentgeltliche Teil überwiegt, geht der Anspruch auf Herausgabe des Zuwendungsgegenstandes Zug-um-Zug gegen Rückgewähr der Gegenleistung. Wenn dieser Rückforderungsanspruch durch den Sozialhilfeträger des Schenkers geltend gemacht wird, ist dies durch die Überleitung im Wege der schriftlichen Anzeige gegenüber dem Beschenkten gemäß § 93 SGB XII zulässig. Sie stellt einen Verwaltungsakt dar, der den Übergang des Anspruchs auf den Hilfeträger bewirkt (Aktivlegitimation im Prozess). Bei Leistungen des Leistungsträgers (in der Regel eine Arbeitsgemeinschaft) an einen Empfänger von Arbeitslosengeld II bedarf es keiner Überleitungsanzeige. Hier sieht § 33 SGB II einen gesetzlichen Übergang der Ansprüche (cessio legis) an den Leistungsträger vor.

Klausurträchtig sind Schenkungen, die nicht dem reinen Grundmuster der §§ 516 ff. BGB entsprechen.

Problem: Schenkung unter Auflage und Zweckschenkung

- Die Schenkung unter Auflage nach §§ 525 ff. BGB greift nur, wenn der Beschenkte nach Erhalt des Gegenstandes zu einer bestimmten Leistung verpflichtet sein soll, wobei diese Leistung i.d.R. aus dem Wert des Zuwendungsgegenstandes zu entnehmen ist. Dieses Kriterium wird nicht immer streng durchgehalten, es genügt auch ein Tun/Unterlassen. Die Leistung soll dabei nicht als echte Gegenleistung gelten (sonst liegt keine Schenkung vor!), sondern erst auf Grundlage der Zuwendung erbracht werden. Bei Nichtvollziehung der Auflage gelten § 527 BGB oder §§ 280, 281, 283 BGB.

- Eine Zweckschenkung liegt vor, wenn mit der Schenkung nach dem Inhalt der Vereinbarung ein bestimmter Zweck verfolgt wird, wobei kein Anspruch auf dessen Vollziehung bestehen soll. Bei Zweckverfehlung greift § 812 I 2 Alt. 2 BGB. Ist der Zweck nicht vereinbart sondern nur vorausgesetzt, kommt bei Zweckverfehlung nur § 313 BGB in Betracht (vgl. Rn. 64).

Problem: Gemischte Schenkung

- Hier stehen Zuwendung und Gegenleistungen in einem Missverhältnis. Ob dann Kauf- oder Schenkungsrecht angewendet wird, ist umstritten, v.a. wenn der Zuwendungsgegenstand unteilbar ist. Nach h.M. kommt es darauf an, ob der unentgeltliche oder der entgeltliche Teil überwiegt (vgl. *Looschelders* Rn. 332; BGHZ 30, 120 ff.).

- V.a. bei **Grundstücksschenkungen** im Wege der vorweggenommenen Erbfolge wird die Einordnung problematisch. Hier können echte Gegenleistungen vereinbart werden (z.B. Pflegeleistungen des Beschenkten, Gartenpflege, Rentenzahlung), ein großer Teil der Zuwendung wird aber i.d.R. unentgeltlich sein. Die Zuwendung unter Vorbehalt eines Nießbrauchs oder Wohnrechts am Grundstück wird als Schenkung unter Auflage angesehen (vgl. PWW/*Hoppenz* § 525 Rn. 7; Palandt/*Weidenkaff* § 525 Rn. 7 jeweils m.w.N.). Die Verpflichtung des Beschenkten zur Abfindung von Dritten (i.d.R. weiteren Erbberechtigten) wird i.d.R. ebenfalls als Auflage qualifiziert. Werden sowohl einzelne Gegenleistungen als auch Auflagen vereinbart, dürfte insgesamt eine gemischte (Grundstücks-)Schenkung vorliegen, bei der echte Gegenleistungen und Auflagen kombiniert wurden. Die Unentgeltlichkeit dürfte dann oft überwiegen (vgl. BGH NJW 2009, 1346 ff.).

Problem: Abgrenzung §§ 516, 518 BGB – § 2301 BGB

Ein Klassiker sind Klausuren, die dem Bonifatius-Fall (RGZ 83, 223 ff.) nachgebildet sind: Nach dem Tod des Erblassers überbringt dessen Bote dem Beschenkten das Geschenk (und die Schenkungserklärung des Erblassers). Der Erblasser wollte den Gegenstand nur übereignen, wenn er vor dem Beschenkten stirbt. Die Erbin verlangt das Geschenk (z.B. Fotoapparat) heraus.

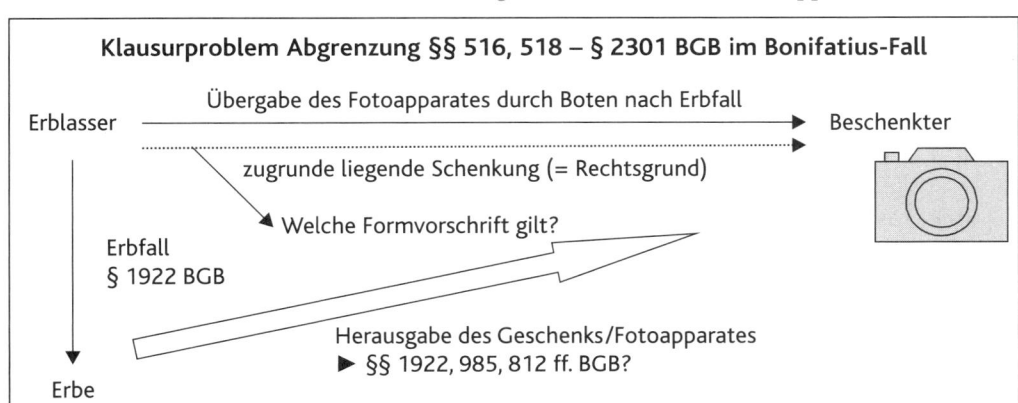

```
┌─────────────────────────────────────────────────────────────────────┐
│     Klausurproblem Abgrenzung §§ 516, 518 – § 2301 BGB im Bonifatius-Fall │
│                                                                     │
│  Erblasser  ── Übergabe des Fotoapparates durch Boten nach Erbfall ──▶  Beschenkter │
│             ·········································▶                │
│             ── zugrunde liegende Schenkung (= Rechtsgrund) ──         │
│      │       ▼ Welche Formvorschrift gilt?                          │
│   Erbfall                                                           │
│   § 1922 BGB                                                        │
│      │         Herausgabe des Geschenks/Fotoapparates               │
│      ▼         ▶ §§ 1922, 985, 812 ff. BGB?                         │
│    Erbe                                                             │
└─────────────────────────────────────────────────────────────────────┘
```

- Anspruch der Erbin aus §§ 1922, 985 BGB? (–), da Beschenkte Eigentümer geworden ist. Der Bote überbringt (zumindest konkludent) das Übereignungsangebot des Erblassers, der Zugang der Annahme ist dabei entbehrlich, vgl. §§ 130 II, 153, 151 BGB. Mit der Übergabe ist ein Widerruf der dinglichen Einigungserklärung des Erblassers durch den Erben ausgeschlossen.

- Anspruch aus §§ 1922, 812 I 1 Alt. 1 BGB? Wirksame Schenkung Erblasser – Beschenkter = Rechtsgrund?
  - Zu fragen ist, welche Formvorschriften für die Schenkung gelten: §§ 516, 518 BGB? Dann wäre Heilung nach § 518 II BGB zu bejahen (Heilung durch Bewirken der Leistung = Übergabe und Übereignung des Geschenks, dies ist auch nach dem Tod des Erblassers möglich). Oder §§ 2301 I 1, 2276 BGB? Dann wäre eine Heilung i.S.d. § 2301 II BGB problematisch, da bei § 2301 II BGB der Schenkende selbst und nicht erst sein Erbe das Vermögensopfer erbracht haben muss (Palandt/*Edenhofer* § 2301 Rn. 8 f.). Liegt also eine »normale« Schenkung nach §§ 516, 518 BGB oder eine Schenkung auf den Todesfall nach § 2301 BGB vor? Beide Schenkungsformen schließen sich nicht gegenseitig aus, es kommt auf den Willen des Schenkers an:
  - Weil hier die Schenkung in der Annahme gemacht wurde, dass der Schenker bald sterben werde und das Überleben des Bedachten (konkludent) Bedingung der Schenkung sein sollte, liegt eine **Schenkung nach § 2301 I 1 BGB** vor. Heilung nach § 2301 II BGB (–), also: Rechtsgrund (–) und Kondiktion durch die Erbin möglich.

Ähnliche Abgrenzungsprobleme zwischen §§ 516, 518 BGB und § 2301 BGB ergeben sich bei **(Konto-)Vollmachten des Erblassers** für Dritte. Hier ermächtigt der Erblasser den Beschenkten, nach dem Erbfall Teile des Nachlasses an sich zu nehmen (sog. »postmortale Vollmacht«: Vollmacht gilt ab dem Tod des Vollmachtgebers). Der Beschenkte tut dies, der Erbe verlangt Herausgabe aus Eingriffskondiktion. Auch hier kommt es zur Frage, ob der Rechtsgrund für das Behaltendürfen des Geldes eine Schenkung nach §§ 516, 518 BGB oder nach § 2301 BGB ist. Liegt eine Schenkung nach § 2301 BGB vor, reicht die bloße Vollmachtserteilung zu Lebzeiten des Erblasser für eine Heilung nach § 2301 II BGB nicht aus (Palandt a.a.O. Rn. 9). Lesen Sie BGH NJW-RR 2009, 979 ff. zu einem ähnlich gelagerten Fall der sog. »transmortalen Vollmacht« (Vollmacht gilt vor und nach dem Tod des Vollmachtgebers).

Problem: Abgrenzung §§ 516, 518 BGB – § 2301 BGB in den Fällen von § 331 BGB

Das Verhältnis von §§ 516, 518 BGB zu § 2301 BGB verkompliziert sich, wenn die die Zuwendung übermittelnde Person einem Vertrag nach § 331 BGB mit dem Erblasser geschlossen hat. Denn § 331 BGB erwähnt die erbrechtlichen Formvorschriften nicht und geht davon aus, dass ein Leistungsversprechen zugunsten eines Dritten auch dann wirksam ist, wenn die Leistung erst nach dem Tod des Versprechensempfänger erfolgen soll (vgl. *Medicus* Rn. 394).

2. Teil. Die wichtigsten Vertragstypen

Fall: Der Erblasser legt bei der Bank (sog. Versprechende) ein Sparbuch für seinen Enkel an. Dieser soll Kontoinhaber und nach dem Tod des Erblassers Verfügungsberechtigter sein (sog. Begünstigter). Nach dem Todesfall übergibt die Bank vereinbarungsgemäß dem Enkel das Sparbuch. Der Erbe des Erblassers verlangt nun vom Enkel die Herausgabe des Sparbuchs.

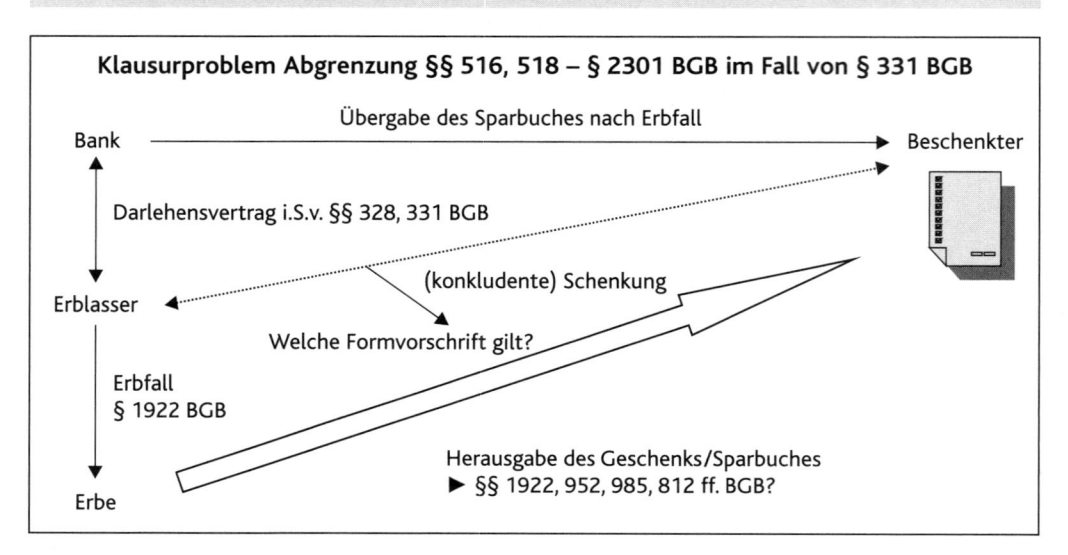

Klausurproblem Abgrenzung §§ 516, 518 – § 2301 BGB im Fall von § 331 BGB

Bank —— Übergabe des Sparbuches nach Erbfall ——→ Beschenkter

Darlehensvertrag i.S.v. §§ 328, 331 BGB

(konkludente) Schenkung

Erblasser

Welche Formvorschrift gilt?

Erbfall § 1922 BGB

Herausgabe des Geschenks/Sparbuches
▶ §§ 1922, 952, 985, 812 ff. BGB?

Erbe

Vorbemerkung: Der Vertrag zwischen Erblasser und Bank ist i.d.R. ein sog. Darlehensvertrag zugunsten Dritter auf den Todesfall nach §§ 328, 331 BGB (vgl. Rn. 65).

- Anspruch des Erben gegen den Enkel aus §§ 1922, 985, 952 BGB? (–), Enkel ist Eigentümer des Sparbuchs, da ihm das »Recht aus dem Papier« nach §§ 328 ff. BGB zusteht.

- Anspruch des Erben gegen den Enkel aus §§ **1922, 812 BGB**

  – Problematisch ist, ob dies eine Leistungs- o. Eingriffskondiktion ist. Vorzugswürdig ist die Annahme einer Leistungskondiktion, da aus Sicht des Enkels die Aushändigung des Sparbuches eine Leistung des Erblassers darstellt. In dessen Rechtsposition tritt der Erbe nach § 1922 BGB ein.

  – Erlangtes »etwas« ist der Anspruch des Enkels gegen die Bank aus §§ 328, 331 BGB, verbrieft durch das Sparbuch.

  – Rechtsgrund ist die (konkludente) Schenkung Erblasser – Enkel. Auch hier gilt: Richtet sich die Form des Schenkungsversprechens durch den Erblasser nach §§ 516, 518 BGB (dann ist gem. § 518 II BGB Heilung durch Vollzug eingetreten, da mit dem Tod des Erblassers der Enkel den Anspruch gegen die Bank erworben hat) oder nach §§ 2301 I 1, 2276 BGB (dann ist die Heilung nach § 2301 II BGB problematisch, da der Erblasser zu Lebzeiten selbst das Vermögensopfer erbracht haben müsste. Ob der Erblasser mit Abschluss des VZD bereits das zur Leistungsbewirkung erforderliche getan hat, ist problematisch, dürfte aber jedenfalls dann zu verneinen sein, wenn er noch im Besitz des Sparbuches geblieben ist.)? Nach dem BGH **gelten die §§ 516, 518 BGB**, da § 2301 BGB bei Schenkungen i.R.v. VzD auf den Todesfall nicht anwendbar ist. Dies folgt daraus, dass der VzD ein rein schuldrechtliches Rechtsgeschäft ist, bei dem konsequenterweise auch das damit zusammenhängende Valutaverhältnis zwischen Erblasser und Beschenkten nur nach Schuldrecht und nicht nach Erbrecht behandelt werden kann (vgl. Palandt/*Edenhofer* § 2301 Rn. 17 ff.; vgl. oben Rn. 65 zum selben Problem bei Lebensversicherungsverträgen).

  – Ergebnis: Der Formmangel ist geheilt, der Rechtsgrund besteht, der Enkel darf das Sparbuch behalten. Gleiches würde für in der Zwischenzeit abgehobene Beträge gelten (die im Ergebnis nicht durchgreifenden Anspruchsgrundlagen des Erben für die Rückzahlung der abgehobenen Beträge wären hier die Eingriffskondiktion und § 816 II BGB).

§ 10 Der Schenkungsvertrag, §§ 516 ff. BGB

Klausurtipp: In der oben beschriebenen Konstellation kann es auch sein, dass der Erbe eigenmächtig das **Guthaben** bei der Bank **sperren lässt**, damit der Enkel des Erblassers nicht an sein Geld gelangt. In dieser Variation tritt der Enkel als Kläger auf. Ihm steht gegen den Erben dann ein Anspruch aus Eingriffskondiktion zu. Das fremde Recht, in dessen Zuweisungsgehalt eingegriffen wurde, ist der Anspruch aus §§ 328, 331 BGB des Enkels gegen die Bank. Erlangt hat der Erbe die durch die Sperrung erreichte Blockierstellung. Die dolo-agit-Einrede nach § 242 BGB zugunsten des Erben greift im vorliegenden Fall dann, wenn der Enkel das Guthaben sofort wieder – z.B. über die Leistungskondiktion – an den Erben herausgeben müsste. Ob dies der Fall ist, hängt davon ab, ob eine wirksame Schenkung zwischen Erblasser und Enkel vorliegt. Wie Sie sehen, geht es bei dieser Variation im Wesentlichen um dieselben Probleme wie im Ausgangsfall, nur mit vertauschten Rollen.

Möglich ist auch, dass der Erbe das **Sparbuch an sich nimmt** und der Enkel auf Herausgabe klagt. Anspruchsgrundlagen sind dann §§ 952, 985 BGB und die Eingriffskondiktion. Wenn der Erbe zusätzlich bereits Geld abgehoben hat, kommt ein Anspruch aus § 816 II BGB und aus Eingriffskondiktion in Betracht. In allen Fällen wird der Erbe i.d.R. ebenfalls die dolo-agit-Einrede erheben (s.o.).

Beachte: Der **Erbe** kann die wirksame Schenkung dadurch verhindern, indem er entweder unter den Voraussetzungen von § 130 I 2 BGB gegenüber dem Begünstigten das Schenkungsangebot oder nach §§ 671, 168 S. 1 BGB gegenüber der Bank vor Übermittlung des Schenkungsangebotes den Auftrag zur Übermittlung (und damit auch die Vollmacht bzw. Botenmacht) **widerruft**, wenn das Widerrufsrecht nicht ausgeschlossen wurde (vgl. oben Rn. 65). Im letzteren Fall des Auftragswiderrufs würde die Bank entweder als Botin ohne Botenmacht oder als falsus procurator handeln, es gelten §§ 177 ff. BGB (analog), nicht jedoch § 120 BGB. Dies gilt selbstverständlich auch in den Bonifatius-Varianten von oben.

§ 11 Exkurs: Die Anfechtung nach dem AnfG

A. Einstieg

91 Wenn sich ein Vermögensverfall oder die Zwangsvollstreckung abzeichnen, übertragen Schuldner zuweilen ihr Vermögen auf Dritte, um es dem Zugriff des Gläubigers zu entziehen. In diesen Fällen bewirkt die Anfechtung außerhalb des Insolvenzverfahrens nach dem AnfG, dass zugunsten des Gläubigers die ursprüngliche Vollstreckungslage wieder hergestellt wird.

> **Beachte:** Die Anfechtung von Rechtshandlungen des Schuldners durch den Insolvenzverwalter (bzw. bei der Verbraucherinsolvenz durch die Gläubiger, vgl. § 313 II InsO) ist in §§ 129 ff. InsO geregelt. Klausuren aus diesem Bereich dürften (außerhalb Bayerns und Hessens) eher nicht zu erwarten sein. Bei Interesse können Sie den guten Aufsatz von *Lenger/Richters* in JA 2008, 369 ff. lesen.

B. Das Anfechtungsrecht nach dem AnfG in der Assessorklausur

Die Anfechtung nach dem AnfG kann entweder als **Anfechtungsklage nach § 13 AnfG** oder im Wege der **Anfechtungseinrede nach § 9 AnfG** vorkommen. Im letzteren Fall erfolgt dies i.R.d. Klage nach § 771 ZPO (vgl. umfassend *Kaiser* Zwangsvollstreckungsklausur, Rn. 38, 44). Die **Anfechtungsklage** ist dagegen etwas komplizierter, da dort auch andere Probleme eine Rolle spielen. Daher werden im Folgenden die Probleme der Anfechtungsklage behandelt. Der Beklagte/Anfechtungsgegner ist grds. der Empfänger der anfechtbaren Leistung. Der Antrag bzw. **Tenor** des stattgebenden Urteils muss dann nach § 11 I 1 AnfG auf »**Duldung der Zwangsvollstreckung in ...**« lauten (Ausnahme: Anfechtbare Rechtshandlung ist eine Geldübertragung → dann geht der Rückgewähranspruch auf die Zurverfügungstellung des Geldes), auch wenn die angefochtene Rechtshandlung eine Forderungsabtretung ist. Ist die Zwangsvollstreckung in den erlangten Gegenstand aber nicht mehr möglich (z.B. Untergang, Verwertung der Sache, Einziehung der Forderung), wird nach Maßgabe von § 11 I 2, II AnfG Wertersatz geschuldet. Wegen § 11 I 2 AnfG i.V.m. §§ 819 I, 818 IV, 292, 989, 990 BGB muss Wertersatz nur bei Verschulden geleistet werden. § 11 II AnfG beschränkt die Rückgewährpflicht des gutgläubigen Erwerbers einer unentgeltlichen Leistung. Im Urteil müssen Sie dann den Beklagten ggf. zur Zahlung verurteilen.

Die wichtigsten **Zulässigkeitsprobleme** der Anfechtungsklage nach dem AnfG sind:

Problem: Zuständigkeit des Gerichts

- Nach h.M. ist nur der allg. Gerichtsstand des Anfechtungsgegners nach §§ 13 ff. ZPO gegeben, bei Grundstücken gilt nach der Rspr. aber § 24 ZPO (RGZ 20, 403).

Problem: Voraussetzungen des § 2 AnfG (sog. »Anfechtungsberechtigung«)

- Die Anfechtungsberechtigung setzt voraus:
  - Vollstreckbarer Schuldtitel gegen den Schuldner (z.B. §§ 704, 794 ZPO): Der titulierte Anspruch muss auf Zahlung von Geld gerichtet sein (was sich leider nicht aus dem Wortlaut von § 2 AnfG ergibt, vgl. BGHZ 53, 174 ff.). Nach dem BGH kann sich der Anfechtungsgegner dabei nicht auf materiell-rechtliche Einwendungen des Schuldners gegen den zugrunde liegenden titulierten Anspruch berufen, es sei denn, diese sind entsprechend § 767 II ZPO nach der letzten mündlichen Tatsachenverhandlung im Vorprozess entstanden (BGH NJW 2000, 2022 ff.; ZIP 1999, 33 f.). Wenn der Titel ein Vergleich ist, können die Einwendungen ohne die Beschränkung von § 767 II ZPO geltend gemacht werden (Argument: Rechtsgedanke § 797 IV ZPO, vgl. BGH WM 1999, 33). Eine Vollstreckungsklausel braucht der Kläger/Gläubiger allerdings nicht zu haben.
  - Fälligkeit der zugrunde liegenden Forderung gegen den Schuldner
  - **Unzulänglichkeit des Schuldnervermögens** (wird in Klausuren häufig übersehen!): Es ist eine fruchtlose Zwangsvollstreckung erfolgt oder eine solche wäre jedenfalls von vornherein aussichtslos. Die Uneinbringlichkeit der Forderung wird nicht dadurch ausgeschlos-

sen, dass dem Kläger/Gläubiger Sicherungsrechte vom Schuldner eingeräumt wurden, da es grds. keine Verpflichtung zur Inspruchnahme der Sicherungsmittel gibt.

Problem: Rechtsschutzbedürfnis

- Dass Rechtsschutzbedürfnis fehlt nicht deshalb, weil der Kläger eine Drittwiderspruchsklage des Anfechtungsgegners nach § 771 ZPO abwarten müsste (Argument: Anfechtungsberechtigter muss selbst die Rechtsklage klären können, ohne auf eine Klage des Gegners zu warten).

In der **Begründetheit** der Klage prüfen Sie dann, ob dem Kläger ein Anfechtungsrecht zusteht. Dieses ist in §§ 3 I, II und 4 AnfG geregelt, wobei auch stets die dort geregelten **Fristen zu beachten** sind. Die rechtzeitige Geltendmachung des Wertersatzanspruches wahrt dabei die Frist für den anfechtungsrechtlichen Rückgewähranspruch in Natur, wenn der Kläger später nach § 264 Nr. 2 ZPO von Wertersatz auf Duldung der Zwangsvollstreckung wechselt (BGH MDR 2008, 1358). Die Beweislast für das Vorliegen der §§ 2 ff. AnfG trägt stets der Kläger, auch für die jeweiligen subjektiven Voraussetzungen der Anfechtungsgründe. Alle Anfechtungsgründe aus §§ 3 f. AnfG setzen eine Rechtshandlung des Schuldners voraus, die seine Gläubiger benachteiligt (sog. **objektive Gläubigerbenachteiligung**). Dies liegt vor, wenn der Zugriff des Anfechtenden/Gläubiger auf die Vermögenswerte des Schuldners vereitelt, erschwert, gefährdet oder verzögert wird. Eine Benachteiligung liegt dagegen nicht vor, wenn der Schuldner über Gegenstände verfügt, die nicht der Zwangsvollstreckung unterliegen, die wertlos sind, die zugunsten anderer Gläubiger wertausschöpfend belastet sind oder wenn der Schuldner eine wertmäßig adäquate Gegenleistung erhält (vgl. BGH FamRZ 1993, 1307; BGH WM 1995, 450 ff.). Bei der anfechtbaren Handlung wird es sich i.d.R. um die Übereignung einer Sache handeln. Auch die nicht mehr durch Widerruf aufhebbare Einsetzung eines Dritten als Bezugsberechtigter z.B. einer Kapitallebensversicherungsforderung ist anfechtbar (vgl. *Hasse* VersR 2005, 15 ff.).

Beachte: Die Anfechtbarkeit eines Rechtsgeschäftes nach dem AnfG hat **nur schuldrechtliche Wirkungen** zwischen dem Anfechtungsberechtigten und dem Anfechtungsgegner. Die dingliche Rechtslage wird davon nicht berührt!

Problem: Anfechtungsgrund des § 3 I AnfG (vorsätzliche Gläubigerbenachteiligung)

- Für die Gläubigerbenachteiligungsabsicht genügt das Bewusstsein des Schuldners, dass seine Handlung für seine Gläubiger nachteilig sein kann (BGH WM 1987, 325 f.). Die Gläubigerbenachteiligung muss nicht Zweck der Handlung des Schuldners sein.

- Wenn der Schuldner dem Anfechtungsgegner eine **inkongruente Sicherung analog §§ 130, 131 InsO** gewährt hat, greifen die Grundsätze des Anscheinsbeweises (BGH NJW 1978, 2032 ff.), d.h. die Benachteiligungsabsicht wird grds. vermutet. Eine inkongruente Sicherung liegt dann vor, wenn der Anfechtungsgegner nach dem Grundgeschäft mit dem Schuldner keinen Anspruch auf die Übertragung der konkreten Sache hat. Es kommt also nicht auf das Verhältnis von Leistung und Gegenleistung an!

- Die Kenntnis des Anfechtungsgegners von der Benachteiligungsabsicht muss der Kläger ebenfalls beweisen. Nach § 3 I 2 AnfG besteht aber dafür eine Vermutung bei Kenntnis von der drohenden Zahlungsunfähigkeit des Schuldners oder bei Kenntnis davon, dass die Handlung den Gläubiger benachteiligt. Die Kenntnis von der Benachteiligung wird wiederum beim Vorliegen einer inkongruenten Sicherung vermutet.

Problem: Anfechtungsgrund des § 3 II AnfG (Geschäfte mit nahe stehenden Personen i.S.v. § 138 InsO)

- Entgeltlichkeit i.S.d. § 3 II AnfG liegt dann vor, wenn nach dem Willen zumindest einer Partei der Erwerb von einer Gegenleistung abhängig ist. Bei Erfüllungsgeschäften (z.B. Übereignung) kann die Entgeltlichkeit auch in der Schuldbefreiung liegen.

- Unter den Begriff des »Vertrages« fallen nicht nur schuldrechtliche sondern auch dingliche Verträge.

- Die Gläubigerbenachteiligungsabsicht des Schuldners und die entsprechende Kenntnis des Anfechtungsgegners werden nach dem Wortlaut des § 3 II AnfG stets vermutet.

Problem: Anfechtungsgrund des § 4 AnfG (Schenkungsanfechtung)

- Unentgeltlichkeit i.S.d. § 4 AnfG liegt dann vor, wenn die Leistung ohne Rechtspflicht erfolgt und keine Gegenleistung in das Schuldnervermögen geflossen ist (BGH NJW 1983, 1678). Daher liegt keine Unentgeltlichkeit z.B. bei der Erfüllung einer Verbindlichkeit oder bei der **Sicherung eigener Schulden** vor (BGH NJW 1990, 2626). Unbenannte Zuwendungen unter Ehegatten fallen dagegen unter § 4 AnfG, weil hier eine Rechtspflicht nicht besteht (BGH MDR 2008, 1358).

- Bei gemischten Schenkungen liegt nur dann eine unentgeltliche Leistung vor, wenn das Geschäft in einen entgeltlichen und unentgeltlichen Teil trennbar ist (z.B. Schenkung einer Geldsumme). Handelt es sich um einen unteilbaren Gegenstand (z.B. Grundstück), so entscheidet der Schwerpunkt.

Klausurtipp: Der Anfechtungsberechtigte/Gläubiger kann zur Vorbereitung einer Anfechtung/eines Anfechtungsprozesses vom Anfechtungsgegner nach **§ 242 BGB** über Art und Umfang ggf. anfechtbarer Rechtshandlungen Auskunft verlangen, wenn der Anfechtungsanspruch bereits dem Grunde nach feststeht (vgl. BGH WM 1978, 872). Prozessual kann es dann zu einer Stufenklage nach § 254 ZPO kommen.

Nach h.M. bleibt die Verurteilung des Beklagten zur Duldung der Zwangsvollstreckung bestehen, wenn der Beklagte wegen **Wertverbesserungen** an dem Gegenstand (z.B. bauliche Veränderung) eine Zug-um-Zug-Verurteilung beantragt. Der Aufwendungsersatzanspruch (z.B. aus § 812 I 1 Alt. 2 BGB) kann nämlich erst in der Zwangsvollstreckung bei der Verteilung des Erlöses berücksichtigt werden (BGH NJW 1984, 2890 ff.). Auch etwaige Gegenleistungen an den Schuldner bleiben unberücksichtigt.

Merke: Der Duldungsanspruch nach dem AnfG kann durch eine einstweilige Verfügung nach § 935 ZPO gesichert werden (BGH NJW-RR 1992, 733 ff.). Einer Glaubhaftmachung des Verfügungsgrundes bedarf es analog §§ 885 I 2, 899 II 2 BGB grds. nicht (OLG Koblenz ZIP 1992, 1754). Die einstweilige Verfügung geht in diesen Fällen i.d.R. auf ein Verfügungsverbot. Bei Grundstücken ist eine Sicherung durch Eintragung einer Vormerkung nicht möglich (vgl. BGH NJW 2008, 376 ff.).

§ 12 Der Prozessvergleich

A. Einstieg

Der Prozessvergleich ist ein Prozessvertrag der Parteien. Er dient i.d.R. dazu, Streit oder Ungewissheit über ein Rechtsverhältnis im Wege des gegenseitigen Nachgebens zu beseitigen und hat eine **Doppelnatur**, weil er sowohl eine prozessuale als auch eine materielle Komponente besitzt. Prozessual beendet der Prozessvergleich den Prozess, materiell-rechtlich führt der Prozessvergleich dazu, dass die Rechtsbeziehungen der Parteien neu geregelt werden (sog. Novation). Der gerichtlich protokollierte Prozessvergleich stellt dann nach § 794 I Nr. 1 ZPO einen Vollstreckungstitel dar. Der Prozessvergleich kann auch im schriftlichen Verfahren geschlossen werden, vgl. § 278 VI ZPO. Auch Dritte können sich am Vergleich beteiligen, müssen aber, damit der Vergleich Vollstreckungstitel für oder gegen den Dritten sein kann, dem Vergleich förmlich beitreten.

92

B. Wirksamkeitsvoraussetzungen des Prozessvergleichs

Aufgrund der oben beschriebenen Doppelnatur lassen sich die Wirksamkeitsvoraussetzungen des Prozessvergleichs in prozessuale und materielle Voraussetzungen aufteilen, die jeweils kumulativ vorliegen müssen.

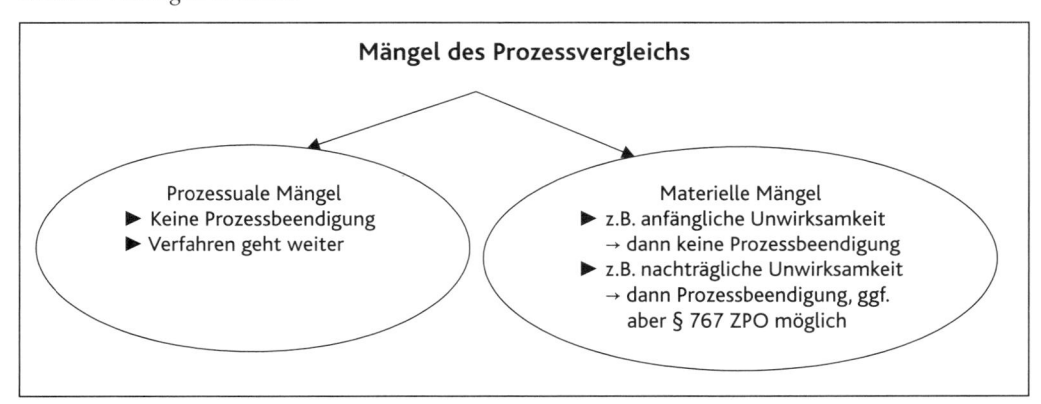

```
                    Mängel des Prozessvergleichs
                   /                            \
          Prozessuale Mängel              Materielle Mängel
          ▶ Keine Prozessbeendigung       ▶ z.B. anfängliche Unwirksamkeit
          ▶ Verfahren geht weiter           → dann keine Prozessbeendigung
                                          ▶ z.B. nachträgliche Unwirksamkeit
                                            → dann Prozessbeendigung, ggf.
                                              aber § 767 ZPO möglich
```

I. Prozessuale Voraussetzungen

Die wichtigsten Normen, die prozessual eingehalten werden müssen, sind § 794 I Nr. 1 ZPO (Abschluss vor einem deutschen Gericht; kann auch Strafgericht sein) und §§ 160 ff. ZPO (Protokollierungspflicht, Vorspielen und Genehmigung des Protokolls → »v.u.g.«, »v.u.g.« – Vermerk im Protokoll, Unterschreiben des Protokolls). Da der Prozessvergleich eine Prozesshandlung darstellt, müssen zudem die üblichen Prozesshandlungsvoraussetzungen vorliegen (Partei- und Prozessfähigkeit etc.). Sofern materiell-rechtlich eine Beurkundung erforderlich wäre (z.B. § 311b I 1 BGB), wird diese durch die Protokollierung des Prozessvergleichs ersetzt, vgl. § 127a BGB, § 160 III ZPO. Handelt es sich um einen reinen außergerichtlichen Vergleich, spielen die zivilprozessualen Vorgaben keine Rolle.

II. Materielle Voraussetzungen

Weil der Prozessvergleich ein ganz normaler schuldrechtlicher Vertrag ist, finden die allgemeinen Vorschriften Anwendung, d.h. insb. §§ 104 ff., 145 ff., 119 ff., 280 ff., 313, 323 ff., 779 BGB und § 138 BGB. Zudem ist oft ein **Widerrufsvorbehalt** vereinbart worden, wobei der Widerruf dann ggü. dem Gericht oder der anderen Partei erfolgen kann, wenn nichts Abweichendes vereinbart ist (BGH NJW 2005, 3576).

> **Klausurtipp:** Häufig will eine Partei den Vergleich wegen Irrtums über den Sachverhalt **anfechten**. Bezieht sich der Irrtum auf den als feststehend zugrunde gelegten Sachverhalt (sog. **Vergleichsgrundlage**), so kommt eine Unwirksamkeit nach § 779 BGB in Betracht. Daneben ist § 313 BGB anwendbar, wenn die Voraussetzungen von § 779 BGB nicht erfüllt sind. § 119 II BGB scheidet dagegen i.d.R. aus, weil es sich um einen reinen Motivirrtum handelt (Anfechtung nach Maßgabe von § 123 BGB ist aber immer möglich!). Wenn sich der Irrtum auf einen streitigen/ungewissen Punkt bezieht, der Gegenstand des Vergleichs war (sog. **Vergleichsgegenstand**), ist eine Anfechtung nach § 119 II BGB ebenfalls ausgeschlossen (anders § 123 BGB). Die Unklarheiten sollten ja gerade durch den Vergleich endgültig erledigt werden (vgl. Palandt/*Sprau* § 779 Rn. 26)! § 779 BGB scheidet auch aus, weil dieser bei einem Irrtum über den Vergleichsgegenstand schon nach seinem Wortlaut nicht einschlägig ist. Hier kommt ggf. § 313 BGB in Frage, der allerdings i.d.R. an der fehlenden Unzumutbarkeit scheitert, v.a. weil und wenn die Parteien im Vergleich bereits eine Regelung für das Fehlen/den Wegfall/die Veränderung bestimmter Umstände vereinbart haben oder zumindest weil der Irrtum über den Vergleichsgegenstand Risiko des Irrenden ist (vgl. PWW/*Brödermann* § 779 Rn. 27).

Auch § 242 BGB kann eine Rolle spielen, v.a. wenn bei **Abfindungsvergleichen** spätere Schäden geltend gemacht werden: Die Berufung auf die Regelungen in einem Vergleich können Treu und Glauben widersprechen, wenn nachträglich erhebliche Äquivalenzstörungen in den Leistungen der Parteien eingetreten sind, die für eine Partei nach den gesamten Umständen des Falles eine ungewöhnliche Härte bedeuten (Palandt/*Grüneberg* § 313 Rn. 44).

C. Fehlerfolgen beim Prozessvergleich

Ist der Prozessvergleich **aus prozessualen Gründen unwirksam**, entfällt die den Prozess beendigende Wirkung. Der alte Prozess ist also weiterzuführen, wobei der ggf. weiter wirksame materielle Vergleich (Auslegungsfrage!) bei der Beurteilung der materiellen Rechtslage zu berücksichtigen ist. Einer neuen Klage kann der Beklagte die anderweitige Rechtshängigkeit nach Maßgabe des § 261 III Nr. 1 ZPO entgegenhalten (BGH NJW 1985, 1962). Ist der Prozessvergleich wegen **materieller Mängel** von Anfang an **ex tunc** unwirksam (z.B. § 138 BGB, § 779 BGB, Widerruf, Anfechtung), ist ebenfalls der alte Prozess weiterzuführen (BGH NJW 1971, 467 f.). Dies gilt auch für die auf die anfängliche Unwirksamkeit gestützte Rückforderung der auf den Vergleich gezahlten Summe (BGH NJW 1999, 2903 f.). Anders verhält es sich bei Mängeln mit **ex nunc** Wirkung bzw. bei Einwendungen aus nachträglichen Tatsachen (z.B. § 313 BGB, Rücktritt, Aufhebungsvertrag). Hier ist bei Streit über die Einwendung eine neue Klage zu erheben, der § 261 III Nr. 1 ZPO nicht entgegensteht. Gleiches gilt, wenn es um die Schlechterfüllung der Pflichten aus einem Vergleich geht. Wendet sich eine Partei gegen den Prozessvergleich, so müssen Sie durch **Auslegung** ermitteln, auf welche Mängel sie sich beruft bzw. berufen kann.

> **Merke:** Der Prozessvergleich kann auch bei der Klage nach § 767 ZPO eine Rolle spielen (vgl. dazu *Kaiser* Zwangsvollstreckungsklausur, Rn. 11, 24).

3. Teil. Die wichtigsten zivilrechtlichen Nebengebiete

Im Folgenden werden die examensrelevantesten »Nebengebiete« behandelt.

§ 1 Das Familienrecht, §§ 1297 ff. BGB

A. Einstieg

Außerhalb von Bayern, Baden-Württemberg und Hessen spielt das Familienrecht im Assessorexamen keine große Rolle. Es gibt jedoch einige Probleme, die gleichsam nur »im Gewande« des Familienrechts auftauchen, bei denen es letztlich aber um allgemeine zivilrechtliche Fragen geht. Im Folgenden werden sowohl die Grundzüge des Familienrechts als auch die zuletzt genannten Konstellationen aufgezeigt. Beachten Sie, dass die verfahrensbezogene Fragen jetzt umfassend im **FamFG** geregelt sind (vgl. zur Einführung *Zimmermann* JuS 2009, 692 ff.).

93

B. Das Wichtigste in Kürze

I. Probleme zur Eheschließung und zu den allgemeinen Ehewirkungen

Die Voraussetzungen der Eheschließung sind in §§ 1303 ff. BGB geregelt. Die allgemeinen Ehewirkungen sind v.a. in §§ 1353 ff. BGB normiert. Die **Eheschließung** setzt nach §§ 1303 ff. BGB neben der Geschlechtsverschiedenheit die in §§ 1303 f. BGB geregelte Ehefähigkeit und die Einhaltung der in §§ 1310 ff. BGB geregelten Formgebote voraus. § 1314 BGB regelt abschließend die Beachtlichkeit von Willensmängeln i.R.d. Eheschließung (z.B. Scheinehe, Irrtum, Täuschung etc.), §§ 1306 f. BGB normieren Eheverbote (z.B. Doppelehe/Bigamie, Verwandtschaft).

Problem: Vergütungsanspruch bei Dienstleistungen für den anderen Ehegatten (z.B. Mitarbeit im Betrieb)

- (Konkludenter) Arbeitsvertrag möglich, i.d.R. aber (–) mangels RBW, Annahme eines Arbeitsvertrags zudem in den meisten Fällen mit dem »Wesen der Ehe« nicht vereinbar: Diese ist grds. auf Gleichberechtigung und nicht auf Weisungsgebundenheit angelegt.
- (Konkludenter) Dienstvertrag: I.d.R. ebenfalls (–) mangels RBW
- Anspruch aus GbR (sog. konkludente Ehegatteninnengesellschaft) nach §§ 723, 730 ff., 738 BGB analog (analog deshalb, da die reine Innengesellschaft i.d.R. kein eigenes Gesellschaftsvermögen hat, welches nach §§ 730 ff. BGB auseinandergesetzt werden könnte) möglich, wenn ein gemeinsamer, über die Ehe (»Tisch und Bett«) hinausgehender Zweck verfolgt wurde. Nach der Rspr. i.d.R. nur bei Schaffung gemeinsamer erheblicher Vermögenswerte, zudem muss stets eine gleichberechtigte Mitarbeit beider Ehegatten vorliegen. Die Rspr. wendet die GbR-Vorschriften in diesen Fällen **sehr restriktiv** an (BGH NJW 2006, 1268 ff.; 1999, 2962 ff.; 1994, 2545 ff.).
- Anspruch aus §§ 530, 812 I 2 Alt. 1 BGB i.d.R. (–), da wegen fehlender Einigung über die Unentgeltlichkeit keine Schenkung vorliegt. Zudem dürfte das Vorliegen einer Schenkung schon an der fehlenden Substanzübertragung scheitern.
- Anspruch aus GoA i.d.R. (–), da die Ehe die »sonstige Berechtigung« i.S.v. § 677 BGB darstellt; außerdem dürfte ein eigenes Geschäft vorliegen/der FGW fehlen.
- Anspruch aus Auftragsrecht/§§ 662, 670 BGB i.d.R. (–), da mangels Fremdnützigkeit oft kein Auftrag vorliegt, zudem RBW i.d.R. (–)
- § 812 I 1 Alt. 1 BGB i.d.R. (–), da nach der Rspr. ein »ehebezogenes Geschäft eigener Art« bzw. ein »**familienrechtlicher Vertrag sui generis**« der Rechtsgrund für das Zurverfügungstellen der Arbeitskraft ist (BGH NJW 1999, 2962; BGH FamRZ 1994, 1167 ff.). Dieser

wird dann anzunehmen sein, wenn die Arbeitsleistungen über bloße Gefälligkeiten/gelegentliche Hilfeleistungen hinausgehen. Zudem greift § 814 BGB.

- § 812 I 2 Alt. 1 BGB i.d.R. (–), da keine Verpflichtung zur Mitarbeit besteht, die später wegfallen kann.
- § 812 I 2 Alt. 2 BGB i.d.R. (–), da i.d.R. keine konkrete Zweckvereinbarung vorliegt.
- Anspruch aus § 1353 BGB I 2 BGB grds. (–), da nach h.M. keine eigene Anspruchsgrundlage.
- Besonderer familienrechtlicher **Ausgleichsanspruch nach den Regeln von § 313 BGB**
  - möglich, da durch die Scheidung die Ehe als Geschäftsgrundlage des »familienrechtlichen Vertrags sui generis« weggefallen ist.
  - Der BGH wendet hier die Rspr. an, die er zu den unbenannten Zuwendungen zwischen den Ehegatten entwickelt hat (vgl. insgesamt BGH FamRZ 1994, 1167 ff.): § 313 BGB greift daher nur in engen Ausnahmefällen, wenn bei einem Nichtausgleich der geleisteten Arbeit Unzumutbarkeit gegeben wäre. Insb. darf auch der Ausgleich über die gesetzlich vorgesehenen Regeln des Güterrechts nicht zumutbar sein (z.B. die Berücksichtigung beim Zugewinnausgleich nach §§ 1372 ff. BGB).

> **Beachte:** Sie dürfen bei der Prüfung der Ausgleichsansprüche für geleistete Mitarbeit zwischen den Ehegatten **auf keinen Fall** schreiben, dass eine **unbenannte Zuwendung** vorliegt! Denn Arbeitsleistungen können nach der Rspr. begrifflich schon nicht als Zuwendung aufgefasst werden, da es sich dabei stets um die Übertragung von Vermögenssubstanz handeln muss. Trotzdem läuft die Prüfung der in Frage kommenden Anspruchsgrundlagen und die Terminologie innerhalb der Normen fast komplett so wie bei der Rückabwicklung von unbenannten Zuwendungen (s. dazu umfassend unter Rn. 95).
>
> An der oben genannten Prüfungssystematik und den in Frage kommenden Anspruchsgrundlagen können Sie sich auch orientieren, wenn es sich nicht um Ehegatten, sondern um Lebenspartner oder die Partner einer neLG handelt, bei der neLG jedoch mit den unter Randnummer 95 geschilderten Besonderheiten.

Problem: Wirkungen des § 1357 BGB (Verpflichtungsermächtigung des handelnden Ehegatten)

- Gilt nur für Haushaltsgeschäfte i.S.d. § 1357 I 1 BGB: Nach Art und Umfang den »durchschnittlichen Verbrauchsgewohnheiten einer Familie mit vergleichbarem Lebenszuschnitt entsprechend« (vgl. BGH FamRZ 1985, 576 ff.)? Diese Geschäfte dürfen nicht typischerweise nur von beiden Ehegatten zusammen getätigt werden.
- Ein Getrenntleben i.S.d. § 1357 III BGB umfasst nach h.M. auch das **Getrenntleben in der eigenen Wohnung** (Argument: Wertung des § 1567 I 2 BGB).
- § 1357 BGB gilt auch für die **Sekundäransprüche** aus dem Vertragsverhältnis.
- § 1357 BGB wirkt **nicht für das dingliche Rechtsgeschäft**. Ein gemeinsamer Rechtserwerb kommt aber nach allgemeinen Grundsätzen in Betracht (z.B. über eine Stellvertretung).
- Ehegatten werden passiv Gesamtschuldner i.S.d. §§ 421, 427 BGB (vgl. Palandt/*Brudermüller* § 1357 Rn. 21 f.). Umstritten ist die Rechtsfolge bzgl. der Aktivseite: Nach e.A. werden die Ehegatten Mitgläubiger i.S.d. § 432 BGB, nach der vorzugswürdigen a.A. Gesamtgläubiger i.S.v. § 428 BGB (vgl. Palandt/*Brudermüller* § 1357 Rn. 21 f.; Argument für § 428 BGB: Erfüllungsregelung in § 428 BGB ist für die Praxis einfacher zu handhaben.).
- Bei einer Inanspruchnahme durch den Vertragspartner darf der nicht tätig gewordene Ehegatte gem. § 417 BGB analog alle auch seinem Partner zustehenden **Einwendungen** geltend machen (z.B. Nichtigkeit des Vertrags, fehlende Fälligkeit, Stundung etc.).
- Nach h.M. darf nicht nur der tätig gewordene Ehegatte, sondern auch der andere Ehegatte etwaige **Gestaltungsrechte** ausüben, da sonst eine unangemessene Benachteiligung des Ehegatten entstehen würde (MüKo-BGB/*Wacke* § 1357, Rn. 36; Palandt/*Brudermüller* § 1357 Rn. 21 f.).

Beachte: Beachten Sie, dass § 1357 BGB wegen **§ 8 II LPartG** auch für Lebenspartner gilt, nach h.M. aber nicht auch für die **nichteheliche Lebensgemeinschaft** (neLG), vgl. Palandt/*Brudermüller* § 1357 Rn. 6. Generell sollten Sie bei Klausuren, in denen Lebenspartner vorkommen, einen Blick in das **LPartG** werfen. Dort ist in vielerlei Hinsicht die Lebenspartnerschaft der Ehe angenähert, wichtig sind v.a. §§ 2, 4, 6, 8, 12 ff. LPartG. Eine Lebenspartnerschaft i.S.d. Gesetzes liegt aber nur vor, wenn die Voraussetzungen des § 1 LPartG eingehalten wurden, insb. die Erklärung von zwei Gleichgeschlechtlichen vor der zuständigen Behörde. Eine **nichteheliche Lebensgemeinschaft** liegt grds. bei der auf Dauer angelegten Verbindung zwischen Mann und Frau zwecks gemeinsamer Lebensführung ohne Trauschein vor (der BGH hat zuletzt z.B. in NJW 2008, 443 ff. die Voraussetzung der Geschlechtsverschiedenheit weggelassen, was durchaus als Aufgabe dieser Voraussetzung angesehen werden kann, vgl. *von Proff* NJW 2008, 445 f.). Zur neLG können Sie sich merken, dass nach der h.M. und der Rspr. die Vorschriften des Eherechts und auch des Erbrechts grds. nicht gelten. Dies wird mit dem besonderen Schutzauftrag des Staates aus Art. 6 GG begründet, der den meisten Regelungen des Familienrechts zugrunde liegt. Anders ist dies z.B. bei §§ 563 II, 1359 BGB und § 1969 BGB.

Problem: Die Eigentumsvermutung des § 1362 BGB

- Diese Vorschrift wird oft in der Zwangsvollstreckungsklausur relevant (i.d.R. bei § 766 ZPO), vgl. *Kaiser* Zwangsvollstreckungsklausur, Rn. 77.

- § 1362 I BGB kann auch bei sachenrechtlichen Klausuren eine Rolle spielen: Wenn ein Ehegatte einen Gegenstand i.S.v. § 1362 I BGB an einen Dritten übereignet, so wird wegen der Vermutung des § 1362 I BGB vom Alleineigentümer erworben. Der Dritte muss sich also nicht tatsächliches (oder wegen § 1006 I BGB vermutetes) Miteigentum des anderen Ehegatten entgegenhalten lassen, es sei denn es liegt eine der Ausnahmen nach § 1362 I 2, II BGB vor (vgl. *Muscheler* Rn. 323). Der andere Ehegatte kann sich aber auf § 1006 II BGB berufen (vgl. BGH NJW 1992, 1162 f.).

- Eine analoge Anwendung von § 739 ZPO und § 1362 BGB auf die neLG wird von der h.M. und Rspr. abgelehnt, vgl. *Kaiser* Zwangsvollstreckungsklausur, Rn. 77 m.w.N.

Problem: Die allgemeinen Wirkungen des Verlöbnisses als Vorstufe der Ehe

- Sollte es in Ihrer Klausur tatsächlich um die Geltung der allgemeinen Vorschriften (z.B. §§ 116 ff. BGB) oder um Rücktritt, Schadensersatz und Rückforderung bei Scheitern des Verlöbnisses gehen, finden Sie alle relevanten Probleme im Palandt/*Brudermüller* Einf v § 1297 und in der Kommentierung zu § 1301 BGB.

Problem: Deliktischer Schutz der Ehe

- Nur für den räumlich-gegenständlichen Bereich der Ehe ist diese als sonstiges Rechtsgut i.S.v. § 823 I BGB geschützt (Beispiel: Ehebruch in der Ehewohnung). Rechtsfolge ist nur ein Unterlassungs- und Beseitigungsanspruch gegen den untreuen Ehegatten und den Dritten (BGHZ 6, 360 ff.). Ein weitergehender deliktischer Schutz wird von der Rspr. grds. abgelehnt (Argument bzgl. untreuen Ehegatten: Abschließende Regelung durch das Familienrecht; Argument bzgl. Dritten: Pflicht zur ehelichen Treue bindet Dritten nicht).

- Bei Zahlung von Unterhalt für das vom zahlenden Ehegatten nicht gezeugte Kind des anderen Ehegatten kann es ggf. zu einer cessio legis der Unterhaltsansprüche kommen, vgl. §§ 1615l III 1, 1607 III BGB (sog. Scheinvaterregress). Zusätzlich sind Ansprüche aus Rückgriffskondiktion denkbar (vgl. BGH NJW 1981, 2183 f.). Der BGH lässt hierbei eine Inzidentfeststellung der Vaterschaft im Regressprozess zu (vgl. BGH NJW 2008, 2433 ff.).

II. Probleme aus dem ehelichen Güterrecht

Wenn nichts Abweichendes vereinbart oder eine Vereinbarung (z.B. Ehevertrag, §§ 1408, 1410 BGB) wirksam angefochten worden ist, gelten die Regeln der Zugewinngemeinschaft nach §§ 1363 ff. BGB für die Ehegatten als sog. **gesetzlicher Güterstand**. Die drei wesentlichen Prinzipien der Zugewinngemeinschaft sind die Trennung der Vermögensmassen beider Ehegatten,

94

die Verpflichtungs- u. Verfügungsbeschränkungen nach §§ 1365, 1369 BGB (§§ 1423 ff. BGB treffen eine ähnliche Regelung bei Gütergemeinschaft) und der Zugewinnausgleich nach §§ 1372 ff. BGB v.a. nach Beendigung der Ehe.

Zu §§ 1365, 1369 BGB sollten Sie Folgendes wissen:

- §§ 1365, 1369 BGB sind **absolute Verfügungsverbote**; ob der Vertragspartner von der Ehe und dem Güterstand weiß, ist also ohne Bedeutung. Sie gelten auch bei Getrenntleben der Ehegatten, da die §§ 1365, 1369 BGB insoweit keine Einschränkungen vornehmen (umstr.; vgl. Palandt/*Brudermüller* § 1369 Rn. 2).

- § 1369 BGB erstreckt sich nicht nur auf **Haushaltsgegenstände**, die im Eigentum des verfügenden Ehegatten liegen, sondern nach h.M. auch auf die dem anderen gehörenden Gegenstände (Erst-Recht-Schluss). Derartige Verfügungen scheitern aber auch ohne § 1369 BGB i.d.R. schon an § 935 I 1 BGB, wenn der Ehegatte – was die Regel ist – Mitbesitzer der Sache war. Beachten Sie, dass zum Hausrat i.S.v. § 1369 BGB u.U. auch der Pkw gehören kann (OLG Düsseldorf NJW 2007, 1001 f.).

- Nach der Rspr. greift § 1365 BGB auch, wenn nur einzelne Gegenstände veräußert werden, die so gut wie das ganze Vermögen ausmachen, dies aber nur, wenn der Vertragspartner von dieser Tatsache Kenntnis hat, sog. **subjektive Einzeltheorie** (BGHZ 43, 174 ff.). Der nach der Rspr. für diese Kenntnis maßgebliche Zeitpunkt ist der des Verpflichtungsgeschäftes, d.h. die spätere Kenntniserlangung ist irrelevant. Die Beweislast für diese Kenntnis trägt grds. derjenige, der sich auf die Rechtswirkungen des § 1365 BGB beruft.

- § 1365 BGB gilt auch, wenn über den Gegenstand, der nahezu das ganze Vermögen ausmacht, nicht verfügt, sondern wenn dieser belastet wird (z.B. mit einer Hypothek oder einer Grundschuld), jedenfalls wenn die Belastung den Wert im Wesentlichen ausschöpft (BGH NJW 1990, 112 ff.).

- Bei Verstoß gegen §§ 1365, 1369 BGB kann der andere Ehegatte das Geschäft genehmigen oder die Genehmigung verweigern. Bis dahin ist es schwebend unwirksam, §§ 1366, 1369 III BGB. Eine Zustimmung nur zum Verpflichtungsgeschäft deckt auch die spätere Verfügung. Die Genehmigung der Verfügung wiederum deckt i.d.R. auch die vorherige Verpflichtung. Verweigert der andere Ehegatte die Genehmigung, kann auch er gem. §§ 1368, 1369 III BGB aus den einschlägigen Anspruchsgrundlagen, insb. §§ 985, 894, 812 I 1 Alt. 1 BGB, das fremde Recht im eigenen Namen geltend machen und die Zuwendung zurückfordern. (**sog. Revokationsrecht als Form der gesetzlichen Prozessstandschaft**). Der Antrag muss jedoch auf Leistung an den verfügenden Ehegatten lauten, ansonsten wäre seine Klage als unbegründet abzuweisen (Ausnahmen: Andere Ehegatte verweigert die Rücknahme, die Sache war vorher im Mitbesitz beider Ehegatten oder Zustimmung des anderen Ehegatten).

- Macht der nicht verfügende Ehegatte die Unwirksamkeit geltend, kann der Beklagte nach h.M. **kein Zurückbehaltungsrecht** wegen etwaiger Aufwendungen auf die fremde Sache oder wegen des gezahlten Kaufpreises nach §§ 273, 812 I 1 Alt. 1 BGB geltend machen (Argument: Keine Umgehung der §§ 1365, 1369 BGB, Vorrang des Familienschutzes, vgl. Palandt/*Brudermüller* § 1368 Rn. 3). Dies gilt auch gegenüber einer Klage des handelnden Ehegatten selbst.

- Gestützt auf § 812 I 1 Alt. 1 BGB kann der durch §§ 1365, 1369 BGB benachteiligte Vertragspartner natürlich den gezahlten Kaufpreis vom Empfänger zurückverlangen. Bei einer Täuschung des handelnden Ehegatten über die familienrechtliche Situation steht ihm außerdem ein Schadensersatzanspruch aus §§ 823 II BGB i.V.m. § 263 StGB, § 826 BGB und §§ 311 II, 241 II, 280 BGB/c.i.c. auf Ersatz des negativen Interesses zu.

Wenn der Güterstand der Ehegatten beendet wird, kann es u.U. zu einer Heilung des nach §§ 1366, 1369 III BGB schwebend unwirksamen Geschäfts kommen (sog. **Konvaleszenz**), so z.B., wenn der Zustimmungsberechtigte stirbt.

§ 1 Das Familienrecht, §§ 1297 ff. BGB

Klausurtipp: Die Regelung des § 1368 BGB (Revokationsrecht) wird in der **Zulässigkeit der Klage** im Rahmen der Prozessführungsbefugnis relevant. Der richtige Antrag und die Wirksamkeit der Verfügung sind Probleme der Begründetheit. Das Revokationsverfahren nach § 1368 BGB ist Familiensache, weil es zu den Streitigkeiten aus dem ehelichen Güterrecht zählt, vgl. § 111 Nr. 9 FamFG.

III. Probleme aus dem Scheidungsrecht und den Folgesachen, §§ 1564 ff. BGB

Die materiellen Voraussetzungen der Scheidung sind in §§ 1564 ff. BGB dezidiert aufgeführt, die Verfahrensfragen sind in §§ 113, 124 ff. FamFG geregelt. Die Scheidung wird auf Antrag eines oder beider Ehegatten durch einen Beschluss des Gerichts durchgeführt, wenn die **Ehe gescheitert** ist, § 1565 I 1 BGB (Stichwort: »Zerrüttung«; wenn Sie dazu mal etwas Lustiges lesen wollen: BGH NJW 1967, 1078 f.). Dieser (einzige) Scheidungsgrund kann nach §§ 1565, 1566 BGB auf dreifache Art nachgewiesen werden:

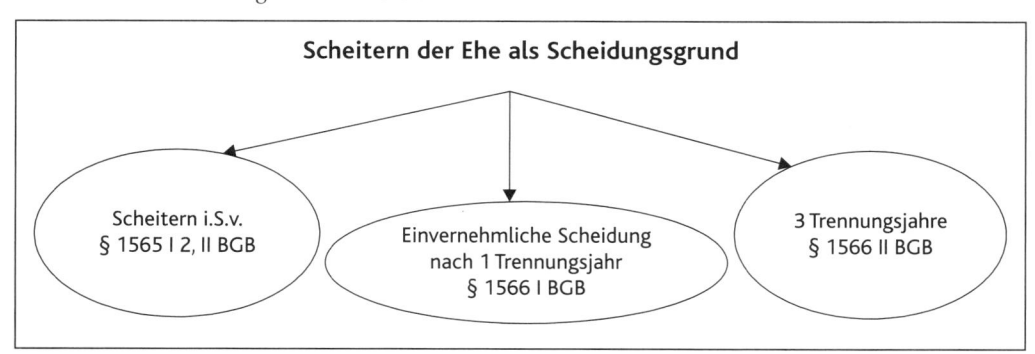

95

```
                Scheitern der Ehe als Scheidungsgrund

     Scheitern i.S.v.      Einvernehmliche Scheidung      3 Trennungsjahre
     § 1565 I 2, II BGB    nach 1 Trennungsjahr           § 1566 II BGB
                           § 1566 I BGB
```

Es reicht, wenn die Voraussetzungen der ein- bzw. dreijährigen Trennung am Schluss der mündlichen Verhandlung vorliegen. Das Getrenntleben ist in § 1567 BGB legaldefiniert, etwaige Klausurprobleme ließen sich hier stets dem Palandt entnehmen. In § 1568 BGB ist eine Härteklausel normiert, die trotz Scheidungsgrund zu einem Scheidungsverbot führt.

Beachte: Wenn bei der Eheschließung einer der **Aufhebungsgründe** von § 1314 BGB vorgelegen hat, dann wird die Ehe nicht geschieden, sondern auf Antrag nach §§ 1316 ff. BGB aufgehoben. Achten Sie auf diese terminologische Differenzierung. Das Verfahren der Aufhebung ist in §§ 121 ff. FamFG geregelt.

In der Klausur wird es i.d.R. auf die Prüfung von **§ 1565 I 2, II BGB** hinauslaufen, weil die beiden anderen Scheidungsgründe kaum Klausurprobleme aufwerfen. Wichtig ist, dass die Unzumutbarkeit i.S.v. § 1565 II BGB sich nicht auf die Lebensgemeinschaft bezieht, sondern auf das sog. »Eheband«, d.h. das »Weiter-miteinander-verheiratet-sein« (Palandt/*Brudermüller* § 1565 Rn. 9 ff. mit Beispielen).

Für den Zeitraum der Trennung bis zur Rechtskraft der Scheidung hat der bedürftige Ehegatte gegen den anderen Ehegatten einen Anspruch auf **Trennungsunterhalt**, vgl. § 1361 BGB. § 1361 II BGB regelt, inwieweit den bedürftigen Ehegatten eine eigene Erwerbsobliegenheit trifft, die ggf. zum Ausschluss der Bedürftigkeit führt. Eine eigene Erwerbspflicht des Unterhaltsberechtigten wird aber (zumal im ersten Trennungsjahr) nur in engen Grenzen bejaht, da für die Zeit der Trennung die eheliche Solidargemeinschaft noch fortbesteht (vgl. Palandt/*Brudermüller* § 1361 Rn. 1 f., 12 f.). In vielen Examensklausuren waren hier bei der Bedürftigkeit die Probleme angesiedelt. Wichtig war es, die im Klausursachverhalt angelegten Argumente aufzugreifen. Die Praxis bemisst die Höhe des Anspruches i.d.R. nach der sog. Düsseldorfer Tabelle in der Ausformung des jeweiligen Oberlandesgerichts. Die Rückzahlung zuviel gezahlten Unterhalts kann i.d.R. nach § 812 I 1 Alt. 1 BGB verlangt werden, sofern kein Fall von § 945 ZPO vorliegt.

Besonders praxisrelevant sind die **Folgesachen bei einer Scheidung:**

- Der Zugewinnausgleich nach §§ 1372 ff. BGB,
- der sog. Scheidungsunterhalt nach §§ 1569 ff. BGB (nicht Trennungsunterhalt! Wird dieser mit der Scheidung geltend gemacht, wird diesbezüglich i.d.R. abgetrennt.),
- die Regelung des Versorgungsausgleichs nach § 1587 BGB i.V.m. dem neuen Versorgungsausgleichsgesetz
- die Regelung des Sorge- u. Umgangsrecht bei Kindern nach §§ 1671 ff., 1626 III, 1684 ff. BGB
- und die Regelung des Unterhaltsanspruches des Kindes (Kindesunterhalt) nach §§ 1601 ff. BGB.

Fragen des Namensrechts sind in § 1355 BGB geregelt. Klausurrelevant davon dürften allerdings – wenn überhaupt – nur der Zugewinnausgleich, Unterhaltsfragen und das Sorge- u. Umgangsrecht sein. Über diese Angelegenheiten ist im Verbund mit der Scheidung zu entscheiden, wenn dies die Parteien beantragen. Nur der Versorgungsausgleich wird auch ohne Antrag durchgeführt, vgl. § 137 FamFG.

> **Klausurtipp:** Oft werden Unterhalts- und Zugewinnansprüche im Wege der **Stufenklage** geltend gemacht, vgl. § 254 ZPO. Klausurrelevante Auskunftsansprüche ergeben sich aus §§ 1605, 1580, 1379 BGB. Eine weitere Klausurvariante (v.a. bei Unterhaltsansprüchen) ist der Einstieg über den einstweiligen Rechtsschutz. Die im Familienrecht vorrangigen Regelungen über den einstweiligen Rechtsschutz sind in §§ 49, 246 ff. FamFG enthalten (**einstweilige Anordnung**). Eine weitere Variante könnte das sog. vereinfachte Verfahren nach §§ 249 ff. FamFG sein. Schließlich kann nach **§ 94 SGB XII** auch der Sozialhilfeträger als Kläger auftreten. Diese Vorschrift regelt, dass wenn eine sozialleistungsberechtigte Person für die Zeit, für die Sozialleistungen erbracht werden, nach bürgerlichem Recht einen Unterhaltsanspruch hat, dieser bis zur Höhe der geleisteten Aufwendungen zusammen mit dem unterhaltsrechtlichen Auskunftsanspruch auf den Träger der Sozialhilfe übergeht (cessio legis).

Zum **Zugewinnausgleich nach §§ 1372 ff. BGB** sollten Sie Folgendes wissen: Wenn die Ehe durch den Tod eines Ehegatten beendet wird, dann wird der Zugewinn dergestalt ausgeglichen, dass der überlebende Ehegatte nach §§ 1931 III, 1371 I BGB eine höhere Erbquote erhält (sog. erbrechtliche Lösung; vgl. Palandt/*Brudermüller* § 1371 Rn. 2). Dies gilt nicht, wenn der Ehegatte bereits letztwillig (z.B. durch ein Berliner Testament) zum Erben gemacht wurde. Wenn die Ehe durch Scheidung oder Aufhebung beendet wird, erfolgt ein schuldrechtlicher Zugewinnausgleich nach §§ 1372 ff. BGB (sog. güterrechtliche Lösung; vgl. Palandt/*Brüdermüller* § 1372 Rn. 1). §§ 1385 f. BGB enthalten Sonderregelungen für den vorzeitigen Zugewinnausgleich bei Getrenntleben. Der Ausgleich des Zugewinns nach §§ 1372 ff. BGB bedeutet, dass der Ehegatte, der während der Ehe mehr als der andere erwirtschaftet hat, die Hälfte dieses mehr erwirtschafteten Betrages (der sog. Zugewinn) an den anderen Ehegatten zahlen muss, vgl. § 1378 BGB. Der Zugewinn ist dabei der Betrag, um den das Endvermögen des Ehegatten sein Anfangsvermögen bei Beginn der Ehe übersteigt, vgl. **§ 1373 BGB**. Die Wertermittlung von Anfangs- u. Endvermögen regelt § 1376 BGB. Sie gehört in der Praxis mit zu den umstrittensten und schwierigsten Aspekten des Zugewinnausgleichs (z.B. insbesondere die Bewertung von Unternehmen, Freiberuflerpraxen, Grundstücken etc.). Aus diesem Grunde wird in der Klausur i.d.R. der Bearbeitervermerk die Werte vorgeben oder es wird sich um einfach gelagerte Sachverhalte handeln.

> **Beispiel:** Ehegatte 1: Anfangsvermögen 5.000 €, Endvermögen 45.000 € = Zugewinn von 40.000 €.
>
> Ehegatte 2: Anfangsvermögen 10.000 €, Endvermögen 20.000 € = Zugewinn von 10.000 €.
>
> Ehegatte 1 hat 30.000 € mehr Zugewinn, d.h. Ausgleichsanspruch von Ehegatte 2 in Höhe der Hälfte der Differenz, also 30.000 : 2 = 15.000 €.

§ 1 Das Familienrecht, §§ 1297 ff. BGB

Problem: Anfangsvermögen, § 1374 BGB

- Ein negatives Anfangsvermögen ist nach der Reform des Zugewinnausgleichs nunmehr möglich, vgl. § 1374 III BGB n.F.

- § 1374 II BGB regelt, wann auch **spätere Zuwendungen** nicht dem Endvermögen sondern dem Anfangsvermögen zugerechnet werden (klausurrelevant sind v.a. Schenkungen Dritter, Erbschaften und Leistungen aus Lebensversicherungen; unter § 1374 II BGB fallen aber nicht Lottogewinne oder Schmerzensgelder). Unentgeltliche Zuwendungen unter Ehegatten fallen ebenfalls nicht unter § 1374 II BGB (Palandt/*Brudermüller* § 1374 Rn. 15; *Muscheler* Rn. 359 ff.; Argument: Sinn und Zweck von § 1374 II BGB).

- Die Geldentwertung wird dadurch rechnerisch ausgeglichen, dass die Kaufkraftschwund durch einen rechnerischen Faktor erhöht wird (vgl. zur Berechnung Palandt/*Brudermüller* § 1376 Rn. 25 ff.; i.d.R. macht der Bearbeitervermerk hier Vorgaben.).

Problem: Endvermögen, § 1375 BGB

- Der für die Berechnung des Endvermögens maßgebliche Zeitpunkt ist bei Scheidung die Rechtshängigkeit des Scheidungsantrages, vgl. § 1384 BGB.

- Von dem Aktivvermögen sind die **Verbindlichkeiten** abzuziehen, sogar ein negatives Endvermögen ist dadurch möglich, vgl. § 1375 I 2 BGB n.F. Schulden der Ehegatten sind bei jedem mit dem Betrag anzusetzen, der im Innenverhältnis auf ihn fällt, egal wer nach außen Schuldner ist.

- Bestimmte, den Ausgleichsanspruch **vereitelnde Vermögensabgänge** (z.B. einseitig vorgenommene Schenkungen an Dritte innerhalb von 10 Jahren vor Beendigung des Güterstandes) sind nach Maßgabe von § 1375 II BGB dem Endvermögen wieder hinzurechnen. Zusätzlich greifen dann §§ 1378 II 2, 1390 BGB n.F.

- Hausrat, der beiden Ehegatten gehört, wird nicht mitgerechnet, da die Verteilung nach § 1568b BGB n.F. i.V.m. §§ 200 ff. FamFG Vorrang hat.

Problem: Ausgleichsanspruch, §§ 1378 ff. BGB

- Schwierig ist die Berücksichtigung von Vorausempfängen, insbesondere von **unentgeltlichen Zuwendungen unter Ehegatten** nach § 1380 BGB. § 1380 BGB kommt zur Anwendung, wenn der zugewinnausgleichsberechtigte Ehegatte vom ausgleichspflichtigen Ehegatten eine Zuwendung erhalten hat, die nach dem Willen des Zuwendenden auf die spätere Zugewinnausgleichsforderung angerechnet werden soll (vgl. Vermutung in § 1380 I 2 BGB). Auch und gerade unbenannte Zuwendungen sind i.d.R. davon erfasst. Das komplizierte Berechnungsverfahren der h.M. lässt sich wie folgt zusammenfassen (vgl. Palandt/*Brudermüller* § 1380 Rn. 9 ff.; *Muscheler* Rn. 365): Der Wert der Zuwendung wird beim Zuwendenden dem Zugewinn hinzugefügt. Beim Zuwendungsempfänger wird der Wert der Zuwendung vom Zugewinn abgezogen, auch wenn der Zuwendungsgegenstand nicht mehr in seinem Vermögen vorhanden ist. Auch von der danach verbleibenden Ausgleichsforderung wird der Wert der Zuwendung abgezogen.

- § 1381 BGB gibt dem ausgleichspflichtigen Ehegatten die Einrede der groben Unbilligkeit.

- Der nachträglichen Geltendmachung einer im Zugewinnverfahren »vergessenen« Einzelforderung kann ggf. § 242 BGB entgegenstehen (vgl. BGH NJW 2009, 1343 ff.).

Der **Scheidungsunterhalt** ist in §§ 1569 ff. BGB geregelt. Da die Ehe bereits geschieden ist, spielt der Solidargedanke eine geringere Rolle bei der Bemessung des Unterhaltes, vielmehr rückt nun der Grundsatz der Eigenverantwortlichkeit in den Vordergrund (vgl. *Muscheler* Rn. 410 ff.). Die verschiedenen Unterhaltsberechtigungstatbestände sind in §§ 1570 ff. BGB normiert. Zum Betreuungsunterhalt nach § 1570 I 2 BGB hat der BGH mittlerweile die Abkehr vom Altersphasenmodell vollzogen (vgl. BGH NJW 2009, 1876 ff.). §§ 1578, 1578b BGB regeln den Umfang des Anspruchs. Maßstab sind die ehelichen Lebensverhältnisse bis zur Rechtskraft der Scheidung. In der Praxis wird sich an die Düsseldorfer Tabelle in der Ausprägung des jeweiligen Oberlandesgerichts gehalten. § 1577 BGB regelt die Bedürftigkeit des Unterhaltsberechtigten, § 1581 BGB die Leistungsfähigkeit des Verpflichteten. Beachten Sie schließlich auch die Besonderheit des § 1585b BGB, der den Scheidungsunterhalt für die Vergangenheit ausschließt (in §§ 1361 IV 4, 1360a III, 1613 I BGB ist eine ähnliche Regelung für den Trennungsunterhalt enthalten), wenn der Schuldner nicht in Verzug gesetzt oder der Anspruch rechtshängig gemacht wurde.

Der **Kindesunterhalt** ist in §§ 1601 ff. BGB (Regeln über den Verwandtenunterhalt) geregelt, die Praxis orientiert sich bzgl. der Unterhaltshöhe i.d.R. an der Düsseldorfer Tabelle in der Ausprägung des jeweiligen Oberlandesgerichts. Beide Elternteile haften i.d.R. anteilig oder nur ein Elternteil allein, vgl. § 1606 III 1, 2 BGB. Lesen Sie **BGH NJW 2007, 1882 ff.** zur ggf. anteiligen Unterhaltspflicht des betreuenden Elternteils, wenn sich das Kind umfangreich beim unterhaltspflichtigen Ehegatten aufhält. Zahlt ein Elternteil den Unterhalt des anderen Elternteils mit, so entsteht diesem gegenüber dem anderen Ehegatten ein Ausgleichsanspruch sui generis (sog. familienrechtlicher Ausgleichsanspruch), vgl. Palandt/*Diederichsen* § 1606 Rn. 21.

> **Klausurtipp:** Üblicherweise wird der Anspruch des minderjährigen Kindes durch das klagende (i.S.v. § 1606 III 2 BGB betreuende) Elternteil in gesetzlicher Prozessstandschaft nach § 1629 III BGB mit geltend gemacht. Wird das Kind im Laufe des Prozesses volljährig, so findet hinsichtlich des Kindesunterhalts ein automatischer Parteiwechsel statt (Palandt/*Diederichsen* 1629 Rn. 36 f.). Nach Rechtskraft der Scheidung gilt § 1629 III BGB nach § 1629 III 1 BGB allerdings nicht mehr, hier muss das Kind selber klagen, im Falle der Minderjährigkeit muss es sich durch seinen gesetzlichen Vertreter vertreten lassen.

Die **elterliche Sorge** (Personensorge und Vermögenssorge) für ein Kind bleibt auch nach der Trennung/Scheidung grds. in den Händen beider Eltern, vgl. §§ 1626 I ff., 1671 BGB. Die Modalitäten der Ausübung regelt in diesen Fällen § 1687 BGB. § 1671 BGB normiert die Voraussetzungen, unter denen einem Elternteil die alleinige Sorge übertragen werden kann (Zustimmung beider Ehegatten oder Kindeswohlprinzip). Stellt ein Ehegatte diesen Antrag, dann muss eine Entscheidung über das Sorgerecht im Verbund mit der Scheidung erfolgen, sonst nicht. Auch das **Umgangsrecht** bleibt nach der Trennung/Scheidung bei beiden Elternteilen, vgl. § 1684 BGB. § 1684 III BGB regelt die Voraussetzungen der Beschränkung/Regelung des Umgangsrechts durch das Familiengericht (nur wenn eine solche Regelung durch das Gericht gewollt ist, wird im Verbund entschieden).

Nach einer vollzogenen Scheidung (jedoch vor dem Zugewinnausgleich durch Richterspruch) ergibt sich das sehr klausurrelevante Problem des Ausgleichs von sog. **unbenannten Zuwendungen**. Dies sind solche Vermögensübertragungen, die als Beitrag eines Ehegatten zur Verwirklichung und der Ausgestaltung der ehelichen Lebensgemeinschaft (»um der Ehe willen«) getätigt werden. Beachten Sie, dass derartige Streitigkeiten bei Ehegatten/Verlobten/Lebenspartnerschaften Familiensachen sind, vgl. §§ 266 ff., 111 ff. FamFG.

§ 1 Das Familienrecht, §§ 1297 ff. BGB

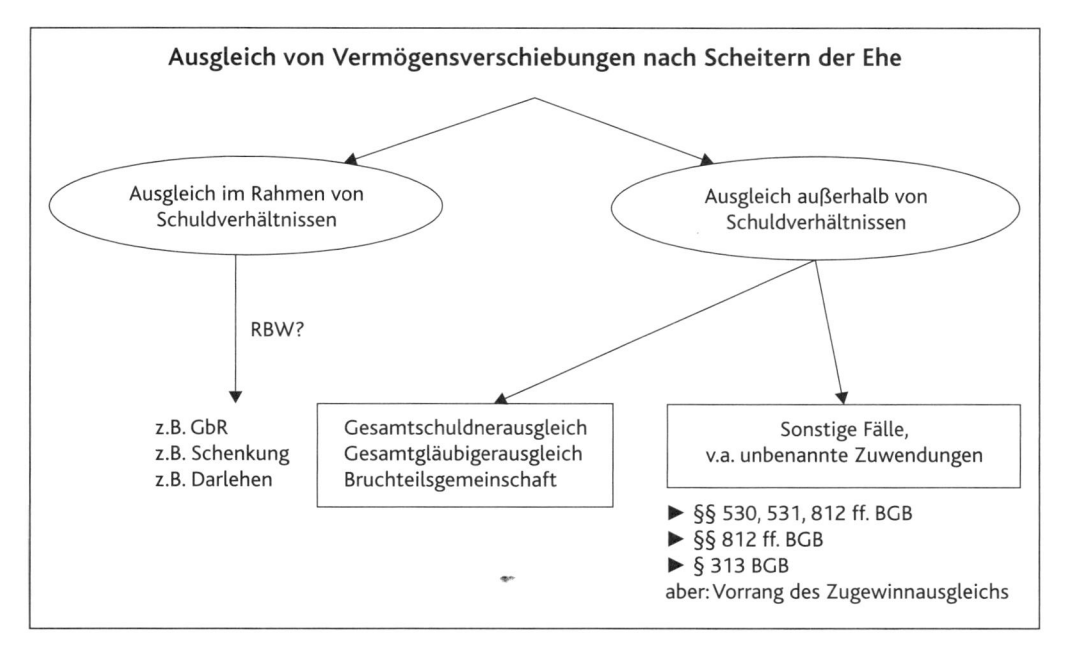

```
Ausgleich von Vermögensverschiebungen nach Scheitern der Ehe
                    │                                    │
        ┌───────────┴──────────┐             ┌───────────┴──────────┐
        │ Ausgleich im Rahmen von │             │ Ausgleich außerhalb von │
        │   Schuldverhältnissen   │             │   Schuldverhältnissen   │
        └───────────┬──────────┘             └───────┬──────────┬───────┘
              RBW? │                                 │          │
                    ▼                                 ▼          ▼
        z.B. GbR          ┌─────────────────────────┐   ┌─────────────────────┐
        z.B. Schenkung    │ Gesamtschuldnerausgleich │   │  Sonstige Fälle,    │
        z.B. Darlehen     │ Gesamtgläubigerausgleich │   │ v.a. unbenannte     │
                          │  Bruchteilsgemeinschaft  │   │    Zuwendungen      │
                          └─────────────────────────┘   └─────────────────────┘
                                                         ▶ §§ 530, 531, 812 ff. BGB
                                                         ▶ §§ 812 ff. BGB
                                                         ▶ § 313 BGB
                                                         aber: Vorrang des Zugewinnausgleichs
```

Problem: Mögliche Ausgleichsansprüche nach Scheitern der Ehe bei Zugewinngemeinschaft

- Ein Anspruch aus **Vertrag** (z.B. Werkvertrag, Auftrag, Leihe, Darlehen etc.) ist möglich, i.d.R. fehlt aber ein entsprechender RBW, für den der Anspruchsteller die Beweislast trägt.

- Ein **Anspruch aus GbR** (sog. konkludente Ehegatteninnengesellschaft) nach §§ 723, 730 ff., 738 BGB analog ist möglich, wenn mit der Zuwendung ein über die Ehe hinausgehender Zweck verfolgt wurde. Hier gilt grds. das bereits unter Rn. 93 zur Mitarbeit im ehelichen Betrieb Gesagte, also: Anspruch i.d.R. (–)

- Anspruch aus GoA i.d.R. (–), da die Ehe die »sonstige Berechtigung« i.S.v. § 677 BGB darstellt; außerdem dürfte oft ein eigenes Geschäft vorliegen/der FGW fehlen.

- Ein Ausgleichsanspruch aus **Gesamtschuldnerschaft nach § 426 I 1 BGB** wird in den Fällen relevant, in denen ein Ehegatte z.B. die gemeinsame Einkommensteuerschuld allein entrichtet, die gemeinsame Miete allein zahlt oder den gemeinsamen Kredit an die Bank zurückgeführt hat.

  – Der BGH verneint einen Ausgleich für Zahlungen vor der Trennung, da durch die Ehe »etwas anderes bestimmt« ist. Anders ist dies für Zahlungen nach dem Scheitern/der Trennung (nicht erst nach Scheidung!), da dann das Gegenseitigkeitsverhältnis der Ehegatten nicht mehr besteht und der Ausgleichsanspruch wieder auflebt. Aus Wertungsgesichtspunkten kann aber auch hier ein Ausgleich entfallen (z.B. Kredit wurde nur von demjenigen, der ihn zurückgezahlt hat, genutzt; der die Miete zahlende Ehegatte wohnt weiterhin in der Wohnung, vgl. Palandt/*Grüneberg* § 426 Rn. 10 ff.). Beachte: Will einer der Ehegatten (gilt auch für die neLG) ausziehen und bedarf es zur Kündigung der Mitwirkung des anderen Partners, so besteht nach Maßgabe von § 242 BGB eine Mitwirkungspflicht des anderen an einer Vertragsänderung/Kündigung (OLG Düsseldorf FamRZ 2008, 154 zur neLG). §§ 1361b, 1568a BGB enthalten zusätzliche Regelungen.

  – Anspruch aus § 426 BGB auch (+) wenn der in der gemeinsamen Ehewohnung verbleibende Ehegatte nach dem Scheitern/der Trennung auf die Lasten (z.B. Steuern, Versicherungen) zahlt (daneben bei Miteigentum Anspruch aus § 748 BGB möglich). Zum Teil beruft sich dann der ausgezogene Ehegatte auf einen Anspruch auf Nutzungsvergütung. Hier kommt bei Miteigentum ein Anspruch aus § 745 II, III BGB in Betracht, der allerdings bis zur Rechtskraft der Scheidung von § 1361b III BGB verdrängt wird (Palandt/*Brudermüller* § 1361b Rn. 20 m.w.N.).

- Ein Ausgleichsanspruch aus **Gesamtgläubigerschaft nach §§ 428, 430 BGB** ist v.a. anerkannt, wenn bei den sog. **Oder-Konten** (Gemeinschaftskonto der Ehegatten mit jeweiliger Verfügungsbefugnis beider Ehegatten) ein Ehegatte nach dem Scheitern/der Trennung mehr abhebt als ihm eigentlich zusteht. Den Ausgleich beim Einzelkonto nur eines Ehegatten, auf welches beide Einzahlungen vornehmen, regelt der BGH über §§ 741, 742, 749 BGB, wenn nach dem Willen der Parteien die Ersparnisse beiden zugute kommen sollen (konkludente Bruchteilsgemeinschaft, vgl. BGH NJW 2002, 3702 f.).

- Die **Stellung von Sicherheiten** für den Ehepartner (z.B. Hypothek, Grundschuld, Abtretung einer Lebensversicherung) wird von der Rspr. i.d.R. als Auftrag angesehen. Die »Rückforderung« dieser Zuwendung an den Ehegatten stellt dann die Kündigung i.S.d. § 671 III BGB dar, so dass der Ehegatte nach §§ 670, 257 BGB einen Freistellungsanspruch bzw. bei der Lebensversicherung einen Anspruch auf Ersatz des Rückkaufwertes hat (vgl. Palandt/*Brudermüller* § 1372 Rn. 10; OLG Düsseldorf OLGR Düsseldorf 1998, 221 f.). Ähnlich entscheidet die Rspr., wenn eine Partei den **Kredit des Ehegatten** zurückzahlt, obwohl er nicht Kreditnehmer ist. Hier wird ein Ausgleichsanspruch aus §§ 670, 683 S. 1 BGB abgeleitet, auch wenn eine entsprechende Abrede bzgl. des Auftrages fehlt. Dies gilt auch im Falle einer neLG (vgl. BGH NJW 1981, 1502 f.; OLG Hamm FamRZ 2001, 95).

- Ein Anspruch aus **Schenkungsrecht** gem. §§ 530, 812 I 2 Alt. 1 BGB liegt i.d.R. nicht vor, da schon keine Schenkung gegeben ist (Argument: Keine Einigung über Unentgeltlichkeit, Zuwendung erfolgt i.d.R. »um der Ehe willen«).

- Ein Anspruch aus § 812 I 1 Alt. 1 BGB wird ebenfalls verneint, da von der Rspr. ein sog. »ehebezogenes Geschäft eigener Art« bzw. ein »**familienrechtlicher Vertrag sui generis**« als Rechtsgrund angesehen wird (Palandt/*Grüneberg* § 313 Rn. 50 m.w.N.; *Halfmeier* JA 2008, 97 ff.). Zudem greift § 814 BGB.

- § 812 I 2 Alt. 1 BGB greift ebenfalls nicht. Das »ehebezogene Geschäft eigener Art« bzw. der »**familienrechtliche Vertrag sui generis**« ist nämlich nicht auflösend bedingt und fällt daher nach der Trennung bzw. Scheidung nicht für die Vergangenheit weg (MüKo-BGB/*Lieb* § 812 Rn. 192 m.w.N.; OLG Nürnberg JuS 2006, 849 ff.). Außerdem soll die condicito ob causam finitam schon deshalb nicht einschlägig sein, da der Zugewinnausgleich vorrangig ist, zudem ist mit § 313 BGB ein angemessenes Instrument gegeben, um etwaige sonstige Leistungen interessengerecht auszugleichen.

- Auch § 812 I 2 Alt. 2 BGB scheidet i.d.R. aus, da der Fortbestand der Ehe als Zweck nicht tatsächlich vereinbart wurde, sondern nur ein einseitiges Motiv war. Der in einigen Fällen tatsächlich vereinbarte Zweck (z.B. Hausbau) ist dagegen eingetroffen.

- **§ 313 BGB** zuletzt ist grds. anwendbar, da durch die Trennung bzw. Scheidung die Ehe als Geschäftsgrundlage des »ehebezogenen Geschäfts eigener Art« bzw. des »familienrechtlichen Vertrags sui generis« weggefallen ist.

    – Trotzdem wird § 313 BGB i.d.R. wg. des **Vorrangs des Zugewinnausgleichs** verneint. Dies soll nach der Rspr. nur anders sein, wenn durch besondere Umstände die güterrechtliche Lösung nicht tragbar wäre (BGHZ 115, 132 ff.). Diese Voraussetzungen sollten Sie nur ganz restriktiv bejahen.

    – Wenn zwischen den Ehegatten **Gütertrennung** vereinbart wurde, ist ein Ausgleich über § 313 BGB eher möglich (Grund: Bei der Gütertrennung findet kein Zugewinnausgleich statt). § 313 BGB greift dennoch nur dann, wenn die Beibehaltung der Zuwendung nach Treu und Glauben nicht zuzumuten ist (OLG Bremen NJW-RR 2008, 1457 f.; BGH NJW 1997, 2747 f.), wobei hier weniger strenge Anforderungen zu stellen sind als im Fall der Zugewinngemeinschaft.

Die hier dargestellte Rspr. zu unbenannten Zuwendungen gilt auch für die **Zuwendung von Eltern oder Schwiegereltern** an einen Ehegatten (nicht bei Zuwendungen eines Ehegatten an die Schwiegereltern! Vgl. dazu OLG Oldenburg MDR 2008, 150 f.: Ansprüche aus § 812 I 2 BGB möglich), wenn die Zuwendung gerade zur Förderung oder Begünstigung der Ehe erfolgt

§ 1 Das Familienrecht, §§ 1297 ff. BGB

ist und diese später geschieden wird (BGH NJW-RR 2006, 664 ff.). Der Zuwendung liegt ein Rechtsverhältnis eigener Art zugrunde, das dem bei unbenannten Zuwendungen zwischen Ehegatten vergleichbar ist. Der güterrechtliche Ausgleich über die Zugewinngemeinschaft ist dann materiell vorrangig (Ausnahme: § 313 BGB bei Unzumutbarkeit → bzgl. Unzumutbarkeit wird auf den mit dem Zuwender verwandten Ehegatten abgestellt! Vgl. OLG Brandenburg NJW-RR 2009, 1444 ff.). Auch bei Vermögensverschiebungen zwischen Partnern einer **Lebenspartnerschaft** nach dem LPartG gilt der Vorrang der Zugewinngemeinschaft, vgl. § 6 LPartG. In allen Fällen liegt eine Familiensache nach §§ 111, 266 FamFG vor.

Klausurtipp: In einigen immer wieder gestellten Examensklausuren geht es auch um die auf das Alleineigentum gestützte **Herausgabe** von während der Ehe/der neLG **gekaufter beweglicher Gegenstände**, insbesondere wenn nur ein Partner den Gegenstand angeschafft hat. Problematisch ist dann oft, an wen der Gegenstand durch den Verkäufer übereignet wurde. Bei entsprechendem Vertretungswillen des Anschaffenden kann der andere Partner Allein- oder Miteigentum über die »Übereignung an den, den es angeht« erwerben (vgl. Rn. 6). Auf den Willen kann häufig nur über Indizien geschlossen werden (z.B. Eintragung als Erwerber im Kaufvertrag, Eintragung im Kfz-Brief/Schein, Finanzierung u. Nutzung des Kfz). Ist ein Wille des Anschaffenden nicht ermittelbar, so gilt für Ehegatten bei Hausrat i.d.R. die Miteigentumsvermutung beider Ehegatten (vgl. BGH NJW 1991, 2283 ff.; Palandt/*Bassenge* § 929 Rn. 6), bei der neLG dagegen in erster Linie die Vermutung des Alleineigentums desjenigen, der den Gegenstand anschafft (umstr., vgl. Palandt/*Bassenge* § 929 Rn. 6; OLG Hamm NJW 1989, 909 f.; nach a.A. i.d.R. Miteigentum). Achten Sie auf die Vermutung des § 1006 I BGB (vgl. Rn. 47). Auch (konkludente) Eigentumsübertragungen an den anderen Partner nach der Anschaffung z.B. im Wege einer Schenkung sind möglich. Etwaige Ansprüche aus §§ 741 ff. BGB im Falle einer Besitzgemeinschaft dürften nach Beendigung der Lebensgemeinschaft entweder kraft Natur der Sache nicht anwendbar oder zumindest nach Treu und Glauben wg. eines Gegenanspruchs aus § 749 I BGB nicht durchsetzbar sein. Beachten Sie bei Ehegatten für Hausrat die Regelungen in §§ 1361a, 1568a, b BGB i.V.m. §§ 200 ff. FamFG.

Problem: Ausgleichsanspruch nach Scheitern der Verlobung

- Zunächst prüfen Sie §§ 1298 ff. BGB, die Sonderregelungen über das Scheitern eines Verlöbnisses. Klausurrelevant sind insbesondere § 1298 und § 1301 BGB.

- Ansonsten gilt die oben zum Ausgleichsanspruch nach Scheitern der Ehe dargestellte Prüfung der Anspruchsgrundlagen ebenfalls. Der Zuwendung während der Verlobungszeit liegt dann ein **stillschweigender Kooperationsvertrag** zwischen den Verlobten zugrunde (entspricht dem »ehebezogenen Geschäft eigener Art« bei der Ehe), vgl. OLG Hamm FamRZ 1983, 494. Durch die Auflösung der Verlobung fällt die zukünftige Ehe als Geschäftsgrundlage dieses Kooperationsvertrags weg, so dass § 313 BGB eingreifen kann (BGHZ 115, 261 ff.). Der Zugewinnausgleich sperrt nicht, da bei der Verlobung kein Zugewinnausgleich stattfindet.

Problem: Ausgleichsanspruch nach dem Scheitern nichtehelicher Lebensgemeinschaften

- Auch hier gilt die oben zum Ausgleichsanspruch nach Scheitern der Ehe dargestellte Prüfung der Anspruchsgrundlagen und die aufgezeigten Erwägungen entsprechend. Der »gemeinschaftsbezogenen/unbenannten Zuwendung« liegt nach z.T. vertretener Auffassung wie im Falle der Ehe ein stillschweigender Kooperationsvertrag zwischen den Partnern zugrunde (entspricht dem »ehebezogenen Geschäft eigener Art«), der den Rechtsgrund bildet. Nach a.A. scheitern bereicherungsrechtliche Ansprüche stets daran, dass in einer neLG »persönliche und wirtschaftliche gemeinschaftsbezogene Leistungen **grds. nicht gegeneinander aufgerechnet werden**« (vgl. BGH NJW 2008, 443 ff.). Die Leistungskondiktion dürfte zudem ohnehin an § 814 BGB scheitern.

- Auch bei der neLG kommt der konkludente Abschluss einer **Innen-GbR** in Frage, wenn die Parteien die Absicht verfolgt haben, mit dem Erwerb eines Vermögensgegenstandes, etwa einer Immobilie, einen – wenn auch nur wirtschaftlich – gemeinschaftlichen Wert zu schaffen, der von ihnen für die Dauer der Partnerschaft nicht nur gemeinsam genutzt werden, sondern ihnen nach ihrer Vorstellung auch gemeinsam gehören sollte (vgl. BGH NJW 2008, 3277 ff.).

Ein Sonderzweck über die neLG hinaus wird – anders als bei Ehegatten – grds. nicht gefordert. Verfolgen die Partner allerdings einen Zweck, der nicht über die Verwirklichung der nichtehelichen Lebensgemeinschaft hinausgeht, bestehen nach dem BGH trotzdem Zweifel an dem erforderlichen RBW (vgl. BGH NJW 2008, 3277 ff.).

- Durch die Auflösung der neLG fällt die gemeinsame Partnerschaft als Geschäftsgrundlage der neLG weg, so dass § 313 BGB auf den ersten Blick grds. eingreifen könnte. Nachdem der BGH bislang einen Ausgleich nach § 313 BGB strikt abgelehnt hatte (vgl. BGH NJW 2008, 443 ff. m.w.N.; Argument: NeLG ist jederzeit lösbar, ein rein tatsächlicher Vorgang und daher nicht ausreichend verrechtlicht), hat der **nunmehr zuständige 12. BGH-Senat Folgendes entschieden:** Ansprüche aus condictio ob rem und aus § 313 BGB kommen v.a. bei Leistungen in Betracht, die über das übliche Maß hinausgehen bzw. über das hinausgehen, »was das tägliche Zusammenleben erst ermöglicht«. Für die condictio ob rem ist dann eine konkrete Zweckvereinbarung über das bloße Zusammenleben hinaus erforderlich, für § 313 BGB die Unzumutbarkeit der Beibehaltung der Vermögenslage (vgl. BGH NJW 2008, 3277 ff., **unbedingt lesen!**). Dies gelte sowohl für unbenannte Zuwendungen als auch für die eigene Arbeitsleistung und im Übrigen nicht nur für die neLG, sondern auch »für andere Formen des gemeinschaftlichen Lebens und Wirtschaftens« (z.B. Verwandte, Freunde). Lesen Sie zur condicito ob rem in diesen Zusammenhang auch BGH NJW-RR 2009, 1142 ff.

§ 2 Das Erbrecht, §§ 1922 ff. BGB

A. Einstieg

Wenn tatsächliche speziell erbrechtliche Themen in Ihrer Klausur eine Rolle spielen sollten, gilt **klausurtechnisch** Folgendes: Lesen Sie die Paragraphen des jeweiligen Teilgebietes und die Kommentierung zu den Stellen, an denen Sie den »Knackpunkt« der Klausur vermuten. Denken Sie daran, die jeweils vorangehenden und folgenden zehn bis zwanzig Paragraphen der Norm, die Sie für einschlägig halten, zu überfliegen (dies empfiehlt sich grundsätzlich bei allen Klausuren!). Denn oft laufen Aufgaben aus dem Erbrecht nur über eine saubere Subsumtion im Bereich unbekannter Normen. Spezielle Fragen lassen sich sodann i.d.R. komplett mit dem Palandt lösen.

96

B. Das Wichtigste in Kürze

I. Gesetzliche Erbfolge, gewillkürte Erbfolge und Testament

Die gewillkürte Erbfolge hat grds. **Vorrang** vor der gesetzlichen, vgl. § 1937 BGB. Nur wenn der Erblasser seine erbrechtliche Nachfolge nicht, nicht vollständig oder nicht wirksam geregelt hat, greift die gesetzliche Erbfolge ein. Bei der **gesetzlichen Erbfolge** erben grds. die Verwandten des Erblasser, jeweils aber differenziert nach dem Grad der Verwandtschaft, vgl. §§ 1924 ff. BGB. Wenn der Erblasser verheiratet war, tritt neben das gesetzliche Verwandtenerbrecht das **Erbrecht des Ehegatten**, vgl. § 1931 BGB. Der gesetzliche Erbteil des Ehegatten nach § 1931 BGB ist dabei davon abhängig, neben wem der Ehegatte Erbe ist. Dessen Erbteil kann sich je nach Güterstand der Ehegatten nochmals erhöhen, vgl. § 1931 IV, III i.V.m. § 1371 BGB. Das gesetzliche Ehegattenerbrecht ist aber unter den Voraussetzungen des § 1933 BGB ausgeschlossen (Achtung: Hier könnte über § 1933 BGB eine Inzidentprüfung der Voraussetzungen einer Scheidung nach §§ 1565 ff. BGB erfolgen!). Beachten Sie dann auch die Regelung in § 2077 BGB bei letztwilligen Verfügungen.

97

> **Beachte:** Das Erbrecht des Lebenspartners ist über **§§ 6 ff. LPartG** im Wesentlichen dem Erbrecht des Ehegatten gleichgestellt worden. Dies gilt nach h.M. aber **nicht für den Partner einer neLG**. Auf diesen ist nur § 1969 BGB anwendbar, sonst muss er letztwillig als Erbe eingesetzt werden.

Der Standardfall im Assessorexamen ist die **gewillkürte Erbfolge**, v.a. durch ein Testament. **Prozessualer Einstieg** ist oft die Feststellungsklage nach § 256 ZPO. Eine weitere Möglichkeit ist der Einstieg über eine Stufenklage nach §§ 2018 ff. BGB i.V.m. § 254 ZPO oder Herausgabeklage nach §§ 985, 1922 BGB bei einzelnen Gegenständen. In einigen Klausuren kommen auch Leistungsklagen des Vermächtnisnehmers vor (z.B. auf Übereignung des vermachten Gegenstandes).

Problem: Examensprobleme zur Prüfung der Wirksamkeit des Testaments

- § 2229 BGB: Testierfähigkeit des Erblassers
- § 2064 BGB: Höchstpersönlichkeit der letztwilligen Verfügung (d.h. keine Stellvertretung möglich!)
- § 2065 II BGB: Keine **Erbeinsetzung durch Dritte** (bei ausreichend genauen Kriterien ist eine bloße **Benennung** durch einen Dritten aber zulässig, z.B. soll derjenige Sohn Erbe werden, der als erster sein Jurastudium abgeschlossen hat, nach BGHZ 15, 199 ff. ist es aber nicht zulässig, wenn der Dritte sog. **gebundenes Ermessen** hat wie »... *soll derjenige Sohn Erbe sein, der sich für die Fortführung der Bäckerei/des Repetitoriums am besten eignet.*«)
- §§ 2231, 2247 BGB: Bestimmte Formvorschriften für Testamente (eigenhändig geschrieben und unterschrieben? Dies ist Ausdruck der Abschluss- und Identifikationsfunktion der Unterschrift.)
  - Eine unleserliche Unterschrift oder ein Künstlername ist unschädlich, wenn sich die Urheberschaft und Ernsthaftigkeit der Erklärung aus den Umständen ergeben.

- **Zusätzliche Verfügungen** unterhalb der Testamentsunterschrift sind wirksam, soweit durch ein einheitliches Erscheinungsbild der Wille des Erblassers ausreichend klar wird, dass die Verfügung noch Bestandteil des Testaments sein soll. Nach der Rspr. ist es i.d.R. erforderlich, dass die Ergänzung auch unterschrieben wird, wobei auch hier Ausnahmen zugelassen werden (vgl. Palandt/*Edenhofer* § 2247 Rn. 14).

- Ein Testament kann auch dann nach § 2247 BGB formwirksam durch eigenhändige Änderung auf der Kopie des eigenhändigen Testaments geändert werden, wenn Original und Änderung auf dessen Kopie ein einheitliches Ganzes bilden (OLG München NJW-RR 2006, 11 ff.).

- § 134 BGB i.V.m. § 14 HeimG: Diese Vorschriften werden v.a. bei der Erbeinsetzung des Pflegeheims oder des Pflegepersonals durch Heiminsassen relevant.

- § 138 I BGB: Sittenwidrigkeit des Testaments nur in ganz engen Ausnahmefällen (Argument: Grundsatz der Testierfreiheit). Bei **Geliebtentestamenten** soll die Sittenwidrigkeit nur bei einer »Hergabe ausschließlich für die sexuelle Hingabe« zu bejahen sein (dies ist praktisch ausgeschlossen, vgl. zuletzt OLG Düsseldorf JuS 2009, 184).
Der BGH stellt für die Beurteilung der Sittenwidrigkeit seit BGHZ 20, 71 ff. – wie auch sonst bei § 138 I BGB – auf den **Zeitpunkt der Willenserklärung** (d.h. Testamentserrichtung) ab.

- Keine Beseitigung des Testaments durch

  - Widerruf, §§ 2253 ff. BGB (Widerrufstestament, Vernichtung). Beachten Sie, dass der **Widerruf** eines Testaments **durch einen Dritten** i.S.v. § 2255 BGB (z.B. Dritter zerreißt das Testament) zulässig ist, wenn dieser im Auftrag und mit Willen des Erblassers handelt. Eine nachträgliche Genehmigung durch den Erblasser ist jedoch nicht möglich, da §§ 182 ff. BGB nicht anwendbar sind (Palandt/*Edenhofer* § 2255 Rn. 4).

  - Anfechtung, §§ 2078 ff. BGB und §§ 2281 ff. BGB. Die §§ 2078 ff., 2281 BGB sind leges speciales zu §§ 119 ff. BGB. §§ 2078 ff. BGB regeln v.a. die Anfechtung durch Dritte. Der Erblasser kann das Testament nicht anfechten, da er nach §§ 2253 ff. BGB widerrufen kann. Anders ist dies bei §§ 2281 ff. BGB im Rahmen von Erbverträgen.

Problem: Auslegung einer letztwilligen Verfügung

Nach § 133 BGB ist grds. **nur der Erblasserwille** relevant und nicht auch der objektive Empfängerhorizont. Es gilt nach Maßgabe des § 2084 BGB die sog. »wohlwollende Auslegung«, d.h. die Auslegung ist vorzugswürdig, die zur Wirksamkeit des Testaments führt. Folgendes sollten Sie dazu wissen:

- Nach dem BGH ist gem. § 133 BGB der **wirkliche Wille** des Erblassers anhand sämtlicher Umstände zu erforschen. So können als »sämtliche Umstände« auch sonstige Schreiben oder Äußerungen des Erblassers oder sein Sprachgebrauch wichtig werden, sofern der dadurch ermittelte Wille des Erblassers in der Verfügung angedeutet wurde (sog. **Andeutungstheorie** der Rspr. als Grenze der Auslegungsmöglichkeit, vgl. BGH NJW 1985, 1555).

- Ist der wirkliche Wille des Erblassers nicht klar, können zusätzlich die speziellen Auslegungsregeln der §§ 2087, 2066 ff. BGB herangezogen werden. Beachten Sie hierbei insb. **§ 2087 I, II BGB**, der die Frage der Erbeinsetzung zum Gegenstand hat, wenn der Bedachte lediglich einzelne Gegenstände zugewendet bekommen hat. Gerade bei Testamenten juristischer Laien wird entgegen dem Wortlaut von § 2087 II BGB bei der Zuwendung von Einzelgegenständen nicht selten eine Erbeinsetzung zu sehen sein. Jedoch kommt es stets auf den Einzelfall an, insbesondere auf den Willen des Erblassers und das Werteverhältnis der zugewendeten Gegenstände (vgl. z.B. schulmäßig OLG München NJW-RR 2007, 1162 ff.; *Klinger/Scheuber* NJW-Spezial 2008, 135 f.).

- Sonst ist der **mutmaßliche Wille** relevant. Wenn dieser festgestellt wurde, ist in einem zweiten Schritt ebenfalls zu prüfen, ob diese Auslegung auch in der Verfügung angedeutet wurde.

§ 2 Das Erbrecht, §§ 1922 ff. BGB

Problem: Welche Anordnung hat der Erblasser mit der letztwilligen Verfügung getroffen?

- Bestimmung von **Ersatzerben**, §§ 2096 ff. BGB (werden erst Erben, wenn der ursprüngliche Erbe wegfällt, z.B. durch Vorversterben)
- Anordnung von **Vor- und Nacherbenschaft**, §§ 2100 ff. BGB (beide sind Rechtsnachfolger des Erblassers und zwar hintereinander, hier sind v.a. die Verfügungsbeschränkungen des Vorerben nach §§ 2112 ff. BGB wichtig)
- Einsetzung als **Vollerbe und Schlusserbe** (hier werden die Kinder bzgl. des Vorversterbenden enterbt)
- **Vermächtnis**, §§ 2147 ff., 2174, 1939 BGB (Vermächtnisnehmer erhält gegen den Beschwerten/Erben einen schuldrechtlichen Anspruch aus §§ 2147, 2174 BGB)
  - Die Kenntnis der **Abgrenzung Vermächtnis-Erbeneinsetzung** ist ein »Muss«. Dieses Problem stellt sich v.a., wenn der Bedachte nur bestimmte Gegenstände erhalten soll (s.o.).
  - Die Abgrenzung erfolgt durch Auslegung nach Maßgabe der §§ 133, 2087 BGB: Soll der Bedachte unmittelbar Rechte am Gesamtnachlass (Aktiva und Passiva?) haben oder nur einen schuldrechtlichen Anspruch gegen den beschwerten Erben? Wie ist das Wertverhältnis der Zuwendung im Verhältnis zum Gesamtnachlass? Wer soll Bestattungskosten i.S.d. § 1968 BGB tragen? Welche sonstigen Umstände lassen auf einen entsprechenden aus der Urkunde hervorgehenden **Testierwillen** schließen? Lesen Sie einmal in Ruhe die für das Vermächtnis relevanten Vorschriften §§ 2074, 2075, 2147 ff. BGB. Hat die Auslegung ergeben, dass ein Vermächtnis vorliegt, so ergab sich die Lösung weiterer Klausurprobleme in aller Regel der Lektüre des Gesetzes.
- **Auflage**, §§ 1940, 2192 ff. BGB (Beschwerter/Erbe wird verpflichtet, an einen Dritten zu leisten, z.B. Erbe soll monatlich 10,– € an das Tierheim zahlen. Der Dritte hat kein eigenes Forderungsrecht.)
- **Teilungsanordnung**, § 2048 BGB (Bestimmung, wie der Nachlass zwischen den Erben aufgeteilt werden soll)
- Abgrenzung der Teilungsanordnung zum **Vorausvermächtnis** nach § 2150 BGB: Soll Gegenstand auf die Erbquote angerechnet (dann Teilungsanordnung; der Miterbe hat dann nämlich bei einer überqoutalen Teilungsanordnung zu seinen Gunsten den Mehrwert durch Ausgleichszahlung an die Miterben auszugleichen) oder »an Erbquote vorbeigeschleust« werden (dann Vorausvermächtnis; den Gegenstand des Vorausvermächtnis erhält der Empfänger zusätzlich zur Erbquote, ohne dass eine Ausgleichspflicht besteht)? Vgl. *Klinger/Roth* NJW-Spezial 2008, 263 f.
- Anordnung der **Testamentsvollstreckung**, §§ 2197 ff. BGB
- Letztwillige Verfügungen können vom Eintritt einer **Bedingung** abhängig gemacht werden, vgl. §§ 2074 f. BGB.

> **Klausurtipp:** Das Vermächtnis an einen Dritten ist von der **Schenkung von Todes wegen** i.S.v. § 2301 BGB abzugrenzen. Dabei kommt es auf den Willen des Erblassers an. Will dieser sich nicht fest binden, liegt i.d.R. ein Vermächtnis vor (dieses kann jederzeit nach §§ 2253 ff. BGB widerrufen werden). Bei der Schenkung nach § 2301 BGB tritt dagegen schon zu Lebzeiten des Erblassers eine Bindung ein. Zu beachten ist aber stets die für das Schenkungsversprechen erforderliche Form der §§ 2301, 2276 BGB; vgl. auch Rn. 90.

Eine Sonderform des Testaments stellt das sog. **gemeinschaftliche Testament** zwischen Ehegatten dar, das in §§ 2265 ff. BGB geregelt ist. Die klassische Form des gemeinschaftlichen Testaments ist das sog. **Berliner Testament**, bei dem sich die Ehegatten gegenseitig als Erben des Vorverstorbenen einsetzen.

3. Teil. Die wichtigsten zivilrechtlichen Nebengebiete

```
                    Gestaltungsmöglichkeiten beim Berliner Testament
                         ↙                              ↘
        ┌─────────────────────────────────┐   ┌─────────────────────────────────┐
        │         Einheitslösung          │   │         Trennungslösung         │
        │ = Erbe geht voll auf überleben- │   │ = Erbe bleibt vom Vermögen des  │
        │   den Ehegatten über            │   │   überlebenden Ehegatten        │
        │ → Vollerbe – Schlusserbe        │   │   getrennt                      │
        │ ▶ Kinder werden bzgl. Erstver-  │   │ → Vor- und Nacherbschaft        │
        │   sterbenden enterbt            │   │ ▶ Kinder werden nicht enterbt   │
        │ ▶ Freie Verfügungsbefugnis des  │   │ ▶ Keine freie Verfügungsbefugnis│
        │   überlebenden Ehegatten über   │   │   des überlebenden Ehegatten,   │
        │   das Vermögen                  │   │   vgl. §§ 2112 f. BGB           │
        │   • Ausnahme: § 2287 BGB analog │   │   • vertragliche Befreiung von  │
        │   • Ausnahme: Einschränkungen   │   │     Grenzen der §§ 2112 f. BGB  │
        │     im Testament                │   │     möglich                     │
        └─────────────────────────────────┘   └─────────────────────────────────┘
                         ⏟_____⏟
                         bei wechselseitigen Verfügungen
                         ▶ Bindungswirkung nach §§ 2270 ff. BGB
```

Im Wesentlichen haben die Ehegatten bei der Ausgestaltung des Berliner Testaments die Wahl zwischen der sog. **Einheitslösung** und der **Trennungslösung**. Bei der Einheitslösung wird der Längerlebende Vollerbe des Erblassers, die Kinder sind nur Schlusserben des Längerlebenden. Dies bedeutet, dass die Kinder hinsichtlich des Erbes des Vorversterbenden enterbt werden (Risiko: Dann werden Pflichtteilsansprüche geltend gemacht!). Der Längerlebende kann dann frei über das Erbe verfügen, und die beiden Vermögensmassen verschmelzen, (allerdings in den Grenzen des beim gemeinschaftlichen Testament nach dem Tod des Vorversterbenden zugunsten der Schlusserben auf wechselbezügliche Verfügungen **analog** anzuwendenden **§ 2287 BGB**, vgl. BGH NJW 1984, 121 f.). Nach dem Trennungsprinzip erfolgt eine Trennung der Vermögensmassen. Das Vermögen des Vorversterbenden geht (quasi »treuhänderisch«) auf den überlebenden Ehegatten als Vorerben über, der gem. §§ 2112 ff. BGB in seiner Verfügungsgewalt über das Erblasservermögen beschränkt ist. Die Kinder werden also gerade nicht enterbt, da diese als Nacherben des Vorversterbenden bedacht wurden, vgl. §§ 2100 ff. BGB. Beim Tod des Längerlebenden geht das Vorerbe dann auf die Nacherben über. Diese sind dann insoweit Erben des Erstversterbenden, nur der Anfall hat sich zeitlich verzögert. Wenn der Längerlebende stirbt, geht gleichzeitig dessen (vom Erstversterbenden getrenntes) Vermögen auf die Kinder als Vollerben über. Es finden also zwei getrennte Erbgänge statt. Aufgrund dieser unterschiedlichen Rechtsfolgen wird es in der Klausur ggf. darauf ankommen, im Wege der **Auslegung** zu ermitteln, welche der beiden o.g. Lösungen die Erblasser angestrebt haben. Hierbei ist in erster Linie darauf abzustellen, wie sie die Vermögensmassen behandelt wissen wollen (einheitlich oder getrennt?). Bei Unklarheit ist nach Maßgabe von § 2269 I BGB im Zweifel von der Einheitslösung auszugehen.

In einigen Klausuren kommen in diesem Zusammenhang auch sog. **Wiederverheiratungsklauseln** vor. Die hierbei möglichen Gestaltungskonstellationen ergeben sich aus der guten Kommentierung im **Palandt bei § 2269 Rn. 16 ff.**

Beachten Sie bei gemeinschaftlichen Testamenten die **Bindungswirkung von wechselseitigen Verfügungen gem. §§ 2270 ff. BGB**. Wechselbezüglich sind Verfügungen, von denen anzunehmen ist, dass die eine nicht ohne die andere getroffen worden wäre. Die Nichtigkeit oder der Widerruf der einen Verfügung gilt stets für beide Verfügungen, § 2270 I BGB. Zu Lebzeiten beider Ehegatten können diese ihre eigene wechselseitige Verfügung nur nach Maßgabe von §§ 2271 I 1, 2296 BGB widerrufen. Nach dem Tod eines Ehegatten erlischt dieses Widerrufsrecht, § 2271 II 1 Hs. 1 BGB (Ausnahme: Änderungsvorbehalt vereinbart). Es besteht dann aber für den überlebenden Ehegatten, der sich von seiner Verfügung lösen will, die Möglichkeit, die Erbschaft auszuschlagen (§ 2271 II 1 Hs. 2 BGB i.V.m. § 1945 BGB; nach OLG Zweibrücken NJW-RR 2008, 239 f. ist eine Vertretung bei Ausschlagung nicht möglich, anders die Literatur, vgl. Palandt/ *Edenhofer* § 1945 Rn. 2), wodurch sein Widerrufsrecht nach § 2271 I 1 BGB i.V.m. §§ 2253 ff.

§ 2 Das Erbrecht, §§ 1922 ff. BGB

BGB wieder auflebt. Alternativ zur Ausschlagung kann er auch analog §§ 2281, 2078 BGB seine Verfügung anfechten (vgl. Palandt/*Edenhofer* § 2271 Rn. 28). Der Wegfall seiner eigenen Verfügung bewirkt in beiden Alternativen nach § 2270 I 1 BGB die Unwirksamkeit der Verfügung des Verstorbenen. Lesen Sie OLG Düsseldorf NJW-RR 2008, 236 ff. zur Frage der Wechselbezüglichkeit einer Schlusserbeneinsetzung.

Klausurtipp: In §§ 2289, 2299 BGB ist die Bindungswirkung der in einem **Erbvertrag** getätigten letztwilligen Verfügung geregelt (Differenzierung vertragsgemäße Verfügung – einseitige Verfügung, vgl. Palandt/*Edenhofer* § 2278 Rn. 2 ff.). Loslösungsrechte ergeben sich aus §§ 2281 ff., 2290 ff. BGB. § 2287 BGB (sehr klausurrelevante Rechtsfolgenverweisung!) regelt die Unwirksamkeit von den Vertragserben beeinträchtigenden Verfügungen, die vom Vertragserben nach §§ 2287, 812 BGB gegenüber dem Verfügungsempfänger geltend gemacht werden kann. Zur Durchsetzung dieses Anspruches steht ihm ein Auskunftsanspruch nach § 242 BGB gegen den Verfügungsempfänger zu (BGHZ 97, 188 ff.).

II. Annahme und Ausschlagung der Erbschaft, §§ 1942 ff. BGB

Die Annahme und Ausschlagung der Erbschaft sind in §§ 1942 ff. BGB geregelt. Die Annahme kann auch konkludent erfolgen (z.B. durch Veräußerung von wesentlichen Gegenständen des Nachlasses an Dritte). Sowohl die Annahme als auch die Ausschlagung sind nach §§ 1954 ff., 119 ff. BGB **anfechtbar** (vgl. auch BGH NJW 2006, 3353 ff.). Auch der Irrtum über die Überschuldung des Nachlasses berechtigt nach § 119 II BGB zur Anfechtung, wenn der Irrtum auf unrichtigen Vorstellungen hinsichtlich der **konkreten Zusammensetzung** des Nachlasses beruht. Dabei ist auch die Sechs-Wochen-Frist des § 1954 BGB zu beachten.

Vor erfolgter Ausschlagung (gleichbedeutend sind Handlungen vor erfolgter Anfechtung der Annahme) wird der Handelnde als »**vorläufiger Erbe**« bezeichnet.

Fall: Der vorläufige Erbe verfügt über einen Nachlassgegenstand an einen gutgläubigen Dritten, später ficht der vorläufige Erbe die Annahme an. Der wahre Erbe verklagt nun den Dritten auf Herausgabe des Gegenstandes. Der Dritte weiß nichts von der Anfechtungsmöglichkeit und ist daher gutgläubig.

Zu prüfen ist der Anspruch des wahren Erben aus §§ 1922, 985 BGB:

- Der verfügende vorläufige Erbe ist nach §§ 1954, 1957 BGB (Anfechtung) oder jedenfalls nach §§ 1943 ff., 1953 BGB (Ausschlagung) bei der Verfügung **Nichtberechtigter** gewesen.
- Aber ein wirksamer Erwerb des Dritten ist nach § 1959 II BGB, § 185 II BGB oder §§ 932 ff. BGB möglich (nach h.M. soll § 935 BGB trotz der Anordnung von §§ 1953, 857 BGB nicht gelten, da ansonsten eine doppelte Fiktion vorliegen würde, die zu große Rechtsunsicherheit hervorruft, vgl. Palandt/*Edenhofer* § 1953 Rn. 4).
- Ergebnis: Anspruch i.d.R. (–)

Fall: In der o.g. Konstellation verklagt der wahre Erbe nun den vorläufigen Erben auf Herausgabe des Kaufpreises für den Gegenstand.

- Ein Anspruch aus §§ 2018, 2019 I, 433 II BGB greift nicht, da nach h.M. der vorläufige Erbe nicht Erbschaftsbesitzer i.S.d. §§ 2018 ff. BGB ist.
- Ein Anspruch aus §§ 1959 I, 681 S. 2, 667 BGB, aus § 816 I BGB und aus pVV des Treuhandverhältnisses zwischen wahrem und vorläufigem Erben nach §§ 280 I, 241 II BGB ist i.d.R. zu bejahen (Palandt/*Edenhofer* § 1959 Rn. 1 f.).

III. Rechtsstellung des Erben

Nach dem im Erbrecht geltenden **Grundsatz der Gesamtrechtsnachfolge** tritt der Erbe in alle Rechte und Pflichten des Erblassers ein, vgl. §§ 1922, 1967 BGB. Das Vermögen des Erblassers geht also als Ganzes auf den Erben über, ebenso Ansprüche des Erblassers gegen Dritte oder Ansprüche Dritter gegen den Erblasser. Auch der Besitz am Nachlass geht nach § 857 BGB auf den Erben über, so dass er sich auf Besitzschutzansprüche aus §§ 861 ff., 812, 823, 1007 BGB und auf § 1006 BGB berufen kann.

Zu der Rechtsstellung des Erben ergeben sich v.a. dann examensträchtige Probleme, wenn zunächst ein Dritter die Erbschaft in Besitz nimmt und erst später der wahre Erbe von seiner Rechtsstellung Kenntnis erlangt und sich nun an den Dritten hält. Lesen Sie zunächst **§§ 2018 ff. BGB** durch. § 2018 BGB ist ein Anspruch des **Erben gegen den Erbschaftsbesitzer**, der auf Herausgabe des gesamten Nachlasses geht. Anspruchsgegner ist derjenige, der den Nachlass **unter Berufung auf sein vermeintliches Erbrecht** in Besitz genommen hat. Verstirbt der Erbschaftsbesitzer, rückt dessen Erbe nach §§ 1922, 1967 BGB in die Verpflichtungen der §§ 2018 ff. BGB ein. **§ 2030 BGB** regelt Fälle, in denen ein Dritter den Nachlass durch Rechtsgeschäft vom Erbschaftsbesitzer erworben hat. In **§§ 2022 ff. BGB** sind weitergehende Ansprüche des Erben und Gegenansprüche des Erbschaftsbesitzers normiert, die weitgehend den EBV-Ansprüchen in §§ 987 ff. BGB (Schadensersatz, Nutzungsersatz, Verwendungsersatz) entsprechen und die §§ 987 ff. BGB verdrängen. Beachten Sie hierzu Folgendes: Ein Fall des Verwendungsersatzanspruchs aus § 2022 II BGB ist auch die Begleichung von Nachlassschulden mit eigenen Mitteln. Hier hat der Erbschaftsbesitzer statt einem Vorgehen nach § 2022 BGB gegen den Erben alternativ die Möglichkeit, mit der Leistungskondiktion gegen den Nachlassgläubiger vorzugehen (vgl. *Medicus* Rn. 603j m.w.N.). Beachten Sie, dass **§ 2021 BGB** die Haftung des (gutgläubigen) Erbschaftsbesitzers auf seine Bereicherung beschränkt.

> **Fall:** Ein gutgläubiger Erbschaftsbesitzer (z.B. die Tochter des Erblassers, die irrtümlich denkt, sie selbst sei die Erbin) nimmt die Erbschaft in Besitz und veräußert einzelne Erbschaftsgegenstände an einen gutgläubigen Dritten. Nach zwölf Jahren erlangt der Sohn als wahrer Erbe von seiner Rechtsstellung Kenntnis und verklagt seine Schwester auf Herausgabe des Nachlasses.

Welche Ansprüche kann der wahre Erbe (Sohn) geltend machen?

- Anspruch gegen Scheinerben (Schwester) auf Herausgabe des Gesamtnachlasses, §§ 2018 ff. BGB (+)

  – Nach § 2026 BGB kann sich die Schwester als Scheinerbin nicht auf Ersitzung nach § 937 BGB berufen.

  – Nach h.M. hat die Schwester als Scheinerbin keine Einrede i.S.d. § 273 I BGB wegen ihres Pflichtteilsanspruchs aus § 2303 BGB, da der Pflichtteilsberechtigte nach dem Willen des Gesetzgebers gegenüber dem Erben nur eine untergeordnete Rolle haben soll (Palandt/*Edenhofer* § 2018 Rn. 2).

  – Evtl. bestehen aber Gegenrechte der Schwester als Scheinerbin nach § 2022 BGB (z.B. Verwendungsersatzanspruch). Diese Ansprüche können ein Zurückbehaltungsrecht begründen.

  – Gem. **§ 2019 I BGB** umfasst der Anspruch des Sohnes als Erben aus § 2018 BGB auch den Erlös aus dem Verkauf von Erbschaftsgegenständen (sog. dingliche Surrogation; wenn der Kaufpreis noch nicht gezahlt wurde, steht dem Erben nach § 2019 I, II BGB die Kaufpreisforderung zu) und nach § 2020 BGB die Nutzungen.

- Daneben bestehen – wie sich aus § 2029 BGB ergibt – die (allgemeinen) Ansprüche auf Herausgabe einzelner Nachlassgegenstände z.B. aus §§ 1922, 985, 812 BGB oder §§ 1007, 861, 857 BGB. Auch hier kann sich der Erbschaftsbesitzer nicht auf § 937 BGB oder § 2303 BGB berufen, vgl. § 2029 BGB.

> **Beachte:** Die Surrogation nach § 2019 I BGB erfasst auch den Fall, dass der Erbschaftsbesitzer **Forderungen des Erblassers einzieht**. Soweit z.T. für die Anwendung von § 2019 BGB Wirksamkeit der Verfügung gefordert wird, liegt im Herausgabeverlangen des Erben jedenfalls die Genehmigung der Einziehung/Zahlung des Dritten (vgl. Palandt/*Edenhofer* § 2019 Rn. 2).

Gegen den Dritten, also den Erwerber einzelner Erbschaftsgegenstände, kommen Ansprüche aus §§ 985, 861, 858, 1007 und §§ 812, 816 I 2 BGB in Betracht. Beachten Sie dabei, dass ein gutgläubiger Erwerb von Nachlassgegenständen i.d.R. an §§ 935, 857 BGB scheitert. Da der Erbe nicht zugleich z.B. den vom Dritten an den Erbschaftsbesitzer gezahlten Kaufpreis und den verkauften Nachlassgegenstand selbst verlangen kann, hat der Erbe ein Wahlrecht, ob er gegen den Dritten oder gem. §§ 2018, 2019 BGB gegen den Erbschaftsbesitzer vorgeht (vgl. *Medicus* Rn. 603b). Wird der Erbschaftsbesitzer verklagt, liegt darin nach h.M. zugleich die Genehmigung der Verfügung an den Dritten, diese jedoch aufschiebend bedingt durch die Herausgabe des Surrogats (vgl. Palandt/*Edenhofer* § 2019 Rn. 2).

Um einen konkreten Antrag (Bezeichnung der Nachlassgegenstände) stellen zu können, erfolgt die Durchsetzung des Anspruchs aus §§ 2018 ff. BGB in der Praxis i.d.R. mit Hilfe der **Stufenklage nach § 254 ZPO**, d.h. der Verbindung von Auskunfts- und Herausgabeklage. Der Auskunftsanspruch ist in § 2027 BGB zu finden. In § 27 ZPO ist wiederum ein besonderer Gerichtsstand geregelt, der v.a. dann vorteilhaft ist, wenn in die Erbschaft mehrere Grundstücke fallen und die jeweilige Anwendung von § 24 ZPO umständlich wäre. Das macht wegen der damit verbundenen Zweckmäßigkeitserwägungen die §§ 2018 ff. BGB auch zu einem idealen Thema für die **Anwaltsklausur** (vgl. *Kaiser* Anwaltsklausur, Rn. 32).

Eine ähnliche Konstellation besteht zwischen **Vorerben und Nacherben**. Wenn der Nacherbenfall eintritt, geht die Erbschaft sofort auf den Nacherben über. Der Vorerbe ist nach § 2130 I BGB zur Herausgabe der gesamten Vorerbschaft (samt Surrogate, § 2111 BGB) verpflichtet, nach §§ 2130 II, 259 BGB muss er zudem Rechenschaft über die Vorerbschaft ablegen. Sind die Gegenstände trotz der Herausgabepflicht nicht mehr vorhanden, kann sich aus §§ 2130, 280, 283 BGB eine Haftung ergeben. Zudem ist § 823 I BGB einschlägig, da nach h.M. der Nacherbe am Nachlass ein Anwartschaftsrecht erworben hat, das durch die Unmöglichkeit der Herausgabe verletzt wird. § 2134 BGB normiert einen speziellen Wertersatzanspruch des Nacherben. Die Gegenansprüche des Vorerben ergeben sich aus §§ 2124 f. BGB. Sind Verfügungen des Vorerben über Erbschaftsgegenstände nach §§ 2113 ff. BGB unwirksam und liegt kein gutgläubiger Erwerb des Dritten nach § 2113 III BGB vor, so kann der Nacherbe auch gegen den Dritten (z.B. nach § 894, 985 BGB) vorgehen.

Beachte: Die Rechtsstellung des Erben kann auch in den Fällen der Anordnung der **Testamentsvollstreckung** Klausurthema werden. In der Klausur geht es häufig »nur« um das Auffinden der relevanten Vorschrift aus den §§ 2197 ff. BGB, lernen Sie hier nichts auswendig. Gleiches gilt für Klausuren, die mit einem **Erbverzicht** nach §§ 2346 ff. BGB »angedickt« werden.

Die Stellung des Erben kann auch i.R.d. **Miterbengemeinschaft** nach §§ 2032 ff. BGB Klausurthema sein. Eine solche entsteht, wenn der Erblasser mehrere Erben hinterlässt. Der Nachlass steht im Eigentum der Miterben als Gesamthand. Diese sog. Gesamthandsgemeinschaft ist im Gegensatz zur GbR weder rechts- noch parteifähig ist (vgl. Rn. 111), daher müssen im Prozess alle Miterben in ihrer Stellung als Miterben »nach dem am ... verstorbenen ... « klagen und verklagt werden. Berücksichtigen Sie in diesem Zusammenhang auch, dass ggf. ein Fall materiellnotwendiger Streitgenossenschaft vorliegen kann (vgl. *Kaiser* Zivilgerichtsklausur I, Rn. 334 ff.). **§ 2039 BGB** regelt den Fall der gesetzlichen Prozessstandschaft eines Miterben. Jedem Miterben steht ein quotenmäßiger Anteil am gesamten Nachlass zu, der von seinem sonstigen Vermögen getrennt ist. In diesem Punkt unterscheidet sich die Gesamthand von der Bruchteilsgemeinschaft i.S.d. §§ 741 ff. BGB, bei der jedem Miteigentümer ein ideeller Bruchteil an dem jeweiligen Gegenstand zusteht. In der Folge kann der Miterbe auch nicht einzelne Nachlassgegenstände oder seinen (grundsätzlich gar nicht bestehenden) Anteil an diesen veräußern, sondern nach Maßgabe von § 2033 I BGB nur seinen gesamten Erbteil.

Merke: Die einzelnen Miterben haben keine unmittelbare dingliche Berechtigung an den Nachlassgegenständen und sind nur zum Mitbesitz befugt.

In der Klausur geht es in der Regel um die Wirksamkeit schuldrechtlicher oder dinglicher Geschäfte. Hier ist Folgendes von Bedeutung: Das **Innenverhältnis** der Miterbengemeinschaft wird von §§ 2038, 745 BGB geregelt. Maßnahmen der ordnungsgemäßen Verwaltung werden mit Stimmenmehrheit beschlossen, außerordentliche Verwaltungsmaßnahmen erfordern Einstimmigkeit, Maßnahmen der Notverwaltung kann jeder Miterbe alleine tätigen. Im **Außenverhältnis** ist zwischen Verpflichtungs- und Verfügungsgeschäften zu differenzieren. Für Verpflichtgeschäfte (z.B. Abschluss von Kaufverträgen, Mietverträgen etc.) gelten ebenfalls die **§§ 2038, 745 BGB**, da derartige Vertragsabschlüsse zu den Verwaltungsmaßnahmen i.S.d. § 2038 BGB gehören. Liegen die jeweiligen Voraussetzungen nicht vor, gelten §§ 177 ff. BGB. Für Verfügungsgeschäfte (z.B. Übereignung eines Nachlassgegenstandes nach § 929 S. 1 BGB, Einziehung einer Forderung) enthält § 2040 BGB hingegen eine Spezialvorschrift, die für die sachenrechtliche Wirksamkeit gemeinschaftliches Handeln aller Miterben vorschreibt. Analog § 2038 I 2 Hs. 2 BGB soll für notwendigen Verwaltungsmaßnahmen jedoch auch auf Verfügungsebene das Handeln eines Miterben ausreichen (vgl. Palandt/*Edenhofer* § 2038 Rn. 11 ff.). Liegen die strengen Voraussetzungen von §§ 2040, 2038 I 2 Hs. 2 BGB bei einer Übereignung nicht vor, kommt grds. ein gutgläubiger Erwerb des Dritten nach §§ 932 ff., 892 f., 2366 BGB in Frage, wobei aber der Eigentumsübergang bei beweglichen Sachen i.d.R. an §§ 935, 857 BGB scheitert (vgl. Rn. 39): Die Miterben sind wg. § 857 BGB Mitbesitzer, ihnen kommt die Sache abhanden.

> **Beachte:** Verletzt ein Miterbe dergestalt seine Pflichten, dass er **ohne die erforderliche Zustimmung** der anderen Miterben einen Nachlassgegenstand an einen Dritten **veräußert**, so kommen gegen den Miterben Schadensersatzansprüche der Miterbengemeinschaft aus §§ 989, 990, 992, 823, 826 BGB in Frage. Die Vindikationslage ergibt sich daraus, dass nur die Gesamthand Eigentümerin des Nachlassgegenstandes ist (und gerade nicht der einzelne Miterbe!) und der Miterbe durch die unbefugte Aussonderung des Nachlassgegenstandes zur Veräußerung unerlaubt Alleinbesitz begründet (Aufschwingen vom berechtigten Fremdbesitzer zum unberechtigten Eigenbesitzer, vgl. Rn. 46; Achtung: Dies dürfte beim Miteigentum anders sein, da der Miteigentümer nicht Fremdbesitzer ist.). Herausgabe des Kaufpreises kann v.a. aus §§ 687 II, 816 BGB verlangt werden. Gegen den Dritten kommt v.a. ein Anspruch auf Herausgabe aus § 985 BGB in Betracht. Besteht wegen der unbefugten Veräußerung sowohl ein Anspruch gegen den Miterben auf Schadensersatz als auch gegen den Dritten auf Herausgabe, dürfte § 255 BGB (lesen!) zugunsten des Miterben gelten. Zieht der Miterbe unberechtigt eine Forderung der Miterbengemeinschaft ein, so ergeben sich die Ansprüche der Miterbengemeinschaft gegen den Miterben aus §§ 816 II, 687 II, 826 BGB.

Schließlich wird die Stellung des Erben auch dann relevant, wenn es um **Pflichtteilsansprüche** geht. Pflichtteilsberechtigt sind die Abkömmlinge, die Eltern und der Ehegatte des Erblassers, wenn diese durch Verfügung von Todes wegen von der Erbfolge ausgeschlossen sind, § 2303 BGB. Die Höhe des Pflichtteils beträgt grds. die Hälfte des gesetzlichen Erbteilsanspruch, vgl. § 2303 I 2 BGB. Klausuren aus diesem Bereich haben zumeist die **Stufenklage nach § 254 ZPO** als prozessualen Aufhänger. Der Auskunftsanspruch ergibt sich aus § 2314 BGB. Oft werden auch **Pflichtteilsergänzungsansprüche nach §§ 2325 ff. BGB** relevant, dies v.a. hinsichtlich Verfügungen des Erblassers vor Eintritt des Erbfalls. Hierzu sollten Sie wissen, dass nach dem BGH unbenannte Zuwendungen unter Ehegatten – anders als sonst – jedenfalls bei § 2325 BGB i.d.R. als Schenkungen angesehen werden (Palandt/*Edenhofer* § 2325 Rn. 10). Gleiches gilt für Zuwendungen des Erblassers an Dritte auf den Todesfall nach §§ 330, 331 BGB (z.B. Sparbuch). Bei Einsetzung eines Dritten als Bezugsberechtigten einer Lebensversicherung sind aber lediglich die Prämien Gegenstand der Schenkung (umstr., vgl. Palandt/*Edenhofer* § 2325 Rn. 13). Umstritten ist zudem, ob auch schon eine Leistung i.S.v. § 2325 III BGB angenommen werden kann, wenn sich der Schenker an dem Grundstück bestimmte Rechte vorbehält (vgl. Palandt a.a.O. Rn. 27 f.). Achten Sie auch auf die Abschmelzungs-Fristen von § 2325 III BGB.

IV. Erbschein, §§ 2353, 2366 BGB

Der Erbschein ist ein Zeugnis des Nachlassgerichts über die Erbfolge. Dieser wird von den Erben nach dem Erbanfall i.d.R. dafür gebraucht, um bei Banken oder Gerichten ihre Rechte durchzusetzen (z.B. Auflösung des Kontos, Eintragung im Grundbuch, Freigabe eines hinterlegten Betrages etc.). Der Erbschein spielt im Assessorexamen (zumindest außerhalb Bayerns; dort häufig Erbscheinsverfahren und Beschwerde nach §§ 352, 58 ff. FamFG) v.a. im Rahmen des gutgläubigen Erwerbs eines Dritten eine Rolle.

100

> **Klausurtipp:** Der Einwand des Beklagten, die Klage des Erben auf Feststellung seiner Erbenstellung sei unzulässig, da dieser das **Erbscheinsverfahren** nach §§ 342 ff. FamFG anstrengen könne, greift ins Leere, da der Erbschein lediglich die Legitimationsfunktion des § 2366 BGB entfalten kann. Er führt jedoch nicht zu einer abschließenden Feststellung der erbrechtlichen Verhältnisse unter mehreren Erbprätendenten.

Nach § 2366 BGB wird nämlich der Erwerb vom Scheinerben genauso behandelt, als wenn vom wahren Erben erworben wurde. Für den guten Glauben ist nicht erforderlich, dass der Erbschein vorgelegt wird **(abstrakter Vertrauensschutz des Erbscheins)**. Es reicht, wenn der Veräußerer im Besitz eines Erbscheins ist und der Erwerber irrig annimmt, vom vermeintlichen Erben einen Erbschaftsgegenstand zu erwerben. Bösgläubigkeit i.S.d. § 2366 BGB liegt nur bei positiver Kenntnis der Unrichtigkeit des Erbscheins vor. Der öffentliche Glaube des Erbscheins entfällt allerdings, wenn mehrere einander widersprechende Erbscheine vorliegen, oder wenn der Erbschein eine Fälschung ist. Wenn also ein Dritter von einem Scheinerben mit Erbschein einen Nachlassgegenstand erworben hat, müssen Sie differenzieren:

- Wäre der wahre **Erbe selbst verfügungsberechtigt** (dies ist dann der Fall, wenn der Erblasser Eigentümer des Gegenstandes bzw. Inhaber der Forderung war), richtet sich der Erwerb des Dritten bei beweglichen Sachen nach §§ 929 ff., 2366 BGB (§ 935 I 1 BGB sperrt hier nicht, weil **§ 857 BGB wegen § 2366 BGB nicht greift!**), bei Forderungen nach §§ 398 ff., 2366 BGB (§ 2366 BGB ermöglicht daher sogar einen gutgläubigen Forderungserwerb) und bei Grundstücken nach §§ 873, 925, 2366 BGB. § 2366 BGB überwindet dann die fehlende Berechtigung des Verfügenden.

- Wäre der wahre **Erbe selbst nicht verfügungsberechtigt** (d.h. wenn der Erblasser selbst nicht Eigentümer bzw. Inhaber war), gelten die §§ 929, 932 ff., 2366 BGB bzw. §§ 873, 925, 892, 2366 BGB bei beweglichen Sachen bzw. Grundstücken. Sog. »doppelte Gutgläubigkeit« ist dann erforderlich: § 2366 BGB überwindet die fehlende Berechtigung des Verfügenden, die §§ 932 ff., 892 BGB wiederum die fehlende Berechtigung des Erblassers. Wäre nach den Gutglaubensvorschriften ein redlicher Erwerb vom Erblasser/wahren Erbe unmöglich, wird er auch durch § 2366 BGB nicht möglich (z.B. bei Forderungen: Der Scheinerbe tritt dem A eine angebliche Forderung ab, die auch dem Erblasser gar nicht zustand.).

Für den gutgläubigen Erwerb vom Scheinerben ist zu beachten, dass § 2366 BGB **Einfluss auf §§ 873, 925, 892 BGB** im Falle des Grundstückerwerbs hat. Denn nach h.M. **gilt § 892 II BGB nicht**, so dass für den Zeitpunkt des guten Glaubens grds. auf die Vollendung des Rechtserwerbs abzustellen ist (d.h. Eintragung in das Grundbuch, vgl. Palandt/*Edenhofer* § 2366 Rn. 2). Dieser Zeitpunkt kann dennoch nach vorne verlagert werden. Denn wenn dem Erwerber nach §§ 2367, 2366, 885 BGB (i.V.m. §§ 893 Alt. 2, 892 BGB, wenn der wahre Erbe selbst nicht verfügungsberechtigt wäre) vom Scheinerben zudem eine **Vormerkung** bewilligt wurde, so hat dies Einfluss auf den maßgeblichen Zeitpunkt des guten Glaubens. Allerdings ist dann umstritten, ob auf den Zeitpunkt der Eintragung der Vormerkung oder den der Antragstellung auf Eintragung abgestellt werden kann (vgl. dazu MüKo-BGB/*Mayer* § 2366 Rn. 17 für Zeitpunkt der Eintragung; unklar BGH NJW 1972, 434 ff., wohl aber für die Antragstellung).

Sobald der **wahre Erbe oder der Scheinerbe als Eigentümer im Grundbuch** eingetragen ist, richtet sich der Erwerb des Dritten nur noch nach den allgemeinen Regeln der §§ 878, 925, 892 BGB. §§ 2366 ff. BGB finden dann keine Anwendung mehr.

§ 2367 BGB erweitert den Anwendungsbereich von § 2366 BGB auf bestimmte andere Geschäfte. Einzig klausurrelevant dürften hier die Bewilligung einer Vormerkung durch einen Scheinerben oder die Erfüllung einer Nachlassschuld an den Scheinerben sein. Beides ist bei Gutgläubigkeit wirksam.

Der Erbschein kann auch bei Klausuren eine Rolle spielen, bei denen es um Abwicklungsprobleme zwischen der Bank des Verstorbenen und dem Erben geht; lesen Sie hierzu **BGH NJW 2005, 2779**.

§ 3 Das Handelsrecht

A. Einstieg

Das Handelsrecht wird auch als das **Sonderprivatrecht der Kaufleute** bezeichnet. Das HGB ist in seinem Anwendungsbereich lex specialis gegenüber dem BGB. Vielfach ergänzen sich beide Normengefüge auch.

101

Achtung: Eine Partei wird aber nicht dadurch zum Kaufmann, dass sie im Prozess vom Gegner so bezeichnet wird. Die Kaufmannseigenschaft hängt von §§ 1 ff. HGB ab.

B. Das Wichtigste in Kürze

I. Der Kaufmannsbegriff, §§ 1 ff. HGB

Die §§ 1 ff., 15 HGB regeln abschließend, wann eine Person als Kaufmann anzusehen ist. Wer danach kein Kaufmann ist, z.B. selbstständige Freiberufler, fallen nicht unter das HGB.

102

Zu unterscheiden sind folgende Kaufmannsbegriffe:

- Kaufmann **kraft Gewerbes**
  - § 1 I, II HGB: Istkaufmann (Betreiben eines Gewerbes, das ein Handelsgewerbe i.S.d. § 1 II HGB ist)
  - §§ 2, 3 HGB: Kannkaufmann (v.a. bei Kleingewerbebetreibenden mit Eintragung)
  - § 5 HGB: Fiktivkaufmann/Kaufmann kraft Eintragung (wegen § 2 HGB n.F. unbedeutend)
- Kaufmann **kraft Rechtsform**
  - § 6 I HGB bei Handelsgesellschaften: OHG und KG
  - § 6 II HGB i.V.m. § 3 I AktG und § 13 III GmbHG (Aktiengesellschaft und GmbH)
- Kaufmann **kraft Rechtsscheins**
  - nach §§ 5, 15 HGB (bei falscher Eintragung im Handelsregister) oder
  - nach allgemeinen Grundsätzen der Rechtsscheinhaftung

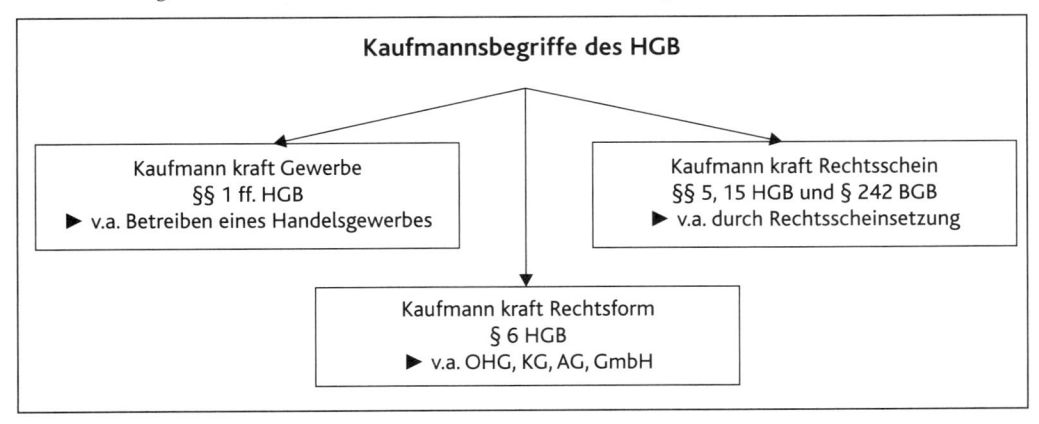

```
                    Kaufmannsbegriffe des HGB
                              │
        ┌─────────────────────┼─────────────────────┐
        ▼                     ▼                     ▼
Kaufmann kraft Gewerbe                     Kaufmann kraft Rechtsschein
    §§ 1 ff. HGB                            §§ 5, 15 HGB und § 242 BGB
▶ v.a. Betreiben eines                     ▶ v.a. durch Rechtsscheinsetzung
  Handelsgewerbes

                    Kaufmann kraft Rechtsform
                            § 6 HGB
                    ▶ v.a. OHG, KG, AG, GmbH
```

Beachten Sie, dass Kaufmann kraft Rechtsform nur die Gesellschaft selbst ist, nicht aber z.B. der Geschäftsführer der GmbH. Anders ist dies bei den Personengesellschaften, bei denen die persönlich haftenden Gesellschafter grds. als Kaufmann angesehen werden.

Problem: Begriff des Gewerbes i.S.d. § 1 I, II HGB

- Definition: Jede offene, planmäßige (erlaubte) und selbstständige Tätigkeit mit dauerhafter Gewinnerzielungsabsicht, die nicht freiberuflich/künstlerisch ist (vgl. § 2 II BRAO bei Rechtsanwälten).

- Nach dem BGH ist die Gewinnerzielungsabsicht für den handelsrechtlichen Kaufmannsbegriff nach wie vor unverzichtbar (BGHZ 155, 240 ff.), wobei aber teilweise von den Gerichten das Ziel der dauerhaften Gewinnerzielungsabsicht aufgeweicht wird. Danach reicht schon die Absicht, laufende Einnahmen aus dem Angebot entgeltlicher Leistungen am Markt zu erzielen (z.B. OLG Dresden NJW-RR 2003, 257 ff.).

Problem: Begriff des Handelsgewerbes i.S.d. § 1 I, II HGB

- Ein Handelsgewerbe liegt vor, wenn der Betrieb nach Art und Umfang eine kaufmännische Einrichtung erfordert (nicht: hat!). Kaufmännische Einrichtung bedeutet vor allem das Erfordernis kaufmännischer Bilanzierung und Buchführung.

- Die Erforderlichkeit richtet sich nach der Qualität und Quantität der Tätigkeit, wobei die Festlegung von Schwellenwerten allgemein abgelehnt wird. Maßgebend ist stets das Gesamtbild (BGH BB 1960, 917 m.w.N.). Als Richtschnur sollten Sie wissen, dass bereits ab einem Umsatz von ca. 100.000 € ein Handelsgewerbe angenommen werden kann, wenn die Art des Betriebes dann auch eine kaufmännische Einrichtung erfordert.

Problem: Allgemeine Grundsätze der Rechtsscheinhaftung i.S.v. § 242 BGB

- Die Voraussetzungen (s. BGHZ 62, 217 ff.) sind:

  – Zurechenbarer Rechtsschein gesetzt (z.B. falscher Briefkopf, Gerieren als Kaufmann)

  – Redlichkeit/Schutzbedürftigkeit des Dritten, d.h. Vertrauen in Rechtsschein

  – Kausalität zwischen Rechtsschein und Handlung/Schaden

- Folge: Wahlrecht des Vertragspartners. Dieser kann sich entscheiden, ob er sich auf den Rechtsschein oder die Realität berufen will. Der Dritte darf aber durch die Rechtsscheinhaftung nicht besser gestellt werden, als wenn der Rechtsschein Wirklichkeit wäre.

II. Die Vertretung des Kaufmanns, §§ 48 ff. HGB

103 Der Kaufmann kann anderen Personen ohne weiteres eine Vollmacht i.S.d. §§ 167 ff. BGB erteilen. In §§ 48 ff. HGB sind lediglich zwei Sonderformen rechtsgeschäftlicher Vertretungsmacht geregelt, nämlich die Prokura und die Handlungsvollmacht. § 56 HGB (lesen!) wiederum regelt einen Sonderfall der Anscheinsvollmacht. Analog § 54 III HGB muss der Vertragspartner bei § 56 HGB allerdings redlich sein. Lesen Sie zu § 56 HGB unbedingt **OLG Düsseldorf NJW-RR 2009, 1043 ff.**

Die **Prokura** ist nach § 48 HGB grds. nur ausdrücklich und persönlich durch den Inhaber des Handelsgeschäfts zu erteilen, Duldungs- und Anscheinsprokura sind daher nicht möglich. Die in § 53 I HGB vorgeschriebene Eintragung in das Handelsregister ist für die Wirksamkeit nicht erforderlich, sie hat nur deklaratorische Wirkung. Im Außenverhältnis ist der Umfang der Vertretungsmacht des Prokuristen nach §§ 49, 50 HGB unbeschränkt und unbeschränkbar, d.h. der Prokurist ist grds. zu allen Geschäften ermächtigt, die der Betrieb **irgendeines** Handelsgewerbes mit sich bringt. Der Kaufmann ist natürlich nicht gehindert, im Innenverhältnis Richtlinien für den Gebrauch der Prokura aufzustellen. Überschreitet der Prokurist diese Vereinbarungen, ist das Geschäft nach außen dennoch wirksam. Dadurch ist das Auftreten eines Prokuristen im Examen ein häufiger Anwendungsfall des **Missbrauchs der Vertretungsmacht** (vgl. Rn. 6).

Die **Handlungsvollmacht** erfasst im Gegensatz zur Prokura nur branchentypische Geschäfte »eines derartigen Handelsgewerbes«, vgl. § 54 I HGB. Sie kann auch ohne ausdrückliche Erklärung erteilt werden. Eine fehlgeschlagene Erteilung der Prokura kann gem. § 140 BGB in die Erteilung einer Handlungsvollmacht i.S.d. § 54 HGB umgedeutet werden.

III. Die Publizität des Handelsregisters, § 15 HGB

Die Grundsätze der Publizität des Handelsregisters gelten grds. nur für Fälle der deklaratorischen Eintragung, nicht hingegen bei konstitutiver Eintragung. Merken Sie sich für § 15 HGB die folgende Systematik: 104

> **Negative Publizität**, § 15 I HGB
>
> - Vertrauen auf die Nichtexistenz nicht eingetragener und/oder bekannt gemachter Tatsachen
>
> **Positive Publizität**, § 15 III HGB
>
> - Vertrauen auf die Existenz bekannt gemachter Tatsachen

Derjenigen, zu dessen Gunsten § 15 HGB angewendet wird, hat stets ein **Wahlrecht**, ob er sich auf den Rechtsscheintatbestand des § 15 HGB beruft oder nicht (BGHZ 65, 309 ff.).

§ 15 I HGB normiert die **sog. negative Publizität** des Handelsregisters. Nicht eingetragene, aber eintragungspflichtige Tatsachen und/oder nicht bekannt gemachte Tatsachen gelten als nicht existent. D.h. ein gutgläubiger Dritter braucht diese Tatsachen nicht gegen sich gelten zu lassen (z.B. Erteilung und Widerruf der Prokura, Eintritt und Austritt eines Gesellschafters). Ob eine Tatsache eintragungspflichtig ist, ergibt sich aus dem HGB. Nach h.M. ist eine **Voreintragung** der eintragungspflichtigen Tatsache nicht erforderlich (z.B. weder Eintritt noch Austritt des Gesellschafters sind eingetragen worden: Hier kann sich der Dritte auf die fehlende Eintragung des Austritts berufen). Daher gilt § 15 I HGB auch bei sog. »sekundärer Unrichtigkeit« des Handelsregisters (BGHZ 116, 37 ff.).

> **Klausurtipp:** Prüfen Sie zunächst ganz normal die Rechtslage ohne § 15 I HGB. An der Stelle der Lösungsskizze, wo die nicht eingetragene Tatsache konkret relevant wird, ist dann zu fragen, ob die Tatsache gegenüber dem Vertragspartner wegen § 15 I HGB überhaupt geltend gemacht werden kann.

Beachten Sie, dass der Schutz des § 15 I HGB nur bei positiver Kenntnis von der nicht eingetragenen Tatsache entfällt (Beweislast hat jedoch die andere Partei, vgl. Wortlaut »... *es sei denn* ...«). Nicht erforderlich ist, dass der Dritte das Handelsregister tatsächlich eingesehen hat (**abstrakter Vertrauensschutz**), vgl. BGHZ 65, 309 ff. Ferner findet § 15 I HGB keine Anwendung bei Deliktshaftung, da dieser nur »typisiertes Vertrauen« im Geschäftsverkehr schützt (RGZ 93, 238 ff.).

§ 15 III HGB normiert die **positive Publizität**, er schützt den guten Glauben an die Richtigkeit von bekannt gemachten eintragungspflichtigen Tatsachen. Entscheidendes Merkmal bei § 15 III HGB ist die »unrichtige Bekanntmachung« der Tatsache. Ob die Eintragung selbst richtig oder falsch ist, ist nicht entscheidend. Nach h.M. (vgl. *Medicus* Rn. 107; *Hager* Jura 1992, 57 ff. m.w.N.) wird § 15 III HGB (aber nicht § 15 I HGB) durch das sog. **Veranlasserprinzip** eingeschränkt. Um unbillige und unerwartete Haftungsfolgen auszuschließen, muss der erzeugte Rechtsschein dem Betroffenen zuzurechnen sein (z.B. durch seinen Eintragungsantrag). § 15 III HGB wird für den Fall der **unrichtigen Eintragung,** aber richtigen Bekanntmachung analog angewendet (umstr., vgl. Baumbach/Hopt/*Hopt* § 15 Rn. 18 m.w.N.).

IV. Allgemeine Vorschriften über Handelsgeschäfte, §§ 343 ff. HGB

Ein Handelsgeschäft ist ein Geschäft eines Kaufmanns, der zum Betriebe seines Handelsgewerbes gehört. Die §§ 343 ff. HGB sind je nach Wortlaut auf das einseitige oder auf das beidseitige Handelsgeschäft anwendbar. Bei Letzterem ist auch die andere Partei Kaufmann. 105

Wichtig ist hier § 350 HGB, der bei der Bürgschaft den Kaufmann von der Formvorschrift des § 766 BGB befreit. Bei der Bürgschaft eines GmbH-Gesellschafters gilt § 350 HGB nicht (vgl. Rn. 69).

Beachten Sie auch § 366 I HGB, der (im Gegensatz zu § 932 BGB) bei einem Handeln im eigenen Namen auch den guten Glauben an die Verfügungsermächtigung des Handelnden schützt. Hier weiß also der Erwerber, dass der Veräußerer nicht Eigentümer ist, er glaubt aber irrig, dass der Berechtigte der Verfügung nach § 185 BGB zugestimmt habe. Häufiger Klausurfall ist die Veräußerung eines Gebrauchtwagens durch einen Händler, der nicht im Kfz-Brief als Halter eingetragen ist (vgl. Rn. 39). Umstritten ist, ob § 366 I HGB auch den guten Glauben an die Vertretungsmacht des Kaufmanns schützt. Gemeint sind Fälle, in denen der veräußernde Kaufmann unerlaubt im fremden Namen auftritt (Argument dafür: Sicherheit des Handelsverkehrs; Argument dagegen: Vorrang der Rechtsscheinvollmachtsregelungen, vgl. *Medicus* Rn. 567 m.w.N.).

Der für die Klausur examensrelevanteste Handelsbrauch i.S.d. § 346 HGB ist das **kaufmännische Bestätigungsschreiben (KBS)**, vgl. zu den Voraussetzungen Palandt/*Ellenberger* § 147 Rn. 8 ff. Unter Kaufleuten ist es üblich, dass eine Partei der anderen kurz schriftlich den (vermeintlichen) Vertragsschluss und den Inhalt des Vertrags bestätigt. Das Schweigen auf ein solches KBS gilt kraft Gewohnheitsrechts/Handelsbrauch als Zustimmung. Durch das KBS wird nach dessen Maßgabe der Vertrag geändert oder sogar geschlossen, wenn noch kein Vertrag geschlossen wurde. Dies gilt jedoch nicht im Fall von zwei sich kreuzenden KBS für den sich jeweils widersprechenden Inhalt, da hier der jeweilige Absender grds. bei Schweigen der anderen Partei nicht davon ausgehen darf, dass diese dem Inhalt des jeweils anderen KBS zustimmt (vgl. *Lettl* JuS 2008, 849 ff.).

> **Klausurtipp:** Das KBS ist streng von der **Annahme eines Angebots/Auftragsbestätigung** zu unterscheiden. Weicht nämlich die Auftragsbestätigung vom Angebot ab, kommt der Vertrag gerade nicht (auch nicht durch das Schweigen auf die Auftragsbestätigung) zustande, vgl. § 150 II BGB. Sie müssen durch Auslegung ermitteln, ob aus Sicht des Absenders der Vertrag bereits zustande gekommen war (dann KBS) oder das Schreiben erst die Annahmeerklärung darstellen soll (dann Auftragsbestätigung).

Häufig wird sich der Empfänger mit einer **Anfechtung** wehren. Eine Anfechtung wegen Irrtums über die Bedeutung des Schweigens scheidet als unbeachtlicher Rechtsfolgenirrtum aus. Häufig wird die Anfechtung darauf gestützt, dass das KBS und die mündlichen Abreden voneinander abweichen und dieses durch Nachlässigkeit nicht erkannt wurde. In diesen Fällen lässt die Rspr. eine Anfechtung ebenfalls nicht zu, da dies dem Sinn und Zweck des KBS zuwider laufen würde (Palandt/*Ellenberger* § 147 Rn. 8).

In einigen Klausuren kommt es auf **§ 354 HGB** an. Danach kann ein Kaufmann, der in Ausübung seines Handelsgewerbes einem anderen Geschäfte besorgt oder Dienste leistet, von diesem Provision oder/und Lagergeld verlangen. Dies gilt v.a. dann, wenn ein entsprechendes Entgelt nicht vereinbart wurde. Klausurrelevant ist v.a. der Fall, dass der Verkäufer im Annahmeverzug des Käufers die Kaufsache einlagert.

Auch **§ 354a I HGB** wird z.T. relevant. Danach ist ein Abtretungsverbot i.S.v. § 399 Alt. 2 BGB zwischen den Vertragsparteien eines Handelskaufs zwar nicht unwirksam, die gleichwohl erfolgte Abtretung jedoch wirksam (vgl. Rn. 39 zum verlängerten EV). Nach § 354a I 2 HGB kann der Schuldner trotzdem mit befreiender Wirkung an den ehemaligen Gläubiger/Zedenten leisten (gilt nach BGH WM 2005, 429 ff. auch für Aufrechnung, nach BGH NJW 2009, 438 ff. aber kein Vergleich möglich). Nach § 354a II HGB n.F. ist Abs. 1 ist nicht auf eine Forderung aus einem Darlehensvertrag anzuwenden, deren Gläubiger ein Kreditinstitut im Sinne des Kreditwesengesetzes ist.

Wichtig sind zudem die Vorschriften über den Annahmeverzug des Käufers nach **§§ 373, 374 HGB.** Wenn der Käufer im Annahmeverzug ist, kann der Verkäufer nach §§ 373 ff. HGB einen sog. **Selbsthilfeverkauf** »für Rechnung des säumigen Käufers« veranlassen (z.B. Versteigerung der Ware). Mit dem eigenen Anspruch auf Ersatz der Versteigerungskosten (§ 373 III HGB i.V.m. § 670 BGB) und dem Kaufpreisanspruch kann er dann ggü. dem Anspruch des Käufers auf Herausgabe des Erlöses aus § 667 BGB aufrechnen.

In **§§ 369 ff. HGB** ist das kaufmännische Zurückbehaltungsrecht geregelt. Im Gegensatz zu § 273 BGB ist insbesondere keine Konnexität erforderlich.

Auch die Untersuchungs- und Rügepflicht des Kaufmanns hinsichtlich eines Mangels der gelieferten Ware nach **§ 377 I, III HGB** ist sehr klausurrelevant und lässt sich wegen der Rechtsfolgen in § 377 II, III HGB gut in jede Gewährleistungsklausur einbauen. § 377 HGB gilt nur bei einem beidseitigen Handelskauf. Beide Parteien müssen daher Kaufleute sein (oder der Käufer ist Rechtsscheinkaufmann) und der Kaufvertrag (bzw. Werklieferungsvertrag, vgl. § 381 II HGB) zu dem Betrieb des jeweiligen Gewerbes gehören. Die Abgrenzung zwischen einem »noch offenen« und einem schon »versteckten« Mangel erfolgt danach, ob bei einer verkehrsüblichen Untersuchung der Mangel erkennbar wäre. Bei Lieferung großer Mengen sind für die verkehrsübliche Untersuchung Stichproben ausreichend. Die Mängelrüge muss **ausreichend substantiiert** sein, d.h. die bloße Mitteilung, dass »*die Ware Mist ist*«, reicht nicht aus (OLG Düsseldorf NJW-RR 2001, 821). Wird die Ware direkt vom Lieferanten an einen Abnehmer des Käufers durchgeliefert (sog. »**Durchlieferung**«), so bleibt es grds. bei der Rügepflicht des Käufers aus § 377 HGB. Dieser muss dann dafür sorgen, dass entweder er selbst oder sein Abnehmer eine Untersuchung durchführt, weshalb ihm i.d.R. auch eine geringfügige Fristverlängerung gewährt wird. Dies gilt auch, wenn der Abnehmer nicht selbst Kaufmann oder nicht (Zweit-)Käufer sondern Leasingnehmer ist (vgl. BGH NJW 1990, 1290 ff.).

> **Beachte:** Die Zulässigkeit der **Vereinbarung einer Rügefrist** i.S.v. § 377 HGB zu Lasten des nichtkaufmännischen Käufers richtet sich nach §§ 309 Nr. 8 b) ee), 475 I 2 BGB.

Bei Verletzung der Obliegenheit nach § 377 I, III HGB sind Gewährleistungsansprüche hinsichtlich des ungerügten Mangels ausgeschlossen (Ausnahme: Arglist des Verkäufers, vgl. § 377 V HGB). Dies erfasst auch vertragliche Ansprüche wegen Schäden an anderen Rechtsgütern, die aus dem Mangel resultieren. Nicht erfasst sind Ansprüche aus §§ 823 ff. BGB. Ein Gegenbeweis zur Genehmigungsfiktion ist nicht möglich, ebenso wenig wie die Anfechtung der Fiktion (BGHZ 11, 1 ff.).

V. Die Handelsfirma, §§ 17 ff. HGB

Die Firma ist der **Name des Kaufmanns**, unter dem er im Handelsverkehr seine Geschäfte betreibt, vgl. § 17 I HGB. Die Rechtsprechung hat rund um §§ 17 ff., 30 HGB einige Grundsätze entwickelt, an denen sich die Firma messen lassen muss (z.B. Firmenunterscheidbarkeit, Firmenwahrheit, Firmenöffentlichkeit), die jedoch für die Klausur in aller Regel keine Rolle spielen.

Problem: Schutz der Firma bei unberechtigtem Führen durch einen Dritten

- Die wichtigste (und vielen Kandidaten völlig unbekannte) Anspruchsgrundlage ist in diesen Fällen § 15 MarkenG. Wenn diese Vorschrift eine Rolle spielen sollte, wird i.d.R. schon das bloße Auffinden der richtigen Anspruchsgrundlage honoriert. Sie sollten den Sachverhalt sauber unter die Voraussetzungen des § 15 MarkenG, insb. Abs. II und IV, subsumieren (wichtig wird dabei i.d.R. die »Verwechslungsgefahr«). § 37 II HGB ist als weitere Anspruchsgrundlage nur einschlägig, wenn die Firma »unbefugt« benutzt wird. Dies setzt aber voraus, dass die Benutzung nach §§ 18 ff., 30 HGB unzulässig ist. Hier spielt v.a. § 30 I HGB eine Rolle.

- Unterlassungsansprüche aus §§ 12, 823 BGB kommen nur dann zum Tragen, wenn § 15 MarkenG nicht greift. Wichtigstes Klausurbeispiel ist die private Benutzung der geschützten geschäftlichen Bezeichnung durch einen Dritten.

- Eine Anwendung von § 1 UWG ist neben § 15 MarkG ausgeschlossen (vgl. BGHZ 138, 347 ff.). Ein Anspruch aus §§ 1, 3 UWG kommt v.a. dann in Betracht, wenn im geschäftlichen Verkehr rein beschreibende Bezeichnungen verwendet werden, weil hier § 15 MarkG nicht greift.

Problem: Firmenfortführung und Haftung bei Inhaberwechsel

- Bei einem Inhaberwechsel haftet der neue Inhaber grds. nicht für die Altschulden seines Vorgängers. Anders ist dies nur, wenn er die Firma fortführt, vgl. § 25 I 1 HGB. Die Nachhaftung des alten Firmeninhabers ist in § 26 HGB geregelt. Lesen Sie zudem § 25 I 2 HGB. Eine ähnliche Regelung wie § 25 I HGB findet sich in § 27 I HGB, wenn es sich um einen Inhaberwechsel durch Erbfolge handelt (Erwerb der Firma von Todes wegen).

- § 25 I HGB greift nach h.M. schon bei einer tatsächlichen Fortführung des Betriebes, es ist also weder ein wirksames schuldrechtliches Rechtsgeschäft, noch eine wirksame dingliche Übereignung des Geschäftes erforderlich. Ausreichend ist auch die Überlassung auf Zeit (z.B. Pacht) oder die Übertragung einer Zweigstelle des Betriebes. § 25 I HGB erfasst auch die sukzessiv erfolgende Unternehmensübernahme (BGH NJW-RR 2009, 820 f.).

- Nach h.M. liegt eine »Fortführung unter der bisherigen Firma« i.S.d. § 25 I HGB auch dann vor, wenn die alte Firma nicht wort- und buchstabengetreu übernommen wird. Es wird vielmehr darauf abgestellt, ob der Geschäftsverkehr die neue Firma noch mit der alten Firma identifiziert (z.B. BGH NJW 2006, 1001 ff. stellt auf die »Beibehaltung des prägenden Teils der Firma« ab). Es ist auch irrelevant, ob im Handelsregister eine völlig andere Firma eingetragen wurde, da es allein auf die tatsächliche Fortführung der Firma ankommt (BGH NJW 1987, 1633).

- Beachte: § 28 HGB regelt dagegen den Zusammenschluss einer Person mit einem Einzelkaufmann, der sein Geschäft als Einlage in die neu entstehende Personenhandelsgesellschaft einbringt. Diese haftet dann unabhängig von einer Firmenfortführung für die Altschulden des Einzelkaufmanns, die Gesellschafter haften daneben persönlich nach §§ 128, 161 II HGB (vgl. Rn. 113). Nach h.M. muss es sich bei der neu entstehenden Gesellschaft um eine Personenhandelsgesellschaft (also OHG oder KG) handeln, eine juristische Person oder eine GbR reichen also nicht (vgl. Nachweise bei BGH NJW 2004, 836 ff.).

VI. Sonderfragen aus dem Handelsrecht

107 Als **Handelsvertreter** i.S.d. § 84 I HGB gelten diejenigen Personen, die als selbstständige Gewerbetreibende ständig damit betraut sind, für einen anderen Unternehmer Geschäfte zu vermitteln oder in dessen Namen abzuschließen. Der Handelsvertreter und der Unternehmer sind dabei i.d.R. über einen Dienstvertrag in Form eines Geschäftsbesorgungsvertrags nach §§ 675, 611 BGB verbunden.

> **Exkurs:** Auch der **Girovertrag** ist eine Sonderform des Geschäftsbesorgungsvertrages i.S.v. § 675 BGB, der in §§ 676 ff. BGB (Zahlungsdienstvertrag) eine Neuregelung erfahren hat. Den Klausuren liegt oft **BGH NJW 2004, 3623 ff.** zugrunde (lesen!), es geht um die missbräuchliche Verwendung einer EC-Karte durch Dritte und um den Anscheinsbeweis. Die Anspruchsgrundlagen dürften nach der Neuregelung wie folgt sein: Anspruch des Kunden auf Auszahlung des von einem Dritten unbefugt abgebuchten Betrages aus §§ 675f, 675u S. 2 BGB; Gegenanspruch der Bank auf Aufwendungsersatz aus §§ 675 f, c, 670 BGB scheitern i.d.R. aber an § 676u S. 1 BGB, ggf. aber Schadensersatzanspruch der Bank aus §§ 675v, den die Bank ihrer Inanspruchnahme zumindest nach § 242 BGB entgegensetzen kann.
>
> Auch die **Kündigung von Bankkonten** (z.B. der NPD) kann relevant werden. Problematisch ist, ob die Kündigung nach §§ 242, 134, 138 BGB i.V.m. Art. 3, 21 GG und § 5 PartG unwirksam ist (vgl. OLG Saarbrücken NJW-RR 2008, 1632 f.).

Der wichtigste Anspruch des Handelsvertreters ist der auf **Zahlung der Provision aus §§ 87 ff. HGB**. Wenn der Unternehmer nach Beendigung des Vertrags mit dem Handelsvertreter noch Vorteile aus dessen Arbeit zieht, dann kommt außerdem ein (in der Praxis enorm wichtiger) Anspruch auf **Ausgleichszahlung aus § 89b HGB** in Betracht, der ggf. analog auch für den Vertragshändler gilt (BGHZ 29, 83 ff.). In derartigen Klausuren geht es oft auch um den Ausschluss des Ausgleichsanspruches nach **§ 89b I Nr. 3, III Nr. 1 und Nr. 2 HGB** (lesen!).

Problem: Ausschluss nach § 89b III Nr. 2 HGB

- Ein Ausschluss nach § 89b III Nr. 2 HGB kann nach neuer Rspr. nur angenommen werden, wenn die Kündigung des Unternehmers auf dem wichtigen Grund beruhte (vgl. OLG Rostock NJW-RR 2009, 1631 ff. m.w.N.).
- Für den Ausschlusstatbestand des § 89b III Nr. 2 HGB ist ein eigenes Verschulden des Handelsvertreters erforderlich; das Fehlverhalten einer Hilfsperson ist dem Handelsvertreter insoweit – anders als im Rahmen der Vorschrift des § 89a I HGB – nicht nach § 278 BGB zuzurechnen. Lesen Sie hierzu BGH NJW 2007, 3068 f.

Eine Pflicht zum Ersatz von Aufwendungen besteht nach §§ 675, 670 BGB wegen des vorrangigen § 87d HGB nur in Ausnahmefällen, z.B. bei Aufwendungen außerhalb des regelmäßigen Geschäftsbetriebes. Die §§ 675, 670 BGB können analog bei Ersatz von Zufallsschäden herangezogen werden. Für das Verhältnis von Handelsvertreter und Unternehmer gelten daneben die allgemeinen Vorschriften, v.a. §§ 280 I, 241 II, 823 BGB. Dem Geschäftsgegner haftet der Handelsvertreter nur nach den allgemeinen Vorschriften, z.B. c.i.c. und §§ 823 ff. BGB.

Als **Handelsmakler** i.S.d. § 93 HGB gelten diejenigen Personen, die gewerbsmäßig für andere die Vermittlung von Verträgen über Gegenstände des Handelsverkehrs übernehmen, **ohne** von dem Unternehmer **ständig damit betraut** zu sein. Im Gegensatz zum Zivilmäkler nach § 652 BGB muss der Handelsmakler stets gewerbsmäßig tätig werden und ist als »ehrlicher Makler« grds. den Interessen beider Parteien verpflichtet. Diese Neutralitätspflicht hat jedoch auch seine Nachteile für den Handelsmakler. Denn bei einer Pflichtverletzung haftet er beiden Parteien gegenüber, vgl. § 98 HGB. Dies gilt auch, wenn ihn nur eine Partei beauftragt hat (denn dann handelt es sich um einen Vertrag mit Schutzwirkung für Dritte). Auf den Handelsmakler sind primär die §§ 93 ff. HGB anwendbar, subsidiär auch die §§ 652 ff. BGB.

108

> **Beachte:** Beim Handelsmakler müssen die **vermittelten Geschäfte** Gegenstände des Handelsverkehrs betreffen. Nicht erforderlich ist, dass die beteiligten Vertragsparteien Kaufleute sind! Lesen Sie sich einmal die Beispiele durch, die in § 93 HGB genannt sind, um ein Gespür für derartige Fälle zu bekommen.

§ 4 Das Gesellschaftsrecht

A. Einstieg

109 Gesellschaftsrechtsprobleme in Examensklausuren beschränken sich oft auf Zusatzfragen zu »normalen Zivilrechtsklausuren« wie z.B. die Rechts- und Parteifähigkeit, ordnungsgemäße Vertretung oder auf Haftungsprobleme. Reine Gesellschaftsrechtsklausuren sind außerhalb Bayerns wohl nur in Kautelarklausuren zu erwarten (vgl. dazu *Kaiser*, Anwaltsklausur, Rn. 135 ff.).

B. Das Wichtigste in Kürze

I. Die Einteilung der Gesellschaften

110 Zu den sog. **Personengesellschaften** werden die GbR, die OHG und die KG gezählt, wobei die OHG und KG auch als Personenhandelsgesellschaften bezeichnet werden, da ihr Zweck auf den Betrieb eines Handelsgewerbes gerichtet ist. Auf der anderen Seite stehen die sog. **Körperschaften**/juristische Personen, zu denen der Verein und v.a. die AG und die GmbH gehören.

> **Klausurtipp:** Aus diesem Bereich kann in der Zulässigkeit der Klage das Problem der **irrtümlich falschen Parteibezeichnung** vorkommen (vgl. dazu: *Kaiser* Zivilgerichtsklausur I, Rn. 314).

II. Rechtsfähigkeit und Vertretung

111 Wenn im Klausursachverhalt eine Gesellschaft gehandelt hat, kann u.U. das Problem der Rechtsfähigkeit (anzusprechen in der Zulässigkeit einer Klage, vgl. § 50 ZPO) und der Vertretung auftauchen. Hierzu folgende Übersicht:

- **Verein, §§ 21 ff. BGB**
  - Rechtsfähigkeit (+)
  - Vertretung durch den Vorstand (§ 26 II BGB), bei mehreren Mitgliedern nach dem Mehrheitsprinzip
  - **Exkurs:** Hüten Sie sich in dem Zusammenhang vor einer beliebten Klausurfalle: Die Tatsache, dass die Mitgliederversammlung sich in einem Beschluss ausdrücklich gegen eine Rechtshandlung des Vorstands gestellt hat, dass die Satzung bestimmte Geschäfte verbietet oder dass ein die Rechtshandlung zugrunde liegender legitimierender Beschluss der Mitgliederversammlung unwirksam ist, hat nach h.M. für die wirksame Vertretung des Vereins durch den Vorstand nach außen i.d.R. keinen Einfluss (Palandt/*Ellenberger* § 26 Rn. 6; BGH NJW 2008, 69 ff.). Allerdings sind die Grundsätze des Missbrauchs der Vertretungsmacht anwendbar (vgl. Rn. 6).

> **Klausurtipp:** Es gab auch schon Examensklausuren, in denen es um reines **Vereinsrecht** ging (z.B. Feststellungsklage bzgl. der Unwirksamkeit eines Mitgliederausschlusses, Feststellungsklage bzgl. der Unwirksamkeit eines Beschlusses der Mitgliederversammlung oder Geltendmachung eines Aufwandsersatzanspruchs durch den Vorstand). Hier nicht verzweifeln! Alle Probleme stehen im Palandt, z.B. zum Ausschluss unter § 25 Rn. 13 ff., zu Beschlüssen bei §§ 32 ff. BGB und zum Aufwandsersatzanspruch unter § 27 Rn. 4 f. Zu der besonders examensrelevanten **Beschlussanfechtung** sollten Sie noch folgendes Wissen: Das für eine Feststellungsklage nach § 256 I ZPO erforderliche Feststellungsinteresse setzt voraus, dass der Kläger sowohl im Zeitpunkt der Beschlussfassung als auch im Zeitpunkt der Rechtshängigkeit der Klage Mitglied des Vereins ist (BGH NJW 2008, 69 ff.; Argument: Sonst keine Verletzung von Mitgliedschaftsrechten möglich). Aus diesem Grunde hat z.B. eine Unterabteilung eines Spartenvereins (z.B. die Tennisabteilung) kein Feststellungsinteresse, da nicht sie sondern nur die einzelnen Personen Mitglied des Spartenvereins sind.

§ 4 Das Gesellschaftsrecht

In einer neueren Entscheidung hat der BGH zudem die arbeitsrechtlichen Grundsätze des innerbetrieblichen Schadensausgleichs (vgl. Rn. 119) auch auf das Verhältnis Verein-Mitglied übertragen, vgl. BGH NJW-RR 2005, 981 f.

Aufgrund der Nähe zum Verein ist mittlerweile auch die **WEG** als teilrechtsfähig anerkannt worden, soweit sie bei der Verwaltung des gemeinschaftlichen Eigentums am Rechtsverkehr teilnimmt, vgl. § 10 VI WEG n.F. Das OLG Celle hat daraufhin die Grundbuchfähigkeit bejaht (NJW 2008, 1537 ff.). Durch Mehrheitsbeschluss nach § 21 WEG kann der WEG auch die Geltendmachung von das Gemeinschaftseigentum betreffenden Ansprüchen übertragen werden, im Prozess tritt die WEG dann als gesetzliche Prozessstandschafterin auf (vgl. BGH NJW 2007, 1952 ff.). Hinsichtlich das Sondereigentum betreffenden Ansprüche kann sie ggf. in gewillkürter Prozessstandschaft auftreten. Das eigene Interesse an der Geltendmachung ergibt sich dabei bereits aus der Prozessökonomie (vgl. BGH NJW 2007, 1952 ff.). Vertreten wird die WEG durch den jeweiligen Verwalter. Bei Klagen gegen eine WEG gelten dann für die Zuständigkeit des Gerichts § 17 ZPO (vgl. Zöller/*Vollkommer* § 17 Rn. 5) und § 43 Nr. 5 WEG n.F. Die **akzessorische Haftung** der einzelnen Eigentümer ggü. Dritten ist in § 10 VIII WEG n.F. geregelt.

- **Nichtrechtsfähiger Verein**, § 54 BGB
  - Nach h.M. ist auch der nichtrechtsfähige Verein (Beispiele: Kegelclub, auch einzelne Abteilung eines eingetragenen Spartenvereins wie z.B. Ruderabteilung) zumindest teilrechtsfähig und damit parteifähig (vgl. BGH NJW 2008, 69 ff.).
  - Nach der Rspr. haftet nur der Verein im Rechtsverkehr nach außen, dabei ist die Vertretungsmacht des Handelnden konkludent auf das Vereinsvermögen beschränkt. Die Handelndenhaftung ist in § 54 S. 2 BGB geregelt.
- **Stiftung**, §§ 80 ff. BGB
  - Rechtsfähigkeit (+)
  - Vertretung durch den Vorstand, §§ 86, 26 II BGB
- **Juristische Personen des öffentlichen Rechts**
  - Rechtsfähigkeit (+)
  - Vertretung bei der Gemeinde nach Kommunalrecht i.d.R. durch den Bürgermeister
- **Die wichtigsten rechtsfähigen juristischen Personen des Privatrechts**
  - GmbH nach § 13 I GmbHG (Vertretung durch den Geschäftsführer, § 35 I GmbHG)
  - Aktiengesellschaft nach § 1 I 1 AktG (Vertretung durch den Vorstand, § 78 I AktG)
- **Vor-GmbH vor notarieller Beurkundung (sog. »Vorgründungsgesellschaft«)**
  - Rechtsfähigkeit (+) nach allgemeinen Regeln als GbR oder OHG (OHG dann, wenn bereits ein Handelsgewerbe aufgenommen wurde). Die Schulden der Vorgründungsgesellschaft gehen nicht automatisch auf die nach notarieller Beurkundung des Gesellschaftsvertrages entstehende Vor-GmbH oder die später mit Eintragung entstehende GmbH über (BGH ZIP 1998, 646 f.). Die Vorgründungsgesellschaft endet i.d.R. durch Zweckerreichung (d.h. mit Entstehung der Vor-GmbH), vgl. § 726 BGB.
  - Die Handelndenhaftung nach § 11 II GmbHG gilt nicht. Eine solche kann sich nur aus allgemeinen Regeln ergeben, z.B. aus § 179 BGB bei fehlender Vertretungsmacht.
  - Vertretung durch die Gesellschafter (nach GbR-Regeln oder nach OHG-Regeln)

- **Vor-GmbH nach notarieller Beurkundung** des Gesellschaftsvertrags (sog. »Vorgesellschaft«)
  - Rechtsfähigkeit (+) als »selbstständige Gesellschaft eigener Art«, es können grds. die Vorschriften der GmbH angewendet werden, soweit diese nicht gerade die Eintragung in das Handelsregister voraussetzen oder die Anwendung der Norm in sonstiger Weise mit der Rechtsnatur der Vor-GmbH unvereinbar ist (*Rubner* NJW-Spezial 2008, 303 f.). Die Rechte und Pflichten der Vor-GmbH gehen auf die spätere GmbH über (BGHZ 80, 129 ff.).
  - § 11 II GmbHG normiert ausdrücklich die Handelndenhaftung bei der Vor-GmbH (eine ähnliche Regelung für die AG ist in § 41 I 2 AktG enthalten). Nachdem bislang § 11 II GmbHG nur bei Handeln im Namen der späteren GmbH und nicht bei Handeln für die Vor-GmbH angewendet wurde, geht die mittlerweile h.M. davon aus, dass § 11 II GmbHG auch im letzteren Fall gilt (so tendenziell auch BGH NJW 1984, 2164 f.). Dies wird deshalb relevant, weil nach den Regeln über unternehmensbezogene Rechtsgeschäfte der Geschäftsführer i.d.R. nur die Vor-GmbH vertritt, auch wenn er die Firma der künftigen GmbH ohne Zusatz verwendet, da die Vor-GmbH grds. im Vorstadium Trägerin des Unternehmens ist (BGH BB 1990, 86 m.w.N.). Die Handelndenhaftung nach § 11 II GmbHG tritt – wenn sie eingreift – neben die Haftung der Vor-GmbH und erlischt mit Entstehung der GmbH, weil diese dann in die Verpflichtungen eintritt (BGHZ 80, 129 ff.).
  - Vertretung durch den Geschäftsführer, wobei die unbeschränkte Vertretungsmacht i.S.v. § 37 II GmbHG (analog) von der h.M. hier aber abgelehnt wird (vgl. *Rubner* NSW-Spezial 2008, 303 f.). Die Vertretungsmacht erfasst daher i.d.R. lediglich alle Handlungen, die mit den Aufgaben des Geschäftsführers im Gründungsstadium zusammen hängen. Fehlt dem für die Vor-GmbH Handelnden die Vertretungsmacht, so ist **§ 179 BGB nicht anwendbar**, da § 11 II GmbHG eine Sonderregelung auch bei fehlender Vertretungsmacht darstellt (Palandt/*Ellenberger* § 177 Rn. 3). Die Haftung **des falsus procurator** nach § 11 II GmbHG erlischt dann auch nicht bei späterer Entstehung der GmbH (BGHZ 80, 182 ff.).

  Exkurs: Die Gesellschafter haften für die Schulden der Vor-GmbH nicht persönlich im Außenverhältnis. Nur im Innenverhältnis zur Vor-GmbH gibt es eine Innenhaftung (sog. Verlustdeckungshaftung). Eine persönliche Haftung nach außen nimmt die Rspr. aber dann an, wenn es sich um eine Ein-Mann-Vor-GmbH handelt, die Vor-GmbH vermögenslos ist oder die Gründungsabsicht durch die Gesellschafter aufgegeben wurde (BGH NJW 1997, 1507 ff. und BGH ZIP 2002, 2309 ff.). Führen nämlich die Gesellschafter nach Aufgabe der GmbH-Gründungsabsicht die Gesellschaft dennoch fort, unterliegt die Gesellschaft dem Recht der GbR oder OHG (vgl. BGH NJW 2008, 2441 f.)

- **Gesellschaft bürgerlichen Rechts (GbR), §§ 705 ff. BGB**

  Klausurtipp: Die GbR kann nach der Erfahrung der letzten Jahre als das »Lieblingskind« der Prüfungsämter bezeichnet werden. Fragen der Haftung der Gesellschaft selbst, deren Gesellschafter und alle Fragen rund um § 50 ZPO sind immer wieder abgeprüft worden.

  - Die Partei- und Rechtsfähigkeit der GbR ist zu bejahen, da es als Folge ihrer nach außen bestehenden beschränkten Rechtssubjektivität ausreicht, dass die GbR am Rechtsverkehr teilnimmt. Im Umfang der dadurch begründeten Rechte und Pflichten ist die GbR rechts- und parteifähig (BGHZ 146, 341 ff.; BGH NJW 2002, 1207 f.).
  - Die GbR ist nunmehr auch grundbuchfähig, vgl. § 47 II GBO, § 899a BGB.
  - Die Vertretung bestimmt sich gem. § 714 BGB im Zweifel nach der Geschäftsführungsbefugnis, vgl. Rn. 6.
  - Eine Ausnahme ergibt sich aus **§ 744 II BGB analog**, wonach jeder Gesellschafter die GbR bei Notständen wirksam vertreten kann, egal ob er geschäftsführungs- oder vertretungsbefugt ist (vgl. Palandt/*Sprau* § 744 Rn. 3).

§ 4 Das Gesellschaftsrecht

- **Erbengemeinschaft, §§ 2032 ff. BGB**
  - Die Erbengemeinschaft ist nach h.M. eine nicht rechts- und parteifähige Gesamthandsgemeinschaft. Die Grundsätze zur GbR sind nicht entsprechend anwendbar (BGH NJW 2007, 3715 f.; BGH NJW 2002, 3389 ff.).
  - Rechtsfähig sind nur die einzelnen Erben.
- **OHG und KG**
  - Rechtsfähigkeit (+) nach § 124 I HGB i.V.m. § 161 II HGB. Die Eintragung im Handelsregister ist nur deklaratorisch, d.h. vor Eintragung ist die OHG/KG bereits dann rechtsfähig, wenn sie das Geschäft aufnimmt, vgl. §§ 123 II, 161 II HGB.
  - Vertretung: vgl. §§ 125 ff. HGB (Einzelvertretungsmacht der Gesellschafter bei der OHG), §§ 161 II, 170 HGB (nur die Komplementäre bei der KG, nicht auch die Kommanditisten)

Klausurtipp: In den letzten Jahren hat die sog. **GmbH & Co. KG** in den Examensdurchgängen an Bedeutung gewonnen. Die GmbH & Co. KG wird üblicherweise als KG begriffen, deren einzige Komplementärin eine GmbH ist. Diese Rechtsform ist in der Rspr. anerkannt und wird als **Typenmischung** von KG und GmbH aufgefasst (seit RGZ 105, 101 ff. st. Rspr.). Daraus ergibt sich auch ihre Rechts- und Parteifähigkeit für den Zivilprozess. Da sie eine KG darstellt, ist in erster Linie das Recht der KG maßgebend.

Eine schwierige Abwandlung der Haftungsproblematik der Vor-GmbH ist die sog. »**fehlgeschlagene KG**«, die auch als »**Vor-KG**« bezeichnet wird. Hier gründen die Gesellschafter eine KG, die jedoch nicht ins Handelsregister eingetragen wird und auch (z.B. weil die Geschäfte schlecht laufen) keinen in kaufmännischer Weise eingerichteten Geschäftsbetrieb erfordert (sonst entsteht nach §§ 123 II, 161 II HGB eine KG auch ohne Eintragung). Für die im Rechtsverkehr eingegangenen Verbindlichkeiten haftet in erster Linie die Vor-KG selbst (i.d.R. als GbR), daneben die persönlich haftenden Komplementäre (wegen der persönlichen Haftung der Gesellschafter für die Schulden der GbR). Die Haftung der Kommanditisten regelt § 176 I HGB. Hier ist problematisch, ob die Kommanditisten der kannkaufmännischen Vor-KG über die Verweisungsnorm des § 176 I 2 HGB (Verweisung auf die Haftungsgrundsätze der GbR bei Betreiben eines Kleingewerbes) tatsächlich wegen dem auf die GbR anzuwendenden § 128 HGB (analog) akzessorisch haften. Dies wird allgemein abgelehnt, vgl. MüKo-HGB/*Schmidt* § 176 Rn. 3 ff. m.w.N. (Argument: Der Kommanditist würde sonst bei einer kleingewerblichen Vor-KG schlechter stehen als bei einer noch nicht eingetragenen KG, die i.S.v. § 176 I 2 i.V.m. § 2 HGB kein Kleingewerbe betreibt und bei der daher die persönliche Haftung bei Kenntnis des Geschäftsgegners nach § 176 I 1 HGB ausgeschlossen ist.).

- **Liquidierte und gelöschte juristische Person/Gesellschaft als Kläger**
  - Verlust der Rechtsfähigkeit erst mit vollständiger Abwicklung, d.h. sie ist noch rechtsfähig, solange sie noch Vermögen oder Forderungen hat, und sei dies nur die im Prozess geltend gemachte Forderung (qualifizierte Prozessvoraussetzung), vgl. dazu *Kaiser* Zivilgerichtsklausur I, Rn. 330 ff.
  - **Exkurs:** Ist die liquidierte juristische Person/Gesellschaft Beklagte, gilt das oben Gesagte entsprechend. Zusätzlich muss der Kläger aber schlüssig darlegen, dass noch Vermögenswerte bei der Beklagten vorhanden sind.

III. Zurechnungsfragen

Wichtig ist auch die Frage, nach welchen Vorschriften und Grundsätzen das Verschulden/Handeln und das Wissen des handelnden Organs der Gesellschaft zugerechnet werden, wenn das Organ im Rechtsverkehr für die Gesellschaft auftritt.

```
┌─────────────────────────────────────────────────────────────────┐
│              Zurechnungsproblematik im Gesellschaftsrecht       │
└─────────────────────────────────────────────────────────────────┘
                    ↙                              ↘
┌──────────────────────────────┐   ┌──────────────────────────────┐
│     Handeln/Verschulden      │   │       Kenntnis/Wissen        │
│ ▶ § 831 BGB bei Verrichtungsgehilfen │ ▶ § 166 BGB bei Vertretern │
│ ▶ § 278 BGB bei Erfüllungsgehilfen   │ ▶ § 166 BGB analog bei Repräsentanten │
│ ▶ § 31 BGB (analog) bei Repräsentanten │ ▶ über Organisationspflichtverletzung │
└──────────────────────────────┘   └──────────────────────────────┘
 Relevant z.B. bei §§ 280 ff., 823 BGB   Relevant z.B. bei §§ 119 ff., 442, 819 BGB
```

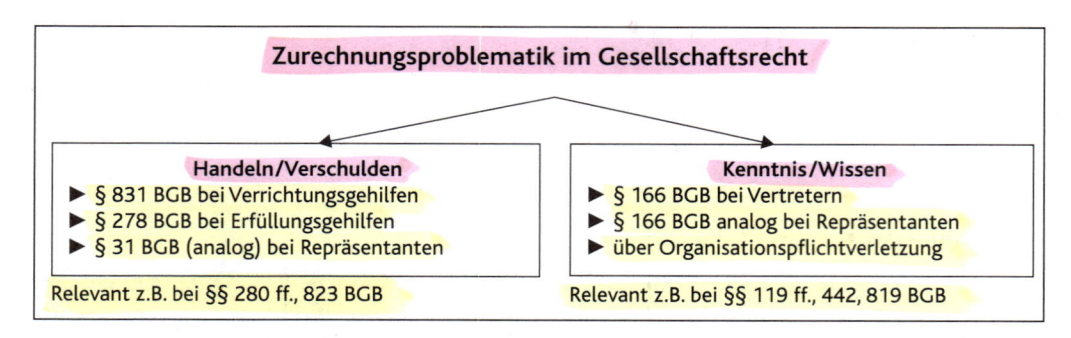

Bei der **Zurechnung von Handeln/Verschulden gegenüber den juristischen Personen und der OHG und KG** müssen Sie Folgendes wissen: § 831 BGB scheidet i.d.R. aus, da das Organ kein Verrichtungsgehilfe ist. § 278 BGB findet i.d.R. ebenfalls keine Anwendung, da das Organ nicht wie ein Erfüllungsgehilfe eine fremde Verbindlichkeit erfüllt, sondern eine eigene. Übrig bleibt daher **§ 31 BGB**, der bei Pflichtverletzungen (auch deliktische Handlungen) im Rahmen der Geschäftsführung auf alle juristischen Personen und Personenhandelsgesellschaften analog angewendet wird (Palandt/*Ellenberger* § 31 Rn. 3). Der deliktisch handelnde Gesellschafter haftet dann ggf. persönlich nach c.i.c. und/oder §§ 823 ff. BGB neben der Gesellschaft.

> **Beachte:** Beachten Sie stets Folgendes: **§ 31 BGB** setzt in allen Fallgruppen voraus, dass die Handlung des Organs in Ausführung der ihm zustehenden Verrichtung und **nicht nur bei Gelegenheit** bzw. ohne Zusammenhang mit dem Aufgabenkreis des Organs begangen wurde. Auch gilt § 31 BGB nicht nur bei Organen im engeren Sinn. Die Rspr. wendet § 31 BGB auch auf Repräsentanten an, denen durch die allgemeine Betriebsregelung und Handhabung bestimmte Funktionen der Gesellschaft zur Erfüllung zugewiesen wurden (vgl. Palandt/*Ellenberger* § 31 Rn. 6; nach dem BGH auch bei Handeln eines Scheinsozius zu bejahen, BGH NJW 2007, 2490 ff.). Auf das Bestehen von Vertretungsmacht kommt es nicht an.

Eine **Wissenszurechnung** ist nach § 166 I BGB möglich, wenn der Handelnde ein Vertreter der Gesellschaft ist. Analog § 166 I BGB wird der Gesellschaft auch das Wissen von sog. Wissensvertretern zugerechnet. Dies sind solche Personen, die ohne Vertretungsmacht eigenverantwortlich als Repräsentant der Gesellschaft auftreten (vgl. Palandt/*Ellenberger* § 166 Rn. 6 f. mit vielen Beispielen). Problematisch ist die Zurechnung des Wissens von ausgeschiedenen Personen. Nach der Rspr. findet nach § 242 BGB eine Wissenszusammenrechnung bei allen juristischen Personen und vergleichbaren Gesamthandsgemeinschaften statt, wenn nach Treu und Glauben eine Pflicht zum Informationsaustausch besteht (sog. **Informationsorganisationspflicht**). Wird die Pflicht zur Informationsorganisation verletzt, muss sich die Gesellschaft so behandeln lassen, als ob sie das fragliche Wissen in dem entscheidenden Zeitpunkt zur Verfügung gehabt hätte. Wissensvertreter ist dabei nicht nur das Organ, sondern jeder, der nach der Arbeitsorganisation als Repräsentant des Geschäftsherrn die Informationen zur Kenntnis nimmt und ggf. weitergibt, wofür grds. keine Vertretungsmacht erforderlich ist.

Für die **Zurechnung bei der GbR** gilt Folgendes: Da der Gesellschafter weder Verrichtungs- noch Erfüllungsgehilfe ist, scheidet eine Anwendung von §§ 831, 278 BGB i.d.R. aus. Nach h.M. ist aber eine Zurechnung von Handeln/Verschulden nach **§ 31 BGB analog** möglich (vgl. BGH NJW 2003, 1445 ff.). Selbst für das deliktische Handeln eines Scheinsozius haftet die Rechtsanwaltssozietät analog § 31 BGB (BGH NJW 2007, 2490 ff.). Für die Wissenszurechnung gilt § 166 BGB, wenn ein Vertreter/Wissensvertreter betroffen ist, sonst auch die Rspr. zur Informationsorganisationspflicht (BGH NJW 1996, 1339 ff.; 2001, 359 f.).

IV. Die Haftung der Gesellschaft und der Gesellschafter

113 Haftungsfragen treten im Assessorexamen – wenn überhaupt – i.d.R. bei der GbR und bei den Personenhandelsgesellschaften auf. Besonders relevant ist die Haftung der GbR und der GbR-Gesellschafter.

§ 4 Das Gesellschaftsrecht

Klausurtipp: Bei den juristischen Personen gilt grds. das strikte Trennungsprinzip. Daher haften z.B. die Gesellschafter einer GmbH nicht für Verbindlichkeiten der **GmbH**. In einigen Fällen kann sich aber eine persönliche Haftung des Geschäftsführers ergeben (vgl. *Pfeifer* JuS 2008, 490 ff. m.w.N.). So wird z.B. nach § 242 BGB i.V.m. § 13 II GmbHG analog bei einer verschuldeten Vermögens- oder Sphärenvermischung, bei dem durch den maßgeblichen Einfluss eines Gesellschafters Gesellschafts- u. Gesellschaftervermögen vermischt werden, eine persönliche Haftung dieses Gesellschafters angenommen (Argument: Missbrauch der Haftungsprivilegierung). Eine persönliche Haftung der für eine GmbH auftretenden Person kann sich neben § 311 III BGB (vgl. Rn. 33) auch aus § 179 BGB analog ergeben, z.B. wenn ein Vertreter für die GmbH auftritt, ohne dass die GmbH mit dem nach § 4 GmbH erforderlichen Rechtsformzusatz kenntlich gemacht wird und so das berechtigte Vertrauen des Geschäftsgegners auf die Haftung mindestens einer natürlichen Person hervorgerufen wurde (vgl. BGH NJW 2007, 1529 ff.). Auch das Auftreten für einen nicht vorhandenen Rechtsträger führt zur Haftung nach § 179 BGB analog (BGH NJW 2009, 215 ff.). Zudem wird eine persönliche Haftung dann bejaht, wenn ein Gesellschafter unter Missachtung der Zweckbindung des Gesellschaftsvermögens durch Entnahmen die Existenz der Gesellschaft vernichtet. Der BGH sieht diese Existenzvernichtungshaftung in neuer Rspr. als Fallgruppe von § 826 BGB an, gewährt allerdings nur der Gesellschaft ein Anspruch gegen den Gesellschafter (sog. Innenhaftung, vgl. BGH NJW 2007, 2689 ff.). § 64 S. 3 GmbHG regelt schließlich die Insolvenzverursachungshaftung, § 15a InsO i.V.m. § 823 II BGB die Insolvenzverschleppungshaftung (vgl. Rn. 57).

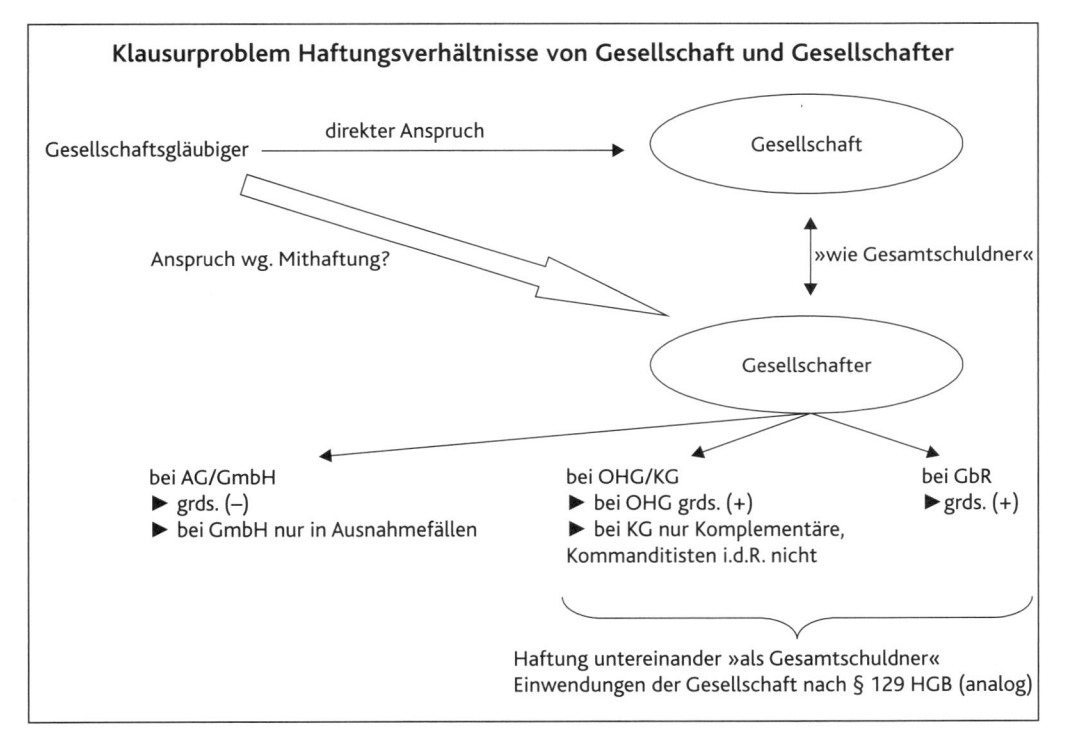

Klausurproblem Haftungsverhältnisse von Gesellschaft und Gesellschafter

Gesellschaftsgläubiger —— direkter Anspruch ——► Gesellschaft

Anspruch wg. Mithaftung? »wie Gesamtschuldner«

Gesellschafter

- **bei AG/GmbH**
  ▶ grds. (−)
  ▶ bei GmbH nur in Ausnahmefällen
- **bei OHG/KG**
  ▶ bei OHG grds. (+)
  ▶ bei KG nur Komplementäre, Kommanditisten i.d.R. nicht
- **bei GbR**
  ▶ grds. (+)

Haftung untereinander »als Gesamtschuldner«
Einwendungen der Gesellschaft nach § 129 HGB (analog)

Die **OHG** und die **KG** haften ganz normal als rechtsfähige Personenhandelsgesellschaften. § 128 S. 1 HGB i.V.m. § 161 II HGB bestimmen, dass auch die Gesellschafter für die Verbindlichkeiten der Gesellschaft persönlich haften. Bei der KG sind dies die sog. Komplementäre. Die Kommanditisten haften grds. nicht, wenn sie ihre Einlage geleistet haben, vgl. § 171 HGB (Ausnahmen: §§ 172 IV 2, 176 HGB). Nach § 129 HGB i.V.m. § 161 II HGB kann sich der Gesellschafter gegen die eigene Inanspruchnahme auch auf die Einwendungen berufen, die der Gesellschaft zustehen. Eine Ausnahme wird aber im folgenden Fall gemacht: Durch die Klageerhebung gegen die Gesellschafter wegen einer Schuld der Gesellschaft wird diesen gegenüber die Verjährung gehemmt. Wenn im Laufe des Prozesses der Anspruch gegen die nicht mit verklagte Gesellschaft eigentlich isoliert betrachtet verjährt, können sich die Gesellschafter nach h.M. (vgl. BGH NJW 1988, 1976 f.) entgegen § 129 HGB wegen § 242 BGB nicht auf die Verjährung der Gesellschaftsschuld berufen (Argumente: Gläubiger müsste sonst stets die Gesellschaft und die Gesellschafter zusammen verklagen). Im umgekehrten Fall, also bei einer Klage nur gegen die OHG oder KG, wird aufgrund der Akzessorietät aus § 129 HGB auch gegenüber den einzelnen Gesellschaftern die Verjährung gehemmt.

> **Beachte:** Nach der »Erfüllungstheorie« haftet der persönlich haftende Gesellschafter akzessorisch nicht nur auf Zahlung, sondern grundsätzlich für jede Schuld der Gesellschaft. Ausgenommen sind unvertretbare Handlungen i.S.v. § 888 ZPO, bei denen von vorneherein nur Geldersatz geschuldet wird (vgl. BGH JuS 2009, 383 f.; *Medicus* Rn. 210 ff.).
>
> **Beachte:** Die persönliche Haftung nach § 128 HGB gilt nach dem BGH **nicht für die Kosten des Insolvenzverfahrens** über das Vermögen der Gesellschaft und die von dem Verwalter in diesem Verfahren begründeten Masseverbindlichkeiten (BGH Urt.v. 24.09.2009, AZ: IX ZR 234/07; Argument: Insolvenzverwalter wäre auch nicht befugt, den Insolvenzschuldner persönlich mit seinem insolvenzfreien Vermögen zu verpflichten, weil seine Verwaltungs- und Verfügungsbefugnis nach § 80 InsO auf das zur Insolvenzmasse gehörende Vermögen beschränkt ist.).

Die **GbR** kann als rechtsfähige Gesellschaftsform ebenso haften und im Prozess klagen und verklagt werden. Nach dem BGH haften die Gesellschafter analog § 128 S. 1 HGB für die Verbindlichkeiten der Gesellschaft **persönlich, akzessorisch und der Höhe nach unbeschränkt** wie Gesellschafter einer OHG (BGH NJW 2001, 1056 ff.). Dies gilt auch für Verbindlichkeiten der GbR aus Delikt/berufshaftungsrechtlichen Ansprüchen (BGH NJW 2007, 2490 ff.). Auch Scheingesellschafter (= Personen, die zurechenbar den Rechtsschein einer Gesellschafterstellung gesetzt haben) haften wie echte Gesellschafter (Ausnahme: Forderungen, die nicht die anwaltstypische Berufstätigkeit betreffen, vgl. BGH WM 2008, 1136 f.). Eine einseitige Haftungsbeschränkung auf das Gesellschaftsvermögen ist nach Rspr. des BGH nicht möglich (z.B. durch Hinweis »GbRmbH« o.ä.). Vielmehr ist stets eine individuelle Vereinbarung darüber mit dem Vertragspartner erforderlich. Treugeber-Gesellschafter haften nach der Rspr. aber nicht, weil diese keine wirklichen Gesellschafter sind (BGH NJW-RR 2009, 1040 ff.).

> **Merke:** Gesellschaft und Gesellschafter haften dann zwar nicht als Gesamtschuldner i.S.v. §§ 421 ff. BGB, weil keine echter Fall der Gesamtschuldnerschaft vorliegt. Jedoch ist eine Verurteilung zur Zahlung »wie Gesamtschuldner« anerkannt (vgl. Palandt/*Sprau* § 714 Rn. 15). Die Gesellschafter haften untereinander gesamtschuldnerisch i.S.v. §§ 421 ff. BGB. Wird ein Gesellschafter für die Schuld der Gesellschaft persönlich in Anspruch genommen, kann er also nach § 426 I, II BGB bei den übrigen persönlich haftenden Gesellschaftern (anteilig in Höhe des internen Verlustanteils) Regress nehmen. Ein (voller) Rügriff bei der Gesellschaft ist nach § 110 HGB (bei der OHG/KG) oder nach §§ 713, 670 BGB (bei der GbR; greift § 713 BGB nicht, kommt zumindest ein Anspruch aus § 670 BGB oder GoA in Betracht) möglich. Auch für diesen Regressanspruch gegen die Gesellschaft haften die Gesellschafter nach § 128 S. 1 HGB analog akzessorisch (aber wieder nur anteilig, vgl. BGHZ 37, 299 ff.; a.A. wohl Palandt/*Sprau* § 714 Rn. 21). Die Haftung der Gesellschafter wird dabei wg. der gesellschaftlichen Treuepflicht als subsidiär angesehen: Ein Mitgesellschafter kann nur dann auf Ausgleich in Anspruch genommen werden kann, wenn von der Gesellschaft keine Erstattung zu erlangen ist (vgl. BGH MDR 2008, 92 f.). Beruht der Anspruch gegen die GbR, auf den der Gesellschafter gezahlt hat, auf seinem Verschulden, ist ein Regress i.d.R. erfolglos: Der Regressanspruch gegen die GbR scheitert an einem gleich hohen Gegenanspruch der GbR aus pVV, der Regress bei den übrigen Gesellschaftern an § 254 BGB analog (vgl. BGH WM 2008, 1873).

Die Gesellschafter können sich aber auf die **Rechtskraft eines Vorprozesses** des Gläubigers gegen die Gesellschaft berufen. Wenn also der Gläubiger dort unterliegt, kann der Gesellschafter dies seiner Inanspruchnahme in einem Nachverfahren entgegenhalten (Argument: Kehrseite der Akzessorietät). Gleiches gilt, wenn der Gläubiger mit Erfolg gegen die Gesellschaft geklagt hat. Hier kann der Gesellschafter nicht mehr einwenden, dass die Forderung gegen die Gesellschaft schon nicht besteht (Palandt/*Sprau* § 714 Rn. 24). Von der Gesellschaft abgeleitete Einwendungen kann der Gesellschafter nach rechtskräftiger Verurteilung der Gesellschaft nur dann erheben, wenn diese erst nach Schluss der letzten mündlichen Verhandlung im Prozess des Gläubigers gegen die Gesellschaft entstanden sind, also nicht im Falle einer Vollstreckungsabwehrklage gem. § 767 II ZPO präkludiert sind (BGH NJW-RR 2006, 1268 ff.).

Der in die GbR eingetretene Gesellschafter haftet nach der Rspr. auch für die **Altschulden der GbR nach § 130 I HGB analog**. Aus Vertrauensschutzgesichtspunkten gilt dies jedoch erst für Eintrittsfälle nach Erlass dieser Entscheidung des BGH, dem 07.04.2003, jedoch auch schon für Eintrittsfälle davor, wenn der Eintretende bei Eintritt Kenntnis von den Altschulden hatte oder haben musste (BGH NJW 2006, 765 ff.). Die Haftung nach § 130 I HGB analog gilt auch für (Alt-)Verbindlichkeiten aus beruflichen Haftungsfällen der GbR (vgl. LG Hamburg in NJW 2004, 3492 ff.; so wird auch BGH NJW 2007, 2490 ff. verstanden). § 130 I HGB wird allerdings nicht **auf Scheingesellschafter angewendet** (OLG Saarbrücken NJW 2006, 2862 ff.; Argument: Unbilligkeit für Scheingesellschafter, weil dieser i.d.R. keinen Zugriff auf das Gesellschaftsvermögen hat). Für persönliche Altverbindlichkeiten aus persönlichen Dienstleistungen i.R.d. Betriebes, wenn sich mehrere Anwälte zu einer (dann erst entstehenden) GbR zusammenschließen oder wenn ein Einzelanwalt seine Einzelkanzlei in die bestehende Kanzlei des anderen Anwalts einbringt, wird nach st. Rspr. nicht gehaftet (§§ 128, 130 HGB und § 28 HGB sind weder direkt noch analog anwendbar, vgl. BGH NJW 2004, 836 ff.; anders OLG Naumburg in MDR 2006, 1320 für alte Mietverbindlichkeiten i.R.d. Betriebes). Der persönlichen Inanspruchnahme kann der Gesellschafter **analog § 129 HGB** die Einreden der GbR entgegenhalten, vgl. BGH WM 2006, 1976 f.

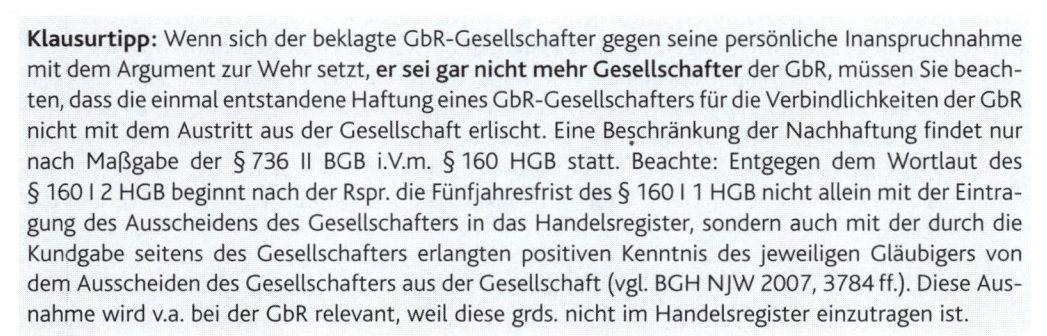

> **Klausurtipp:** Wenn sich der beklagte GbR-Gesellschafter gegen seine persönliche Inanspruchnahme mit dem Argument zur Wehr setzt, **er sei gar nicht mehr Gesellschafter** der GbR, müssen Sie beachten, dass die einmal entstandene Haftung eines GbR-Gesellschafters für die Verbindlichkeiten der GbR nicht mit dem Austritt aus der Gesellschaft erlischt. Eine Beschränkung der Nachhaftung findet nur nach Maßgabe der § 736 II BGB i.V.m. § 160 HGB statt. Beachte: Entgegen dem Wortlaut des § 160 I 2 HGB beginnt nach der Rspr. die Fünfjahresfrist des § 160 I 1 HGB nicht allein mit der Eintragung des Ausscheidens des Gesellschafters in das Handelsregister, sondern auch mit der durch die Kundgabe seitens des Gesellschafters erlangten positiven Kenntnis des jeweiligen Gläubigers von dem Ausscheiden des Gesellschafters aus der Gesellschaft (vgl. BGH NJW 2007, 3784 ff.). Diese Ausnahme wird v.a. bei der GbR relevant, weil diese grds. nicht im Handelsregister einzutragen ist.

V. Sonderfragen aus dem Gesellschaftsrecht

Zum Teil sind auch gesellschaftsrechtliche Sonderprobleme Gegenstand von Examensklausuren. I.d.R. ging es dabei um die GbR, so dass sich die folgenden Ausführungen auf diese Gesellschaftsform konzentrieren. 114

Beim **Tod eines Gesellschafters** erfolgt grds. die Auflösung und Abwicklung der Gesellschaft nach §§ 723 ff., 730 ff. BGB. Der Erbe wird dann Gesellschafter der Liquidationsgesellschaft. Andere Regelungen sind aber möglich, z.B. (vgl. Palandt/*Edenhofer* § 1922 Rn. 14 ff.):

Problem: Fortsetzungsklausel (ggf. mit Eintrittsrecht)

- Diese Klausel bewirkt, dass bei Ausscheiden des verstorbenen Gesellschafters die GbR weiter besteht.
- Der Anteil des verstorbenen Gesellschafters wächst den verbleibenden Gesellschaftern an, § 738 BGB. Der Erbe erbt nur den Abfindungsanspruch des Erblassers aus § 738 BGB. Dieser Anspruch kann aber im Gesellschaftsvertrag ausgeschlossen werden.
- Im Gesellschaftsvertrag kann ein Eintrittsrecht des Erben vereinbart werden. Durch dessen Ausübung wird der Erbe Gesellschafter der fortgeführten GbR, ein Abfindungsanspruch besteht nicht.

Problem: Fortsetzungsklausel mit Nachfolgeklausel

- Die Fortsetzungsklausel kann auch mit der Vereinbarung kombiniert werden, dass der Gesellschaftsanteil nicht den übrigen Gesellschaftern anwächst sondern auf die Erben übergehen soll (vgl. Palandt/*Edenhofer* § 1922 Rn. 17 zum Sonderfall des Eintritts einer Erbengemeinschaft).

- Wenn im Vertrag eine sog. **qualifizierte Nachfolgeklausel** enthalten ist (d.h. die konkrete Bestimmung, wer von den Erben eintreten soll), rückt auch nur der in der Klausel benannte Erbe in die Gesellschaft ein, im Übrigen haben die übergangenen Erben keinen Abfindungsanspruch gegen die Gesellschaft. Der nachgerückte Erbe ist aber nach § 242 BGB seinen Miterben zum Ausgleich verpflichtet (BGHZ 22, 186 ff.).

Das Nachfolgeproblem ergibt sich nicht bei der **OHG** und der **KG**. Nach § 131 III Nr. 1 HGB führt der Tod eines Gesellschafters nur zu dessen Ausscheiden aus der Gesellschaft, diese besteht unter den übrigen Gesellschaftern fort. Wenn weiter nichts vereinbart ist, steht den Erben lediglich ein Abfindungsanspruch zu, der Teil des Nachlasses ist. Dieser Abfindungsanspruch kann auch im Gesellschaftsvertrag im Interesse des Fortbestandes der Gesellschaft ausgeschlossen werden (BGHZ 22, 186 ff.).

In manchen Klausuren spielen auch Probleme aus dem Innenverhältnis der GbR eine Rolle. Hier handelt es sich häufig um die Themenbereiche **Sozialansprüche** und **Sozialverpflichtungen**. Sozialansprüche sind die Ansprüche der Gesellschaft gegen ihre Gesellschafter. Wichtige Beispiele sind § 705 BGB (Beitragspflicht), § 709 BGB (Erfüllung der Pflichten durch die Geschäftsführer), die Einhaltung der gesellschaftsrechtlichen Treuepflicht und die Ansprüche im Zusammenhang mit der Verletzung von gesellschaftsvertraglichen Pflichten durch die Gesellschafter. Die Sozialverpflichtungen sind die Pflichten der Gesellschaft gegenüber ihren Gesellschaftern (korrespondierend natürlich ein jeweiliger Anspruch). Darunter fallen z.B. Informations- und Stimmrechte, der Anspruch auf Gewinnauszahlung nach §§ 721 f. BGB, der Aufwendungsersatzanspruch für Maßnahmen der Geschäftsführung oder der Abfindungsanspruch nach § 738 BGB. Der Inhalt beider Pflichten bzw. Ansprüche ergibt sich – wie gesehen – entweder aus dem Gesetz oder aus dem Gesellschaftsvertrag, der dann im Klausursachverhalt mit abgedruckt ist.

Problem: Die Geltendmachung der Sozialansprüche

- Da die Sozialansprüche Ansprüche der Gesellschaft gegen die Gesellschafter sind, muss grds. die Gesellschaft selbst diese Ansprüche einklagen.

- Diese Ansprüche können im Wege der gesetzlichen Prozessstandschaft aber auch von jedem einzelnen Gesellschafter im eigenen Namen mit Leistung an die Gesellschaft geltend gemacht werden. Dann spricht man von der sog. **actio pro socio**. Dies wird aber von der Rspr. nur dann zugelassen, wenn dafür ein **hinreichender Grund** besteht (z.B. alle anderen Gesellschafter weigern sich, betroffener Gesellschafter ist Geschäftsführer der GbR). Nach ähnlichen Kriterien erlaubt die Rspr. auch eine Einzelprozessführungsbefugnis für Ansprüche der GbR gegen Dritte (vgl. Palandt/*Sprau* § 714 Rn. 8; BGH NJW-RR 2008, 1484 ff.).

Problem: Die Haftung für Sozialverpflichtungen

- Grundsätzlich haftet nur die Gesellschaft für die Sozialverpflichtungen, nicht aber die Gesellschafter, weil dies ansonsten entgegen § 707 BGB mittelbar auf eine Beitragserhöhung hinausliefe. § 128 S. 1 HGB analog gilt dann nicht.

- Eine Ausnahme wird nur gemacht, wenn ein Gesellschafter die Schulden der Gesellschaft aus eigenen Mitteln beglichen hat und ihm daraus ein Aufwendungsersatzanspruch gegen die Gesellschaft entstanden ist (vgl. Rn. 113). Hier wäre es nämlich unbillig, wenn sich der »hilfsbereite« Gesellschafter nur an die Gesellschaft halten könnte.

Problem: Der Inhalt der gesellschaftsrechtlichen Treuepflicht

- Die Grundlage dieser Pflicht der Gesellschafter wird von der h.M. in § 242 BGB gesehen. Die Treuepflicht gebietet, dass die Gesellschafter bei ihrem Handeln die Interessen der Gesellschaft schützen und wahren müssen (MüKo-BGB/*Ulmer* § 705 Rn. 221 ff.).

- Wenn durch die Handlung des treuwidrigen Gesellschafters (gilt im Übrigen bei jedem Verstoß gegen die Sozialansprüche durch die Gesellschafter) der Gesellschaft ein Schaden entsteht, ist der Gesellschafter nach §§ **280 I, 241 II BGB/pVV** zum Schadensersatz verpflichtet, wobei stets der Haftungsmaßstab des § 708 BGB zu beachten ist. Ggf. kommen auch Ansprüche aus §§ 823, 826, 812 BGB in Betracht. Bei Schäden der anderen Gesellschafter steht auch diesen ein Schadensersatzanspruch aus pVV zu.

Problem: Durchsetzungssperre nach Auflösung der Gesellschaft

- Einzelansprüche eines Gesellschafters gegen die Gesellschaft oder gegen einen anderen Gesellschafter sind nach der Auflösung der GbR (vgl. §§ 723 ff. BGB) gem. § 730 BGB gesperrt (sog. **Durchsetzungssperre**). Derartige Ansprüche sind nach der Auflösung nur noch Rechnungsposten i.R.d. Auseinandersetzung und können zur Klarstellung lediglich Inhalt einer Feststellungsklage sein (vgl. Palandt/*Sprau* § 730 Rn. 7 zu den Ausnahmen).

- Die Durchsetzungssperre gilt grds. auch für Ansprüche der GbR gegen einen Gesellschafter. Eine Leistungsklage wird nur dann zugelassen, wenn der eingeforderte Betrag zur Auseinandersetzung erforderlich ist (z.B. weil die GbR Schulden hat), vgl. Palandt/*Sprau* § 730 Rn. 8.

3. Teil. Die wichtigsten zivilrechtlichen Nebengebiete

§ 5 Das Arbeitsrecht

A. Einstieg

115 Da in einigen Bundesländern gelegentlich auch arbeitsrechtliche Assessorklausuren gestellt werden, sollen hier die wichtigsten Fragen aus diesem Bereich skizziert werden. Es geht nicht um eine umfassende Behandlung des Arbeitsrechts (dies hätte nichts mit einer gezielten Klausurenvorbereitung zu tun!), sondern um eine prägnante Darstellung der rechtlichen Aspekte, die in Klausuren aus dem Arbeitsrecht relevant sein können. Im Vordergrund steht dabei das **Individualarbeitsrecht**.

B. Das Wichtigste in Kürze

I. Prozessuale Besonderheiten

116 Der Umfang dieses Lehrbuches würde gesprengt, wenn hier umfassend alle prozessualen Besonderheiten des Arbeitsrechtsstreits aufgezeigt würden. Insbesondere kann hier nicht auf spezifische Probleme des Rubrums, des Tenors (vgl. dazu *Wallisch/Spinner* in JuS 2007, 532 ff.), des Tatbestandes oder der Entscheidungsgründe ingegangen werden. Hierzu sollten Sie bei Bedarf die entsprechenden Kapitel in Arbeitsrechtslehrbüchern zu Rate ziehen. Echte Klausurprobleme sind hier ohnehin nicht versteckt. Vielmehr sollen im Folgenden einige prozessuale Aspekte v.a. der Zulässigkeit der Klage aufgezeigt werden, mit denen Sie in entsprechenden Klausuren rechnen müssen.

Problem: Rechtsweg und Arbeitnehmerbegriff

Ein beliebtes Zulässigkeitsproblem in Arbeitsrechtsklausuren sind die §§ 2, 2a, 5, 46 I ArbGG, nach denen sich der **Rechtsweg zu den Arbeitsgerichten** bestimmt. Hier ist i.d.R. zu prüfen, ob einer der Beteiligten unter den **Arbeitnehmerbegriff** des § 5 ArbGG fällt. Dies sind Personen, die sich aufgrund eines privatrechtlichen Vertrages in persönlicher Abhängigkeit befinden und dadurch im Rahmen einer fremdbestimmten Organisation gegen Entgelt tätig werden (*Holbeck/Schwindl* Rn. 6 ff.). In § 5 ArbGG sind einige der davon erfassten Arbeitnehmergruppen explizit aufgeführt. Keine Arbeitnehmer i.S.d. Arbeitsrechts sind Organe von juristischen Personen. In einigen Klausuren geht es in diesem Zusammenhang um den sog. freien Mitarbeiter (Problem der sog. Scheinselbstständigkeit, vgl. dazu Palandt/*Weidenkaff* Einf v § 611 Rn. 11 ff.). Dieser ist nur dann Arbeitnehmer, wenn er in persönlicher Abhängigkeit von seinem Dienstherrn tätig ist (Kriterium: Keine Möglichkeit der freien Gestaltung der Arbeitszeit, vgl. Rechtsgedanke des § 84 I 2 HGB). Sie sollten auch § 2 III ArbGG kennen, nach dem ein Anspruch auch vor den Arbeitsgerichten verfolgt werden kann, wenn er mit einem vor dem Arbeitsgericht bereits anhängigen oder anhängig werdenden Arbeitsrechtsstreit rechtlich oder unmittelbar wirtschaftlich zusammen hängt. Die **örtliche Zuständigkeit** des Gerichts bestimmt sich nach § 46 II ArbGG i.V.m. §§ 12 ff. ZPO, auch § 21 ZPO ist anwendbar. Wegen der uneinheitlichen Anwendung von § 29 ZPO hat der Gesetzgeber zudem mit § 48 Ia ArbGG n.F. den besonderen Gerichtsstand des Arbeitsortes geschaffen.

Im Rahmen von § 29 ZPO wird dabei auf den Schwerpunkt der Vertragserfüllung abgestellt, welcher i.d.R. beim Ort der Arbeitsstätte liegt.

> **Klausurtipp:** Auch bei Arbeitsgerichtsklausuren gilt der Grundsatz: Die Klage ist immer zulässig! Sie wissen also immer schon das Ergebnis, wenn Sie in Ihrer Examensklausur einen Aspekt der Zulässigkeit erkannt haben. Lesen Sie dazu die Ausführungen in *Kaiser* Zivilgerichtsklausur I, Rn. 303 ff.
>
> Übrigens, wenn Sie (fälschlicherweise) meinen, die zweiwöchige Einspruchsfrist gegen das Versäumnisurteil ist wegen § 339 ZPO abgelaufen, so sollten Sie einen Blick in § 59 ArbGG werfen. Hier sind nämlich wichtige Abweichungen für diese Fälle geregelt.

Beachten Sie, dass auch in Arbeitsrechtsklausuren im Rahmen der Zulässigkeit der Klage die prozessualen Fragestellungen eingebaut werden können, die Sie aus der »normalen« Zivilklausur kennen. So kann es sich z.B. um Probleme der **Rechts- u. Parteifähigkeit** (vgl. § 10 ArbGG zur Parteifähigkeit besonderer Zusammenschlüsse), um Probleme der ordnungsgemäßen Klageerhebung nach § 46 II ArbGG i.V.m. **§ 253 II ZPO** oder um Probleme der **Klagenhäufung** nach § 46 II ArbGG i.V.m. § 260 ZPO handeln. Letzteres wird z.B. dann relevant, wenn der Kläger neben einer Feststellungsklage einen Leistungsantrag stellt. Ein Anwendungsfall für § 253 II ZPO ist die sog. Nettolohnklage, die grds. nach § 253 II Nr. 2 ZPO unbestimmt und daher unzulässig wäre (und daher zumindest in einer Urteilsklausur nicht examensrelevant wäre). Denn Lohnklagen sind grds. auf den Bruttolohn zu richten (ggf. abzüglich bereits geleisteter Abschläge), da dieser arbeitsvertraglich geschuldet ist und bei einer Nettolohnklage die abzuführenden Steuern und Sozialversicherungsbeiträge nicht erkennbar wären (*Holbeck/Schwindl* Rn. 27). Ausnahmsweise ist die Nettolohnklage zulässig, wenn es sich um einen vom Arbeitgeber abgerechneten Betrag handelt und unstreitig die Steuer- u. Sozialversicherungsbeiträge bereits abgeführt sind oder wenn regelmäßig immer gleiches Brutto- bzw. Nettogehalt gezahlt wird (*Holbeck/Schwindl* Rn. 27).

Problem: Klageart, insb. Art der Feststellungsklage

In fast jeder Arbeitsrechtsklausur wird die **Feststellungsklage** relevant. Dies liegt darin begründet, dass der Arbeitnehmer sich in den meisten Klausuren gegen eine Kündigung zur Wehr setzt, wofür die Feststellungsklage das taugliche Mittel ist. Hierbei sind zwei Möglichkeiten der Feststellungsklage auseinander zu halten, wobei die entsprechenden Ausführungen in die Zulässigkeit der Klage gehören. **Abgrenzungskriterium** ist dabei der **Streitgegenstand** unter Auslegung des Vorbringens der Parteien, §§ 133, 157 BGB analog.

- **Punktuelle Feststellungsklage, § 4 S. 1 KSchG**
  - Die sog. punktuelle Feststellungsklage – auch **Kündigungsschutzklage** genannt – nach § 4 S. 1 KSchG ist dann statthaft, wenn sich der Arbeitnehmer gegen eine bestimmte Kündigung mit dem Argument der Unwirksamkeit wehrt und der Anwendungsbereich des KSchG eröffnet ist. Die punktuelle Feststellungsklage ist auch statthaft, wenn gegen eine außerordentliche Kündigung nicht nach KSchG, sondern nach § 626 BGB vorgegangen wird. Streitgegenstand ist also stets eine bestimmte Kündigung (sog. **punktueller Streitgegenstandsbegriff**). Der Antrag geht also i.d.R. darauf festzustellen, dass das Arbeitsverhältnis durch eine bestimmte Kündigung nicht aufgelöst wurde (vgl. insgesamt Palandt/*Weidenkaff* Vorb v § 620 Rn. 72).
  - Der Kläger muss also stets zumindest behaupten, dass ein Schutz nach Maßgabe des KSchG eingreift oder dass eine außerordentliche Kündigung nach § 626 BGB ungerechtfertigt war.
  - Die punktuelle Feststellungsklage ist wegen der Sonderregeln im KSchG grds. vorrangig vor der allgemeinen Feststellungsklage nach § 46 II ArbGG i.V.m. § 256 ZPO. Auch im Falle des § 626 BGB ist sie vorrangig.
  - Um die Nachteile des punktuellen Streitgegenstandsbegriffs zu verhindern, lässt die Rspr. zu, dass der Arbeitnehmer v.a. in Fällen, in denen der Arbeitgeber nach einer Kündigung i.S.d. KSchG eine weitere Kündigung hinterher geschoben hat, dies droht oder weitere Auflösungsgründe in Frage kommen, auch einen sog. **kombinierten Antrag** zu (Palandt/*Weidenkaff* Vorb v § 620 Rn. 72). Dieser Antrag stellt eine Kombination (Klagehäufung) von Kündigungsschutzklage und allgemeiner Feststellungsklage dar. Mit der Kündigungsschutzklage wird die erste Kündigung angegriffen, mit der allgemeinen Feststellungsklage werden die danach erwarteten Kündigungen oder sonstigen Auflösungsgründen erfasst. Der Antrag lautet dann i.d.R. festzustellen, dass das Arbeitsverhältnis nicht durch eine bestimmte Kündigung aufgelöst ist, sondern weiterhin fortbesteht.
  - Die Rspr. hat die Anforderungen an den Arbeitnehmer jedoch erhöht: Wenn **tatsächlich eine weitere Kündigung** im Prozess erfolgt, die mit der punktuellen Kündigungsschutzklage angegriffen werden kann, so muss der Arbeitnehmer die zweite Kündigung ebenfalls mit der punktuellen Kündigungsschutzklage angreifen, z.B. durch Umstellung des allgemeinen Feststellungsantrag auf eine punktuelle Kündigungsschutzklage oder durch eine neue Klage (BAG NZA 2003, 684 ff.; 1996, 334 ff.). Für die allgemeine Feststellungsklage

fehlt dann das Feststellungsinteresse, wenn nicht neben der zweiten Kündigung weitere Auflösungsgründe vorgetragen wurden.

- Eine Kombination mit einer allg. Feststellungsklage soll nach der Rspr. allerdings dann nicht vorliegen, wenn der Feststellungsantrag bzgl. des Fortbestehens lediglich floskelartig als Folge der Unwirksamkeit der mit der punktuellen Kündigungsschutzklage angegriffenen Kündigung geltend gemacht wird (BAG NZA 2002, 1207 ff.). Das floskelartige Anhängsel hat dann keine prozessuale Bedeutung.

- Das auch bei der Kündigungsschutzklage erforderliche Feststellungsinteresse ergibt sich bei § 4 S. 1 KSchG aus der Möglichkeit, durch die Klage die Heilung der Sozialwidrigkeit nach § 7 KSchG zu verhindern, im übrigen aus dem Dauerschuldcharakter des Arbeitsverhältnisses, das keine Unsicherheit verträgt.

- **Allgemeine Feststellungsklage**

  - Die Feststellungsklage nach § 46 II ArbGG i.V.m. § 256 ZPO ist dann statthaft, wenn das KSchG nicht gilt und der Arbeitnehmer sich gegen eine Kündigung wehrt oder wenn der Arbeitnehmer andere Unwirksamkeitsgründe als die nach dem KSchG und § 626 BGB ins Feld führt. Sie ist auch dann statthaft, wenn es sich um Feststellungsanträge des Arbeitgebers handelt (was allerdings weniger examensrelevant ist).

  - Bei der allgemeinen Feststellungsklage wird davon ausgegangen, dass der Streitgegenstand nicht wie bei der Kündigungsschutzklage auf die Unwirksamkeit einer bestimmten Kündigung des Arbeitgebers beschränkt ist. Streitgegenstand ist daher regelmäßig, dass das Arbeitsverhältnis **bis zum Termin der letzten mündlichen Verhandlung** fortbesteht. Der Antrag wird dann i.d.R. dergestalt gestellt sein, dass festgestellt wird, dass das Arbeitsverhältnis über einen bestimmten Zeitpunkt hinaus fortbesteht.

  - Auch bei der allgemeinen Feststellungsklage im Arbeitsrecht müssen Sie stets das **Feststellungsinteresse** nach § 256 I ZPO prüfen. Hier lassen die Prüfungsämter den Beklagten oft einwenden, dass der Kläger Leistungsklage (z.B. auf Lohnzahlung) erheben könne und die Feststellungsklage daher unzulässig sei. Dieser Einwand greift im Ergebnis nicht, da nur durch eine Feststellungsklage der Rechtsstreit v.a. für die Zukunft umfassend entschieden werden kann.

Problem: Klageverzicht des Arbeitnehmers

- Das BAG hat entschieden, dass ein Klageverzicht nach §§ 310 IV S. 2, 307 I, II BGB i.Vm. § 4 KSchG unwirksam ist, der im unmittelbaren Anschluss an eine Arbeitgeberkündigung ohne Gegenleistung in einem vom Arbeitgeber vorgelegten Formular erklärt wird (BAG NZA 2008, 219 ff.).

- Klageverzichtsvereinbarungen, die im unmittelbaren zeitlichen und sachlichen Zusammenhang mit dem Ausspruch einer Kündigung getroffen werden, sind nach neuer Rspr. zudem Auflösungsverträge i.S.d. § 623 BGB und bedürfen daher der Schriftform des § 126 BGB (BAG MDR 2008, 34 f.). Dies bedeutet: Nach § 126 Abs. 2 Satz 1 BGB muss die Unterzeichnung der Parteien grds. auf derselben Urkunde erfolgen. Die Unterschrift muss den Urkundentext räumlich abschließen und Nachträge müssen erneut unterschrieben werden (vgl. BAG MDR 2008, 34 f.).

- Lesen Sie bei Bedarf *Bauer* NJW 2008, 1617 ff.

II. Die Wirksamkeit von Kündigungen

117 Die Wirksamkeit einer Kündigung wird in der Arbeitsgerichtsklausur i.d.R. im Rahmen der Begründetheit eine Rolle spielen. Gibt es mehrere Kündigungen, so sollten Sie deren Wirksamkeit grds. in chronologischer Reihenfolge untersuchen.

§ 5 Das Arbeitsrecht

> **Klausurtipp:** Machen Sie nicht den (beliebten) Fehler, bei unbegründeten Klagen gegen eine Kündigung im Tenor festzustellen, »*dass das Arbeitsverhältnis durch die Kündigung vom ... mit Wirkung zum .... aufgelöst wurde.*« In diesen Fällen ist die Klage – wie immer – ganz einfach abzuweisen, da der Kläger mit seinem Begehren keinen Erfolg hatte.

1. Die beiden Kündigungsarten

Im Arbeitsvertrag ist wie in jedem Dienstvertrag zwischen ordentlicher und außerordentlicher Kündigung zu unterscheiden. Die ordentliche Kündigung ist in §§ 620, 622 BGB geregelt, die außerordentliche in § 626 BGB. Ergänzend gelten zahlreiche Bestimmungen aus den besonderen Arbeitsrechtsgesetzen.

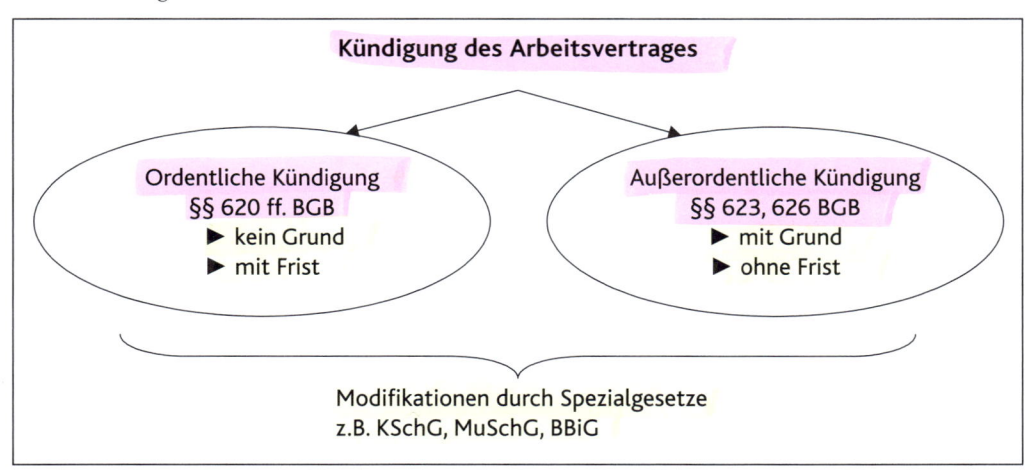

```
                    Kündigung des Arbeitsvertrages
                      ↙                    ↘
        Ordentliche Kündigung      Außerordentliche Kündigung
            §§ 620 ff. BGB                §§ 623, 626 BGB
            ▶ kein Grund                  ▶ mit Grund
            ▶ mit Frist                   ▶ ohne Frist

                    Modifikationen durch Spezialgesetze
                         z.B. KSchG, MuSchG, BBiG
```

Zunächst sollen die Prüfungsschemata für beide Kündigungsarten (nach *Holbeck/Schwindl* Rn. 290, 453) dargestellt werden, um sodann auf klassische Klausurprobleme einzugehen.

Ordentliche Kündigung:

1. Kündigungserklärung, z.B. Zugang, Vertretungsmacht
2. Schriftform, § 623 BGB
3. Klagefrist, §§ 4, 7 KSchG
4. Allgemeine Unwirksamkeitsgründe, z.B. Bedingung, §§ 138, 242 BGB
5. Unkündbarkeit, z.B. Arbeitsvertrag, Tarifvertrag
6. Kündigungsverbote/Zustimmungserfordernisse, z.B. § 22 II BBiG, § 9 MuSchG, § 15 KSchG, § 18 BErzG, §§ 612a, 613a IV 1 BGB, § 11 TzBfG, §§ 85 ff. SGB IX
7. Anhörung des Betriebsrates, § 102 BetrVG
8. Soziale Rechtfertigung, § 1 I KSchG
   - Erfordernis sozialer Rechtfertigung, §§ 1 I, 23 I 2–4 KSchG
   - Kündigungsgrund
9. Kündigungstermin, § 622 BGB
10. Auflösungs- Abfindungsantrag, §§ 9, 10, 13 II KSchG

3. Teil. Die wichtigsten zivilrechtlichen Nebengebiete

> **Außerordentliche Kündigung:**
> 1. Kündigungserklärung, z.B. Zugang, Vertretungsmacht
> 2. Schriftform, § 623 BGB
> 3. Klagefrist, §§ 13 I 2, 4, 7 KSchG
> 4. Allgemeine Unwirksamkeitsgründe, z.B. Bedingung, §§ 138, 242 BGB
> 5. Kündigungsverbote/Zustimmungserfordernisse, z.B. § 22 II BBiG, § 9 MuSchG, § 15 KSchG, § 18 BErzG, §§ 612a, 613a IV 1 BGB, § 11 TzBfG, §§ 85 ff. SGB IX
> 6. Anhörung des Betriebsrates, § 102 BetrVG
> 7. Kündigungsgrund, § 626 BGB
>   – Kündigungserklärungsfrist, § 626 II BGB
>   – Wichtiger Grund, § 626 I BGB
> 8. Ggf. Umdeutung in eine ordentliche Kündigung, § 140 BGB
> 9. Auflösungs- Abfindungsantrag, §§ 9, 10, 13 II KSchG

Die nachfolgend dargestellten speziellen Probleme können Sie anhand dieser Prüfungsschemata richtig einordnen.

2. Examensprobleme zu beiden Kündigungsarten

Es gibt einige Unwirksamkeitsgründe, die unabhängig von der materiellen Berechtigung der Kündigung eine Rolle in der Klausur spielen können.

Problem: Wirksamkeit der Kündigungserklärung an sich

- Die Kündigungserklärung selbst ist eine ganz normale WE, die z.B. nach §§ 116 ff., 119 ff. BGB unwirksam sein kann. Als einseitiges Rechtsgeschäft ist auch § 174 BGB anwendbar, was dann relevant wird, wenn die Kündigung durch einen Bevollmächtigten (z.B. Rechtsanwalt) ausgesprochen wird. Die Kündigung ist als Gestaltungsrecht grds. **bedingungsfeindlich**. Der Kündigungsgrund selbst muss nicht angegeben werden (Ausnahmen: § 15 II, III BerBG, § 9 III 2 MuSchG).

- Nach **§ 623 BGB** bedarf die Kündigungserklärung der Schriftform des § 126 BGB. Vereinbaren die Parteien im Arbeitsvertrag, dass die Kündigung durch eingeschriebenen Brief zu erfolgen hat, so ist die Kündigung durch einfachen Brief dennoch wirksam. Das Erfordernis des Einschreibens wird von der Rspr. nämlich i.d.R. dahingehend ausgelegt, dass dieses spezielle Formerfordernis nur der Beweissicherung dient, aber keinen konstitutiven Charakter haben soll (Palandt/*Ellenberger* § 125 Rn. 17).

- Die unter Rn. 4 dargestellten **Zugangsprobleme** können auch bei der Arbeitsrechtsklausur eine Rolle spielen, wenn es um den ordnungsgemäßen Zugang der Kündigungserklärung geht. Achten Sie darauf, dass die Kündigung auch (konkludent) durch Klage oder Klageerwiderung oder sonstige Schreiben erklärt werden kann.

Problem: Schutz durch § 613a BGB bei Betriebsübergang

- Ein Betriebsübergang nach § 613a I, IV BGB liegt vor, wenn ein Betrieb oder ein Teil des Betriebes durch ein Rechtsgeschäft (also z.B. nicht durch Erbfall) auf einen anderen Inhaber übergeht. Ein »Übergang« in diesem Sinne liegt vor, wenn zumindest ein nicht unerheblicher Teil des sachlichen Substrats des Betriebes übergeht, so dass damit die ursprüngliche Identität des Betriebs gewahrt ist (Palandt/*Weidenkaff* § 613a Rn. 11; *Commandeur/Kleinebrink* NJW 2008, 3467 ff.). Der neue Inhaber wird nach § 613a I BGB neuer Arbeitgeber (Ausnahme: Widerspruch nach § 613a VI BGB).

§ 5 Das Arbeitsrecht

- Nach § 613a IV BGB ist eine Kündigung des Arbeitnehmers (bei Übergang oder Nichtübergang des Arbeitsverhältnisses) unwirksam, die **auf Grund des Betriebsübergangs** erfolgt ist. Eine Kündigung außerhalb dieses Gesichtspunktes bleibt natürlich zulässig (z.B. eine ordentliche betriebsbedingte Kündigung). Erfolgt eine solche Kündigung aus anderen Gründen, so kann sich der Arbeitnehmer nach Maßgabe von §§ 1, 23, 13 KSchG auf § 1 KschG berufen. Die Gründe für den Widerspruch des Arbeitnehmers gegen den Übergang seines Arbeitsverhältnisses auf einen Betriebserwerber sind bei der Abwägung der sozialen Auswahlkriterien i.S.v. § 1 III KSchG nach neuer Rspr. nicht mehr zu berücksichtigen, da die Auswahlkriterien (Betriebszugehörigkeit, Alter, Unterhaltspflichten, Schwerbehinderung) vom Gesetzgeber nunmehr abschließend benannt worden sind (vgl. BAG NZA 2008, 33 ff.).

- Das BAG hat zu § 613a VI BGB entschieden, dass die Unterrichtungspflicht des Arbeitgebers nach § 613a V Nr. 2 BGB auch den Beweggrund des Betriebsübergangs umfasst (BAG NZA 2006, 1268 ff.).

Problem: Anhörung des Betriebsrates

- Wenn im Unternehmen ein Betriebsrat vorhanden ist, so muss dieser nach § 102 BetrVG vor Ausspruch jeder Kündigung gehört werden. Ein Mitentscheidungsrecht des Betriebsrates besteht nicht und kann auch nicht wirksam vereinbart werden (BAG ZIP 2009, 1294 f.). Etwaige Mängel der Willensbildung des Betriebsrates haben keinen Einfluss auf die Wirksamkeit der Anhörung (BAG NZA 2003, 927 ff.).

- Mitgeteilt werden müssen v.a. die Gründe, auf die der Arbeitgeber die Kündigung stützt. Wenn der Arbeitgeber vor Gericht solche Gründe anführt, die er dem Betriebsrat nicht mitgeteilt hat (obwohl diese zu diesem Zeitpunkt schon vorhanden waren und der Arbeitgeber diese kannte), so ist er mit diesen Gründen ausgeschlossen (sog. **materielle Präklusion**). Auf später bekannt gewordene Gründe, die bereits vor der Kündigung vorlagen, kann sich der Arbeitgeber dann stützen, wenn der Betriebsrat dazu angehört wurde (Palandt/*Weidenkaff* § 626 Rn. 12 f.). Es gilt also der Grundsatz: Zu jedem Grund, auf den der Arbeitgeber die Kündigung stützt, muss der Betriebsrat angehört werden. Gleiches gilt, wenn der Arbeitgeber seine Kündigung im Prozess z.B. von einer außerordentlichen in eine ordentliche Kündigung umgedeutet wissen will. Eine Umdeutung kommt nur in Betracht, wenn der Betriebsrat (zumindest hilfsweise) auch zu einer ordentlichen Kündigung angehört wurde oder wenn er der außerordentlichen Kündigung zugestimmt hat.

- Gründe, die erst nach Ausspruch der Kündigung entstanden sind, können nie nachgeschoben werden, da es stets auf die Wirksamkeit der Kündigung im Zeitpunkt des Kündigungszugangs ankommt (BAG BB 2006, 496 f.).

Problem: Schutz durch § 9 I MuSchG

- Hierzu sollten Sie wissen, dass nach der Rspr. eine Versäumung der Frist aus § 9 I 1 MuSchG dann unschädlich ist, wenn die Schwangere die Frist unverschuldet versäumt hat, wobei hier aus Gründen des Schwangerenschutzes nur Vorsatz und grobe Fahrlässigkeit (hinsichtlich der eigenen Schwangerschaft) vorgeworfen werden können (vgl. auch Palandt/*Weidenkaff* Vorb v § 620 Rn. 79 ff.).

3. Examensprobleme zur außerordentlichen Kündigung

Die außerordentliche Kündigung muss gem. **§ 626 II BGB** innerhalb von zwei Wochen nach Kenntnis des Kündigungsgrundes ausgesprochen werden, ansonsten ist sie verfristet. Ist diese Frist gewahrt, untersuchen Sie das Vorliegen eines **wichtigen Grundes** i.S.d. § 626 BGB anhand folgender **2-Schritt-Prüfung:**

Wichtiger Grund: 2-Schritt-Prüfung

1. Liegt ein Sachverhalt vor, der generell geeignet ist, einen wichtigen Grund zu bilden, z.B. Straftat, grobe Verletzung der Treuepflicht?
2. Umfassende Interessenabwägung in Form einer Verhältnismäßigkeitsprüfung:
   - Mildere Mittel möglich, sog. ultima-ratio-Prinzip (Versetzung, Abmahnung, ordentliche Kündigung)?
   - Erstmaliges Fehlverhalten des Arbeitnehmers?
   - Langjährige Betriebszugehörigkeit des Arbeitnehmers?
   - Konkrete Gefahr der Störung des Betriebsablaufs/schwere Folgen für Betrieb?
   - Besteht Wiederholungsgefahr?
   - Negative Prognose für das zukünftige Verhalten des Arbeitnehmers?

Der Grund muss bei der Kündigung nicht zwingend angegeben werden, nach § 626 II 3 BGB besteht aber ein Anspruch des Gekündigten auf Nennung des Grundes, wenn er dies verlangt.

Problem: Wichtiger Grund nach § 626 I BGB

- Verhaltensbedingte Umstände (d.h. im Verhalten des Arbeitnehmers liegende Gründe) sind sowohl in der Praxis als auch in Examensklausuren der häufigste Grund für Kündigungen nach § 626 BGB. Erforderlich ist, dass der Arbeitgeber eine Pflichtverletzung des Arbeitnehmers beweist, die zu einer erheblichen Beeinträchtigung der betrieblichen Interessen des Arbeitgebers führt, z.B. strafbare Handlungen, Verletzung der Vertragspflichten (z.B. erhebliche private Internetnutzung während der Arbeitszeit), Treuepflichtverletzungen, Erstattung einer offensichtlich nicht zutreffenden Strafanzeige. Der Grad des geforderten Verschuldens hängt von der Art der Pflichtverletzung ab (vgl. Palandt/*Weidenkaff* § 626 Rn. 42 ff.).

- Personenbedingte Umstände (d.h. in der Person des Arbeitnehmers liegende Gründe) können nach der Rspr. nur in Ausnahmefällen einen wichtigen Grund bilden (Argument: Diskriminierungsverbot), z.B. hochansteckende Krankheiten (Palandt/*Weidenkaff* § 626 Rn. 51).

- Betriebsbedingte Umstände (d.h. in der Sphäre des Betriebes liegende Gründe) können nach der Rspr. ebenfalls nur in Ausnahmefällen einen wichtigen Grund bilden (Argument: Arbeitgeber trägt Betriebsrisiko), z.B. bei Betriebsstilllegung (Palandt/*Weidenkaff* § 626 Rn. 55).

- Ein **Nachschieben** von Kündigungsgründen ist möglich, wenn die Gründe bereits zumindest objektiv bei Zugang der Kündigung vorgelegen haben. Achten Sie aber hier besonders auf die Frist aus § 626 II BGB.

- Vergessen Sie in allen Fällen eines wichtigen Grundes nie, die Verhältnismäßigkeit i.S.d. 2-Schritt-Prüfung im Einzelfall festzustellen. In der Regel werden dort viele Punkte zu holen sein. Hier wird es oft um die Frage gehen, ob eine **Abmahnung analog § 314 II 1 BGB das mildere Mittel** ist (vgl. umfassend Palandt/*Weidenkaff* Vorb v § 620 Rn. 41). Eine Abmahnung liegt nur vor, wenn neben der Rüge eines bestimmten Verhaltens (Hinweisfunktion der Abmahnung) auch bestimmte Folgen für das Arbeitsverhältnis (Warnfunktion) – nämlich die Kündigung – enthalten sind, sonst liegt eine bloße Ermahnung vor. Beachten Sie, dass eine Abmahnung dann entbehrlich ist, wenn es sich um einen Kündigungsgrund handelt, den der Arbeitnehmer nicht beeinflussen kann, wenn die Abmahnung aufgrund der Schwere der Pflichtverletzung nicht erwartet werden kann (z.B. Betrug gegenüber dem Arbeitgeber) oder wenn diese keinen Sinn hat (z.B. ernsthafte Weigerung des Arbeitnehmers, sein Verhalten zu ändern).

- Ein Sonderfall der außerordentlichen Kündigung ist die sog. **Änderungskündigung**. Eine solche wird z.B. in Form einer außerordentlichen Kündigung ausgesprochen, verbunden mit dem Angebot, das Arbeitsverhältnis zu geänderten Bedingungen fortzuführen.

§ 5 Das Arbeitsrecht

Klausurtipp: In einigen Examensklausuren geht es um die sog. **Verdachtskündigung**. Lesen Sie hierzu im Ernstfall die klausurgeeignete Kommentierung bei Palandt/*Weidenkaff* § 626 Rn. 49 und LAG Berlin-Brandenburg NZA-RR 2009, 188 ff. (»Fall Emmely«). Wichtig ist v.a., dass vor der Verdachtskündigung i.d.R. eine Anhörung des Arbeitnehmers stattgefunden haben muss. Zur sog. **Druckkündigung** können Sie die Lösung etwaiger Klausurprobleme dem Palandt/*Weidenkaff* § 626 Rn. 52 entnehmen.

Problem: Erklärungsfrist nach § 626 II BGB

- Nach der Rspr. kommt es bei der Kenntnis des Arbeitgebers i.S.d. § 626 II BGB grds. auf diejenige Person an, der im konkreten Fall das Kündigungsrecht steht (Palandt/*Weidenkaff* § 626 Rn. 24 m.w.N.). Bei juristischen Personen kann es ggf. zu einer Wissenszurechnung kommen, wenn nur ein Mitglied des zuständigen Organs die erforderliche Kenntnis hat.

- Bei der Frage, wann die nach § 626 II BGB maßgebliche Kenntnis des Arbeitgebers vom Kündigungsgrund anzunehmen ist, wird dem Arbeitgeber nach der Rspr. ein an den Umständen des Einzelfalles zu orientierender **angemessener Zeitraum** gewährt, in dem er die maßgeblichen Umstände ermitteln kann (Argument: Verhinderung von voreiligen Kündigungen), vgl. Palandt/*Weidenkaff* § 626 Rn. 23.

- Handelt es sich um die Kündigung eines Schwerbehinderten, so steht mit der Zustimmung des Integrationsamtes nach § 91 SGB IX nicht zugleich fest, dass damit auch die Frist von § 626 II BGB gewahrt wurde. Beide Fristen stehen vielmehr selbstständig nebeneinander (vgl. BAG NZA 2007, 744 ff.). Beachten Sie: Falls das Integrationsamt bei der Zustimmung zur Kündigung die Frist von § 91 SGB IX nicht eingehalten hat, so kann der gekündigte Arbeitnehmer dies im Kündigungsprozess nicht vorbringen, da die Überprüfung dieser Frage den Verwaltungsgerichten vorbehalten ist.

4. Examensprobleme zur ordentlichen Kündigung

Die ordentliche Kündigung ist in §§ 620, 622 BGB geregelt. Aus § 622 BGB ergeben sich die entsprechenden Kündigungsfristen, wobei § 622 II 2 BGB wg. Europarechtswidrigkeit nicht anwendbar ist (vgl. Palandt/*Weidenkaff* § 622 Rn. 15 m.w.N.). Beachten Sie, dass eine vom Arbeitgeber **falsch berechnete Frist** die Kündigung nicht unwirksam macht. Sie wird stattdessen zum nächstmöglichen Termin wirksam.

Klausurtipp: Nicht selten ist es Ihre Aufgabe, eine unwirksame außerordentliche Kündigung gem. § 140 BGB in eine ordentliche Kündigung umzudeuten. Dies ist dann möglich, wenn der Sachverhalt auch die Voraussetzungen der ordentlichen Kündigung erfüllt und die Umdeutung dem Willen des Kündigenden entspricht.

5. Der Kündigungsschutz nach KSchG

Das KSchG normiert einen allgemeinen Kündigungsschutz für solche Betriebe, die in den Anwendungsbereich des KSchG fallen. Sowohl für die **ordentliche als auch für die außerordentliche Kündigung** ist dann das KSchG anwendbar.

Beachte: Dies hat zur Folge, dass bei der ordentlichen Kündigung über die Voraussetzungen des § 622 BGB hinaus erschwerte Bedingungen für eine Kündigung durch den Arbeitgeber bestehen (Voraussetzung der sozialen Rechtfertigung, § 1 I KSchG). Bei der außerordentlichen Kündigung ist wegen § 626 BGB auch außerhalb des KSchG ein wichtiger Grund nötig, so dass bei Anwendung des KSchG jedenfalls für den Arbeitgeber keine weiteren Hindernisse hinzutreten. Erschwerend für den Arbeitnehmer ist in beiden Fällen, dass er die Präklusionsvorschriften der §§ 4, 7, 13 I 2 KSchG beachten muss.

Der persönliche und sachliche **Anwendungsbereich** des KSchG ergibt sich aus **§§ 1, 23, 13 KSchG**. Da der Gesetzgeber hier in den letzten Jahren vermehrt Gesetzesänderungen vorgenommen hat, sollten Sie im Examen auf jeden Fall mit den neuesten Gesetzestexten arbeiten! Beachten Sie Folgendes: Der durch das Erreichen des Schwellenwertes i.S.v. §§ 1, 23, 13

KSchG bestehende Kündigungsschutz ist kein Bestandteil des nach § 613a BGB übergehenden Arbeitsverhältnisses (BAG NZA 2007, 739 ff.; Argument: Das Erreichen des Schwellenwertes ist kein Recht i.S.v. § 613a BGB, sondern eine Tatsache bzw. Tatbestandsvoraussetzung für ein Recht.).

Die Regelung zur Präklusion findet sich in §§ 4, 7, 13 I 2 KSchG. Dort ist geregelt, dass der Arbeitnehmer bei einer Kündigung innerhalb von 3 Wochen nach Zugang Klage auf Feststellung in der Form erheben muss, dass das Arbeitsverhältnis durch die Kündigung nicht aufgelöst wurde. Die Fristversäumung führt dazu, dass er mit seinen Einwendungen gegen die Kündigung nicht durchdringen kann (sog. **materielle Präklusion**): Bei einer ordentlichen Kündigung wird fingiert, dass die Kündigung nach §§ 1, 4 KSchG sozial gerechtfertigt war, bei einer außerordentlichen Kündigung wird nach §§ 13 I 2, 7 KSchG fingiert, dass i.S.d. § 626 BGB ein wichtiger Grund vorliegt, zudem wird eine ggf. vorhandene Versäumung der Frist des § 626 II BGB ebenfalls geheilt.

In § 1 I KSchG ist die bei der ordentlichen Kündigung hinzukommende **Voraussetzungen der sozialen Rechtfertigung** der Kündigung normiert. Der Begriff der sozialen Rechtfertigung wird in § 1 II KSchG definiert.

Examensrelevante Sonderfragen aus dem Bereich des KSchG sind:

Problem: Präklusion nach §§ 4, 7, 13 I 2 KSchG (gilt für beide Kündigungsarten!)

- Nach § 4 KSchG gilt die Präklusion für alle Unwirksamkeitsgründe, nicht nur für solche aus dem KSchG. Die Klagefrist des § 4 KSchG gilt aber nicht, wenn der klagende Arbeitnehmer nicht die Unwirksamkeit der Kündigung geltend macht, sondern lediglich eine zu kurz berechnete Kündigungsfrist und daraus resultierende Entgeltansprüche (vgl. BAG NJW 2006, 3513 f.). Nach §§ 4 S. 1 und S. 2, 13 I 2 KSchG gilt § 4 KSchG sowohl für die ordentliche als auch für die außerordentliche Kündigung. Sie gilt nach § 23 I 2, 3 KSchG auch für Arbeitnehmer in Kleinbetrieben und nach h.M. auch für solche Arbeitnehmer, die noch nicht die Wartezeit des § 1 I KSchG erfüllt haben. **Beachten Sie, dass die Klagefrist aus § 4 KSchG grds. eine Frage der Begründetheit ist, nicht der Zulässigkeit der Klage!**

- Für die Berechnung der Frist gelten § 46 II ArbGG i.V.m. §§ 222 ZPO, 186 ff. BGB.

- Bei einer ohne Vollmacht des Arbeitgebers ausgesprochenen Kündigung beginnt die Klagefrist frühestens mit Zugang der Genehmigung bei dem Arbeitnehmer zu laufen (BAG NZA 2009, 1146).

- § 5 KSchG regelt Fälle, in denen der Arbeitnehmer aus besonderen Gründen an der Einhaltung der Frist gehindert war (lesen!). Das Verfahren über die nachträgliche Klagezulassung kann dabei nach § 5 IV KSchG n.F. mit dem Verfahren über die Klage verbunden werden.

- Das Verschulden eines (Prozess-)Bevollmächtigten an der Versäumung der gesetzlichen Klagefrist nach § 4 S. 1 KSchG bei einer Kündigungsschutzklage ist dem klagenden Arbeitnehmer nach § 85 Abs. 2 ZPO zuzurechnen (BAG BB 2009, 1181).

- Eine weitere Ausnahme bildet § 6 KSchG bei der Umstellung von einer allgemeinen Feststellungsklage auf eine punktuelle Kündigungsschutzklage.

Problem: Soziale Rechtfertigung nach § 1 I, II KSchG (gilt nur für die ordentliche Kündigung!)

- Bei den **verhaltensbedingten Kündigungsgründen** gelten die oben gemachten Ausführungen zu den verhaltensbedingten Umständen als wichtiger Grund i.S.d. § 626 I BGB entsprechend. Abweichend zur außerordentlichen Kündigung muss der verhaltensbedingte Kündigungsgrund jedoch nicht so schwerwiegend sein, dass eine ordentliche Kündigung nicht abgewartet werden kann (Grund: Es geht ja bei § 1 KSchG gerade um die ordentliche Kündigung unter Geltung des § 622 BGB!). Ähnlich wie bei § 626 BGB ist neben der Feststellung des Vorhandenseins eines verhaltensbedingten Kündigungsgrundes stets noch zusätzlich eine umfassende Interessenabwägung vorzunehmen, da die Kündigung nur ultima ratio sein darf (Abwägung des Sachverhaltes: Kommen als mildere Mittel z.B. die Abmahnung, Umsetzung oder

Änderungskündigung in Frage? Negative Verhaltensprognose?). Vgl. zuletzt BAG NZW 2008, 693 ff. zur Kündigung bei Minderleistung/low performance.

- Bei den **personenbedingten Kündigungsgründen** kommt anders als bei § 626 I BGB schon nach dem Wortlaut von § 1 II KSchG eine Kündigung grds. in Betracht, z.B. ständige Krankheit, Verlust der Fahrerlaubnis durch Kraftfahrer, mangelnde fachliche Fähigkeiten (vgl. *Holbeck/Schwindl* Rn. 332 ff.). In Klausuren wird es wie in der Praxis i.d.R. um die Krankheitskündigung gehen. Wie i.R.v. § 626 BGB ist neben der Feststellung des Vorhandenseins eines personenbedingten Umstandes auch hier erneut eine umfassende Interessenabwägung erforderlich, da die Kündigung, wie stets, nur ultima ratio sein darf (Abwägung des Sachverhaltes: Kommen als mildere Mittel z.B. die Umsetzung oder die Änderungskündigung in Frage? Alter und Familienstand? Ursache der Krankheit? Negative Prognose?). Gerade bei der personenbedingten Kündigung spielt die **negative Zukunftsprognose** eine maßgebliche Rolle, v.a. wenn aufgrund von langwierigen Krankheiten gekündigt wird. In diesen Fällen ist auch darauf zu achten, ob durch den personenbedingten Grund eine **erhebliche Beeinträchtigung wirtschaftlicher Interessen** des Arbeitgebers zu befürchten sind (z.B. konkrete Störungen des Betriebsablaufs, wirtschaftliche Mehrbelastung).

- Bei den **betriebsbedingten Kündigungsgründen** kommt ebenso bereits nach dem Wortlaut von § 1 II KSchG eine Kündigung grds. in Betracht, z.B. bei Umstrukturierungen, Rationalisierung oder Absatzrückgang. Zu beachten ist, dass die betrieblichen Gründe stets eine gewisse Dringlichkeit vorweisen müssen. Auch hier dürfen Sie die umfassende Interessenabwägung nicht vergessen (Abwägung des Sachverhaltes: Kommen als mildere Mittel z.B. Umschulung, Fortbildung oder Kurzarbeit in Frage?). Bei der betriebsbedingten Kündigung wird schließlich die Frage der **ordnungsgemäßen Sozialauswahl** nach § 1 III KSchG relevant (Inhalt: Gibt es einen Arbeitnehmer im selben Betrieb, der eine vergleichbare Tätigkeit ausübt, für den die Kündigung weniger negative Folgen hätte?). Auch die Diskriminierungsverbote des AGG sind bei der Sozialauswahl zu beachten (BAG JA 2009, 463 ff.).

Für die Änderungskündigung ist mit **§ 2 KSchG** eine Sonderregelung für den Arbeitnehmer geschaffen worden. Hier braucht der Arbeitnehmer nicht die Kündigung an sich angreifen, sondern nur das Bestehen einer sozialen Rechtfertigung für die Änderung. Der § 2 KSchG gilt auch für die Fälle, in denen die Änderungskündigung eine außerordentliche Kündigung enthält, hier ist der Vorbehalt aber analog § 121 BGB unverzüglich zu erklären. In diesen Fällen steht die Annahme der Änderung also unter der Bedingung, dass für die Änderung ein wichtiger Grund nach § 626 I BGB gegeben ist. Verliert der Arbeitnehmer den Prozess nach § 2 KSchG, so besteht das Arbeitsverhältnis zu den geänderten Konditionen fort. Gewinnt er den Prozess, so besteht das Arbeitsverhältnis nach § 8 KSchG ohne die geänderten Konditionen fort. Der § 2 KSchG hat für den Arbeitnehmer also den Vorteil, dass er sich nicht der Gefahr aussetzt, plötzlich ohne Arbeitsverhältnis dazustehen. Dem Arbeitnehmer ist trotz § 2 KSchG natürlich unbenommen, die Änderung des Arbeitsvertrages abzulehnen und mit der Kündigungsschutzklage gegen die Kündigung vorzugehen. Dann gelten §§ 2, 8 KSchG allerdings nicht.

Problem: Auflösung und Abfindung nach §§ 9, 10 KSchG

- Wenn ein Kündigungsschutzprozess beendet ist und das Arbeitsverhältnis zwar nicht durch die Kündigung wirksam beendet wurde, den Parteien aber dessen Fortsetzung unzumutbar ist, hat der Gesetzgeber in § 9 KSchG die Möglichkeit geschaffen, das Arbeitsverhältnis aufzulösen. Voraussetzung dafür ist stets, dass die Kündigung nicht sozial gerechtfertigt ist bzw. dass bei einer außerordentlichen Kündigung kein wichtiger Grund vorliegt (vgl. *Holbeck/Schwindl* Rn. 410).

- § 10 KSchG regelt die Höhe der Abfindung des Arbeitnehmers (Faustregel: Pro Beschäftigungsjahr ein halbes Bruttomonatsgehalt). Eine ähnliche Abfindungsregelung für den Fall der wirksamen Kündigung ergibt sich aus § 628 II BGB.

- In § 1a KSchG ist ein weiterer Abfindungsanspruch geregelt (lesen!).

III. Die Unwirksamkeit des Arbeitsverhältnisses aus anderen Gründen

118 In einigen Examensklausuren streiten sich die Parteien auch um sonstige, kündigungsfremde Gründe, die zur Beendigung des Arbeitsverhältnisses geführt haben können.

Problem: (Keine) Unwirksamkeit nach TzBfG bei befristeten Arbeitsverträgen

- Bei Nichteinhaltung der Schriftform aus § 14 IV TzBfG bei Vertragsbeginn ist der Vertrag gerade nicht unwirksam, vgl. § 16 S. 1 TzBfG. Lesen Sie BAG NZA 2008, 1184 ff. zur Möglichkeit der nachträglichen Unterzeichnung des befristeten Arbeitsvertrages.

Problem: Anfechtung des Arbeitsverhältnisses

- Die §§ 119 ff. BGB finden Anwendung auf die WE, die auf den Abschluss des Arbeitsvertrag gerichtet ist.

- Die (nicht erkannte) Behinderung oder Krankheit des Arbeitnehmers ist grds. keine **verkehrswesentliche Eigenschaft i.S.d. § 119 II BGB**. Ausnahmen werden nur gemacht, wenn der Arbeitnehmer aufgrund der Behinderung oder Krankheit dauerhaft an der Arbeitstätigkeit gehindert ist. Bei der Schwangerschaft wird darauf abgestellt, ob durch die Schwangerschaft die Arbeitstätigkeit zu keinem Zeitpunkt vollständig erfüllt werden könnte. Gleiches gilt für die Anfechtung wegen mangelnder Vertrauenswürdigkeit des Arbeitnehmers (Palandt/*Ellenberger* § 119 Rn. 26). Teilweise wird in Klausuren auch die mangelnde fachliche Qualifikation des Arbeitnehmers als Anfechtungsgrund angeführt. Hier greift § 119 II BGB nicht, da insoweit nur ein Motivirrtum vorliegt. Die Anfechtungsfrist des § 121 BGB wird im Arbeitsrecht analog § 626 II BGB auf zwei Wochen verlängert (Argument: Vergleichbarkeit der außerordentlichen Kündigung mit der Anfechtung nach § 119 BGB, vgl. Palandt/*Ellenberger* § 121 Rn. 3).

- Eine **Täuschung nach § 123 I BGB durch aktives Tun** kommt z.B. dann in Betracht, wenn der Arbeitnehmer im Vorstellungsgespräch bewusst falsche Angaben macht. Macht er diese Angaben auf Fragen des Arbeitgebers hin, so ist die Täuschung aber nicht rechtswidrig, wenn die Frage ihrerseits nicht zulässig war (Palandt/*Ellenberger* § 123 Rn. 10). Die Zulässigkeit der Frage richtet sich danach, ob der Inhalt der Frage einen engen sachlichen Bezug zum konkreten Arbeitsplatz hatte (Stichwort: Anerkennenswertes Aufklärungsinteresse des Arbeitgebers). Hier kommt es in der Klausur letztlich auf gute Argumentation an, weniger auf das Ergebnis. Wenn der Arbeitnehmer wichtige Umstände verschweigt, so kommt auch eine Anfechtung nach § 123 I BGB wegen Täuschung durch Verschweigen in Betracht. Das **Unterlassen der Aufklärung** ist aber nur dann tatbestandsmäßig, wenn insoweit eine Pflicht zur Aufklärung bestand, was letztlich nur für solche Tatsachen zu bejahen ist, die für das Arbeitsverhältnis von grundlegender Bedeutung sind (vgl. Palandt/*Weidenkaff* § 611 Rn. 5 ff.).

- Wenn das Arbeitsverhältnis bereits in Vollzug gesetzt wurde, so wirkt die erfolgreiche Anfechtung entgegen § 142 I BGB nur ex nunc (Grund: Rückabwicklung von Leistungen aus der Vergangenheit nach §§ 812 ff. BGB wäre hier völlig unpraktikabel, auch steht das gegenseitige Vertrauensverhältnis entgegen). Dies nennt man die sog. Lehre vom faktischen/fehlerhaften Arbeitsverhältnis. Hat der Vollzug des Arbeitsverhältnisses noch nicht begonnen, so gilt hingegen § 142 I BGB.

Problem: Beendigung des Arbeitsverhältnisses durch Aufhebung

- Die Parteien können das Arbeitsverhältnis auch einvernehmlich durch einen Aufhebungsvertrag beenden. Hier ist ebenfalls die Schriftform aus § 623 BGB zu beachten.

- Nicht selten spielt dann die Frage eine Rolle, ob der Arbeitnehmer durch **widerrechtliche Drohung** (i.d.R. mit einer Kündigung) dazu veranlasst wurde, den Aufhebungsvertrag zu schließen. § 123 I BGB greift durch, wenn der Arbeitgeber eine solche Kündigung nicht ernsthaft in Erwägung ziehen durfte, d.h. Sie müssen dann inzident die Rechtmäßigkeit einer hypothetischen Kündigung prüfen (Palandt/*Ellenberger* § 123 Rn. 22).

§ 5 Das Arbeitsrecht

- Wird der Aufhebungsvertrag am Arbeitsplatz oder in der Wohnung des Arbeitnehmers geschlossen, so kann sich dieser **nicht** auf § 312 BGB berufen (Palandt/*Grüneberg* § 312 Rn. 4; Argument: § 312 BGB gilt schon nach der Überschrift »Besondere Vertriebsformen« nicht im Verhältnis Arbeitgeber-Arbeitnehmer.).
- Wird der Aufhebungsvertrag **rückdatiert**, so ist dieser grds. sittenwidrig. Dies folgt daraus, dass durch bei Rückdatierung erfolgte Kapitalisierung von Gehältern i.d.R. die Bundesagentur für Arbeit benachteiligt wird (*Seel* JA 2006, 366 ff. m.w.N.).
- Kommt es auf Veranlassung des Arbeitgebers zur Vermeidung einer betriebsbedingten Kündigung zum Abschluss eines Aufhebungsvertrags, ist dieser Vertrag nach **§ 313 BGB** anzupassen, wenn sich in der Zeit zwischen dem Abschluss des Aufhebungsvertrags und dem vereinbarten Vertragsende unvorhergesehen eine Weiterbeschäftigungsmöglichkeit für den Arbeitnehmer ergibt. Die Vertragsanpassung kann dabei auch in einer Wiedereinstellung liegen (BAG NJW 2008, 3372 ff.).

IV. Besonderheiten zu etwaigen Leistungsansprüchen

Leistungsansprüche des Arbeitgebers oder Arbeitnehmers werden in Klausuren relevant, in denen sich die Parteien nicht lediglich um die Wirksamkeit einer Kündigung streiten. 119

Problem: Anspruch des Arbeitnehmers auf Weiterbeschäftigung

- Nicht selten wird neben der Unwirksamkeit der Kündigung auch ein Anspruch auf Weiterbeschäftigung durch den Arbeitnehmer in objektiver Klagenhäufung nach § 260 ZPO geltend gemacht. Eine spezialgesetzliche Anspruchsgrundlage ist § 102 V BetrVG, welcher in Klausuren aber i.d.R. nicht greifen wird. Nach der Rspr. hängt der allgemeine Weiterbeschäftigungsanspruch aus §§ 611, 242 BGB i.V.m. Art. 1, 2 GG von einer umfassenden Interessenabwägung ab, bei der insbesondere der Umfang der Klärung der Rechtslage eine Rolle spielt. Während des laufenden Gerichtsverfahrens ist die Rechtslage i.d.R. unsicher, so dass kein Weiterbeschäftigungsanspruch besteht. Anderes gilt nur, wenn die Kündigung offensichtlich unwirksam, missbräuchlich oder willkürlich ist und schützenswerte Interessen des Arbeitgebers nicht entgegenstehen. Dies ist jedoch nicht vorschnell anzunehmen, sondern nur dann, wenn sich dies ohne Beweisaufnahme und ohne Beurteilungsspielraum ergibt. Ab Verkündung des obsiegenden Urteils zugunsten des gekündigten Arbeitnehmers bis zu dessen Rechtskraft ist ein solcher Anspruch hingegen zu bejahen, da hier das Interesse des Arbeitnehmers aufgrund der vorläufigen Klärung der Rechtslage durch das Arbeitsgericht überwiegt, wobei es auch hier immer auf die Umstände des Einzelfalls ankommt (Palandt/*Weidenkaff* § 611 Rn. 118 ff.).
- Wenn der Arbeitgeber nach Verkündung des Weiterbeschäftigungsurteils eine weitere Kündigung ausspricht, so entfällt der Weiterbeschäftigungsanspruch, da die Rechtslage nunmehr wieder offen ist. Der Arbeitgeber kann dann Vollstreckungsgegenklage nach § 767 ZPO einlegen (*Holbeck/Schwindl* Rn. 563).
- Eine anspruchsvolle Abwandlung dieser Thematik ist die Frage des Lohnanspruchs des Arbeitnehmers, der aufgrund eines obsiegenden Urteils weitergearbeitet hat, das Urteil jedoch in der höheren Instanz aufgehoben wurde (vgl. *Holbeck/Schwindl* Rn. 564 ff.). Anspruchsgrundlage ist hier §§ 812 I 1 Alt. 1, 818 II BGB.

Problem: Anspruch des Arbeitnehmers auf Zeugniserteilung

- Der Anspruch auf Zeugniserteilung ist in § 630 BGB geregelt (Stichwort: Das Zeugnis muss »wohlwollend und wahr« sein). Die Lösung von Klausurproblemen können Sie bei Bedarf der Kommentierung im Palandt entnehmen.

Problem: Ansprüche einer Partei aus einer Nebenabrede

- In einigen Klausuren geht es um Ansprüche einer Partei aus einer getroffenen Nebenabrede. Hier kann es zu Formproblemen kommen, wenn die Parteien im Arbeitsvertrag eine Schriftformklausel vereinbart haben (vgl. Rn. 9). Eine neu eingeführte Formvorschrift ist auch im

Nachweisgesetz (NachweisG) enthalten, das bestimmte Dokumentationspflichten bzgl. des Arbeitsverhältnisses regelt. Die Wirksamkeit des Arbeitsvertrages ist von der Dokumentation aber unabhängig. Es können jedoch Beweisprobleme auftreten, wenn es zum Streit über Arbeitsbedingungen oder Nebenabreden kommt.

Problem: Innerbetrieblicher Schadensausgleich

- Bei Schäden im Zusammenhang mit einer betrieblichen Tätigkeit des Arbeitnehmers kommt es zum Problem des sog. innerbetrieblichen Schadensausgleich (vgl. Palandt/*Weidenkaff* § 611 Rn. 152 ff.). Nach dem Rechtsgedanken von § 254 BGB soll dem Arbeitgeber, der das Betriebsrisiko trägt, in gewissem Umfang auch das Schadensrisiko aufgebürdet werden. Im Zusammenhang mit der Unfallversorgung eines durch einen Arbeitsunfall geschädigten Arbeitnehmers sind die Haftungsprivilegierungen des gesetzlichen Unfallversicherungsrechts nach §§ 104, 105 SGB VII zu berücksichtigen. Dabei sind insbesondere folgende Fallkonstellationen zu beachten:

    - **Schaden des Arbeitgebers:** Führt ein Pflichtverstoß des Arbeitnehmers zu einem Schaden, hat der Arbeitgeber einen Anspruch auf Schadensersatz z.B. nach §§ 823 ff. BGB, pVV und ggf. §§ 7, 18 StVG. Da das Haftungsrisiko in aller Regel in keinem Verhältnis zum Arbeitsentgelt steht und der Arbeitnehmer keinen Einfluss auf die Risikofaktoren seiner Tätigkeit im Betrieb hat, richtet sich die Haftung nach einer umfassenden **Abwägung der Umstände des Einzelfalles**, wobei in erster Linie auf den Verschuldensgrad des Arbeitnehmers und des Arbeitgebers (Organisationsverschulden) abzustellen ist, sowie auf weitere Aspekte wie z.B. den Wert des geschädigten Rechtsguts, die Höhe des Arbeitslohns sowie die Gefahrneigung der Tätigkeit. Bei leichtem Verschulden des Arbeitnehmers scheidet eine Haftung des Arbeitnehmers i.d.R. ganz aus. Bei »normaler« Fahrlässigkeit erfolgt eine Schadensquotelung, je nach den Umständen des Einzelfalls kann in diesen Fällen aber auch ein Haftungsausschluss des Arbeitnehmers anzunehmen sein. Bei Vorsatz oder grober Fahrlässigkeit des Arbeitnehmers haftet dieser i.d.R. voll. Der Prüfungsort dieser Problematik ist umstritten (nach wohl h.M. auf Rechtsfolgenseite, nach a.A. beim Verschulden).

    - **Schaden des Arbeitnehmers:** Der Unternehmer (Arbeitgeber) wird nach § 104 SGB VII unter bestimmten Voraussetzungen von der Unternehmerhaftung für von ihm verursachte Schäden (z.B. durch Verletzung der Fürsorgepflicht, unerlaubte Handlung oder Gefährdungshaftung) freigestellt. Der Arbeitnehmer kann sich bzgl. seines **Personenschadens** in diesen Fällen dann nur an den Träger der gesetzlichen Unfallversicherung (Berufsgenossenschaft) als Anspruchsgegner wenden. Diese Haftungsfreistellung des Arbeitgebers erfolgt zum einen im Hinblick darauf, dass der Unternehmer die gesetzliche Unfallversicherung allein aus seinen Beiträgen finanziert und dadurch die Unternehmerhaftpflicht abgelöst wird (Finanzierungsargument) und zum anderen vor dem Hintergrund, dass den Betriebsfrieden belastende Prozesse zwischen Arbeitnehmer und Arbeitgeber vermieden werden sollen (Friedensargument). Zu beachten ist, dass die Haftungsfreistellung nach § 104 I SGB VII jedoch dann nicht greift, wenn der Unternehmer den Versicherungsfall (Schaden) vorsätzlich oder auf einem nach § 8 II Nr. 1–4 SGB VII versicherten Weg herbeigeführt hat (sog. Wegeunfall). Der Wegeunfall (= Unfall auf dem Weg von und zur Arbeit) ist von dem sog. Betriebsweg (= Weg im Zusammenhang mit einer betrieblichen Tätigkeit → Verwirklichung eines besonderen betrieblichen Risikos?) abzugrenzen, für den als Arbeitsunfall die Haftungsfreistellung gilt (vgl. BGH DAR 2004, 344 ff. m.w.N.). Wenn Streit über die Frage besteht, ob ein Arbeitsunfall/Betriebswegunfall oder ein Wegeunfall vorliegt, so entscheidet der gesetzliche Unfallversicherungsträger bzw. das zuständige Sozialgericht mit bindender Wirkung. Das ggf. angerufene Zivilgericht muss den Rechtsstreit bis zu einer Entscheidung des Sozialgerichts aussetzen, vgl. § 108 SGB VII. Hingegen sind Ansprüche gegen den Arbeitgeber auf **Ersatz von Sachschäden** z.B. aus § 823 BGB und pVV nicht durch §§ 104 ff. SGB VII ausgeschlossen, weil die gesetzliche Unfallversicherung hier keine Leistungen erbringt. Achten Sie auf die Vermutungsregelung in § 619a BGB (Ausnahme von § 280 I 2 BGB).

§ 5 Das Arbeitsrecht

> **Klausurtipp:** Greift die Haftungsfreistellung des Arbeitgebers nach § 104 SGB VII, so kann der geschädigte Arbeitnehmer **Schmerzensgeldansprüche** nicht gegen den Arbeitgeber geltend machen, obwohl die gesetzliche Unfallversicherung selbst kein Schmerzensgeld leistet (BGH NJW 1952, 462; BVerfG NJW 1995, 1607). Schmerzensgeldansprüche von Angehörigen des geschädigten Versicherten aufgrund eines Schockschadens sind nicht von §§ 104, 105 SGB VII betroffen (Argument: §§ 104 f. SGB VII erfassen nicht eigene Schäden von Angehörigen, Betriebsfrieden ist bei Geltendmachung dieses Anspruches nicht gestört, vgl. BGH VersR 2007, 803).

- **Arbeitnehmer schädigt Arbeitskollegen:** Nach § 105 SGB VII gilt § 104 SGB VII entsprechend für die Haftung anderer im Betrieb tätiger Personen, wenn sie den Arbeitsunfall durch eine betriebliche Tätigkeit verursacht haben. Für Personenschäden gilt daher die Haftungsfreistellung durch die gesetzliche Unfallversicherung. Schmerzensgeldansprüche gegen den schädigenden Arbeitnehmer sind wiederum ausgeschlossen. Bezüglich seiner Sachschäden hat der geschädigte Arbeitskollege Schadensersatzansprüche gegen den Arbeitnehmer in voller Höhe, z.B. aus § 823 I, II BGB. Der in Anspruch genommene Arbeitnehmer kann jedoch in dem Umfang, der sich aus der o.g. Verschuldensabwägung ergibt, Rückgriff beim Arbeitgeber nehmen bzw. in dieser Höhe Freistellung verlangen. Dieser Freistellungs- bzw. Rückgriffsanspruch des Arbeitnehmers an sich ist unstrittig, nur über die Anspruchsgrundlage besteht Uneinigkeit: Teilweise wird auf die Fürsorgepflicht des Arbeitgebers i.V.m. § 257 BGB analog abgestellt, teilweise auf die Fürsorgepflicht des Arbeitgebers i.V.m. § 242 BGB und teilweise auf § 670 BGB analog (*Holbeck/Schwindl* Rn. 596). Beachte: Wie auch bei einer Schädigungshandlung durch den Arbeitgeber gilt die Haftungsfreistellung für Personenschäden nicht, wenn der Versicherungsfall vorsätzlich oder auf einem nach § 8 Abs. 2 Nr. 1–4 SGB VII versicherten Weg herbeigeführt wurde, vgl. § 105 I SGB VII. Beachte: Auch bei **Unfällen unter Schülern in der Schule oder unter Kindern im Kindergarten** gelten §§ 104 f. SGB VII, vgl. § 106 I SGB VII.

- **Arbeitnehmer schädigte Betriebsfremde:** Der Dritte kann seine Personen- u. Sachschäden nach § 823 I, II BGB in voller Höhe beim Arbeitnehmer geltend machen. Die Haftungsprivilegierung nach §§ 104 ff. SGB VII greift nicht. Der Arbeitnehmer hat jedoch, so wie bei der Schädigung von Arbeitskollegen, gegenüber dem Arbeitgeber einen Freistellungs- bzw. Rückgriffsanspruch, dessen Höhe sich nach der o.g. Abwägung bemisst.

- **Arbeitnehmer schädigt sich selbst:** Hinsichtlich der eigenen Personenschäden besteht ein Anspruch gegen den gesetzlichen Unfallversicherungsträger, versichert sind auch Wegeunfälle (§ 8 II SGB VII). Hinsichtlich seiner Sachschäden hat der Arbeitnehmer analog § 670 BGB einen Ersatzanspruch gegen den Arbeitgeber, für dessen Höhe erneut die o.g. Verschuldensabwägung maßgebend ist.

Problem: Anspruch des Arbeitnehmers auf Lohnzahlung

- Der Lohnanspruch ergibt sich aus dem geschlossenen Arbeitsvertrag, § 611 I BGB. Die Höhe des Lohns hängt von der Parteivereinbarung ab, sie kann sich aber auch aus einem entsprechenden Tarifvertrag ergeben.

- Lesen Sie Rn. 89 zu Fällen des bestehenden Lohnanspruches, ohne dass der Arbeitnehmer gearbeitet hat. Besonders klausurrelevant ist dabei der Anspruch auf **Lohnzahlung im Annahmeverzug** des Arbeitgebers nach §§ 611, 615 S. 1, 293 ff. BGB. Ein Schwerpunkt derartiger Klausuren ist oft das Angebot des Arbeitnehmers bzw. dessen Fehlen. Hierzu sollen Sie wissen, dass im gekündigten Arbeitsverhältnis ein Angebot nach § 296 BGB grds. entbehrlich ist (Palandt/*Weidenkaff* § 615 Rn. 13). Beachten Sie auch § 11 KSchG und § 615 S. 2 BGB, die beides **Anrechnungstatbestände** für den Vergütungsanspruch im Annahmeverzug beinhalten. Oft geht es in Klausuren dann um die Höhe des Anrechnungsbetrages, lesen Sie bei Bedarf Palandt/*Weidenkaff* § 615 Rn. 19 und 20.

- Der Lohnanspruch bei nicht verschuldeter Krankheit ergibt sich aus § 611 BGB i.V.m. § 3 EFZG. Hier kommt es oft zur Frage, ob der Arbeitnehmer seine **krankheitsbedingte Arbeitsunfähigkeit** bewiesen hat. Nach der Rspr. reicht es grds. aus, wenn der Arbeitnehmer die entsprechende ärztliche Bescheinigung vorgelegt hat, auch wenn diese nicht zwischen einer einfachen Erkrankung und einer krankheitsbedingten Arbeitsunfähigkeit unterscheidet (BAG DB 1997, 1237 m.w.N.). Ein weiteres Klausurproblem ergibt sich beim Verschulden. Wenn der Arbeitgeber dem Arbeitnehmer die Teilnahme an einer Sportart vorwirft, bei der er sich verletzt hat, so ist ein Verschulden nur zu bejahen, wenn dem Arbeitnehmer Vorsatz oder grobe Fahrlässigkeit vorzuwerfen ist (dann liegt eine sog. unverantwortliche Selbstgefährdung vor). Anders ist dies nur bei besonders gefährlichen Sportarten, bei denen bereits die bloße Teilnahme ein Verschulden begründet. Dies wird jedoch von der Rspr. nur in ganz extremen Ausnahmefällen bejaht (vgl. insgesamt *Holbeck/Schwindl* Rn. 217). Die Verletzung i.R.e. Nebentätigkeit des Arbeitnehmers kann nur dann ein Verschuldensvorwurf rechtfertigen, wenn das Berufen des Arbeitnehmers auf seine Arbeitsunfähigkeit rechtsmissbräuchlich ist oder die Nebentätigkeit vertraglich wirksam ausgeschlossen wurde. Dies ist wegen Art. 2, 12 GG überhaupt nur dann möglich ist, wenn durch die Nebentätigkeit die Interessen des Arbeitgebers negativ berührt werden (vgl. *Holbeck/Schwindl* Rn. 218).

- Der Geltendmachung von Lohnansprüchen kann ggf. eine sog. »**Verfallfrist**« entgegenstehen. Derartige Klauseln sind grds. zulässig und i.d.R. auch nicht überraschend oder sittenwidrig, stets muss die Frist aber angemessen sein (nach neuer Rspr. Frist von **3 Monaten** zulässig, lesen Sie dazu die sehr examensrelevanten neuen Entscheidungen BAG NZA 2008, 699 ff., NJW 2006, 795 ff. und NJW 2005, 3305 ff.). Stets ist aber auf § 202 BGB n.F. zu achten.

- Auch aus einer sog. **Zielvereinbarung** kann sich ein Lohnanspruch ergeben, vgl. BAG JA 2009, 647 ff.

Problem: Anspruch des Arbeitnehmers auf Überstundenvergütung

- Ob der Arbeitnehmer eine Überstundenvergütung verlangen kann, regelt sich in Ermangelung einer konkreten Vereinbarung zwischen den Parteien nach Maßgabe von **§ 612 I, II BGB**. Daher ist anhand der Umstände des Einzelfalls von Ihnen herauszuarbeiten, ob die Tätigkeit des Arbeitnehmers nur gegen eine entsprechende Vergütung zu erwarten ist. Die Rspr. fordert für eine Überstundenvergütung i.d.R., dass der Arbeitgeber die Überstunden angeordnet oder geduldet hat bzw. dass diese betrieblich dringend erforderlich waren (BAG NZA 1994, 837 ff.; *Holbeck/Schwindl* Rn. 86 ff.). Wenn danach ein Anspruch zu bejahen ist, so ist je nach den Umständen des Einzelfalls ein Zuschlag zu machen, i.d.R. werden 25 % gerechtfertigt sein.

Problem: Anspruch des Arbeitnehmers auf Leistung von Sonderzahlungen (Gratifikationen, Weihnachtsgeld etc.)

- Nach der Rspr. ergibt sich ein Anspruch (sofern keine ausdrückliche Regelung im Arbeitsvertrag, Tarifvertrag oder in einer Betriebsvereinbarung enthalten ist) entweder aus dem gewohnheitsrechtlich anerkannten Grundsatz der **betrieblichen Übung** (Voraussetzungen: Mehrfach erfolgte vorbehaltlose Gewährung mit Verpflichtungswillen, die nicht freiwillig erfolgt ist) oder aus dem Gleichbehandlungsgrundsatz des Arbeitsrechts (Voraussetzung: Gewährung an Dritte stellt eine willkürliche Ungleichbehandlung ohne sachlichen Grund dar). Bei der Frage, ob die Gewährung mit Verpflichtungswillen getätigt wurde, ist nach §§ 133, 157 BGB auf den objektiven Empfängerhorizont abzustellen.

- Lesen Sie die examensrelevanten Entscheidungen des BAG in NZA 2008, 40 ff. und 1173 ff. zur Unwirksamkeit von Freiwilligkeitsvorbehalten bei Bonuszahlungen/Sonderzahlungen.

- Oft versucht sich in der Arbeitgeber der Verpflichtung wegen betrieblicher Übung dadurch zu entziehen, dass er die vorbehaltlose Gewährung anficht. Eine Anfechtung scheidet aber i.d.R. aus, da der Arbeitgeber nur einem unbeachtlichen Rechtsfolgenirrtum unterliegt. Nach bisherige Rechtsprechung konnte eine betriebliche Übung durch eine geänderte betriebliche Übung beendet werden, das BAG hat diese Rspr. mittlerweile v.a. wegen § 308 Nr. 5 BGB aufgegeben (BAG DB 2009, 1186 ff.)

- Nach dem **Ausscheiden des Arbeitnehmers** aus dem Betrieb ergibt sich die Problematik, ob er dann noch Anspruch auf die Sonderzahlungen hat. Wichtig ist in derartigen Konstellationen der mit der Leistung verbundene Zweck (Palandt/*Weidenkaff* § 611 Rn. 85). Wenn z.B. mit der Leistung die zukünftige Betriebstreue belohnt werden soll, entfällt der Anspruch. Hier ist gute Argumentation und die Auswertung des Klausursachverhaltes wichtig, weniger Ihr Ergebnis.

- Beachten Sie in diesem Zusammenhang die Problematik der sog. »**Ausgleichsquittung**« des Arbeitnehmers. Diese wird i.d.R. ein negatives Schuldanerkenntnis nach § 397 II BGB darstellen und je nach Wortlaut und Auslegung Ansprüche des Arbeitnehmers auf Sonderzahlungen (oder Lohnzahlung etc.) ausschließen (Palandt/*Grüneberg* § 397 Rn. 10).
- In einigen Klausuren geht es auch um die Rückzahlungsverpflichtung des Arbeitnehmers bzgl. der empfangenen Sonderzahlungen, insbesondere aus **Rückzahlungsklauseln**. Lesen Sie im Ernstfall hierzu die Kommentierung im Palandt/*Weidenkaff* bei § 611 Rn. 89 f. Derartige Rückzahlungsklauseln können auch im Zusammenhang mit vom Arbeitgeber getragenen Ausbildungskosten vorkommen, vgl. Palandt/*Weidenkaff* § 611 Rn. 94 und BAG NJW 2006, 3083 ff.

Problem: Anspruch des Arbeitnehmers auf Ersatz von Kosten des Bewerbungsgespräches

- Nach der h.M. ergibt sich ein Ersatzanspruch aus Auftragsrecht (§§ 662, 670 BGB), wenn der Arbeitnehmer auf Aufforderung des Arbeitgebers am Vorstellungsgespräch teilgenommen hat, ansonsten i.d.R. aus berechtigter GoA (§§ 677, 683 S. 1, 670 BGB) oder zumindest aus § 670 BGB analog, vgl. Palandt/*Weidenkaff* § 611 Rn. 11.

Problem: Anspruch des Arbeitnehmers nach § 15 AGG

- § 15 I, II AGG (ehemals § 611a BGB a.F.) normiert zwei verschiedene Schadensersatzansprüche bei einer Diskriminierung des Arbeitnehmers (z.B. wegen seiner Rasse oder seines Geschlechts). Lesen Sie dazu bei Interesse den guten Aufsatz von *Seel* in JA 2007, 792 ff. und von *Ring* in JA 2008, 1 ff.

Problem: Anspruch des Arbeitnehmers wegen Mobbings

- Hier kommen Ansprüche gegen den Arbeitgeber aus §§ 823, 831 BGB und aus pVV des Arbeitsvertrages in Betracht (vgl. BAG NZA 2007, 1154 ff.). Die Beweislast für das Vorliegen einer Mobbing-Handlung trägt nach allgemeinen Grundsätzen der betroffene Arbeitnehmer.

Problem: Ansprüche des Arbeitgebers wegen Verstoßes gegen eine Wettbewerbsvereinbarung

- Während der Dauer des Arbeitsverhältnisses ergibt sich ein entsprechender Unterlassungs- und Schadensersatzanspruch gegen Handlungsgehilfen aus §§ 59 ff. HGB, sonst aus §§ 242, 241 II BGB (*Holbeck/Schwindl* Rn. 265). Nachvertragliche Wettbewerbsverbote regeln sich nach Maßgabe von §§ 74 ff. HGB (Karenzentschädigung), wenn und soweit eine entsprechende Vereinbarung besteht.

Problem: Ansprüche des Arbeitgebers wegen unerlaubter Videoüberwachung

- Bei einer unerlaubten Arbeitnehmerüberwachung kommen Unterlassungs- u. Schadensersatzansprüche des Arbeitnehmers aus pVV des Arbeitsvertrages, §§ 1004, 823 BGB analog und §§ 7 f. BDSG in Betracht (vgl. dazu bei Interesse den guten Aufsatz von *Maties* NJW 2008, 2219 ff.).

Nachdem nun aus Sicht der Verfasser alle für die Assessorklausuren relevanten »essentialia« des materiellen Zivilrechts dargestellt wurden, verbleibt nur noch, Ihnen viel Glück im Examen zu wünschen, verbunden mit der stillen Hoffnung:

Prosit! (lat.: »Es möge nützen«!)

Die Verfasser

Stichwortverzeichnis

Die aufgeführten Zahlen bezeichnen Randnummern.

Abholung der zurückzugewährenden
   Sache 15
Abmahnung 117
Abnahme des Werkes 32
Abschlepp-Fälle 34, 57
Abschluss- und Durchführungsmängel im
   Mäklerrecht 74
Abtretung von Honorarforderungen 10
Abwicklung über Eck 64
Abzug neu für alt 62
Äquivalenzstörung 15
Agenturgeschäft 30
Aliud-Lieferung 26
Alleinauftrag des Mäklers 75
Allgemeine Ehewirkungen 93
Allgemeine Geschäftsbedingungen 7
Allgemeines Persönlichkeitsrecht 56
Amtshaftung 33, 56
Anfechtung von Willenserklärungen 13, 118
Anfechtungsgesetz 91
Angehörigenbürgschaft 69
Annahme und Ausschlagung der Erbschaft
   98
Anscheinsvollmacht 6
Anwaltskosten 21, 33, 63
Anwartschaftsrecht 40, 47
Arbeitsunfall 119
Atypische Verträge 2
Aufhebungsvertrag 16
Aufrechnung 14
Ausgleichsquittung 119
Auskunftsanspruch 19
Auslegung von Testamenten 97
Auswirkung der Pflichtverletzung auf andere
   Rechtsgüter 24

Bauhandwerkersicherungshypothek 32
Bauträgervertrag 2, 10, 32
Bedingung 12
Beendigung des Mietverhältnisses 86
Berechtigung des Geschäftsführers 34
Bereicherungsumfang 64
Berliner Testament 97
Beschädigung/Zerstörung von Pkw 63
Besitzmittlungsverhältnis 38
Besitzrecht/-schutz 47
Besitzschutzansprüche 47
Bewirtungsvertrag 2
Blockierstellung 64
Bote 6
Bürgschaftsvertrag 69

Culpa in contrahendo 33

Darlehensvertrag 70
Dienstbarkeit 44, 56
Dienstvertrag 89
Doppelvermietung 80
Dritte im Mietvertrag 84
Drittschadensliquidation 67
Duldungsvollmacht 6
Durchlieferung 105
Durchsetzungssperre 114

Ebay-Fälle 3
EC-Karte 107
Eheliches Güterrecht 94
Ehescheidung 95
Eheschließung 93
Ehemäklerdienstvertrag 76
Ehemäklervertrag 75
Eigentümer-Besitzer-Verhältnis 46
Eigentumserwerb 35 ff.
Eigentumserwerb an Schuldurkunden 43
Eigentumserwerb durch Vermischung/
   Verarbeitung 42
Eigentumsvorbehalt 37, 39, 40, 42, 64
Einbau einer mangelhaften Sache (Parkett-
   Fall) 25
Eingerichteter und ausgeübter Gewerbe-
   betrieb 56
Einigung über Eigentumsübergang 37
Einrede aus § 242 BGB 19
Einteilung der Gesellschaften 110
Einwendung
– rechtshemmende 17
– rechtshindernde 8 ff.
Einwendungen gegen die Inanspruchnahme
   aus einem Grundpfandrecht 52
Einwendungsdurchgriff 72
Entstehung und Übertragung von Hypothek
   und Grundschuld 51 ff.
Erbengemeinschaft: Siehe Miterbengemein-
   schaft
Erbrechtliche Ansprüche 96
Erbschaft, Annahme und Ausschlagung 98
Erbschaftsbesitz 99
Erbschein 100
Erbvertrag 97
Erbverzicht 99
Erfüllung 14
Erfüllungsgehilfe 56
Erfüllungssurrogate 14

Stichwortverzeichnis

Erlassvertrag **14, 16**
Ersetzungsbefugnis **14**
Ersitzung **41**
Erzeugnisse und Bestandteile von Sachen **43a**
Existenzvernichtungshaftung **113**

Factoring **73**
Falsus procurator **6**
Familienrechtliche Anspruchsgrundlagen **93**
Familienrechtlicher Vertrag sui generis **93, 95**
Fernabsatzvertrag **3**
Fitnessstudiovertrag **2**
Flaschenpfand **70**
Folgesachen (der Scheidung) **95**
Form der Haftung **63**
Formvorschriften **6, 9**
Freistellung **68, 119**
Fremdes Geschäft **34**
Fremdgeschäftsführungswille **34**
Fristenplan (weiche/starre Frist) **79**
Fristsetzung im neuen Schuldrecht **21 ff., 27**

Garantieerklärung des Verkäufers **29, 30**
Gebührenschaden: Siehe Anwaltskosten
Gefälligkeitsverhältnisse **3**
Gegenansprüche des unrechtmäßigen Besitzers **49**
Gelddarlehensvertrag **71**
Gemeinschaftliches Testament **97**
Gemischte Schenkung **90**
Geschäft für den, den es angeht **6, 93**
Geschäft für den, den es angeht: Siehe Übereignung an den, den es angeht
Geschäftsbesorgungsvertrag **2**
Geschäftsfähigkeit **5**
Geschäftsführung ohne Auftrag **34**
Gesellschaft
– Rechtsfähigkeit **111**
– Vertretung von ~ **111**
Gesellschaft bürgerlichen Rechts **111**
Gesellschaftsrechtliche Ansprüche **109**
Gestörte Gesamtschuld **62**
Gewährleistung im Kaufrecht **25**
Gewährleistung im Werkvertragsrecht **32**
Gewährleitungsansprüche, Verjährung der ~ **31 f.**
Gewillkürte Erbfolge **97**
Gewinnzusage **4**
Girovertrag **107**
Globalbürgschaft **69**
Grundbuchberichtigungsanspruch **44**
Grundmangel **30**
Grundpfandrechte **50 ff.**
Grundschuld **50 ff.**
Gutgläubiger Erwerb beweglicher Sachen **39**

Haftpflichtversicherung **55**
Haftung der Gesellschaft und der Gesellschafter **113**
Haftung nach dem StVG **55**
Haftungsumfang **62**
Handeln auf eigene Gefahr **19**
Handeln unter fremdem Namen **3**
Handelsfirma **106**
Handelsgeschäfte **105**
Handelsmakler **74, 108**
Handelsrechtliche Ansprüche **101**
Handelsregister **104**
Handelsvertreter **19, 107**
Hauptpflichten i.R.d. Mietvertrags **79**
Haustürwiderruf **15**
Herausforderungsfälle **56**
Herausgabeansprüche des Eigentümers **47**
Herrenlose Sachen **43b, c**
Hinterlegung **14, 64, 65, 85**
Hypothek **50 ff.**

Inhaberpapiere **43**
Innerbetrieblicher Schadensausgleich **68, 119**
Insolvenzreife **57**
Insolvenzverfahren **5, 14, 39, 44, 47, 56, 57, 86**
Insolvenzverwalter **56**
Integritätszuschlag **63**
Internetverträge **3**
Inzahlungnahme eines Gebrauchtwagens **14**

Kaufmännisches Bestätigungsschreiben **105**
Kaufmannsbegriff **102**
Kaution/Mietkaution **82**
Kfz-Brief **39, 43**
Kindesunterhalt **95**
Klageverzicht **116**
Kollision von Sicherungsmitteln **64, 73**
Kommerzialisierung im Schadensrecht **62**
Korrektur der Schadenshöhe **62**
Kostenerstattungsanspruch **33**
Kündigung **89, 117**

Leasingvertrag **55, 78, 87**
Lebensversicherungsvertrag **65**
Legitimationspapiere **43**
Leihe **78**
Leistungskondition **64**
Leistungsstörung nach dem neuen Schuldrecht **20**

Mäklerklausel **74**
Mäklervertrag **74**
Mängelanzeige im Reiserecht **77**
Mangelhafte Leistung im Kaufrecht **26**
Mangelhafte Leistung im Werkvertragsrecht **32**

Stichwortverzeichnis

Mieter, Rechte 80
Mietkaution 82
Mietvertrag 78
Mietverhältnis, Beendigung des ~ 86
Minderung 28, 32, 77, 80
Missbrauch der Vertretungsmacht 6, 103
Mitdarlehensvertrag 69
Miterbengemeinschaft 99, 111
Mithaft 69

Nachbarrechtliche Ausgleichsanspruch 61
Nacherfüllungsanspruch im Kaufrecht 25
Nachfolge im Gesellschaftsrecht 114
Nebenabreden und Form 9, 119
Nebenansprüche des Eigentümers aus dem EBV 48
Nebenpflichtverletzungen beim Mietvertrag 82
Nichtbeachtung der Form 9
Nichtleistung 21
Nichtleistungskondition 64
Nießbrauch 44
Notarhaftung 56

Partnervermittlung 76, 76a, 89
Petitorische Widerklage 47
Pfandleihvertrag 25
Pflichtteil 97, 99
Pishing von TANs 64
Positive Vertragsverletzung 33
Probefahrt 4
Prozessvergleich 92
Prozessvollmacht 6
Prüfungsreihenfolge der Anspruchsgrundlagen 1

Quittung 14
Quotenvorrecht 62

Ratenlieferungsvertrag 2, 72
Rechte des Mieters 80
Rechte des Vermieters 81
Rechtsfähigkeit und Vertretung von Gesellschaften 111
Rechtsfolgenirrtum 13
Rechtshemmende Einwendungen 17
Rechtskauf 25
Rechtsstellung des Erben 99
Regress des Bürgen 69
Regressvorschriften 68
Reisemangel 77
Reisevertrag 77
Rentabilitätsvermutung 23
Rückabwicklung nach Scheidungen 95
Rückforderungsdurchgriff 72
Rücktritt 15

Saldotheorie 64
Sachverständigenhaftung 56
Schadensersatz bei Verkehrsunfällen 63
Schatzfund 43d
Scheidung, Rückabwicklung nach ~ 95
Scheidungsunterhalt 95
Scheingeschäfte 8
Schenkungsvertrag 90
Schlechtleistung 23
Schönheitsreparaturen 79, 81
Schwebelage nach Fristablauf 23
Schwebelage vor/nach Fristsetzung 23, 25, 32
Schuldanerkenntnis 88
Schuldversprechen 88
Schwarzkauf 8, 45
Selbstvornahme 25, 80
Sicherheiten im Werkvertragsrecht 32
Sicherungsübereignung 38 ff., 85
Sittenwidrigkeit 11
Sorgerecht 95
Sozialansprüche- und Sozialverpflichtungen im Gesellschaftsrecht 114
Sparbuchfälle 43, 65, 90
Sparvertrag 90
Staatshaftung 33, 56
Stellvertretung 6
Störung der Geschäftsgrundlage 15, 32, 87, 92
StVG 55

Tausch 25
Teilleistung 22
Teilzahlungsgeschäft 72
Testament 97
Testamentsvollstrecker 97, 99
Tierhalterhaftung 60
Tilgungsbestimmung 14, 64
Trennungsunterhalt 95
Treuhandverträge 6, 10, 71

Überbau im Nachbarrecht 61
Übereignung an den, den es angeht 6, 95
Übereignung von Grundstücken 44
Überforderung des Bürgen 69
Übergabe und Übergabesurrogate 38
Übersicherung 11
Umfang der Haftung 62
Umgangsrecht 95
Unbenannte Zuwendungen 95
Unerlaubte Handlung
– gem. § 823 I BGB 56
– gem. § 823 II BGB 57
– gem. § 826 BGB 57, 71
– mehrerer 58
Unfallersatztarif 63
Ungerechtfertigte Bereicherung 64

Stichwortverzeichnis

Unmöglichkeitseinwand 16, 23
Unterhalt 95
Unterlassungs- und Beseitigungsansprüche aus § 1004 BGB 61
Untermiete 84
Unterrichtsvertrag 2
Urteilsmissbrauch 57

Verbotene Eigenmacht 47
Verbrauchergelddarlehen 72
Verbrauchsgüterkauf 25, 30
Verbundenes Geschäft 72
Vereinsrecht 111
Verfallfrist 119
Verfügungsbefugnis des Veräußerers 39
Verflechtungseinwand 74
Vergütungsanspruch des Werkunternehmers 32
Verjährung 18, 31 f., 83
Verjährung
– Gewährleistungsansprüche 31 f.
– mietrechtlicher Ansprüche 83
Verkehrssicherungspflichten 56, 77
Verkehrsunfall 55, 62, 63
Verlängerte Drittwiderspruchsklage/ Vollstreckungsgegenklage 64
Verlorene Sache 43c
Vermieter, Rechte 81
Vermieterpfandrecht 39, 85
Verpflichtungsermächtigung im Eherecht 93
Verrichtungsgehilfe 59
Verschulden im neuen Schuldecht 23
Versendungskauf 21, 67
Verstoß gegen ein gesetzliches Verbot 10
Vertrag mit Schutzwirkung zugunsten Dritter 66
Vertrag zugunsten Dritter 65
Vertragliche Primäransprüche 2
Vertragsschluss 3
Vertragsstrafe 11
Vertragstreue 21, 40
Vertretung des Kaufmanns 103
Vertretung von Gesellschaften 111

Verursachungsbeiträge im Straßenverkehr 55
Verwahrung 78
Verzögerungsschaden/Verzug 21
VOB 32, 43d
Vor-GmbH 111
Vorgründungsgesellschaft 111
Vor-KG 111
Vormerkung 45
Vorteilsanrechnung 62
Vorvertrag 2

Wegerecht 44
Wegerwerb von Rechten 39
Wegeunfall 119
Wegfall der Bereicherung 64
Wegfall der Geschäftsgrundlage: Siehe Störung der Geschäftsgrundlage
Weiterfressender Mangel 56
Werklohnanspruch 32
Werkunternehmerpfandrecht 32
Wettlauf der Sicherungsgeber 69
Widerrufsdurchgriff 72
Willenserklärung 4
– Zugang 4
– Zugangsvereitelung 4
Wirksamkeit von Testamenten 97
Wissenserklärung 88
Wohnungseigentümergemeinschaft 111
Wohnrecht 44

Zahlung an den Grundpfandgläubiger und Regress bei der Grundschuld 54
Zahlung an den Grundpfandgläubiger und Regress bei der Hypothek 53
Zahlungsaufschub 72
Zeitschriftenabonnementvertrag 2
Zugang und Zugangsvereitelung von Willenserklärungen 4
Zugewinnausgleich 95
Zurechnungsfragen im Gesellschaftsrecht 114
Zwangsversteigerung 35, 39, 50
Zweckstörung 15